パイデイア（上）　ギリシアにおける人間形成

パイデイア(上)

ギリシアにおける人間形成

W. イェーガー著

曽田長人訳

知泉学術叢書 3

凡　例

―，本文・注の文章中の（　）は原則として訳者，注の書誌の（　）は原則として原著者による。
―，古代ギリシア・ローマの原典作品からの引用箇所で，イェーガーによるパラフレーズが行われている場合は，その旨，記した。
―，古代ギリシア語の日本語表記について，
  1. φ, θ, χ は π, τ, κ と同様に扱った。
  2. 古代ギリシア語の長音の日本語表記は，固有名詞については原則として省くが，適宜，必要な音引きは施した（特に普通名詞の音引きは維持した）。
  3. 重子音は，原則として促音「ッ」によって表現した。
  4. その他の外国語の日本語表記について，原則として原語に近い発音を表記した。
―，ただし上の 1 ～ 4 について慣用の表記が定着している場合は，慣用の表記に倣った（例：ソフィスト）。
―，本文中の古代ギリシア語の語句は，原語と翻訳を共に記し，必要と思われる場合はルビを振った。ラテン語の語句は，原語を斜体で記し，同じく必要と思われる場合はルビを振った。
―，本文の理解を容易にするため，続く部分の梗概を表す小見出しを，段落のまとまりの前に付した（例：3頁の「共同体の事柄としての教育」）。
―，人名・神名・地名・家名・部族名についての説明は，巻末に付してある。概念名・作品名・その他についての説明は，それらの言葉が一回のみ，ないしはほぼ同じ頁で出てくる

場合は頁下の注に，多くの頁で出てくる場合は巻末に付してある。

序　文

───────

　私は歴史的な探求の作品を公けにする。その作品は，ギリシアにおける人間形成，つまり「パイデイア Paideia」を，ギリシア人の本質についての新たな全体的な考察のための対象とする。こうした企ては，かつて試みられたことがない。なるほどギリシア人の国家，社会，文学，宗教，哲学の展開を叙述する企ては数多くあった。しかし，ギリシア人の歴史的な教養の過程と彼らの理想的な人間像の精神的な構築を，その相互作用において描き出すことは，まだ企てられていないように見える。ところで私は，着手する人を待ちわびているこの課題にたまたま突き当たったので，この課題と取り組んだわけではない。この偉大で精神的で歴史的な問題において，あの唯一無二の教育的な創造性のより深い理解が問題となっていることを認識したと信じたがゆえに，この課題と取り組んだのである。この創造者としてのあり方から，ギリシア人の不滅の作用が何千年にもわたって影響を及ぼしている。

　第一分冊は英雄的で政治的な人間の時代，つまりギリシア民族が生まれたばかりの古典的な時代における，ギリシアの教養の基礎，構築，危機を主題としている。この第一分冊は，アッティカ帝国の崩壊によって終わる。第二分冊はプラトンの世紀における精神的な復古，国家と教養をめぐる戦い，ギリシア文化が世界を支配するに至る変遷を

叙述する予定である[1]。ローマ人とキリスト教的な古代が，ギリシア人から発した教養の過程へどのように参入したか，という形式については触れなかった[2]。

以下の叙述は学者の世界のみならず，何千年にもわたる文化の存続をめぐる我々の時代の戦いにおいて今日再びギリシアの本質への接近を模索する全ての人々を対象としている。本書で扱われる全領域についての正確な個別研究において，全体を歴史的に展望する衝動と，多様な素材をより深く新たに洞察しようとする退け難い欲求を，互いにバランスよく記述することは，しばしば困難であった。本書の観点に基づく古代の考察は，多くの新しい問題を随所で明らかにした。その問題は，私の過去十年の研究と教授活動の中心にあったのである。私は本書全体のため，この研究と教授のトータルな結果を補遺という形態で付け加えることを断念した。こうした補遺を付け加えたならば，作品の長さを不恰好にも引き伸ばしたことだろう。私の見解は，叙述それ自体の中心的な事柄から取り出すことができる。というのも本書の叙述は至る所で，原典のテキストの解釈から直接に発し，事実をそれによって解明できるような関連の中へと置くからである。古代の著作家からの引用箇所，同様に必要最小限の参考文献は，特にそれが直接的に教養史上の問いと関わる限りにおいて，テキストの脚注に記してある。もちろん基礎的な知識がより多く必要な場合，その知識を通例の注釈という形で表現することは，ごく稀にしか行わなかった。それゆえ私は自らの仕事のこの部分を，一方で予め個別論文として公刊し，この個別論文

---

1) （訳注）二分冊構成の予定とは異なり，実際には三分冊構成で完結した。巻末の「解説」を参照。

2) （訳注）Jaeger, Werner: Early Christianity and Greek Paideia, Cambridge Mass. 1961（ヴェルナー・イェーガー『初期キリスト教とパイデイア』[野町啓訳，筑摩書房，1964 年]）を参照。

序　文　　　　　　　ix

の中で簡潔に出典や参考文献に言及した。しかし他方で，こうした個別論文は今後も発表される予定である。個別論文と書物は学問的に全体を形成し，常に相互に密接に関連し合う。

　私は続く序論において，典型的なものをより普遍的に考察することによって，ギリシアのパイデイアの歴史的な位置付けの素描を試みた。またこの序論においては，我々が人間形成のギリシア的な形態を反省することによって，以前の時代の人文主義と我々との関連から生まれる成果が手短に述べられている。これは今日において，かつてないほど喫緊の問題であり，評価が分かれている。もちろん，本書が探求を行うような単なる歴史認識が，この現在における問題を解決できるわけではない。というのも，この問題においては，ギリシア人ではなく我々自身が問われているからである。しかしギリシアにおける教養という現象の本質を認識することは，現在のあらゆる教育上の知識と意欲にとっても不可欠の基礎である。こうした確信から，上で触れた問題との私の学問的な取り組みは生まれ，本書はその取り組みの結果として生まれたのである。

　　ベルリン-ヴェステント　1933 年 10 月
　　　　　　　ヴェルナー・イェーガー

第二版への序文

―――――――――

　刊行から一年半経って，早くも『パイデイア』第一分冊の新版を出さざるを得なくなった。これは私にとって，本書が急速に友人を得たことを示し，勇気を与えてくれることである。本書の初版の刊行後，ごくわずかの時しか経っていないので，大きな修正を施すことは無理であった。しかし，この新版を出す機会に，幾つかの見落としを訂正することができた。

　ところで本書が呼び覚ました探求の大部分は，完結した全ての歴史像が様々な世界観を鏡として創り出す，多様な反省の上に成り立っている。これは，本書の意図することである。さらに歴史的な認識の目的と方法に関する取り組みも，本書の意図と結び付いていた。しかしこの場で，この認識について詳しく論じることはできない。私の探求方法の正当性や固有性を基礎付ける作業は，それ自体，独立した課題である。私が関心を抱くのは，私をこの課題へと導いた対象それ自体において，この課題の正しさを確証することである。これはほとんど言うまでもないことであるが，本書における歴史の観点は，伝統的な意味での歴史，つまり出来事の歴史に取って代わることができないし，代わろうとするものでもない。しかし自らを代表する作品に定位して，歴史的存在である人間を精神の創造的な作品として把握する考察方法が，少なくとも正当であり必要である。我々が例えば初期のギリシアに対するように，何世紀

第二版への序文

にもわたってほとんどもっぱらこの種の（伝統的な意味における歴史という）伝統に縛られてきたことは別にしても，こうした精神の創造的な作品は，たとえ他のものがその作品の裏付けとなる時代であっても，常に我々の過去の内的な生への最も直接的な手引きであり続ける。しかしギリシア人のパイデイアそして同時にパイデイアとしてのギリシア人を対象とする叙述においては，まさにこうした過去の内的な生が問題となっている。

　ベルリン　1935年7月
　　　　　　　　　　　ヴェルナー・イェーガー

目　次

序文 …………………………………………………………… vii
序論　人間の教育史におけるギリシア人の位置付け …… 3
　　共同体の事柄としての教育 …………………………… 3
　　文化・歴史の開始 ……………………………………… 5
　　パイデイア，文化の独自性 …………………………… 8
　　自由・自然の重視 ……………………………………… 11
　　芸術・哲学における形式・法則の重視 ……………… 14
　　人間中心主義〔フマニスムス〕 ……………………… 16
　　政治的な本質としての人間 …………………………… 21
　　教養の歴史としての文学 ……………………………… 24

第Ⅰ部
初期のギリシア

貴族とアレテー …………………………………………… 31
　　教養史のライトモチーフとしてのアレテー ………… 31
　　ホメロスのアレテー概念──英雄的な勇敢さ ……… 34
　　貴族の身分道徳──廉恥〔アイドース〕と因果応報〔ネメシス〕… 39
　　教育目標としての，言行におけるアレテー ………… 41
　　アレテーの真の成就としての「度量の広さ」 ……… 45
　　自愛の発露としてのアレテーへの努力 ……………… 49
ホメロスの貴族文化と教育 ……………………………… 53
　　成立年代，著者，編集への問い ……………………… 53

二大叙事詩の描写の特徴 ……………………………… 57
　　『オデュッセイア』と精神的な徳 ……………………… 61
　　高尚な人倫と伝統の担い手としての女性 ……………… 65
　　アキレウスの教師ポイニクス，英雄の教師ケイロン … 69
　　神話上の範例(パラデイグマ)の使用 …………………………………… 73
　　アテナとメンテスによるテレマコスへの教育 ………… 77
　　模範が備える教育上の意義 ……………………………… 82
　　模範から範例(パラデイグマ)を経て「善のイデア」へ ………………… 86

教育者としてのホメロス ……………………………………… 88
　　ギリシアの人間性の第一人者としてのホメロス ……… 88
　　現実的な生と哲学的な認識に対する詩情の優位 ……… 90
　　ホメロスの叙事詩の比類なさ …………………………… 92
　　神話上の模範と範例(パラデイグマ)に基づく警告・鼓舞 ……………… 95
　　叙事詩の理想化する傾向 ………………………………… 99
　　英雄による最高のアレテーをめぐる闘争(アゴーン) ………………… 103
　　英雄アキレウスの物語 …………………………………… 107
　　迷妄の最中における運命の形成者アキレウス(アーテー) ………… 108
　　人間的なものと神的なものとの関連 …………………… 111
　　ギリシア人の思考の人間中心的な性格 ………………… 115
　　ホメロスの登場人物の彫塑性 …………………………… 119

ヘシオドスと農民階級 ………………………………………… 123
　　ヘシオドスによる労働への高い評価 …………………… 123
　　農民の代弁者，地方の自立性 …………………………… 125
　　神話がヘシオドスへ及ぼした影響 ……………………… 129
　　正義への情熱的な信仰 …………………………………… 131
　　神話的な伝承への体系的な接近 ………………………… 134
　　民衆における神話上の範例(パラデイグマ)としての寓話(アイノス) ……………… 137
　　正義の観念と労働の観念との結合 ……………………… 141
　　アレテーが教授可能かという問い ……………………… 145
　　仕事と生の経験という宝庫 ……………………………… 148
　　ギリシア民族の教師ヘシオドス ………………………… 152

目　次　　xv

スパルタの国家教育 ……………………………… 155
教養の形態と類型としてのポリス ……………… 155
　ギリシア教養史の社会的な枠としてのポリス ……… 155
前4世紀におけるスパルタの理想と伝承 ……… 159
　スパルタに関する文学的, 歴史的な資料 …………… 159
　模範としてのスパルタ像 ……………………………… 163
　パイデイアの本質とスパルタの理念 ………………… 167
　テュルタイオスによるスパルタ軍の鼓舞 …………… 169
テュルタイオスによるアレテーへの呼びかけ … 171
　テュルタイオスのエレゲイアーの教育的性格 ……… 171
　英雄的なアレテーから祖国愛の英雄主義へ ………… 176
　祖国に殉じた戦死者への尊敬 ………………………… 180
　優れた法秩序(エウノミアー)を基礎付ける思想上の形式 ………… 183
　テュルタイオスの全ギリシアと後世への影響 ……… 186
　イオニア芸術のスパルタへの影響 …………………… 188

法治国家と市民の理想 …………………………… 192
　イオニア都市国家の特徴, 歴史・社会上の変化 …… 192
　成文法と平等な法の要求 ……………………………… 196
　アレテー一般としてのディカイオシュネーへ ……… 199
　徳の包摂概念としての正義 …………………………… 203
　体操および芸術に関わる競争(アゴーン) …………………… 206
　ギリシアの教養の一段階としての法律 ……………… 209
　貴族の精神形式の市民階級への転移 ………………… 213

イオニア・アイオリスの文芸と個人の自己形成 … 218
　政治的なものから離れた経験という新たな領域 …… 218
　自らの内的な法則の発見 ……………………………… 221
　英雄的なものの自然的なものへの変形 ……………… 222
　非難の詩歌(プソゴス)の代表者アルキロコス ……………… 226
　イアンボス調の詩の社会的機能 ……………………… 231
　イアンボスの諷刺詩から教訓的なものへの移行 …… 232
　運命(テュケー)と人間の自由との関連 ……………………… 235

確固とした限界付けとしてのリズム …………………237
　　ポリス生活の補足としての快楽主義的な詩情 ………240
　　快楽主義的な詩情における反省に基づく教訓 ………245
　　サッポーによる新たな内面性の世界 …………………246
　　魂の力を解放するエロスによる人間形成 ……………250
ソロンと，アテナイにおける政治的な教養の開始 ……256
　　アッティカの教養の支柱ソロン ………………………256
　　貴族支配下の，イオニア精神との出会い ……………258
　　秩序の女神とディケー …………………………………263
　　　エウノミアー
　　運命の摂理としての迷妄から人間の自己責任へ ……266
　　　　　　　　　　　アーテー
　　ディケーによる信賞必罰 ………………………………270
　　支配的なモチーフとしてのバランスの回復 …………274
　　共同体と個人の結合 ……………………………………279
哲学的な思考と世界の秩序の発見 ……………………281
　　　　　　　　　　　コスモス
　　宗教的世界像の合理化としてのギリシア哲学史 ……281
　　イオニア哲学者固有の精神のありよう ………………285
　　根源の自然への問い ……………………………………289
　　地球像と世界像──アナクシマンドロス 1 …………292
　　無限定なもの──アナクシマンドロス 2 ……………295
　　　アペイロン
　　世界の秩序の内的な発見──アナクシマンドロス 3 ……298
　　　　コスモス
　　事物の原理としての数──ピュタゴラス 1 …………301
　　音楽・数学と教育──ピュタゴラス 2 ………………305
　　調和・適切さという思想──ピュタゴラス 3 ………307
　　アポロンとディオニュソス──ピュタゴラス 4 ……310
　　優れた法秩序の原像と世界──クセノパネス 1 ……314
　　　エウノミアー　　　　コスモス
　　哲学的真理と人間的アレテー──クセノパネス 2 …318
　　精神的な教養，知恵の重視──クセノパネス 3 ……320
　　　　　　　　　ソフィアー
　　純粋な思惟による把握物の発見──パルメニデス 1 …323
　　知覚と思惟，思惑と真理の区別──パルメニデス 2 …326
　　自然から人間への問いへ──ヘラクレイトス 1 ……330
　　対立関係と万物の統一──ヘラクレイトス 2 ………334

宇宙論的思考と宗教的思考――ヘラクレイトス3	338

貴族の戦いと聖化 … 342

ピンダロスとテオグニスによる貴族理念の永遠化	342

テオグニスの本の伝承 … 346

名詩撰の基礎	346
キュルノスへの注目による作品構成の分析	347
作品冒頭で著者の名を挙げる習わし	350
テオグニスの生存年代	354

貴族による教育伝統の集大成 … 357

貴族階級の教育全体を伝える訓戒(ヒュポテーカイ)	357
民衆の台頭に対する貴族の闘争	360
テオグニスの貴族倫理	364
富とアレテーの結び付きの解体	368
貴族を特徴付ける正義としての徳(アレテー)	371

ピンダロスによる貴族への信仰 … 374

古風で闘争的(アゴーン)な人間	374
体操術,競技者の理想	377
宗教的な文芸としての勝利の讃歌	380
最高の人間的な勲功としての勝利(アレテー)	382
身体と精神を共に包括するアレテー概念	386
英雄と英雄の血の讃美	389
貴族のパイデイアとイデア哲学	394
アレテーが生得であるという信仰と教育	397
詩人の力と職業訓練(マトンテス)を受けた人の知識	400
詩人の課題としての国王の教育	402

僭主の文化政治 … 405

教養史上の僭主政の位置付け	405
僭主政の起源としての経済的・社会的な大変動	408
幸福な上昇の時代としての僭主政	412
僭主による詩人・芸術家の保護	416

第Ⅱ部
アッティカ精神の絶頂と危機

アイスキュロスの劇 ………………………………… 425
創造の背景としてのペルシア戦争 ………………… 425
悲劇の教育的な役割 ………………………………… 428
叙事詩の再生としての悲劇 ………………………… 432
悲劇の中心にある神話と英雄精神 ………………… 435
悲劇の覇権と国家の栄華 …………………………… 438
ポリス生活のハイライトとしての悲劇の上演 …… 441
悲劇の由来,合唱団の機能 ………………………… 443
宗教的な問いの焦点としての悲劇 ………………… 447
運命の人間への支配,神と運命との関係付け …… 451
人間の限界に関する最も深い思慮深さと認識 …… 454
<small>ソーフロシュネー</small>
世界の秩序への信仰,迷妄に基づく動揺 ………… 458
<small>アーテー</small>
三部作を統一的に考察する必要性 ………………… 460
個人的なアレテーと超人格的な運命との対立 …… 462
文化創造の精神としてのプロメテウス …………… 465
プロメテウスの英雄性,巨神性 …………………… 468
<small>ティタン</small>
全対立関係の,国家秩序における和解 …………… 471
<small>コスモス</small>

ソポクレスの悲劇的な人間 …………………………… 475
三大悲劇詩人の関わり ……………………………… 475
究極の法則の認識に基づく彫塑的な質 …………… 479
一回限りの古典性,教養芸術としての悲劇 ……… 483
都会性,中間音の巨匠,思慮深さの自明な表現 … 487
最高のアレテーの担い手としての人物の形成 …… 491
人間形成の出発点としての魂 ……………………… 493
<small>プシューケー</small>
苦悩による真の人間的な偉大さへの上昇 ………… 495
人間の悲劇的な自己認識としての悲劇 …………… 500

ソフィスト ……………………………………………… 505
教養史上の現象としてのソフィスト ……………… 505

目　次

　　貴族の教育上の特権の乗り越え ……………………………505
　　血の優位という神話的な前提の打破 ………………………508
　　教育目的としての知的な弁論 ………………………………511
　　精神形成による政治的なアレテー …………………………514
　　ソクラテス以前の哲学者による人間観 ……………………518
　　実践的な要求，多面的な教養 ………………………………519

教育学と文化理想の起源 ……………………………………524
　　政治的な教養の技術的な知識に対する優位 ………………524
　　高尚な教養と国家，共同体との結び付き …………………527
　　教養世界の歴史的な構築 ……………………………………531
　　教育理論の基礎として人間の自然への注目 ………………534
　　人間の教育可能性への楽観的な信仰 ………………………537
　　法律の教育的な機能 …………………………………………541
　　教養と農耕との比較 …………………………………………543
　　後世の修辞学への影響 ………………………………………548
　　数学的諸学科の教養への組み入れ …………………………552
　　イオニア精神とアッティカ精神との架橋 …………………556

国家の危機と教育 ……………………………………………560
　　教育的な力の源泉としての国家 ……………………………560
　　平等あるいは強者の支配としての自然 ……………………564
　　国家の法律と世界の秩序の法律との亀裂 …………………567
　　深い基礎付けを欠いた人間・国家・世界観 ………………573

エウリピデスとその時代 ……………………………………578
　　時代の危機の表現 ……………………………………………578
　　社会的な分裂と人間の内的な解体 …………………………581
　　知的，芸術的な中心としてのアテナイ ……………………586
　　アテナイの様々な場での合理的精神の萌芽 ………………590
　　革命的な冒険性と勇敢な改革欲 ……………………………594
　　生の市民化と悲劇の喜劇化 …………………………………598
　　修辞学と詩的な雄弁との関連 ………………………………602
　　哲学の詩情に対する支配 ……………………………………605

  神話に対する批判，劇の抒情詩化 …………………… 609
  人間の感情と情熱が不穏に動く世界の探求 ………… 612
  教養力としての市民社会，修辞学，哲学 …………… 617
アリストパネスの喜劇 ……………………………………… 621
  人間の属性としての笑う能力 ………………………… 621
  喜劇の展開史，悲劇の喜劇への影響 ………………… 624
  アリストパネスの他の喜劇詩人に対する優位 ……… 628
  同時代の最大の教育力としての喜劇 ………………… 631
  アテナイの過去に値しない民衆と指導者への批判 … 634
  『騎士』における古き時代の理想像 …………………… 638
  新しい教育の代表者ソクラテスへの批判 …………… 641
  若者の魂をめぐる新旧の教育の戦い ………………… 645
  悲劇の警告者としての喜劇 …………………………… 650
  詩人の本質と職分に関する信仰告白 ………………… 654
  国家の指南者としての喜劇 …………………………… 656
政治的な思想家としてのトゥキュディデス ……………… 661
  ヘカタイオスとヘロドトス …………………………… 661
  政治的な思考の歴史化 ………………………………… 663
  権力政治家の目に基づく過去の考察 ………………… 666
  歴史の中に永続的な法則を認識する努力 …………… 670
  内在的な合法則性を持つ世界としての政治 ………… 673
  闘争の根拠と戦争の真因との区別 …………………… 678
  アテナイにおける権力の展開の心理学的な基盤 …… 681
  戦争の内的な必然の洞察による客観性の獲得 ……… 683
  戦争の中心にある権力という問題 …………………… 687
  力と正義の戦い，権力とノモスの分離 ……………… 691
  シチリア遠征という政治的な誤り …………………… 694
  理想的な国家指導者としてのペリクレス …………… 699
  民主主義国家における指導者の重要性 ……………… 703
  アッティカ精神の正当化としてのパイデイア ……… 707

目　次　xxi

解　説 …………………………………………………… 711
訳者あとがき …………………………………………… 753
概念名・作品名・その他の用語解説 ………………… 754
人名・神名・地名・家名・部族名の用語解説 ……… 763
索　引 …………………………………………………… 811

続刊目次

第Ⅲ部
偉大な教育者と教育体系の時代

前4世紀
パイデイアとしてのギリシアの医術
ソクラテス
    ソクラテスという問題
    教育者としてのソクラテス
歴史上のプラトン像
プラトンによるソクラテスの小対話編:哲学的な問題としてのアレテー
プラトン『プロタゴラス』:ソフィストまたはソクラテスのパイデイア?
プラトン『ゴルギアス』:真の大政治家としての教育者
プラトン『メノン』:知識の新しい概念
プラトン『饗宴』:エロス
プラトン『国家』
    序論
    正義という問題からの,最善国家という理念の起源
    古いパイデイアの改革
    芸術教育の批判
    体操術と医術の批判

続刊目次　　　　　　　　xxiii

- 正義が支配する国家における教育の位置付け
- 女性と子供の教育
- 人種の選抜とエリートの教育
- 戦士教育と戦時法の改革
- プラトン『国家』——哲学的な人間が「生きる場所」
- 支配者のパイデイア
- 数学の研究
- 弁論術の教養
- 人間の魂の病理学としての国家形式についての教説
- 我々の中の国家
- 詩情の教育上の価値
- パイデイアと終末論

イソクラテスの修辞学と，その教養理想
政治的な教養と国民的な理念
君主の教育
急進的な民主主義における権威と自由
イソクラテスによる自らのパイデイアの擁護
クセノポン
プラトン『パイドロス』：哲学と修辞学
プラトンとディオニュシオス：パイデイアの悲劇
プラトン『法律』

- 教育者としての立法者
- 法律の精神と真の教養
- 国家の没落の原因について
- 国家創設と神的規範。法律の序文
- 民衆教育のための法律
- 支配者の形成と神の認識

デモステネス

パイデイア（上）

──ギリシアにおける人間形成──

序論　人間の教育史におけるギリシア人の位置付け

―――――――――

共同体の事柄としての教育

　すべての民族は特定の発展段階に達すると，おのずと教育への衝動に駆られる。教育とは，人間の共同体が自らの身体的・精神的な種を保存し，繁殖させるために用いる原理のことである。歴史の経過において，個人は消滅する。他方で種は自らの姿を同一に保つ。獣と人間は，人間が身体的な被造物である限りにおいて，自発的で自然な繁殖によって自らの種を守り通す。人間は意識的な意志や理性という力によって社会的・精神的な存在のあり方を創造したが，人間はそのあり方を，もっぱら本性のこの力によってのみ，育み保つことができる。人間の成長には，この同じ力によって特定の自由裁量の余地がある。種が先史時代に変異したという仮説を考慮せず，もっぱら所与の経験世界に依拠するならば，人間以外の生物の種は，こうした自由裁量の余地なしにやって行けるのである。人間は意識的な陶冶によって身体的な本性，その属性すら変化させ，より高い仕事ができる能力を高めることができる。しかし人間の精神は自らの中に，成長へ向けた豊かな可能性を無限に備えている。人間は進歩しつつ自己に対して意識的になることにより，内的・外的な世界の認識を通して，人間存在の最善の形式を形成する。肉体的・精神的な存在としての人間の本性は，自らの種の形式を保持し伝えるために特別な条件を創造し，特別な肉体的・精神的な形成の過程を促

進する。我々はその過程の概念内容を, 教育という言葉によって性格付ける。人間によって行われる教育においては, 自然による造形的で創造的な生への意志が働いている。この意志は, 全ての生きた種を自らの形式に従って自発的に繁殖させ保とうと試みる意志と同様のものである。しかしこの生への意志は, こうした（人間という）段階において, 人間の知識と意欲へ向けた意識的でひたむきな努力によって, 最高度の集中へと高められた。

ここから幾つかの一般的な帰結が生じる。教育とは第一に個人の事柄ではなく, その本性からして共同体の事柄である。共同体の性格は, その個々の成員によって刻印付けられる。共同体は「政治的な（つまりポリス共同体における）生き物 ζῷον πολιτικόν」[1] たる人間にとって, あらゆる行為と態度の源泉である。これは獣に表れることはない。共同体が成員に対して最も強い, 決定的な影響を及ぼすのは, 常に共同体から生まれる新たな個人を, 共同体の意向に従い教育によって意識的に形成する, 共同体の努力の中にあってである。あらゆる共同体の成立は, 成文化されているにせよ, いないにせよ, 共同体の中で妥当し, 共同体それ自体や成員を結び付ける法律および規範に基づいている。それゆえ全ての教育は, 人間共同体の生きた規範意識の直接の発露である。この共同体の内容としては, 家族, 職業, 身分, あるいは部族や国家のような, より包括的な団体などが挙げられよう。

教育は共同体の成長や生の過程が変化するにつれてこの過程, つまり共同体の外的な運命, 内的な構築, 精神的な発展に関与する。人間の生において妥当する価値についての一般的な意識は, 共同体の発展の影響下にある。それゆ

---

1) （訳注）アリストテレス『政治学』第 1 巻第 2 章 1253a3 を参照。

え教育の歴史は，本質的に共同体の世界観の変遷によって制限されている。また共同体の中で妥当している規範が安定していることは，ある民族の教育上の根本条項が堅固であることを意味する。規範の破壊や荒廃は不安定で動揺する教育を生み出し，時にはそれによって教育が完全に不可能となるに至る。伝統が力ずくで壊されたり，内的に没落するや否や，こうした状態に陥るのである。他方，安定だけがあっても，それは（共同体が）健全であることの確実な印であるとは，まだ言えない。というのも，健全さは老年の硬直状態，末期状態の文化，例えば（辛亥）革命前の儒教の中国，末期のユダヤ教，教会や芸術や学派の特定の時代においても支配するからである。古えのエジプト人が何千年にもわたる歴史において，時代を超越してほとんど変化しなかったことは，恐るべき印象を与える。しかし既存のあり方が堅固で政治的・社会的な変化を被らないことはローマ人にとっても最高の価値であり，それに対して変化を求める特別な理想や願望は，なべて部分的に正しいものに過ぎなかった。

文化・歴史の開始

ギリシア人のあり方は特別な位置を占めている。現在から考察すると，ギリシア人は東方の歴史上の偉大な民族に対して，共同体の中での全ての生のあり方について，文字通りの「進歩」と新たな「段階」を意味する。ギリシア人の共同体では，人間の生は全く新たな基礎の上へと据えられる。（ギリシア人）以前の民族に見られる芸術的・宗教的・政治的な意義をどんなに高く評価しようとも，我々が明確な意味で文化[2]と名付けることのできるものの歴史

---

2) （訳注）Bollenbeck, Georg: Bildung und Kultur: Glanz und Elend eines deutschen Deutungsmusters, Frankfurt am Main 1996 を参照。

は，まさにギリシア人から始まるのである。

19世紀における近代の学問研究は，歴史的な地平を途方もなく拡大した。二千年前から世界と見なされていた，「古典的な」ギリシア人とローマ人が住む全世界は，空間的にあらゆる方向へと拡がっていった。その結果，それまで知られていなかった精神的な世界が我々の眼差しを開いた。しかし今日，このような視野の拡大にもかかわらず，我々の歴史が今日もなお——より深い絆という意味において——ギリシア人の登場と共に「始まる」という事実が変わらなかったことを，以前よりも明確に認識する。もっともそれは，我々の歴史が自民族の境界を越えて広がり，自らをより大きな民族圏の一員として認識しなければならない限りにおいてなのだが。それゆえ私は以前この民族圏を，ギリシア中心的な圏域と名付けた[3]。ここで「始まる」という言葉は，時間的な開始に留まらず，新たな段階であれば何であれ方向付けを得るため遡らなければならない精神的な根源，「アルケー ἀρχή」を意味する。このアルケーこそ，歴史の経過の中でギリシア人と我々との間に常に繰り返された精神的な出会いの基礎である。その際，こうした遡行や自発的な更新の意義は，我々の時代を圧倒する超時代的で精神的な偉大さに対して，我々の運命とは無関係な，それゆえ硬直した不変の権威を我々に与える点にあるのではないということを，すでにこの序論において銘記せねばならない。我々が（根源へ）遡ることの根拠は，（ギリシア人についての）評価は様々であるにせよ，常に自らの生の欲求の中にある。もちろん我々そしてすでに述べた民族圏のどの民族にとっても，古代ギリシアとローマは，根源的に異質である。この異質性は，ある時は血と感

---

3) 論集『古代と現在』第二版（ライプツィヒ，1920年）における冒頭の論文11頁を参照。

序論　人間の教育史におけるギリシア人の位置付け　7

情，ある時は精神面での天分，形態化の形式，ある時はその時々の歴史的な状況の相違に由来する。しかし，このような仕方で（我々が古代ギリシア・ローマに対して）異なっていることと，我々が人種と精神において並外れて異質なオリエントの諸民族に対して異なっていることとの間には，非常に大きな相違がある。最近の幾人かの作家が，ヨーロッパ諸国民の世界を中国，インド，エジプトに対するのと同様に，古代の世界に対しても高い壁によって分離している[4]。それがパースペクティブの非歴史的な転移によることは，疑いを容れない。

しかし，単に人種的に近いという親近感だけが——確かにこの要素が他の民族を内的に理解するためにはたいへん重要であるのだが——問題になっているわけではない。我々の歴史は本来，古代ギリシアと共に始まると言うならば，「歴史」(ゲシヒテ)という概念をこの場合に用いる特別な意味を意識しなければならない。我々は，不思議で謎に満ちた外国の世界の調査のことをも歴史と名付ける。すでにヘロドトスが，この種の歴史を著した。我々は今日，人間の生の形態学のあらゆる形態に対して非常に鋭い目を注ぎ，最も遠い民族にすら接近し，その本来の精神へ参入することを試みる。しかし我々自身の中でまだ生き生きと働いている——それが自民族の歴史であるにせよ，諸民族間のより緊密な圏域の歴史であるにせよ——運命的な精神の結合を前提とする歴史の考察と，後者の，人口に膾炙した言い方では「人類学的な歴史」とは異なっている。そもそもこの前者の種類の歴史においてのみ，内側からの理解，自己と他者との真に創造的な触れ合いが存在する。ひとえにこうし

---

[4]　（訳注）オスヴァルト・シュペングラー『西洋の没落——世界史の形態学の素描　完訳新装版』第1巻（村松正俊訳，五月書房，1989年）序論，21頁を参照。

た歴史においてのみ，成熟した社会的・精神的な形式と理想からなる共同体が存在する。この形式や理想が，たといいかに様々な断絶と変化を被り，こうした諸民族の家族の異なる人種・部族という土台の上で変化し，交錯し，排除し合い，死滅し，再び更新しようと，それは重要ではない。このような共同体において，全体としての「ヨーロッパ Abendland」とその個々の指導的な文化民族は，それ自体，特別な仕方で古代と関わる。根源での結合というこのより深い意味において歴史を理解するならば，歴史が全地球を舞台として包括することはできない。そして地理学的な地平の広がりはどれ一つとして，歴史的な運命が何千年来，据えてきた以上に，「我々の」歴史の境界を過去へ向けて，さらに広げることはできないだろう。将来，全人類の統一が似た意味で生じるかどうか，ということについては差し当たりいかなる予言も不可能で，我々の問いにとって重要ではない。

パイデイア，文化の独自性

人類の教育史におけるギリシア人の位置を画定する革命的で画期的なものを，僅かな言葉で定式化することは無理である。ギリシアにおける人間形成，つまりパイデイアをその唯一無二の固有性と歴史的な発展において描き出すことこそ，この本全体の課題に他ならない。パイデイアは抽象的な理念の単なる総体ではなく，経験された運命という具体的な現実におけるギリシア人の歴史それ自体である。しかしこの経験された歴史は，ギリシア人が歴史から持続する形式を創造していなければ，すでにはるか以前に消滅していたことだろう。ギリシア人は，彼らが運命に耐えた最高の意欲の表現としてパイデイアを創造した。彼らには自らの展開の最も早い段階において，この意欲を表現する概念が完全に欠けていた。しかし彼らが注意深く自らの道

序論　人間の教育史におけるギリシア人の位置付け　9

を歩むほどに，自らの生にとっても常にアクチュアルな目的がより明瞭な意識として示された。このアクチュアルな目的とは，より高い人間を形成することに他ならない。ギリシア人にとって教育という思想は，人間的な努力の意味をなべて代表するように見えた。彼らにとって教育は，人間社会と個人の存在を究極的に正当化するものとなった。ギリシア人は自らの発展の最高点において，以上のように自己を理解した。何らかの優れた心理学的，歴史的，社会的な洞察のお陰で教育を——私にその具体例は閃かないが——より良く理解できる，という考えには何ら十分な根拠はない。ギリシア人がその草創期に据えた途方もない記念碑も，こうした（教育の基底性という）光の下で考察して初めて，完全に理解できるものとなる。この記念碑は，同じ（教育を重視する）精神から生まれたのである。そしてギリシア人は彼らの精神的な全創造物を，ついにパイデイア，「文化」という形で，古代の他の民族へ遺産として伝えた。これこそ，アウグストゥスがローマの世界帝国としての使命をそこへ結び付けた，ギリシア人の文化観であった。ギリシアの文化理念なしに，歴史的な統一としての「古代」やヨーロッパの「文化世界」は存在しなかったであろう。

　もちろん今日の使い古された言語の使用においては文化という概念を，大抵こうした意味で，つまりギリシア後の人類に属する理想として理解することはない。むしろこの概念を，非常に通俗化された意義において，原始人も含めた世界の全民族について一般化して適用する。つまり文化という言葉によって，ある民族に特徴的な生の表出や形式の全体を理解する[5]。文化という言葉はこうした解釈に

5）　続く議論に関しては，拙著「ギリシア人の教養の構築におけるプラトンの位置付け」（ベルリン，1928年），特に基本的な第一部

よって，単に記述的で人間学的な概念へと成り下がってしまった。この言葉は，もはや最高の価値概念，目指すべき理想を意味しない。単なる類比というこのぼんやりした，色あせた意味において，中国，インド，バビロニア，ユダヤ，エジプトの文化について語ることが許される。もちろんこれら諸民族のどの民族も，(ギリシア語の)文化という言葉に対応した言葉や明確な概念を知らないのだが。いかに高度に組織された民族であっても，教育制度をなしで済ますことはできない。しかしギリシアの人間形成の理想と，イスラエル人の律法と預言者，中国人の儒教のシステム，インド人のダルマとは，その本質と全精神的な構造からすると，根本的に異質なものである。結局のところギリシア以前の様々な文化について語る習慣は，全ての異質なものを馴染みのヨーロッパ的なものへ概念化する実証主義的な同一化に由来した。その際そもそも歴史上の歪曲というものが，異質な世界を，自らの本質からすると相応しくないヨーロッパ的な概念体系へ統合することによって始まる点に我々は気付かないのである。この点に，ほとんど全ての歴史的な理解が逃れ難い循環論法の根がある。この循環論法を根こそぎにすることは無理である，なぜなら，そのためには，予め己の本性を変えねばならないからである。しかしいずれにせよ，この歴史的な世界の分割という根本的な問いにおいて，ギリシア以前の世界とギリシア人と共に始まった世界との間の基本的な相違を意識する必要がある。そしてこの後者の世界において，文化の理想がそもそも意識的な形成原理として初めて形成されたのである。

「文化理念とギリシア人のあり方」7頁以下(『古代』第4巻，1頁)を参照。

自由・自然の重視

　たとえ我々が，ギリシア人が文化理念の創造者であることを証明しても，あまり多くのことは得られないのかもしれない。むしろこの（ギリシア人の）父としての存在は，多くの意味で文化に飽きた時代にとっては重荷に見えるかもしれない。しかし我々が今日，文化と呼ぶものは，根源的なものが萎縮した産物，最後の変容に過ぎない。ギリシア語で言えば，それはパイデイアというよりも，むしろ展望が効かなくなり無政府的で外的な「生の装備品 κατασκευὴ τοῦ βίου」[6]であり，我々がその本来の意味を再び請合うために，その真の根源形式から詳細でより広い解明を必要とするように見えるものである。その根源的現象を反省するためには，ギリシア人に似た精神のあり方を前提とする。それはこの根源的現象への反省が，ゲーテの自然観の中に——私は直接の歴史的な伝統を顧慮することなしに信じたいのだが——再び息を吹き返しているようなものである。まさに硬直した末期の時代において生きた人間が再び殻の下で呼び起こされ，人間の中で浅薄化された鈍い文化の機械主義が英雄的なものに対して敵となる歴史的な瞬間に，より深い歴史的な必然性に従って，同時に本来の民族性の源泉へ戻ろうとする願望と共に，歴史的な存在の深い層へ下りようとする衝動が目覚めるに違いない。この深い層においては，ギリシア民族と本性の似た精神が灼熱する生から形式を創り出し，その形式はこの灼熱を今日に至るまで保存し，出現の創造的な瞬間を永遠化するのである。我々にとってギリシア的なものは，単に近代世界の文化史的な鏡でも，その合理的な自己意識の象徴でもない。根源の秘密と奇跡は，永遠に新しい刺激によって源初の創造を大事にする。そして，きわめて貴重な財産すら日

　6）（訳注）プラトン『法律』842C。

常の使用によって空虚になる危険が大きくなればなるほどに，ギリシア的なものは上述の（きわめて貴重な財産という）諸力のより深い価値に気付いた精神を，次のような形態へと引き入れる。この形態の中でこの諸力は，潑剌とした民族の青年期と創造的な天才性と共に人間の心底から現れ出る。

すでに主張したように，教育者としてのギリシア人の世界史的な意義は，共同体における個人の立場を新しく意識的に把握することから生まれる。ここではギリシア人を古代オリエントという歴史的な背景から考察しよう。すると両者の相違は余りにも大きいため，ギリシア人は近代ヨーロッパ世界と一体のように見える。この統一とは，我々が当然のように近代の個人主義的な自由という意味で解釈するものである。実際には今日の人間の個人の自己意識と，ギリシア以前のオリエント人の生活様式との間に見られるほど，際立った対立は存在しない。このオリエント人の生活様式は，ピラミッドやオリエントの王墓や記念碑的な建物の壮重さを以て我々に歩み寄ってくるのである。オリエントにおいては，神に比すべき一人の人間が自然のあらゆる尺度を越え，前代未聞な程にまで高められた。この高揚のうちには，我々にとっては異質な形而上学的な感覚が表現されている。同様にオリエントにおいては，大群衆が抑圧された。支配者とその宗教的な意義が過大評価されていることは，この抑圧なしに考えられない。こうした高揚や抹殺と比べると，ギリシア史の始まりが人間の新たな価値評価の始まりに見える。このような価値評価は，特にキリスト教によって普及した，個々人の魂が無限の価値を持つという考えと，ルネサンス以来の要請である個人の精神的な自律性とは容易に合流するように見える。そしていかにして，近代が個人を重要な存在として認めるよう要求するようになったかは，人間の尊厳に対する幾許かのギリシア

序論　人間の教育史におけるギリシア人の位置付け　13

的な感情なしに正当化されるというのだろうか？

　さて，ギリシア人が個人の問題をもその哲学的な展開の高みにおいてすでに視野に入れていたことは，確かに歴史的に反駁できないであろう。ヨーロッパにおける人格性の歴史は，疑いもなくギリシア人から始まったと考えざるを得ない。ローマとキリスト教の影響がこれに加わり，この両者の混合から個人としての自己という現象が生まれたのである。しかしこの近代の出発点から，人間の教養史におけるギリシア精神の位置を原理的に的確に把握することはできない。把握するためにはおそらく，ギリシア精神には人種的に形式を生み出す素質があることから考えるのが最良であろう。ギリシア人の自発的な勇気，しなやかな敏捷さ，内的な自由は，汲み尽くし難い多様な対立が織り成す形式の世界にあってギリシア国民が急速に発展した前提であるように見え，草創期のギリシア作家と触れ合う際には常に繰り返し驚嘆されたものである。その際，ギリシア人の特徴は決して近代の意識的な主観性ではなく，自然に基づいている。そしてこの自然が自我として意識されると，自我は客観的な規範と法則の発見という精神的な回り道を通って成立する。その客観的な規範と法則の最初の認識は，人間の思考と行為に新たな確実さを与える。ギリシア人の芸術家は，人間の身体を描写によって解決し，解放した。これはオリエントにとっては不可解であった。こうした解決や解放は，対象を偶然に受け止める個人的な態度を外的に模倣することに基づくのではなく，身体的な構成，バランスの付与，運動の一般的な法則についての明晰な洞察から生じた。同様にギリシア人における精神的な没頭という優れた，意のままになる自由は，先史時代の諸民族にとっては到達し難い，事柄の根底にある合法則性についての明晰な意識から生まれた。ギリシア人は生まれながらに，「自然」から発したものへの感覚があった。彼らが最

初に性格付けた自然という概念は,精神的な素質への特別な問いかけなしに生まれた。ギリシア人の精神がこの思想をもたらすはるか以前に,彼らの目は次のような眼差しによって事物を考察した。その眼差しにとっては,世界のいかなる部分もそれ自体,孤立して現れたのではなく,常にある全体の生きた関連の中へと組み込まれていた。この関連から,全体は部分の位置付けとして意味を受け止めたのである。我々は,こうした考察を有機的と名付ける。なぜなら,この考察は個々のものを全体の部分として把握するからである。ギリシア精神が現実の法則を意識的に把握しようとする衝動は,あらゆる種類の芸術的な表現形式と同様,思考,演説,行為などの生のあらゆる領域においても現れている。この衝動は上で触れたように,存在における自然で,成長した,根源的で有機的な構造への洞察と関連している。

芸術・哲学における形式・法則の重視

ギリシア人が芸術的に造形し,見る方法は,差し当たり美的な天分によるように見える。それは疑いもなく,目によって単純に見るという行為の根底に何らかの仕方で存在するのであって,芸術的な創造という領域へある理念を意識的に転移することによるのではない。この転移つまり芸術の理想化は,比較的後期になって初めて,つまりギリシアの古典期に現れる。文学の創造は目で見ることではなく,言語的な感覚と内的で霊的な行程の共同作用に基づくが,なぜこの文学において上と同じ現象に出会うのか。その理由は,自然的な素質や無意識に見ることを強調するだけでは,もちろん説明されない。我々はギリシア人の弁論術においても,造形芸術と建築術と同様の形式原理に出会う。そこで詩的な産物あるいは散文作品の彫塑的あるいは建築的な性格について語ろう。ここで彫塑的あるいは建築

序論　人間の教育史におけるギリシア人の位置付け　15

的というのは，造形芸術を模倣した形式的価値ではなく，人間の弁論およびその構成と似た規範である。我々はこの規範を，これらの表現によって比喩的に明らかにするに過ぎない。というのも，造形芸術の作品の構成は，我々にとってより直観的に速やかに意識されたからである。ギリシア文学の形態は，その多様性と技巧に満ちた構造のために，人間の表現生活の単純で素朴な自然の形式を芸術と様式の理想的な領域へ移し替えることによって成立した。弁論術においても，有機体として形態化し明晰に分節化する能力は，もっぱら感じ，考え，語る際の法則的なものに対する自然な感情と鋭敏な感覚に由来する。この感覚は結局のところ，論理学，文法学，修辞学という抽象的な創造へと技術化されるのである。我々はこうした観点について，ギリシア人から多くを学ばなければならなかった。そして彼らから学んだことは，今日もなお妥当する弁論，思考，文体の形式として強固に存続している。

　これはギリシア精神の最大の奇跡であり，比較を絶する唯一無二の構造を雄弁に証言している哲学にも当てはまる。哲学において，ギリシア芸術とギリシア的な思考の形式は，その根源力を最も明瞭に発揮した。つまり森羅万象と，その変化の根底にある不変の秩序への明晰な眼差しが開かれた。民族はそれぞれに固有の法則を生み出したが，ギリシア人は随所で事物それ自体に作用する「法則」を求め，人間の生と思考をその法則によって方向付けようとする。ギリシア人は，諸民族の中でも第一級の哲学者である。ギリシア哲学の観想(テオーリアー)は，ギリシア人の芸術的な彫刻および文芸と根源において似ている。この観想(テオーリアー)は，そこで我々が最初に考える合理的な要素を含むだけでなく，この単語の語源が表すように，対象を常に全体として，そのイデアにおいて，つまり見られた形態として把握するという，見ることの要素を含む。我々がそのような本質を一般

化する危険と，前のことを後から解釈する危険を意識するにせよ，次のことに目を閉ざすことはできない。つまり，唯一無二で特別にギリシア的な思考の産物であるプラトンのイデアは，ギリシア人の精神のあり方を理解する鍵を他の領域においても与える。特にプラトンのイデアと古代以来のギリシア芸術において支配的であった形式重視の傾向との関連が，しばしば語られた[7]。しかしこうした見解は，弁論術とギリシア人の精神形式の本質一般に対しても少なからず当てはまる。すでに最古の自然哲学者の宇宙観が，こうした見ることに基づいており，それは我々の時代の計算し実験する自然科学とは対極にある。彼らの宇宙観は個別的な観察の単なる集積や方法的な抽象化ではなく，何かそれを越えたもの，ある像に基づいて個別部分を解釈し，この像は全体の部分として個別部分にその位置付けと意味を付与するのである。ギリシア人の数学と音楽は，同様のイデアによって形成されている点において——我々がそれについて何か知る限りにおいてではあるが——，より古い諸民族の数学や音楽とは異なっている。

人間中心主義(フマニスムス)

ギリシア人は全てを支配する，形式を目指す衝動と共に，哲学的に普遍を把握した。これは芸術的な課題のみならず生の事柄とも取り組み，人間の本性の深所にある法則，その法則から生まれた人格的な魂の導きと共同体を構築する規範への感覚によって可能となった。人間の教育史におけるギリシア的な本質の特殊な位置付けも，この本質の内的な構造の同一の固有性，万物を支配し形式を目指す

---

[7] この証となる，古典作品からの一節は，キケロ『弁論家について』（第1巻）7-10。彼はヘレニズム時代の資料に題材を求めている。

衝動，哲学的な普遍を把握する感覚に基づく。というのも，精神の本質を深く見抜くヘラクレイトスの洞察によれば，普遍的なもの，ロゴスはポリスの法律と共通のものだからである。ギリシア人は教育という問題に直面した際，人間の生およびそれによって人間の身体的・霊的な力が活動する内在的な法則についての明晰な意識に，全面的に依拠した[8]。陶工が粘土に，彫刻家が石に形を与えるように，形成力としてのこうした全ての認識を教育のために役立て，現実の人間を形成することこそ勇敢な創造であるという考えであった。この考えは，ひとえにこれらの芸術家と思想家の民族の精神においてのみ成熟できた。この民族が，自らに課題として与えられていると見なした最高の芸術作品は，この民族にとっては生きた人間となった。ギリシア人において初めて，教育もまた意識的に構築する過程でなければならないという認識が明らかになった。マラトンとサラミスの戦いの時代の，あるギリシア詩人は，獲得が困難とされた真の男性的な徳のあり方について，「非の打ち所なく，手足と精神が直角に作られている」[9]と記している。本来の意味において教養という言葉は，こうした教育の仕方に対してのみ適用可能である。この言葉はプラトンにおいて初めて，教育的な行為への比喩的な表現として出会われる[10]。ドイツ語の教養(ビルドゥング)という言葉は，教育のあり方を最も明瞭にギリシア的，プラトン的な意味において特徴付けている。この言葉は自らの中に，彫刻家の内面に思い浮かぶ規範的な像であるイデアまたは「模範(テュポス)」[11]への

---

8) 拙著『古代と人文主義』（ライプツィヒ，1925年）13頁を参照せよ。

9) （訳注）シモニデス「断片」542（ディール 4）。

10) πλάττειν. プラトン『国家』377B。『法律』671E その他。

11) （訳注）「打つ τύπτω」あるいは「刻印する τυπόω」から導出され，手工業，芸術の領域において「刻印付ける形式」を意味す

関係のような，芸術的に形成するもの，彫塑的なものへの関係を含む。こうした考えは後世の歴史の至る所で再び現れるが，実はこの考えはギリシア人の遺産なのである。そして人間の精神が，特別の外的な目的のための調教から離れて教育の本来の本質について思いを致す時，こうした考えが必ず現れる。しかし，ギリシア人がこの課題を非常に大きく重いものとして感じ，比類ない内的な衝動によってこの課題へ献身したということは，彼らの芸術的な眼光やその「理論的な」精神の素質から説明される事実ではなく，それ自体，独立した事実である。すでに我々がギリシア人について有している最初の痕跡から，人間が彼らの思考の中心に立っていること，つまり人間の形を取った神々を見出すのである。ギリシアの彫刻，そして絵画においてさえ，人間の形態の問題は絶対的な優位にある。哲学において，問題は世界（コスモス）から人間へと首尾一貫して運動し，この運動は人間の問題に関してソクラテス，プラトン，アリストテレスにおいて頂点に達する。詩情においても，汲み尽くし難いテーマはホメロス以降の全世紀を貫いて人間であり，この人間という言葉は決定的に重要である。最後にギリシア人の国家については，この国家を人間とその全ての生の形成者として認識する人だけが，国家の本質を理解する。上で挙げた彫刻，絵画，哲学，詩情，国家の全ては，同一の光の輝きである。さらに導出や説明が不可能で，しかもギリシア精神のあらゆる形態を貫いている人間中心的な生の感情の表出がある。こうしてギリシア人は，諸民族の中の「人間形成者 Anthropoplast」[12]となったのである。

る。模範や典型という意味においては，範例（パラデイグマ）という概念に近い。

12) （訳注）古代ギリシア語で Anthropo- は「人間の－」，plast は「作る」という意味。Jaeger, Werner: Platos Stellung im Aufbau der griechischen Bildung, in: Humanistische Reden und Vorträge, Berlin/New York ²1960, S.127 を参照。

我々は今や決然として、オリエントに対するギリシア人の固有性を織り成すものがいったい何であるのか、言明することができる。ギリシア人による人間の発見は、主観的な自我の発見ではなく、人間の普遍的な本質法則の意識化である。ギリシア人の精神原理は個人主義ではなく、この言葉を意識的に本来の古代的な意味で用いることが許されるのであれば、「人間中心主義 Humanismus」である。人文主義は「人間性 humanitas」に由来する。この言葉は遅くともウァロとキケロの時代以降、より古く卑俗な意味と並んで、さらに第二の、より高い厳格な意味を持っていたが、ここで前者の意味については考慮に入れない。この人間性という言葉はその第二の意味において、人間をその本来の形、本来の人間存在へ教育することを性格付ける[13]。これこそローマの大政治家が模範と感じた、ギリシア生粋のパイデイアである。このパイデイアは個物からではなく、イデアから出立する。イデアとしての人間は表向き自立的な自我としての人間の上に立っているのと同様、グループのあり方としての人間の上にも立っている。これに倣ってギリシア人は詩人、芸術家、探求者としてのみならず、教育者として人間を見た。しかしイデアとしての人間とは、類に普遍的に当てはまり義務付ける像としての人間を意味する。ギリシア人にとって、我々が教育の本質として認識した共同体の形式によって、個々人の特性が上述の人間像から出立することはますます強く意識され、問題との取り組みを続けながら最終的には、教育という問題の哲学的な基礎付けと深化に至る。それは根本性と目的意識の確実性という点において、他を凌駕している。

ギリシアにおいて個人の形成目標とされた人間性という理想は、決して空虚な幻影ではなく、時空の外にあるわけ

---

13) ゲリウス『アッティカの夜』XIII17 を参照。

でもない。それは民族共同体という母なる土壌の上に成長した生きた形相であり、それゆえ歴史的な変化の下にあり続けたのである。この形相は全体性の運命すべてとその精神的な展開のあらゆる段階を自らの中へと取り入れた。非歴史的な仕方で思考した過去の古典主義と人文主義は、「人間性」、「文化」、そしてギリシア人や古代の「精神」を超時代的で絶対的な人間性の表現として把握したために、上で触れたようなことを過小評価した。まさにギリシア民族こそ、特に数多くの不滅の認識を、永遠の形態において後世へ遺産として伝えたことに、疑いの余地はない。しかしギリシア人によって規範的なものへと向けられた形態化を目指す意志に関して、この規範を何か硬直した、所与のものとして捉えるならば、それは重大な誤解であろう。ユークリッド幾何学とアリストテレス論理学は、今日に至るまで確実に継続する、人間精神の不可欠の基礎である。しかしあらゆる歴史的な生の内容から抽象化され、ギリシアの学問が与えたこうした最も普遍的に妥当する形態ですら、歴史的な眼差しにとっては徹頭徹尾ギリシア的である。この形態は、他の数学的・論理的な思考と直観の形式に、存在の余地を与える。このような、自らの歴史的な環境の特徴をより強く我が身に帯び、直接的で個性的な時代状況に割り当てられる、ギリシア人の創造による作品が、どんなに多いことか。

　ローマ帝政が始まったばかりの時代における古代ギリシア末期のあり方は、まず自民族の偉大な時代の作品を、ある時は芸術的・形式的な模倣の模範として、ある時は倫理的な模範として、上述の時代を超越した意味において、古典的なものとして説明した[14]。当時、ギリシア人は自らの歴史がローマの世界帝国へ合流して以来、自立的な国家と

---

14)　（訳注）例えば偽ロンギノス『崇高について』を参照。

しては排除され，自らの伝統に対する尊敬の念こそ彼らにとって唯一の高い生の理想となった。というわけで彼らは，すでに述べた精神のあの古典主義的な神学の最初の創造者となった。このように特徴付けられる人文主義は，神学として性格付けることができよう[15]。彼らの美的な「観想的生活 vita contemplativa」は，後世に至って近代の人文主義者と学者の生活の根源形式となった。両者は，諸民族の運命や彼らの動揺を超えて高まった永遠の真理と美の領域としての，抽象的で非歴史的な精神という概念を前提している。ゲーテ時代のドイツ新人文主義も，人間の真の本性が絶対的に啓示された存在としてのギリシア人を，歴史上の特定の一回限りの時代の中で考察する。これによって新人文主義は，まさに当時新しく目覚めた歴史的な思考としての啓蒙の合理主義と，根源がより近いことを証明する。というのも，新人文主義はこの合理主義に対して非常に強い刺激を与えたに違いないからである。

政治的な本質としての人間

古典主義への反動の結果，偉大と見なされた歴史的な探求の世紀は，我々を古典主義的な考察方法から引き離した。もしも我々が今日，夜にはあらゆる猫が灰色になるような，（対象が）無限で無目的な歴史主義による危険に対して，再び古代の永遠の価値について反省するならば，古代を新たに超時間的な偶像として立てることは，問題となり得ない。我々自身が経験するような古代の規範的な内容とその形成力は，それ自体が自らの時代において生じ，作用したように，常に歴史的な生の中でのみ現れるからであ

---

15)　（訳注）Jaeger, Werner: The theology of early Greek philosophers: the Gifford lectures 1936, Oxford 1947（ヴェルナー・イェーガー『ギリシャ哲学者の神學』[神沢惣一郎訳，早稲田大学出版会，1960 年]）を参照。

る。ギリシア文学は共同体から生まれ，共同体へ向けられ，共同体によって担われた。ギリシア文学の歴史をこうした社会的な共同体から閉め出されたものとして描くことは，最早できない。ギリシア精神の卓越した長所は，まさに共同体のこうした土壌に深く根付いている点にある。ギリシア精神の産物において形相へと純化される理想を，この産物を形成した創造的な人間の精神は，全体性という強力で超個人的な生から努力して手に入れた。偉大なギリシア人の作品の中でその姿が明らかになる人間とは，政治的な人間に他ならない。ギリシア人の教育は，その究極目的が自己満足的な個人の完成であるような，私的な芸術や形成の過程の総体ではない。ギリシア末期の国の衰退期になって初めて，こうした個人が把握された。近代の教育学は，何よりもこの衰退の時代に由来するのである。ドイツ民族が未だに非政治的であった時代のギリシア愛好すなわち我々の古典が，（個人的な教養という）こうした道を差し当たりさらに追求したことは，納得がゆく。しかし国家へ向けた我々固有の精神運動は，以下の事実へ再び我々の目を開かせる。つまり優れた時代の古代ギリシア人にとって，国家に疎遠な精神は，精神に疎遠な国家と同様，知られていなかったのである。ギリシアの精髄が生み出した最大の作品とは，無二の壮麗さによる国家への志操の記念碑に他ならない。この国家への志操を戦い取ることは，ホメロスの詩による英雄時代から，知者の支配に基づくプラトンの権威主義的な国家に至るまで，展開のあらゆる段階を経て途切れることなく発展する。プラトンの権威主義的な国家において，個人と社会的な共同体は哲学という土壌にあって，最後の戦いを戦い抜いたのである。将来の人文主義は，ギリシアにおける全ての教育のあり方という根本事実へ方向付けられるに違いない。この根本事実において，人間性，「人間としてあること」は，ギリシア人によって

常に，基本的に政治的な本質としての人間の属性へ結び付けられたのである[16]。ギリシア人の中でも重要な人々が，自らが共同体に奉仕していると考えることは，生産的で精神的な生が共同体と緊密に結び付いている印である。オリエントにとってもこうした現象は馴染み深いものであるが，それは厳格に宗教へ結び付けられた生の秩序において最も自然に見える。しかしギリシア人において偉大な男たちは神の預言者としてではなく，自らの理想の形成者，民族の自立的な教師として登場する。彼らが宗教的な霊感を授かって語る場合でも，この霊感は常に固有の認識と形態へと変化する。しかしこの精神の産物が，形式と意志という観点から見てどんなに個人的であろうとも，この産物は創始者の強い力と共に社会的な機能において意識される。「詩人 ποιητής」，「政治家 πολιτικός」，「知者 σοφός」というギリシアの三位一体は，国家の最高の指導者としてのあり方を体現している。ギリシア人の創造者としてのあり方は，まさに内的な自由という雰囲気において自らの教育的な偉大さへと成長した。この偉大さは，近代の個人主義的な文明の芸術的で知的な巨匠性に優る。この雰囲気においては，並外れて神的と感じられた法の本質を知ることによって，自らが全体へと義務付けられていることを感じるのである。従来，単に美的な領域から古典的なギリシア「文学」を理解することが試みられてきたが，それは無駄であった。しかしこの偉大さは全ての美的に過ぎないものの領域を超えて，古典的なギリシア「文学」を測り難い本質的な作用へと高める。この作用は，何千年にもわたって影響を及ぼし続けているのである。

---

16) 1924年ベルリン大学，帝国建国記念式典での私の演説『プラトンの時代におけるギリシアの国家倫理』，さらに「古代の精神的な現在」（ベルリン，1929年）38頁以下（『古代』第5巻，185頁），「国家と文化」（『古代』第8巻，78頁以下）を参照。

教養の歴史としての文学

　偉大な時代と最高の作品において現れたギリシア人の芸術は，こうした影響ときわめて強く関わっていると我々は感じる。ギリシア芸術の歴史は，まさに生をその都度支配した様々な理想の鏡として描くべきであろう。ギリシア人の芸術にとっても，その芸術が前4世紀に至るまで，主に全体的な精神の表現であったという命題が当てはまる。いったい誰が，ピンダロスの祝勝歌が褒め称えた闘争的な(アゴーン)男の理想を理解するために，オリュンピア競技の勝者の彫像やギリシア人の神々の像をなしで済ませると思うだろうか。ところで芸術がこの理想を我々の眼前に生き生きと据え，この神々の像は人間の身体と魂の貴族的な品位と高尚さについてのギリシア的な考えを具現しているのである。ドーリア式の神殿は疑いもなくドーリアの本質，素晴らしい記念碑である。この記念碑は，個々の部分がドーリア式に厳格に全体へ秩序付けて組み入れられることによって，後世へ残されたのである。この記念碑には，まさに過去の生と宗教的な志操を歴史的に眼前に思い浮かべることができる圧倒的な力が本来備わっており，この過去の生は記念碑の中で永遠化され，この宗教的な志操が記念碑を充たしているのである。しかしギリシア人にとってパイデイアの本来の担い手は，彫刻家や画家や建築家の沈黙した芸術ではなく，詩人，音楽家，哲学者，修辞家つまり大政治家であった。ギリシア人の見方によれば，造形芸術家よりも立法者の方が，ある観点においては詩人に似ている。彼らの教育者としてのあり方が，両者を結合する。生きた人間を形成する教育者のみが，この（詩人という）称号に対する特別な請求権を持つ。いかに頻繁にギリシア人によって教育という行為が造形芸術家の行為と比較されるにせよ，ヴィンケルマンの意味における芸術作品観の教育的な効果は，ギリシアの芸術民族においてはほとんど話題となり得

序論　人間の教育史におけるギリシア人の位置付け　25

ない。言葉と響き，そしてこの二つが一方，あるいは両者によって作用する限り，リズムと調べはギリシア人にとって魂一般を形成する力なのである。なぜならあらゆるパイデイアにおいては，身体的な能力を競うよりも重要な，精神形成の際の活動それ自体が決定的な意味を持つからである。ギリシア人の見方によれば，芸術は他の領域に属する。芸術は古典的な時代の全体を通して，芸術から生まれた世俗的な祭儀の世界において，自らの場を主張した。芸術はその本性上，飾り，装飾である。この見方は英雄叙事詩には当てはまらない。というのは，教育的な力はこの叙事詩からそれ以外の全ての詩情へと影響を及ぼしたからである。たとえそれ以外の詩情が祭儀と結び付いていても，その詩情は自らの根源を深く社会的・政治的な領域の中に持ち，このことは散文作品に対してはなおさら妥当する。それゆえギリシアの教養の歴史は本質的に，いわゆる文学と一致する。文学はその創造者の根源における意味として，ギリシア人の自己形成の表現である。このような文学を度外視すれば，我々は古典時代に至る何世紀にもわたって残された文芸作品を除いて，書かれたもので名付けるに値する伝承を全く持たない。その結果より広い意味でのギリシア史にとってもこの時代における人間形成は，もっぱら詩情と芸術においてのみ把握され得る。人間の全存在から詩情と芸術のみが保たれたことは，歴史の意志による。当時のギリシア人の教養の過程は，ひとえに彼らが形成した人間の理想像の中にしか把握できない。

　これまで述べたことによって，以下の叙述の道筋が予め示され，課題が限定された。（対象の）選択や考察方法は特別な基礎付けを必要としない。選択と考察方法は少なくとも大筋において，たとえ前者が後者を，そして後者が前者をなしで済ますにせよ，自らを正当化せずにはいられない。ここで新たな形式で表れているのは，古くからある問

題である。というのも，人間の教育という観点は，昔から古代の学習と結び付いていたからである。古代は後の世紀にとっては，最初はより外的で物質的な依存という意味で，それから理想的な模範の世界として，常に知識と教養の汲み尽くし難い宝庫と見なされてきた。近代における歴史学的な古代学の成立は，こうした態度に根本的な変化をもたらした。特に新しい歴史学的な思考にとっては，かつて実際にあったことや，いかにそうなったのか，という経過についての認識が問題となった。この歴史学的な思考は，過去を純粋に観照しようと情熱的に努力した結果，古代を――たとえ優先されたものであるにせよ――歴史上の単なる一部分と見なし，その直接的な影響を問うことを好まないようになった。こうした直接的な影響は私的な事柄と見なされ，古代の価値についての判断は個々人の判断に任せられたままであった。このようなますます普及する，古代の事柄に即した百科全書的な歴史記述と並んで，実際に「古典教養」のようなものが存在したことは，古典教養が自らの場をなお確実に主張しているうちは，無視されがちであった。この百科全書的な歴史記述は，その先駆的な代表者にとっては，彼ら自身が考えた以上にはるかに特定の価値に縛られた学問であったのだが。古典主義的な歴史像は学問研究によって動揺したと見なされたが，学問は古典教養の理想を新たに基礎付ける責任を負う。しかし我々の全文化が自らの途方もない歴史的な経験によって揺るがされ，自らの基礎を吟味することになった現在にあって，古代の研究は究極の，自らの運命を決定する問題として，古代の教育とは何かという問いに直面している。この問いは歴史学によって，ただ歴史的な認識を通してのみ解決することができる。対象を人為的で理想的な光の中へ置くことが問題なのではない。目標は，古代の不滅の教育的な現象と，ギリシア人が歴史的な運動に与えた常に指針となる

刺激を，自らに固有の精神的な本質から理解することである。

第Ⅰ部

初期のギリシア

貴族とアレテー

教養史のライトモチーフとしてのアレテー

　人間の共同体の機能としての教育は，何か非常に普遍的で，自然にとって必然的なものである。それゆえ教育はその自明性のゆえに，教育を受ける者，あるいは教育する者にとって，長い間ほとんど意識に上らず，かなり後になって初めて，自らの痕跡を文学的な伝承の中に残す。教育の内容は全民族においてほぼ同じであり，道徳的であると同時に実践的である。ギリシア人においても，教育はこれと異なる特徴を備えているわけではない。教育は，「神々や父母を敬え。異邦人を尊重せよ」といった命令の形態を取ることもあれば，何世紀にもわたって口承で伝承された外的な礼儀正しさについての規定あるいは実践上の処世術の規則からなることもあり，職業上の知識や技能を伝達する場合もある。ギリシア人は知識や技能の内容を，その知識や技能が伝承可能な限りで，技術（テクネー）という言葉によって性格付けていた。ギリシア諸国家の成文法では，法律と道徳はまだ原理的に分離していなかった。しかし後世になって，神々・両親・異邦人への正しい振舞方に関する基本的な掟が，このギリシア諸国家の成文法においても記録されるようになった。他方，粗野で感性的な民衆の英知という宝は，原始的な礼儀作法および民衆に広まった迷信に根付く慎重さへの命令と混合し，大昔の口承の伝承に由来する。この宝は，ヘシオドスによる農民風の格言詩において初め

て表面に現れる。職業上の技術的な規定は，その本性上，書くことによりその秘密が漏れることを非常に嫌う。こうした守秘義務は，例えばヒポクラテスの著作集成における医者の職業宣誓にも明らかなとおりである。

人間形成は，内的に完結し，特定の特徴を備えた理想型を創造する点において，上述の意味での教育から区別される。人間がどうあるべきか，という精神に思い浮かぶ人間像なしに，教養は不可能である。その際，有用性への顧慮はどうでもよく，あるいはいずれにせよ本質的なものではなく，「カロン καλόν」，つまり願望像，理想が拘束力を持つという意味における美が，決定的な影響を与える。こうした教育的なモチーフの対立関係を，全世紀にわたって追うことができる。この対立関係は，人間本性の根本的な構成部分である。だが今この対立関係を性格付ける言葉が，問題となっているわけではない。しかし，仮にこのような歴史的に正当化された様々な意味において，教育や教養という表現を再び用いることが許されるならば，教養は，先ほどより広い意味での教育として，より正確に範囲を限定したものとは異なる根源から成長したことが，容易に看て取れる。教養は人間の形態の全体，その内的な態度と同様，その外的な立ち居振舞の中に表れる。この両者，つまり内的な態度と外的な立ち居振舞は偶然にではなく，意識的な陶冶の産物としてのみ成立する。すでにプラトンが意識的な陶冶を，血統の良い犬の品種の飼育と比較した[1]。そもそも陶冶は，民族の中の貴族という少数の層からのみ始まる。ギリシアの古典時代における善美の人（カロス・カガトス）は，イギリスの紳士（ジェントルマン）と同様こうした素性をより明らかにする。そもそもこれらの言葉は，上流の騎士階級のタイプへと遡る。興隆しつつあった市民社会がこの形式を我がものとす

---

1) （訳注）プラトン『国家』375A。

ることによって，こうした形式はその理念に従えば普遍的な財産，いずれにせよ普遍的な規範となった。

　全ての高尚な文化が人間の社会的な差異化から成長したことは，教養史の根本事実である。この差異化は，個人には自然的・身体的・精神的に様々な価値があるがゆえに繰り返し行われる。たとえこのような差異化が，硬直し特権を付与された身分(カースト)の形成へと導くにせよ，この身分(カースト)の中で支配する世襲の原理は，繰り返し下からの補給，民族の力という大きな貯蔵庫によっておのずと訂正される。たとえ暴力的な大変動が支配階級から完全に権利を剥奪し，この階級を破壊しても，新たな貴族階級としての支配層がすぐさま自然の本性に従って再形成される。貴族が核となって国民が成立し，精神的に形成されてゆく。ギリシア教養史，このギリシアの本質というべき国民的な人格性が形態化する，全世界にとっての重要な行程は，古代ギリシアにおいて貴族世界という，より高貴な人間という特定の像が成立することによって始まる。この像の成立に際して，人種の選抜へ向けた上への陶冶が行われる。広い民衆層が高まり貴族文化が完成したという事実は，全ての書かれた伝承の発端にある。この伝承から歴史的な考察を始めなければならない。後世のあらゆる教養は，たとえその内容が変化しようとも，最高の精神化の段階においてさえも，自らの根源の特徴をそれ自体はっきりと担い続けている。教養とは，ある民族において前進し，精神化する貴族の形態に他ならない。

　次の問題として予想されるように，我々はギリシア人の教養の根源について，パイデイアという言葉の歴史を手がかりにして，過去へ向けて探索することはできない。というのも，この言葉は前5世紀になって初めて見出されるか

らである[2]。もちろんこの言葉が前5世紀に初めて見出されることは伝承上の偶然に過ぎず，仮に新しい資料が見つかるならば，さらに古い，典拠となる文書を見出すことはあり得るだろう。しかし，こうした発見によって何かが得られるわけではないことは明らかである。なぜならパイデイアという言葉の最古の用例は，この言葉が前5世紀の初期において未だに「子供の躾」を意味するに過ぎず，その直後に得られ，我々がここで目にするような，より高い意味からはるかに離れていたことを，明確に証明するからである。ギリシア教養史の自然なライトモチーフは，むしろ最古の時代まで遡る「アレテー Arete」という概念である。周知のように，この言葉に完全に対応するドイツ語は今日では存在しない。他方，中高ドイツ語の「徳 tugende」という単語は，単に道徳的なものへと弱められた意味においてではなく，騎士的な男性の理想を最も特徴付けるものとして（アレテーという）ギリシア語の意味にまさに対応する。それは宮廷的で高貴な人倫，戦闘的な英雄精神との結び付きを伴う。この事実は，このアレテーという概念の根源をどこに求めるべきか，ということを十分に教示する。この概念は，騎士的な貴族という根本思想に基づいている。アレテーという概念の中には，上述の時代の教育内容が最も純粋な形式において集約されている。

ホメロスのアレテー概念——英雄的な勇敢さ

古代ギリシアにおける貴族文化の最古の証人は，ホメロスである。もちろんこの主張が当てはまるのは，このホメロスという名称によって『イリアス』と『オデュッセイ

---

[2] 最古の箇所は，アイスキュロス『テーバイを攻める七人の将軍』18である。当該箇所でこのパイデイアという言葉は，まだ「τροφή 養育」と同じことを意味する。

ア』という二大叙事詩を性格付けることが許される限りにおいてであるが[3]。ホメロスは我々にとって、あの（二大叙事詩が生まれた）時代の生を知るための歴史的な源泉であると同時に、あの時代の理想をも詩的に表現し続けるものである。我々はこの二つの観点から、ホメロスを考察しなければならない。我々はまず彼から貴族世界に対して我々が抱いているイメージを汲み取り、それからこの貴族世界における人間の理想がホメロスの詩においていかに形態を得て、それによって（文芸という）元来の狭い通用区域をはるかに超える教養力となるか、探究することにしよう。創造的な時代は全て、自らの最高の刻印を理想的な規範の中に見出す。この理想的な規範の永遠化をめぐる芸術的な戦いと、生の絶えず変化する歴史的な展開を常に共に眼中に収めることによって初めて、教養史の行程は目に見えるものとなる。

ホメロスにおいてアレテーの概念は、彼以後の世紀におけるのと同様、しばしば広い意味で用いられている。つまりこの概念は人間の長所のみならず、例えば神々の力のような非人間的な存在の優秀性、あるいは血統の良い馬の勇気や速さを特徴付ける[4]。それに対して、卑劣な男はアレテーを持たない。そして奴隷根性が高貴な種族の子孫へ一

---

3) （訳注）古代ギリシアのアレクサンドレイア文献学以来、『イリアス』と『オデュッセイア』の作者について、様々な意見が存在した。特にドイツにおいてはフリードリヒ・アウグスト・ヴォルフが『ホメロス研究序説』（1795 年）での歴史学的な文献批判に基づいて二大叙事詩のホメロス単独作者説を問いに付して以来、二大叙事詩の作者をめぐるいわゆる「ホメロス問題」が多くの古典文献学者の関心を惹いてきた。

4) 馬の速さについては『イリアス』第 23 歌 276, 374, さらに犬や馬の優秀性が語られるプラトン『国家』335B も参照。353B においては、目のアレテーが話題となっている。神々のアレテーについては、『イリアス』第 9 歌 498 を参照。

たび襲いかかるや否や、ゼウスはこの子孫からアレテーの半分を取り除く。するとこの子孫は、もはや以前と同じ存在ではない[5]。アレテーは本来、貴族に対して用いられる術語である。ギリシア人は並外れた業績や力を、あらゆる支配的な立場の自明の前提であると常に感じていた。支配はアレテーと不可分に結び付いている。この言葉の語源は、有能性、優秀性の最上級としての「最も優れた ἄριστος」という言葉の語源と同じで、複数形では貴族への既定の性格付けとして用いられる。有能性[6]に従って男性に価値評価を下す見解に基づいて、世界一般をこうした観点から考察するのは、全く自然なことである。ギリシア人がアレテーという言葉を人間ではない事柄や存在に対して適用したことは、このアレテーという言葉の内容が後の時代に広がったのと同様、上で述べたことに基づく。というのも人間の有能性について価値評価を下す仕方に関しては、人間が果たすべき課題に従って、様々な基準が考えられるからである。ホメロスの（作品中）比較的新しい時期

---

5) 『オデュッセイア』第17歌322。

6) ギリシア人はアレテーにおいて、特に力や能力を感じた。アレテーは時折、そのように直接的に定義される。強さと健康は身体のアレテーで、賢明さと洞察は精神のアレテーである。このアレテーという言葉を「ἀρέσκω 気に入る」から導き出す現在、人口に膾炙している主観的な説明（M. ホフマン『ホメロス、ヘシオドス、古えのエレゲイアー詩人とイアンボス詩人における倫理学上の術語』チュービンゲン、1914年、92頁）を、上述の事実と折り合わせることは難しい。確かにアレテーの中にはしばしば社会的な承認という契機があり、さらにこの契機は「尊敬」「名声」という意義へと受け継がれる。しかしこれは副次的なことに過ぎず、初期の時代における、人間をめぐるあらゆる価値評価というものが社会的な性格を強く帯びるものであったことから帰結する。このアレテーという言葉は自らの全くの根源においては、アレテーの担い手が備える客観的な価値を性格付けたに違いない。アレテーという言葉は、この担い手の完全性を織り成す、担い手にとっての固有の力を意味する。

貴族とアレテー

に成立した箇所において，アレテーが人倫的あるいは精神的な属性として理解されることは，まずない[7]。アレテーは初期の時代の考え方に相応しく，戦士や競技者の力および器用さ，特に英雄的な勇敢さとして理解されている。しかしこの英雄的な勇敢さとは，我々が考えるような意味での人倫的な行為として，力から切り離されるものではない。常に明確に，この力の中に共に含まれている。

アレテーという言葉が，二大叙事詩の成立した時代において生き生きと使われていた時に，ホメロスにおいて支配的な狭い意義しか実際に備えていなかったということは，ありそうにない。すでに叙事詩においてさえ，アレテーと並んで他の基準が知られている。というわけで，『オデュッセイア』は特に主人公の英雄の精神的な長所を，倦むことなく誇る。オデュッセウスにあっては，勇敢さが賢明さや知謀の背後へと一般的に隠れている。すでに当時，勇気に溢れた力とは別の他の長所も，アレテーという概念の下に共に把握されていたことだろう。それは我々がこうしたことを上で挙げた例外を除いて，すでに比較的，古い詩情においても見出すのと同じである。ここ（『オデュッセイア』）において明らかに，生きた言語がかかる（アレテーという）言葉の新しい意義と共に文芸の様式へと入り込む。しかしいずれにせよ英雄的な力と勇敢さの表現としてのアレテーは，英雄歌によって伝承された言語の中に確固と根付いており，こうした意義において特に長く守られた。男性の価値が第一にこのアレテーという属性に基づくことは，諸部

---

[7] 例えば『イリアス』第15歌641以下において，才覚は身体的，戦闘的な有能性と並んで，「全てのアレタイ Aretai（アレテーの複数形）」という集合概念の下に引用されている。アレテーが，（『イリアス』と比べて）まさに比較的，新しい時期に成立した『オデュッセイア』において，こうしたより広い意味で用いられている例が何回か見出されることは，特徴的である。

族の移動という戦闘的な時代にあっては自明のことであり，これと類似したことは他民族においても見出される。アレテーという名詞に関連する，他の語幹から形成された形容詞である「アガトス ἀγαθός」という言葉の中にも，貴族と戦闘的な勇敢さとの一体性が明るみに現れている。この「アガトス ἀγαθός」という形容詞は，ある時は高貴さ，またある時は勇敢さないしは有能性を意味する。他方この形容詞は，アレテーが道徳的な徳を意味しないのと同様，後世に生まれた「良い」こと一般を意味しない。「彼は勇敢な英雄として生まれ，亡くなった」[8]という決まり文句になった表現を通して，この古い意味が後の時代に至るまで保たれた。この意味でのこうした言い回しは，しばしば墓碑銘や戦闘の記録の中に見出される。しかしこのグループ[9]の単語は全て，ホメロスにおいては戦闘的な意義が支配的であるとはいえ，それと並んでより普遍的で「倫理的な」意味をも備えている。両方の意味は同じ根源に由来する。このグループ全ての単語は戦時と同様，私生活においても高貴な男性を特徴付ける。この高貴な男性とは卑俗な男にはないような，ある種の振舞の規範を備えている。騎士的な貴族という身分的な基準は，ギリシア人の教育にとって基本的なものとなった。しかしそれは，この基準が勇敢さの推奨という，自らの徳の規範の中心的な誉れ

---

8) ἀνὴρ ἀγαθὸς γενόμενος ἀπέθανε.
9) ἀγαθός と並んで，特に ἐσθλός がこの（高貴さ，勇敢さ，有能性といった）意味において用いられる。κακός はその正反対を意味する。テオグニスとピンダロスの用いた言語は，これらの（ἀγαθός, ἐσθλός という）単語が後世も長い間，特に貴族を修飾するが，その意味内容を，文化の普遍的な展開に対応して変化させたことを示す。しかしホメロスの時代には自然であった，アレテーの担い手をこうして貴族へと制限することは，今ではもはや支持することができないであろう。というのも，特に古い理想という意味での新たな特徴付けは，（貴族とは）全く異なった方向から出立したからである。

の一つをより後のポリス倫理へ引き渡したという，ただ一つの理由によったわけではない——この勇敢さの後世の名称である「男らしさ」は，依然としてホメロスによる勇敢さと男性的なアレテー一般との同一化を明らかに想起させる。むしろ元来，高貴な態度というより高い掟が，上述の源泉に由来する。市民道徳という意味での特別な要求よりも，むしろ誰かに対して常に気前が良いこと，素晴らしい全体的な生のタイプが，それ自体として重視される。

貴族の身分道徳——廉恥(アイドース)と因果応報(ネメシス)

ホメロスにおける貴族の本質的な特徴は，義務感であると思われる。ホメロスの作品に登場する貴族は，この義務感を担っている。より厳格な基準が，こうした担い手に適用され，彼ら自らその基準を誇り高く意識している。貴族における教育的なものの役割は，個々人に対してあらゆる時代にわたって，教育的なものが眼前に据える理想への義務感を惹起する点にある。いかなる時代にあっても，この「廉恥(アイドース) Aidos」という感情に対する訴えかけが可能である。この感情を侵害すると，廉恥(アイドース)と密接に結び付いた「因果応報(ネメシス) Nemesis」という感情を他人の中に喚起することになる。この廉恥(アイドース)と因果応報(ネメシス)という二つの感情こそ，ホメロスにおいて貴族の身分道徳として言明された概念である。この徳のみが，立場上の優位を主張する。こうした認識に，高貴な先祖の長い系図を見やる貴族の誇りが対置させられる。「最も優れた者 Aristoi」という名称は複数形であるが，大衆より優れたこの集団の中それ自体に，アレテーの称賛をめぐる熱い戦いが再び支配している。騎士的な概念によれば，戦闘と勝利は真の男性の徳にとって正真正銘の試練を意味する。この戦闘と勝利は，敵を肉体的に圧倒することを意味するに留まらない。自然を厳しく躾けることによって努力して奪い取られたアレテーの証明をも意味す

る。偉大な英雄の一騎打ちを表現するため，叙事詩の中で後に用いられた「優れた英雄的な行為」[10]という言葉は，上述の見解を完全かつ適切に表現している。偉大な英雄の生と英雄が目指したものは，常に互いに優劣を競い合うことを熱望する点のみにあり，第一位の座をめぐる競争である。それゆえこのように優れた英雄的な行為を詩として語る中に，限りない喜びがある。平時においても男らしいアレテーをめぐる競争を嬉々として行うことは，激戦において優れた英雄的な行為を実証する機会を作り出す。それはまさに『イリアス』の中で，戦の短い休みの間，つまり戦死したパトロクロスを悼む葬送競技においてすら，描かれているとおりである[11]。「常に第一の者たらんとし，他の者たちの間で抜きん出よ αἰὲν ἀριστεύειν καὶ ὑπείροχον ἔμμεναι ἄλλων」という詩句[12]は，騎士に相応しい男のスローガンとして，何千年にもわたってあらゆる教育者によって引用されてきた。上で述べた機会こそ，こうしたスローガンを初めて作り出す。ごく最近の教育学による，英知に基づく平等を説く考えには，このような騎士に相応しい男を無用にする側面があった。詩人は上の文章の中で，貴族による教育上の主義を簡潔に要約している。グラウコスがディオメデスに戦場で立ち向かい，互角の敵として名乗りを上げようとする時，グラウコスはホメロスのならわしに従って自らの有名な祖先の名前を列挙し，次のように続ける。「ヒッポロコスが私を儲け，私の素性は彼に遡る。彼が私をトロイアへ派遣した時，男らしい最高の徳という称賛をめぐって常に奮闘し，他のあらゆる人に抜きん出る

---

10) （訳注）原語は英語形の Aristeia。同じことを表すのに，後の箇所でドイツ語形の Aristie も用いられているが，共に「優れた英雄的な行為」と訳す。

11) （訳注）『イリアス』第 17 歌 366-761。

12) 同上第 6 歌 208。

貴族とアレテー　　　　　　　　　　　　　　　41

よう，しばしば私を戒めた。」[13]気高い競争感でもって若い英雄を鼓舞している様子が，これほど見事に描かれたことはない。上述の「常に第一の者たらんとし，他の者たちの間で抜きん出よ」という詩句は『イリアス』第11巻の詩人にとって，すでに人口に膾炙した言葉であった。詩人はアキレウスの出陣に際しても，これと並ぶ訣別の情景を創造した。この出陣に際してアキレウスの父ペレウスは，アキレウスに同じ警告を餞(はなむけ)に持たせてやるのである[14]。

教育目標としての，言行におけるアレテー

その他の点に関しても，『イリアス』は初期ギリシアの貴族世界において教育的意識が高かったことを証している。この作品は，古い戦闘的なアレテー概念が新しい時代の詩人にとってはもや不十分となり，詩人が完全な人間という新たな像を自らの中に孕んでいたことをすでに示している。この完全な人間という新たな像は，行為する貴族の傍らに精神の貴族を認め，両者を結合する点に目的を見出した。年老いたポイニクスがこの理想を告げることは，意味深長である。彼は教育者として，ギリシア人の模範的な英雄であるアキレウスと同列に扱われる。ポイニクスは（行為における危機という）決定的な場面で若者アキレウスに対して，ポイニクスがアキレウスを教育によって導いた目的を想起させる。

その目的とは，「立派な論客であると同時に行為する者であるという，両者」[15]たることに他ならない。すでに後世のギリシア人がこの詩句の中に，ギリシアの教養理想の最古の定式化を看て取ったのは，不当なことではない[16]。

---

13)　（訳注）同上 206-209。
14)　同上第 11 歌 784。
15)　（訳注）同上第 9 歌 443。
16)　例えばキケロ『弁論家について』第 3 巻 57 のギリシア語の

このような教養理想は，人間的なものを全体的に把握しようとする努力を伴った。上述の詩句は，修辞が過度に洗練された時代にあって好んで引用された。それは古えの英雄時代，（英雄が）行為に覚えた喜びを称賛し，この行為を喜ぶ像を自らの「行為に貧しく言葉に豊かな」[17]あり方と対比するためであった。たとえそれを認めるにせよ，上述の言葉はこれとは反対に古い貴族文化の精神的な特質を証明している。言葉に熟達することは，精神的な独立の証と見なされる。ポイニクスの言葉は，怒れるアキレウスがギリシア軍の指導者（アガメムノン）の使者を迎える時に発せられる。詩人はアキレウスに，言葉の巨匠としてオデュッセウスを，行為に秀で，寡黙な男としてアイアスを対置させる。この対置を背景として，最も高貴な人間形成という理想が，より意識的に際立つのが当然である。媒介者としての役割を演じなければならない第三の使者ポイニクスは，自らの教え子アキレウスをこの人間形成という理想へ向けて教育し，詩人はこの理想を最大の英雄の中で描こうとする。それゆえ我々は，以下のことを認める。つまり，この新時代にとってアレテーという言葉は伝承上，本来，戦闘的な有能性と同義であった。このアレテーが戦闘的な有能性を意味することは，高貴な男の像の形態を，そのより高い精神的な要求に従って変える妨げとならなかった。後に（アレテーという）言葉の展開も，上述の理想に適合するため，より広い意味を獲得するに至ったのである。

資料も同様である。この引用部で詩句（[『イリアス』－訳注] 第9歌443 － 原注) は，この意味で引用されている。この部分全体は，教養史の最初の試みとして興味深い。

17）（訳注）フリードリヒ・ヘルダーリンの詩「ドイツ人へ An die Deutschen」に，「なぜなら君たちドイツ人も，行為に貧しく思考に溢れているからだ」とある。

アレテーと本質上，結び付いているのは名誉である。名誉は人間共同体の生の初期の時代において，有能性および功績と不可分であると見なされていた。アリストテレスの見事な説明[18]によれば，名誉とは人間の努力目標であるアレテーという目的へ接近するため，まだ内面化されていない思考の，自然的な基準のことである。「人間は明らかに自ら固有の価値，自らのアレテーについて確認するため，名誉を得ようと努める。人間は判断能力のある人，知人から，自らの真の価値に基づいて尊敬されるよう努力する。人間はこの努力によって価値それ自体を，より高いものとして認めるのだ。」こうして後世の哲学的な思考は自らの内面の基準を参照するよう人間に指示し，名誉を内面的な価値に関する外的な反省に過ぎないものとして，人間共同体の価値評価を鏡として考察することを教える。しかしホメロスが描く人間は自らが価値ある存在であることを意識しており，自らが属する共同体の特徴のみを帯びている。身分がホメロスが描く人間の本質を規定し，ホメロスが描く人間は自らのアレテーを同等な人の下で享受する信望によって測る。哲学的な人間は，——再びアリストテレスによれば——外的な承認に対して全く無頓着ではないにせよ，それを無視することができる[19]。

これに対してホメロスと彼の時代の貴族世界では，名誉が拒まれることは人間の最大の悲劇である。英雄たちは互いに名誉を尊重することに飽きない。というのも，社会的な秩序の全体は，この名誉を示し合うことに基づいているからである。彼ら英雄たちの名誉愛が満たされるのは，名誉愛が一人一人の英雄を道徳的に性格付ける固有性である

---

18) アリストテレス『ニコマコス倫理学』第1巻第5章 1095b 26。

19) （訳注）アリストテレスのアンティパトロス宛ての手紙（「断片」666［ローゼ編］）を参照。

場合に限る。より偉大な英雄，あるいはより強い君主も，当然の如く一段と高く尊敬されることを望む。古代においては同時代の人々に功績が認められると，人は功績に当然与えられるべき名誉を躊躇することなく要求した。したがって報酬を要求するという低級な観点は，決定的ではなかった。人間の「称賛 ἔπαινος と罰 ψόγος」は，それぞれ名誉と不名誉の源泉である。しかし「称賛と罰」は後世の哲学的な倫理学によれば，社会の基本的な事実として認められる。この社会にあっては，客観的な価値基準の存在が人間の共同生活において現れる[20]。ギリシア人においては，良心が絶対的に公開されている——実際，古代ギリシア人の思考には我々の個人的な良心に比較し得る概念がおよそ欠けているのだが。これを想像することは，近代人にとって難しい。古代人が名誉という概念とその意義をどのように捉えたのか，詳しく理解するのは困難である。しかし上述の事実を認識することは，古代人がこれをどのように捉えたのか理解するための，最初の前提となる。自らを抜きん出た者にするための努力，名誉と承認への要求は，キリスト教的な感情にとっては罪に塗れた人間の虚栄に映る。ギリシア人にとって名誉や承認とは，人間が理想的なものや超人格的なものへと次第に馴染むことを意味し，これによってそもそも初めて人間の価値が始まるのである。それゆえ英雄的なアレテーは，ある意味で英雄の肉体的な死によって初めて完成する。英雄のアレテーは死すべき人間の中にあり，実際にこのアレテーは英雄自身である。このアレテーは，英雄を超えて名声，つまりアレテーの理想像において，死後も生き残る。ちょうどこのアレテーがすでに英雄の生前，自立して彼の横にあり，彼の後からつい

---

20) アリストテレス『ニコマコス倫理学』第 3 巻第 1 章 1109b 30。

てきたように。神々も英雄の栄誉を要求し，崇拝者の集まりは英雄の行為を嬉々として誉める。そして神々は，自らの栄誉のいかなる侵害に対しても嫉妬深く報復を行う。ホメロスの神々は，いわば不死の貴族の共同体である。ギリシアの礼拝と敬虔さの本来の本質は，神性に示された名誉の中に表現される。敬虔であるとは，「神的なものを敬う」[21]ことを意味する。神々を敬い，人間をアレテーに基づいて敬うというこの二つのことは，人間が本来なすべき務めなのである。

アレテーの真の成就としての「度量の広さ」

こうした観点から，『イリアス』におけるアキレウスの悲劇的な闘争が理解できるようになる。アキレウスがギリシア人に憤慨し，彼らを助けることを自らの部下に拒むことは，このただ一人の個人の法外な名誉欲に発するわけではない。名誉愛の大きさは英雄の偉大さに対応しており，ギリシア人の感覚にとっては自然なことである。まさにこの英雄が名誉に関して侮辱されることは，トロイアを前にしてアカイアの英雄の戦闘共同体の依拠する根幹が，非常に強く動揺することを意味する。この根幹を損なう者は，結局のところ生粋のアレテーをもはや認めない。今日こうした困難さを乗り切らせるであろう祖国愛という契機は古代の貴族世界においては未だに異質であり，アガメムノンは支配者としての力に暴君的に訴えることができるに過ぎない。このモチーフは，貴族主義的な感覚から少なからず遠く離れたところにある。というのも，このモチーフは「同輩中第一位を占める人 primus inter pares」を（指導者として）認めるに過ぎないからである。それゆえアキレウスが自らの行為に値する名誉が拒まれていると感じる際

---

21) （訳注）同上第1巻第12章 1102a4。

にも，こうした身分的な感覚が混じっている。しかしこの感覚は，決定的な影響を及ぼすものではない。侮辱を被ったという点にある本来の重大さは，抜きん出たアレテーに名誉が与えられないという点にある[22]。名誉を侵害されて悲劇的な結末に至る第二の壮麗な例は，アキレウスに次ぐアカイア最大の英雄アイアスである。戦死したアキレウスの武具を身につけることは，オデュッセウスよりもアイアスに相応しかったにもかかわらず，オデュッセウスに武具を与えることが約束され，アイアスに武具は与えられない。アイアスの悲劇は，狂気と自殺に終わる。アキレウスの怒りは，ギリシア人の軍勢を深淵の境へと導く。ホメロスにとって，名誉剥奪の償いが存在するのか否かというのは，難しい問いである。なるほどポイニクスは，すでにアキレウスの部下の苦境がゆえに，アキレウスに弓を強く張り詰め過ぎず，アガメムノンの贈り物を贖いとして受け取るよう忠告する。しかしアイアスの例は，本来の伝説によるアキレウスが贖いを拒否するのは反抗心のみからではないことを，改めて教える。アイアスは冥府において彼のかつての敵であるオデュッセウスが同情して語りかけても返事をせず，黙ったまま「死者たちの暗い国における他の影へと」[23]向きを変える。テティスはゼウスに次のように祈る[24]。「私の息子を重んじて下さい。息子は，他の誰よりも早逝へと定められていました。しかし今や，大将アガメムノンが息子から名誉を奪いました。オリュンポスの支配者であるあなた（ゼウス）は，息子を重んじて下さい。」その結果，最高神（ゼウス）は理解を示し，アキレウスとい

---

22) 『イリアス』第1歌412，第2歌239-240，第9歌110，116，第16歌59，中心的な箇所は第9歌315-322。

23) 『オデュッセイア』第11歌543以下。

24) （訳注）『イリアス』第1歌505以下。イェーガーによるパラフレーズ。

う助け主を奪われたアカイア人を戦いで敗北させる。こうしてアカイア人が最大の英雄（アキレウス）の名誉をいかに不当にだまし取ったか、悟らせる。

名誉愛はギリシア人のより後の時代においては、もはや称賛されるべき概念ではなくなる。大抵の場合、功名心が名誉愛に対応する。しかしそれと並んで民主主義の時代にあってすら、国政におけるのと同様、個々人の振舞においても、正当な名誉愛の承認がしばしば十分に見出される。アリストテレスの倫理学における「メガロプシューコスMegalopsychos」、つまり「度量の広さ」あるいは「快活な人」の記述は、こうした思考の人倫的な高貴さを内的に理解する際、大いに参考となる[25]。プラトンとアリストテレスの倫理的な思考は、多くの点において古代ギリシアの貴族倫理に基づく。彼らの思考は、精神史的な解釈を一貫して必要とするだろう。哲学的な一般性へと昇華することによって、身分的な制限を被ったものが古い諸概念から取り除かれた。しかしその際、諸概念の永続的な真理と破壊され難い理想性は、それだけ決定的に真であることが実証される。もちろん前4世紀の思考は、ホメロスの思考よりも差異化されている。前4世紀に生まれた思考の概念を、すでにホメロスの中に再発見したり、その概念へ正確に対応した等価物すら叙事詩において証明できると期待することは許されない。しかしアリストテレスはあらゆる時代のギリシア人と同様、ホメロスの形姿をしばしば直接に思い浮かべており、自らの概念をまさにホメロスの形姿という模範に照らして展開している。その際アリストテレスは自らの理解によれば、我々の時代よりも、内的な一貫性のゆえに古いギリシア的な思考にはるかに近いことが示さ

---

25) アリストテレス『ニコマコス倫理学』第4巻第7-9章。『古代』第7巻の97頁以下における、拙論「広い度量の持ち主」を参照。

れる。

　倫理的な徳としての度量の広さ，あるいは快活であることの承認は，我々の時代の人間に差し当たり違和感を引き起こす。同様に奇妙なのは，アリストテレスが上述の二つの徳によって他の徳と同様の自立的な徳を理解しているのではなく，他の徳をすでに前提し，「ある程度，ただその最高の飾りとして」[26]付け加わるものとして，（上述の二つの）徳を理解していることである。哲学者（アリストテレス）はこうした人倫的な意識の分析において，古い貴族倫理による快活なアレテーにしかるべき場を割り当てようと試みた。このことを認識して初めて，上で述べたことは正しく理解される。アリストテレス自身は他の文脈[27]において，彼にとってアキレウスとアイアスは度量の広さ，快活であることという属性の模範である，と語っている。快活であることそれ自体は単なる自尊心として，人倫的な価値にまだ及ばない。アリストテレスはプラトンと同様に善美（カロカガティア）の概念を，あらゆる優秀性の最高の結合である完全なアレテーのために，憚ることなく必要とする。しかしこの完全なアレテーが，上で触れた魂のあり方の背後に存在しないのであれば，快活であることそれ自体は，一笑に付すべきものである。しかしこの点において偉大なアテナイの哲学者（アリストテレス）による倫理的な思考は，自らの貴族的な出自に忠実である。したがって彼の思考は快活である人の魂の状態の中に初めて，このアレテーの真の成就を見出す。精神的，人倫的な人格性の最高の表現としての度量の広さの正当性は，アリストテレスにとってもホメロスの見方にとっても，アレテーの神々しさに基づく[28]。

---

26)　（訳注）アリストテレス『ニコマコス倫理学』第4巻第3章 1124a1。

27)　アリストテレス『分析論後書』第2巻第13章 97b15。

28)　アリストテレス『ニコマコス倫理学』第4巻第7章 1123b

「というのも名誉はアレテーへの戦功賞であり，有能な者に与えられる」からである。それゆえ広い度量を持つこととは，アレテーを高めることである。しかし真に広い度量を持つことは，人間にとって最も困難であることも語られる。

自愛の発露としてのアレテーへの努力

ここに至って古代ギリシアの貴族倫理がギリシアにおける人間形成に対して持つ基本的な意義を，容易に把握できるようになる。ギリシア人が人間とそのアレテーを，統一的な展開として構想したことはただちに明らかである。この思考は続く何百年もの経過の中で，あらゆる内容的な変化と豊穣化にもかかわらず，古い貴族倫理の中で形成されたようなアレテーの堅固な形態を常に保ち続けた。ギリシア人が理想とする教養の貴族的な性格は，このアレテーという概念に基づいている。

ここでさらに，ギリシア人の教養理想の最後のモチーフを追求しよう。その際にも，アリストテレスが再び導き手となり得る。彼は人間がアレテーの完全性を目指して努力することについて，きわめて高貴にされた「自愛 φιλαυτία」[29] の発露として理解することを教えてくれる。それは抽象的な思弁に基づく単なる気分によるのではない——もしもそうであれば，この自愛と初期ギリシアのアレテーとの比較は，確かに（人を）当惑させるものであろう。むしろ哲学者アリストテレスは実際にギリシア人の人倫的な思想の一つの根源を，正当で理想化された自愛という思想の中に再発見した。ところで彼はこの思想を，自らの啓蒙され，「利他主義的な」世紀による平均的な判断との意

35。（訳注）第7章は第3章か。
29）（訳注）同上第9巻第8章 1169a12。

識的な対抗関係から弁護し，特別な偏愛を抱いて追求する。アリストテレスの自愛に対する高い評価は，名誉愛と快活さに対する積極的な価値評価と同様，貴族倫理の根本思想への実り豊かで哲学的な沈潜に由来する。もしも「自己」が正しく理解され，つまり「自己」が肉体的な自己ではなく，高貴な人すべてが自らの中に彷彿とした精神を実現しようと努力する，より高い人間像に関係付けられるならば，自愛は確かにこうした自己への最高の愛である。もしも最初に自分自身に対して最高のアレテーという要求を立て，「そもそも美それ自体を我がものとする」[30]ならば，この全くギリシア的な表現をドイツ語へ翻訳することは難しい。（ギリシア人にとって常に気高さと高尚さという意義を持つ－原注）美を自らのために要求し，我がものにするとは，つまりいかなる機会も逃さず，最高のアレテーという報酬を獲得することである。

　アリストテレスはこの「美」によって，何を考えたのであろうか。我々が容易に連想するのは当然，18世紀の人文主義にとって非常に特徴的な，自由で美的な自己形成と精神的に自己を豊かにすることへの努力，後の教養人による繊細な人格文化のことである。しかしアリストテレス自身の言葉が紛れもなく教えてくれるのは，それとは対照的に，アリストテレスは第一に最高の人倫的な英雄主義の行為をまさに思い浮かべていることである。つまり自らを愛する者は，弛まず友人のために尽力しなければならない，そして「美それ自体を我がものとすること」によって自らを犠牲にし，祖国，金，財産，名誉のために喜んで生命を投げ出さなければならない。ここで奇妙な表現が繰り返され，なぜアリストテレスにとっては理想へ向けた最高の自己犠牲が高揚した自己愛の証明なのか，という疑問が湧い

30）（訳注）同上 1168b27。

てくる。「なぜなら，こうした自愛に満たされた人は，怠惰かつ静穏に長く生きるよりも，短い時間に最高の喜びに満たされて生きることを好むからである。彼は長生きして何ら得るものがないよりも，むしろ一年間であっても，ある高い目的のために生きるであろう。多くの取るに足らぬ行いよりも，むしろただ一つの壮麗で偉大な行いをなすであろう。」[31]

これらの言葉の中に，我々（ドイツ人）が種と本質において親縁であると感じる，ギリシア人の最も固有な生活感情，つまり英雄主義がある。こうした言葉こそ，ギリシア史の本質，この短いが無二の素晴らしい優れた英雄的な行為を心理学的に理解するための鍵である。「美それ自体を我がものとする」という常套句の中に，ギリシア人のアレテーに対する内的なモチーフが比類なく明晰に語られている。すでにホメロスの貴族時代において，肉体的なものをより高い「美」へと従属させることこそ，ギリシアの英雄主義を単に放埓な死への軽蔑から区別するものであった。こうして美を生と交換することによって，人間の自己主張への自然な衝動は，まさにこの自己犠牲の中に最高の成就を見出す。プラトンの『饗宴』におけるディオティマの語りの中で，金銭と財産を犠牲に供すること，過去の偉大な英雄が，永続的な栄誉を犠牲にして困窮，戦闘，死を覚悟していることは，不滅の精神的な創造を残す詩人，立法者の戦いと同列に扱われている。この（過去の偉大な英雄，詩人・立法者の戦いという）両者は，死すべき人間による，自己の永遠化を目指す，きわめて激しい憧れに満ちた衝動から解釈される。自己の永遠化は，人間の名誉愛という逆説的で形而上学的な土台として説明される[32]。アタルネウ

---

31) （訳注）同上 1169a18 以下。
32) プラトン『饗宴』209C。

スの君主でアリストテレスの友人であるヘルメイアスは，哲学的で人倫的な理想に対する忠誠を，自ら犠牲の死を遂げることによって確固たるものとした。アリストテレスもまた彼によって残された，ヘルメイアスのアレテーへの讃歌の中で，アレテーという自らの哲学的な概念をはっきりとホメロスの英雄的なアレテーと結び付け，アキレウスとアイアスという模範に照らして理解した[33]。アリストテレスはアキレウスの形姿によって自愛を描く像を飾り付けたが，このアキレウスの形姿からこの飾り付けの特徴が借用されている。(プラトン，アリストテレスという) 二人の偉大な哲学者とホメロスの詩との間には，古代ギリシアの太古の時代におけるアレテーという思考の生きた連続を証言する鎖が，途切れることなく張りわたされている。

---

33) 拙著『アリストテレス』(ベルリン，1923 年) 118 頁を参照。

ホメロスの貴族文化と教育

成立年代，著者，編集への問い

ギリシア人による人間形成の中心概念であるアレテーの考察と並んで，初期ギリシアの貴族の生に関する躍動的なイメージを補足的に説明しよう。「ホメロスの」詩が与えるこのイメージから，以前の探求が導いた結果を確認できる。

今日『イリアス』と『オデュッセイア』を初期ギリシア文化の歴史的な資料として利用する人は誰であれ，この二つの作品を，あたかも一人の詩人による作品であるかのように，統一体として受け取ることはできない——そればかりではなく，さらに多くの叙事詩を古代の人々がこのホメロスという名前に託したように，たとえ実際にホメロスについて普通に語り続ける場合であっても。古典的なギリシアのあり方のようにまだ非歴史的な時代において，こうした多くの叙事詩の中から（『イリアス』『オデュッセイア』という）二つの詩を芸術的に最高の精華として最終的に際立たせ，他の叙事詩がホメロスの名に相応しくないと見なされたとしても，それは我々の学問的な判断に影響を与えることはないし，本来の意味での伝承と見なされることもあり得ない。歴史的に考察するならば，『イリアス』は全体としてより古代風の詩であり，『オデュッセイア』は文化のより発展した段階を反映している。特定の時代にはこのような確認によって，叙事詩を歴史的に分類することが

差し迫った問題となる。もちろん，この問題を解決するための資料は，主として詩それ自体の中にこそある。上述の課題を解決するため多くの鋭い洞察がなされたにもかかわらず，これらの資料には，相変わらず不確実な性格がある。過去半世紀にわたり行われた発掘の結果，ギリシア太古の時代のあり方に関する見解は基本的に豊かになり，特に英雄伝説の歴史的な核心についての問いに対しては，より明確な解答が得られる。しかし，それゆえに叙事詩に関する特定の時代への分類が進展した，とは言えない。というのも，叙事詩は伝説の成立から何世紀もの間を隔てて切り離されているからである。

詩の分析それ自体が，時代を画定する中心的な手段であり続ける。この分析は本来，決してこうした（時代の画定という）意図に基づいて企てられたのではなく，古代の伝統から生まれた。この伝統は叙事詩の編纂が比較的，後になって完結したことを部分的に説明し，叙事詩がそれぞれに自立した歌という形で流布したに違いないという憶測を強めた。分析は最初は純粋に論理的で芸術的な根拠に基づいて行われる。この分析を初期ギリシアについての歴史的な文化像と初めて関係付けたのは，主としてヴィラモーヴィッツの功績である。今日における本質的な問いとは，この歴史的な考察方法を全体としての『イリアス』と『オデュッセイア』の吟味に限るべきか，つまりこの考察方法を断念すべきか，それともこの考察方法を叙事詩の内部で様々な年代と性格の層に区別する[1]という，まだ仮説的な性格の濃い試みへと拡張すべきか，ということである。これは，特に叙事詩を芸術的に全体として正当に評価できる

---

1) ホメロスの分析を完全に断念しようとする紛れもない傾向は，例えば F. ドルンザイフ『前古典期における神話の語り』（ベルリン，1933 年）および F. ヤコービー『オデュッセイアの精神的な観相学』（『古代』第 9 巻，159 頁）などの，最近の仕事に現れている。

にもかかわらず，長きにわたり実現されてこなかった要求とは無関係である。この要求は，詩人としてのホメロスの影響を問題とする時に有効である。しかし例えば今日の一流の学者が信じているように[2]，『オデュッセイア』のこうした観点から最も重要な部分が前6世紀の中期に至ってようやく書かれたとするならば，『オデュッセイア』を初期ギリシアの貴族の歴史像として利用することは不可能である。上述の観点を単なる懐疑によって無効にすることはもはや許されず，できることは根拠付けられた反駁か承認された結果を示すことである。

もちろん私はこの場で私自身の分析を提出できない。しかしキルヒホフ以来行われた批判は，『オデュッセイア』冒頭の歌をまさにこの叙事詩における最後の改作と見なした。しかしすでにソロンがこの歌を，彼が前594年最高執政官(アルコーン)の職へ就任する以前，ほぼ確実にホメロス自身の作と見なしたことから，遅くともすでに前7世紀，そのように見なされたに違いない[3]，という説が存在する。私はこの説が証明済みであると信じる。ヴィラモーヴィッツは後年の試みの中で，前7世紀や前6世紀に起きた途方もなく劇的な精神運動は『オデュッセイア』に何ら影響を

---

2) Ed. シュヴァルツ『オデュッセイア』（ミュンヒェン，1924年）294頁およびヴィラモーヴィッツ『オデュッセウスの帰郷』（ベルリン，1927年），特に171頁以下を参照。「言語，宗教，人倫に関して『イリアス』と『オデュッセイア』との区別をいっさい無視する者，この二つの作品をアリスタルコスと共に「より新しいもの νεώτερον」としての他の全てから分け隔てる者は誰であれ，真剣な考察へのいかなる要求も持ち得ない。」

3) 「ソロンの優れた法秩序(エウノミアー)」という拙論（『ベルリン・プロイセン学問アカデミー紀要』1926年，73頁以下）を参照。それに加えて今（1935年）ではF. ヤコービー（前掲書，160頁）を参照。彼は，より信憑性の高い「推定最終時点 terminus ante quem」へと導くさらなる根拠を付け加えている。

及ぼさなかったであろう，と仮定せざるを得なかった。しかし彼が後世の吟遊詩人による文芸が学校で育まれ世間離れしていたことを指摘しても，この仮定を十分には説明できない[4]。他方，現在の形態における『オデュッセイア』の筋書全体の構図を支配する倫理的で宗教的な合理主義は，イオニアにおいて全体としてより古いものであったに違いない。なぜなら前6世紀初期のイオニアではすでにミレトスの自然哲学が成立し，この哲学にとって『オデュッセイア』の中で描かれた社会状態や，地理上・政治上の見方は，決して適した背景ではないからである[5]。『オデュッセイア』がほぼヘシオドス以前にすでに存在したということは，私にとって無条件に確実なことである。ところで私は，大叙事詩の成立に関する根本的で典型的な見解が文献学的な分析に負うという見解に固執する。この見解は，建設的な想像力と批判的な論理を手段として用いても，この（大叙事詩の成立という）秘密を決して完全には解明できない場合，まさに正当化される。研究者による，我々が知り得るよりもさらに多くのことを知ろうとする望みは許容できるが，このもっともな望みは，探求の衝動それ自体に対する信用を，しばしば不当にも失墜させた。本書で論じているように，『イリアス』のより新しい層について語るならば，それは今日，必然的に（この語りを正当化する）新しい議論を含んでいるように見える。私はこの場ではないにせよ，このような新たな議論ができると信じている。『イリアス』が『オデュッセイア』よりも全体として古風

---

4) ヴィラモーヴィッツ，前掲書，178頁。
5) 同上182頁は，(彼の『ホメロス研究』27頁における考えとは逆に−原注)，(ギリシア) 本国における「テレマコス物語」の成立を想定し，「コリントス文化圏」について語っている。彼の根拠付けは納得できない（今ではヴィラモーヴィッツへの反論として，ヤコービー，前掲書，161頁も参照せよ−原注)。

な印象を与えるとしても,だからといって『イリアス』の今日の形態のような大叙事詩の成立は,『オデュッセイア』の最終的な形態の成立からそれほど(時代的に)遠く離れている必要はない。もちろん『イリアス』は(『オデュッセイア』の)構成上の形式にとって偉大な模範であったが,大叙事詩への流れは特定の時代のことであり,すぐさま他の素材へと波及した。ところで叙事詩のより新しい(部分が作られた)時代が,当然のように芸術的に低い時代と見なされるのが一般的であるならば,それは分析上の先入観である。おそらくこの先入観の起源は,ロマン派とそれによる民族の詩情についての特別な見解に由来する。叙事詩の展開の最後にあった部分は編集の介入があり,文芸上はおそらく過小評価され,さらには故意に貶められた。この「編集」に対する上述の(ロマン派に由来する)先入観から,この叙事詩の展開をその芸術的な意図に基づいて理解する代わりに,次のような不信がかなり培われた。この不信に基づいて,「健全な人間悟性」が学者のあり方と学者を批判したのである。その際,懐疑はあらゆる時代にそうであるように,研究成果の間の矛盾に基づく。しかしこうした不信感は,学問自体が自らの基礎を常に新しく吟味しなければならないような,非常に決定的な問いに関して——たとえ我々の目的を,従来の批判の射程まで遠く据えることがもはや許されないにせよ——最終的な判断を下してはならないのである。

二大叙事詩の描写の特徴

両叙事詩の中から,古い叙事詩(『イリアス』)は戦闘状態の描写が圧倒的な優位を占め,この優位はギリシア部族が移動した時代を前提と見なして差し支えないであろう。『イリアス』は自らの世界を,アレテーによる古代的で英雄的な精神がほとんど独占的に支配する時代と見なし,作

品に登場するあらゆる英雄がこの理想を体現する。『イリアス』は伝説上の古い戦士の歌謡によって伝承されたイメージと，すでにポリスの生活を明らかに知っている自らの時代の貴族政の生きた伝統とを，不可分の理想的な統一へと融合している。特にヘクトルとトロイア人の姿が，この生きた伝統を証明する。勇者とは至る所で身分の高い男，貴族である。戦闘と勝利は貴族にとって最高の勲章であり，本来の生の内容である。『イリアス』が主に生存のこの側面を描いていることは，確かに素材によって制限されている。『オデュッセイア』では，英雄的な戦闘それ自体が描写の切っ掛けとなることは稀である。しかし叙事詩の前史として何か確固たるものが存在するとすれば，それは最古の英雄歌唱が戦闘と英雄的な行為を祝っていたという事実であり，『イリアス』はこのような歌と伝承を素材として成長したのである。『イリアス』の古代的な性格は，まさに素材においても如実に示されている。しかし『イリアス』の英雄は戦士としてのあり方と名誉心という点について自らの階級を真に代表しているが，その他の振舞においても，明らかな弱点のみならずあらゆる有能性をも伴い，随所で高貴な主人である。彼ら英雄が平和に漫然と生きているのを想像することはできない。彼らは戦場にいて，その他には，食事の時間，供儀，助言など，戦闘の休息の際に見るに過ぎない。

『オデュッセイア』においてイメージは異なったものとなる。英雄の帰郷，トロイアを前にした戦いときわめて自然に結び付いた「帰還 Nostos（ノストス）」というモチーフは，平時における彼らの存在のはっきりとしたイメージと愛に溢れた描写へ橋を架けるものだ。この伝説それ自体は，非常に古い。しかし新時代は，英雄の生における人間的な面へと特に好んで関心を注ぐ。この新時代の感覚は血なまぐさい戦場の描写には背を向け，英雄の本来の生を，古い伝

説の運命と人間の中により多く反映させたい意欲をもった。『オデュッセイア』においては英雄の生活が，彼らの冒険的な航海と家屋敷・家族・環境に囲まれた故郷での生活が，戦争の終わった時代に描かれる。『オデュッセイア』のこうした描写の中には，当時の貴族による実際の生活様式が端的に表現されている。『オデュッセイア』はこの時代を，太古の世界という遠方へ，生き生きと素朴に移す。それゆえ『オデュッセイア』は，より古い貴族文化の状態を知る上で，我々にとって主要な源泉となる。『オデュッセイア』は，イオニア地方において成立したに違いない。しかし『オデュッセイア』を，ここで問題となる限りにおいて，（ギリシア全体に）典型的なものとして考察することが許されよう。こうした事柄に関する『オデュッセイア』による記述が古い英雄歌から伝承された素材の一部ではなく自らの現実的な観察に基づくことは，明らかに感じとれる。このような家庭的な情景といった素材が叙事詩の伝統によって予め形成されることは，ほとんどなかった。叙事詩の伝統で扱われたのは，ありきたりの出来事に関する気楽な物語ではなく，英雄自身とその行為が問題となった。この新たな要素が前面に現れるのは，他の素材のみから生まれたのではない。素材の選択それ自体と同様，より大きな展望を備え，平和を享受できた時代の傾向に由来した。

　『オデュッセイア』は，屋敷と土地を持つ貴族の領主としての身分に相応しい文化を全体として眺め，描写できる。このことは，芸術的な生の観察と問題設定の進歩を表すものである。叙事詩は長編小説となる。『オデュッセイア』において詩人と伝説は空想をたくましくし，冒険を行う英雄を繰り返し世界の果てへと導く。このような世界の果てを描く際，メルヒェン的なもの，不可思議なものの領域に触れることが多い。他方，故郷について状況描写はさ

らに強く現実へと接近する。なるほど、この描写においてもメルヒェンの特徴が欠けてはいない。オデュッセウスという領主の館における質素で鄙びた単純さとは異なる、壮大で豪奢なメネラオスの宮廷あるいは豊かなパイエケス人の君主の宮殿に関する描写が際立つ。同時代のオリエントが模範としてここで影響を及ぼさなかったにせよ、この描写は明らかにミュケナイの先史時代の強力な国や偉大な支配者による芸術愛好と豪華さへの古い思い出に接近している。しかしその他の点においてはまさに生に近い現実が、『オデュッセイア』における貴族のイメージを『イリアス』における貴族のイメージから区別する。我々が示したとおり『イリアス』に登場する貴族は、大部分が理想的な想像力からなるイメージであり、古い英雄歌の伝承を助けとして作られた。このようなイメージは、この伝承の形式をもっぱら決定した見方、つまり先史時代の英雄が超人的なアレテーを有していたことに対する人々の驚嘆が基になっている。テルシテスが登場する情景[6]に見られる個々の政治的・現実的な特徴のみが、比較的最近の時代を明らかにしている――今日の形態における『イリアス』は、この時代に成立した。それは、「物怖じしない輩」という語り名を持つテルシテスが高貴な主人に対して軽蔑的な語調を響かせることによるのである。テルシテスはホメロスの全作品の中に唯一存在する、真に悪意ある戯画である。しかし全ては、新時代によるこうした（テルシテスによる）最初の攻撃が始まった時、貴族が未だに確固として安泰であることを語る。なるほど『オデュッセイア』においては、こうした（テルシテスによる攻撃のような）近代的・政治的な個別の特徴が欠けている。イタケの公共団体は王が不在の間、貴族の指導下にある民会によって統治され、パイエ

---

6) （訳注）『イリアス』第2歌211以下。

ケス人の都市は一人の王の支配下にあるイオニアのポリスを忠実に再現している。しかしすでに貴族は詩人にとって明らかに社会的かつ人間的な主題であり，詩人は貴族を特定の距離から観察している[7]。こうしたことのおかげで詩人は，この（貴族という）階層を全体として客観的に描く能力を得た。その際あの厄介者の代表者テルシテスに対する鋭い批判にもかかわらず，真の貴族的な志操と教養の価値への紛れもなく暖かい共感が伴っている。このような志操と教養は我々に対する詩人の証言を，きわめてかけがえのないものとする。

『オデュッセイア』と精神的な徳

『オデュッセイア』に登場する貴族は，特権，主人としてのあり方，繊細な人倫と生活の仕方を強く意識した，閉じられた身分である。『イリアス』における圧倒的な情熱，等身大を越えた形，悲劇的な運命とは異なって，新しい詩（『オデュッセイア』）においては，人間らしい風格を備えた多くの種類の人物が登場する。その姿にはあらゆる人間的なもの，愛すべきものがある。彼らの語りや経験には，後世の修辞学において高い徳性(エ)を育てる力と芸術的に表現(ト)したものが支配している。人間同士の交際は，最高度に洗練されている。海から裸で漂着し保護を求めるオデュッセウスの不気味な現れ方に対して，ナウシカアは思慮深く，決然として振舞う。ネストルとメネラオスの邸宅を場としたテレマコスと彼の親しい客であるメンテスとの交際，アルキノオスの家，異国の偉い客人を手厚くもてなす歓待。オデュッセウスは言葉に表せないほど礼儀を尽くして，ア

---

7) 吟遊詩人自身が貴族の身分に属することは，実際にはほとんどなかったであろう。これとは対照的に抒情詩，エレゲイアー，イアンボスの中にはしばしば貴族の詩人が多く見出される（ヴィラモーヴィッツ，前掲書，175頁を参照）。

ルキノオスおよび彼の妻に別れを告げる。さらなる例として，老齢の豚飼いエウマイオスによる，乞食に身をやつした年老いた主人との出会い，彼と主人の若息子テレマコスとの交際も勝るとも劣らないものである。しかしこれらの情景に描かれた真に内面的な教養と，外面的な形式に過ぎなくなった教養とが対立する。後者の教養は，言葉と振舞における高貴な作法が高く評価される中で姿を消す。これと同様テレマコスと傲慢で乱暴な求婚者との間の交際の仕方でさえ，彼らが互いに憎しみ合っているとは言え，申し分なく礼儀に適っていた。高貴であるか下賤であるかにかかわらず，共同体の代表者は，いかなる状況にあっても固有の統一的な特色と自らの「礼儀作法 Decorum」とを身につけている。求婚者の恥知らずな行いは，共同体の代表者と彼らの身分にとっては不名誉なことであり，このことについて様々な観点から言及されている。誰一人としてこうした行いを怒らずに見ることはできず，（求婚者は自らの）行為を最終的に深刻に贖うことになる。しかしそれにもかかわらず，「高貴で貴顕で男らしい求婚者」[8]というような評価は，不遜と暴力行為に対する拒否的な言葉と同様，しばしば見出される。求婚者は詩人にとって，常に高貴な殿方であり続ける。彼らの犯罪は二重の意味で重いので，刑罰は非常に苛酷である。彼らの冒瀆行為が身分の栄光の肩書きに照らして暗い汚点であるとしても，その汚点はありとあらゆる同情によって取り囲まれた主役たちの輝かしい真の高貴さの陰に隠れてしまう。求婚者は，貴族に対する全体として好意的な判断を何ら改めない。詩人は描き出す人物の中に自らの心と共におり，描く人物の高い人倫と文化を好んでいる。これは随所で感じ取れることである。さらには詩人が，教育的な意図と常に新しい，高い

---

8)（訳注）『オデュッセイア』第20歌292など。

人倫や文化を強調することとを結び付けたことは疑い得ない。詩人が自らの教育的な意図に即して再現するものは，価値それ自体である。彼が再現するものは，些末な環境だけではなく，英雄が持っている優秀さの本質的な部分である。詩人にとって英雄の生活形式は，彼らの振舞や行為とことごとく結び付いており，それは英雄に特別な尊厳を与える。英雄にはこの特別な尊厳が，高貴で感嘆に値する行い，禍福にかかわらず非難の余地なく示す態度によって，当然の報いとして与えられている。彼らの優遇された運命は神的な世界秩序と調和しており，神々は英雄に保護を保証する。英雄の純粋に人間的な価値は，高貴な貴族社会において常に同じ光を放っている。

　貴族文化の前提は，定住性・土地所有[9]・伝統である。こうした前提は，老人から子供へ生活形式が推移することを可能にする。しかしさらに宮廷風の人倫という厳格な掟に従った，自らの目的を自覚した若者の独自性，高貴な「躾」が付け加わらなければならない。『オデュッセイア』においては，下は乞食に至るまで，貴族以外の者に対する人間的な接し方が存在する。貴族と下賤な男との間には鋭い，尊大ないかなる区別も存在せず，主人と奴隷が家父長的に近しい関係にある。それにもかかわらず，上流階級以外の場で意識的な教育や教養を考えることは，いかなる場合でも無理である。弛まぬ助言と精神的な指導による人格形成としての躾は，あらゆる時代と民族に見られる貴族の典型的な特徴である。ひとえにこの（貴族という）階級のみが人としての人格と態度に関わる要求を掲げ，その要求は人間の元になる性向を意識的に洗練することなしには達

---

9)　所有とアレテーの関わりがいかに変化したか，という問いに関する専門的な探求が欠けている。こうした探求は『オデュッセイア』の中に，特に重要な資料を見出すであろう。

成できない。ここにおいて，先祖の人倫と慣習に対して植物のように適応するだけでは不十分であった。貴族による信望への要求と支配者としての立場の中には，彼らを代表する者の間ですでに早くから，陶冶が可能な時期，高貴な男性像を明瞭に打ち出そうとする要求が存在した。この男性像は，貴族集団で有効とされた。ここにおいて初めて教育は教養，つまりある決まった類型に向けて，人間を全体として形成するものとなった。ギリシア人にとって，教養の展開を目的としたこのような特定の類型が持つ意義は，常に意識されていた。この類型はあらゆる貴族文化において——ギリシア人の「善美の人 καλὸς κἀγαθός」，中世の騎士道による「正しい礼儀 cortesia」，18 世紀の社会的な観相学を考えてみても——，決定的な役割を果たす。それは当時のあらゆる人物描写を通して，我々に馴染み深いものとして微笑みかけてくる。

『オデュッセイア』においても男らしい人格を価値付ける最高の尺度は，常に戦士としての優秀性という伝統的な理想であった。しかしそれと並んで，精神的・社会的な徳に対する高い評価が現れる。これは今や『オデュッセイア』において，ことさらに強調される。英雄自身は，賢い助言を求めても得られずに戸惑う男ではなく，いかなる状況においても適切な言葉を見出すことができる男である。英雄の策略とは名誉と創意に満ちた実践的な洞察であり，この洞察は生き残りと帰郷をめぐる戦いに際して，より強力な敵や隠れている危険を克服して，常に最終的な勝利を収めることであった。すでにギリシア人の下，特に本国の部族において異論がなくはないこのような性格は，ただ一人の詩人による統一的な創造物ではなかった。何世紀にもわたってこのようなイメージの性格に手が加えられたため

に，このイメージは非常に矛盾に満ちたものであった[10]。狡猾な，策略に満ちた冒険は，イオニアの船乗りの時代の産物である。こうした冒険がトロイアの伝説圏に属し，特にこの冒険がトロイアの破壊に参加していることは，いやが上にもオデュッセウスの姿を英雄化することになった。『オデュッセイア』におけるこの冒険は宮廷風の多様な特徴から影響を受けた。こうした特徴は，我々の目の前にある文芸が関心を抱くような社会像の有り様によって制限されている。他の登場人物も，英雄的というよりはむしろ人間的に描かれており，精神的なものが目立って多く強調されている。テレマコスはしばしば「理性的」あるいは「ものわかりがよい」[11]と形容され，メネラオスの妻はテレマコスのことを，精神においても姿かたちにおいても欠けるところのない人物と褒め称える。ナウシカアに関して，彼女は迷わず適切な考えをうまく捉える，と言われる[12]。ペネロペイアは賢く思慮がある[13]と言われている。

高尚な人倫と伝統の担い手としての女性

この場で，古い貴族文化における女性的な要素に関して，教育的な意味から一言しなければならない。女性の本来のアレテーは美である。これは，男性をその精神的・身体的な長所に従って評価するのと同様，自明なことである。女性の美への礼賛も，あらゆる騎士的な時代の典雅な教養のタイプに由来する。しかし女性はヘレネやペネロペイアのように男性のエロス的な求婚の対象としてだけではなく，女主人として登場し，常に堅固で社会的，法的な立

---

10) ヴィラモーヴィッツ，前掲書，183頁を参照。
11) （訳注）『オデュッセイア』第1歌その他に「聡明なテレマコス」という表現が頻出する。
12) （訳注）同上第7歌280。
13) （訳注）同上第1歌329など。

場にあってすみやかに命令を下す。女性の徳は，貞淑な感覚と家政に関する賢明さにある。ペネロペイアの主婦としての資質と生真面目なしとやかさは，高く称賛される。他方トロイアに非常に大きな災厄をもたらしたヘレネは単に美しい存在に過ぎないが，それにしてもその美しさのあまり，彼女が現れるとトロイアの老人たちは直ちに武装解除され，（彼らの災厄という）あらゆる罪が神々の責任とされる[14]。『オデュッセイア』において，時を経て最初の夫と共にスパルタへ戻ったヘレネは，この上ない淑女の典型，高貴な優雅さと卓越した社交術および堂々とした振舞の手本として描かれる[15]。彼女は客をもてなす際，指導的な役割を果たし，このもてなしは若いテレマコスが彼女に紹介される前，この二人が家族のように驚くほど似ているのを確かめることによって優雅に始まる。こうしたことは，ヘレネが客をもてなす流儀に巨匠のように卓越していることを明らかにしている。貞淑な主婦は，自らの（仕事用の）籠なしに考えることはできない。彼女（ヘレネ）の女中は，彼女が男性のいる広間に足を踏み入れ坐る時には，それを必ず彼女の前へ置く。この籠は銀製で，（その中に入っている）糸巻棒は黄金製である。これらの籠，糸巻棒は身分の高い女性を飾り立てるものであった[16]。

　ギリシア人の中で女性は，ホメロスによる騎士道が終焉しつつある時代，社会的に高い立場を占める。それ以後，女性の社会的な立場が，この時ほどに高まることは決してなかった。パイエケス人の君主の妻アレテは，人々の間で女神のように崇拝されている。彼女が現れると争いは調停され，彼女の夫の決断は彼女の助言や執り成しによっ

---

14)　（訳注）『イリアス』第3歌 164。
15)　（訳注）『オデュッセイア』第4歌 120 以下，特に 138 以下。
16)　（訳注）同上 131。原文の Spinnrocken は，『オデュッセイア』原文の該当箇所に則って「籠」と訳した。

て下される[17]。オデュッセウスはパイエケス人の助力でイタケへの帰還を達成するため、まずナウシカアの助言に従う。つまり彼女の父である（アルキノオス）王に相談するのではなく、王妃（アレテ）の膝を抱きかかえ、懇願するのである[18]。というのも、王妃の好意は彼の（イタケへの帰還という）願いを認める際、重要な役割を果たすからである[19]。ペネロペイア自身は置き去りにされた寄る辺ない状況にあって、高慢に暴れ回る求婚者の群れに、何と決然として立ち向かうことか[20]。なぜなら彼女は、自らの人格と女性としての品位が無条件に尊敬されることを、常に当てにして良かったからである。高貴な男性が自分たちと同じ身分の女性と交際する宮廷風の流儀は、長年にわたって培われた文化と社会的に高い教育の結果として生まれた。女性は、ヘシオドスの教説に描かれた農夫の家族のように社会的に有用な存在としてのみ尊重され、尊敬されるわけではない。いわんや後世のギリシアの市民階級におけるように、結婚によって生まれた子供の母としてのみ尊重され、尊敬されるわけでもない。すなわち女性は自らの系譜に誇りを持つ騎士階級にとって、高貴な種族の女系の祖先として重要なのである。女性は高い人倫と伝統をともども担い、守る。こうした女性が持つ精神的な品位は、男性の性愛的な振舞にも影響を及ぼす。『オデュッセイア』の第1歌において、男女間の関係について注目すべき特徴を見出すことができる。この歌は叙事詩の古い部分よりも、あらゆる点ではるかに繊細に展開し、人倫的な思考を代表し

---

17) （訳注）同上第7歌 71-74。

18) （訳注）同上第6歌 280。

19) （訳注）ナウシカアの助言については、同上 310-315、第7歌 142 以下を参照。

20) （訳注）同上第1歌 330 以下、第16歌 409-451、第18歌 158、第21歌 63 以下を参照。

ている。(オデュッセウス)家に古くから慣れ親しんだ実直な侍女エウリュクレイアが提灯で若いテレマコスの寝室を照らす時,詩人は叙事詩の手法を用いて彼女の今までの生き様を手短に物語る。年を取ったラエルテスは,彼女がまだ若い美しい娘であった頃,彼女を驚くほど高い値段で引き取った。彼は家では生涯の間,彼女を高貴な女主人のように尊重したが,妻への配慮から決して彼女と床を共にしなかった[21]。

『イリアス』には,はるかに自然なものの見方が現れている。アガメムノンは,戦争の獲物として手に入れたクリュセイスを故郷へ連れてゆこうと考える。彼は公の集会で,彼女は身体つきや器量がクリュタイムネストラと比べてもひけを取らないので,クリュタイムネストラよりも彼女を好むと言った[22]。これは,個人による性格描写と思われるかもしれない——すでに古えの解説者は,ここで女性のアレテーの全てがこのかけがえのない詩行に集約されていることに注目している[23]。しかしこの(アガメムノンという)男性が上述の箇所で世間体をことごとく無視する尊大な流儀は,『イリアス』の他の箇所においても所所に存在するばかりではない。ポイニクスの父アミュントルは,愛人をめぐって息子と争う。この愛人を贔屓するあまりアミュントルは妻には構わず放っておくが,息子は母に唆されて,この愛人を父から背かせる[24]。ここでは粗野な戦士の人倫ではなく,平時における事柄が問題となっている。

『オデュッセイア』のものの見方は,彼ら戦士と比べると全く普遍的な境地を意味する。オデュッセウスという世

---

21) (訳注)同上第1歌420以下。
22) (訳注)『イリアス』第1歌113以下。
23) (訳注)Scholia Graeca in Homeri Iliadem, hrsg.v.Hartmut Erbse, Bd.1, Berlin 1969, S.42.
24) (訳注)『イリアス』第9歌447-453。

故に通じた男とナウシカアという素朴な若い娘が交わす素晴らしい会話の中に，男性が女性との宿命的な出会いに際して抱く，非常に繊細で内的に洗練された感情が現れている[25]。ここでは，真に内的な文化がそれ自体として描かれる。それは『オデュッセイア』の詩人が王の庭やアルキノオスの家の建築を描く際にも，あるいはニュンペのカリュプソが住む，世界から遠く離れた島の奇妙に陰鬱で暗い風景を愛情を込めて考察する際にも，異なることはない。この深い内的な上品さは，粗野で男性的，戦闘的，暴力的な社会に対して女性が及ぼした教育的な感化の効果である。英雄（オデュッセウス）は，女神パラス・アテナときわめて個人的かつ内的に関わる。この女神パラス・アテナは，彼をあらゆる道において導き，彼を決して見捨てない。この関係の中に，女性的なものが霊感を与え，精神を導く力が最も美しく表現された。

アキレウスの教師ポイニクス，英雄の教師ケイロン

ところで叙事詩は時折，宮廷における人倫と高貴な振舞を描写している。このことは，貴族という社会層においていかに教養を意義付けるか，という考察を必要としていただけではない。ホメロスの詩が貴族文化について構想するイメージが，貴族の集会で最も生き生きとした通常の教育をも描写するものであった。『イリアス』の中の比較的，新しい部分を，ここで『オデュッセイア』と一まとめに論ずる方がよい。そもそも倫理的なものを重視することが，叙事詩の後半部分における本来のあり方である。これと同様，教育に対する意識的な関心も，詩のより新しい層に限定される。このことの主たる源泉となるのは，テレマコス物語と並んで『イリアス』の第9歌である。アキレウスと

---

25) （訳注）『オデュッセイア』第6歌149以下。

いう若い英雄の姿に重ねて、年を取った教育者であるポイニクスという教師を登場させるという着想は、たとえこの思い付き自体が付随的なものであったにせよ、詩の最も美しい場面の一つを生みだした。『イリアス』の英雄を戦場にいる時とは異なる存在として完成させ、全体的な人物像を思い描くことは、それ自体、難しい。『イリアス』のいかなる読者も、次のように自問することは、ほとんどないであろう。つまり、どのようにしてこの作品の英雄が生まれ、成長したのか？ いかにして彼が両親と教師による、将来を見通し予め配慮する英知によって、すでに幼年時代の日々から後の偉大な英雄への道を歩むのか？ こうした観点は本来の伝説にとって、確かに全く異質であった。叙事文芸という全く新しいジャンルは、英雄の系図への限りない関心から成長した。このような関心に現れた封建的なものの見方の影響は、伝説上の偉大な英雄たちに若者に関する詳しい物語を与え、彼らの教育と師匠を気遣う傾向を通してますます明らかになる。

　この時代における英雄の正真正銘の教師とは、テッサリアにあるペリオン山脈の、泉が多くある森の峡谷に住んでいたケイロンに他ならない。彼は賢いケンタウロスであった。伝承によれば、有名な英雄の多くが彼の教え子であり、その英雄の中にはアキレウスもいる。テティスがアキレウスを置き去りにした後、アキレウスの父ペレウスが、アキレウスをこの老人ケイロンの保護に任せた。初期の時代は、ケイロンにちなんで叙事詩風の「ケイロンの訓戒 Χίρωνος ὑποθῆκαι」という名を付した。この教訓詩は教育的な諺に見られる英知を詩の形式へとまとめ、おそらく貴族の伝承から素材を汲み取った。教訓はアキレウスに向けられていたように見える。古代にあってこの詩をヘシオドスの作に帰したことからわかるように、あらゆる世界の多くの英知がすでにこの教訓詩の中に存在したに違い

ない。遺憾なことに残された幾つかの詩句については，より確実な判断を下すことはできない。しかし貴族倫理との関連で，ピンダロス[26]がこの詩行に依拠していると言われている。ピンダロスは人間の素質と教育とに関する新しい，より深い見解を代表し，英雄的なアレテーを形成する上で単に教授するということに通常，重要な役割を認めなかった。その彼でさえ伝説として語り継がれてきたことを深く信じ忠実に守ってきたために，先史時代の最も偉大な男たちは英雄好みの老人の教説から影響を受けたということを，幾度も告白しているのである。ピンダロスは時にはこれを素直に認め，時にはこれを承認することに抗いながらも，上で述べた伝承が堅固な伝統として存在することを認めざるを得なかった[27]。この（ケイロンにちなんだ）伝統は，明らかに『イリアス』よりも古い。なるほど（『イリアス』）第9歌の詩人は，アキレウスの教育者としてケイロンの代わりにポイニクスを据える。（しかし，ポイニクスではなくケイロンこそ英雄の本来の教師であったことを示すのは，以下のとおりである。）『イリアス』の他の箇所においてはパトロクロスに対して，痛みを和らげる治療薬を戦士の傷に塗布することが勧められる。パトロクロスはこの治療薬をアキレウスから学び，アキレウスはそれをケンタウロスの中で最も公正なケイロンから学んだという[28]。なるほどここで教授（の内容）は，医術上の事柄のみに制限される[29]——周知のようにケイロンは（名医）アスクレピオスの師匠とも見なされた。しかしピンダロスは，狩猟と全ての優れた騎士的な技術に関してもケイロンをアキレウスの教育者と呼び，これが本来の理解であったことは明

---

26) ピンダロス『ピュティア祝勝歌集』第4歌19以下。
27) （訳注）同上『ネメア祝勝歌集』第3歌43以下，58。
28) 『イリアス』第11歌830-832。
29) （訳注）ピンダロス『ピュティア祝勝歌集』第3歌5以下。

らかである[30]。(『イリアス』第9歌において)「アキレウスへの派遣」を著した詩人は，アイアス，オデュッセウスと並んで，(ケイロンのような) 粗野なケンタウロスを媒介者として用いることができなかった。騎士らしい英雄のみが，英雄の教育者としても改めて相応しいように見えた。それは，詩人の実生活での経験に由来したに違いない。なぜなら，詩人は何か困ることがあって初めて伝説から逸脱できるからである。それゆえ詩人は，ペレウスの家臣でドロプス人の支配者であったポイニクスを，この (ケイロンの) 役割の代わりとして選んだのである[31]。

批判的な探求の結果，「アキレウスへの派遣」におけるポイニクスの語りが最初から存在したのか，いやそれどころか『イリアス』の他の箇所においては見られないような，(ポイニクスという) 人物それ自体が存在したのか，非常に真剣に疑われた。実際，軍勢のただ二人の代表，おそらくオデュッセウスとアイアスが，アキレウスの下へ派遣された詩の形式がかつて存在したに違いない，紛れもない痕跡がある。しかしポイニクスの有名な警告の弁論を見直すことによってのみ再びこの形式を得ようと望むことは，無理である。それは，こうした実践的な再建の試みが，たとえ改訂の痕跡が明白であっても，ほとんどの場合，不可能だからである。教育者の姿は詩の現在の版において，共に派遣された (オデュッセウスとアイアスという) 両者と密接に関わっている。すでに示したように[32]，ポイニクスの教育理想からアイアスは行為，オデュッセウスは弁論をより多く体現している。アキレウスにおいてのみ行為と弁論は結合されており，彼は最高の精神力と行動力と

---

30) (訳注) 同上『ネメア祝勝歌集』第3歌43以下，58。
31) (訳注)『イリアス』第9歌480-484。
32) 30頁を参照 (本訳書では41頁)。

の真の調和を実現している。それゆえポイニクスの語りへのいかなる干渉も，（オデュッセウスとアイアスという）他の二人の弁論に働きかけるに違いなく，この歌の情景の持つ全ての芸術的な構成を破壊する。

神話上の 範 例（パラデイグマ）の使用

しかしこのような帰結のみが，批判的な探求の矛盾を論証するわけではない。ポイニクスによる弁論の内容と見なされる表向きの動機も，全体の詩的な意図を全く過小評価する点に基づく。老人（ポイニクス）の弁論は実際に並外れて長く，それは何百もの詩句を包括し，メレアグロスの怒りの語り[33]に至って頂点に達する。このポイニクスの弁論は文字通りに読む限りでは，ほとんど自己完結しているように思われる。詩人はアキレウスの怒りのモチーフ，つまりメレアグロスの怒りに関するより古い詩のモチーフを真似て作り，その際，文学的な当てこすりを行うヘレニズム風の流儀に則っていわば自らの作品からの引用を試み，あの叙事詩（『イリアス』）から抜粋を行った，ということが信じられた。この（アキレウスの怒りの）歌が成立した時，メレアグロスの伝説を詩情の上で改作することがあったか否か，あるいは詩人が口承の伝承に従うか否か，とい

---

33)（訳注）『イリアス』第9歌550-607。伝説によれば，昔カリュドンの都市を攻めるクレテス人とこの都市を守るアイトロイ人が殺戮を繰り返した。カリュドンの王子メレアグロスはこの防衛戦で，母アルタイエから死ぬよう呪われたことに怒り，カリュドンのために戦うことを途中で拒否する。なぜなら，「カリュドンの猪狩り」でメレアグロスの兄弟たちが，彼が仕留めた猪を奪おうとしたため，彼は兄弟たちを殺してしまったからである。メレアグロスはアイトロイ人の長老に説得され，母への怒りを解きカリュドンの防衛戦へ復帰し，都市を守り通す。この場面でポイニクスはアキレウスに対して，彼がメレアグロスを模範として（アガメムノンへの）怒りを解き，トロイア攻めへ復帰することを促している。

う問いに対しては，様々な答えが可能であろう。いずれにせよポイニクスの語りは教育者が弟子に警告を与える呼びかけの模範であり，メレアグロスの怒りとその怒りの好ましくない結果に関する長く引き延ばされた語りは，神話上の「範例 Paradeigma」である。これに類した神話上の範例は，『イリアス』と『オデュッセイア』の語りの中に数多く見つかる。この範例が使われたことは，様々な種類の教訓的な語りの形式にとって特に典型的である[34]。誰一人として年老いた教育者と同等の権利を以て，メレアグロスに警告する例を引用できなかった。この教育者（ポイニクス）の無私の忠節，アキレウスの服従は，絶対的に高く評価されねばならない。ポイニクスには，オデュッセウスが語ることのできなかった真理を語ることが許される。英雄の不屈の意志を決定し，その意志を洞察へともたらすこの最も極端な試みは，ポイニクスの口を通してきわめて真剣で内的な迫力を得る。なぜなら彼は自らの試みが失敗した場合，鮮明な光の下で，筋書の悲劇的なクライマックスをアキレウスの頑なな拒否の結果として示すからである。

　ホメロスは『イリアス』中ここにおけるほど，プラトンがそう名付けるような，悲劇の教師や指導者であることはない[35]。すでに古代人がこれを感じていた。『イリアス』の筋書の構成は，上述の情景によって倫理的なもの，教育的なものへと進んでゆく。（メレアグロスの例が表れている）範例の形式は，状況の根本的な側面，つまり「因果応報」[36]を否が応でも意識させる。読者は皆，英雄の

　34）　61頁と70頁を参照（本訳書では86，98頁）。すでに古代の解説者がこれを指示している（注23を参照）。
　35）　（訳注）プラトン『国家』595C。
　36）　（訳注）ギリシア神話中，人間の傲慢に対する神々の怒りと因果応報の擬人化。不遜な者，不義にして富む者などを見逃さずに懲らしめた。

最終的な決定を，心の中で十分に共に経験しなければならない。ギリシア人，英雄（アキレウス）の最たる親友パトロクロスの運命と，最終的に英雄自身の運命が，この決定にかかっている。読者にとって出来事は，必然的に普遍的な問題となる。今日，完結して我々の前にあるような『イリアス』の詩人にとって，メレアグロスの例から，非常に重要な宗教思想である迷妄(アーテー)が呼び出される。この迷妄という思想は，「リタイ Litai」つまり願いと，人間の心が頑なことに関する人倫的に感動的なアレゴリーから，暗雲に発し凶兆をもたらす稲妻であるかのように輝き出る[37]。

　ギリシアの教育史において，この着想はいずれもたいへん重要である。こうした着想は，古えの貴族の典型的な教育を，はっきりとただちに認識させる。ペレウスの息子は戦争の遂行と同様，弁論術についても全く未経験であるが，ペレウスは息子に，最も信頼する家臣を，戦場および宮廷へ同行させる。そしてこの家臣が息子の心に，男らしい有能性について伝統的な高い理想を意識的に銘記させる[38]。この役割は，長年のアキレウスとの信頼関係に基づいて，ポイニクスに割り当てられる。この役割は（アキレウスの）父との友情の継続に過ぎず，この友情が英雄アキレウスの非常に早い幼年時代から，老人（ポイニクス）と英雄アキレウスとを結び付ける。ポイニクスはアキレウスが幼い時，つまりポイニクスが食事の時に広間で彼を膝の上で抱えながら，彼に（肉の）塊を嚙み砕いて与え，胸の前の上着が濡れるほどおくびをさせ，自分の酒から（彼が）欲しいだけ酒を飲ませたりした。というのも，アキレウスはポイニクス以外の人とは誰とも一緒にいようとしなかったからである。ポイニクスはアキレウスに，どのよう

---

37) （訳注）『イリアス』第 9 歌 502 以下。
38) （訳注）同上 438。

にしてここで挙げたことを行ったのか，ほろりとする言葉で思い出させる[39]。ポイニクスは，息子に対するようにアキレウスに接した。なぜなら彼の父アミュントルによる悲劇的な呪いによって，ポイニクス自身には子供が生まれなかったからである。ただしポイニクスには，老いてから若き英雄アキレウスが自らを保護してくれることを期待できた。しかしポイニクスは，この（アキレウスの）家庭教師で（アキレウスの）父の友人というよくある関係を持つに留まらず，人倫的な自己教育というより深い意味で，アキレウスの指導者である。生きた財産として古い伝説を伝承することは教養の一部であり，この古い伝説は英雄的な勇敢さと雄々しさという超人的な模範を引き渡すだけではない。その模範には，人間にとって常に新しく生から流れて深まる経験という暖かい血が脈打っている。この経験は年を経て威厳を備えた伝統を貫き，その伝統から常に新しい意義を手に入れる。

　詩人が高い教育を讃美していることは明らかであり，彼はポイニクスの姿の中に記念碑を据えた。しかしまさにそれゆえアキレウスの運命は，詩人にとって困難な問題となる。詩人の考えによれば，貴族の躾がアキレウスの運命をあらゆる男性的な徳の最高の模範に仕立て上げた。人間による教育のいかなる業や善意が迷妄，すなわちこの盲目の，余りにも巨大で非合理的な力である女神に語りかけても，無力である。しかし詩人は，人間に好意を寄せている神的な力に対して，より良い理性による願いと表象をも体現している。なるほど神的な力はゆっくりと歩み，常に早足の女神，すなわち迷妄（アーテー）の後ろから，不自由な足を引きずって歩く。しかしこの力は，迷妄（アーテー）が加える害の埋め合わせを，後で行う。ゼウスの娘たちが近付くのであれば，彼

---

39)　（訳注）同上 490 以下。

女らを尊敬し，彼女らの言うことに耳を傾けなければならない。すると彼女らは親切に人間を助ける。しかしゼウスの娘たちを拒否したり，頑固にたてつく者に対して，彼女らは迷妄(アーテー)を送る。彼らは罰を受け，損害を被る[40]。ここでは抽象化される以前の宗教的な思考が，形態を創造する。この思考は盲目的な情熱と優れた洞察との間の内的な闘争を，文字通りの深い意味で，あらゆる教育の本来の根本問題として認識する。この認識は神霊(ダイモーン)，すなわち良いあるいは悪い神霊(ダイモーン)による人間の心をめぐる同等ではない競争という感動的なイメージの中で行われる。自由な決断という近代的な概念は，近代的な意味での「罪」という考えと同様，ここでは完全に遠ざけておかなければならない。近代以前の思考はさらに包括的で，それゆえより悲劇的である。ここで責任を問うということは，例えばまさに『オデュッセイア』の冒頭に見られるように[41]，決定的な意味を持たない。古えの貴族の世界では素朴なことに，実践的な教育を喜ぶようになる。しかしこの喜びは，すでにあらゆる人間的な教育の限界という問題が意識されるようになって，古えの貴族の世界における最も古く，最も美しい記録を生み出す。

アテナとメンテスによるテレマコスへの教育

屈することのないペレウスの子（アキレウス）と対照的なのは，テレマコスである。『オデュッセイア』第1巻の詩人は，我々をテレマコスの教育に参加させる。アキレウスがポイニクスの教えを聞き流し，破滅へと追い込まれるのに対して，テレマコスは父の親しい客メントルの姿

---

40) （訳注）同上 502-512。

41) 60 頁，86 頁その他を参照せよ（本訳書では 84, 119 頁その他）。

に隠れている女神（アテナ）の警告に嬉々として耳を傾ける[42]。なぜなら女神の言葉は，彼自らの心の忠告と同じことを言うからである。テレマコスは従順な若者の原像であり，経験豊かな友人による助言を進んで受け入れることから，行為と名声へと導かれる。ホメロスの信仰によれば，成功した行為をもたらす神的な霊感は常に女神アテナから発せられる。一方，続く歌で女神アテナは，より年齢を重ねた他の友人の教育係という姿に隠れている[43]。この教育係はテレマコスがピュロスとスパルタへ旅する際，彼に付き従う。このような着想は，特に若くて高貴な殿方が旅行へ赴く折，家庭教師を同行させるしきたりに由来するように見える。教育係は目を光らせ，保護する者が行くところにはどこにでも同行し，いかなる状況においても教えと助言によって助けながら，傍らにいる。教育係は，教え子が精神的に動揺し，困難で新しい状況に立ち向かう場で，適切な社会的な振舞という形式を教え込む。つまり教育係はテレマコスに，年上の高貴な主人であるネストルとメネラオスにどのように面会すべきであるか，いかにして嘆願を，首尾よく彼らの下へ伝えるべきかを教える。フェヌロンの『テレマックの冒険』[44]以来，このメントルという教育係の名前は，教育し，指導し，保護する年長の友人の一般的な性格付けとなった。テレマコスと教育係との麗しい関係は，その他にもテレマコス物語の全般にわたってお

---

42)　（訳注）『オデュッセイア』第1歌105, 180。
43)　（訳注）同上第2歌401。
44)　（訳注）フェヌロンの教育小説（1699年）。彼がルイ14世の孫で王太子のブルゴーニュ公の教育係として，教え子のために書いた。『オデュッセイア』に題材を仰ぐ。王子テレマック（テレマコス）が，師メントル（実は女神アテナ）に導かれて，行方不明の父オデュッセウスを探し，辛苦を重ねた末，父と再会するという枠組み。帝王学の伝授を目的としている。

り，さらにより詳細に考察すべき教育的なモチーフ[45]の形態に基づく。宮廷環境の一端を描写することのみが詩人の意図ではなかったことは，明らかであるように見える。こうした人間的に優美な語りの核心は，いかにしてオデュッセウスの若い息子が卓越し，計画的に行為し，成功によって嘉される男になるかという，詩人が意識的に立てた問題である。『オデュッセイア』の大部分は，意識的に教育的な効果を完全に欠いている。この教育的な効果を上述の意味で感じて初めて，詩の印象に沈潜することができるならば，それは典型的で，同時に内的な出来事という模範的なものによるのである。この出来事はテレマコス物語という外的な筋書と並行しており，この筋書の本来の目標である。

批判的な分析の結果，『オデュッセイア』の成立に関して，テレマコス物語は本来，独立した詩であったのか，それとも最初から，我々が今日，読んでいるような，叙事詩全体のために書かれたのか，という問いが掲げられた。この場では，この問いに特定の答えを与えなくともよいであろう。かつてテレマコス自体を取り扱う叙事詩が存在したのであれば，オデュッセウス伝説のまさにこの部分が独立したことは，次のような時代の関心からのみ説明できる。当時の人々は，もっぱら若者の状況と教育問題を思い描くという刺激をオデュッセウス伝説の中で強く感じた。それゆえ，このモチーフの自由な展開を阻まれることのない流れに任せたテーマへと没頭したのである。この伝説それ自体は，両親の名と故郷を除けば，想像力にいかなる具体的な支えも提供しなかった。しかしこのモチーフは自らの中

---

45) Ed. シュヴァルツは『オデュッセイア』（ミュンヘン，1924年）253 頁の中で，テレマコス物語における教育的な要素について特に印象的に，改めて指摘を行った。

に固有の論理を持ち，詩人はこの論理に従ってこのモチーフを展開させた。このモチーフは『オデュッセイア』全体との関連においては素晴らしい着想，つまり二人の異なった人物を互いに徐々に連動させることを意味する。すなわち海に囲まれた遠方の島で彼を愛するニュンペに引き止められるオデュッセウスと，故郷で見捨てられ行動することなく父を待ち焦がれる彼の息子とを，同時に連動させることである。これは，彼ら二人を再び互いに結び付け，英雄（オデュッセウス）の帰還へ向けて働きかけるためである。詩人が描く情景は，貴族風の豪壮な屋敷である。テレマコスという若者は，最初は母親に結婚を迫る者どもによる，厚顔な振舞に身を任せていたに過ぎない。彼は諦め，お人好しでありなす術もなく彼らを眺める。その際，決断力を欠き，自らの家を苦しめる者どもに対してすら自己の生まれもった高貴さを否定し，いわんや己の権利を積極的に守ることすらしない。オデュッセウスは最後の困難な戦いと復讐のために帰還し，いかなる助けもほとんどなしに求婚者たちと対決しなければならない。彼にとってこの受動的で，愛すべきだが軟弱で，希望を持てずに嘆く若者は，仲間とはいえ無用の者であろう。女神アテナがこのテレマコスを，心逞しく決断力があり，大胆な戦士仲間になるべく教育する。

『オデュッセイア』の最初の四つの歌で教育的なテレマコス像を意識的に形成する仮定に対して，ギリシアの詩情は性格の内的な展開の描写を全く知らない，と言われた[46]。確かにテレマコス物語は，近代的な教育小説ではな

---

46) 例えばヴィラモーヴィッツの前掲書。さらに R. プファイファー『ドイツ文学新聞』1928 年，2368 頁を参照。もちろん私にとっては，貴族の教育の神的な規範よりも，むしろテレマコスの個人的な生と運命における神の導きが問題に見える。F. ヤコービーが前掲書 169 頁でプファイファーに異議を唱えるように，アテナは『オ

い。彼の変化を、我々の意味での成長として捉えることはできない。古代人はこのテレマコス物語を、神的な霊感による作品としてのみ説明できる。しかし霊感は、叙事詩の中で純粋に機械的に神々の使者の命令によって、あるいは夜、夢の中でしばしば訪れるわけではない。霊感は、魔術の影響のように働きかけるのでもない。神が恩寵を授ける際の自然な道具は、若者の意志と洞察に対する意識的な働きかけという、生きることの中から取り出された出来事である。この若者は将来、英雄の役割を演ずべく天命を授かっている。テレマコスの自発的な行動を内的かつ必然的に準備するためには、外からの決定的な一突きが必要なだけであった。様々な要素、すなわち自己の中から目的への道を見出さず、動き出すことのない内的な衝動、優れた本性、神々の助力と好意、指針となる指導を引き起こす契機が共に働く様子が、並外れて繊細かつ慎重に考量される。この中には、詩人が自ら立てた問題に対する彼自身の深い理解が現れている。神の干渉と自然で教育的な影響は、詩人が女神アテナ自身に年老いた客人メンテスの姿を借りて語りかけさせることによって、ただ一つの統一的な筋書へとまとめられる。叙事詩の技法を詩人が活用するならば、この技法は詩人にとっては普遍的で人間的な感情によって容易となる。この感情は詩人の着想に与えられ、我々は今日もなおこの感情が心の中であり得ると見なす。あらゆる真の教育的な行為は、解放し、若者の全ての力を息苦しい拘束から喜ばしい活動へと展開させる働きの中にあるが、この働きの中に神の一突き、自然的な奇跡が存在するということ。これこそ上で触れた、普遍的で人間的な感情の内

デュッセイア』の他の箇所でも絶えず干渉し、「つまり」は叙事詩の技法の一手段に過ぎない。しかしこれによってテレマコスの特別な、この場合、教育的な感覚は、疑わしいものとはならない。神的なものは、生において非常に異なった形を取って働きかける。

容に他ならない。ホメロスは、運命に委ねられたアキレウスの意図をくじくという究極の、最も困難な課題を教育者が断念せざるを得ない中に、それに対抗する神霊(ダイモーン)の作用を認識している。これと同様にホメロスはテレマコスが優柔不断な若者から真の英雄へと幸いにも変化することの中に、神的な優美の女神(カリス)による業を敬虔に崇拝する。ギリシア人の教育的な意識と行為は、この意識と行為が高揚する場合は常に、この計りがたい契機に対して完全に意識的である。我々が最も明白にこれと再び出会うのは、偉大な貴族主義者ピンダロスとプラトンの下においてである。

模範が備える教育上の意義

女神アテナ自身は、彼女が第1歌において教育係メンテスの姿でテレマコスに向けた呼びかけを、教育的な警告の言葉として明確に性格付ける[47]。彼女はテレマコスの中で、自己の権利を自らのものにし、求婚者に公然と対決し、彼らに一般世人が集う広場(アゴラー)で自らの行為の責任を取らせ、行方不明の父親の消息を尋ねるための助けを求める決断を熟させる。詩人は、最初の失敗と新しい開始という印象的な変転の最中、集会が失敗した後、テレマコスに自力で密かに、危険に満ちた航海を企てさせる。この航海の経験によって、彼は一人前の男となるべく定められている。この「テレマコスのパイデイア」において本質的な特徴、つまり経験を積んだ年上の友人と教育係による助言は欠かさずにある。一人息子を不安気に気遣う母親の柔和で感情豊かな影響も欠かさずにある。この母親は、決定的な場面で必要とされることはない。なぜなら彼女は、長い間、庇護さ

---

47) 『オデュッセイア』第1歌 279 の ὑποτίθεσθαι。これは、「訓戒」を意味する本来の言葉である ὑποθῆκαι の動詞形である。これについては、P. フリートレンダー『ヘルメス』第 48 号（1913 年）571 頁を参照せよ。

れた息子の突然の高い飛躍について行けず，息子が心配なあまり邪魔するばかりであろうからである。何よりも中心的な要素として作用するのは，早い時期に行方不明になった父親という模範，友誼を結んだ外国の宮廷への旅行，新たな人物や状況を知ること，テレマコスが尊敬し，助言，できる限りの助力を惜しまない重要な人物による好意的な信頼と励ましの言葉，新たな友人と後援者を得ること，慈悲深く，彼に仕事をしやすくし，生きるための援助をし，危険の中で破滅させない神的な力による慎重な保護であった。テレマコスは小さな島の辺鄙な田舎のユンカーのように，単調な生活環境の中で成長する。この広い世界を知らない若者は内心，当惑し，いかにして初めて外部の世界に出て，有力者の客人となるのか。こうしたことを，詩人は暖かい共感を寄せながら記述する。詩人は聞き手に対して，万人がテレマコスに関心を抱く中で，非常に危険な状況においてすら，いかに良い習慣と躾が無経験な若者を手軽に見捨てることなく，父オデュッセウスの名声が彼の障害を取り除くか，訴えかける。

　我々はある一点において，さらに詳しく考えなければならない。というのも，その点は貴族の教養理想を精神的な観点から構成する際，特に重要だからである。それは，模範が備えている教育上の意義に他ならない。編纂された法典や体系的で倫理的な思考もない初期の時代にとって，宗教や口承によってある世代から次の世代へと伝承されてきた諺の英知のような限られた実践的な掟を除いて，行為にとって模範に優る効果的な指針は存在しなかった。特に『オデュッセイア』のテレマコスとナウシカアという二人の若い中心的な登場人物において，非常に明らかに作用を及ぼしている環境，特に両親の家の直接的な影響と並んで，有名な例からなる全ての富は伝説上の伝承に由来する。この伝承は太古の世界の社会的な構成において，我々

の世界で歴史——聖書の歴史も含めて——が占めるような意義を代表している。伝説は精神的な遺産というあらゆる宝を包括し，いつの世代もこの伝説から栄養を汲み取る。アキレウスを教育した者は『イリアス』での長い警告の弁論中で，メレアグロスの怒りの警告を例に引いている[48]。これと同様テレマコスの教育においても，状況に合わせて，勇気付ける模範にこと欠かない。オレステスが父の（仇を取る）ため，アイギストスとクリュタイムネストラに対して行った復讐との比較にも，十分うなずける。この復讐も英雄の帰還に関する，偉大な悲劇の一部であった。この悲劇は個々人の運命を多く描いたのであるが。アガメムノンは，トロイアから帰ってきた直後に斬殺された。オデュッセウスは20年もの間，故郷から離れて暮らした。この（20年という）十分に時間的な隔たりがあるため，詩人はオレステスの行為とその行為に先行するポキスでの滞在を，『オデュッセイア』の筋書が始まる以前に設定できた。オレステスの行為は（『オデュッセイア』の筋書が始まる）直前にようやく生じたので，すでにオレステスの名声は世の中に広まっている。そして女神アテナはオレステスの行為を，鼓舞する言葉でテレマコスの眼の前に突きつける[49]。一般に伝説における例では気品と古さが権威を得るが——ポイニクスはアテナへ向けた弁論[50]で，まさに先史時代と当代の英雄の名声に頼る——，それとは対照的にオレステスとテレマコスの場合，伝説の例が効果的な働きを持つのは，両者が時代的に非常に近く，似た状況に置かれていた点にある。

　明らかに詩人は，模範というモチーフに最大の価値を

---

48) （訳注）『イリアス』第9歌524以下。
49) （訳注）『オデュッセイア』第1歌298-302。
50) 『イリアス』第9歌524-527。

置いている。女神アテナはテレマコスに次のように言う。「もう子どものように日々をだらだらと過ごしてはなりません。なぜなら，そういった年頃ではないからです。あなたは聞かなかったのですか。オレステスが，自分の父を斬殺した腹黒い殺人犯アイギストスを殺したがゆえに，名声を全世界で轟かしたことを。友よ，あなたも——私はあなたがとても美しく，体格が良いと思いますが——，後世に生まれた者がいつかあなたのことを称賛するような力を，十分に備えているのです。」[51]アテナの教示は模範がなければ，依拠できる納得のゆく規範もなしで済ませることになるであろう。まさに暴力を使用するという微妙な事態において有名な模範に頼ることは，繊細な若者に感銘を与えるために，二重の意味で必要である。すでに詩人は神々の会議において報復という人倫的な問題を，ゼウス自身をしてアイギストスとオレステスの例によって意図的に説明させた[52]。それによって批判的な聞き手の目にも，アテナが後でオレステスへの注意を喚起したことから，道徳的に疑わしいと思われるいかなる痕跡も取り去られてしまった。模範による動機付けは，テレマコスをその重い運命的な使命（の遂行）へ向けて教育する上で，不可欠の意義を備える。この不可欠の意義は，(『オデュッセイア』の) 筋書のさらなる展開においても，例えばネストルのテレマコスへの語り[53]のように，繰り返し現れる。この語りの中で気品ある老人ネストルは，オレステスをテレマコスの模範と思わせるため，アガメムノンと彼の家の運命に関する語りの最中で話の腰を折る。そこでテレマコスはネストルに対して，次のような呼び声と共に答える。「オレステスが復讐した

---

51) 『オデュッセイア』第1歌 298。
52) 同上 32-47。
53) 同上第3歌 195-200。

のは当然です。アカイア人たちはオレステスの名声を歌として，未来の世代に広く遠く告げ知らせるでしょう。神々が私に力を与え，私が求婚者どもに，法を不名誉にも踏みにじったことに対して復讐できればいいのですが。」同じ模範のモチーフは，ネストルの語り[54]の結末でも反復される。つまりこの模範のモチーフは彼の長い演説の二つの中心部分の結末において，明確にテレマコスへ適用される度に，めりはりをつけて用いられる。

模範から範例(パラデイグマ)を経て「善のイデア」へ

 もちろん，こうした反復には意図が込められている。有名な英雄の模範や伝説の事例に依拠することは，それが形式のいかんにかかわらず，詩人にとってはあらゆる貴族倫理と貴族教育を統合する基本的な部分だからである。叙事詩という歌謡と，それが古典期以前の社会構造に根付いていることを本質的に認識するに際して上述の事実が持つ価値については，後でまた触れることになるであろう。しかし後の時代のギリシア人も，範例(パラデイグマ)は常に生と思考の根本的なカテゴリーとして意義を持つと主張した[55]。ピンダロスが神話上の例を使用したことに言及するだけで，十分であろう。この神話上の例は，彼の祝勝歌における非常に本質的な要素である。全ての詩情，部分的にはギリシア人の散文へも波及した[56]，こうした神話上の例の使用を，単に文

---

54) 同上 306-316。

55) 私は，この思考形態をその歴史的な展開に即して，独立した探求において検討しようと思う。

56) ローベルト・エーラー『古代ギリシア文芸における神話上の例』(博士論文，バーゼル，1925 年)は，古代ギリシアの文芸に即して，この過程を検討している。彼は古い G. W. ニッチュ『ギリシア人の伝説の詩情』(1852 年)に刺激されて研究を始めたが，文体上の現象と古い貴族倫理における模範という思考との関連を十分に顧慮しなかった。

体上の現象として解釈するのは的外れであろう。こうした神話で使用される例は古い貴族倫理の本質と密接に関連しており，詩情においても本来の教育的な意義として，まだ十分に機能していた。特にピンダロスにおいて神話上の範例(パラデイグマ)による純粋な古い感覚が，再び出現する。そしてプラトンの全思考が，その最も内的な構造としては範例(パラデイグマ)的な思考であり，彼が自らのイデアを「存在者の中に基礎付けられた範例(パラデイグマ)」[57]と規定していることを最後によく考えてみるならば，こうした思考形式の由来は全く明らかである。「善」，より正確には「善 $αγαθόν$」という哲学的な理念があらゆる場合に当てはまる「模範」[58]が，古い貴族的なアレテー倫理の模範という思考から始まる精神史的な流れの直線的な延長にあることが，今や示される。ホメロスにおける貴族の教養の精神的な形態から，ピンダロスを経由してプラトン哲学に至る展開は，まったく有機的で，大地に根付き，必然的である。この展開は，歴史的な探求によく用いられるような，半ば自然科学的な意味における「進化」ではない。むしろその根本構造において歴史のあらゆる局面を貫いて同一に留まる，ギリシア精神の根源形態の本質的な展開である。

---

57) （訳注）プラトン『テアイテトス』176E。
58) （訳注）同上『国家』472C，484C，500E，540A を参照。

教育者としてのホメロス

ギリシアの人間性の第一人者としてのホメロス

　プラトンは彼の時代，人口に膾炙していた見解として，ホメロスが全ギリシアの教育者であったと述べている[1]。それ以来，ホメロスの影響は全ギリシアの境界を超えて広がった。プラトンの（ホメロスに対する）情熱的で哲学的な批判[2]は，あらゆる詩情が持つ教育上の有効性に限界があることを，世間に繰り返し意識させてきた。しかしたとえそうであるにせよプラトンの批判すら，ホメロスの支配を揺り動かすことはできなかった。自民族の教育者としての詩人という見解は——言葉の最も広く，深い意味において——，ギリシア人にとって最初から馴染みのものであり，常にそうした意義を彼らに持ち続けた。ホメロスは普遍的なものの見方の最も壮麗な例に過ぎず，いわば古典的な事例である。この見方をできるだけ真剣に受け止める方が，我々のためになる。我々はギリシア人の詩情に関する理解を，ギリシア人による本来の判断の代わりに，芸術を純粋に美的な考察対象として自立して扱うという近代的な独断によって，浅薄にするべきではない。たとえこの見方

　1）　プラトン（『国家』606E）はその際，ホメロスを芸術的な享受のためのみならず，人生の指導者として読んだ「ホメロス崇拝者」のことを考えている。同じ見解は，すでにクセノパネス「断片」9（ディール）にある。

　2）　（訳注）プラトン『イオン』を参照。

が，造形芸術や詩情の特定のジャンルや時代にとって適切なものであるにせよ，この見方はギリシア文芸やその最大の代表者から抽象されたものではない。それゆえこの見方を，ギリシア文芸に対して適用することはできない。ギリシア本来の思考に特有なのは，美的なものがまだ倫理的なものから区別されていなかったことである。比較的後になって初めて，この分離が始まる。プラトンにとっても，ホメロスの詩が持つ真理を制限することが，直接的に詩の価値を低下させることになった。初めは古代の修辞学が形式的な考察を大いに推奨し，最終的に詩情を純粋に美的な価値として見なす，キリスト教的な精神的態度が支配することになった。というのも，こうした態度はキリスト教に，古代の詩人の倫理的で宗教的な内容の大部分は，誤っており神を冒瀆するものとして非難することを可能にする一方，古典教養を教育の不可欠の手段と享受の源泉として認めることを可能にしたからである。それ以来，詩情は，異教的な「神話」の神々や半神を，その影の世界から再び光の中へと呼び出すことになった。しかしこの影の世界は今日では最初から，単に芸術的な幻想による非現実的な遊戯として性格付けられる。これと似た狭い視角からホメロスへアプローチすることは容易であるが，それでは神話と詩情の理解へと通じる，本来のギリシア的な意味における通路を閉ざしてしまう。ヘレニズムという，より後の時代の哲学的な詩学はホメロスの教育者としてのあり方を合理主義的で無味乾燥な「教訓譚 *fabula docet*」[3]として解釈し，あるいはソフィストの模範に従って叙事詩からあらゆる芸術と学問の百科事典を作り出した。このことは，確かに反

---

3) （訳注）ストア派と逍遥学派(ペリパトス)の哲学者が文芸の「教育的な」価値について教えたことは，ほぼホメロスの詩に基づいている（英訳の注より）。

感を引き起こす。しかしこうしたスコラ主義や机上の学問の産物は，それ自体は正しい考えが堕落したものに他ならない。この正しい考えは，全ての美しいもの，真なるものと同様，粗野な手ですさんでしまう。こうした功利主義が我々の芸術感情を逆なですることは当然至極であるが，ホメロスがギリシア人にとっての全ての偉大な詩人と同様，文学史の単に形式的な対象ではなく，ギリシア人の人間性の第一の，最も偉大な創造者にして形成者として評価されねばならないことは，時を越えて自明である。

現実的な生と哲学的な認識に対する詩情の優位

特にホメロスの場合，ギリシアの詩情の教育的な作用に関するある種の観察が，ここで期せずして現れざるを得ない。詩情がそのような作用を掻き立てるのは，人間の美的で倫理的な力の全体が，この詩情の中で言葉として現れる時に限られる。しかし美的な側面が倫理的な側面に対する関係は，倫理的なものが任意の「テーマ」ともども，芸術本来の意図にとって重要であることなしに，偶発的に与えられている点のみにあるわけではない。その関係は，芸術作品の規範的な内容と芸術的な形式が相互に働きかけ，いやそれどころか最も緊密な共同の根源に存在する点にもある。我々は，まさに様式，構成，形態があらゆる意味において，その特別で美的な性質にあっていかに制限され，その性質が体現する精神的な内容によって満たされているか，示すことになるだろう。もちろん，こうした見解からすぐさま普遍的で美的な法則を拵えることは，許されない。人間的なものという中心的な問題を無視し，純粋に形式的な理想から理解する芸術，いやそれどころか，いわゆるより高い内容を持つ全てを嘲笑しつつ，自らの対象に対して内容的に無頓着に振舞うような芸術が存在し，あらゆる時代において存在した。我々はここで，あの意識的で芸

術的な軽薄さを度外視する。この軽薄さは，型に嵌った表面的な価値を容赦なく暴き，つまり批判的に純化するよう働きかけることで再び「倫理的」になる。本来の意味で教育的な詩情とは，根源が人間存在のより深い層へと達し，その中で性格（エートス），志操のより高い躍動，人間を結合し義務付ける人間的なものの像が生きるような詩情に限られる。しかしまさにギリシア人の高尚な詩情の本分は，それが任意の現実の一部分を表現するのみならず，現実が提供する存在の一端を特定の理想との観点において選び，考察する点にある。

他方，最高の価値が具現したものも，大抵は人間のための芸術的な永遠化によって初めて，不変の妥当性と感情を動かす力という印象を与える。ギリシア人が語ったように，芸術それ自体の中に精神的な転移，「人間の心を導く技術 Psychagogie」[4]という無限の能力がある。芸術のみが教育的な作用の中でも最も重要な二つの条件，すなわち一般的な妥当性および経験に即した直接的な具体性を，同時に持つ。芸術は，この二種の精神的な作用を結合することで，現実の生のみならず哲学的な反省をも凌駕する。生は具体的で，生の経験は普遍的な妥当性を必要としない。生の経験には余りにも多くの偶然性が入り込み過ぎているので，受け止められた活発な印象は常に究極の深いレベルへ達し得るわけではない。他方，哲学と反省は普遍性へと高まり事物の本質まで達するが，それが最初に影響を及ぼすのは，哲学や思想の考えに固有の経験を頼りとして自ら体験したことに集中的に与えることができる者に対してである。というわけで，詩情はありとあらゆる単なる悟性の教

---

4) （訳注）プラトンの弁論術の伝統によれば，人間の魂を人間によって導くこと。それは弁論術を，他の人間の意見に影響を及ぼし，それを操作する技術あるいは手段として，具体的に示す。

説，普遍的な理性の真理に対しても，しかしまた個々人の偶然的に過ぎない生の経験に対しても，常に有利である。詩情は，現実の生（アリストテレスの有名な言葉の意味を拡張することが許されるならば‐原注）よりも哲学的であるが[5]，哲学的な認識よりも集中的で精神的な現実性という点において，生気にも溢れている。

ホメロスの叙事詩の比類なさ

こうした考察は，決してあらゆる時代の詩情に当てはまるわけではなく，ましてやギリシア人の詩情に例外なしに当てはまるわけでもない。他方でこうした考察は妥当性という点において，詩情に制限されていなかった。しかしこのような考察は世界のいかなる詩情よりも，この考察が獲得された詩情に当てはまる。プラトンとアリストテレスの時代，哲学的な自己認識に目覚めたギリシア人の芸術的な感情が，自民族の偉大な詩情の中で成長した。我々は上の考察を通して，こうした芸術的な感情へ展開した見解のみを主として繰り返す。個々の点における幾つかの変化にもかかわらず，ギリシア人の芸術観は後世になっても，この観点から見て一般的に同一に留まった。そしてまたこうした変化が起きたのは，詩情およびギリシア固有のものへの未だに生きた感覚が上述の芸術観の中で存在した時代であった。それゆえホメロスにとっての詩情の意義を問うことは，歴史的に正当で必要である。ホメロスが先駆けとなった時代ほど，その理想的な内容がこれほど包括的であると同時に芸術的に一般に妥当する仕方で形式化され，それと共に後世へ最高の教育的な効果を及ぼした時代は存在しない。叙事詩は他のいかなる文芸にもまして，ギリシア人の教育者としてのあり方が唯一無二であることを啓示し

---

5) （訳注）アリストテレス『詩学』第9章 1451b5-6。

ている。ギリシア文学における後の精神的な形態の多くと比べると，ギリシア人以外の民族は固有の形態を作り出さなかった。近代の文化民族は古代の形式を取り入れることで初めて，なべて自らの精神形態を所有するに至る。このようにして悲劇，喜劇，哲学的な論文，対話，体系的で学問的な教科書，批判的な歴史記述，伝記，法律的・祝祭的・政治的な弁論，旅行記，回顧録，書簡集，生の告白[6]，自己省察，エッセイが伝えられた。これに対して他民族の同じ発展段階においても，貴族と民衆の下に初期ギリシアのあり方に比較し得る社会的な層の形成，貴族主義的な男性の理想，英雄歌という大地に根ざした芸術が，支配的で英雄的な生の見解の表現として見出される。ギリシア人と同様，例えばインド人，ゲルマン人，ロマン人[7]，フィンランド人，中央アジアの幾つかの遊牧民族など他のところでも，英雄歌から幾度にもわたって叙事詩が成長した。それゆえ叙事詩という詩情をきわめて多様な人種および文化的意義を備える部族の間で比較し，ギリシア叙事詩の独特な点を認識できるのである。

こうして全ての詩が，人間学的な展開の同じ段階に立っている限りにおいて，どんなによく似ているか，ということが，なるほどしばしば指摘されてきた。最古の時代におけるギリシアの英雄詩は，原始的な特徴を他の諸民族と共有している。しかしそれは，芸術の外面性，時代による被制約性に当てはまるに過ぎず，この（ギリシアの英雄詩という）芸術の人間的な実質の豊かさや，芸術的な形態力に当てはまるわけではない。あらゆる「市民的な進歩」にもかかわらずその核心において不滅である，人間存在の英雄

---

6) （訳注）アウグスティヌス『告白』のようなジャンルを指すと思われる。

7) （訳注）イタリア語，ポルトガル語，スペイン語，フランス語，ルーマニア語など，ロマン（ス）語を話す民族の一員。

的な段階が存在する。いかなる民族の叙事詩もギリシアの叙事詩ほど，この段階が運命についての普遍的な感覚と生の永続的な真理という観点で自らの中に隠すものを，詳細な，射程の長い形態においてはっきりと示すことはなかった。ゲルマン民族の英雄詩のようにきわめて高い人間性を持ち，血統では我々に非常に近い英雄詩も，影響の範囲と持続性ではホメロスに及び得ない。自民族の生におけるホメロスの歴史的な立場と，中世のゲルマン的，古フランス的な叙事詩の役割との明らかな相違とは，ホメロスの影響がギリシア文化の千年全体にわたって全く途切れなかったのに対して，中世の宮廷叙事詩は騎士世界の没落後，すぐさま忘れ去られてしまったことである。ホメロスの生きた威信は，あらゆるものが学問的に基礎付けられたヘレニズム時代において，詩の根源的な形態と伝承の探求に関する固有の学問，すなわち文献学を作り出した。この学問は自らの生を，もっぱら自らの対象が備える不滅の生の力から汲み出したのである。図書館の埃っぽい手稿の中でまどろんでいた『ロランの歌』[8]『ベーオウルフ』[9]『ニーベルンゲンの歌』という中世の叙事詩は，（ギリシアとは）反対にすでに存在する学識によって初めて再発見され，明るみへともたらされる運命にあった。ダンテの『神曲』は自国民のみならず，人類の生の中で固有の場を永久に獲得した，中世における唯一の叙事詩である。その（高い地位を得た）理由は，ホメロスの場合と同じである。ダンテの詩は確かに時代による限定を受けてはいるが，彼による人間像と存在の深い把握と普遍性は，イギリス精神がシェークスピアにおいて初めて，ドイツ精神がゲーテにおいて初めて達し

8）（訳注）1100年頃に書かれたフランス最古の英雄叙事詩。
9）（訳注）古代イギリスの伝説的英雄を主人公とした，8世紀頃の叙事詩。

たような境地へと，ダンテの詩を高めている。もちろん，ある民族の詩的な表現は確かに初期の段階においては，特に強く国民的に限定されている。それゆえ他の諸民族と後世によるある民族の固有性の理解は，制限されざるを得ない。ただここ（ホメロス）においてのみ，真の詩情におのずと伴い，大地に根付いたものが普遍的な妥当性を備え，その妥当性の中で大地に根付いたものは同時に人間一般に通ずる最高の段階へと達する。ギリシア人の歴史の発端に第一人者として立つホメロスが全人類の教師となったのであれば，万物を結合し，万物に働きかけるものを認識するギリシア人の能力は，何と唯一無二であることだろう。

神話上の模範と範例(パラディグマ)に基づく警告・鼓舞

ホメロスは，初期ギリシア文化の代表者である。我々は最古のギリシア社会における歴史的な知識の「源泉」として，彼のことを正当に評価した。しかし叙事詩に描かれた騎士的な世界の永遠化は，現実を無意識のうちに芸術に反映する以上のことを表す。この偉大な要求と伝承された世界はより高い生の領域であり，その領域においてホメロスの文芸が吸収され，自らを養っている。戦う男の英雄的で偉大な運命というパトスは『イリアス』の精神的な息吹であり，貴族文化の人間的な性格と人倫(エートス)は文芸としての『オデュッセイア』に生気を与える。しかし，こうした生活形態を生み出した社会は，消滅しなければならなかった。いかなる歴史的な消息も，この社会に関する証言を欠いている。しかしその社会の理想像はホメロスの詩を通して具体化され，あらゆるギリシアの教養の生きた基礎として持続した。ヘルダーリンは，次のように語っている。「しかし詩人は，後に残るものを作る。」[10] この詩句は，ギリシアの

---

10) （訳注）ヘルダーリンの詩「追憶 Andenken」，最終行を参

教養史における根本原則を表現している。この根本原則の基礎は、詩人の作品である。ギリシア人の詩情は教育的な精神と共に、意識的にますます着実に成就されてゆく。まさにここで、この意志が叙事詩の客観的な落ち着きと完全に折り合うのか否か、問うことができるであろう。我々はすでにアキレウスの派遣とテレマコス物語に関する前述の分析の中で、教育的に深い考え方が歌の中で胸中を吐露していることを、具体的な例を引いて示した。しかしホメロスの教育的な偉大さという確かなものは、明らかにより広い意味で理解すべきである。この偉大さは、教育的な問題の明確な論述や、倫理的な働きかけを目指す箇所に限定されるわけではない。ホメロスの叙事詩が表す詩人のあり方は精神的に複雑な偉大さであり、唯一の決まり文句で語ることができない。そしてこのように紛れもなく教育的な関心を示している比較的、後の時期に成立した部分と並んで、それ以外の性質を持つ作品もある。この作品では語り手は全面的に対象へと委ねられ、詩人が二次的に倫理性を目指したのではないかという、いかなる考えをも遠ざける。『イリアス』第9歌あるいはテレマコス物語において、次のような精神的な態度が現れる。この態度は主観的かつ意識的に、思考によって効果を生み出そうとしているので、すでに「エレゲイアー Elegie」[11]へと接近している。この態度を、詩人の個人的な意図とは関係なく叙事詩の歌の本質それ自体に由来する、いわば客観的な教育者としてのあり方から区別しなければならない。この本質は我々

照。

11)(訳注)ドイツ語の原語の Elegie は、「悲歌」または「哀歌」と訳すことも多い。しかし本訳書の 175 頁で説明されているように、Elegie は元来、詩の内容よりも韻律という形式に関わる概念なので、以下 Elegie は「悲歌」または「哀歌」とは訳さず、ギリシア語の原語の「エレゲイアー」と表記する。

を，比較的，後の時代からこのジャンルの発端へと引き戻す。

　ホメロスは，古い吟遊詩人(アオイドス)[12]についての多様なイメージを示し，この古い吟遊詩人(アオイドス)による芸術表現の伝承から叙事詩が成長した。歌手の任務は，「人間と神々の行為」[13]についての思い出を後世の記憶の中で生き生きと培う点にある[14]。名声とそれを保持し高めることこそ，英雄歌の本来の意図である。古い英雄歌は，まさに「男たちの名誉 κλέα ἀνδρῶν」として多様に性格付けられる[15]。何らかの意味を持つ名称を好む（ホメロスという）詩人は，『オデュッセイア』第1歌の歌手に，「ペミオス Phemios」つまり知らせを運ぶ人，名声の告知者という名前を付けている。パイエケス人の歌手であるデモドコスの名前に，詩人という職業の公共性が暗示されている。歌手はまさに名声の告知者なので，その確固たる位置は人間の共同体の中にある。プラトンは詩人の恍惚を神から送られた狂気による美しい効果の一つに数え上げ，こうした関連で詩人という根源現象を記述した[16]。「ムーサイによる熱狂，狂気は繊細で聖別された魂へと襲いかかり，その魂を呼び覚まし，この魂を歌やあらゆる種類の詩的な創造物の中で熱狂的に恍惚とさせる。そしてこうした憑依や狂気は，太古の時代の無数の行為を壮麗化することによって，後世の人々を教育する。」こうしたものの見方は，古代ギリシアに特有である。こうしたものの見方は，全ての詩情と神話，太古の世

---

12)　（訳注）ホメロスあるいはホメロス以前の時期に詩人の機能を行使した，固有の職能身分。

13)　（訳注）『オデュッセイア』第1歌338を参照。

14)　同上337。

15)　『イリアス』第9歌189, 524, 『オデュッセイア』第8歌73。

16)　プラトン『パイドロス』245A。

界の偉大な行為に関する学問との必然的で強い結び付きに由来している。そしてこの結び付きから，詩人が社会と共同体を形成する働き，そして詩人の教育者としてのあり方が導き出される。プラトンには，直接，聞き手に影響を与えたいといった意図はない。歌を通して名声を生き生きと伝えること自体が，教育的な行為なのである。

　ここで，ホメロスの貴族倫理に対して模範が持つ意義について説明したことを想起しよう。この説明で模範は，神話から汲み出された例の教育的な意義という観点から考えられていた。まさにポイニクスがアキレウスに，またアテナがテレマコスに，この教育的な意義を警告あるいは鼓舞しようとしたことである。神話それ自体は，明示的に模範や例として引き合いに出される必要はないが，こうした規範的な意義がある。神話は，生が提供する何らかの事件と対応する神話的な出来事との比較によって初めて模範となるのではない。神話はその本性上，模範なのである。神話は名声であり，先史時代の伝承が伝える偉大なもの，崇高なものの証言であって，任意の素材ではない。並外れたものは，自らの偉大さという事実を承認させることだけで規制力を持つ。しかし歌手は事実を報じるのみならず，世界の中で称賛し，褒めるに値するものを称賛し，褒める。ホメロスの英雄は生きている間すでに名誉を要求し，それぞれに相応しく相互に敬意を表することを考える。これとまさに同様な仕方で，真の英雄的な行為は全て，永遠の名声を渇望する。神話と英雄伝説は汲めども尽きぬ模範の貯蔵庫であり，国民はこの模範をすでに我がものとし，国民の思想はこの模範から理想と規範を生きるために汲み出す。実際に想定できるあらゆる状況のために神話上の範例(パラデイグマ)を用いることは，ホメロスが神話に対して上述の態度を取っていることから証明できる。こうした範例(パラデイグマ)の使用に際して，ある人間は助言を行い，警告を与え，戒め，鼓舞し，禁止

し，命令しながら他の人間に相対する。特徴的なことだが，こうした範例(パラデイグマ)が使用されているのは物語の中ではなく，常に叙事詩に登場する人物の演説の中である。この演説の中で神話は常に，演説する者が依拠する標準的な基準として役立つ。かつて神話が本来，歴史的な出来事の表出であったことは疑いない。このような歴史的な出来事は，後世における脚色された幻想の中で，長い伝承と壮麗化する解釈によって実態以上のものへと高められたのである。にもかかわらず，むしろそれゆえ神話には何か普遍的に妥当するものが内在し，単に事実としての性格を持つだけではない。ギリシア人にとっては確固とした原則である詩情と神話との結び付きも，別様に理解することはできない。この結び付きは，まさに英雄歌に由来する詩情の起源，名誉，英雄の称賛と模倣という理念に関連している。偉大な詩情の領域の外部でこの結び付きは無効で，せいぜい叙情詩のような他のジャンルにおいて神話的なものが，理想化する様式の一部として挿入されるに過ぎない。しかし叙事詩は，本質的には理想的な世界である。理想性という要素は，まさに初期ギリシアの思考では神話によって代表されるのである。

叙事詩の理想化する傾向

この事実は叙事詩の様式と構成のあらゆる細部に至るまで，影響を及ぼしている。叙事詩人の言語に特徴的な固有性の一つは，修飾する形容詞を定型的に使用することである。こうした使用は，古い「男たちの名誉 κλέα ἀνδρῶν」という本源の精神に直接，由来した。我々の（『イリアス』と『オデュッセイア』という）二大叙事詩にはすでに英雄歌の長い展開が先行したが，この二大叙事詩

においてこの「修飾語 Epitheta」[17]はしばしば生き生きと用いられたのではなく，叙事詩の文体上の取り決めに則て用いられる。個々の修飾語は常に独自の意味で用いられるのではなく，多くは装飾的となり，何世紀にもわたる芸術上の特色の不可欠の要素となった。この要素は不適切な箇所だけでなく，違和感を惹起する箇所にも現れる。今日，形容詞は理想的な表現の一要素となってしまい，叙事詩の語りが触れる全てがこの要素へと高められる。加えてこうした称賛し，壮麗化し，美化する音韻が，修飾語の働きを超えて，記述や叙述を支配している。低劣なもの，軽蔑に値するもの，憎むべきものの全ては，叙事詩の世界から消されてしまったも同然である。すでに古代人が，ホメロスが全くどうでもよい事柄をことごとく，理想的な表現に変えてしまったことに気付いていた。プルサのディオンは，称賛する様式と叙事詩の本質との深い関連を明確に意識することはほとんどなかったが，ホメロスを叱責者アルキロコスと比べて，人間の教育のためには称賛よりも叱責が必要である[18]と考えた。ディオンの判断は，ここでは我々の関心をほとんど惹かない。というのも彼の判断は悲観主義的な観点に由来し，古い貴族の教育とその模範崇拝に対置させられているからである。後で，この判断の他の種類の社会的な前提を知ることになるだろう。しかし叙事詩の文体と理想化する傾向の内実を最も適切に語っているのは，形式的な事柄について繊細な感覚を持つ修辞家の言葉である。ディオンは記している。「ホメロスは動物，植物，水，大地，武器，馬などほとんど全てを褒めた。彼はある事に言及するや否や，称賛したり褒めたりせずに済ませることは全くない，と言えるだろう。いやそれどころか

---

17) （訳注）枕詞に当たる。
18) プルサのディオン「演説 第33」11。

ホメロスは，万人の中で罵った唯一の男，テルシテスについてすら，明るい声の弁士と名付けている。」[19]

こうした古い英雄歌の由来と関連する叙事詩の理想化する傾向は，叙事詩を他の文学形式から区別し，叙事詩にギリシア教養史における特権的な立場を与える。ギリシア文学の全ジャンルは，人間の表現生活の根本にある自然な全ての形式から生まれた。例えばメロスは民謡から——その形式はメロスが変容し，見事に形成されてゆく——，イアンボスはディオニュソス祭儀での同名のしきたりから，「神への讃歌 Hymnos」[20]と「行進歌 Prosodion」[21]は礼拝から，「祝婚歌 Epithalamion」[22]は民衆による結婚のしきたりから，喜劇は「行列 Komos」から，悲劇はディーテュランボスから成立した。我々は，詩情という芸術ジャンルが展開した根源の形態を，礼拝に属するもの，人間の私的な生活に由来したもの，共同体の生活に由来したものへと分割できる。教育の切っ掛けは，私的なあるいは祭儀としての由来を持つ詩情の表現形態からは，本来かけ離れている。それに対して英雄歌は本質上，理想を形成し，英雄という模範を作ることを目指している。英雄歌は教育的な意義において，他のあらゆる種類の詩情に比べはるかに優っている。というのも，英雄歌は生の全体を客観的に反映し，高い目標をめぐる運命を賭した戦いの渦中にある人間を表現しているからである。教訓詩とエレゲイアーとは形式上，叙事詩と似ており，叙事詩の痕跡を残しながら変化

---

19) （訳注）同上。

20) （訳注）神への讃歌。初期の段階では一般的に歌を意味し，遅くとも前5－前4世紀以来，「特定の神のための歌」とされた。

21) （訳注）古代ギリシアにおける神，特にアポロンとアルテミスの神殿への行列によって歌われる歌。

22) （訳注）結婚の詩。通例，牧歌的な機会詩として書かれ，大抵，合唱によって結婚を祝うために歌われた。

した。教育的な精神は叙事詩から教訓詩，エレゲイアーへと波及し，後にはイアンボスや合唱歌という他の種類へも波及する。まして悲劇は精神面だけでなく神話的な素材に関しても，完全に叙事詩を引き継いでいる。悲劇はディオニュソス的な由来ではなく，叙事詩との関連にこそ倫理的，教育的な品位を負う。偉大な教養力としても有効な，歴史記述や哲学論文のような散文形式は，叙事詩との世界観を踏まえた取り組みから直接的に成長した。このことをさらに考慮するならば，叙事詩は全ての高度なギリシアの教養の根源にあるといっても過言ではない。

　さて我々は，叙事詩の内部の構築を見る上で規範的な要素とは何か，示すことを試みよう。そのためには，一見して二つの道がある。つまり一つはホメロスについての学問的な分析結果や問題設定を何ら顧慮しないで，叙事詩全体の完結した形式から始める道である。もう一つは我々が（ホメロスの二大叙事詩の）成立についての仮説という茂みへ不可避的に迷い込むことによって，自らの道を困難にする，という道である。この二つの道は，共に見るべき結果をもたらさないであろう。それゆえ我々は中間の道を歩む。つまり叙事詩の発展史的な考察に原則として依拠するが，我々の観点からはどのような分析ができるのか，敢えて詳細な事柄までは詳らかにしない道を歩む。いずれにせよ，これらの問いにおいて（ホメロスの二大叙事詩の成立についての）絶対的な不可知論という立場を取るにしても，叙事詩の前史という明瞭な事実を少なくとも原則的に顧慮しないような考察方法は，支持できない。こうした状況は，我々を古代のホメロス観から隔てる。古代のホメロス観は，教育者としての詩人のあり方を語る時，常に『イリアス』と『オデュッセイア』を全体として考えている。もちろん，近代の解釈者にとってもその全体を考えることが常に目的でなければならない。これは分析の結果，近代

の解釈者が以下のことを銘記せねばならないにせよ,そうなのである。すなわち(『イリアス』と『オデュッセイア』の)全体は,何世代をも途絶えることなく,汲み尽くし難い素材に文芸上,手を加えることにより,ようやく後の時代に成立したものである,と。しかし多かれ少なかれ変化する形式を通して伝説のより古い形態化によって叙事詩が成立したこと,同様に完成した叙事詩もあらゆる歌から新たに挿入する箇所を取り入れた可能性を顧慮する人は誰であれ——我々は誰もがそれを行うのだが——,前の段階をできるだけ明瞭に想像するように試みなければならない。

英雄による最高のアレテーをめぐる闘争(アゴーン)

最古の英雄歌の本性に基づく見解は,こうした考えに重大な影響を及ぼさざるを得ない。一騎打ちの叙述は,有名な英雄が重要な敵に勝利を収めることで終わる。ところで叙事詩が非常に古い英雄歌に遡るという根本的な見解は,一騎打ちの叙述が叙事詩の最古の形態であったという仮定を,強く勧めるものである。これを裏付けるのは,この英雄歌が他の民族においても最も初期の伝承として言及されていることである。一騎打ちについての語りは,群衆の戦闘の叙述よりも効果的な関心を惹く。この群衆の戦闘についての叙述からは,完全な具体性と内的な活発さが容易に失われてしまうからである。偉大な英雄が個人として登場するエピソードが広範に語られるなら,群集の戦闘についての描写も我々の関心を刺激できる。個人と倫理を介した一騎打ちの語りのみが,個々の契機が戦いの筋書へと統一され,より強く内的に結び付くことによって,常により深い関心を呼び覚ます。このような個人と倫理は,群集の戦闘で記述し展開するのが困難である。個々の英雄の優れた行為についての語りは,常に強力な警告を与える要素を含む。叙事詩という模範に従えば,この種のエピソード

は後の歴史記述にも依然として見出される。このようなエピソードは、『イリアス』の戦争描写の頂点をなしている。完結した情景こそ、叙事詩全体の部分としてある種の自立性を保ち続け、それによってこうした部分がかつて自己目的であったか、あるいは独立した歌を模倣して作られたかを認識させる。『イリアス』の詩人はトロイアを眼前にした戦闘の筋書を、アキレウスの怒りやその結果についての語りと、独立した多くの一騎打ち、例えばディオメデス（第5歌）、アガメムノン（第11歌）、メネラオス（第17歌）の優れた英雄的な行為、メネラオスとパリス（第3歌）、ヘクトルとアイアス（第7歌）の一騎打ち（モノマキー）として表現する。これら全ては、それ自体、多かれ少なかれ重要なエピソードである。英雄歌が依拠した一族は、この情景に喜びを覚え、この情景の中に自らの理想の反映を見た。

　このように多くの戦闘場面が挿入され、この場面が筋書へと統一される。かくして大叙事詩の芸術上の新たな目的とは、以前の慣例のように周知のものとされた全体の出来事から個々の像を描くだけでなく、全ての有名な英雄の真価を表現することである。詩人は巨大な絵画、全体としての「イリオス Ilios」[23]をめぐる戦いを創造する。それは、部分的にはすでに古い個々の歌の中で祝われた、多くの行為や登場人物を要約することによる。明らかに詩人の作品は、詩人が戦いで見るものを伝えている。それは非常に多くの不死の英雄たちによる、最高のアレテーをめぐる激しい「闘争 Agon（アゴーン）」である。ギリシア人のみならず英雄たちの敵も、自らの故郷の土と自由をめぐって戦う英雄的な民族である。「祖国のために戦う、それこそ良い前兆である。」[24] ホメロスはこの言葉をギリシア人ではなく、自らの

---

23)　（訳注）トロイアの古代名。
24)　（訳注）『イリアス』第12歌243。

祖国のために戦死し，それによって並外れて暖かい人間性を獲得したトロイア人の英雄（ヘクトル）に語らせている。アカイア人の偉大な英雄は，英雄的なものそれ自体をより多く体現している。祖国，女性，子供は，アカイア人の側では陰に隠れるモチーフである。なるほど時にはアカイア人は，（ヘレネという）女性を略奪した（パリスという）人の責任を問うために出征したと言われ，トロイア人との直接交渉によってヘレネを再び法律上の夫による暴力へと委ね，それによって流血を防ぐ試みも行われる――これは，合理的で政治的な考え方にとっては当然の試みであった。しかしこうした正当化は，実際には重要でなかった。詩人の同情はアカイア人の中に，彼らの責務の正しさではなく，永遠に輝く英雄性を見出す。

　『イリアス』では英雄による血で血を洗う激闘のうねるような背景から，純粋に人間的な悲劇としての個人の運命，つまりアキレウスの英雄的な生が際立つ。詩人にとってアキレウスの物語は，一連の戦闘の情景を詩的に統一するための，内的な紐帯となる。悲劇的な登場人物は，太古の世界における戦士の精神的に気品ある「揺籃 Inkunabel」に過ぎないわけではない。むしろ永遠に人間的な生の認識と苦悩の偉大さを表す，不滅の記念碑である。『イリアス』はこの点を，アキレウスという悲劇的な登場人物に負う。大叙事詩は，大規模で多様に分節された全体を構成する技術によって，途方もない進歩をもたらしただけではない。それは同時に内的な内容の深まりと問題への転換を意味する。この転換は，英雄の詩が由来する根源の領域を超えて高め，歌手に全く新しい精神的な立場，高貴な意味での教育者としてのあり方を与える。この歌手は，太古の時代における名声およびその時代の行為を非人格的に告げる者から，今や初めて完全な意味での詩人，伝承の創造的な解釈者となる。

精神的な解釈と形成は本来，同じ事柄である。誰もが認めるギリシアの叙事詩の優れた独創性は，統一的な全体の構成において，教育的な作用を促すのと同じ根源，つまり，高度に精神的な内容と意識に由来する。これを把握するのは困難なことではない。大量の素材と取り組む際，ギリシア人と同様，他民族においても喜びの増大が感じられる。これは叙事詩という歌の最終的な発展段階に見出される，典型的な特徴である。ただしこの喜びそれ自体から，必然的に大叙事詩の芸術へと導かれる，というわけではまだない。大叙事詩の芸術へと導かれる場合でさえも，この段階では，冗漫な小説のような歴史物語へ容易に堕落する危険がある。この歴史物語の中では古潭が「レダの卵」[25)]という英雄の生誕物語と共に始まり，退屈に報じられる。ホメロスの叙事詩の劇的に凝縮し，常にありありと出来事を眼前に思い浮かべ，物事の核心へ「単刀直入に in medias res」迫る叙述は，簡潔な描写のみによって働く。ホメロスの叙事詩の描写は，トロイア戦争あるいは英雄としてのアキレウスの全経歴を描く代わりに，危険つまり最高の詩的な豊かさと象徴的な意義を開示する瞬間を驚くほど的確に捉える。この瞬間はホメロスの叙事詩の描写に，あらゆる栄枯盛衰と戦闘を伴う十年にわたる戦争と，過去から現在と未来を短期間に要約することを可能にしている。すでに古代の芸術批評家がこうした能力に驚嘆したのは，もっともなことである[26)]。この能力のゆえに，ホメロスはアリストテレスとホラティウスにとっての古典的な叙事詩人となったばかりでなく，途方もない詩的な形成力の最高の模範となった[27)]。ホメロスは単なる歴史に過ぎない

---

25) （訳注）ホラティウス『詩学』147 を参照。

26) （訳注）アリストテレス『詩学』1451a23-29。

27) （訳注）同上 1459a30-b7，ホラティウス『詩学』147-152 を参照。

ものを追放し，出来事を非物質化すると共に，この出来事の内的な必然性から問題を展開させる。

英雄アキレウスの物語

アキレウスが怒りに駆られて戦闘から撤退し，ギリシア人が最大の苦難に陥る時，長年にわたる戦いの結果，人間的な視野の狭窄と罪によって，あらゆる骨折りの果実が稔る直前に失われる時，最も偉大な英雄（アキレウス）の力を失ったために，他のギリシアの英雄がことごとく最も極端なことを遂行し，最も純粋な輝きを放つ勇気が発揮される時，敵がアキレウスの不在によって勇気付けられ，恐るべき全力を投入し，勝利を収めて戦場を守り通し，味方の苦難が増すことでパトロクロスが介入せざるを得ず——もっともパトロクロスは，ギリシア人の（アキレウスに対する）懇願と贖罪の申し出に動かされることはなかったのだが——，ヘクトルの手によってついに彼の死が達成される時——こうした瞬間に『イリアス』は始まる。アキレウスは戦死した友人パトロクロスの復讐のために，繰り返し戦いをしかける。アキレウスはヘクトルを斬殺し，ギリシア人を没落から救い，粗野で古風かつ野蛮な挽歌によって友人を埋葬し，その時，眼前に（ヘクトルと）同じ運命を見る。アキレウスの前でプリアモスが，息子ヘクトルの屍を引き取ることを願いながら埃の中で思い煩っている時，ペリデス[28]の無慈悲な心は涙しながら穏やかになる。なぜならペリデスは，（彼の）年老いた父からプリアモスと同様，息子（である彼自身）が奪われることを想像するからである——たとえ息子が今，まだ生きているにせよ。

英雄の驚くべき怒りの爆発は，すでに高揚した同じ光の下に現れる。この英雄は，叙事詩において緊密に関連付け

28）（訳注）アキレウスの異名。

られた全ての出来事を動機付ける。上述の光とは，素晴らしい若者の短命で，超人的な英雄性のことであり，登場人物を至るところで取り囲む。この若者は休息と享受によって意識的に延ばされた，名声を欠く生よりも，英雄的な行為による短い生の中で，険しい上昇を好む。この若者アキレウスは真に「広い度量(メガロプシューコス)」[29]の持ち主なので，同等の敵に対して容赦ない。この敵は，戦いの唯一の果実である英雄としての名誉を侵害する。というわけで，詩は輝く登場人物がすっかりその輝きを失うや否や始まるというように，優れた英雄的な行為が勝利を収める通常の結末と同じにはならない。アキレウスはヘクトルに対して勝利を収めても喜ばず，全体は英雄の慰めようのない悲しみ，パトロクロスとヘクトルをめぐるギリシア人とトロイア人の恐るべき挽歌，自らの運命として勝者が暗い最期を遂げることを確信するうちに終わる。

迷妄(アーテー)の最中における運命の形成者アキレウス

（『イリアス』の）最終歌がさらに続くことを望む人，あるいは，筋書がアキレウスの死に至るまで書き続けられるのを見たい人，つまり『イリアス』からアキレウスの物語を作りたいと思う人，あるいはこの物語が本来，意図的に作られたと見なしたい人は，形式や主題に基づいて芸術的に考えるのではなく，素材に基づいて歴史的に考える。『イリアス』はトロイア戦争の最も偉大で優れた英雄的な行為という名声と，強力なヘクトルに対するアキレウスの勝利を祝う。死によって聖別された偉大な英雄（アキレウス）の悲劇は，運命と自らの力との余りにも人間的な連鎖と共に，名声と一体になっている。英雄の没落ではなく英雄の勝利こそ，真に優れた英雄としての行為なのである。

29）（訳注）「貴族とアレテー」の注25を参照。

アキレウスは，ヘクトルが戦死するや否や彼自身も死ぬことを確認したにもかかわらず，戦死したパトロクロスのためヘクトルに復讐することを決断する。こうした悲劇は，上で触れたように筋書を（アキレウスの死という）外的な破局に至るまで敷衍したとしても，完成を見ることはないであろう。むしろ『イリアス』の悲劇は，アキレウスの勝利を内的に高揚させ，人間的に深めるために役立つ。彼の英雄精神は，古い戦士の素朴で原始的な流儀を備えていることではなく，すでに自らの生を確固とした代償とする偉大な行為を意識的に選択したことで，頂点に達する。後世の全てのギリシア人はこの見解において一致し，まさにこの点に倫理的な偉大さと叙事詩の最も強力で教育的な効果を見る。もちろんアキレウスの英雄的な決断は，紛れもない悲劇へと導く。これは，彼を宥めようとするギリシア人の試みが無駄に終わることと，アキレウスの怒りのモチーフが交錯することによる。なぜなら，このようにして彼の（アガメムノンとの和解の）拒否は友人（パトロクロス）の介入と没落を，ギリシア人が敗北しかねない瞬間におのずと招き寄せるからである。

　こうした関連を前にして，『イリアス』の倫理的な構成についてまさに語らなければならない。個々の箇所に即した構成の輪郭を説得的にはっきりと語るためには，詳細な解釈を必要とするであろう。しかし，この場でこの解釈を与えることはできない。とはいえホメロスの叙事詩の成立に関して探求された非常に多くの問題は，この叙事詩が芸術作品の精神的な統一を自明の前提として構成されているのを証明することで一挙に解決されるわけではないし，まして世界から無用のものとして取り去られるわけでもない。しかし筋書の一貫して確固たる輪郭の存在を改めて強く意識するならば，上述の問題は分析の上で，全体を独立した部分に分解する一面的な傾向に対して治癒をもたらす

解毒剤である。この事実はまさに我々の観点から，自ずと明らかにされねばならない。(ホメロスの) 叙事詩を構成した創造者は誰かという問いについて，ここで考察する必要はない。この構成がすでに根源の構想に由来するのか，それとも後世の詩人によるもので，そこで『イリアス』の構成が眼にするような付随的な編纂の結果か否かにかかわらず，構成それ自体を全く度外視することはできない。この構成は，(『イリアス』の) 意図と全体の効果にとって基本的に重要だからである。

　この場で上述のことを，幾つかのより重要な観点からさらに明らかにしよう。アキレウスとアガメムノンとの離反の原因，つまりアポロンの神官クリュセスへの侮辱，その結果である神の怒りが語られる第1歌において，詩人は明確な態度を取る。なるほど続く部分において (アキレウスとアガメムノンという) 争う二人の英雄の態度は全く客観的に把握されるが，この態度は誤りを含む極端さとしても完全に明確にされている。二人の間に賢い老人であるネストル，すなわち人格化した英知が立っている。彼は死すべきものの三つの種族を見て，瞬間の刺激を熱望する現在の人間に対して，高い席から下へ向けて語りかける。ネストルの姿は，全ての情景をバランスよく保つ。すでにこの導入部において，迷妄（アーテー）の切っ掛けとなる台詞が発せられる[30]。アキレウスは「譲歩する術を心得ておらず」[31]，自らの怒りに盲従し，それによって人間の矩を越えてしまう。第9歌においてはこのアキレウスの盲目が，侮辱されたアガメムノンの盲目に加わる。これは，結果として (アガメムノンの盲目よりも) はるかに重大なことである。アキレウス自身はこうしたことを，それが遅きに逸した時，悔

---

30) （訳注）『イリアス』第1歌 411-412。
31) （訳注）ホラティウス『歌集 (カルミナ)』第1巻第6章6。

恨に満ちて語る。今や彼は，自らの憤りを呪う[32]。この呪いは英雄としての定めに忠実でなくなり，怠けて無為のまま座し，最も忠実な友人を犠牲にするよう誘惑したのである。同様にアガメムノンはアキレウスと和解する際，迷妄(アーテー)の有害な働きについての長く敷衍された比喩の中で，盲目を嘆く[33]。迷妄(アーテー)の表象はホメロスにおける運命の女神(モイライ)の表象と同様，全く宗教的である。迷妄(アーテー)は神的な力として働き，人間は迷妄(アーテー)の表象から抜け出ることが困難である。しかし特に第9歌において，行為する人間は主人としてではなくとも，ある特定の意味で宿命を無意識に共に形成する者として現れる。次のことにはおそらく精神的な必然性があるのであろう。すなわちギリシア人にとっては英雄的に行為する人間が最高であり，ギリシア人は盲目という悲劇的な危険(ダイモーン)を並外れて宿命的に経験し，行為と賭けの永遠の反映として認識する。他方アジアの諦念的な英知は，この悲劇的な危険を前にして行為も支配もしないことへと逃れる。ヘラクレイトスの文章である「性格(エートス)は人間にとっての宿命(ダイモーン)である」[34]は，人間による運命の認識の道の最後に目的として立っている。『イリアス』においてアキレウスの形姿を想像した詩人は，この道を最初に歩んだのである。

人間的なものと神的なものとの関連

ホメロスの（作品の）至るところで，人間の本性と世界の歩みの永遠の法則に関する，包括的で「哲学的な」考えが現れる。人間の本性の中に含まれていない，生における本質的なものは何ら存在しない。詩人は個別の事例すら喜んで，事物の本質を一般的に認識するという光の下で考察

---

32) （訳注）『イリアス』第19歌56以下。
33) （訳注）同上86以下，137。
34) （訳注）ヘラクレイトス「断片」119。

する。ギリシア人の詩情は箴言的なものを好み，森羅万象をより高い規範に照らして測ろうとする傾向がある。ギリシア人の考えは一般的に妥当する前提から出立し，神話上の範例(パラデイグマ)を，一般的に拘束力を持つタイプかつ理想として頻繁に用いる。こうした全ての特徴は，究極の起源をホメロスの中に持つ。『イリアス』が詳しく描き出すアキレウスの盾の比喩的な描写ほど，叙事詩の人間観に関する素晴らしい象徴は存在しない[35]。ヘパイストスはアキレウスの盾に，大地，天，海，疲れを知らない太陽，満月，天空を彩るあらゆる星座を描いた。続けて彼はさらに，人間による二つの美しい都市の像を創造した。一方の都市には婚礼，祝宴，婚礼の行列，婚礼を祝う歌が存在した。若い男たちは笛と竪琴の響きの中で踊り回り，女たちは戸口のところに立って，感に堪えない面持ちで（彼らを）見つめた。民衆は市の立つ広場に集まり，そこでは法律上の係争が起こっていた。二人の男が，撲殺された男のための補償金をめぐって争っていた。しかし裁判官は神聖な場において，笏杖を手にして磨かれた石の上に座り，判決を下した。他方の都市には，武具を誇示しながら，二つの軍勢が宿営し，都市を壊したり略奪しようとした。しかし住民は屈服せず，女，子供，老人を盾として壁の鋸壁の上に立たせた。しかし男たちは密かに出動し，家畜の水飲み場であった川岸で待ち伏せし，（敵の）軍勢に襲いかかった。それを切っ掛けに急いで近付いてくる敵との戦いが川岸で始まり，槍があちこちを飛び交い，その混乱の中で戦争の神霊(ダイモーン)である競争(エリス)と乱闘(キュドイモス)が悠然と歩むのが見られ，血塗れの服を着た死の悪霊ケルは乱戦の間，足元に怪我人や死者を引きずっていった。横には耕地があり，鋤で耕す人々はつがいの役畜を用いて畝間を耕し，耕された畦で，男が彼らの元

---

35) 『イリアス』第 18 歌 478 以下。

気づけにワインを振舞った。それから田舎の領地が描かれ，収穫が行われた。草刈人夫は，手に草刈鎌を持っていた。穂は大地に落ち，穀物は束へ結わえられ，従者が食事を用意している間，地主は黙然と満足気な面持ちで，そこに立っていた。葡萄の喜ばしい収穫が終わった葡萄園，犬を連れた羊飼い，角を生やした牛の堂々とした群れ，羊と移動柵と家畜小屋がある美しい谷あいの牧草地，乙女と若者が踊り，手を取り合い，神々しい歌い手がリュートの伴奏で歌う野外舞踏場。これらは，こうした人間の生とその永遠に素朴で偉大な活動の姿を完璧に表現した。そして全体を取り囲む環の中で，丸い盾の端には 海（オーケアノス）が（盾を）取り囲むように流れていた。

　自然と人間の生との完全な調和は盾の記述に現れ，ホメロスによる現実把握の至る所で支配的である。変わらぬ偉大なリズムが，多くの変化するものを貫く。詩人はいかにして太陽が忙しく昇ったり沈んだりし，一日の労働と戦いの後に疲労が残り，夜には四肢を解放する睡眠が死すべきものを包み込むか，ということを銘記するのを忘れてしまうほどである。なぜなら上述の（アキレウスの盾に描かれたような）一日ほど，人間の骨折りに溢れている日はないからである。ホメロスは，自然論者でもモラリストでもない。彼は確固とした状態を混沌とした生の経験に見出さずにこうした経験に身を委ねたのでも，その経験を外から制御するのでもない。彼にとって人倫的な力は肉体的な力と同様，現実的なものである。ホメロスは鋭い眼差しによって，人間の情熱を客観的に把握する。彼は人間よりも強く，人間を拉し去る情熱（ダイモーン）が持つ宿命的な荒々しい力を知っている。しかしその力の流れがたとえしばしば人間という岸を超えて氾濫しても，この流れは確固とした堤防によって繰り返しせき止められる。一般のギリシア人と同様ホメロスにとっても，究極的で倫理的な制限は存在の法則であ

り，単なる当為の慣習ではない。ホメロスの叙事詩の中に見られる無制限の働きかけは，こうした拡大した現実感覚が世界を貫くことに基づいている。この現実感覚から見れば，「写実主義」に過ぎないものもことごとく非写実的に見える。

ホメロスの動機付けの技術は，素材が普遍的なもの，必然的なものへ深化することと関連している。彼にとって伝承の単に受動的な受け入れや，事実の単なる報告は存在しない。段階を追った筋書の内的で必然的な展開，原因と結果の強固な結び付きのみが存在する。二つの叙事詩では冒頭の詩句から，完璧な完結性からなる，劇的に緊張した語りが展開する。「ムーサイよ，アキレウスの怒りと，アトレウスの息子アガメムノンと彼との争いについて語れ。いかなる神が二人をそのように敵対させたのか？」[36] 矢のように早く，この問いが図星を指す。後に続くアポロンの怒りについての報告は，災厄の原因についての本質的な特徴に厳密に限定されており，トゥキュディデスの歴史作品におけるペロポネソス戦争の「原因譚 Ätiologie」のように，叙事詩の冒頭に据えられている。この筋書は，時間軸に沿ってゆったりと語り継がれているのではない。至る所でその筋書には「充足理由律」[37] すなわち因果の連関が当てはまり，あらゆる出来事は心理学的に鋭く動機付けられている。

しかしホメロスは，万事をもっぱら内面的に，人間的意識の経験や現象として展開させる近代作家ではない。彼が生きる世界では，偉大なことが神的な力の介添えなしに起きることはない。それゆえ叙事詩においても（生きる世界

---

36) （訳注）同上第 1 歌 1-9。イェーガーによるパラフレーズ。
37) （訳注）根拠律ともいう。「何ものも根拠のないものはない」という形で表現される。

と）同じことが起きるのである。ホメロスの作品では，詩人につきものの全知が語る。我々の作家はあたかも，作家自身が登場人物の立場にいるかのように，登場人物の内面における最も内密の動きについてさえ話すような形式で述べねばならない。しかしホメロスという詩人につきものの全知は，こうした形式では現れない。詩人は語りの随所で，人間的なものと神的なものとの関連を見る。ホメロスの中で現実のこうしたイメージがどこで単なる詩的な描写となるのか，その境界を定めることは常に容易ではない。しかし神々の介入が全て，叙事詩の技法的な手段に過ぎないと説明することが，全くの誤りであるのは確かである。意識的で芸術的な幻想世界の背後に露骨で軽薄な啓蒙と市民的で陳腐な日常があるが，詩人はまだこのような世界には生きていない。ホメロスの叙事詩における神々の介入の仕方には，より外面的で散発的な介入による精神的な展開が確かに感じられる。この展開は，叙事詩の様式としては非常に古いに違いない。オデュッセウスは，女神アテナによって常に新たな霊感を通して導かれる。これと同様，神性は絶えず特別な人間を内的に導く。

ギリシア人の思考の人間中心的な性格

古代オリエントの宗教観と政治観にとっても，神々は常に詩情においてのみ行為するわけではない。例えばペルシア人，バビロニア人，アッシリア人の王の碑文あるいはユダヤ人の預言や歴史記述によれば，オリエントの神々は実際に人間が実行し，被ること全てに働きかけ，行為する。常に神々の関心が働いており，神々は自らの好意の印を分け与えるか，あるいは自らの利益を擁護しようとするかによって，ある時は一方へ，ある時は他方へ肩入れする。人は我が身に生じる禍福の責任を神に負わせ，あらゆる成功と同様，あらゆる霊感が神の業である。『イリアス』でも，

神々は二つの陣営に分かれている。これは古代風の考えだが，（神々に関する）他の特徴は（解決の仕方について）新しい。それを示すのは，トロイアをめぐる戦いが神々さえも陥らせる不和を超えて，神々の相互の忠誠，大筋における神々の支配の統一と神々の国家の存続をできるだけ守ろうとする，詩人の努力である。万事を最終的に引き起こす原因となるのは，ゼウスの決定である。ホメロスはゼウスによる最高の意志の執行を，アキレウスの悲劇の中にも見る[38]。神々は随所で，筋書の理由付けのために援用される。これは同じ筋書についての自然で心理学的な物の見方に矛盾しない。同一の出来事に関する心理学的な考察と形而上学的な考察は，決して互いに排除し合うものではない。いやそれどころかホメロスの考えによれば，この二つの考察方法が自然に並存しているのである。

　これによって，叙事詩は独特な二重の相貌を得る。聞き手は個々の筋書を，人間の観点と神の観点から同時に考察しなければならない。この劇の舞台は，正真正銘の二階建ての舞台である。つまり我々は常に筋書の経過を，人間の行為と計画という相と世界統治のより高い支配という「相の下に *sub specie*」考察する。これによって人間の行為が必然的に制約されていること，先見の明がないこと，究め難い超人的な神意への依存の中で現れなければならないということが，明白となる。なぜならこうした関連は行為する人間にとって，詩人の目にとってのように見えるわけではないからである。それは，中世のロマン人あるいはゲルマン人によるキリスト教的な叙事詩を考えるだけで十分であろう。キリスト教的な叙事詩は，いかなる神々をも行為する力であることを知らず，それゆえあらゆる出来事をもっぱら主観的な出来事という側面から，単に人間的な活

38）（訳注）同上 5。

動として把握する。その結果，上述の叙事詩とホメロスの詩的な現実把握との相違を測ることができる。神々は人間の行為と苦悩へと巻き込まれている。このことはギリシアの詩人に対して，人間の行為と運命とを常に人間という絶対的な意義において眺め，人間の運命を普遍的な世界という文脈へと組み入れ，最高の宗教的・人倫的な規範と比較するよう強いる。世界観という点でギリシアの叙事詩は，中世の叙事詩よりもはるかに客観的で意味深長である。ここでも再度，ダンテのみがこうした次元にあってギリシアの叙事詩と原理的に比較し得る。叙事詩は，すでにギリシア人の哲学をその萌芽において自らの中に孕んでいる。オリエントでは神のみが行為し，人間は単なる客体に過ぎず，出来事の把握は純粋に神の形をした世界観に基づく。このオリエントと比べると，ギリシア的な思考方法の人間中心的な性格がたいへんはっきりと明らかになる。ホメロスはきわめて決然として，人間と人間の運命を自らの関心の前面へと据える。しかし彼は，人間を常に最高の普遍的な理念と生の問題という遠近法の下に考察する。

　ギリシアの叙事詩の精神構造であるこうした特色は，『イリアス』よりも『オデュッセイア』において，一層よく当てはまる。『オデュッセイア』は，その思考がすでに高度に合理的，体系的に秩序付けられた時代の作品である。いずれにせよ手元にある文芸の全体はこの時代に完結し，明らかに時代に固有の刻印を自らの中に担っている。もしも二つの民族が互いに交戦し，犠牲と祈りによって神々に助力を希うならば，神々は常に困難な状況へと陥る。少なくとも無制限の働きという射程と一方に与さない正義が神的な力の本質に属する思考にとっては，そうである。どのようにすれば本来より地域的で，あるいは地域的に限定された性格を持つほとんどの神々を，統一的で意味ある世界の導きという要求と調和させることができる

のか？　我々はすでに『イリアス』の中で，進歩的，宗教的，人倫的な思考が，この問題と取り組んでいるのを見た。（ギリシアの）種族は，自らの神々が人間の傍らにおり人間的であることから自己を意識し，貴族的な誇りが不死なる神々と同じ素性であることを知っていた。この種族はこの神々の生と営みを，囚われずに適度な距離を置いて思い描くようになった。それは，彼らが力強い感性を備えて大地に根ざす，固有の仕方によったのである。後世の哲学者たちは崇高さを抽象的に捉えようとし，この表象にしばしば苛立ちを覚え，『イリアス』においてこの表象は，宗教的な感情と対照をなしている。この宗教的な感情による神性，特に世界の最高支配者の人格についての表象は，後世のギリシアにおける芸術と哲学の最も崇高な理念に養分を提供した。しかし我々は『オデュッセイア』の中に初めて，神々の支配における首尾一貫したより深い帰結と合法則性を見出す。

　なるほど（『オデュッセイア』の）第1歌と第5歌の冒頭における神々の助言という物語は，『イリアス』を継承している。しかし『イリアス』におけるオリュンポスでの騒乱状態の情景と，『オデュッセイア』における近付き難い超人的な人格による威厳に満ちた助言との間には相違が目立つ。『イリアス』では，神々の間での腕力沙汰が今にも始まりそうに見える。ゼウスは自らの支配権を脅迫によって貫き[39]，人間的な，余りにも人間的な手段が神々によって神々に対して用いられる。それは神々を欺き，神々の力を締め出すためなのである。ゼウスは神々の会議を『オデュッセイア』冒頭において司り[40]，彼は哲学的に純化された世界の良心なのである。彼は目前にある運命的な事

---

39)　（訳注）同上第8歌5-27を参照。
40)　（訳注）『オデュッセウス』第1歌32以下。

件について考察を始めるが、それは全く一般的に人間の苦悩という問題を投げかけ、運命と罪との解き難い関連を示すことによる。こうした弁神論は、詩全体に漂っている。詩人にとって最高の神性は崇高で全知の力であり、それは死すべき者のあらゆる思考と目論見の上にある。この力の本質は、精神と思考である。この力は、人間に過ちを犯させ迷妄の網へと巻き込む浅はかな情熱(アーテー)と比較することはできない。詩人はオデュッセウスの苦悩と、死によって贖われる求婚者の傲慢を、こうした人倫的、宗教的な観点から描く。筋書は、このように鋭く据えられた問題から始まり、全く統一的に目的へと向けて進行する。

ホメロスの登場人物の彫塑性

　最終的に全てを公正かつ首尾よく完成させるために、一貫して導く強力な意志が、筋書の転回点にはっきりと現れる。これは、この(『オデュッセイア』という)長編小説の本質である。詩人自身は、生起する出来事の全てを宗教的な思考の関連体系へと組み入れる。これによってあらゆる形態は、確固としたものになる。おそらくこうした厳格で倫理的な構成は、オデュッセウス伝説の詩的な工夫の最後の段階でようやく作り上げられたものだろう。ここで分析は、未だに解決されずに残された課題へと、つまり把握し得る限りの古い層から、テーマが倫理的な形態になる過程を精神史的に把握する課題へと移される。『オデュッセイア』の最終的な形式をほぼ制御するような、倫理的・宗教的な全体としての理念が存在する。その傍らで作品を重層的かつ精神的に把握する仕方が無限な魅力に満ちていることや、メルヒェン的で驚嘆すべきもの、牧歌的なもの、英雄的なもの、そして冒険的なものの影響が現れる。しかし、こうした種類のどれ一つを取っても、文芸の効果が完全に汲み尽されることはない。たとえ全ての時代にわたっ

て一貫性とこの文芸の構成の厳密に有機的な統一が『オデュッセイア』最大の長所の一つとして感じられたにせよ，この一貫性や有機的統一はまさに本作品の中で展開する人倫的・宗教的な問題性が壮大に描かれる点に基づく。

しかしながら我々がここで触れるのは，はるか遠くにまで達する様々な現象の一面に過ぎない。ホメロスは人間の運命を世界の出来事という大きな枠の中へ，つまり確固と限定付けられた世界像の中へ組み入れる。同様に彼は，随所で登場人物を彼らの置かれている状況に位置付ける。ホメロスは決して人間を抽象的に自分の都合の良いように受け取らず，もっぱら内面的に受容する。ホメロスにとって，全ては具体的な存在の完全なイメージとなる。彼の作品の登場人物は，時折ドラマチックな表現へ目覚めたり，途方もない効果を及ぼしたり，突然，再び硬直するような態度へぐいと身を起こす幻影に過ぎないわけでもない。ホメロスの作品に登場する人間は余りにも現実的なので，この眼で見て，この手で捕まえることができると信じたくなるほどである。ホメロスの作品の登場人物は，行為や思考においてことごとく相互に関連している。これと同様，彼らの存在は外的な世界と非常に緊密に関わる。例えば，ペネロペイアを例として挙げてみよう。何と素晴らしい効果によって，こうした人物から叙情的な激しい感情や感極まった態度を表現する大きな欲望を誘い出したことだろう。しかし無論のこと，考察者にも対象にもこうした態度を長期間，保持することは困難である。ホメロスの作品に登場する人物は常に自然のままであり，自己と自己の本質をいかなる瞬間も，完全に表現している。彼らは比較できないほど完璧に彫琢され，全体と一体化している。ペネロペイアは，居室にいる主婦であると同時に，求婚者に苦しめられ，行方不明の夫から見捨てられた女であり，忠実な

者や粗野な者もいる女中の女主人であり，保護された唯一の息子を不安気に気遣う母親でもある。そこには常に信頼のおける実直で年老いた豚飼いと，オデュッセウスの年老いて耄碌した父が，町から離れた少し侘しい小さな隠棲の地にいる。ペネロペイア自身の父は遠方にいて，助けることができない。全ては非常に単純かつ必然的である。こうして全てが関連付けられていることで登場人物の内的な論理は，穏やかで造形的な働きへと展開する。ホメロスの作品の登場人物が造形的な力を備えている秘密は，彼らが生活空間の堅固な座標系に，数学的な明瞭さと明晰さによって位置付けられている点にある。

　ホメロスの叙事詩の能力や要求は，描かれた世界を自足した完全な秩序（コスモス）として見せようとする。結局のところ，この能力や要求は，ギリシア精神の独創的で明確な形式に根付いている。この秩序（コスモス）の中で継続や秩序という要素は，息を呑むような変化と宿命的な出来事という要素の秤にかけられる。歴史上のその後の展開にあって影響を及ぼしたギリシアのあり方の特徴的な力と傾向の全ては，ホメロスにおいてすでにはっきりと準備教育を施され，現れている。このことは，近代の観察者にとって理解し難い奇跡である。詩だけを限定して見るならば，こうした印象はもちろん弱まる。ホメロスと続く時代のギリシア人を共に観察して初めて，彼らの強い共通性が浮かび上がる。この共通性のより深い根拠は，人種と血の隠された遺伝上の属性にある。我々はその遺伝上の属性に対して，似たものと異質なものとを同時に感じ取る。そしてまさに我々とギリシア世界との触れ合いが実り豊かである理由は，同じ種がこうして必然的に異なることを認識する点にある。しかしその基本的な属性には，精神のあらゆる歴史的な変化と運命を貫いて奇妙にも不変のまま保たれる人種と民族性の，もっぱら感情的，直観的に把握できる契機が存在する。このよう

な契機を超えて，ホメロスが形成した人間的な世界が民族の後世の展開すべてに及ぼさざるを得なかった途方もない歴史的な影響を忘れないようにしよう。ホメロスという唯一の汎ギリシア的な根源によって初めて，（ギリシア）民族は統一的な国民意識へと達し，彼は後のギリシアの教養全般に決定的な影響を与えたのである。

ヘシオドスと農民階級

ヘシオドスによる労働への高い評価

 ギリシア人は，ホメロスに比肩する第二の大詩人として，ボイオティア人のヘシオドスを据えた。ヘシオドスによって我々には，貴族の世界や文化とは非常に異なる社会的な領域が開かれる。彼が残した二つの文芸の中から，後になって成立し，より大地に根ざしたものは『仕事と日々』である。これは，特にギリシア本国における前 8 世紀末の農民生活に関するきわめて明瞭な像を与えてくれる。それは，イオニア人ホメロスから得た最古のギリシアの民衆生活についてのイメージを，不可欠な仕方で補足する。しかしこの（『仕事と日々』という）作品にはギリシアにおける教養の生成を認識する上で，確かに格別な意義がある。あらゆる教養は，貴族的な人間類型の形成を出発点とする。こうした人間類型の形成は，英雄と主人という属性を意識的に陶冶することで生まれる。特にホメロスは，こうした基本的な事実をはっきりと示している。他方ヘシオドスは文化の第二の主要な源泉，つまり労働の価値を明らかにした。後にヘシオドスが農民風の教訓詩に付けた『仕事と日々』というタイトルは，そのことを見事に表現している。本来の英雄らしさを備え，人間形成にとって永続的な価値を持つ性格を陶冶するのは，戦場で英雄が敵と交わす騎士的な戦いに限られない。労働する男による，固い大地およびその自然の力との静かな粘り強い戦いも，同様であ

る。ギリシアは，労働を高く評価する確固とした人間性を育む生誕地となった。これには十分な理由がある。ホメロスが描いた支配層は，何の苦労もなく生きる。しかし我々は，ギリシアの地が住民に昔から過酷な労働を要求したことを忘れてはならない。ヘロドトスはこれに関して，より豊かな国と民族を顧慮して，次のように述べている[1]。「昔からギリシアには常に貧困がつきものだが，勇気の徳(アレテー)が知恵と厳しい法律の力によって得られた。古代ギリシアはまさにこの勇気の徳(アレテー)によって，貧困と専制を妨げてきた。」ギリシアは北欧と同様，山脈に貫かれ，四つの峡谷とまとまった地域を伴い，広がりのある農耕可能な平地がほとんど全くない。このような国土のためにギリシア人に常に大地と戦い，大地が与えるものを無理やり奪い尽くすようになる。ギリシア人にとって家畜の飼育と農耕は，日々の営みの中で最も重要で，特徴的な労働であり続けた。後には沿岸地域で航海が重視されるが，それ以前の古い時代には，農耕作業が一般的であった。

しかしヘシオドスは，本国の農民の生き方だけを，眼前に開陳するのではない。我々はこのような生活の中にも，貴族文化とその精神的な酵素つまりホメロスの詩情が国民のより深い意識に働きかけるのを認識する。ギリシアの教養が浸透する過程は，もっぱら特権層が作り出した礼節や精神的な態度を一般の民衆が一方的に受容することによって遂行されるのではない。おのおのの層は，ギリシアの教養に対して独自の仕方で貢献する。民衆が支配的な特権階級から高い教養を享受することは，鈍く粗野な農民階級の中に，最も生き生きとした反作用を呼び覚ます。当時，より高尚な生の内容を適切に伝えたのは，ホメロスの詩を朗誦した吟遊詩人であった。ヘシオドスは『神統記』序言の

---

[1] ヘロドトス『歴史』第7巻第102章。

有名な詩行において，詩人への召命，つまり彼がつましい羊飼いとしてヘリコン山の麓で羊の世話をしていた時，ある日ムーサイの霊感を受け，吟遊詩人の杖をムーサイの手からいかにして受け取ったのかについて，語っている[2]。しかしアスクラの吟遊詩人は，村で傾聴する群集の前で，ホメロスの詩句の輝きと微光を広めただけではない。この吟遊詩人は，全体を見通しながら，素朴で農民的なあり方という実り豊かな土壌に深く根付いていた。ヘシオドスは個人的な経験によってホメロス派の一介の詩人という役割を超えて成長し，固有の形成力を見出した。この場において，ヘシオドスにはムーサイから力を与えられた。彼は農民が持っている本来の純一な生の価値を明らかにし，これを全民族の精神的な共有物としたのである。

農民の代弁者，地方の自立性

我々はヘシオドスの時代における平地の状態を，彼の叙述を通してありありと思い描くことができる。ギリシアの非常に多様性に富んだ民族におけるボイオティアの情勢を単純に一般化することが許されないとしても，当地の情勢が確かにギリシアを代表することは明らかである。力と教養を担うのは地主である貴族であった。しかし農民は貴族の傍らで，精神的にも法的にもかなり自立している。我々は（ギリシアにおいて）農奴制について耳にすることはない。この（ギリシアの）自由な，自らの手の労働によって生きる農民や牧畜を糧とする人々が最も辺鄙な土地においてすら，諸部族の移動の時代に見られる被征服民から生まれた，ということを示唆するものは何もない。これは例えばラコニアにおいて似たことが起きた[3]。農民や牧畜業に

---

2) （訳注）『神統記』22-34。
3) （訳注）その後，侵入したドーリア人が新たにスパルタを創

携わる人々は毎日，市場へやってきては「閑談所 λέσχη」に集い，自分たちに関わる公のあるいは個人的な事柄について話し合っていた[4]。同じ都市の同胞の振舞に対する批判が歯に衣着せず行われ，高貴な支配者への批判すら加えられる。「噂 φήμη」は，つましい男の名声と上昇にとって，決定的に重要である。群集の中でのみ，この身分は自己を主張し，注目を浴びた[5]。

ヘシオドスは教訓詩を語る具体的な切っ掛けとして，所有欲が強く，喧嘩好きで，働くのが嫌いな兄弟ペルセスとの裁判を取り上げる。ペルセスは父親の遺産を管理するのが下手で，又もや新たな要求を携えてやって来る[6]。彼はまず，裁判官を買収した。我々は裁判による力と正義との間の戦いを覗き込むが，この戦いは，明らかに詩人の個人的な関心に留まらない。彼は同時に，農民の下で支配的な気分を代弁する者となる。にもかかわらず，彼が「賄賂を貪る」[7]主人の所有欲や権力の濫用を非難する際，彼は十分に際立った勇敢さを示す。ホメロスの家父長的な貴族支配という理想像は，ヘシオドスの叙述と融和し得ない。もちろんこのような（ヘシオドスが描いたような）状態や，その状態が創り出す不満は，以前も存在した。しかしヘシオドスにとって英雄的な時代とは，彼が『神統記』において陰鬱な色調で描き出す現在の「鉄の時代」とは別の，より良い時代なのである。労働する民衆による並外れて悲観的な生活感情にとって最も特徴的なのは，五つの年代につ

建。強大な都市国家へと成長し周辺一帯を征服すると，さらには西隣のメッセニアを征服して，その住民を奴隷身分のヘイロータイとした。彼らは農業に従事した。

4) （訳注）『仕事と日々』493, 501 を参照。
5) （訳注）同上 760, 761, 763。
6) （訳注）同上 27-39。
7) （訳注）同上 220, 263。

いての物語である。この物語はクロノスの支配下での黄金時代と共に始まり，徐々に下降線を辿って，人間の法と人倫と幸福の状態が最悪になった，過酷な現在へと及ぶ。廉恥(アイドース)と因果応報(ネメシス)は隠れて大地を去り，オリュンポスの神々のところへ戻った。彼らが人間どもへ残したのは，際限のない苦しみと争いに他ならない[8]。

　人間の教養という純粋な理想は，貴族の生き方のような幸せな前提の下に生まれ，上述した（ヘシオドスが描くような農民の）環境からは生まれない。それゆえ以下の問いが，なおさら重要になる。住民は，支配者層が所有する精神的なものと，貴族文化が民族を包括する教養形式を形成することに対して，どうして関心を抱くに至ったのか？　地方がまだ都市によって圧迫されておらず，独立した扱いをされていたことは，決定的に重要である。封建的な前古典期の文化は，大部分が田舎風で大地に根付いている。地方はまだ精神的な後進性を意味せず，都市の基準によって測られることもなかった。「農民」はまだ「無教養」を表す言葉ではなかった。古い時代の都市ですら，特にギリシア本国においては主として地方都市であり，大抵は地方都市であり続けた。地方の至る所で生き生きとした人倫や野生の思考，敬虔な信仰が毎年，農耕地が新たな収穫を大地の深みから産み出すように成長した。全てを画一化する都市文明と紋切り型の考えは固有なもの，根源的なものをことごとく容赦なく踏みにじるが，地方においてこうした都市文明と紋切り型の考えは，まだ存在しなかった。

　当然のことだが，全ての高い精神的な生は，地方においては上層階級から始まる。『イリアス』と『オデュッセイア』がすでに描写しているとおり，ホメロスの叙事詩は貴族の屋敷において，まず放浪する歌手によって歌われた。

---

8)　（訳注）同上 197-201。

しかし農民に取り囲まれて成長し，農民として働いたヘシオドスも，すでにホメロスを知って成長した。彼はホメロスを，最初から職業上の吟遊詩人として知ったわけではない。ヘシオドスの文芸は，まず第一に彼と同じ身分の人々へと向けられた。彼は自らの聞き手が，ホメロスの叙事詩という雅語を理解することを前提して構わない。ヘシオドスの文芸の構造それ自体ほど，この層の，ホメロスの詩情に触れることで始まる精神的な過程の本質を，非常にはっきりと明らかにするものはない。ヘシオドスの文芸の中には，詩人の内的な教養の形成過程が反映している。ヘシオドスを詩的な形態化に急き立てる全ては，ホメロス風の定型化された形式を，あたかも自明のもののように受け入れた。ホメロスから借用された句の全体と部分，単語と単語との結合が（ヘシオドスの作品へ）流れ込む。同様にヘシオドスの言語は理想的な装備として枕詞の叙事詩風の使用を，ホメロスの言語から受け入れる。これによって，新たな文芸の内容と形式との間に奇妙な矛盾が生まれる。しかし農民と羊飼いによる思慮深い，大地に根付いた生き方は，こうした民衆に相応しくない要素をまさに必要とした。彼らはこの要素を外部の，彼らには本質的に疎遠な教養の世界から導入せねばならなかった。それは彼ら民衆の新たな感覚である，彼ら固有のおぼろげな予感と意欲を意識的な明るみと人倫的な高揚に導くためであった。この明るみなしに，この予感や意欲を納得のゆくように表現することはできなかったであろう。ヘシオドスの世界の人々にとってホメロスの詩情が与える知識は，形式に過ぎなかった表現手段を途方もなく増やすだけではない。ホメロスの詩情に関する知識を持つとともに，ホメロスにおける最高の人間的な生の問題が鋭く，明晰に把握されるようになる。この知識は異質で芸術的かつ荘重な精神を持つにもかかわらず，自らの過酷なまでの重圧と狭隘な生存から思考

の自由な空気への精神的な出口を，ヘシオドスの世界の人々に開くものであった。

神話がヘシオドスへ及ぼした影響

ヘシオドスの詩は，ボイオティアの農民がホメロスと並んで生き生きと精神的に所有したものに関しても，ある程度はっきりと認識させる。『神統記』に収録されている多くの伝説から，すでに詩として形成されていたものともっぱら口承によったものとを，常に区別できるわけではない。しかしたとえそうであるにせよ，『神統記』においてのみ経験する非常に古いものと，ホメロスによって知られているものとは著しく異なっている。ヘシオドスの内部にある構成的な思考家としての側面が，まさに『神統記』において際立っていることは疑いない。それと同程度に『仕事と日々』は，実際の農民のあり方と農民の生活に近い。しかしこの『仕事と日々』においても，ヘシオドスは突然，自らの思考過程を中断し，長い神話を語ることがある。その際，彼は聞き手に働きかけることを確実に当てにしているのである。民衆にとっても，神話は飽くことのない関心の対象である。神話は無限に語り，熟慮することを促し，この（農民という）人間たち全ての哲学を自らの中へと受け入れる。その際，伝説の素材を無意識に選択することを通して，農民本来の精神的な方向性がすでに語られている。明らかに好まれているのは，このような農民階級の悲観主義的で現実主義的な人生観を表現するか，あるいは彼らを圧迫する社会的な困窮の原因を扱っている神話である。つまりその神話とは，プロメテウスの神話とパンドラの神話のことである。ヘシオドスはプロメテウスの神話[9]によって，人間生活のあらゆる労苦と仕事がどこに由

---

9) （訳注）同上 47-58。

来するか,答えられていると考える。他方パンドラの神話[10]では,自らの生存はホメロスの輝きに満ちた世界とは遠く離れていることを説明し,人間によるより良い時代への永遠の憧れを反映する五つの時代について語られている。この神話から,騎士的な思考にとっては異質で,あらゆる悪の根源としての女性に関する冷静で悪意のこもった価値評価が読み取れる。なるほどヘシオドスはこれらの(プロメテウス,パンドラの)物語を,彼の詩の中に現在あるような大きな社会哲学的な関連へと初めて,明確に位置付けた。他方,彼が初めてこれらの物語を,同国人の下で民衆的なものとしたわけではないという仮定は,ほぼ確かであろう。しかし,ヘシオドスが例えばプロメテウスやパンドラの物語をいかに再現するかという流儀は,これらの物語が聞き手にすでに知られていることをはっきりと前提している。ヘシオドスの周囲の世界では,ホメロスの叙事詩の中で支配的な英雄伝説への関心が,こうした宗教的,倫理的・社会的な伝説の伝承の背後に後退していた。人間本来の態度は,神話の中で存在するというあり方を獲得した。それゆえ,あらゆる層は固有の伝説を所有し続ける。

しかしこれと並行して民衆は,ある時は職業上の助言と知識,ある時は人倫的で社会的な規範という非常に古い実践的な英知を,短い格言に凝縮した形で未だに保存している。それは,こうした知識や規範を容易に記憶するためなのである。ところで上述の英知は考えられないほど古い,無名の世代の経験によって得られた。ヘシオドスはこうした貴重な財産の多くを,『仕事と日々』の中へ伝えた。たとえ(この作品の)第一部における見事な思考上の取り組みが個人的かつ精神史的に興味深いとしても,第一部は,簡潔でしばしば独創的に形成された言語という観点から

---

10) (訳注)同上 81 以下,『神統記』585 以下,591 以下を参照。

も，詩として最も成功した部類に属する。この（『仕事と日々』の）第二部には農民層のあらゆる伝統，すなわち家庭の形成や結婚，季節ごとの農耕に関する古い規則，航海上の規則および適切な衣替えの決まりがあり，これと並んで天候の案内も存在する。こうした全ては，最初と最後に置かれた簡潔な人倫の諺，戒め，禁令によって包み込まれる。ヘシオドスは農民のために詩を作るが，差し当たり農民階級の様々な教養の要素を明らかにすることだけが問題となっている。にもかかわらずここでは先回りして，すでにヘシオドスの詩について語った。しかしこうした教養の要素は，まさに『仕事と日々』の第二部において非常に明らかになっているので，それに触れるだけでよいだろう。『仕事と日々』の形式，内容，配列は，この教養の要素を民衆の相続財産として直接的に識別しやすくしている。この要素は，貴族の教養とは全く対照的である。民衆の教育および民衆が世故に長けていることは，人格全体における均斉の取れた教養，身体と精神の調和，武器と言葉，歌と行為における全面的な有能性——これは騎士の理想として勧められるのだが——について，何ら関わることはない。その代わりに『仕事と日々』においては大地に根付いた倫理が，つまり根源の力を発揮して何世紀にもわたって変わることなく安定している農夫の物質的な生の内実が，職業上の日々の仕事を通して叩き込まれる。全体は高い理想的な目標を持たないにせよ，より現実的で現世に近い。

正義への情熱的な信仰

ヘシオドスによって初めて，正義という思想が入り込む。この思想こそ上述の全要素の結晶点であり，詩的な形態化を叙事詩という形式において可能にする理想に他ならない。彼は兄弟の干渉，貴族の裁判官が買収されやすいことに対して，自らの権利を守るために戦う。この戦い

から『仕事と日々』というヘシオドス自身の文芸作品の中で，正義への情熱的な信仰が展開する。詩人が作品で自らの人格を通して語っていることは，全く新しい。彼は叙事詩が持つ伝統的な客観性を放棄し，不公正を呪い正義を祝福する教説の告知者となる。ヘシオドスは，このように勇敢な発言をしようとする動機を説明するため，兄弟ペルセスとの法律上の争いを直接，引き合いに出す。ヘシオドスはペルセスに語りかけ，警告する[11]。ヘシオドスはペルセスに対して常に新しい言い回しで，たとえこの世の裁判官が正義を枉げてもゼウスが正義を守ること，不正な財は栄えないことを納得させようとする。しかしヘシオドスは，オオタカとサヨナキドリについて語る[12]ことで，あるいは他の箇所では，強い主人である裁判官にも改めて頼る。法律上の最終的な決定に至る前に，非常に生き生きと裁判の状況，あたかもヘシオドスが裁判の只中から語りかけているかのように，また『仕事と日々』が紛れもなく現場から生まれた即興的な作品であると当然にも錯覚に陥るような状況になる。ところで，近年の（『仕事と日々』の）解説者は，『仕事と日々』が即興的な作品であることを多方面から仮定した。この仮定と見かけ上，符合するのは，筋書の結末がいかなる場においても問題となっていないことである。判決がすでに下された場合，詩人はどのように聞き手に対して，筋書の結末を不明瞭なままにすることができたのか，ということが推測された。それゆえ詩の中で，実際の裁判に関する反省が試みられた。それどころか見出し得ると信じられた状況の変化が探求され，その構成が古風で緩やかなゆえに全体として把握し難い作品が，時代的に

---

11) （訳注）『仕事と日々』27 以下。
12) （訳注）同上 202 以下。

互いに分離した一連の「ペルセスへの警告の歌」[13]へと矛盾なく解体された。こうしてラッハマンの歌謡理論が、ホメロス批判からヘシオドスの教訓詩へと応用された[14]。ただ奇妙なのは、詩のアクチュアリティーに関するこうした見解と以下の広い部分とがいかに結び付くべきなのか、ということである。この広い部分は純粋に教訓的な性格を備え、法律上の係争と全く無関係だが、同様に兄弟のペルセスに語りかけ、彼に農夫や船乗りの役に立つ暦のような教訓、それと関連して収集した二つの人生訓を与える。そして第一部において全く普遍的と見なされた、法と不法に関する宗教的・人倫的な教説は、実際に裁判の行程でどのような影響を及ぼしたのか？　ここでは、以下の洞察が助けとなるに過ぎない。つまりヘシオドスの人生の中で明らかに一度、重要な役割を演じた具体的な裁判から（考察を）始めることは、彼の詩にとっては語りかけを包み込む芸術形式に過ぎず、詩が効力を発揮することを目的とする。この語りかけなしに講演の中における私という形式はあり得ず、第一部の劇的な効果もあり得ない。この語りかけはおのずと現れる。というのも、詩人は自らの権利をめぐる争いを実際に、こうして内的に緊張しつつ経験したからである。ただそれゆえに、この裁判は結末までは語られない。なぜなら教訓詩の目的にとって、事実的なものは問題とならなかったからである。

---

13)　（訳注）これはアドルフ・キルヒホフによって注釈された本『ヘシオドスによる、ペルセスへの警告の歌』（ベルリン、1889年）のタイトルである。キルヒホフは、本書の中ですでに言及した『オデュッセイア』の分析的な取扱いにおけるのと同じ方法を、ヘシオドスの作品へと適用した。（英訳の注より）

14)　詩の統一的な考察とその形式を理解するために、P. フリートレンダー『ヘルメス』48号、558頁が重要な発端となった。同じ著者によるさらに発展的な解説（『ゲッティンゲン学報』1931年）は、この章が完結した後になってようやく刊行された。

神話的な伝承への体系的な接近

ホメロスは戦い,苦悩する英雄の運命を,神々と人間との劇として描く。他方ヘシオドスは法律上の係争という醒めた市民的な出来事を,正義の勝利をめぐる,天上の力と地上の力との戦いとして経験する。それによって彼はそれ自体,重要ではない生における現実的な出来事を,品格を備えた生粋の叙事詩と同等の崇高な地位へと高める。もちろんヘシオドスは,聞き手をホメロスのように天上へ導くことはできない。というのも死すべき者は何人も,ゼウスが死すべき者と彼らの事柄に関して将来いかなる決定を下すのか,知ることはできないからである。人間はゼウスに対して,「ゼウスよ,正義を守りたまえ」という祈りを通して呼びかけることができるに過ぎない。それゆえ詩は,神への讃歌および祈りによって始まる。強い者を低くし,弱い者を高めるゼウスは,裁判官の判決を公明正大にしなければならない[15]。詩人自らは,大地における能動的な役割を引き受ける。彼は道に迷った兄弟ペルセスに真理を語ろうとし,不正と争いという有害な道から彼を遠ざけようとする。なるほどエリスも,人間が自らの貢物を捧げなければならない神性である——たとえ人間がそれを意志に反して行うにせよ。しかし悪いエリスと並んで良いエリスがおり,後者は「争い Streit」ではなく「競争 Wettstreit」を呼び覚ます。ゼウスは良いエリスに,大地の根源に住まいを与えた。何も所有せず怠惰に座したままの者が,真面目に努力し,かなりの成果を収める隣人の成功を妬んで見るならば,良いエリスはこの怠惰な者が仕事をするように鼓舞する。さて詩人はペルセスへと向きを変え,ペルセスに悪いエリスのことを警告する。自らの納屋を充たし生計を

---

15) (訳注)『仕事と日々』5-9。イェーガーによる説明が加わっている。

憂慮する必要のない豊かな男だけが，閑暇を利用した闘争心へと身を委ねることができる。彼は外国人の全財産をつけねらい，市場で無為に時間を過ごすかもしれない。ヘシオドスは兄弟に対して，もう二度とこの（悪いエリスの）道へ足を踏み入れず，裁判なしにヘシオドスと同等の存在になることを勧める。なぜならヘシオドスとペルセスは父親の遺産をはるか前に分割し，ペルセスは裁判官を贈り物で贈賄し，分相応なもの以上を強奪したからである。「愚か者よ，彼らは「半分は全部よりも多い」という格言がどんなに自分たちに当てはまるのか，知らない。大地から人間のために成長する最も安い薬草であるゼニアオイ[16]やアスポディル[17]の中にすら，何という大きな祝福があることだろう！」[18] こうして詩人は具体的な事例から一般的な事例に至るまで，至る所で兄弟に警告する。ヘシオドスは争いと不正について警告し，神の力が正義を守るという堅忍不抜の信仰を抱く。彼にとって，この警告や信仰は，詩の第二の積極的な部分，つまり農民と船乗りの仕事および人間の正しい一切の行動に関する格言についての教説と，どのように結び付いているのか？ この答えはすでに（『仕事と日々』の）冒頭において，看取することができる。この両者を仲介するものこそ，作品の根本思想である正義と労働との関連である。平和な労働をめぐる競争に同伴する良いエリスは，嫉妬と争いの蔓延に対抗する，この世に存在する唯一の力である。労働は人間にとって過酷な強制であるが，必要不可欠な重大事である。そしてこの労働の強制によって乏しい生計費だけでも稼ぐ人は誰であれ，労働

---

16) （訳注）Malve. 高さ約1メートル。葉は円形で5-7に浅裂，基部は心臓形。5-6月頃紅紫色の花を開く。

17) （訳注）Asphodelos. ギリシア神話によれば，冥界の野に咲くという永遠の花。

18) 『仕事と日々』40。

は他人の財産を求める邪な渇望よりも，大きな祝福となる。

　詩人にとってこうした生の経験は，思想家としてのヘシオドスが神話の宗教的な思考の中に認識する，世界の秩序の永続的な法則に基づいている。すでにホメロスの（作品の）中に，個々の神話を世界観的に解釈する試みが見出される。しかしホメロスにおいてこの思考は，まだこの観点から体系的に神話的な伝承へと接近したわけではない。ヘシオドスが（『仕事と日々』とは）別の偉大な作品，『神統記』において，初めてこの接近を敢行する。英雄伝説は宇宙論的で神学的な思弁の対象としては，ほとんど問題にならなかった。これに対して「神々についての伝説 Göttersage」[19] が，そのような神学的な思弁に，さらに豊かな栄養を提供した。（出来事の原因を見出そうとする）因果関係への衝動が目覚め，この衝動に基づいて（天界と冥界のあらゆる神々に関わる）精巧な系図が構成された。しかし世界の生成についての合理的な教説に関する三つの最も本質的な根本概念も，『神統記』の神話的な表象の中に明らかに潜んでいる。この根本概念とは，大口を開ける空間である混沌，混沌によって分かたれた世界の基礎あるいは覆いとしての大地と天，生を創造する宇宙的な根源力としてのエロスである。大地と天はいかなる神話的な世界像にとっても必要かつ重要であり，我々は混沌を北欧神話の中にも見出す。つまり混沌は，明らかにインド・ゲルマン種族に特有の観念である。しかしヘシオドスのエロスは，独創的な特色と途方もない哲学的な豊かさを備える思弁の産物である。彼の神学的な思想は，（ゼウスに対する）

---

19)　（訳注）神話的な体系の全体，あるいは神話全体の概念を要約する。

「ティタ̄ターノマキア̄「ティタン神族の戦い」[20]と神々の偉大な統治に関する教説の中で形成される。それは，世界をいかに意味付けるかを展開するためである。倫理的な力も，自然のより低い，大地の雰囲気を醸し出す力に加えてこの世界へ調和する。それゆえ『神統記』の考え方は，広く承認され，祭儀を通して崇拝された神々を互いに関係付けることに満足せず，現に認められた宗教における伝承に頼ることもない。それどころか宗教によって与えられたものを，最も広い意味での祭儀，神話的な伝承，内的な生活の中で想像力と知性を用いて，世界と人間生活の根源に関して体系的に考え抜くことへと促した。その際に働く全ての力は，人間の生の精神的な展開の上述の段階に対応する神的な力としてイメージされる。ここですでに完全に個人的な詩人のあり方として我々に向き合うのは，非常に生き生きとした神話的な思考である。宗教的な伝承を単に記録し結び付けることは，創造的な解釈，新たないわゆる人格化の自由な着想へと移行する。この人格化は，新たに覚醒しつつある抽象的な思考という欲望を叶える。しかしこの移行，ホメロスと祭儀の神々の圏域を超えることは，この神話体系の中で合理的な要素がいかに指導的で，形式を付与しているかを証明する。

民衆における神話上の範例（パラデイグマ）としての寓話（アイノス）

　ヘシオドスは人間生活の中で労働と骨折りが必要であること，世界における災厄の存在を説明するために，『仕事と日々』の神話を挿入した。この『仕事と日々』における神話の背景を考えるためには，上述の僅かな指摘で足れり

---

20)　（訳注）ゼウスに対する巨神族（ティタン）の，世界支配をめぐる戦い。ギリシア神話上，オトリュス山の巨神の二つの神々の種族（ティタン）の間で，人類が生まれるはるか前に行われ，11 年に及んだ。

としよう。ここで明らかとなるのは，以下のことである。すなわち前述した悪いエリスと良いエリスを導入する語りが示したように『神統記』と『仕事と日々』は，その（描く）対象が異なっているにもかかわらず，詩人にとって緩く並行して存在するに過ぎないわけではない。ちょうど『神統記』においては倫理学者ヘシオドスの考えがはっきりと現れているように，神学者ヘシオドスの考えは，（『仕事と日々』において）倫理学者ヘシオドスの考えに干渉するのである。この二つの作品は，ある人格の世界像の内的な統一から成長している。ヘシオドスは『神統記』の「因果論的な」思考形式を，『仕事と日々』のプロメテウス物語の中で，労働の実践的，人倫的，社会的な問題に適用している。仕事と労苦は一挙に世界へもたらされたに違いないが，仕事と労苦が発端から事物の完全で神的な秩序に基礎付けられていたことはあり得ない。ヘシオドスはその（仕事と労苦の）原因を，全く道徳的な光の中で考察するプロメテウスの災いに満ちた行い，つまり（プロメテウスが）神から火を奪うことの中に見る[21]。ゼウスは罰として最初の女，つまり女性の根源の母としての策略に満ちたパンドラを創造した。病気や老齢という悪霊，今や大地と海を満たす何千という他の災厄は，パンドラの甕から抜け出た。

　神話は詩人の新しい思弁的な考えに基づいて暴力的なほど勇敢に再解釈され，まさに中心的な場へとずらされた。『仕事と日々』の普遍的な思考過程の最中に神話を使用したことは，ホメロスの叙事詩に登場する人物たちが語りにおいて神話を範例（パラデイグマ）として用いていることに擬せられる。ヘシオドスの（『仕事と日々』という）詩における包括的で神話的な「挿話」あるいは「逸脱」の理由は，正しく認識

---

21)　（訳注）『仕事と日々』42以下。

されなかった。この理由は、内容と同様、形式の理解にとっても重要である。テュルタイオスやソロンのエレゲイアーは形式および魂の態度に則れば、まさに直接的にホメロスの叙事詩の語りに結び付く。これと同様、『仕事と日々』は唯一の偉大な教訓と警告の演説である[22]。この演説においては、神話上の模範が非常に適切に用いられている。神話は有機体のようであり、神話の魂は絶え間なく更新される変化の中で把握される。詩人がこのような変化を行う。しかし彼はその際、単に独りよがりの恣意に聞き従うのではない。詩人は自らの時代にとっての、新たな生活規範を形成する人である。彼は神話をこうした新しく生きた、内的な確実性から解釈する。神話が精彩を放つのは、神話の理念が不断に変容する場合に限られる。しかし神話というより確実な外枠が、新たな理念を担う。これは、すでにホメロスの叙事詩における詩人の伝承に対する関係に当てはまる。しかしこの関係は、ヘシオドスにおいてより明瞭になる。というのも、ここでは詩的な個性が独創的な思考モチーフにおいて未だにはっきりと認識できるからである。その理由は、詩的な個性は初めて意識的な個性として現れ、神話的な伝承を並外れた仕方で明らかに自らの精神的な意志に仕える道具にするからである。

　ヘシオドスはプロメテウス物語の直後に続く五つの時代についての語りを、『仕事と日々』の中へと据える。その際にヘシオドスは、短くほとんど形式を欠いた、しかし引

---

22) 解説者は『仕事と日々』の冒頭が、「しかし私はペルセスへ真理を言いたいと思う」という言葉で終わるゼウスへの導入の祈りの後、この祈りの典型的な形式「οὐκ ἄρα μοῦνον ἔην そもそも（エリスは）一人にはあらず」において、ホメロスによる語りの導入部を模倣したことに言及していない。しかしこれに、詩全体の形式の理解がかかっている。それは唯一の自立し、叙事詩へと拡張した、警告という特徴を備える「語り」である。『イリアス』第9歌におけるポイニクスの長い教訓的な語りは、これにきわめて似ている。

用の意味としては非常に特徴的な移行の形式を用いる[23]。これによって上で述べたような神話を規範として用いることは，一段とはっきりする。「しかしお前が望むならば，お前のため，さらにもう一つの物語の要点を聞かせよう。お前は，その物語を真剣に受け止めるのだ！」まさにこの場で第一の神話から第二の神話へと移行する際，ペルセスへ語りかけることが必要であった。それは一見して互いに無関係である二つの語りが教訓という目的を今や持つことを，聞き手に意識させるためであった。黄金時代およびその後のますます悪くなる時代に関する物語は，人間がそもそも根源においては現在よりも真に良い状態で，悩みや苦労なしに生きていたことを示さなければならない。この物語は，プロメテウス神話の解説として役に立つ。（黄金時代とプロメテウスに関する）両方の神話は共に現実の出来事と見なされるのであれば両立し得ないが，ヘシオドスはこのことにこだわらない。これはヘシオドスによる全く理念的な神話を把握するためには格別，特徴的なことである。彼は人間がますます不幸になる理由として，傲慢や無思慮が増えること，神への畏れの消失，戦争と暴力行為を挙げる。詩人自らこの第五の鉄の時代，こうした時代に生きねばならぬことを嘆く。この時代には，僅かに自衛権だけが支配している。悪者だけが，依然として自己を主張できる。ヘシオドスは，第三の物語としてオオタカとサヨナキドリの寓話を列に加える。彼はこの寓話を，強い貴族である裁判官へとはっきり向ける。オオタカは「歌手」であるサヨナキドリを奪う。その痛ましい嘆き声に，羽をつけた強奪者が答える。一方この強奪者は，サヨナキドリをその鍵爪で空へとさらう[24]。「不幸せな者よ，お前の鳴き声は

---

23) 『仕事と日々』106。
24) 同上 202。

いったい何の役に立つというのだ？　今やより強い者がお前を意のままにしている。お前は俺が思うとおりに従うのだ。俺がお前を食べるか，自由にするかは，もっぱら俺の一存にかかっている。」[25] ヘシオドスは，この獣の物語を「寓話 Ainos（アイノス）」と名付ける[26]。以前からこの種の寓話は，民衆の間で好まれていた。それは叙事詩の語りにおける神話上の範例（パラデイグマ）と似た課題を，民衆の思考において引き受けた。この寓話は，普遍的な真理を含んでいる。ホメロスとピンダロスにおいても，神話に基づく例はやはり寓話（アイノス）という。後世になって初めて，この概念は獣の寓話に制限された。言葉の中に，与えられた助言に認められた価値が表現されている。それゆえ寓話（アイノス）は，オオタカとサヨナキドリという獣の寓話に留まらない。この寓話は，寓話（アイノス）が特に裁判官に与える範例（パラデイグマ）に過ぎない。（五つの）時代の神話とプロメテウス物語も，真の寓話（アイノス）である。

正義の観念と労働の観念との結合

ペルセスと裁判官，双方への同じ語りかけは，詩の続く箇所で繰り返される。ここでは不正への呪いと正義への祝福を，不正ないしは公正な都市に関する，心を打つ宗教的なイメージによって具体的に説明する。ここで「ディケー Dike」は詩人にとって自立した神性，ゼウスの娘となる。人間が不正な感覚を持つならば，彼女（ディケー）はゼウスの横に座り，ゼウスに（この人間を）告訴する。その結果，ゼウスは人間に釈明を求める。ゼウスは，上で触れた都市と，そこで演じられる法律上の係争を注視する[27]。彼は不正な法律問題が勝利を収めることを許さないだろう。

---

25)　（訳注）同上 206-209。イェーガーによるパラフレーズ。
26)　（訳注）同上 202。
27)　（訳注）『仕事と日々』219 以下。正しい都市は 225 以下，不正な都市は 238 以下。

そして詩人は改めて、ペルセスに語りかける[28]。「こうした全てを心に留め、正義の言葉を十分に注意して聞け。全ての暴力を忘れよ。というのも、正義はクロノスが人間に指示した慣習(ノモス)だからだ。魚と野獣と羽のついた鳥は、互いに食み合う運命にある。なぜなら、彼らの下には正義がないからだ。しかしゼウスは人間どもに、最高の財産である正義を与えた。」こうした人間と獣との区別は、オオタカとサヨナキドリの比喩と明確に結び付いている。ヘシオドスの確信によれば、人間は強者の正義へと決して訴えかけるべきではない。つまり、オオタカがサヨナキドリに対するように行ってはならない。

（『仕事と日々』という）詩の第一部全体において、神への信仰が語られる。この信仰は、正義という観念を生の中心へと据える。もちろんこの理念的な要素は、単純な古代風の農民生活における独創的な産物ではない。こうした要素は、ヘシオドスの中に見出すような形式においては、おそらくギリシア本国に馴染みのものではない。合理的な特徴は『神統記』中の体系を目指す傾向に現れるが、上述の要素はこの合理的な特徴と同様、都会風の生活環境、イオニアにおいて進歩した精神の発展を前提とする。ホメロスが、こうした考えの最も古い源泉である。彼が正義に対して初めて、称賛を行った。しかし『イリアス』においては、ヘシオドスと時代的により近い『オデュッセイア』ほど、正義という観念が中心にあるわけではない。神々が正義を保証し、神々の世界支配が正義の勝利を最終的に助けるのでなければ、真に神的ではない。我々はこの考えを、ここ（『オデュッセイア』の中）ですでに見出す。この要請

---

28) 同上 274。「ノモス Nomos」はこの箇所で、まだ「法律 Gesetz」を意味していない。（訳注）巻末の概念名・作品名・その他の用語解説を参照。

が,『オデュッセイア』の筋書全体を支配している。『イリアス』でも,すでにパトロクロス物語の有名な比喩の中で,次のような信仰を認識できる。つまり人間が大地において正義を枉げるなら[29],ゼウスは途方もない悪天候を天から送り込む。しかしこのような倫理的な神観念による個々の信仰告白と,『オデュッセイア』において遂行された直観すら,正義の予言者ヘシオドスの宗教的な情熱には遠く及ばない。彼はゼウスが正義を守ることを一心に信じ,一介の民衆出身の男として周囲の世界の挑戦を受けて立ち,圧倒的なパトスによって何千年後の我々をも魅了する。ヘシオドスは正義の観念の内容や,個々の特徴的な言語の言い回しすら,ホメロスから受け継いでいる。しかしヘシオドスがこの正義という観念を現実に経験する,宗教を改革する力,この力が神の支配と世界の意味に関する見方として絶対的な優位にあることは,新時代を予告する。正義という考えはこの新時代の基礎となり,そこから新しい,より良い人間社会が成長する。ゼウスの神的な意志と正義という理念との同一化,最高神であるゼウスと非常に密接に結び付けられるディケーという新たな神の創造は[30],宗教的な力と人倫的な真剣さの直接の結果である。農民と都市の市民からなる身分が興隆してくるが,彼らはこの人倫的な真剣さを基盤に,自分たちが代表する権利の保護を要求する。

ボイオティアは,外部の世界での精神的な展開の背後で

---

29)『イリアス』第16歌 384-393。倫理的・法的なゼウスの理念が,ここではまさにある比喩において,『イリアス』全体のその他の場所ではほとんど見つからないほど明瞭であることは,注目に値する。詩人がそれを経験から知るような現実の生が比喩において,しばしば叙事詩による語りの厳格で英雄的な様式化によって姿を見せることは,すでに以前から観察されている。

30)(訳注)『仕事と日々』256-260 を参照。

置き去りにされていたに違いない。ヘシオドスがこのボイオティアという後背地において，最初の人として上で触れた（権利への）要求を掲げ，社会的なパトスを全て自分自身の中から汲み上げた，と考えることはできない。ヘシオドスはこの要求を，周囲の世界との上述の戦いを通してとりわけ深刻に経験し，それゆえこの要求の告知者となった。ヘシオドス自身は『仕事と日々』の中で，父が小アジアのアイオリスのキュメから，極貧の状態でボイオティアへ移住した様子について語っている[31]。こうした新たな故郷について息子が喜べずに未だに甚だ苦々しく述べる感情は，父から息子への影響であると推測して構わないだろう。家族はアスクラの惨めな村で，我が家のようにくつろぐことは決してなかった。ヘシオドスはアスクラの村を，「冬は厭わしく，夏は耐え難く，決して好ましくない」と表現している。そして彼が両親の家で，若い頃からボイオティアにおける社会関係も意識して批判的に見るのを学んだことは，想像に難くない。ヘシオドスは，ディケーという考えを自らの環境へと持ち込んだ。彼はすでに『神統記』において，そうした考えを納得のゆくまで述べている[32]。正義，「優れた法秩序 Eunomia」，「平和 Eirene」からなる「季節の女神 Horen」の神々による倫理的な三位一体は，『神統記』において三人の「運命の女神 Moira」および三人の「優美の女神 Charis」に比肩する位置を与えられた。このような位置付けは，明らかに詩人の個人的な偏愛に負うのであろう。ヘシオドスは南風の神，北風の神，西風の神という風の系譜学の中で，これらの神々が船乗りと農夫にもたらす損害[33]を長々と詳しく述べる。これとは

---

31) 同上 633 以下。
32) 『神統記』901。
33) 同上 869。

対照的に，正義，優れた法秩序，平和の女神は，「人間の業」を助ける者として称賛される。ヘシオドスは『仕事と日々』の中で，正義についての考えを全農民階級の生の現実と考え方に取り入れる。彼は正義の観念を労働の観念と結合し，これによって農民生活の精神的な形式と実際の内容を全体的な観点から展開し，教育的に活性化する作品を『仕事と日々』として創造することに成功した。この『仕事と日々』という作品について，上に述べた構成以外に注目して以下，簡略に示すことにしよう。

アレテーが教授可能かという問い

ヘシオドスは兄弟への新たな語りかけ，つまり何千年も前から本来の文脈を離れ，口承で伝えられるあの有名な詩句を，正義に従い，あらゆる不正を断固として捨てよ，という警告に直接，結び付ける[34]。第一部は，この警告によって終わる。この詩句を取り上げるだけでも，すでにヘシオドスは不滅である。「大きな子どもである汝，ペルセスよ。良かれと思えばこそ，お前へ助言する。」実際，詩人の言葉は父のように優れており，しかし温かい，魅力的な響きを帯びる。「群れの中では容易に悲惨な状態になる。道は滑らかである。悲惨な状態はごく身近に住む。しかし不死の神々は，良きことの前に汗を据えた。それに達する道は長く，急な坂で，最初は険しい。しかしお前が頂上に達したならば，良きこと(アレテー)は容易に獲得できる――その前は大変であるが。」[35]「悲惨 Elend」と「成功 Erfolg」という言葉によって，それぞれギリシア語の「カコテース κακότης」と「アレテー ἀρετή」という単語を完全に再現することはできない。しかし，ここで少なくとも表現されているの

---

34) 『仕事と日々』286 以下。
35) （訳注）同上 287-292。

は，古代後期に理解されたような[36]，道徳的な意味での悪や徳が問題となっているわけではないことである。上述の部分は再び，良いエリスと悪いエリスに関する第一部の最初の言葉に結び付いている[37]。第一部において聞き手に対して争いという災厄がはっきりと明らかにされた後で，今や労働の価値が示される必要がある。労働はアレテーへ通じる厄介ではあるが，唯一の道として称賛される。この（アレテーという）概念は人格的なアレテーのみならず，このアレテーがもたらす裕福，成功，名声をも含む。富を前提するのは，古えの貴族による戦闘的なアレテーではないし，土地を持つ身分のアレテーでもない。むしろ自らの表現を程よい財産の中に見出す，創造する男のアレテーである。これによって，『仕事と日々』の主題である第二部への橋渡しとなる言葉が発せられた。民衆出身の男が理解するようなアレテーこそ，目的である。彼はひとかどの事をやり遂げようとしている。貴族倫理が要求するような，騎士としての男性の徳による，功名にはやる競争の代わりに，労働による静謐で，粘り強い競争が現れる。人間は額に汗して，パンを食べねばならない。しかしこのことは人間への呪いではなく，祝福である。この（労働という）代償を払ってのみ，アレテーは意のままとなる。ここでヘシオドスが，ホメロスの叙事詩が反映しているような貴族の躾を，民衆のための教育，つまり普通の男のアレテーに関する教説と意図的に同列に扱おうと目論んでいることは，全く明らかである。正義と労働は，この普通の男のアレテーに関する教説のより所に他ならない。

　しかし，アレテーを教えることはできるのだろうか？

---

[36] ヴィラモーヴィッツ『サッポーとシモニデス』（ベルリン，1913年）169頁を参照。

[37] （訳注）『仕事と日々』63。

ヘシオドスと農民階級　　147

こうした根本問題が，あらゆる倫理と教育の出発点にある。アレテーという言葉が発せられるや否や，ヘシオドスは次のような根本問題を投げかける。「確かに最も優れているのは，将来そして最後に正しいことを全て自分で考え抜き，洞察する男である。しかし正しいことを教える他人への服従を心得ている人も，立派である。自己を認識せず，他人の教えを心に受け容れない人だけが，無用な人間である。」[38] この言葉は，アレテーという目的について名を挙げることと，アレテーに直接，関わる個々の格言の開始部分との間にあり，それには十分な理由がある。ペルセス，その他，詩人の教説に耳を傾けようとする人は誰であれ，自分にとって何が役立ち，何が有害であるか，内面に照らして自己認識できないならば，上で触れた教説を自らの指針とすべきである。これによって，（ヘシオドスによる）教授の語り全体の正しさと意味が確定された。この詩句は後世の哲学的な倫理学において，倫理的な教説と教育の最初の基礎と見なされた。アリストテレスは『ニコマコス倫理学』の中で，倫理的な教訓の正しい「出発点 ἀρχή（アルケー）」を導入的に扱う際，上述の詩句を大量に引用している[39]。これこそ『仕事と日々』の文脈において課題としての教訓を理解する際の，重要な指針に他ならない。ここにおいても認識への問いは，重要な役割を果たす。ペルセス自身は正しい洞察を持たない。しかし，そもそも詩人が自らの確信をペルセスに伝え，ペルセスに影響を及ぼそうと試みる時，ペルセスに教えられることを前提しなければならない。第一部は，第二部の教説という種が育つための土壌を耕す。つまりこの第一部は，真理の認識の妨げとな

---

38) （訳注）同上 293-297。
39) アリストテレス『ニコマコス倫理学』第 1 巻第 4 章 1095b 10。

る思考上の先入観および誤謬の根を掘り起こす。人間は，暴力や争いや不法によっては目的を果たせない。人間は本当の意味で成長するためには，世界を支配する神的な秩序に自らの努力によって順応しなければならない。こうしたことに一度，心から納得するなら，別の人は教訓によって，この納得した人間が神的な秩序への道を見出すのを助けることができる。

仕事と生の経験という宝庫

そして今や，この教訓を現在の特別な状況へ導入する一般的な叙述の後で，ヘシオドスによる個々の実践的な教説[40]が続く。それは労働の高い価値を讃美する，次のような一連の諺によって始まる。「それゆえ神の後裔であるペルセスよ，私の警告を常に銘記して働け。それは空腹がお前を憎み，美しい花環で飾られた貞淑なデメテルがお前を愛し，お前の納屋を蓄えで満たすためである。働かずに生きる者は，神々と人間の怒りを受ける。そのような人は性状が，雌のミツバチによる苦労の多い労働の成果を無為に食い尽くす雄のミツバチに似ている。お前は適切な時期に，秩序正しく喜んで仕事をせねばならないぞ。それはそれぞれの季節の蓄えを入れることによって，お前の納屋を一杯にするためである。」[41]「労働ではなく，働かないことが恥辱である。お前が働き豊かになるならば，働かない者はお前を羨むであろう。尊敬(アレテー)と名誉が儲けの後に来る。順境や逆境を問わず，働くに優ることはない。私が命令するとおり，愚かな心を他人（の財産）を狙うことから仕事へ

---

40) テオグニスの格言集が，『仕事と日々』のこうした構成原理への決定的な類例を提供している（263頁を参照—原注［本訳書363頁—訳注］）。

41)（訳注）『仕事と日々』298-307。

と向け，自らの生計を気遣え。」[42] さらにヘシオドスは貧しい者が被る不名誉な恥辱，不正に奪い取られた財産，神によって贈られた財産について語り，神々，敬虔，所有を尊敬することに関する個々の規定へと移る。彼は友人と敵，特に愛すべき隣人との関係，与えることと取ることと節約すること，特に女性に対する信頼と不信，相続と子供の数について語る。さらに一連のまとまりとして農民の仕事，彼らの仕事の後で船乗りの仕事が語られる。個々の人生訓の収集が再び，この船乗りの仕事（の部分）へ，まとめとして付け加えられる。「日々」に関する部分が最後に来る。我々が，この部分の内容を分析する必要はない。特に農民と船乗りの労働に関する教説——ボイオティア人にとっては我々の感情にとってと同様，両者は互いにそれほど遠く離れていなかった——は，きわめて深く現実の個別的な事柄へ触れるので，この場でこの教説については検討できない。もっとも，あの初期の時代における日常の労働生活を洞察することは，たいへん魅力的である。こうした全ての生を支配し，生にリズムと固有の美を与える素晴らしい秩序は，こうした生が自然，すなわち変わることなく繰り返し廻ってくる自然の営みと密接に結び付いていることに由来する。（『仕事と日々』）第一部においては公正と誠実という社会的な規則および不法が害をもたらすことに関する教説が，人倫的な世界秩序の中へと埋め込まれている。これと同様『仕事と日々』第二部における労働と職業の倫理は自然的な存在の秩序から成長し，自らの法則をこの秩序から受け取る。ヘシオドスの考えは人倫の秩序を自然の秩序からまだ分離せず，この二つの秩序は彼にとって等しく神に由来する。人間の全ての行状は，彼の仕事におけるのと同様，同胞と神々への関係においても意味のある統一を

---

42)　（訳注）同上 311-316。

なす。

　ヘシオドスは『仕事と日々』のこの部分で，人間による仕事と生の経験という豊かな宝庫を聞き手の前に披露する。すでに言い添えたように，彼はこの豊かな宝庫を民族に深く根付いた，何世紀にもわたる古い伝承から汲み取っている。思考を絶するほど古い，大地から成長した，自分自身にもまだ意識されないものが湧き上がってくる。この湧出こそヘシオドスの詩において本来，心を打つものであり，彼が影響を及ぼす中心的な源泉である。彼の作品が簡潔な力という点で現実性に溢れていることは，ホメロスの幾つかの歌に現れた伝統的な吟遊詩人としてのあり方を沈黙させる。英雄的な叙事詩は，新しい世界が素朴で人間的な美に富んでいることを，アキレウスの盾の描写に現れているような幾つかの比喩と個別の考察においてのみ，予感しているように見えた。この新しい世界は，目に新鮮な緑を提供する。鋤によって耕された大地の強い匂いが我々を包み込み，カッコウの鳴き声が藪から響き，田園で働く者たちに仕事に精を出すよう励ます。これは，ヘレニズム時代における大都市あるいは学者の詩情によるロマンチシズムから，何と離れていることだろう。このロマンチシズムは，牧歌的なものを再発見したのであるが。ヘシオドスの詩は，田園の人々による生の全体を現実的に描く。ヘシオドスはあらゆる社会生活の基礎としての正義という考えを，自然の中で生まれた職業と労働の古い世界に構築した。これによって彼は，この（職業と労働の）世界の内的な組織の保存者にして新たな創造者となる。ヘシオドスは労働する男に，彼を鼓舞するより高い理想を鏡として与え，この男の労苦の多い単調な生を示した。大衆にとっても精神的な栄養の全ては，ヘシオドスの時代以前は特権的な社会層からやって来た。大衆はこの社会層を，嫉視する必要はない。ヘシオドスは生の領域といつもながらの活動

を通して，苛酷な状況においてすら，より高い意味と目的を見出した。

　従来，意識的な教養から排除されてきた民衆層の精神的な自己形成が，ヘシオドスの文芸作品を読む我々の眼前で展開している。その際この民衆層は，高い身分の文化が自分たちに提供する利点や，宮廷における詩情の精神的な形式が持つ力を用いる。しかし自らの本来の内容と性格を，文芸という生の深い根底から汲み出す。ホメロス（の作品）は身分によって限定された文芸であるのみならず，貴族的な理想の根源から普遍的で人間的な，高い，広い精神へと随所で成長する。それゆえ彼は下層の全く別の生活条件下で生きる人々を自らの文化へと導き，彼らが人間的な生の意味を見出し，内的な法則に従って自己形成することを教える力を持つ。これこそ，真に何か偉大なものである。しかしさらに偉大なのは，農民階級がこのような精神的な自己形成の行為によって孤立から抜け出し，ギリシア国民の広場(アゴラー)の中で自らの声を他人に傾聴してもらうことである。ホメロスにおいて貴族文化は，人間的で普遍的な最高の働きへと精神化する。これと同様ヘシオドスにおいて農民的な礼節(エートス)は，すでにその社会的に限られた空間と制限を凌駕している。彼の詩の中で多くの事柄が農民と農業労働者だけに適用可能で，理解可能であるにせよ，こうした人生観の全体にとって実り豊かで人倫的な価値は，詩人（ヘシオドス）の作品によって一挙に高められ，全世界に接近できるものとなった。もちろん農業の社会的なあり方は，ギリシア民族の生活に最終的な刻印を与えるべく定められていたわけではない。ギリシアにおける教養は，その最も固有で最終的な形式を，ポリスの中に初めて見出した。しかし田舎の土着的な文化の中でポリスと並び得るものは，精神的に完全に背景へと退いた。さらに重要であったのは，ギリシア民族が労働と厳格な正直さという理想に導く教育者

を，全ての時代を貫いてヘシオドスに見出していたことである。この理想はこうした田舎の土地において成長し，その有効性を全く異なった種類の社会環境の下でも保ち続けた。

ギリシア民族の教師ヘシオドス

 ヘシオドスの教育者としてのあり方の中に，彼の詩人としてのあり方の本来の根源がある。それは叙事詩の形式に習熟することによるのでも，素材それ自体に由来するわけでもない。ヘシオドスの教訓詩を，後世に「散文的」と感じられ，吟遊詩人の言語と詩句の形式において多かれ少なかれ技巧的に語られた主題として考察するならば，彼の教訓詩が詩的な性格を備えることを疑わざるを得ない。それはすでに古代の文献学がこれらの作品について似た仕方で，より後の時代の教訓詩と対比して述べているのと同様である[43]。ヘシオドス自身は疑いなく，詩人としての召命が正当である根拠を，自民族の教師になるという，予言者としての意志の中に見出した。彼の同時代人はこうした眼差しでホメロスを見つめ，彼らにとってより高い精神的な影響を及ぼす形態は，詩人と「ホメロス派の詩人」という形態以外に考えることができなかった。すでに叙事詩風の言語の理想的な形態に，詩人の教育者としての志操が分かち難く結び付いていた。それはちょうど，この教育者としての志操がホメロスの働きかけそれ自体の中で気付かれたのと同様である。ヘシオドスは，こうした仕方でホメロスの後継者として現れた。これによって単に教訓的な詩情の限界をはるかに超えて，決定的かつ詩的な創造行為の本質が，後世全ての人々による創造行為の造形的で共同体を構成する感覚の中に根付いた。共同体にとってこの建設的な

---

 43) ベッカー編『ギリシア逸話集 *Anecdota Bekkeri*』733, 13。

力は，常に事物の本質を究めようとする意志からのみ成長する。それは，道徳的あるいは事柄に即した教授への熱意に過ぎないもの全てを越えている。この意志は最も深い認識から生まれ，万物を改めて活性化する。ヘシオドスは，争いと不正によって父祖伝来の身分共同体の存続が直接的に脅かされる事態に直面する。このことは，侵してはならない基礎への眼差しを彼に開いた。この基礎に社会生活の全体が基づき，この基礎が個々人をも支えている。随所で根源的で単純な生の感覚へと導くこの本質への眼差しこそ，人を真の詩人たらしめる。この真の詩人の前に，それ自体，散文的あるいは詩的な素材は存在しない。

　ヘシオドスがギリシア第一の詩人として自らの名前において周囲へと語りかける場合，彼は叙事詩による名誉の告知と伝説の解釈という領域から，現実および現在の戦いの場へと降り立つ[44]。彼が叙事詩における英雄の世界を理想的な過去として感じることは，五つの時代の神話の中にはっきりと言明されている。ヘシオドスはこの神話において理想的な過去を，現在の鉄の時代と対置する[45]。詩人はヘシオドスの時代にあって，より直接に生へ働きかけようとする。ここにおいて初めて，貴族の由来にも国家公認の立場にもよらない，指導者の要求が掲げられた。イスラエルの預言者との比較は容易に思いつくし，昔から行われてきた[46]。ギリシア最初の詩人は優れた洞察に基づいて，連帯へ向けて公に語りかける要求を携えて登場する。すでにこうした詩人において，彼を際立たせるものが明らかである。それは，ギリシアのあり方を社会史の新たな時代とし

---

44) （訳注）『仕事と日々』174, 633-640, 654-662,『神統記』22-35。

45) （訳注）『仕事と日々』174。

46) （訳注）例えば『神統記』と旧約聖書中の「アモス書」との類似など。

て告知する。ヘシオドスによって精神の指導者としてのあり方が始まり，この指導者としてのあり方がギリシア世界に刻印される。こうした指導者としてのあり方は，生粋の「霊 *spiritus*」(スピリトゥス)，神の息吹として，実にその本来の意味における「精神」である。詩人自身はこれを現実の宗教的な経験として描き，ヘリコン山の麓でムーサイから個人的な霊感によって受け取った。ムーサイ自身はヘシオドスを詩人へと召命する際，霊感について次のように語っている。「なるほど私たちは現実に似た多くの嘘を言うことができます。しかし私たちは，もしも望むのであれば，真理を歌うこともできます。」[47] このように『神統記』の序言には記してある。ヘシオドスはこの警告の詩の中で『仕事と日々』の序言の後でも，兄弟に真理を告知しようとする[48]。真理を教えようとするこうした意識も，ホメロスと比べて何か新しいものであり，私という形式を用いて語ることへの勇気は，これと何か関連しているに違いない。それは，世界と生との関連をより深く認識することによって，迷える人間を正道へ導こうとするギリシアの詩人予言者による，真の自己性格付けなのである。

---

47) 『神統記』27。
48) 『仕事と日々』10。

スパルタの国家教育

教養の形態と類型としてのポリス

ギリシア教養史の社会的な枠としてのポリス

ギリシアの教養はポリスという社会的な生の形態において初めて，古典的な形態を得た。なるほど貴族社会と農民のあり方は，ポリスによって決して単純に継承されたわけではない。封建的で農民的な生活形式は，特にポリスの古い歴史の至る所に入り込み，ポリスと共に後世にあっても存続する。しかし，精神的な優位は都市文化へと移る。この優位は新しい原理，つまりギリシア人にとっては任意の他の形式よりもいっそう高度で特徴的な人間共同体の生活のより堅固で，完結した形態を意味する。これは，この優位が全体的あるいは部分的に貴族的な基盤と農事上の基盤に基づく場合も，そうである。我々の言語にとっても，ポリスから導き出された「政治 Politik」や「政治的な politisch」という単語は，それだけでなく生きた文化の全体を表現している。これらの単語は，ギリシアのポリスから初めて我々が国家と名付けるものが成長することを想起させる。それゆえ我々は，このポリスというギリシア語の単語を，文脈によって「国家 Staat」あるいは「都市 Stadt」と訳し分けなければならない。国家は家父長的な時代の終焉からアレクサンダー大王によるマケドニア世界

帝国の創設に至る数世紀にわたって、ほぼポリスと同じ意味であった。すでに古典期に、空間的により広い国家が形成されたにもかかわらず、この時代はこうした国家形成を多かれ少なかれ自立的な、比較的多くの都市国家の統合として知っているに過ぎない。ポリスは全てを支配する中心であり、ギリシアの展開のこうした最も重要な時代の歴史は、ポリスを中心として有機的に展開する。それゆえポリスは、歴史的な考察に際して重要な位置を占める。

　しかし古えから伝えられたテーマの分割に則って、国家を「政治的な」歴史家や国家法の研究者に任せ、精神的な生の内容を国家から分離するのであれば、ギリシア史を理解する道を最初から閉ざしてしまうことになるだろう。政治的なものにほとんど触れずに、比較的長期にわたるドイツの教養史を書くことは、おそらく無理だろう。政治的なものはようやく最近になって、ドイツの教養史の中心となった。それゆえまさにドイツにおいては久しく、ギリシア人と彼らの文化をも主に美的な観点から考察してきた。しかし、政治的なものがドイツの教養史の中心になることによって重点が強制的にずらされた。重点は、もっぱらポリスに置くことができる。というのも、ポリスは精神的・人間的な生のあらゆる領域を包括し、人間的な生を構築する形態を決定するからである。精神的な活動の全部門はギリシア民族の初期の時代に、共同体における生の統一的な根源から直接的に成長する。この共同体の生はただ一つの海、つまり市民の全生活へ流れ込む多くの小川や川に譬えられるかもしれない。この市民の全生活から小川と川は方向と目的を受け取り、この市民の全生活は目に見えない地下の水脈を通して再び源泉に養分を与える。それゆえギリシアのポリスに関する描写とは、ギリシア人の生活を全体性において描き出すことに他ならない。この試みは、少なくとも歴史的な個々の事実へ向けられた、時間的に直線的

で進歩する語りという通例の流儀に則れば，実際にはほとんど実行不可能で理想的な課題に留まることだろう。しかし，たとえそうであるにせよ，こうした統一性を認識することは，全領域にわたって豊かな稔りをもたらすに違いない。ポリスはギリシア教養史にとって，社会的な枠である。我々は「文学」作品をこの枠へ，アッティカ時代の最後に至るまで据えなければならない。

　もちろん政治体制とポリス生活のきわめて多様な現象形態を検討することは，我々の課題ではあり得ない。この「国家に関する古代の文化遺産」[1]という分野において，（古代ギリシアの）政治体制の資料が前世紀（19世紀）にわたって蒐集された。我々はすでに資料を調達できるので，広い層から研究対象を調達するよう強いられる。なるほどこの資料は，様々な都市に関する多種多様で重要な個々の事物の情報を与えてくれる。しかし大抵の場合，実際の社会的なあり方から，目に見えるイメージを形成することはできない。またここで我々の考察にとっては，いかにして詩情と続く散文の中でギリシアのポリス精神によって，国家の理想的で精神的な性格が永続的かつ決定的に表現されたか，ということもきわめて重要である。我々はこれによって予め，ギリシアの国家にとって代表的な意義を持つ国家の僅かな主要タイプを参照せざるを得ない。すでにプラトンが『法律』において，古代ギリシアの先史時代における国家教育上の思考の総決算を試みるに際して，同様の仕方で詩人を出発点とした[2]。その際，二つの根本形態，つまりスパルタの戦士国家と，イオニアに由来した法治国家に遭遇した。この二つの根本形態はプラトンにとって，

---

　1)　（訳注）Staatsaltertümer. 古代における国制，司法，警察・財政・軍事のあり方，文化，交易を含む。

　2)　（訳注）プラトン『法律』第7巻第9章。

両者の結合によって自民族の政治的な教養の全体を代表するように見えたのである。それゆえ，なかんずくこの二つの国家形態を検討しなければならない。

我々はここにおいてギリシア国民の歴史的な生の根本事実として，ギリシア部族間の精神的な本質が（相互に）異なり，対立しているのを見出す。この相違は，ギリシア国家にとってよりもはるかに深い意味において，ギリシア人の精神生活の構造にとって基本的に重要である。それどころかギリシア文化固有の本質は，この民族の多様な形態からのみ完全に把握できる。これは，この形態の中で展開する鋭い対立関係においてと同様，こうした対立関係の最終的かつ理念的な乗り越え，調和的な和解においてもそうである。ホメロスの描くイオニアの貴族文化，ヘシオドスの描くボイオティアの農民階級の状況において，部族の性格は大した重要性を持たない。というのも，（彼らを）同時代の他部族と比較することが不可能だからである。なるほどホメロスによる見事な詩情は，すでに様々な部族による伝説，詩句，文体をめぐる共同作業に基づいた。幾つかの方言が混ざり合って成立した叙事詩の言語が，これを示している。しかしこうした痕跡からホメロスの詩情の精神的な本性との相違を推測することは，あてのない冒険であろう。それはちょうど，ホメロスからアイオリス地方の方言らしさを帯びた全ての歌を一様に分離する探求が全く成功しなかったのと同様である。ドーリアとイオニアの固有性は，国家的な生という形式とポリスの精神的な観相学においてなおさら鋭く分離している。両者は，前5世紀と前4世紀のアテナイにおいて重なり合う。アテナイの現実の国家生活がイオニアという模範から決定的な影響を受け取る一方，スパルタの理念は精神的な圏域においてアッティカ哲学の貴族的な影響を受けて再生を経験する。そしてプラトンの教養理想の中で，イオニア的かつアッティカ的な法

治国家が民主主義的な形態を捨てた後，この法治国家の根本思想と融合し，より高い統一へと至るのである。

前4世紀におけるスパルタの理想と伝承

スパルタに関する文学的，歴史的な資料

スパルタは，哲学史においても芸術史においても独立した地位を占めていない。例えばイオニアの部族が哲学的で倫理的な意識を発達させて指導的な役割を演じる一方，ギリシアの倫理と哲学の描写の中にスパルタの名前を求めても無駄である。スパルタの名を正当に見出すのは，教育史においてである。スパルタがもたらした最も固有のものとは，国家である。国家はスパルタの中で初めて，最も広い意味における教育的な力として現れる。

こうした（スパルタ国家という）奇妙な有機体に関する我々の知識の源泉は，遺憾なことだが部分的にかなり曖昧である。にもかかわらずスパルタの教育における個々のあらゆる部分まで貫通している中心的な理念は，幸いにもテュルタイオスという名の下に伝承された詩の中に，非常に純粋かつ紛れもなく啓示されている[3]。スパルタの教育は歴史的な限定を被っていることから解放され，後世へ永続的な影響を及ぼすことができた。これは，テュルタイオスの詩がスパルタの教育を力強く表現したお蔭である。しかしホメロスやヘシオドスの場合とは異なって，テュルタイオスのエレゲイアーから，このような純粋な思想詩の本質にあるような，単なる理想以外のものは経験できない。我々はこの思想詩から，こうした理想が成長した歴史的な土台を再建できない。それゆえ，代わりにより後世の文献

---

3) （訳注）同上 629A。

によらなければならない。

　中心的な証言となるクセノポン「ラケダイモン人の国制」は，前4世紀における半ば哲学的な，半ば政治的なロマン主義の産物であり，スパルタ国家の中に，一種の政治的な根源の啓示を認めた。我々はアリストテレスが著し，失われた「ラケダイモン人の国制」を，豊かな資料を用いた古代後期の事典の項目から，僅かに断片的に再構成できるに過ぎない。当然この国制の傾向から，アリストテレスの『政治学』第2巻におけるスパルタ国家の評価と同様[4]，批判的かつ冷静な判断を下さざるを得なかった。これは哲学者が通例，行うスパルタの神格化とは，対照的である。いずれにせよラコニア人に好意的なクセノポンは，スパルタを個人的かつ親密な経験から知っていた。他方，（クセノポンと）同様のロマン主義的な魔法に呪縛されたプルタルコスは，自らのリュクルゴス伝の中で，書き物机においてでしか価値を持たないような，古い文学的な資料を混ぜている。上で触れた資料に価値評価を下す際，これらの資料がまさに前4世紀におけるいわゆる近代的な教養に対する意識的ないしは無意識的な反動から生じたことに，常に留意しなければならない。これらの資料はスパルタの幸福で原始的かつ古代的な関係の中に，自らの時代の欠如を乗り越えるもの，実際には「賢明なリュクルゴス」にとってまだ全く存在しなかったはずの問題の解決を，しばしば時代錯誤的に見出す。特にクセノポンとアゲシラオスの時代に基づいて，スパルタが創設された年代を正確に特定することは不可能である。スパルタ創設の古い起源を推測する唯一のより所となるのは，頻繁に語られた粘り強い保守主義の中にある。この保守主義はラコニア人をあらゆる貴族主義者の理想としたため，世界の民主主義者はこ

　4）（訳注）アリストテレス『政治学』第2巻第9章。

とごとくラコニア人を嫌悪するに至った。しかしスパルタも発展を遂げ教育面において更新されたことは，後代に至っても証明可能である。

　スパルタの教育は，戦争を目的とした一面的な訓練であったという判断は，アリストテレスの『政治学』に遡る[5]。プラトンがすでにこれを非難し，『法律』の中でこの非難を顧慮して，リュクルゴスの国家精神の像を構想した[6]。この（プラトン，アリストテレスによる）批判は，こうした批判が書かれた時代から理解しなければならない。スパルタはペロポネソス戦争で勝利を収め，ギリシアの中で確固たる覇権を打ち立てた。しかしそれから 25 年も経たないうちに，レウクトラの破局でこの覇権は破滅した。何百年も前から強固であったギリシアの優れた法秩序（エウノミアー）に対する深い信頼は，大打撃を被った。飽くことのない権力欲がスパルタの心を捉え，スパルタの威厳を備えた躾から魂が抜かれた後，ギリシア人が抑圧者（スパルタ）に対して抱く反感は一般化した。かつてスパルタにおいてほとんど知られていなかった金銭が，滔々と国の中へと入り込んだ。真面目な警告者は，「まさに金銭への執着こそスパルタを破滅へ導くであろう」という古い神託の言葉を「発見」した[7]。こうした冷徹に計算を行うリュサンドロス流の拡張政策の時代に，ラコニアの「スパルタ人総督 Harmost（ハルモステース）」[8]は，ほぼ全てのギリシアの都市のアクロポリスにあって僭主のように命令を下し，名目上は自治都市の政治的な自由を徹底的に抑圧した。当時，用いられたスパル

---

　5)　（訳注）同上 1271b1 以下。
　6)　（訳注）プラトン『法律』625E 以下を参照。
　7)　（訳注）アリストテレス「断片」544（ローゼ編）。
　8)　（訳注）スパルタが，自らの支配下にあった小アジアの諸都市にペロポネソス戦争中および戦争後，派遣した総督，軍事的な命令者。

タ風の古い躾も，おのずと権謀術数の道具として利用された。

我々が古いスパルタに関して知ることは余りにも少ないので，スパルタ精神を確実に把握するのは困難である。特にスパルタ国家の古典的な形態である「リュクルゴスの」国家体制(コスモス)を，比較的，後の時代の創造物として証明する最近の試みは，仮説に留まった。カール・オトフリート・ミュラー (Carl Otfried Müller) 自身はギリシアの部族と都市の歴史を天才的に基礎付けた。彼はドーリア人の倫理的なあり方の偉大さに，完全に心酔していた。ミュラーはこれを，アテナイの伝統的な祭儀と対比してきわめて明確に表現しようとしたのである。古えのスパルタ人戦士のあり方は，ドーリア部族の古代最盛期の状態——それはラコニアの民族移動の日々と最初の領土獲得との特別な関係によって後世まで保たれたとされた——の継続として理解されてきた。しかしミュラーは古えのスパルタ人戦士のあり方を，これとは全く異なった仕方で，おそらく正しく理解した。したがってドーリア人の民族移動に関する特別な思い出が，ギリシア人に常に保たれた。ドーリア人の民族移動は，バルカン半島の北部からギリシアへと侵入した，おそらく中部ヨーロッパ由来の民族の最後の一群によるものである。この一群が，以前から定住していた外国の種族からなる地中海の住民と混合することで，歴史上のギリシア人が成立した。スパルタでは，移住者の特徴が最も純粋に保たれた。ピンダロスはおそらくドーリア部族から，金髪で血統の優れた人間類型という理想を借用した。彼はホメロスのメネラオスのみならず，アキレウスという国民的な英雄，ギリシアのあり方の英雄的な先史時代におけるあらゆる「金髪のギリシア人 Danaer」[9]を，全くこの人間類型

---

9)（訳注）ギリシア神話においてはペロポネソスのアルゴス王

としてイメージしている[10]。

模範としてのスパルタ像

いずれにせよ，以下の事実から出発しなければならない。すなわちスパルタ市民のみが後になって初めて（スパルタ社会の）数少ない上層部となり，ラコニア人の住民にとっての支配層を形成した。このスパルタ市民の下には，労働に従事し自由な農民の大衆階級「ペリオイコイ」[11]と，ほとんど法的な権利を持たない被征服民の大部分，そして非自由民の農奴ヘイロータイがいる。古代の記録からは，スパルタが絶え間ない戦争の宿営地であった印象を受ける。スパルタは，外へ向けられた征服欲というよりも，公共体[12]の内部の状態に制約されていたと言えよう。ヘラクレスの子孫による二王家の制度は，記録が残る時代では政治的に無力であり，戦場においてのみ本来の意義をその都度，取り戻すことができた。この二王家の制度は，軍隊の将軍が王となる古い制度[13]の名残であり，ドーリア人が移住して以来，存続した。この制度は，二つの異なった集団に由来した可能性があり，それぞれ集団の指導者が互いに並存して自己を主張したのである。スパルタの民会は，古色蒼然たる軍事共同体である。この集会では，高齢の老人からなる長老会が提出する動議に関して議論をせずに，賛

ダナオス（Danaos）に由来するが，ホメロスの叙事詩においてはギリシア人を指す。

10) （訳注）ピンダロス「ネメア祝勝歌集」第7歌28。

11) （訳注）Periöken. スパルタの半自由民。「周辺に住む民」の意。財産の所有権，軍務奉仕と納税の義務，ある程度の地方自治権は持っていたが，国政に参与する権利は認められなかった。

12) （訳注）Gemeinwesen. 家族の結び付きを超えた，公で普遍的な共同体における人間の共生のあらゆる組織形態。

13) （訳注）Herrkönigtum. 前古典期のギリシアにおける部族の，その軍事的な能力がゆえに選ばれた指導者を表す文学上の概念。

成か反対かで採決が行われる。この長老会は民会を解散する権利を持ち、採決に際して望ましくない結果を伴う時には、提出した議案を取り下げることができる[14]。「監督官の職務 Ephorat」は国家における最も強力な役職で、王制の政治的な権限を最小のものへと制限する。この監督官(エフォロイ)の設立は、支配者と民衆との間の権力の緊張というディレンマから抜け出すための、中間の道である。この中間の抜け道は、民衆に対して最小限の権利を認めるに過ぎず、公共生活における先祖代々の、権威主義的な性格を保つ。注目に値することに、これはリュクルゴスの立法に遡らなかった唯一の機関である[15]。

　この（スパルタにおける）名目上の立法は、ギリシア人が一般的に立法の下で理解したものとは対極にある。スパルタにおける法とは、個々の国法と民法の条文の段からなる法令集ではなく、本来の意味における「ノモス Nomos」、口承によって効力を持つ伝統である。この伝統から、プルタルコスが伝える[16]荘重に定められた基本的な法律、民会の権限に関するようないわゆる「国制文書 Rhetren」(レートラー)が文字によって確定されたに過ぎない。古代の資料は、こうした特徴を原始的な状態が残ったものとして考察していない。それどころか前4世紀の民主主義の条文主義とは対照的に、この国制文書(レートラー)の中に、リュクルゴスの先見の明ある知恵を認識する。彼はソクラテスやプラトンと同様、教育の力および国家市民としての志操の形成を、成文化された規定よりも重視した。法律が外部からの機械的な強制によって生のあらゆる個別部分を規制することが

---

14)　（訳注）プルタルコス『英雄伝　リュクルゴス』第6章を参照。

15)　（訳注）ディオゲネス・ラエルティオス『ギリシア哲学者列伝』第1巻68を参照。

16)　プルタルコス『英雄伝　リュクルゴス』第6章。

少なくなるほど，教育と口承の伝承に当然より大きな意義が与えられる。この限りにおいて，上述のことは正しい。しかし偉大な国家教育者リュクルゴスの像は，スパルタの状態に関する理想化された解釈に基づく。この解釈は，後の哲学的な教養理想に従って行われたのである。

哲学的に考察する者は，スパルタの状態を後世の堕落したアッティカ民主主義という喜ばしくない随伴現象と比較した。この比較によってスパルタの体制の中に，ある天才的な立法者の意識的な思いつきを求めがちであった。すなわちスパルタの男たちの共同で食事を取る古風な習慣に，テントでの共同生活に従う戦闘的な組織に，私的な生活よりも公的な生活が優先されることに，男女の若者に国家的な教育を施すことに，そして最後に農耕や商業を営む職人階級の住民と，閑暇を利用して国家的な義務を負い，戦士として訓練を行い，狩猟に専心する自由な支配者層との間の深い分離に，哲学的な教育理想の目的意識に基づく実現を見出すことができた。プラトンはこれを『国家』の中で描いている[17]。プラトンがスパルタに全く新しい精神を吹き込んだにせよ，実際に彼にとってスパルタは，パイデイアに関する他の後世の理論家にとってと同様，多くの点において模範であった。後世のあらゆる教育の社会的な大問題とは，個人主義を乗り越え，人間を全体へと義務付けられた規範へ向けて形成することであった。スパルタ国家は厳格な権威によって，こうした問題を実践的に解決するように見えた。まさにこのような関連から，スパルタ国家はプラトンの思考上の関心を生涯にわたって惹いたのである。しかしプラトンの教育観に完全に心酔していたプルタルコスも，この点に繰り返し立ち戻る[18]。「教育は成年にな

---

17) （訳注）プラトン『法律』637A, 778D。
18) プルタルコス『英雄伝　リュクルゴス』第24章。

るまで行われた。誰一人として自由に，自らが望むがままに生きることは許されず，各人は都市においても宿営地にあるかのように確固として決められた生き方をして，国家の課題と取り組んだ。そして自分ではなく，祖国の一部であることを常に意識していた。」別の箇所[19]でプルタルコスは，次のように書いている。「リュクルゴスは全市民に対して，自分流儀の生活を望むこと，送ることができないことに慣れさせ，ミツバチのように永続的に全体と癒合し，支配者のところへ群がり，熱狂的な名誉愛に基づいてあたかも固有の自我から解放され，ひたすら祖国のみに属するようにした。」

　ペリクレス死後のアテナイにおける徹頭徹尾，個人主義化された教養という観点に基づくと，スパルタは実際に理解することが困難な現象であった。我々の資料によってスパルタの状態を哲学的に解釈できることがどんなに少ないにせよ，事実は全体として正しく観察されている。スパルタは，プラトンやクセノポンの見方によれば，それがプログラムであることを意識し，優れた力を備えたただ一人の教育の天才による作品に見えた。このスパルタは実際には特に粘り強く，樹木のように強く太い結合と，個人の発達段階が低く，共同生活が単純で，早期の発展段階が持続したものであった。何世紀もの間，スパルタの形式について考察されてきた。個人がスパルタという形式の成立過程へ参加したことは，例外的に知られているに過ぎない。このようにしてテオポンポス王とポリュドロス王の名前は，国法上の変化に際して残り続けた。その歴史的な実在がほぼ確実であるリュクルゴスの名前が，そもそも特定の国家的行事とも結び付いていたのか否か，なぜ後世になってスパルタ国家の生み出した全てが彼の名前に帰せられたのか

---

19) 同上第 25 章。

を，もはや知ることはできない。ただ「リュクルゴスの国制」についての伝承が付随的であることだけは，確実である。

パイデイアの本質とスパルタの理念

こうした伝統は，スパルタという国家体制(コスモス)の中に意識的な体系的成果を見出し，国家の最高の意味はパイデイア，つまり絶対的な規範に則ったあらゆる個人の生の原理的かつ体系的な構築であるということが，それ自体として確実であった時代に由来する。民主主義が人間の法律のみに基づき相対的であるのとは対照的に，デルポイの託宣が「リュクルゴスの国制」を認めたことが繰り返し強調される。スパルタの躾を理想的な教育として示すことは，我々の資料の傾向から理解できる。教育の可能性は，結局のところ前4世紀を通して，人間が行為する際に絶対的な規範に服することができるか否かにかかっていた。スパルタでは，この問題は解決済みと見なされた。というのも，当地における秩序は宗教的な基礎に基づいていたからである。この秩序は，デルポイの神自身によって良いと見なされるか，あるいは勧められた。そこでスパルタとリュクルゴスの国制に関する伝承の全ては，より後の国家論と教育論の精神に基づいて統一的に形成され，こうした意味において非歴史的であることが明らかとなる。ギリシア人がパイデイアの本質と基礎に関する思弁を最も盛んに行っていた時代，後世の国家論と教育論が生まれた。この洞察なくして，上述の理論を理解する正しい観点は得られない。この教育運動がスパルタで燃烈な関心を以てなされたことを考慮に入れなければ，パイデイアの本質に関して何も知ることはないであろう。パイデイアの本質が歴史の記憶の中で生き続けたことやテュルタイオスの詩が保存されたことも，ひとえに次のような重要性による。スパルタという理

念はこの重要性を不可欠の部分として，後世のギリシアでのパイデイアの構築に際して永続的に維持された。

　もしも哲学による補足的な考察を遠ざけるならば，いったいどのような歴史像が後に残るというのか？

　クセノポンが描いた理想は，彼自らが観察した非常に多くの事実を含む。それゆえ彼がこの事実に与える歴史的で教育学的な解釈が退いた後でさえ，真のスパルタ像が全くはっきりと得られる。このスパルタは彼の時代そして彼にとって，ギリシアに存在する唯一の戦闘的な教育国家であった。しかしリュクルゴスという立法者の英知に由来した統一的な体系として最早スパルタを把握できないのであれば，スパルタの成立年代は暗闇の中にある。いやそれどころか，近代の批判によってリュクルゴスの存在が問いに付された。しかしたとえ彼が実在し，前7世紀のテュルタイオスがすでに知っているような，いわゆる偉大な国制文書（レートラー）の創始者であるとしても，クセノポンが描くようなスパルタの教育方法の由来について，何かが証明されたというわけではないであろう。スパルタの全市民階級が戦士としての教育に参加することは，市民階級を一種の貴族身分（カースト）とする。その他にもこうした教育における多くのことが，古代ギリシアでの貴族の躾を想起させる。しかしスパルタでも本来前提された貴族支配は，上述の意味で形を変えた。貴族の教育が貴族以外の人へも広がったことが，このことを証明する。何世紀にもわたって奴隷状態に慣れ続けることのできなかった自由を愛する全民族（メッセニア人）は征服されて以来，力ずくで弾圧されざるを得なかった。爾来，他のギリシア国家で行われたような貴族による平和な統治は，スパルタにとって十分ではなかった。スパルタの統治はスパルタの市民階級全体を，いかなる営利活動からも自由な，武装した支配層へと形成することによってのみ可能であった。おそらくこのように発展した原因

は，前7世紀の戦争にある。そして我々は，市民がより大きな権利を求めて一挙に殺到することを，テュルタイオスの中に見出す。この殺到は，上で述べた発展に有利に働いたかもしれない。スパルタの市民権は，常に戦士としての市民の属性と結び付いていた。我々にとってテュルタイオスは，政治的・戦士的な理想の最初の証人である。この理想は後に，スパルタの全ての教育の中に実現した。しかし彼自身は，戦争のことだけを考えたことであろう。テュルタイオスの詩は，後世が知っているようなスパルタの躾を，すでに完成したものとして前提するのではなく，ようやくこの躾が生成の途上にあることを明瞭に示している[20]。

テュルタイオスによるスパルタ軍の鼓舞

テュルタイオスは，メッセニア人との戦争それ自体に関しても，唯一の資料である。なぜなら，後世のヘレニズムにおける歴史家の伝統は，近代の批判によって完全に，あるいは決定的に荒唐無稽であることが証明されたからである。メッセニア人の大反乱が，三世代前に最初に屈服させられた後，テュルタイオスが文芸面で影響を及ぼす切っ掛けを与えた。「槍で武装した父祖の中の父祖は，19年にわたって忍耐強く容赦なく常に戦い続けた。20年目にようやく敵は彼らの肥沃な耕地を去り，大いなるイトメの山から逃れた。」[21] テュルタイオスは年老いたテオポンポス，「我々がメッセニアの侵略を負う，神々によって愛された

---

20) それゆえスパルタの躾である「軍隊式教育制度 Agoge」は，本章ではなく，前4世紀の，ラコニア人に好意的な教育運動の理想として第二分冊（第Ⅲ部の「クセノポン」の章）において初めて取り扱うことができる。

21) （訳注）テュルタイオス「断片」4（以下テュルタイオスからの引用は，ディール編［注23を参照］による）。

我々の王」[22]についても言及する。テオポンポスは、時と共に国民的な英雄となった。我々はこれらの言葉を、後世の歴史家が伝える詩人の引用から受け取っている[23]。これらの断片中の別の断片において、被征服民の奴隷としてのあり方が生き生きと描かれる[24]。テュルタイオスは被征服民の国の豊かさを幾度も具体的に描き、この国はスパルタの所有者に分割されていた。かつての土地所有者は、スパルタ人の農奴として惨めな生活を送った。「ロバが重荷で苦労するように、彼らはスパルタの所有者による強制的な支配の苦しい圧迫下で、農地全体から取れた収穫物の半分を供物として捧げた。」[25]「しかし高い身分の者が亡くなれば、被征服民は嘆き悲しみながら自らの女性たちと共に、埋葬のために同行しなければならなかった。」[26]

メッセニア人の目下の反乱を前にして、それ以前の勝利の記憶を想起することで、スパルタ軍を勇気付けなければならなかった。敵が勝利を収めるということは、自分たちが奴隷となることに他ならない。それゆえ上で触れたメッセニア人の反乱を前にした記憶はこうした像によって、同時に軍隊を威嚇しなければならなかった。完全な形で残された詩の一つ[27]は、次のように始まった。「お前たちは、決して打ち負かされることのなかったヘラクレスの子孫ではないか。だから勇気を出せ。ゼウスはまだうなじを不機嫌に我々から背けていない。敵の数を恐れるな。逃げるな。お前たちはアレスが涙を一杯にする破滅的な業を

---

22) (訳注) 同上。

23) 同上。私はギリシアの抒情詩人による以下の断片を、E. ディール編『ギリシア抒情詩選』(ライプツィヒ、1925年)から引用する。

24) 同上 5。

25) (訳注) 同上。

26) (訳注) 同上。

27) 同上 8。(イェーガーによるパラフレーズ。)

知っており，戦場での経験がある。お前たちは，追跡の際も逃亡の際も，その場に居合わせた。」ここでは，一敗地に塗れ，意気阻喪した軍隊が鼓舞される。こうして古代の伝説においてもテュルタイオスの中に，指導者が見出された。この指導者はデルポイのアポロンからスパルタ人へ，困窮の中の救い主として派遣されたのである。テュルタイオスが戦場での司令官であったという，比較的，後の時代に生まれた古代の伝承が長い間，信じられていた。しかし最近，発見されたパピルスは，この説を覆した。というのも，このパピルスはテュルタイオスのある新しい詩の大規模な断片を伴い，詩人はこの詩の中で，我々という形式で指導者への服従を勧めていたからである。これは全てが未来形で書かれた長い詩，詩人の空想力によって先取りされたヴィジョンであり，差し迫った決戦に関してホメロス風の戦闘描写を行っている。古いスパルタのヒュレイス，デュマネス，パンヒュロイという「部族 Phyle」の名が記載され，これは召集された軍隊の実際の構成にも明らかに合致していた。他方このスパルタの古い部族名は後に除去され，新たな組織に代えられた。さらに城壁をめぐる戦いと，堀について語られる。見たところ包囲が問題となっている。その他の具体的な歴史上の個別な特徴を，これらの詩から取り出すことはできない。そして古代人自身もこのテュルタイオスの詩から，明らかに歴史的な性質を備えるさらなる暗示を見出せなかった。

テュルタイオスによるアレテーへの呼びかけ

テュルタイオスのエレゲイアーの教育的性格

テュルタイオスのエレゲイアーの中には，スパルタを偉大にした政治的な意志が生き続けている。彼が詩情の中に

精神的な形態を創造したことは、彼が理想の形成力を持つことを最も強く証明する。この理想の形成力はスパルタ国家の歴史的な存続をはるかに超えて働き、今日に至るまで消えていない。我々が比較的、後の時代に知るようなスパルタの生活形式は、非常に奇妙な仕方で時代と結び付いている。この奇妙さが、どんなに個々の点に纏わりついているにせよ、スパルタの理念は何か不滅のものである。その理念は全市民の生存を満たし、この国家の全ては鋼鉄のように首尾一貫してこの理念を手に入れようと努力する。というのも、このスパルタの理念は人間の本性に深く根付いているからである。たとえ後世から見てこの理念が排他的に具現し、ギリシア民族の全生活様式と比べて一面的に見える場合であっても、固有の真理と価値を持ち続ける。すでにプラトンにとって国家市民的な人間、その課題と教育に関するスパルタ人による見解は、偏っているように見えた。しかし彼は、テュルタイオスの詩句の中に政治的な理念が永遠化されているのを見出したのと同様、すでにこの政治的な理念の中に、国家市民的な全文化の永続的な基礎の一つを認識した[28]。こうした評価を下したのは、プラトンに留まらない。彼は眼前に見出された精神的な状況の事実内容を、表現しているに過ぎない。あの（プラトンの）時代の現実のスパルタとその政治に対するあらゆる留保にもかかわらず、当時のスパルタの理念はギリシア人にすでに一般的に認められていたといって差し支えない。なるほどラコニア人に好意を抱く人は全ての都市に存在し、リュクルゴスの国家の中に絶対的な理想を見出した。ただし、誰もがそうしたわけではない。しかしプラトンが教養を構築する際テュルタイオスを位置付けるにあたって、リュクルゴスの国家はそれに続く全ての文化にとって不滅の普遍

---

28) （訳注）プラトン『法律』629A-630C、660E-661A を参照。

的な財産になった。プラトンは（ギリシア）民族の精神的な財産を秩序付けたがゆえに，偉大である。この精神的な財産を総合することでギリシアの精神生活の歴史的な力は客観化され，相互に適切に関係付けられた。組み入れが一たび遂行された後，もはや本質的なことは何一つとして変化しなかった。スパルタはギリシアの教養の中で自らに指定された場所を，古代後期の文化と後世に至るまで主張した。

　テュルタイオスのエレゲイアーは，素晴らしく教育的な性格(エートス)に満ちている。ここで市民の共通感覚と犠牲の意志に掲げられる高い要求は，なるほどそこで詩人がこの要求を掲げる特別の瞬間，つまりメッセニア戦争におけるスパルタの深刻な苦境によって正当化される。しかしテュルタイオスの詩は，その中でスパルタ精神がまさに時代を超えて刻印されていると見なさないならば，後世に至るまでスパルタ国家の志操の最も神々しい証人と見なされることはなかったであろう。これらの詩においては，規範が個々人の思想と行為を導く。この規範は，戦争が当然，不可避的に必要とする，国家の一時的な要求という過渡的な最高度の緊張から生まれたわけではない。この規範は，スパルタという国家体制(コスモス)全体の基礎となった。ギリシアの詩情の中でテュルタイオスのエレゲイアーほど，詩的な創造の直接的な由来が現実の人間共同体の生から並外れて明白に現れたことはない。テュルタイオスは，いわゆる詩的な個性の持ち主ではない。彼は普遍性を語る存在であり，正しく考える市民全てが確実なものとして自らの中に担うものを告知する。それゆえ詩人は，幾度も我々という言葉で語る。「我々は戦おう，我々は死のう！」[29] しかし彼が「私」という場合は主観的な自己ではなく，まして芸術的あるいは個

---

29)　（訳注）テュルタイオス「断片」6。

人的な自己意識によって力を借りて自分自身のために言論の自由を要求するわけでもない。いわんや古代においてすでにしばしば仮定されたような，命令する自己でもない（テュルタイオスはこの場合，軍司令官であったと考えられていた‐原注）。それは，むしろデモステネスが後に思い切って語るような[30]，「祖国の公の声」という，普遍的に妥当する自己である。

テュルタイオスは，「名誉なこと」と「不名誉なこと」とを判断する。彼の判断は，語りかけられる共同体の生きた意識から，あの運命的な必然性という重みを汲み出す。語り手個人のものに過ぎないパトスをもってしては，決してこういったものを自らの判断に与えることができない。平和な時代において，スパルタのような国家にあってさえも市民と都市の密接な関係は，一般的な意識にはむしろ隠れていた。というわけで全体という理念は，最も危険な瞬間において突然，激しい圧倒的な力と共に現れた。まさに始まってから何十年も続く変転に満ちた戦いは，辛い困窮をもたらした。これを通してスパルタ国家は鉄のように，決定的に鍛えられて構築された。このような困難な瞬間において，軍事的・政治的に決然とした指導が必要とされただけではない。戦争という運命の最中で展開する，新たな人間的価値についての表現も必要とされた。アレテーを告知するのは太古以来，詩人であり，詩人がテュルタイオスの人格の中で生まれた。すでに述べたとおり，伝説によればアポロンが彼を送ったという。精神的な指導者を必要とする苦難の時，こうした指導者が突然，現にその場にいるという秘密に満ちた事実にとって，これほど的を射た表現はない。この精神的な指導者は，その時々に要求される市民的なアレテーの新たな様式の中に，それに相応しい詩的

---

30) デモステネス『弁論集』18, 170。

な形態を初めて付与する。

　テュルタイオスのエレゲイアーは形式的な成果として考察するならば，全く自立的な創造物というわけではない。詩人である彼は，多かれ少なかれ伝統的な形式を用いて書いた。エレゲイアーにおける二行詩という韻律の形式が古い起源を持つことは，疑い得ない。このエレゲイアーの起源は明らかでないばかりか，古代の文学研究にとっても明らかではなかった。この古代の文学研究においては英雄叙事詩の詩句を引き合いに出すことにより，当時のあらゆる内容を同様に題材とすることができる。それゆえエレゲイアーは，古代の文法家が考えたような「内的な」形式を備えていない。つまり古代の文法家は，あらゆる種類のエレゲイアーを唯一の起源，「嘆きの歌 Klagelied」[31]に帰すことを試みた[32]。このジャンルにおける比較的，後の文学的な展開と誤った語源学が，こうした遡行の切っ掛けとなった。エレゲイアーの形態においては語りかけという要素のみが，個人あるいは大多数の人々への語りかけか否かにかかわらず，確固としている――このエレゲイアーの形態が最古の時代，叙事詩の言葉と自らの言葉を区別する特別な言葉を持たなかったにせよ。エレゲイアーは聞き手と語り手が形成する内的な共同体の表現であり，この共同性はエレゲイアーの本質にとって決定的である。テュルタイオスの場合，詩人が語りかけているのは，（スパルタの）市民あるいは全ての「若者 Jungmannschaft」[33]に対してである。一見して，多くの反省と共に始まる作品（「断片」9 –原注）においても，思考過程は結末で命令形式へと先鋭化

---

31)　（訳注）哀悼歌。死や喪失についての嘆きの表現。特にエレゲイアーの内容的な形式であり得る。

32)　（訳注）オウィディウス『恋の歌』第3巻9番を参照。

33)　（訳注）ナチスによる民族共同体教育施設における生徒の名称としても使われた。

する。この命令形式は，次のような団体の全ての成員に向けられる。この団体は，この箇所でも他の箇所でも詳しく特徴付けられることはなく，所与のものとして前提される。エレゲイアーの教育的な性格は，警告する語りかけの中に具体的に表現されている。エレゲイアーはこの性格を叙事詩と共有する。このような教育的な性格はヘシオドス『仕事と日々』の教訓詩と同様，エレゲイアーでも特定の相手に対して意識的，直接的，勧告的に働きかける。叙事詩の神話的な内容は理想的な世界で演じられるが，エレゲイアーの実際の人物への語りかけは詩人の生きた現実へと我々を引き戻す。

英雄的なアレテーから祖国愛の英雄主義へ

しかしたとえエレゲイアーの内容を，エレゲイアーが語りかける人間の生から取ってくるにせよ，（エレゲイアーの）詩的な表現に見られる文体の方は，ホメロスの叙事詩によって予め規定されている。そこでは目の前の題材も，詩人にとっては叙事詩の言語を纏っている。ヘシオドスは叙事詩に対して（テュルタイオスと）似た状況にあったが，この叙事詩の言語は彼よりもテュルタイオスの対象の方がはるかに多く当てはまる。というのも，血なまぐさい戦いや英雄的な戦闘ほど叙事詩に似つかわしいものはないからである。それゆえテュルタイオスはホメロスから題材としての言語，つまり個々の単語あるいは単語の結合，いやそれどころか時として全ての詩句すら借用したに留まらない。テュルタイオスはすでに『イリアス』の戦闘描写の中に，あらゆるタイプの語りがひな形として存在しているのを見出した。この全ての語りは危急の際，戦う群れを最高の勇気および毅然と耐え抜くことへと鼓舞する。叙事詩の中でこの激励は神話を背景としているが，この激励を神話的な背景から分離し，生きた現実へ置き移すことのみが

必要とされた。すでに叙事詩において，強く警告するような働きが戦闘の語りの中から生まれた。この戦闘の語りにおいて，ホメロスは叙事詩に登場する語りかけられた人物のみならず，聞き手自身へ直接的に呼びかけるように見えた。いずれにせよスパルタ人は，『イリアス』中の戦闘の語りをそう感じた。スパルタ人の中に生きる強力な性格（エートス）は，ホメロスの理想的な舞台からメッセニア戦争の時代の戦闘で荒れ狂った現実へと引き降ろされさえすればよかった。そのためにテュルタイオスのエレゲイアーが創られた。テュルタイオスやヘシオドスの時代の人々が行ったように，我々がホメロスを過去の語り手としてのみならず特に現在の教育者として読むならば，その精神的な経過をより良く理解できる。

テュルタイオスはエレゲイアーを創ったことから，真のホメロス派の詩人であると感じていたに違いない。しかしスパルタ市民へかく語りかけたテュルタイオスの無二の偉大さは，ホメロスという模範の全体や部分を多少にかかわらず模倣したことよりも，むしろその精神力にあった。この精神力は，叙事詩の芸術形態と内容を現実の世界へと実際に移し替えた。ホメロスから受け継いだ言語，詩句，思考の全てにわたる相続財産をテュルタイオスの詩から取り去ってしまうなら，差し当たりテュルタイオスには精神的な所有としてごく僅かなものしか残らないように見える。しかし我々の考察から得られた観点に基づいて，テュルタイオスがいかに随所で伝承された形式と太古の英雄という理想の背後にこの理想の源泉となる全く新しい人倫的で政治的な権威を据えるのか，明らかにしてみよう。そうするや否や，テュルタイオスを真に独創的な存在と見なす要求が大きくなる。その要求とは，全ての個人が担い，そのために万人が生き，死ぬような，ポリス共同体という思想への要求に他ならない。英雄的なアレテーというホメロスの

理想は祖国愛の英雄主義へと改造され，詩人の精神は全市民階級に浸透した。詩人（テュルタイオス）が創造しようとしたものは，民族と英雄からなる国家の全体である。男が英雄として死ぬのであれば，死は美しい。男が祖国のために戦死するのであれば，英雄として死ぬのである[34]。こうした考えが初めてこの男の没落に，自らの人格をより高い存在へ捧げる犠牲という理想的な意味を付与したのである。

　アレテーのこうした価値転換を最もはっきりと明らかにするのは，残された第三の詩である[35]。この詩は少し前まで，様々な形式上の理由から後世の作と見なされるのが常であり，テュルタイオスの作であることが否定されようとした。私はこの詩が彼の真作であることを，別の論文で詳しく証明した[36]。（この詩の成立時期を）後世のソフィストの時代（前 5 世紀 – 原注）へずらすことは，断じてできない。すでにソロンとピンダロスは，テュルタイオスの詩を明らかに知っている。そしてクセノパネスはすでに前 6 世紀，我々に残された詩の一つの中で（テュルタイオスを）模倣することによって，紛れもなく自らの中心思想を形成し，改作した。テュルタイオスの名前に遡り，プラトンの眼前にあった全ての詩からまさにこのエレゲイアーを，スパルタ精神を特に性格付けるものとして選び出すようプラトンに働きかけたものは，ある程度はっきりとしている[37]。それは，ここで詩人テュルタイオスがスパルタの

---

34) （訳注）テュルタイオス「断片」6。

35) （訳注）同上 9。抄訳は注 38 を参照。

36) 「テュルタイオスによる，真のアレテー観」（『ベルリン・プロイセン学問アカデミー紀要』1932 年）という拙論を参照せよ。私はこの拙論の中で，この（『パイデイア』におけるテュルタイオスに関する）章の見解を，詳細に基礎付けた。

37) プラトン『法律』629A。

アレテーの本質をはっきりと展開させているからに他ならない。

　古えの貴族が抱いた人間の理想は，ポリス文化の高揚期に内的な危機へと陥る。我々はここで，ホメロス以後，このアレテーという概念の歴史的な展開と内的な危機に関する深い洞察を得る。詩人（テュルタイオス）は真のアレテーを，最高とされる別の美徳から際立たせる。この別の美徳は，彼の同時代人の判断によれば，男性の価値と名声の本質をなすものだが。「私は，ある男が，格闘術や足の速さがゆえに永続的な記憶に値するとは思わないし，彼について語ることもないだろう。たとえ彼がキュクロプスほど大きく力があったとしても，トラキアの北風の神(ボレアス)を速さの点で打ち負かすとしても。」[38] ここで述べられていることは全て，アレテーの例である。ホメロス以後の騎士階級は，この競争に基づくアレテーを何にもまして高く評価した。このアレテーの例は二, 三百年前から，貴族出身でない戦士に対しても，おそらくオリュンピア競技を人間の業を最高に評価する尺度へと高めた。しかしテュルタイオスは，他の古い貴族主義的な徳をも引き合いに出す。「たとえある男がティトノスよりも美しく，ミダスやキニュラスよりも豊かで，タンタロスの息子のペロプスよりも威厳があり，アドラストスよりも滑らかに語る舌を持ち，他の全世界の名声を持っているとしても，彼が戦士としての勇気を欠くならば，私はこの男を尊敬するわけにはいかない。なぜならこの男は，戦争での血なまぐさい殺人を眺めることに怯まず，接近戦で敵に肉薄しないならば，闘いの試練に耐えられないであろうから。闘いの試練に耐えることこそアレテーである。」[39] 詩人は激しく興奮して，呼びか

---

38)　（訳注）テュルタイオス「断片」9。
39)　（訳注）同上。

ける。「これこそ人間の下で若い男として獲得できる最高の, 最も名声に満ちた称賛である。ある男が先頭を切って戦う人の下で持ちこたえ, 敵前逃亡しようとするいかなる考えも振り払うならば, これこそ全員, すなわち都市と民族共同体[40]全体にとっての善である。」[41] これは後世の修辞である, と言うことは許されない。後世の修辞は同様の仕方で, すでにソロンにおいても見出される[42]。修辞という形式の根源は, 初期の時代へ遡る。生き生きとした繰り返しは思考の内的なパトスから大きくなり, このパトスの中で詩の全体が頂点へ達する。真の男の価値とは何か？　冒頭のかなり多くの詩行では否定表現がいかんなく効果的に積み重ねられており, これは聞き手の緊張を最高度に高め, 一般的な直観の全てに意識的な一撃を食らわす。詩人は古代ギリシアの貴族によるあらゆる高尚な理想を一段, 引き下げた後, だからといってこの理想を全て否定したり放棄せずに, 冷静で厳格な新しい市民感覚を予言する真の者として, 真のアレテーにはただ一つの尺度しか存在しないことを告知する。この唯一の尺度とは国家であり, 国家にとって有用か有害か, という尺度である。

祖国に殉じた戦死者への尊敬

テュルタイオスのメッセージは首尾一貫して, 人間が戦いで戦死しようとも, 勝利者として栄光の中に帰還しようとも, 「報酬」の称賛へと通じる。まさに国家へ自己を捧げる志操こそ, 人間へ称賛という「報酬」をもたらす。「自らの都市, 自らの共同市民, 自らの父を称えなが

---

40) （訳注）ギリシア語の原語は「πόληί τε παντί τε δήμῳ ポリスと全民衆」。

41) （訳注）テュルタイオス「断片」9。

42) （訳注）ソロン「断片」14（以下ソロンの断片からの引用は, ディール編による）。

ら，先頭を切って戦う人たちの下で戦死し，自らの愛すべき生命を失う人は誰であれ，もしも彼が胸や膨らんだ盾や鎧を前方から多くの投げ槍で射抜かれ，その場へ倒れ伏すならば，老いも若きも皆，彼を悼み，都市全体は切ない思慕の中で喪に服すだろう。彼の墓の盛り土，彼の子供，彼の孫や彼の後の子孫一族も人々に敬われ，彼の高貴な名声や名前は決して忘れられることはない。彼は大地の下に横たわるにもかかわらず，むしろ不滅となる。」[43] 叙事詩の歌手が告げるホメロスの英雄の名声は，それがたとえ特定の地域を超えて広がるとしても，テュルタイオスが上の詩句で描いているような，一介のスパルタ戦士の名声に匹敵するというのか？ この名声は，国家の市民共同体に非常に深く根付いている。詩の第一部では，人間をきわめて固く結束させる共同体が要求されているように思える。この共同体は上述の箇所において，市民にあらゆる理想的な価値を与える存在となっている。（詩の）第二部で叙事詩を考察するために不可欠の英雄的な名声という理念を政治化することが，英雄的なアレテーという概念を政治化する後に続く。今やポリスが叙事詩を根拠付ける。このポリスの中での，儚い現在を越えて継続する生の共同体の中に，英雄の「名」が確実に隠されていた。英雄的な名声が持続するのは，上述の叙事詩にかかっていたのだが。

初期のギリシア人は，まだ「魂」の不死を知らない。人間自身は，肉体的な死によって滅んだ。ホメロスにおいて魂(プシュケー)とは，むしろ（不死の魂とは）反対のもの，単なる無に過ぎない冥府(ハーデース)へ行く影，人間の姿をした，自己の模写を意味する。しかし生を犠牲に捧げることによって人間としての存在の限界を超え，より高い存在へと高められた人は誰であれ，ポリスはその人に対して理想的な自己，不滅の

---

43) （訳注）テュルタイオス「断片」9。

「名」を付与する。これ以後，英雄的な名声という観念は，ギリシア人にとって常に政治的な響きを持った。政治的な人間は，生死を託した共同体の中で彼にまつわる記憶が継承されることで，自らの完成に達する。国家，いやそれどころか現世のあらゆる価値がますます低下する一方，個人の魂の価値に対する感情はいよいよ高まり，キリスト教において最高点に達する。これによって初めて，名声に対する軽蔑は哲学者の人倫的な要求となる。デモステネスとキケロによる国家への志操は，これとは実に異なっていた。テュルタイオスのエレゲイアーにおいて，我々はポリス倫理が展開していくその発端に立っている。ポリス倫理が戦死した英雄を，死に際して共同体の中心へ大切に受け入れるように，この倫理は勝利を収めて帰還する戦士をも高める。「老いも若きもこの戦士を尊敬し，彼の生は多くの勲章と名声をもたらす。誰一人として彼に害を加えたり，彼の正しさに関して彼を侮辱しようとすることもない。もしも彼が年老いた男性であれば恭しく見られ，彼が現れる場がどこであれ，誰もが彼に席を譲る。」[44] 初期ギリシアのポリスという狭い共同体において，これは単なる美辞麗句に留まらない。この（ポリス）国家は小さいが，その本質には何か英雄的なもの，同時に純粋に人間的なものがある。英雄は古代ギリシアと全古代にとって，人間それ自体のより高い形式である。

　同じ国家はここで理想的な力として市民生活のあり方に影響し，テュルタイオスの他の詩においては市民を威嚇しつつ，脅かすような表現が現れる。その結果，戦場での立派な死に対して，それを避けた不幸な生が対置される。この不幸は，市民としての義務を戦いで果たさず，それゆえ故郷を去らねばならない男の不可避の運命なのである。こ

---

[44]（訳注）同上。

の男は父母，妻，幼い子供たちと世界を方々彷徨う。彼が赴く所では人々が，あたかも異邦人であるかのように敵意ある眼差しで見る。なぜなら彼は貧しく，乞食のようだからである。彼は一族を辱め，自らの高貴な姿を汚した。彼につきまとうのは，法的権利の剥奪と屈辱である。ここで国家が自らの成員に掲げる生命財産への要求という容赦のない論理が，無比の圧倒的な力によって活写される。祖国から逃げた者が異国で被る無慈悲な運命が，勇者が故郷で受ける尊敬に劣らず描き出される。国家の途方もない困窮の結果，戦時にこうして（敵前）逃亡した者への罰が現実に，過渡的にせよ必要とされた。この時，我々は（敵前）逃亡した者は追放されていると考えるべきなのか，あるいは兵役義務から逃れるため，市域外市民として別の都市で生きるべく国家から自主的に逃亡していると考えるべきなのか？ そのような区別は意味がない。国家における野蛮の優位と偉大な理想との結び付きが，上で触れた相補的な像において描かれた。これにより国家は神々の本質に接近し，ギリシア人にもそう感じられた。新しい市民の徳を公益のためとすることも，ギリシア人の思考にとっては一種の物質的で純然たる功利主義を意味するのではない。むしろ普遍的なものであるポリスこそ，宗教的な基盤の上に立っている。新しい政治的なアレテーという理想は叙事詩のアレテーと比べると，まさに人間の変化に伴う宗教制度の表現でもある。国家は，人間的で神的な事柄全ての総体となる。

優れた法秩序(エウノミアー)を基礎付ける思想上の形式

古代にはたいへん有名であった他のエレゲイアー「優れた法秩序(エウノミアー)」[45]において，我々は真の国家秩序に内政

---

45) （訳注）同上 2。

面から警告した代表的存在としてテュルタイオスを見出す。これは驚くには当たらない。彼は民衆に，スパルタの「国制」の根本原理を銘記させる。このスパルタの「国制〔レートラー〕」の根本原理は，古風な国制文書を通して伝えられている。国制文書〔レートラー〕はスパルタの「国制」とは別にドーリア人の散文として執筆され，プルタルコスが「リュクルゴスの生涯」の中でこれを保存した。この歴史的に貴重な史料は，早い時期に成立した。テュルタイオスは自らのエレゲイアーにおいてこの史料を，別の語句を用いて主として詩的に言い換えている[46]。彼はこうしたことに関する，重要な証人である。明らかに詩人は，ますます国家教育者の役割を担うべく成長した。したがって彼は我々の眼前にある詩の中で，戦争と平和におけるスパルタという国家体制〔コスモス〕の全てを包含する。これは，伝承史・国制史上の問い以上に興味を惹く。この問いは古いスパルタの歴史にとって非常に重要な詩の，互いに異なる類似した二つの稿本と結び付くのだが。

優れた法秩序〔エウノミアー〕を基礎付ける思想上の形式は，テュルタイオス個人の立場のみならず，イオニアとアテナイの政治的な精神への歴史的な対立物としても重要である。イオニアとアテナイにおいては間もなく誰もが単なる伝承や神話の権威から自由になって，できるだけ一般的に妥当すると信じられた社会的かつ法的な思考という基準に則って，国が有した特権の分割を規制することが試みられた。他方テュルタイオスは神の摂理からスパルタの優れた法秩序〔エウノミアー〕を古来の流儀で導き出し，その（神の摂理という）根源の中に優れた法秩序〔エウノミアー〕の最高にして不可侵の保証を見出している。

---

46) エドゥアルト・マイヤーは『古代史研究』第1巻226頁において，テュルタイオスによる優れた法秩序〔エウノミアー〕の真贋性を疑った。私はこの言明をいわれがないと見なす。

「クロノスの御子，美しく花環で飾られたヘラの夫であるゼウスご自身が，ヘラクレスの子孫にこの都市（スパルタ）を与えた。我々は彼らと共に風の吹くエリネオスを去り，広いペロプスの島[47]へやって来た。」[48] 詩人（テュルタイオス）は長い一連の詩句の中で，とりわけ古い国制文書（レートラー）を再現している[49]。詩人は，ドーリア人が初めて移住した時期であるスパルタ国家の神話史上の発端へと遡る。その意味は，上述の作品をこの一連の詩句と一まとめにするならば，明白である。

　国制文書（レートラー）は民衆の権利を，国王と長老会の力に対して制限する。テュルタイオスはこの原則も神的な権威から導き出し，この原則はデルポイのアポロンによって認可されるか，あるいはむしろ（アポロンによって）指示されたのである。民衆は，勝利を収めたものの困難な戦いを経て自らの力を自覚し，犠牲を払う覚悟ができていることの見返りとして，政治的な権利を要求していたであろう。この民衆が，この道をさらに進むのであれば，テュルタイオスは民衆に対して，彼らがもっぱら（スパルタの）二人の国王，「ヘラクレスの子孫」に土地の権利を負っていることを想起させたいのである。古い国家神話によれば，ゼウスが二人の国王に（スパルタの）都市を与えた。この国家神話はドーリア人のペロポネソスへの移住を，ヘラクレスの子孫の帰還と名付けた。それゆえ（スパルタの）二人の国王は唯一の法的な紐帯であり，それは現在の状況を神的な贈与行為と関連付ける。この紐帯は，現在の状態を原始時代の国家の基礎となる贈与行為と結び付けるのだが。デルポイ

---

47) （訳注）原語の Pelopsinsel は「ペロプスの島」の意。ペロプスがペロポネソス半島を征服して強大な王権を確立し，この半島に自らの名を与えたとされる。

48) （訳注）テュルタイオス「断片」2。

49) （訳注）同上 3ab。

の神託によって，国王の法的な立場は永続的で確固としたものになる。

テュルタイオスの「優れた法秩序（エウノミアー）」は，スパルタの国家体制の国家法上の基礎に関する確実な解釈を与えようとするわけではない。半ば合理的，半ば神話的な思考に由来するこの国家体制の構成（コスモス）は，メッセニア戦争時の強い国王制を前提とする。テュルタイオスは，真の市民の徳に関する彼の詩が示すように，決して反動主義者ではない。彼がこの詩の中で貴族倫理の代わりに国家倫理を据えようとし，戦士としての市民を国家へ取り込むために戦うのであれば，これこそ（反動的というよりも）むしろはるかに革命的と名付けるべきであろう。しかし，これは民主主義から遠く離れている。「優れた法秩序（エウノミアー）」が示すような民衆は，言論の自由を享受することなく，長老会が提出した法案に対して肯定あるいは否定を以て議決を行う軍事共同体である。この共同体を戦争の終結後も維持することは，おそらく困難であったろう。テュルタイオスは，戦時中に精神的な指導者として民衆的な権威を得た。しかし明らかにこの権威が，民衆がさらに先へ進もうとする要求の防波堤として，「正しい秩序」を樹立するために用いられた。

テュルタイオスの全ギリシアと後世への影響

「優れた法秩序（エウノミアー）」のテュルタイオスはスパルタに属し，戦争のエレゲイアーのテュルタイオスは全ギリシア世界に属する。（スパルタにおける）戦争と困窮の最中，政党間の社会的な争いに明け暮れる中，つまりむしろ非英雄的な世界の只中で，新しい市民的な英雄のあり方が生まれた。こうした英雄のあり方から，（テュルタイオスによる）真の詩情の炎が新たに燃え上がっていたのである。テュルタイオスの詩情は，国家を運命的に偉大な存在という点から捉えた。これによりテュルタイオスの詩情が爾来，ホメロ

スの叙事詩の理想に比肩する場を得ることが確実となった。我々はおそらくそれほど昔ではない時代から、エフェソスのカリノスというイオニアの詩人による戦闘的なエレゲイアーを所有している。このエレゲイアーは、その形式と思考の進め方から、テュルタイオスとの比較を促す。二人の詩人の関係は完全に明らかというわけではないが、両者が互いに全く無関係であったことはあり得る。カリノスは都市の同胞に、敵に果敢に抵抗するよう呼びかける——我々は別の詩の断片から、小アジアに押し寄せた盗賊の一群が、リュディア帝国にも殺到した野蛮なキンメリオイ人であったことを推測できる。ここで同一の状況下で同様の前提から、よく似た文芸作品が成長する。我々はカリノスのあらゆる形式の中に、（テュルタイオスの場合と）同様にホメロスに依拠していたり、叙事詩風の形態が都市的な共同体という感情の精神によって貫かれているのを見出す。

しかしエフェソス人と非政治的な同胞にとって一回限りの奮起に過ぎなかったことが、スパルタでは持続的な態度と教育形式となった。テュルタイオスは、共同体に関する新たな考えによって市民の心を永久に満たした。そして彼が教えた英雄主義は、スパルタ国家に歴史的な特徴を与えた。テュルタイオスは英雄的な国家理念の教育者として、すぐさまスパルタの境界を越えて知られていった。彼は、ギリシア人の間で市民的な男らしさが育まれ、国家が要求し、英雄の記憶を敬うべきあらゆる場で、「スパルタ的な」志操を表現する古典的な詩人であり続けた。これはスパルタだけではなく、アテナイのようにスパルタに敵対する国家でさえも、そうであった[50]。前5世紀に刻まれた、戦死した戦士を悼む墓碑銘、そして前4世紀のアテナイ国家

---

50) 前掲（注36）の拙論556-568頁はギリシアの精神史・国家史、テュルタイオスの影響史について述べている。これを参照せよ。

が自らに殉じた戦死者を偲んで行った公の戦没者追悼演説において，テュルタイオスの詩句が再び響く。饗宴の際，彼の詩行は笛で伴奏され，リュクルゴスのようなアッティカの雄弁家がソロンの詩と同様，テュルタイオスの詩行を若者の心へと吹き込む。そしてプラトンはテュルタイオスを，理想国家における戦士階級の模範とする。なぜならプラトンは，オリュンピア競技の勝者よりも戦士を高く尊重するよう命じるからである[51]。プラトンの『法律』の中で，テュルタイオスは前4世紀のスパルタにおいても相変わらずドーリア人の国家精神の最高の啓示であると報じられている。この精神は，有能な戦士であるための教養を，市民の公教育の中で目的として示した。全てのスパルタ人は，戦士として有能であるための教養に「食傷している」[52]という。プラトン自身は，こうした（スパルタのような）国家の本質および人間の最高の有能性の本質に関する見解を，完全かつ最終的なものと見なさなかった。しかしプラトンは，彼のようにスパルタ人ではない人も皆，テュルタイオスと取り組まねばならない，と言っている。

イオニア芸術のスパルタへの影響

（古い貴族の理想からの）展開は，テュルタイオスに留まることはなかった。しかしギリシア精神の真のアレテーとの取り組みが続けられるまさにその場で，規則的に次のことを見出す。すなわちこの真のアレテーは，並外れた情熱を込めて朗読されたテュルタイオスの革命的な思考と結び付いており，新しい要求の内容を真の徳に関する自らの詩の古い形式に繰り返し刻印する。これこそ，生粋の「教養」のギリシア的な流儀である。一たび刻印された形式は

---

51) プラトン『国家』465 D-466A。
52) プラトン『法律』629B。

有効なものとして、後世のより高い段階においても生き続け、この形式に基づいて全ての新しいものが確認されねばならない。それゆえコロポン出身の哲学者クセノパネス[53]は百年後になってテュルタイオス（の作品）を変形させながら、精神力のみが国家の最高位を占めるに値することを示そうとした。他方プラトンはこの展開を継承しつつ、勇気と並んで、また勇気を超えて正義を据えた[54]。そして彼は『法律』の中で構想した理想国家においてテュルタイオスをこの国家精神に適合させるために、上述の意味において「改作する」ことを勧めている。

ところでプラトンの批判は、テュルタイオスよりもむしろ（プラトンと）同時代のスパルタという、権力国家の異常な発育に対して向けられている。この権力国家は、こうした（テュルタイオスの）戦争詩をより所として、自国の創設の正統性を明らかにした。この（プラトンという）国家の最大の讃嘆者すら、その後、硬直して一面的になったスパルタの中に、芸術的(ムーサイ)な精神の痕跡を見出し得なかったことが注意を惹く。クセノパネスの沈黙と、プルタルコスがこの欠陥を埋めようとして失敗し無駄に骨を折ったことが、雄弁な証言となっている[55]。我々は、このような困窮から徳を作り出す必要はない。我々は断片的な伝承ではあるが、幸いにも以下のことを未だに示し得る。すなわち前7世紀の英雄時代に真の古いスパルタはより豊かな生の可能性を未だに持っており、後世の貧しい精神から完全に自由であった。この貧しい精神こそ、スパルタの歴史像を非常に強く規定した。たとえテュルタイオスが闘争能力の優秀性を、単なる体操技能の向上に比べて高く評価するとし

---

53) クセノパネス「断片」2（ディール）。
54) プラトン『法律』660E。
55) （訳注）『英雄伝 リュクルゴス』を指すと思われる。

ても——これは当然なことであるが——,前7世紀から前6世紀にかけて,特にメッセニア戦争での赫々たる勝利以来,オリュンピア競技での勝者のリストは,この平和的な競争においてもスパルタが最高の成果を達成したことを示す。というのもスパルタの名前は,他の(オリュンピア競技へ)参加した国家の名前よりも,はるかに優位を占めているからである。

後世スパルタの禁欲的な厳格さが,その真の本質であると見なされた。しかし上述の古いスパルタは,こうした禁欲的な厳格さのために,他のギリシア人から喜ばしい生活の影響を美的にも芸術(ムーサイ)的にも全く受けていないかというと,そうではない。まさに発掘によって,あの初期の時代の生き生きとした建設活動および東ギリシアを模範に仰ぐことによって影響を受けた芸術の名残が明らかとなった。これは,イオニアで成立したエレゲイアーがテュルタイオスによって導入されたことと,うまく辻褄が合う。(彼と)同じ頃,七弦キタラーの発明者で,レスボス出身の偉大な音楽家テルパンドロスが,スパルタへ招かれた。彼は神々の祝祭において合唱団を指揮し,根底的な革新を行うことにより合唱団の姿を変えたのである。後世のスパルタはテルパンドロスの技法を墨守し,いかなる変化も国家に革命を招き寄せるものとして拒否された。しかしまさにこの硬直状態の中に,古いスパルタにおいて芸術に関わる教養が全人的な性格(エートス)の形成としてどのような広がりで感じられたか,見事に示されている。このことから,芸術的な力が完全で根源的な生き生きとした状態において働いていた時代の存在が,後世から振り返って推測される。

サルデイス出身だが,スパルタ市民となった抒情詩人アルクマンによる合唱詩の膨大な断片は,前古典期スパルタの像を麗しい仕方で補い,完全なものとする。彼は新しい故郷(スパルタ)において,生涯にわたる十分な活動の場

を見出したに違いない。テュルタイオスは言語と形式に関して全くホメロスのように振る舞ったが，アルクマンは自己の関心から，ラコニア方言を合唱抒情詩へと導入した。アルクマンによる，スパルタの女声合唱団のために書かれた詩句は，ドーリア人種のいたずらっぽい高慢と現実的な力が横溢したものである。この現実的な力はテュルタイオスのエレゲイアーにおける個々の箇所に限ってのみ，ホメロス風の様式化を敢えて突破しようとした。アルクマンの歌は，合唱団員の名前で呼ばれた特定の乙女たちへ語りかける。彼女らは自らが褒められたことを告げ，取るに足らぬ功名心と嫉妬をからかいながら皮肉を言い合う。こうした語りかけによってアルクマンの歌は，（テュルタイオスと）同様の生き生きとした現実感覚と共に，我々を古代スパルタにおける芸術をめぐる競争へと導く。この競争において，女性の競争心が男性に引けを取ることはなかった。女性はスパルタの公的かつ私的な生活において，より自由に振舞っていた。このことはアジアに影響されたイオニア人と，その点でイオニア人を模倣したアテナイ人の目を惹いた。このような自由な振舞は，アルクマンの中にすでに十分に感じることができる。こうした特徴は人倫と言語におけるドーリア部族の特性の他の幾つかの固有性と同様，移住した支配人種として影響し続けた先史を忠実に保存した名残である。この名残はここスパルタにおいて他のギリシアのいかなる地域にもまして，生き生きとしていた。

法治国家と市民の理想

―――――――――

イオニア都市国家の特徴,歴史・社会上の変化

　政治的な人間を形成するためにスパルタが果たした役割は,スパルタ以外のギリシアが果たした役割よりも,容易に理解できる。というのも,スパルタを除くギリシアですでに固有の道を歩み始めたと思われる国家を特定できないからである。我々は前6世紀初期のアテナイにおいてようやく,比較的確かな伝承の基盤を再び考察することになる。なぜなら,そこで国家にとっての新たな精神が,ソロンの詩という作品の中に現れたからである。しかしこのアッティカの法治国家は,それまでの長きにわたる展開を前提する。とはいえアテナイは,偉大なギリシアの全ての都市の中で,歴史に登場するのが最も遅い。イオニア文化のソロンへの影響は随所で現れるので,我々は新たな政治思想の根源もギリシア世界の中で最も批判的で精神的に活発な地方であるイオニアに求められることを疑わない。残念ながら植民地の政治関係については,ごく僅かのことしか知られていない。我々は,後世の状態と類似した経緯を基に,他の場所でも類推できる帰納的推理に頼らざるを得ない。

　テュルタイオスとソロンの意味での政治的な文芸はイオニアにおいて,すでに言及したカリノスを例外として,存在しなかったように見える。この政治的な詩情が欠如していることを偶然と見なすことはできない。この欠如は明ら

かに，イオニア部族のより深い本性に根差している。イオニア人は小アジアのギリシア人と同様に政治的な構築力を欠き，いかなる場でも持続する，歴史的に影響力のある国家を形成できなかった。なるほどイオニア人も，その記憶がホメロスの叙事詩の中で生き続けている移動期には，英雄時代を経験した。そして我々がイオニア人を最初から軟弱で贅沢な民族として，すなわちペルシア戦争の直前の時代から知る民族としてイメージすることは，誤っているであろう。彼らの歴史は血なまぐさい戦争に明け暮れており，彼らの詩人であるカリノス，アルキロコス，アルカイオス，ミムネルモスはまことに戦闘的な一族に属している。しかし彼らにとって国家はいかなる時も，スパルタやアテナイのように本来の究極的な存在ではない。イオニア人のギリシア精神史における役割は，政治的な活動においても個人の力が解放される点にある。しかし，たとえイオニアの植民地国家が全体として，こうした新しい力を秩序付け，この力によって自らを強める能力を持っていなかったとしても，この国家において初めて政治思想が出現した。さらにこの政治思想は（ギリシア）本国の堅固に構築された関係の中で，最も実り豊かで新たな国家を形成する際に，刺激となった。

　我々は，イオニアでのポリスの活動に関する最も早い時期の考察を，ホメロスの叙事詩の中に見出す。もちろんギリシア人によるトロイアをめぐる戦いは，ギリシアの都市を叙述する直接の切っ掛けではない。というのも，トロイア人はホメロスにとって異国人であるが，詩人がトロイアの防御について語るとイオニアのポリスの特徴が思わず入り込み，それだけでなく祖国トロイアの救い主ヘクトルは，カリノスおよびテュルタイオスにとって模範となったからである。我々はここ，特にカリノス（136頁 – 原注，本訳書187頁）において，スパルタの理想との多くの類似

を辿ることができる。イオニアの都市国家のみが早くから別の方向を歩み，その方向は，すでに叙事詩の中で同様に示唆されていた。我々は都市の中心にある市場で裁判の場面が描かれているのを，アキレウスの盾の溌剌とした記述の中に見出す[1]。この記述は，『イリアス』が平時の都市の姿を示す唯一の箇所である。この裁判の場面では「老人」が神聖な場にある磨かれた石の上に座り，判決を下す[2]。それゆえすでに貴族は，本来，王の権限であった判決へ広範囲に参加している。多数支配に反対する有名な言葉[3]は，まだ王が存在していたにもかかわらず，おそらくすでにしばしば困難な状況にあったであろうことを証明する。（アキレウスの）盾の描写は王領の荘園についても言及しており，耕地を耕すのを満足気に見物する王について語る[4]。しかしここでの王は，貴族の土地所有者に過ぎないであろう。なぜなら叙事詩（『オデュッセイア』）では，しばしば貴族の領主をも 王（バシレウス） という肩書きで呼ぶからである。土地領主制の前提である（ギリシア）本国での農耕における生活形式は，まず植民地において変わらずに続いた。別の例は，パイエケス人の王アルキノオスである。彼は法的に相続権を持つにもかかわらず，評議会の長老会メンバーの下で，名誉議長の役目を果たすに過ぎない。それゆえ王制から貴族支配への移行は，もはや遠いことではなかった。その際，他の特権が肩書きに残ることもなく，王（バシレウス） の役職は時として最高位の聖職者，あるいは1年任期の最高執政官として存続するに過ぎなかった。このような歴史的な展開は，アテナイにおいて最もよく見られる。しかしこの経緯は，他の場所でも証明された。アテナイにおいてコドロ

---

1) （訳注）『イリアス』第18歌 503-508。
2) 同上 504。
3) （訳注）同上第2歌 204。
4) 同上第18歌 556。

ス家の王政は次第に影のような存在へと貶められ、ソロンの時代にまだ存在していた貴族支配へ席を譲る。(ギリシア人のイオニアへの) 移住後どれほどの長期間、イオニアでこのような典型的な展開が個々のケースに即して行われたかはわからない。

　常に新たに大挙してやって来る移住者の群れが押し寄せる沿海地帯は狭い。また、奥の内陸部に広がることは不可能である。内陸は政治的にまだ統治が徹底しておらず、防備を固めたリュディア人、プリュギア人、カレル人など異民族の手中にあった。これらの要因は海運が安全となるにつれて、海辺の都市が海洋交易を行うことをますます促した。ここでも最初に方向転換できたのは、土地を所有する貴族や起業家であった。植民地のギリシア人は母国を離れて以来、最初から大地に根付くことが少ないタイプであった。『オデュッセイア』はすでに途方もなく拡大した海外への視野、イオニアの船乗りの新しい人間類型を反映している。オデュッセウスは戦闘好きな騎士というよりも、むしろ遠方へさまよい出る冒険の楽しみ、発見者の喜び、イオニア人が機略縦横であることの具現である。このイオニア人はあらゆる国で活動することに慣れており、いかなる状況においても自らを救うことができる。『オデュッセイア』の眼差しは、東はフェニキアとコルキス、南はエジプト、西はシチリアと西部エチオピア、北は黒海からキンメリオイ人の国まで及ぶ。外海の普通の乗組員がフェニキア内海の船乗りや商人の一群と遭遇する物語は、全くありふれている。彼らの交易は全地中海に及び、ギリシア人を最も手強い競争相手とした。アルゴナウタイの航海も真正の船乗りによる叙事詩であり、訪れた遠い国と民族に関する素晴らしいお伽噺を含む。イオニアの交易は、小アジアの都市が急激に発展し、商業上の展開を遂げることによって成長した。このような交易の発展は、農耕に基づく生き方

をいよいよ抑圧した。この交易は、すぐ近くのリュディアからの金貨鋳造の導入および交換貿易に代わる貨幣流通の台頭によって、決定的な高揚を経験した。我々の考えでは、イオニアの海洋諸市は規模が小さかった。これらの都市の人口が過剰に増えたことの確実な証拠は、こうした都市がギリシア本国と同様、前8世紀から前6世紀にかけて地中海、黒海、マルマラ海の沿岸の植民地化に挙げて参加したことである。ミレトスのような都市だけを見ても、驚くべく多くの人が植民地へ派遣された。このことは、その他の歴史的な証言が欠けているにもかかわらず、イオニアの拡張力と起業への喜び、この時代の小アジアのギリシア都市において支配的であった躍動的な生活を明白に示している。

成文法と平等な法の要求

ここで成立した新しい人間の顕著な特徴として、自由で広い眼差しや、目を見張る敏捷さ、そして個人が主導権を握ったことが挙げられる。存在の形式が変わることにより新たな精神が求められ、地平の拡大、自らが行動力を備えるという感情は、精神が今までにもまして勇敢に飛翔するための道を開いた。イオニアのミレトス哲学と同様、アルキロコスの個人的な詩情において見られる自立的な批判精神は、公共生活にも敢然と登場する運命にあった。我々はここイオニアで、他のギリシア人世界のどこよりも早い時期に戦い抜かれたに違いない市民間の争いについて、いかなる消息も知らない。しかしイオニア文学において正義を人間社会の基盤として称賛する一連の証言は、叙事詩の比較的最近、成立した部分からアルキロコス、アナクシマンドロスを経由して後世のヘラクレイトスへと至る[5]。こう

---

5) （訳注）アルキロコス「断片」94を参照。

して詩人と哲学者が正義をかくの如く高く評価していることは，事実よりも早いのではないかと考えられるかもしれないが，そうではない。こうした評価は，前8世紀から前5世紀の初期に至る，あの（アルキロコス，アナクシマンドロスを経由してヘラクレイトスへと至る）時代の公共生活における政治抗争を自ずと反映するものであった。さらにヘシオドス以降，ギリシア本国の詩人の合唱団，特にアテナイのソロンが他の全ての人々を圧倒しながら，（正義が高い価値を持つことに）唱和する。

　従来，全ての判決は異論の余地なく貴族の手にあった。貴族は成文法ではなく，伝統に従って判決を下した。貴族とそうではない生まれの低い自由民との対立関係はますます激化したが，これは貴族でない住民の経済状況が好転したことから生じたに違いない。こうしたことから，裁判官の役職を政治的に乱用し，民衆が成文法を要求する流れが容易に導かれた。買収されやすい貴族の裁判官が法を枉げているというヘシオドスの非難は，こうした一般的な要求が出てくる必然的な前段階である。この要求によって正義，ディケーという言葉は，身分闘争のスローガンとなる。個々の都市における法編纂の歴史は何世紀にもわたって続き，我々はこの経緯をほとんど何も知らない。しかしここでは，むしろ原理それ自体がより問題となっている。成文法とは，身分の高低にかかわらず，万人に対して平等な法とほぼ同じことを意味する。おそらく大衆ではなくて貴族出身の人々が，依然として裁判官に選任されたのであろう。しかし貴族が判決を下す際に，今後はディケーという確固とした規範によらなければならなかった。

　ホメロスが（ディケーに関する）より古い形態を示す。彼は未だに正義を大抵，別の言葉である「テミス

Themis」[6]を用いて示している。ホメロスの作品に登場する王に対して、ゼウスは「王杖とテミス[7]」を貸与した。テミスとは、初期の王と貴族の主人が所有する騎士的な優位の具現である。このテミスという言葉は、その語源によれば「規約」を意味する。家父長的な時代の裁判官は、ゼウスに由来する規約に従って判決を下した。裁判官はこの規約による規範を、慣習法の伝承と自らの認識から自由に手に入れたのである。ディケーという概念は、語源学的にはっきりしない。この概念はギリシアにおける訴訟上の言葉に発し、それ自体おそらくテミスと同じくらい古い[8]。争い合う二つの党派について、「ディケーを与えて、取る」と言われた。その際、罰の決定と執行は表裏一体の関係である。罪人がディケーを与える。これは、そもそも損害の補償とほぼ同じことを意味する。毀損を被った側は、正義が判決によって再建され「ディケーを取り」、裁判官は「ディケーを与える」。これによればディケーの根本の意義は、本来の割り当て分とほぼ同じである。これと並んでディケーは、具体的に裁判、判決、罰を意味している。しかし目に見える意義はこの場合、通例のように本来の意義

---

6) （訳注）ギリシア神話中、慣習として定まっている掟を擬人化した女神。通例、掟、道理、正義、慣習、人倫、規約などと訳される。この語は一義的に意味を確定することが困難なため、本訳書では以下、カタカナで「テミス」と表記する。

7) （訳注）『イリアス』第2歌 206。

8) 刊行当時にあっては非常に称賛に値したが、余りにも歴史学的でない本である R. ヒルツェル『テミス、ディケー、その類似物』（ライプツィヒ、1907年）は、幾つかの観点において時代遅れになっているものの、相変わらず資料の豊かな鉱脈である。理念史的な展開に関して価値の高い見取り図を与えるのは、V. エーレンベルク『初期ギリシアにおける法観念』（ライプツィヒ、1921年）である。「ディケー δίκη」を「投げる δικεῖν」から導出し、そこから根本の意義として一種の神の判断（つまり「投げる、成功した仕事 der Wurf」—原注）を推測する試みは、私には失敗したように見える。

ではなく，派生した意義である。この（ディケーという）言葉がホメロス後の時代のポリス生活において獲得する深い意味は，上述の技術的に浅薄化した意義からではなく，規範的な要素から展開する。この規範的な要素は，法廷弁論において万人に知られた，非常に古い規定の中にある。この規範的な要素は，要求される本来の割り当て分を示す。さらに，本来は違法行為を規定する言葉である傲慢〔ヒューブリス〕がある人を傷つけるならば，この要求を保証し依拠し得る原理それ自体を示す。テミスが正義の権威主義的な立場や立法化された存在，そして有効な存在により多く関わった一方，ディケーはこのテミスを法廷で貫くことを目指す。ある身分は，正義を常にもっぱらテミスとして，つまり上から権威主義的に法とされたもの，有効な存在として受け取らねばならなかった。この身分が権利を主張し，争った時代が存在した。こうした過去の時代にディケーが，必然的に主要なスローガンとならねばならなかったことが理解できる。今やますます頻繁にディケーに依拠することとなり，ディケーは熱心に要求される。

アレテー一般としてのディカイオシュネーへ

しかしこの（ディケーという）言葉の起源には，この言葉が上述の戦いのために予め定めた別の契機，つまり平等という契機が未だに存在した。この平等という契機は最初期の段階で，我々がしばしば本来の民衆的な考え方から最もよく理解するものの中にあったに違いない。この本来の民衆的な考え方は，同じものには同じもので報い，受け取ったものと同じものを返し，与えられた損害と同じ弁償を行うよう勧めるのである。こうした根本的な見解は徹頭徹尾，物権法の考えに由来したことは明白であり，他民族において典型的に見られる法制史上の見方と一致する。こうした平等という根源的な契機は，すべての時代のギリシ

ア人の思考にとってディケーという言葉の中に含意されていた。後の世紀の哲学的な国家論もここ（ディケー）から生まれ，平等という概念の新たな解釈のみが模索される。プラトンとアリストテレスの見解によれば，（個々の）人間は異なる価値を持つ。それゆえこの平等という概念は，民主主義の国法論という土壌で最後に辿り着いた機械論的な見解に基づくと，プラトン，アリストテレスによる上述の貴族的な見解に対してきわめて抗わなければならなかった。

　古い時代にあって，同一の正義を要求することは最高の目的であった[9]。全く取るに足らない，いかなる所有権争いにおいても，争い合うそれぞれの陣営の割り当て分を公正に測るためには尺度を必要とした。信頼できる度量衡の導入によって財産を交換するため，経済面での問題が解決された。これと同時期に同じ問題が，法という土台において繰り返されている。正義へ関与するための適切な「尺度」が求められ，それはディケーという概念それ自体にある平等の要求の中に見出された。

　確かにこうした（ディケーという）規範の多義性について，間違った判断を抱き続けていたかもしれない。しかし

---

9) ソロン「断片」24 の 18-19 を参照。ヘシオドスのディケーの中にも，すでに同じ見方がある。ソロンがイオニア流の思考方法に基づいていることは，疑いを容れない。法律あるいは裁判官を前にして同一の正義を要求することは，初期の時代に遡る。このことは，次のような推測へ誘うかもしれない。つまり前5世紀になってようやく頻繁に見出され，当時は全く民主主義的な平等を意味したイソノミア全市民の政治的平等という考えは，我々の僅かな資料が証言するよりも古く，元来はあの（同じものを同じもので報い，受け取ったものと同じものを返すなどの）別の意味を持っていたのである，と（[法の前での平等という点に関して] これと異なるのはエーレンベルク，前掲書, 124 頁。ヒルツェルの前掲書 240 頁による，「所有の分割」からの導出は，私には非歴史的に見え，それはギリシアの急進的な民主主義の見解にすら対応しない-原注)。

半面ではこのようなディケーの多義性は，ディケーという規範を政治的な戦いでの実践的なスローガンとするのに適していたのかもしれない。このディケーという規範の下に，同等の権利を与えられていない者つまり貴族でない市民による，裁判官または法律の前における単なる平等が——こうした法律が存在したとすればの話だが——理解された。さらには国家の事柄に関する判決への能動的な参加，個々人の声が統治形態に基づいて平等であること，最終的には貴族政治が所有したのと同様に，一介の市民が指導的な官職へ平等に関与することが理解された。つまり我々はここで（平等思想の歴史的な）展開の端緒に位置し，この展開の経過においては平等思想がますます拡張され機械的になり，民主主義へと至る。しかし民主主義（の本質）は，必ずしも万人に対する等しい権利や成文法の要求にあるわけではない。この（万人に対する等しい権利や成文法の要求という）両者は，寡頭政国家あるいは君主政国家にも存在した。他方，急進的な民主主義で特徴的なのは，法ではなく大衆が国家を支配することである[10]。この国家形式がギリシアで展開し，さらに普及するには，幾世紀もが必要であった。

まず一連の前段階が存在する。その中で最古の段階は，未だに一種の貴族支配を残していた。しかしディケーが，誰もが「同等の者」として相対峙する公共生活の基盤を一挙に作り上げた。その後の貴族支配は，もはや以前と同じものではない。貴族も，完全な権利を与えられた成年の男性市民という新たな理想へ開かれなければならなかった。この理想は正義の志操から発し，それを基準とした。貴族自身は来たるべき社会闘争と暴力革命の時代ではないにもかかわらず，何と頻繁に正義という志操に保護を求めねば

---

10) （訳注）プラトン『国家』565A。

ならなかったことか。言語自体の中に，新しい理想の形成が予告されている。なるほどきわめて古い時代から離婚，殺人，窃盗，略奪など具体的な特定の種類の不法行為を性格付ける，かなり多くの言葉が存在した。しかし，それによって違反を避け，正しい境界を守るための普遍的な概念が欠けていた。新時代にはこの普遍概念を表現するため，「ディカイオシュネー Dikaiosyne」すなわち「正義」という抽象名詞が形成された。これはちょうど競技(アゴーン)における徳を並外れて高く評価した時代に，ドイツ語には対応する語がない格闘術，レスリングなどの名詞が創造されたのと似ている[11]。新しい言葉は，法に対する感覚がますます内面化したことのみならず，この感覚を人間固有のタイプである特別なアレテーへ具体化することからも生じた。元来「アレタイ Aretai」とは人間が所有し，あるいは享受する，あらゆる種類の長所を意味した。それから男性のアレテーを勇気と同一視することによって，倫理的な要素が前面に出てきた。ある人がさらになお所有しようとする個々のあらゆる長所は，この倫理的な要素の下で役立つべきであった。新たなディカイオシュネーはより客観的な様相を備えており，特に成文法の中に法と不法を区別する明確な基準があると信じられ始めて以来，今やアレテー一般を意味することになった。正義という普遍概念は，ノモスつまり万人に通用する法の使用を，文字を用いて固定することによって具体的な内容を得た。今や正義は，国法への服従の

---

11)「公正な δίκαιος」という形容詞は，この抽象概念を形成する前段階であるが，すでに『オデュッセイア』や『イリアス』の幾つかの新しい箇所において見られる。ホメロスにおいて（「公正な δίκαιος」という言葉の）名詞形はまだ存在しない。ホメロス，テュルタイオス，クセノパネスは「格闘術 παλαιμοσύνη または παλαμοσύνη」を用いている。「レスラーの技術 πυκτοσύνη」は，クセノパネスによる新たな造語のように思われる。

中に存した。それはちょうど，後世のキリスト教の「徳」が神の命令への服従の中にあるのと同様である。

徳の包摂概念としての正義

それゆえここではポリスという生活共同体によって作られた法の意志の中で，人間形成の新たな力が成長する。それはこの人間形成の新たな力が戦闘的な勇気を理想とする騎士にあって，貴族社会における早い段階で成長したのと同様である。こうした古い（騎士の）理想はテュルタイオスのエレゲイアーの中でスパルタ国家によって受け取られ，普遍的な市民の徳へと高められた[12]。国家の統治形態をめぐる困難で内的な戦いから，新たな法治国家と法律国家が成長する。この法治国家と法律国家においては，上述したスパルタの純粋に戦闘的なタイプだけを，政治的な人間の普遍的な具体化と見なすことはできなかった。しかし男性が優れた闘争能力を持つことは，イオニア国家においても存亡の危機にあって不可欠であった。それはエフェソスの詩人カリノスが戦わない同胞に対して，国へ侵入してきた異国人から我が身を守るよう呼びかけたとおりである。（イオニア国家において）男性が優れた闘争能力を持つことは，アレテーという一般的な枠組みにおいて自己の立場を変えたに過ぎない。敵を前にして命を祖国のため犠牲に供する勇敢さは，今や市民の前に法を制定し，もしも市民が法を遵守しないのであれば重罪によって罰する要求を生み出した。しかしこの要求は，まさに他の要求の中の一つに過ぎない。ギリシア人の政治的な思考にとってそれ以後，この言葉が持つ具体的な意味を正しく理解する人は誰であれ，つまり法に従いその模範に倣って生きる人は誰

---

12) 130 頁以下（本訳書では 178 頁以下）を参照せよ。

であれ[13]，戦時にも責務を果たす。ホメロスが描く英雄による雄々しいアレテーという自由で古い理想は，所有権の範囲を尊重するのと同様，国家の厳格な義務となる。全ての市民は等しくこの義務に従わねばならない。前6世紀の有名な詩人の諺の中に，「正義にはあらゆる徳(アレテー)が含まれている」という言葉があり，この詩句は後世の哲学者によってしばしば引用された[14]。この詩句は新しい法治国家の本質を，簡明的確に定義している[15]。

あらゆる要求を包括し，完全な市民が満たすべきアレテーとしての正義の概念によって，以前のものは全て凌駕された。しかしアレテーの以前の段階はこれによって台無しにされたわけではなく，より高い，新しい形式へと止揚された。プラトンは『法律』の中で，次のように要求する。すなわち理想国家にあって，勇敢さを最高のアレテーとして称賛するテュルタイオスの詩は「改作され」，勇敢さの代わりに正義が据えられなければならない[16]。プラトンによるこの要求の意味とは，上で述べたアレテーのより高い，新しい形式への止揚に他ならない。プラトンはこの要求によってスパルタの徳を排除しようとするのではなく，むしろこの徳を適切な場へ置き移そうとしたに過ぎず，スパルタの徳を正義の下に位置付けた。内乱における勇敢さは，国の裏切り者に対するのとは別の仕方で評価し

---

13) 法への服従としての正義の捉え方は，前5世紀と前4世紀に一般的である。新しく見つかったアンティフォン「オクシュリンコス・パピルス」XI1364番，第1欄 (1-33行)（ハント編），ディールス『ソクラテス以前の哲学者』第2巻第4版，XXXII頁，それに加えてヒルツェルの前掲書199頁の注1，特にプラトン『クリトン』54Bを参照。

14) （訳注）アリストテレス『ニコマコス倫理学』第5巻第1章 1129 b27。

15) フォキュリデス「断片」10-, テオグニス147行。

16) プラトン『法律』660E。

なければならない、という[17]。プラトンは全てのアレテーが正しい男性という理想の中に含まれていることを示すため、非常に啓発的な例を示した。彼の通例の表現方法では、勇敢、敬虔、正義、熟慮という四つの「徳」を区別している。我々は『国家』の中だけでなく彼の他の著作においても、しばしば敬虔の代わりに哲学的な英知が現れることをここでは問わないことにしよう。このいわゆるプラトン的四つの徳の規範(カノン)は、すでにアイスキュロスにおいても同様に、市民による徳の真の内容として見られる[18]。プラトンはこの内容を、古代ギリシアのポリス倫理から理屈抜きで受け入れた[19]。しかしこの四という規範(カノン)の数は、彼が正義の中にあらゆるアレテーが含まれていると言うのを妨げるものではない[20]。アリストテレスは、このことを『ニコマコス倫理学』の中で繰り返した。彼はプラトンと比べて、アレタイの数をより多く区別する。しかしアリストテレスは正義が問題になると、この徳の二重の概念、つまり法律的な正義というより狭い意味での正義と、人倫的で政治的な規範の全体が含まれる普遍的な正義という概念に言及する。我々はこの（後者の普遍的な）正義の中に、古代ギリシアの法律国家における正義概念を容易に再認識できる。というのはアリストテレスも明らかにこの法律国家の

---

17) 同上 629C 以下。

18) （訳注）アイスキュロス『テーバイを攻める七人の将軍』610。

19) 同上。ヴィラモーヴィッツはこの詩行を、彼の思惑によれば、そのプラトン的な徳の規範がゆえに真正ではないと宣言し、彼のアイスキュロスの版において抹消した。しかし後に、この抹消した箇所を元に戻した。私の一連の講演「ギリシアの教養の構築におけるプラトンの位置付け」（『古代』第 4 巻 [1928 年] 163 頁）と「プラトンの時代におけるギリシアの国家倫理。ベルリン大学での帝国建国記念式典への演説」（1924 年）5 頁を参照せよ。

20) プラトン『国家』433B。

ために, すでに引用された「正義にはあらゆる徳が含まれている」[21]という詩句に依拠しているからである。法律は自らの規定によって市民と国家の神々, 同胞, 国の敵との関係を定めた。

体操および芸術に関わる競争(アゴーン)

後世は, プラトンとアリストテレスの哲学的な倫理を倫理一般, それゆえ超時代的なものと見なすことに慣れていた。この後世にあってプラトンとアリストテレスの哲学的な倫理の根源が古代ギリシアのポリス倫理に端を発するということは, もはや知られていなかった。キリスト教会においてプラトンとアリストテレスの哲学倫理との取り組みが始まった時, 彼らが勇気と正義を人倫的な徳として挙げていることは奇妙に思われた。ギリシア人による人倫的な意識のこうした根源的な事実と, 人は折り合いをつけねばならなかった。古代的な意味での政治的な共同体および国家を欠いた世代にとって, そして単に宗教的な個人倫理という観点から, 上述の(ギリシア人による)人倫的な意識は不可解なことであり, いやそれどころか逆説以外の何ものでもなかった。勇気は徳であるのか, なぜ勇気は徳なのか, という問いに関する博士論文が無益にも執筆された。我々は古いポリス倫理を, より後の時代の哲学的な倫理として意識的に受け入れる。このより後の時代の哲学倫理によって, 前述の古いポリス倫理は後世へと影響を及ぼし続けるのであるが。こうした(古いポリス倫理の)受容は, 精神史的にごく自然な過程である。なぜならいかなる哲学も純粋理性によって営まれるのではなく, 哲学は歴史的に成長した教養と文明化した状態が概念を通して昇華した形

---

21) アリストテレス『ニコマコス倫理学』第5巻第1章 1129 b 27。

式に過ぎないからである。いずれにせよ、これはプラトンとアリストテレスの哲学に対して当てはまる。彼らの哲学はギリシア文化なしに理解できず、ギリシア文化は彼らの哲学なしに理解できない。

前4世紀の哲学は、古いポリス倫理とそれによる人間という理想を受容した。我々はこの歴史的な経緯を先に考察したが、この経緯とよく似たものがポリス文化が成立した時代に見出される。ポリス文化も、すでにそれ以前の段階を自らの中へ取り入れていた。このポリス文化は、ホメロスの英雄的なアレテーのみならず、貴族時代の全遺産である競争(アゴーン)という徳をも我がものとした。ところでスパルタの国家教育も我々が知る限り、貴族時代の全遺産を受け継いでいる。ポリスは市民がオリュンピアその他の競技で競うことを鼓舞し、故郷へ帰還する勝者を最高の名誉を以て飾る。かつて勝利がもっぱら勝者の種族を有名にした一方、今や同じ勝利は共生の感情を強める時代にあって、全市民階級の「祖国のいやが上にも大なる栄光に ad maiorem patriae gloriam」[22]貢献した。ポリスは自らの息子たちに、体操競技と同様、先史時代の芸術に関する伝承と芸術の育成にも携わらせる。ポリスは全市民の政治的(ノモ)平等を法の領域のみならず、生にとって価値のある財産という観点から創り出す。貴族文化がこの財産を創造し、この財産は今や市民階級の一般的な所有となる[23]。

個々人の生におけるポリスの途方もない力は、ポリスという思想が持つ理想に基づいていた。国家は固有の精神的な本質となった。国家は人間存在における高い内容を全て吸収し、この内容を贈り物として再び分配した。我々は今

---

22) (訳注)「神のいやます栄光のために ad maiorem Dei gloriam」(イエズス会士の非公式のスローガン)への当てこすり。

23) (訳注)プラトン『法律』654B を参照。

日こうした文脈において，まず国家が若い市民の教育へ掲げる要求を考える。しかし国家による若者への教育は，前4世紀の哲学によって初めて要求された。より古い国家の中では，スパルタのみが若者の教育に対して直接的な影響を及ぼした[24]。にもかかわらず，スパルタ以外の国家においてもポリス文化が生成する時代にあっては，市民の教育者が存在した。それは国家が神々の祝祭における体操および芸術と関わる競争(アゴーン)を一種の理想的な自己表現と見なし，この競争(アゴーン)を利用したことによる。この体操および芸術と関わる競争(アゴーン)は，当時の身体的・精神的な教養を最もよく代表するものであった。プラトンは正当にも，体操と音楽を「古い教養 $ἀρχαία παιδεία$」[25]と名付ける。こうして本来は貴族的な文化が，都市によって大規模な，費用のかさむ競争という形態において育まれた。これは，競争のあり方と芸術への関心を並外れて生き生きと高揚させたに留まらない。要するにこの育成をめぐる競争を通して初めて，真の共同体精神が形成された。それ以来ギリシアの都市の住民は，ポリスへの帰属が自明であるかのように誇った。古代ギリシア人を誰であれ完全に表すためには，自らと父の名前に加えて，常に父なる都市の名前が必要である。近代の国民感情と同様ポリスへの帰属意識は，ギリシア人にとって理想的な価値を持った。

市民的な共同体としてのポリス全体は，多くのものを与える。しかしそれはまた，最高のものを要求できる。ポリスは個人に対して仮借なく，強力に意志を貫き，個人に大きな影響を及ぼす。今やポリスは市民にとって，妥当するあらゆる生活規範の源泉である。人間と行為の価値は，

---

24) （訳注）アリストテレス『ニコマコス倫理学』第10巻第9章1180a24以下を参照。

25) （訳注）プラトン『国家』376E。

もっぱらポリスの禍福に照らして測られる。個人の権利と平等をめぐって，途方もなく熾烈な戦いが遂行された。この戦いのほとんど逆説的な成功は，以下の点にある。すなわち人間は「法律 Gesetz」の中に新しい厳格な鎖を鋳造し，この鎖は古い社会秩序がかつてなし得たよりも，外へ広がろうとする力をはるかに堅固にまとめ，中心化する。国家は客観的には法律の中に表現され，法律は後世のギリシア人が語ったように[26]王となる。この目に見えない支配者は，法を侵害する者の釈明を求め，強者の不当な干渉を阻止するだけではなく，自らの規則を携えて生のあらゆる領域へと積極的に浸透する。この領域は，以前は個人の恣意によって支配されていた。国家は市民の私的な生活と人倫的な態度の最も内的な事柄に至るまで，制限と指針を創り出す。それゆえ国家の発展は法律をめぐる戦いを経て，新たに差異化された生の規範を展開させる。

ギリシアの教養の一段階としての法律

新たな国家が人間形成に対して持つ意義は，上で述べた点にある。プラトンによれば，全ての国家形態は自らに対応した特別な人間類型を形成するという[27]が，これは正しい。そしてプラトンもアリストテレスも，完全な国家における教育に関して，この教育が国家精神の刻印をあらゆる点において帯びることを望んでいる[28]。前4世紀のアッティカの偉大な国家理論家は，この理想を頻繁かつ繰り返

---

26) この言葉はピンダロスによって初めて造られ（「断片」169, シュレーダー），ギリシア文学において歴史を経験した。この歴史を E. シュティーア『王としての法』（ベルリン，博士論文，1927年）が検討している。

27) （訳注）プラトン『国家』543D。

28) 同上 544D，アリストテレス『政治学』第3巻第1章 1275b 3。

し定式化し,「法律の習慣(エートス)において教育され」と述べている[29]。この定式化は,成文法が普遍的に妥当する法規範を作り出したことの直接的かつ教育的な意義を,明瞭に認識させる。法律は,ギリシアの教養が単に貴族主義的な身分の理想から根本的で哲学的に把握された人間の理念へ至る途上の,最も重要な段階を意味する。哲学的な倫理と教育は後世,内容的にも形式的にも,至る所で古い立法と結び付く。哲学的な倫理や教育は純粋な思考という真空空間においてではなく,これがすでに古代哲学それ自体によって認められていた国家という歴史的な実質を概念的に加工することにより成長する。ギリシア民族の法的で人倫的な規範という遺産は,法律の中にその最も普遍的で,拘束力を持つ形式を見出した。プラトンの哲学的な教育作品は,彼が最後の最大傑作(『法律』)の中で立法者となる点において頂点に達し,アリストテレスは『ニコマコス倫理学』の結末において,理想を実現するため立法者へ呼びかける[30]。法律は,ギリシア人におけるその創造がきわめて優れた個人の産物である限りにおいて,哲学の準備段階でもある。優れた個人は,正当にも自民族の教育者と見なされた。ギリシア思想において,立法者がしばしば詩人や法の規定と並んで,詩人の英知に基づく格言の横に据えられていたことは,特徴的である。なぜなら立法者と詩人という両者は,その本質からして似た者同士だからである[31]。

---

29) プラトン『法律』625A, 751C,「(第七)書簡」335D, イソクラテス「民族祭典演説」82,「平和演説」102, アリストテレス『政治学』第8巻第1章 1337 a 14 を参照。

30) (訳注) アリストテレス『ニコマコス倫理学』第10巻第9章 1180a15 以下を参照。

31) 拙論「ソロンの優れた法秩序(エウノミアー)」(『ベルリン・プロイセン学問アカデミー紀要』1926年) 70頁を参照せよ。「作家」としての立法者についてはプラトン『パイドロス』257D 以下,立法者と詩人の等置については 278C 以下を参照。

法律に対する後世の批判は，民主主義が堕落する時代に都市の法規が性急かつ専制的に粗製乱造されたことによって生まれた[32]。こうした批判はそれ以前のポリスの時代には，まだ適用できなかった。この批判とは対照的に，古えの思想家は誰もが一致して，法律を称賛していた。法律は彼らにとって，ポリスの魂なのである。「市民は自らの壁と同様，法律をめぐって戦わなければならない」と，ヘラクレイトスは語っている[33]。ここで目にする都市像の背後に，不可視のポリスが，それを守る環状囲壁と共に現れる。このポリスの堅固な防塞こそ，法律に他ならない。しかしもっと早く前6世紀の中期，ミレトスのアナクシマンドロスによる自然哲学の中に，法という観念の非常に特徴的な反映が見出される。彼はディケーという考えをポリスの社会生活から自然へと転移し，事物の生成消滅の原因となる関連を，法律上の係争として説明する。事物はこの係争において，時代が下す判決の言い渡しに従って自らの不正がゆえに，互いに償いと補償を支払わなければならない[34]。ここに世界の秩序(コスモス)という哲学的な観念の起源があり，この言葉も最初は，国家とあらゆる共同体の正しい秩序を示した。国家という秩序(コスモス)を普遍へと積極的に投影し，つまり人間生活においてのみならず存在者の自然においても，貪欲ではなく全市民の政治的平等(イソノミア)が支配的な原理でなければならない，という要求が掲げられる。この要求は当時，法律と正義に関する新しい政治的な経験が，いかにしてあらゆる思考の中心，実存の基礎，世界の意味への信仰の本来の源泉になったか，ということを如実に示す。こうした精神的な転移の過程は，この過程が哲学的に世界をいかに

---

32)　(訳注) プラトン『政治家』294A-B を参照。
33)　ヘラクレイトス「断片」44 (ディールス)。
34)　アナクシマンドロス「断片」9 (217 頁以下 – 原注 [本訳書の 297 頁以下] を参照)。

解釈するかという意味で、さらに特別に評価されねばならない。この場では手短に、こうした精神的な転移の過程がいかなる光を国家の圏域そして政治的な人間という新たな理想へ投げかけるのか、示す必要がある。しかし同時に明らかとなるのは、イオニアにおける哲学的な意識の成立がいかに深く法治国家の起源と関連しているか、ということである。両者が成立した共通の根とは、世界と生をその本質的な形態において徹底的に究明し、解釈する普遍的な思考である。この思考はこの根から発し、ギリシア文化をますます完全に貫く。

最後にイオニアにおいて始まるポリス国家への新たな転回について、古代ギリシアの貴族文化が「一般的・人間的な教養」という理念への展開に対して持つ決定的な意義という観点から、明らかにされねばならない。しかしここで言及すべきことは——はっきりと言い添えたいのだが——、ポリスの歴史上、最初の発端にあってはまだ全面的に当てはまらず、その基礎を我々がここで分析した全展開の結果を先取りしている。しかし、すでにこの場においてこうした歴史的な転回の原理的な射程に着眼し、この射程を眼前に保ち続けるのは良いことである。

国家は人間を政治的な秩序(コスモス)の中へ据えながら、私的な生活の傍らで、人間に対してある種の第二の存在である「政治的な生 βίος πολιτικός」を与える。ところで各人はある程度、二つの秩序に属する。「自らのもの ἴδιον」と「公共のもの κοινόν」は市民の生において、互いに鋭く分離する。人間は単なる「私人 Idiot」[35]ではなく、「政治的な存在 Polit」でもある。人間は今や職業上の有能さと並んで、普遍的な市民としての徳、「政治的なアレテー

---

35) （訳注）官職に就かず、政治的な活動に参加しなかった私人。

πολιτικὴ ἀρετή」[36]を必要とする。この政治的なアレテーこそポリスという同一の生活空間において，人間に対して他者との睦まじい理解に溢れた共同の働きかけを可能にする。なぜ新しい政治的な人間像がヘシオドスによる民衆教育のように労働という考えと結び付くことができなかったのか，という理由は明らかである。ヘシオドスが頼った労働する身分による現実の生の内容および職業倫理(エートス)は，彼のアレテー概念を完全に漲らせていた。我々が現在からギリシアにおいて教育が展開する過程を展望するならば，この新しい運動はヘシオドスのプログラムを一方的に受け入れる必要があった，と考えがちかもしれない。すなわちこうした新しい運動は貴族による普遍的な人格形成の代わりに，万人を上で述べたような特別な労働の多さによって評価する民衆形成という新たな概念を生み出したかもしれない。この新しい運動は全体の繁栄を，あらゆる個人が自らの仕事をできるだけ完全に遂行する点に求めたかもしれないのである。貴族主義者のプラトンは『国家』の中で，精神的に優れたごく少数の人たちによって指導される権威主義国家を描いているが，ちょうどこの国家において仕事の完全な遂行を要求したように。この新しい運動は，民衆的な生活の仕方と収益の様態に共感しつつ，労働は恥辱をもたらすのではなく万人にとって市民的な価値の唯一の基礎である，と説明することができたかもしれない。ただし実際上の展開は，こうした社会的に重要な事実の承認と関わりなしに，全く異なった仕方で進んだ。

貴族の精神形式の市民階級への転移

人間の普遍的な政治化を最終的に実現したことは，新しい事態をもたらした。それは，国家および公共生活と能動

---

36) （訳注）プラトン『プロタゴラス』324A。

的に関わることにより，私的な職業における義務とは全く異なる市民としての義務を意識せよ，という個人への要求に他ならない。以前は貴族のみが，こうした「普遍的」で政治的な有能さを備えていた。はるか昔から貴族は権力を握り，それによって（政治的な教育と経験のための）無比の，今なお不可欠の養成所を持っていた。新たな国家は自らの関心を正しく理解したのであれば，この（政治的な）アレテーの絶滅を望むことはできず，このアレテーがエゴイズムと不正のために乱用されることだけは防がねばならなかった。いずれにせよ理想としては，やがてペリクレスがトゥキュディデスの（作品の）中で語るようになることであった[37]。それゆえ自由なイオニアにおける政治的な教養は厳格なスパルタにおけるそれと全く同様，まさに古い貴族の教育，つまり人間の全体とそのあらゆる力を集約したアレテーの理想と結び付いた。これはヘシオドスの労働倫理から，何一つとして正当性を奪わなかった。しかし「政治的な存在 Politen」それ自身にとって最高の目的とは，すでにポイニクスがアキレウスに教えたことと同じであった。つまり，「立派な論客であると同時に行為する者であること」[38]である。高揚しつつある市民階級の少なくとも指導的な立場にある人々は，この段階へと高まらなければならなかった。そして多くの大衆もある程度まで，このアレテーという考えに敏感にならねばならなかった。

　こうした展開は，途方もなく実り豊かであった。技術的で職業的な有能性の政治的な教養に対する関係は，まさしくソクラテスが後に彼の民主主義批判と共に投げかけた問題となる運命にあった，ということが想起される。石工の息子，民衆出身の一介の働く男であったソクラテスにとっ

37）（訳注）トゥキュディデス『戦史』第 2 巻第 37 章。
38）（訳注）本訳書 41 頁を参照。

て，以下のことは興奮させる逆説であった。つまり靴屋，仕立屋，机作り職人は，なるほど実直な手仕事を行うために特別な事柄の知識を必要とする。これに対して政治家は，その「手仕事」が非常に多くのより重要な事物と関わるにもかかわらず，かなり不特定な内容の一般教養のみを備えねばならない。政治的なアレテーが能力かつ知識でなければならないということが自明の前提であった時代に，この問題が初めて定式化できたことは明らかである。ここから考察すると，こうした特別な専門知識の欠如は，まさに民主主義の本質に見えた。しかし実際に，最古のギリシアのポリス国家にとって政治的な徳は，主として知的な問題ではまだ到底なかった。我々は先ほどすでに，当時，市民の徳として何が理解されたのかを示した。新たな法治国家がたった今，打ち立てられた。市民本来の徳は，万人が身分や素性の区別と関わりなく，法律という新たな権威へ自発的に服従する点にあった。こうした政治的な徳の古い概念の中で，性格(エートス)がロゴスよりも完全に重要となった。法律への忠誠と規律はこの概念にとって，普通の男が業務上の指導と国家の目的についてどれほど理解したか，という問いよりも重要であった。この意味において（法律への忠誠などと業務上の指導などの理解という両者の）協力は，問題とならなかった。

　最古のポリス国家は，そこに住む市民に対して生のあらゆる理想的な基礎を保証した。πολιτεύεσθαι とは普遍的な活動へ参加することを意味し，しかしこの言葉は端的に「生きる」ことを意味した。というのも，両者は同じであったからである。この時ほど国家がより高いレベルにおいて，人間の尊厳や価値と同一視されたことはなかった。アリストテレスが人間を政治的な生き物と名付け，つまり人間をその国家性がゆえに獣と区別するのであ

れば[39]，この人間性(フマニタス)と国家との同一化は，より古いギリシアのポリス文化における生の構造からのみ理解できる。この文化にとって，共同体のあり方はまさにあらゆる高い生の内容，いやそれ自体，神的であったのだが。プラトンは『法律』において，この古代ギリシアのモデルに従う法律という秩序(コスモス)付けられた全体(モス)の輪郭を描いている。この秩序(コスモス)付けられた全体において国家は精神それ自体であり，全ての精神文化が目的としての国家へ関係付けられる。プラトンは上述の箇所で[40]，あらゆる真の教養あるいはパイデイアの本質を，職業人つまり商人，小売商人，船主による専門的な知識とは対照的に，「徳(アレテー)への教育」と規定している。「この徳(アレテー)は法に基づいて，人間を完全な国家市民になろうとする衝動と望みで満たす。こうした国家市民は，支配されることもできるし支配することもできるのである。」[41]

プラトンはこの引用箇所で，「・一・般・教・養」の根本の意味を初期ギリシアのポリスの精神に則って忠実に再現した。彼はなるほどソクラテスによる政治的な技術(テクネー)の要求を，自らの教養概念へと受け入れた。しかしプラトンはその際，手工業者の知識のような特別な専門知識のことを考えているわけではない。彼にとって真の教養は，「普遍的」な教養である。なぜなら，政治的なものへの感覚は普遍的なものへの感覚だからである。実際の職業についての学問と，人間全体を目的とする理想的で政治的な教養との対立関係は，我々が前に示したとおり，古代ギリシアの貴族のタイプの中に究極的な起源を持つ。しかしこの貴族のタイプは，ポリス文化において初めてより深い意義を受け取っ

---

39) （訳注）アリストテレス『政治学』第2巻第2章1253a3。
40) プラトン『法律』643E。
41) （訳注）同上 643E-644A。

た。なぜならポリス文化において貴族の精神形式は残りの市民階級へと転移され，貴族主義的な教養は政治的な人間の一般教養となったからである。普遍的にして人間的，倫理的にして政治的な教養による「人文主義的な」理想が展開する際，古いポリス国家は貴族の教養の後に続く，不可欠の段階である。いやそれどころかこの段階こそ，そもそも古いポリス国家の本来の歴史的な使命であったと言って差支えないであろう。初期ギリシアのポリス国家から，全く他の力によって制限されていた大衆支配へのその後の展開は[42]，この（政治的な人間の普遍的な）教養の本質にとって全く決定的ではない。というのも，この教養はそれが通過せざるを得なかったあらゆる政治的な変化を貫いて，本来の貴族主義的な性格を保ったからである。この教養の価値を，個々の天才的な指導者や，大衆に対する有用性に基づいて測ることは許されない。こうした天才的な指導者の出現は常に例外的な状況下にあり，教養が大衆へ転移されると，必ず貴族の側にも大衆の側にも（教養が）浅薄となる影響を伴うのだが。ギリシア人の健康な感覚は，こうした（教養を大衆へ転移する）試みから例外なく離れたままであった。普遍的で政治的なアレテーという理想が不可欠であることは，指導層を繰り返し養成することが必要である点に基づいている。この層なしにいかなる民族や国家も，それがどんな統治形態を持つかに関わりなく，存続できないのである。

---

[42] （訳注）『パイデイア』第三分冊 106 頁以下，237 頁以下を参照。

イオニア・アイオリスの文芸と
個人の自己形成

政治的なものから離れた経験という新たな領域

　新たな国家は万人に適用される法という共通の基盤の上に築かれ，この構築は市民の新しい人間類型を創造した。その結果，市民生活一般に当てはまる規範を明確に打ち出すことは，新たな共同体にとって喫緊の課題となった。ところで初期ギリシア貴族社会の理想は叙事詩の中に自らの客観的な表現を見出し，ヘシオドスは農民風の生の経験と労働倫理の醒めた英知を，テュルタイオスはスパルタの国家精神の厳格な要求を，彼らの文芸を通して永続的な形態へと形成した。翻って我々は，新たなポリス理念が差し当たり同時代の詩情の中に，（自らの形態に）対応し得る価値ある表現を持たないことに気付く。すでに見たように，ポリス文化は比較的初期の教養を率先して自らのものとして受け入れ，その教養と共に高尚な詩情を理想的な自己描写の手段として，太古の貴族による音楽や体操と同様に役立たせた。にもかかわらず文芸上の創造物から特に本質的な内容を具体的に示すことに，関心を持たなかった。この文芸上の創造物は，すでに古典的と見なされた過去の詩情と競争できたであろう。ここでは慣習的で叙事詩風の様式を介して保たれてきた，都市創設に関わる物語に言及するだけで十分である。ローマ人ウェルギリウスは，国民的叙事詩というジャンルにおける最大にして究極の作品として『アエネーイス』に重要性を付与することができた。これ

と比べると，上述した初期ギリシアのポリス文化の時代に成立した類まれなる芸術作品のどれ一つすら，(『アエネーイス』のような) 真に重要な国家叙事詩にまで高まったようには見えない。

新たな国家の性格(エートス)は，当初は詩的な形態ではなく，他ならぬ散文の創造を通して真に革命的に表現された。なぜなら文字によって執筆された成文法こそ，まさにこの性格(エートス)を意味するからである。厳格な法に則った生と行為に基づく理想的な規範をめぐる政治的な戦いが行われ，明晰で普遍的に妥当する文章を通して，この理想的な規範という規則の確定に至る。これこそまさに人間共同体の新たな発展段階における，特徴的なものに他ならない。こうして非常に激しく感じ取られた人倫的な要求と比べると，新しい人間をありありと詩的に形態化しようとする欲望は，差し当たり背景へと退いた。法律国家それ自体は本性上，合理的な精神に由来し，詩情と何ら似ていないからである。ホメロス，カリノス，テュルタイオスに現れた，ポリス生活の文学面を表現する実り豊かな契機は，すでに描写し尽くされたように見えた。市民的な日常という広がりの全体は，当然のことながら崇高な詩情には縁遠いものに留まった。すなわち新たに高尚な文芸の源泉となる運命にあったソロンの内政面の英雄としてのあり方は，イオニア人やアイオリス人の好むところとはならなかったのである。

その代わりに政治的なもの一般から離れて，人間と詩情との最も緊密で個人的な接点において，経験の新しい領域が開かれる。我々は，上述の詩情が焦がれてこの領域へ深化するのを見る。イオニア人のエレゲイアー，イアンボス調の詩，アイオリスの抒情詩が，我々をこの世界へ招待する。我々は個人的な生の意志のダイナミックな緊張に，むしろここで間接的に気付く。それは国家の形態が変化する最中，この変化が共同体の生を変えることによるのであ

る。このダイナミズムは、まさに直接的な内面性を通して、共同体を動かすモチーフに言明する中で明らかになる。こうした精神的な行程への洞察がないと、我々には政治的な革命を理解するために最も本質的な前提が欠けていることになるであろう。精神的なものと物質的なものとの因果関係は、時代の経済的な状態に関する伝承が全く欠けている場合はなおさら、類似している場合と同様、暗闇の中に隠されている。しかし教養層にとっては、人間が新時代に付与できる精神的な形態、あるいは人間が残し、広い展開に達した痕跡が問題である。確かにイオニア精神のこの痕跡は、ギリシアと人類の歴史にとって不可欠の重要性を持つ。詩人が初めて、自らの名前を通して自らの感情と見解を語る。公的団体は、詩人の下では全く背景に留まる。たとえ詩人が政治的なものに触れるとしても（こうしたことはしばしば起きるのだが‐原注）、政治的なものはまさに尊敬を要求する普遍的な規範として我々に迫るわけではない——これはヘシオドス、カリノス、テュルタイオス、ソロンの場合に当てはまる。むしろ（政治的なものは）アルカイオスの場合のように並外れて個人的で党派的な情熱、あるいはアルキロコスの場合のように個人による自らの法の主張として迫る。寓話の中で争い合う獣さえ、お互いに自らの法、人間関係のユーモアに満ちた模写に依拠する[1]。しかし詩人が自らの思想について述べる公の発言は、新しい詩情において常にポリスとその社会的な構築を前提とする。個人はポリス社会の構築の中で、自由のみならず束縛にあってもその一部であった[2]。これは上述の（個人とポリスとの）関係が言明されないままであろうと、あるいはアルキロコスがそれを行うのが常であるように詩人が個

---

1) （訳注）アルキロコス「断片」94（ディール）。
2) （訳注）同上 7, 9, 52, 54, 60, 64, 85, 88, 109 を参照。

人的な意見を携えて同胞の下へ赴こうと、そうなのである。

自らの内的な法則の発見

驚くべきことにこの文芸の中で自然に胎動する一種の個性にとって、以下のことはきわめて特徴的である。すなわちこの文芸は、もっぱら内面を見つめることによって、自己が世界と結び付き、あるいは世界から解放されている中で、自己自身に沈潜する感覚、純粋な感情の発露として、近代的な流儀で現れるのではない。ひょっとすると詩的な個性の近代的で意識的な様式は、芸術が個人的な感情の素朴な自己表現という根源的な自然形態へ回帰することに過ぎないのかもしれない。これはきわめて多様な時代と人種からなる人々の下での、最も初期の文化段階ですでにはっきりと見出されるとおりである。ギリシア人が個人的な感覚と思考を初めて世界へもたらしたという考えほど、愚かなものはない。というのも世界全体は、むしろほとんど常にこの種の思考と感覚に溢れているからである。ギリシア人が唯一かつ最初の者として、個性に芸術的な形態を与えたわけでもない。これを特に印象的に示すのは、近代人に非常に深く似ていると感じられた中国人の抒情詩である。しかしこの中国人の抒情詩は、初期ギリシアの個性と本質的に異なっていることが如実にわかる。

他方ギリシアの詩人の思想と感情は、新たに征服された自己の領域の内部において、規範的なもの、存在すべきであるものへ関係付けられたままである。それは個々の点に即して、より正確に示すことができるだろう。こうしたギリシアの詩人の性格付けは人口に膾炙してはいるものの、我々がアルキロコスおよび彼と同類の人の間でそもそも個性として理解すべきものを概念的に鋭く把握することは、全く容易ではない。彼らにとっての個性とは明らかに、内

面の価値を意識した個々人の魂という，キリスト教が成立した後の近代的な自己感情ではない。ギリシア人は自己を常に周囲の全世界，つまり人間社会と同様，自然との生きた関連において把握した。自己は人間社会から離れたり，孤立しているのではない。ギリシア人の自己は，個性に関する言明から主観的に過ぎないものを取り去った。むしろアルキロコスのような詩情においては，一人一人の自己が対象となる世界とその法則の全体を表現し，自己の中で描き出すことを学んだと言えるだろう。ギリシア人の個人は，自己意識を持つ運動への自由と，その自由裁量の余地を獲得する。それは，この個人が主観的に過ぎないものを自由に振舞わせることによってではなく，主観的なものを精神的なものへと客観化することによる。ギリシア人の個人は，あたかも独立した世界としての外的な法則へ自己を対置させるように，自己の内的な法則を発見する。

英雄的なものの自然的なものへの変形

ヨーロッパ精神の形式の歩みにとってその射程が直接に明白であるこうした行程を，今や個々の例のみに即して考察しよう。我々はすでに類似した行程を，カリノスとテュルタイオスのエレゲイアーの成立を例に，前述の箇所において観察した。そこでは教養史上，記憶に値する事実を確認した。つまりスパルタの国家市民の理想が詩的で明瞭な姿を見出すのは，英雄を勇敢さへと鼓舞したホメロスの訓戒が，叙事詩から現実に経験された現在へと直接的に適用されることによるのである。カリノスとテュルタイオスのエレゲイアーにおいて全市民階級，すなわちスパルタ人の軍隊にとって重要なことは，アルキロコスにおいては詩人自らの（登場）人物に対して繰り返される。詩人（アルキロコス）自身あるいは彼の周囲の人物はエレゲイアーにあって，ホメロス風の役割，運命，考察の担い手として繰

り返し現れる。こうした当時行われた形式的かつ内容的な転換を通して，叙事詩を内的に我がものとすることによって個々の人格性の中で行われる偉大な教養の過程が，手に取るように明らかになる。個人をより自由な精神や生き様という段階へ高めることも，なかんずくホメロスを模範とする形成作用に負わねばならない。

「支配者エニュアリオスの僕」は，自己を同時に「ムーサイの可愛らしい贈り物」として理解する[3]。アルキロコスが自らを「支配者エニュアリオスの僕」として紹介する際，こうした勇敢な自我意識を決定的に新しいものとして感じるのが常である。この自我意識は，戦士と詩人への奇妙な二重の召命の中で，自己を正当にも何か唯一無二の存在として感じる。しかし詩人はここで彼自らの現実の人格に，叙事詩風の表現形式という英雄的な衣装を無造作に纏わせる。あるいは彼が傭兵として生計費を稼ぐ「エウボイアの，槍がゆえに名声を得た命令者」に対する戦いを，「アレスの混乱」や「剣による，呻きに満ちた業」[4]に関連するものとして誇り高く語る。その際，これが精神的な自己形成の過程であることも想起しなければならない。アルキロコスは，彼が暮らしを立てる「槍によりかかる」ホメロス風の英雄のポーズを取りながら，ワインを飲み，パンを食べる[5]。自分自身についてこうした全てを語るのは，おそらく貴族出身ではない男である。叙事詩はこの男の生，行為，思考の全体に様式を与える。

もちろんアルキロコスは，こうした求めるところの多い

---

3) 同上 1。
4) 同上 3。アルキロコスが取り巻きの知り合いへ語りかける際に用いる，叙事詩を思わせる「ケリュキデス Κηρυκίδης」，「アイシミデス Αἰσιμίδης」，「アイスキュリデス Αἰσχυλίδης」といった名前の形式にも注意せよ。.
5) 同上 2。

役割に完全に自分が適任であると常に感じているわけではない。彼の個性は、偶然的な存在に過ぎない自己をホメロスから受け取る理想的な規範へと高め、その規範へ向けて形成する点のみに現れているわけではない。自分自身を理想へと適合させ、この理想に照らして測ることは、以下のような場の発見へ導かざるを得ない。すなわち、がたがたと震える全身が身に纏う、古風な英雄の重い甲冑が、自らの不十分な人間性に調和しないような場である。しかしこれを自ら認識することは、アルキロコスの無類の活発さを何ら傷つけない。それどころかこの自己認識は彼にとって、伝統的な理想が掲げる到達し難い要求に対する、自己表出およびユーモアに満ちた自己主張の新たなモチーフともなる。ホメロスの英雄は盾を失うと名誉が失われたと感じ、こうした恥辱を被るよりは、むしろ生を犠牲にするかもしれない。これこそ、パロスの近代的な英雄アルキロコスが決定的な留保を行う点である。そして彼は次のような詩を作る時、同時代人の間にあって周囲の人を自らの味方とすることに、自信を抱いている。「今や敵のサイオイ人の誰かは、私が申し分のない武器として不本意に木立の横へ残してきた私の盾を手に入れ、喜んでいる。しかし私は、最終的な死を遂げることから逃れた。この盾はなくなってしまえ！　私は改めて同じくらい良い盾を買おう。」[6] 近代の写実的なユーモア、つまり「申し分のない武器」と「最終的な死」という、崇高に響く叙事詩の決まり文句との類まれな混合は、ここでは確かに滑稽な作用の源泉となる。このユーモアは、人間は英雄であってもいつか命を失わなければならないことを冷静に意識している。勇気ある逃亡者は滑稽な作用に守られて、全く厚かましい（詩の）結びを導き出すことが許される。彼は、唖然とす

---

6)　同上 6。

るほどの正直さによって恥の上塗りをする。「私はとにかく同じくらい良い盾を買おう！　結局のところ盾も，鈍く光り鉄金具を伴うなめした一個の牛革と，どこが異なるというのか！」

このように英雄的なものを自然的な，余りにも自然的なものへと変形することは，並外れて勇敢に見える。しかしこの点を，すでに（ホメロスの）叙事詩の後期に作られた部分は先取りしていた。アキレウスは『イリアス』の最終歌において，悲嘆に暮れたプリアモスに，プリアモスの斬殺された息子（ヘクトル）の屍を引き渡す。アキレウスがこの後で，母として最も深い苦痛を忍ばねばならなかったニオベの例を指し示しながら，プリアモスを飲食へと招待する時，それはいったい（アルキロコスの話と）どこが異なるというのであろうか。「ニオベも泣き疲れた時，再び食事のことを考えねばならなかった。」[7] 我々は皆，人間に過ぎない。英雄としてのあり方にも，限界がある。ここ（『イリアス』）で自然的なものの悲劇が演じられるように，アルキロコスにおいては喜劇が厳格で英雄的な規範を乗り越える。しかしギリシア人は常に何らかの適切な規範について思考をめぐらし，この規範と取り組む。それは，この規範を自然よりも上位にあるものとして真価を発揮させるためであるのか，それとも自然が理想に対して自らの権利を保つためであるのか，といった点に関わりはない。騎士としての慣習と職業人としての体面という厳格な鎖が緩み始めたこの（アルキロコスによる）最初の言明から，人倫的な思考の哲学的な革命に至る道は，まだ遠い。この騎士としての慣習と職業人としての体面は，徒歩傭兵には規範として何の役にも立たなかった。この哲学的な革命は，「自然」を真の，そして唯一の正当化された振舞の規範と

---

7) 『イリアス』第 24 歌 602。

して告知しなければならなかった。しかしアルキロコスが礼儀作法のしきたりに基づくあらゆる制限を勝手気ままに個人的に無視することには——これは彼の（詩の）随所において率直かつあからさまに語られるのだが——，彼が厳しく人倫に拘束された者と比べると恥知らずな人であるのみならず，自然で誠実な人である，という意識がすでに潜んでいる。

非難の詩歌(プソゴス)の代表者アルキロコス

しかし一見してアルキロコスの主観の純粋な現れと見えるものが，礼儀作法や無作法に関する一般的な見解の変化した結果に過ぎないことも，しばしばである。つまり世論という神々と伝承の力に対する正当な反乱の現れであることも，しばしばである。その際に問題となっているのは，昔から伝えられた規範を安易に避けるに留まらず，新たな規範をめぐって真剣に戦うことである。最古の社会秩序において人間に関して判断を下す最も高い審級は，公共の場での噂であった。この噂は，まさに控訴が不可能である。こうした公共の場での噂を並外れて重んじる点において，ホメロスの英雄の世界は農民と職人によるヘシオドス流の道徳と一致する[8]。アルキロコスは，民衆による正義と不正義，名声と恥辱に関する判断から全く自立していると感じる。この時，彼は（ギリシアの精神史における）展開のより自由な段階にいる[9]。「人々の陰口を気にかけるならば，誰も多くの歓びを生に対して感じることはないだろ

---

8) ホメロスの貴族倫理は不名誉によって脅し，名誉によって誘惑する。『オデュッセイア』第16歌75，第19歌527，第24歌200に現れる，民衆の陰口への顧慮は，より新しい叙事詩においても影響を及ぼす市民的な道徳の一部である。ヘシオドス『仕事と日々』763は，それどころか「噂 Pheme(ペーメー)」を女神へと高める。

9) アルキロコス「断片」9。

う。」確かに安楽を求める人間の本性は，こうした（噂からの）解放に際して決して過小評価すべきではない役割を演じた。（安楽の）正当化は，かなり誤解の余地なくこのことを示している。新たな自由と自然さの帰結として，ある種の道徳的な弛緩が随所に存在した。しかし快楽主義的な理由のみが，（アルキロコスを）市民階級による公共の悪口の力に対する反抗へと駆り立てたわけではない。アルキロコスの批判は，この悪口に対する最も鋭い原理的な攻撃へと移行する。（この攻撃の中で）ポリスは自らに功績ある男の名前を，彼の死を超えて輝かしい追憶の中で保つ，と言われる——ホメロス以来あらゆる詩人は，こうした戦没者の名を追憶の中で保つことを，功績のより確実な報酬として告知してきた。しかし「この都市の人々にあっては誰一人として亡くなった後，畏敬の念や尊敬に値する思い出を以て遇されない。我々は生きている限りは，生きている者の好意を得ようと懸命になる。しかし死者は，常に最も悪く扱われる」[10]。別の断片は，これによって何が考えられているのか，よりはっきりと示す。詩人は，もはや該当者を恐れる必要がない場合，邪悪な悪口のことを考える。この悪口は，まさに暗い抜け穴からこちらへ一挙に出てくるのだが。「死者への侮辱は高貴でない。」[11] こうして噂の心理学を見抜き，多数からなる大衆による低俗なものの見方を認識した者は，それによって普遍性という声への絶対的な尊敬も失った。すでにホメロスが，人間の感覚はゼウスが開始を告げる日のように変わりやすい，と教えていた。アルキロコスもこうしたホメロス風の認識を，自らを取り巻く生の中へと据える[12]。こうした（人間のような）

---

10) 同上 64。カリノス「断片」1 の 17, テュルタイオス「断片」9 の 23 以下を参照。

11) アルキロコス「断片」65。

12) 同上 68 (『オデュッセイア』第 18 歌 136 を参照)。

一日限りの存在に対して，そもそも偉大なことを期待できるというのか？　古えの貴族倫理は，依然として噂の中により高い力を崇拝することが許されていた。貴族倫理は噂を（アルキロコスの場合とは）何か別のもの，つまり偉大な行為に基づく名声と高貴な志操を持つ人の圏域において，名声が喜んで承認されることとして理解した。（言葉の）意味というものは，偉大なものをことごとく自らの卑小な基準で測り侮辱を好む大衆のお喋りへ移されると，無意味なものに化す。このようにポリスの新しい精神は，奔放な言論と行為を止むを得ず矯正する手段として，公共の場における批判を作り出した。

アルキロコスは，詩情における「非難の詩歌 ψόγος（プソゴス）」の第一にして最大の代表者，恐れられた叱責者[13]である。これは，偶然のみに負うわけではない。彼によるイアンボス調の詩は全て叱責する内容をかなり多く備えており，このイアンボス調の詩から彼個人の性格上の資質が，やや性急に推論された。ギリシア人のある文芸においてそうであるように，こうした（イアンボス調の詩という）ジャンルにおいて純粋に心理学的な説明を企て，詩を作者の不快な主観性の直接の発露として理解して構わないと信じられている[14]。その際，初期ギリシアのポリス生活の中で文学的な諷刺詩が生まれたことは，民衆が重視される特徴的な時代現象であることが看過されてしまう。イアンボスは本来，ディオニュソス祭における公の慣習であった。そしてそれは個々人の抱く個人的な怨恨の産物というよりも，むしろ民族が抱く気分の普遍的な爆発であった。これを十分に証するのは，比較的古いアッティカ喜劇においてイアン

---

13)　プルサのディオン「演説　第33」12。
14)　（訳注）ピンダロス「ピュティア祝勝歌集」第2歌55を参照。

ボスが自然に最も忠実で、後世へ保たれ、継承されることである。アッティカ喜劇においては、詩人が周知のとおり公共の場での批判を代表する語り手として登場する。しかしこのことは、詩人がアルキロコスのようにすでに語り手であるのみならず、広く認められた意見に時折、異議を唱える者であるという、他の同様に確かな事実と矛盾しない。この二つの事実は、公共の場での詩人の使命に関連している。イアンボスの中でもっぱら奔放な自我が生み出され、この自我が全世界に自らを注目するよう要求したことが正しいとすれば、どのようにして同じ（自我という）根源からセモニデスの哲学的で教訓的なイアンボスや、ソロンによる政治的な助言を行うイアンボスが展開できたのか、説明できないだろう。より正確に考察するならば、以下のことが明らかとなる。すなわち、この（セモニデスやソロンによる）勧告的な側面は、すでにアルキロコスのイアンボス調の詩、つまり叱責し批判的な文芸の傍らで完全に形成され、この叱責し批判的な側面と内的に関連したのである。

なるほどアルキロコスの（詩の）中には、叙事詩の勧告に見出されるようないかなる模範も、神話からの範例の引用も存在しない。しかしその代わりにアルキロコスの詩においては、寓話が登場する。寓話とは、彼の勧告が由来する領域にとって非常に特徴的な、教訓を語るための独特な形式なのである。「君たちにある寓話を語りたいと思う。」このようにして猿と狐の物語が始まる[15]。狐と鷲の物語も似たように始まる。「人間についての寓話がある。その寓話は次のように述べている。」[16] 我々は寓話を、アルキロコスによって英雄風に様式化されたエレゲイアーの中に

---

15) アルキロコス「断片」81。
16) 同上 89。

ではなく,もっぱらイアンボスの中に見出す。すでにヘシオドスの『仕事と日々』においてこのイアンボスを,民衆的な教訓の語りが古くから伝承されてきた構成部分として示した[17]。明らかにこうした勧告はアルキロコスにあっても,民衆的なイアンボス調の詩へ流れ込んだ。また,さらに別の場合を例として,イアンボスとヘシオドスとの出会いから諷刺詩の根源的な形態を推論できる。この諷刺詩は女性に対する叱責をテーマとし,価値という点でアルキロコスよりもはるかに劣る芸術仲間,アモルゴスのセモニデス(の作品)に現れた[18]。ヘシオドス(の作品)の中で頻繁に出会われるモチーフから,女性への敵意や詩人の個人的な生のロマンを推論することが試みられた。このロマンの苦い経験が,彼の作品の中で前面に現れようとしたという[19]。しかし個人としての女性と女性一般に対する嘲弄,民衆が公の機会での嘲弄に用いた言葉がはるか昔から語り継がれてきたものであることに,疑いの余地はない。セモニデスにおいてこの伝統が繰り返されることは,ヘシオドスを紙の上で模倣したに留まらず,生粋の古いイアンボスと結び付いている。このイアンボスは,嫌われた一人一人の人物を公に曝し者にすること,中傷のみを内容としたわけでは決してなかったであろう。なぜなら個人的な侮辱と,怠け者で役立たずの女性という類型全体に覚える嘲笑の喜びという両者が,古いイアンボスの中に描かれていたからである[20]。この両者が対応した同種のものを欠くこと

---

17) 102頁(本訳書では141頁)。

18) セモニデス「断片」7。ヘシオドス『神統記』590,『仕事と日々』83, 373を参照。

19) Ed. シュヴァルツ『ベルリン・プロイセン学問アカデミー紀要』1915年, 144頁。

20) 男性と女性が互いに嘲り笑うことは,ペレネにおけるデメテルの祝祭(パウサニアス『ギリシア旅行記』第7巻第27章9),アナペのアポロン祭(アポロニオス・ロディオス『アルゴナウティカ』

は，おそらくなかったであろう。アリストパネスに至るまでいかなる詩人も，こうした個人的な侮辱を再び行うことはなかった

イアンボス調の詩の社会的機能

もちろん「非難の詩歌 ψόγος(プソゴス)」という真に民衆的な中傷の本質は，受け継がれた文学的な変形とその後の展開に基づいて，ひたすら慎重に推論しなければならない。しかしこの非難の詩歌が元来，明確に理解可能で社会的な機能を備えていたことに疑いの余地はない。この非難の詩歌(プソゴス)は，我々の意味における道徳的な叱責に過ぎないわけでも，恣意的で個人的な怨恨に過ぎないわけでもない。こうした個人的な怨恨の場合には，罪のない犠牲者すべてに対してとにかく鬱憤を晴らすことが許される。非難の詩歌(プソゴス)の働きや存在根拠の自明の前提，つまり公共の場で攻撃されることこそ，上述の（非難の詩歌が道徳的な叱責や個人的な怨恨に過ぎないという）解釈を予め退けるのである。ディオニュソスの行列(コーモス)にあっては万人の舌が解放され，この行列(コーモス)の機会には都市の事情に精通した人が赤裸々な真理を外部へ投げかけることがあり得た。公の感覚は，赤裸々な真理がいつ現れようとも，こうした自由の乱用に全く健全に反応する本能を備えていた。そして純粋に個人的な憎しみや私怨の噴出は，それが最も美しい形態を取ったとしても，理想的あるいは芸術的な価値を持つことはほとんどなかったであろう。芸術をめぐってありとあらゆる競争が行われたにもかかわらず，イアンボス調の詩が同時代人の一般的な意識に対して持つ内的な関係が，詩の中で影響を及ぼしつつも気付かれなかったとしよう。そうであれば，何百年もの間アルキロコスをホメロスと並ぶギリシア人の

第4歌 1726）の中ではっきりと示されている。

教師として——ヘラクレイトスの言葉[21]が証言するように——語ることは，確かになかったであろう。さらにこれを裏付ける点として同胞へ繰り返される呼びかけが，まさにイアンボスの中に存在することが挙げられる。カトゥルスやホラティウスのイアンボスは，仮借ない批判によって公共の場で明るみに出た，時代の不快な出来事に対する態度を明らかにし，そこで少なくとも理想化された公共性に依拠する。この理想化された公共性の中で，上述の二人は憎まれた人物の一人一人を嘲笑に委ねる。彼らのイアンボスは，アルキロコスの不十分な断片に依拠する我々の考えを補足してくれるはずである[22]。イアンボスはアルキロコス以降の初期ギリシアの文芸において，展開を遂げた。それ以来，我々はこうした，何らかの理由で公の注目を刺激する人間，判断，影響と批判的に取り組む。その際，取るに足らない愚痴が語られるのではなく，（公の）承認を得た優れた者が発言することは疑い得ない。

イアンボスの諷刺詩から教訓的なものへの移行

新しい詩情が及ぼした強い影響は，時代の深い欲望に発

---

21) ヘラクレイトス「断片」42（ディールス）。

22) これに基づいて，カリマコスがアルキロコスのイアンボスを文学的に模倣したと仮定するのは困難である。我々は最近，アルキロコスの芸術のかなり大規模な例を再発見した。フィレンツェ・パピルスのきわめて功績ある編集者である G. ヴィテリと M. ノルサ（アテナイ / ローマ，第 3 編第 1 巻）は，もちろんこの詩をアルキロコス自身のイアンボスと見なす。しかしこの詩人（アルキロコス）の作品から学者風に引用を行うこと，韻律，言語を才気煥発に強調することは，私にはカリマコスのみに当てはまるように見える（今では G. パスクァーリの『イタリア研究』1933 年を参照 – 原注）。一組の馬からなる魂という比喩が，プラトンの『パイドロス』に描かれている。この比喩は（G. ヴィテリと M. ノルサによる）前掲書の第 7 巻以下において，激しい情熱を記述するために用いられているように私には見える。

した。アルキロコスのエレゲイアーも，ホメロスの叙事詩の形態に基づく高尚な文体と奇妙にも著しい対照をなす要素を，未だに示している。この要素がギリシアの文芸において初めて，時代の深い欲望と共に入り込んだ。まさにこうした新しい流儀こそ，詩情の様式がポリス精神に果たした貢献である。ポリス市民の強力な情熱は，ホメロスの作品に登場する貴族の教育が基づく「称賛 Epainos（エパイノス）」のみによって抑えつけることはできなかった。というのもすでに古代人が銘記したように，人間の中の「卑俗な本性の持ち主」は，称賛よりも叱責を刺激として必要とするからである[23]。こうした叱責者の職務がいかに民衆的であったかが，アルキロコスから感じられる。彼は登場する際，拍手喝采を浴びることに自信を抱いている。アルキロコスは都市の最大の権威である戦略家，煽動家に敢えて接近し，自らの批判が好意的な反響を得ることを常に予め確信している[24]。（アルキロコスの恋人）ネオブレの父リュカンベスは詩人（アルキロコス）の（娘への）求婚を退けたため，詩人はリュカンベスに対して軽蔑を交え情熱的に攻撃する。しかしこの攻撃，アルキロコスとネオブレの結婚の物語においても，都市の全体が聞き手として考えられていることが明らかである。詩人は裁判官かつ被告を一身に体現している。「父なるリュカンベスよ，誰があなたの分別をかくも動かしたのか。あなたは以前，非常に賢かった。しかし今や都市のいかなる人にとっても，公然たる物笑いの種である。」この引用においてさえ，叱責は自らの形式を通して勧告的であり続けている[25]。

　もちろん個人的な敵に対する嘲笑は，主観的な感情を思

---

23) （訳注）「教育者としてのホメロス」注18を参照。
24) （訳注）アルキロコス「断片」60。
25) 同上88。（イェーガーによるパラフレーズ。）

いのまま自由に振舞わせる強い誘惑であった。パピルスに記された，かなり長いイアンボスが数十年前（19世紀の末）に発見され[26]，それは正当にも，偉大な憎む人（アルキロコス）の作とされた[27]。このかなり長いイアンボスは，呪われた敵たちが被る未来の苦悩を思う存分描き尽くすことによって，こうした（嘲笑の）力を野放図に羽ばたかせる。ピンダロスは貴族の徳を教育的に称賛する巨匠であり，次のように語る。「私は遠くから，叱責を好むアルキロコスが寄る辺ない困窮の中にいるのを見た。なぜなら彼はしばしば，耐え難い言葉と敵意によって肥えていたからである。」[28] しかしあの純然たる憎悪の詩でさえ，効果的な結末が予想外に示すように，正当な憎悪から生じた。少なくともアルキロコス自身は，この結末をそう見なす。「私は彼（リュカンベス）を見たいと思う。というのも彼は私に不正を加え，我々の誓いを足で踏みにじったからである。以前は仲間であった彼が。」[29] 残された一つ一つの詩句は，（アルキロコスに）語りかけられた者を非難する。「君には，肝臓を燃やすような怒りがない！」[30] この，いずれにせよ我々に知られていない文脈から取られた詩句は，正当に怒ることができないという，アルキロコスにとっては我慢ならない属性に言及している。こうした属性は周知のように後の逍遥学派(ペリパトス)の倫理にとっても，人倫的な欠陥に見える[31]。上述の引用は，アルキロコスによる憎悪の詩の全

---

26) （訳注）オクシュリンコス・パピルスのこと。
27) アルキロコス「断片」79。
28) ピンダロス「ピュティア祝勝歌集」第2歌 55。
29) （訳注）アルキロコス「断片」79。
30) 私は「断片」96 にある，純粋に場所として考えられた「χολὴν ἐφ' ἥπατι 肝臓に怒りを」を，ホラティウスの『諷刺詩』第1巻9，66（あるいは似た第1巻13，4）に倣い，別の言葉で言い換えた。
31) アリストテレス「断片」80（ローゼ編）を参照。ここにお

体を明らかにする。この箇所では，偽りの友に向けた憎悪の詩の結末のように，以下のような印象を確認することができる。つまりアルキロコスのイアンボスは，強く規範的な要素を含んでいる。彼は自らが叱責する人間へ，個人としての信望以上の尺度を要求する。まさにこの意識こそ，アルキロコスにきわめて自由に自己から抜け出る能力を与えた。イアンボスは諷刺詩から教訓的なもの，あるいは反省へと軽やかに移行するが，上のことからこうした軽やかさが説明できる。

運命(テュケー)と人間の自由との関連

さてここで我々は，教育的で反省的な作品を取り上げよう。以前ホメロスとの関わりという観点から気付いたことは，アルキロコスの世界観を明らかにする以下の詩の中にも存在する。アルキロコスは友人に対して，不幸にあっても雄々しく，忍耐深く，粘り強くあるよう警告し，あるいは神々に全てを委ねるよう助言する。運命(テュケー)と運命の女神(モイライ)は，人間に全てを与える[32]。しばしば神性は，不幸にあって体をだらりと伸ばして大地に横たわっていた人間を，不意に真っ直ぐに起こし，あるいは確固として自らの足で立っている者を，後ろへ投げ倒す[33]。運命(テュケー)の力が問題となる場合，後世のギリシア人の思考においてこうした言明の全体としばしば出会う。アルキロコスの宗教性は，運命(テュケー)という問題に根ざしている。彼による神の経験は，運命(テュケー)の経験である。この考察はその内容に即せば，そして部分的に

いては，アリストテレス自身を支持する見解を提供する箇所がセネカ，ピロデモス，キケロから集められている。この箇所を失われた対話「大政治家」へ帰すことは，もちろん根拠がない（ローゼ「アリストテレスの偽書簡」114頁を参照）。

32) アルキロコス「断片」7, 8, 58。
33) （訳注）同上 58。

は言葉の一言一句に至るまで，ホメロスから取られている[34]。しかし人間と運命との戦いは，ここ（アルキロコスの詩句）では英雄の偉大な世界から現在の日常的な領域へ移されている。戦いの舞台は，詩人の生である。彼は叙事詩の模範に照らして自己を苦悩し行為する人間として意識するに至り，自らの存在を叙事詩の依拠する世界観の内容によって満たす。人間の自我が思考と行為の歩みをより自由かつ意識的に導くことを習うにつれて，この自我は運命という問題との結び付きをなおさら強く感じる。

爾来ギリシア人において運命（テュケー）という考えの展開は，人間の自由という問題の展開と常に歩調を合わせる。しかし最大限の独立へ向けた努力とは，運命（テュケー）が人間へ贈り物として与える多くのものを断念することに他ならない。というわけで，以下のことは偶然ではない。つまり我々はアルキロコスの有名な詩句の中に初めて，内的に自由な人間による，自ら選んだ特定の生の形式への個人的な信仰告白，正しい「生の選択」を非常にはっきりと見出す。この詩句において語り手は，ギュゲスの富を目指して努力し，人間と神の間の境界を越えることを望み，僭主の権力へ手を伸ばすことを拒否する[35]。「なぜなら，僭主の権力は私の関心から遠く離れているからである。」[36] こうした誇り高い慎ましさがいかなる認識に由来するのか，詩人の自分自身に対する無二の語りかけが示す。このようなギリシア文学における初の，比較的長い独白は，エレゲイアーやイアンボスで馴染みの，別の人間に警告する語りを，自らの人格へ向けることによって生まれた。その際に自らの人格は，あたかも語り手と，自ら考え意欲する精神とに分裂する。こうし

---

34) （訳注）同上 68。『オデュッセイア』第 18 歌 136 以下の言い換え。

35) アルキロコス「断片」22。

36) （訳注）同上 67。

た例はすでに『オデュッセイア』の中に存在し，アルキロコスは思考と状況に応じてこうした例を借用する[37]。しかし彼は『オデュッセイア』からしばしば引用される言葉に依拠して，いったい何を行ったのか？「我が心よ，賢明に辛抱して待て。お前はすでに，卑劣なことに耐えた！」[38] 彼は沈んだ出口のない苦悩の渦から浮かび上がり，敵どもに敢然と胸を張り，決然と行動しながら身を守るため，自らの勇気に呼びかける。「汝は勝者として衆目の前で胸を張るべきでも，敗者として家で床に身を投げ出して嘆くべきでもない。むしろ喜ぶに値することについて喜び，不幸に余りにも屈することなく，どのようなリズムが人間を拘束しているのかを認識せよ！」[39]

確固とした限界付けとしてのリズム

ここで「中庸を守れ」という純粋に実践的なアドバイスが，生から直接聞き取られた。崇高な性格(エートス)の源泉となる考察は，このアドバイスを超えて，人間存在の全体における「リズム」に関する普遍的な直観へと高まる[40]。アルキロコスは，感情があらゆる種類の快苦，つまり彼にとっては外部たる運命から到来した禍福に耽溺することに対して訓戒を行う。彼は上述の一般的な見方に依拠し，こうした訓戒および自制を促す警告を基礎付ける。すでにこうした「リズム」の中に，イオニアの自然哲学と歴史的な思考の精神について幾許かが感じ取られていることが窺える。このイ

---

37) 同上 67（『オデュッセイア』第 20 歌 18 を参照）。
38) （訳注）アルキロコス「断片」67。
39) （訳注）同上。
40) 単純化するため，私はアルキロコスによるイオニア風の語形「リュスモス ῥυσμός」（「断片」67a7）を，ラテン語化されたアッティカ風の形式である「リズム Rhythmus」（〈ῥυθμός −訳注〉によって再現する。

オニアの自然哲学と歴史的な思考の精神は，存在の自然な成り行きの中に合法則的なものを客観的に直観することへと初めて進んだのである。ヘロドトスはいみじくも，「人間的な事柄の有為転変(キュクロス)」について語る。その際，彼は特に人間の幸福の浮き沈みを感じている[41]。

流れるものは，おそらく近代人の感情にとってはリズミカルなものによる自然な働きで，それどころか「流れるῥέω(レオー)」（という動詞）の派生語に依拠するのが常である。しかしアルキロコスにおいて上述の浮き沈みが問題となっている場合，この流れるものを「リズム」の中に見ることへ誘惑されてはならない。この派生語が生じたということは，（かかるῥέωなる）言葉の歴史という明晰な事実によって反駁される。すなわちこの（ῥέωという）言葉の歴史は，この言葉を舞踊の運動や音楽へ特別に当てはめることがむしろ二次的であり，それが根本の意味を覆い隠していることを証明している。我々はこの舞踊の運動や音楽から，「リズム Rhythmus」という外来語を受け継いだ。むしろギリシア人が本来，舞踊や音楽の本質をどのように感じたのかという問いを，この際掲げなければならない。そしてこの問いへの答えは，アルキロコスの詩句が非常に美しく示しているような根本的な意義によって，きわめて急速に明らかになる。リズムが人間を「保つ hält」[42]ということ——私はまさに「拘束する in Banden hält」と翻訳した——は，事柄の流れに関わるいかなる考えをも不可能にする。我々は，アイスキュロスの（作品に登場する）プロメテウスのことを考えよう。プロメテウスは，鉄で編まれ

---

41) ヘロドトス『歴史』第1巻第207章（第1巻第5章を参照—原注）。

42) （訳注）アルキロコスの原文（「断片」67）では，「γίγνωσκε δ' οἷος ῥυσμὸς ἀνθρώπους ἔχει 我々を支配する，人生の浮き沈みを認識せよ」である。

た鎖で身動きできず縛られており，自分自身について次のように語る。「私はここで（人間に徳を施し），この"リズム"に呪縛されている。」[43]あるいはアイスキュロスはクセルクセスに関して，彼がヘレスポントスの流れを束縛し，ヘレスポントスをまたぐ水路を〈別の形（リズム－原注)〉へともたらした，つまり橋へと形を変え，水路に確固とした「形 Bande」を纏わせた[44]，と言っている。ここにおいてリズムは，まさに運動，つまり流れに確固たる制限を課すところのものである。これはアルキロコスについても，まさに当てはまる。というわけでデモクリトスも原子のリズムに関して古い真正の意味で語り，原子のリズムというと運動のようなものではなく，図式を理解していた。これは，すでにアリストテレスが古い真正の意味を的確に描写しているとおりである[45]。こうしてすでに古代の説明者が，アイスキュロスにおけるこの（「流れる ῥέω」という）言葉を正しく解釈した。ギリシア人が建築または彫像のリズムについて語る場合，それは明らかに音楽的なものからの具象的な転移ではない。ギリシア人は舞踊と音楽の中にあるリズムを発見したが，この発見の根底にある根本的な直観は，上で述べたように流れることではなく，逆に運動による支えと確固とした限界付けと関わる。

我々はアルキロコスの中に，新たな個人的な教養の奇跡を見る。この教養は，確固たる基礎形態と同一形態を意識的に認識することに基づく。この形態は，人間の生における究極の自然によって与えられたのである。単なる伝承の権威から解放された，自らの限界への意識的な順応が告げ

43）（訳注）アイスキュロス『縛られたプロメテウス』108。

44) 同上 241「ὧδ᾽ ἐρρύθμισμα このように無慈悲な目に遭わされている」，『ペルシア人』747「πόρον μετερρύθμιζε 海峡の姿を作り変え」。

45) アリストテレス『形而上学』第 1 巻第 4 章 985b16。

られる。人間の思考は自らの事柄を手中に収め、ポリスの共同生活において普遍的に妥当するものを法的に固定すべく努力する。人間の思考はこれと同様にこの外的な限界を超え、今やついに人間の内面の領域へと進出する。これは、情熱のカオスも人間の内部の確固たる限界へ閉じ込めるためなのである。こうした探求にとって、続く世紀においては詩情が本来の舞台であり、後になってようやく哲学が第二のものとして詩情に加わる。ホメロスを越える詩情の道は、アルキロコスが目指す精神的な目標の方向の中にはっきりと認識できる。従来、叙事詩の唯一の担い手であった神話的な内容から、普遍的で人間的な問題という内容がますます解放された。その後、近代的な文芸が、自由に活動する個人の内的な欲望から生まれた。詩人は叙事詩の理念的で問題的な内容を言葉の真の意味において「我がもの」としつつ、エレゲイアーとイアンボスとして特に新しい文芸ジャンルへ自立させ、この内容を個人的な生へ変形した。

ポリス生活の補足としての快楽主義的な詩情

我々はアルキロコスの後に続く一世紀半のイオニア文学について非常に多くのことを知っており、イオニア文学が全く上述の道を歩むことを認識できる。しかし精神的な偉大さという観点に立つと偉大な先駆者アルキロコスに匹敵する人物は、誰一人として存在しない。後世の人々にあっては、とりわけエレゲイアーおよびアルキロコスのイアンボスによる反省の形式がさらに発展した。アモルゴスのセモニデスが残したイアンボスは、並外れて教訓的である。冒頭のイアンボスは語りかけによって、ジャンルが直接的に教育的なものへと転回することを示している[46]。「我が子

---

46) セモニデス「断片」1。

よ，ゼウスは万物の結末を手中に握っており，思うがままに万物の結末を導く。しかし人間はいかなる洞察をも持たない。我々はその日限りの存在として牧草地の獣のように生き，神性が一つ一つの事物をどのような結末へ導くのか，知らない。万人はもっぱら希望と自己欺瞞によって生き，彼らの感覚は獲得し難いものへ向けられている。人間が目的を達する前に，高齢，病気，戦場や海上の大波の中での死が襲いかかる。他方，別の人々は，自死を遂げる。」詩人はヘシオドスと同様，いかなる不幸も人間に欠けることはない，と嘆く[47]。無数の災厄をもたらす悪霊，予期せざる苦悩と苦痛が人間の下で広まる。「もしも人間が私の言葉に耳を澄ませて聞けば，我々自らの不幸を愛することはないだろう——この引用箇所においてもヘシオドスを感じ取るのだが——，そして災いに溢れた苦痛へ向けて努力することによって，我々自身が苦しむことはないだろう。」[48]

このイアンボスとほぼ同じテーマを扱うエレゲイアーでは[49]，セモニデスが詩の失われた最後の部分で人間に助言したことが明らかになる。人間が不幸を追い求めるべく，目を眩まされて追跡を行う理由は，人生への際限のない希望を野放しにする点にある。「キオス出身の男が，非常に美しい一言を言った。人間の世代は，葉の世代と似(て束の間の生を享受す)る。しかし彼らはなるほどこの知らせを耳では受け取めるが，心から受け入れているわけではな

---

47) ヘシオドス『仕事と日々』100。
48) 同上 58。（セモニデス「断片」—訳注）29, 10 もヘシオドス的である（『仕事と日々』40）。（上の引用部の，ハイフンの間はイェーガーによる挿入—訳注）
49) セモニデス「断片」29。この詩をベルクに依拠してアモルゴスのセモニデスの作へ帰すこと——この詩はストバイオスによってはるかに有名な，ケオスのシモニデスの名の下に伝承されている——は，文献学的な批判の確固たる成果に属する。

い。なぜなら，万人には若者の心に育つ希望が本来，備わっているからである。死すべき者は生の盛りにある限り，軽やかな感覚を備え，多くの実行不可能なことを計画する。というのも，誰も老齢や死のことを考えず，人間は健康である限り，病気の心配をしないからである。このように考え，死すべき者の若い時期が刹那に過ぎないことを知らない者は，愚かだ。しかし，君はこれを心に留めよ。そして生の最後に思いを致し，君の魂に何か快適なことを喜んで与えるのを認めよ。」[50]若さは，ここではいかにも法外な幻想，そして遠くへ行き過ぎる試みの源に見える。というのも若さには，人生がどんなに短いか，ということを熟慮するホメロスの英知がまだ欠けているからである。詩人がこの文章から導き出す帰結，つまり人生の中にある快適なものを，時を得て愉しめという警告は，唯一無二で斬新に響く。このような警告は，ホメロス（の作品）には載っていなかった。この警告は，（セモニデス）以後の世代のスローガンである。この（彼以後の）世代にとっては英雄時代の高い要求，すなわち深い真剣さの多くが失われ，それゆえこの世代は祖先の教説から，自らの人生観に最も好ましいものを読み取る。上述の警告は，人生が短いことへの嘆きであった。こうした見解は，英雄神話の世界から自然に感じ取られた詩人の現在へと転移され，悲劇的な英雄のあり方の代わりに燃えるような生の渇望へ働きかけるに違いない。

　ポリスが法律の強制に従って市民生活を厳格に束縛すればするほど，「政治的な生 politische Bios」は補足として，それだけ必然的に私的な生の領域で手綱を緩めることを促した。これは，後にペリクレス[51]が（ペロポネソス戦争

---

50) （訳注）同上。
51) トゥキュディデス『戦史』第2巻第37章2。

イオニア・アイオリスの文芸と個人の自己形成　243

の）戦没者追悼演説におけるアテナイ国家の理想的な性格付けの中で，自由なアッティカの人間性と余りにも硬直したスパルタの束縛性との相違として提示したものに他ならない。「我々は，たとえ隣人が自らの愉しみを求めても彼らを悪く取らず，憤慨した顔つきで仕返しをしない。」この行動の自由とは，ポリス全体をまとめる法律が個々人の生の衝動に対して許容する，ぜひとも必要な自由裁量の余地である。こうした（ペリクレスの）時代にあって個人の存在する場を拡張しようとする衝動は，大衆にとっては個々人のより強い意識的な生の享受を願うことに他ならない。これは非常に人間的なことである。このような衝動は本来の個人主義ではなく，超個人的な力との闘争に達しない。しかしその（非本来的な個人主義という）制限の内部で，個人的な幸福を目指す欲望の領域が明らかに広がり，拡大する。この幸福への衝動という関心の比重は以前よりも大きく，生の全体に対して有利に働く。ペリクレス時代のアッティカ文化では，個人の欲望という生活領域を国家および公共性から区別することは，原則的に認められている。しかしこの区別は，一挙に勝ち取った承認に違いない。この歩みは，イオニアにおいてなされた。ここで初めて，快楽主義的な詩情が成立する。この詩情は感覚的な幸福と美への願望を抱く権利を要求し，こうした財産を全くなしで済ます生は無価値であることを，強烈かつ情熱的に告げる。

　アモルゴスのセモニデスと同様，コロポンのミムネルモスも自らのエレゲイアーにおいて，完全な生を享受する教師として登場する。アルキロコスにあってより強力な自然の間歇的な噴出，あるいは個人の刹那的な気分以上のものとして働きかけるものは，前述の（セモニデス，ミムネルモスという）二人の後継者においては，生の究極の英知として現れる。それは万人に対する要求となり，それどころ

か，この二人が人間を導こうとする生の理想となる。「黄金のアプロディテ（[性]愛）なしに，生の享受はない！」ミムネルモスは，もしも黄金のアプロディテを愉しむことが許されていないならば，むしろ死にたい，と呼びかける[52]。彼のような詩人を頽廃した享楽主義者として紹介することほど，倒錯した試みはないであろう——我々はセモニデスの人柄の全体像を描くためには，ごく僅かな資料しか持っていない。セモニデスの詩の中には，並外れて政治的かつ戦闘的な響きを持つものが幾つかある。この響きは独特の力強い，緊張したホメロス風の詩句によって，騎士的な伝承と志操を明白に示している[53]。しかし詩情が個人的な生の享受という区域を自らの領域へ取り入れることは何か新しく，人間形成にとって重要なことである。人間のいやます苦悩は運命，つまり一方的に受け入れざるを得ない「ゼウスの贈り物」に依存しており，人間に宿命のように降りかかる[54]。ホメロス以後の文芸においては生が短く，感覚的な愉しみが束の間のものに過ぎないことに関する嘆きが，いよいよ強まる。この嘆きも上で触れた人間の苦悩と同じくらい頻繁に，万物が個人的な生の権利という観点の下に考察されていることを証する。しかし自然的なものを要求する扉が広く開かれれば開かれるほど，生の享受へ耽溺することに乗り気であればあるほど，それだけ深く人間は断念を迫られざるを得ない。死，老い，病，災難その他，人間を周囲で待ち伏せているものが成長し，非常に激しく威嚇する[55]。刹那を愉しむことによってこの威嚇から

---

52) ミムネルモス「断片」1。

53) 同上 12-14。

54) （訳注）アルキロコス「断片」8, 58, 68, シモニデス「断片」1の1以下，ソロン「断片」1の64, テオグニス「エレゲイアー」134行，142行，157行などを参照。

55) （訳注）ミムネルモス「断片」2, 5, 6を参照。

逃れようとする者は誰であれ，心の中に絶え間なく良心の棘を宿す[56]。

快楽主義的な詩情における反省に基づく教訓

精神史的に考察するならば，快楽主義に基づく詩情は，ギリシアの（精神史的な）展開における最も重要な転回点の一つである。ここでは，次のことを思い出せばよい。つまりギリシア思想にとって個人という問題は，倫理と国家の構築が問題となる限りにおいて，「快さ ήδύ」というモチーフが「高貴さ καλόν」に対して優位を占めようとする形で常に描かれていたのである。ソフィスト派において，万人の行為に働くこの二つの起動力の間の争いが公然と起きる。プラトン哲学は，人間の生の最高善が快楽であるという要求を克服する点において頂点に達する。完全な生の歓びとその意識的な享受を目指す人間らしい願望は，叙事詩や古いエレゲイアーが代表するような「高貴さ καλόν」の要求に対抗するが，それは自らの根本的なあり方において自己を決然と肯定したに違いない。以上の展開は前5世紀に生まれたような（快さと高貴さとの）対立関係を極端化し，ソクラテスからプラトンに至るアッティカ哲学が努力した方法でそれを克服し，終局的に調和させるに至る。この調和は，アリストテレスによる人間の人格性という理想が要求したとおりである。先に触れた（人間的な願望の）肯定は，アルキロコス以後のイオニアの詩情の中でなされる。このイオニアの詩情の中で遂行される精神的な展開の意味は，紛れもなく外へ働きかける。つまりこうした展開は力を解放し，ポリスが法律の支配の構築によって自らの組織の強化へ寄与したのと少なくとも同程度に，この組織を緩やかにした。

---

56) 同上 2-6。

この要求を公の場で言明し承認するため，反省に基づく教訓という形式を必要とした。この形式は，アルキロコス以後のエレゲイアーとイアンボス調の詩に特有であった。快楽主義はこうした形式の中で，一人一人の偶然的で個人的な生の気分として現れるのではない。詩人はありふれた文章の中で，個人の権利を生の享受に即して基礎付ける。セモニデスとミムネルモスの（作品の）随所で自然の合理的な考察が始まり，ミレトスの自然哲学が成立する時代であることを彷彿させる。大抵は宇宙論的な面に限定された哲学史の中で，思考は大きな流れとして人生への問いを前にして止まることがない。それは，この時代を取り扱う伝統的な手法が瞥見させるとおりである。思考は以前から倫理的な観念の担い手であった詩情を捉え，これに精神を吹き込む。ここにおいても，今や個別に探求される諸問題が我々の前に立ちはだかる。詩人は生を詠う哲学者として，聞き手の前に歩み出る。セモニデスが残した詩は特定のテーマに関する純粋に教訓的な講演で，最早アルキロコスの中で感情に走る自己表出ではない。この自己表出は，場合によっては反省という形式へも移行し得るのだが。なるほどミムネルモスは，セモニデスよりもはるかに優れた芸術家である。しかし残された断片の多くにあって，あの（セモニデスの）思索的な性格を共有する。こうして詩情は英雄的なものから私的かつ人間的なものへの移行に際しても，教育的な態度を墨守する。

サッポーによる新たな内面性の世界

前7世紀から前6世紀にかけてのイオニアにおけるアルキロコス以後の詩情は，一般的に妥当する反省という形式を用いて，人間が自然に持つ生の権利について述べる。他方レスボスの人であるサッポーとアルカイオスによるアイオリスの抒情詩においては，個人の内面生活がおのずと

イオニア・アイオリスの文芸と個人の自己形成　247

迸り出る。このギリシア人の精神生活の領域における唯一無二の現象に最も近いのは，アルキロコスによる自己表現の形式である。こうした自己表現の形式は，一般化して考えられたに過ぎないものではなく，現に個人として経験したことを，個人の感覚という多彩なニュアンスを用いて表現する。実際にアルキロコスは，アイオリスの抒情詩にとって不可欠の前段階として考察しなければならない。彼の主観性が並外れて情熱的に噴出する憎しみの詩においてさえも，その主観性は倫理的な感覚に基づく普遍的な規範を志向し続けている。アイオリスの抒情詩はとりわけサッポーにおいてこの規範を越え，純粋な感情の表明となる。もちろんアルキロコスによって個人的な領域が重要なものへと高められ，表現の可能性の充溢によって豊かになることはきわめて明白である。この充溢は魂の最も秘められた運動にさえ，自由な伝達への出口を開く。アルキロコスは，見たところ完全に主観的で形態を持たないようなものでも普遍的な妥当性へと形態化しているので，彼によってある確実性が獲得される。サッポーにおいてはこの確実性から，驚嘆に値する賜物が成長した。その賜物とは，最も個人的なものすら，そこから直接的に経験された刺激を奪うことなく，永遠に人間的なものへと高められたことである。

　アイオリスの抒情詩の中で起きた人間の内面性の自己形成という奇跡は，小アジアのギリシア人による法治国家あるいは哲学という同時代の創造物に劣らない。こうした奇跡の認識は，この種の（アイオリスの抒情詩という）ギリシアの詩情と外的な環境との密接な絡み合いに盲目となることを意味しない。アルキロコスは血なまぐさいものに溢れた自らのあらゆる詩句と共に，生の只中にいる。これと同様アルカイオスとサッポーの文芸も，外的な生の切っ掛けと密接に結び付いており，詩は特定の人間集団のために

書かれている。これは、過去数十年の間に遺物として知られた様々な作品の豊かな選集が教えるとおりである。慣習的なものがこれら（アルカイオスとサッポーの文芸）とまず関連し、今日我々はこの慣習的なものによってピンダロスと同様、詩情を通してより鋭く見ることを学んだ。しかしアルカイオス風の酒宴の歌による文芸と男性の饗宴との生きた関連や、サッポーによる結婚式，愛の歌，女流詩人へ群がる若い仲間の女たちと芸術集団との生きた関連は、我々の観点から見てより深い，より積極的な意義を獲得し得る。

　饗宴は闊達とした交際，しかしまた男性の世界にとっては高尚な精神的伝統を伴う中心的な場である。饗宴は、新しい個人的な態度と献身が自由に展開することを目指す。したがって男性の個性は、主に饗宴における文芸という広い潮流に担われている。多くの資料から明らかなように、この潮流は時代の中から突如として出現し、強い魂による全ての運動がこの潮流へ流れ込んだ。アルカイオスによる酒宴の歌はその残された断片にあって、あらゆる種類の感情の表出と思索的な観察を包括する豊かな像を示している。あたかも斬殺された僭主ミュルシロスに対する野蛮な（感情の）爆発のように（アルカイオスによる）一群の断片は、アルキロコスの憎しみに満たされた、情熱的で政治的な意志を表明するのに貢献している。己が秘密という重荷で懊悩する心を軽くするために、親しい友人の集まりの中では、思い切って性愛上の告白が公共の明るみに出る。深い性格(エートス)から生まれ、友人に敢えて助言を行うこういった断片は、個人的な生の絆という価値が増すことを、動揺する個々人のあり方の確固たる支えとして示す。我々はすでにアルキロコスの作品において自然の気分の最初の動きと出会うが、この自然の気分は次のような自然を示してい

る[57]。すなわちこの自然は、ホメロス（の作品）に登場する羊飼いが高い山の展望台から夜の孤独の中で戦きつつ頭上の素晴らしい星空を眺めるような、客観的に見られる、あるいは愉しまれるようなイメージでは最早ない[58]。むしろ雰囲気あるいは四季の変化、つまり光から闇、静けさから嵐、冬の非活動的な状態から活気付く春の息吹への移り行きが、人間の魂における感動の鏡像、興奮の表現の基体となる。世の成り行きや運命に関する誠実で穏やかな、あるいは諦観した考察は、ディオニュソス的な興奮の中で個人的な生の苦境をことごとく葬り去る飲酒の哲学と、全く新たな仕方で結び付く。したがってこうした抒情詩の個人的な気分も、人間共同体との関連を否定しているわけではない。しかしこの共同体は、まさに一人一人が胸中を吐露できる個人的な集団へと狭められる。飲酒の詩情のみならず、神への讃歌や祈りの祭儀的な形式が存在する。しかし（飲酒の詩情と）同様のこの形式は、文芸が由来する人間の自己表現の、別の根源形式に過ぎない。まさに祈りの中で人間はたった一人となり、根源の態度において赤裸々な自己として存在に対峙する。祈る者は、目に見えない現在の「汝」としての神的な力へ語りかける。この語りかけは祈る者にとって、自らの考えを語り、自らが聞いたことに基づいて証言できる人なしに自らの感覚をますます自由に流出させる手段となる。これをサッポーの祈りが最も美しく示している[59]。

ギリシア精神は、主観的な感情という新たな内面性の世界へ最後の歩みを進めるために、あたかもこの（サッポー

---

57) （訳注）アルカイオス「断片」30。アルキロコス「断片」56を参照。

58) （訳注）『イリアス』第8歌555-559。

59) （訳注）サッポー「断片」5。ムーサイへの祈りであるソロン「断片」1も参照。

という）女性を必要としたかのようである。プラトンの言葉によれば，ギリシア人はサッポーを第十のムーサイとして尊敬した[60]。なぜなら，彼女が何か並外れて偉大な者であったということを感じたからである。女性が詩人であることは，ギリシア世界において格別なことではなかった。しかしサッポーの芸術仲間の誰一人として彼女に伍する者はなく，彼女は何か無二の存在であり続けた。アルカイオスの文芸が内容的に豊かであることと比べると，サッポーの抒情詩は狭く限定されている。彼女の抒情詩が描くのは彼女を取り囲む女性の世界であり，正確に言えば共有する女流詩人（サッポー）の生が取り巻きの娘たちの集まりを満たす一場景の世界である。母親，愛人，男性の妻としての女性は非常にしばしばギリシアの詩情の中に現れ，あらゆる時代の詩人に讃美された。というのも，女性はこうした姿で男性の空想の中に生きるからである。しかしこのような女性はサッポーの歌の中で，娘の一人が（彼女の取り巻きの中へ）入り込んだり，あるいは（そこから）別れる時に，時折姿を現わすに過ぎない。上述のような母親，愛人，男性の妻としての女性は，サッポーにとっては詩的な霊感の源泉ではない。女性が成長して母親から離れ始めて若い娘になると，サッポーの取り巻きの中へ入る。サッポーは未婚の女性を保護することによって，その厳粛な美を輪舞，遊戯，歌の中で受け取る。この未婚の女性の生は女神官の生と同様，ムーサイに対する奉仕へと完全に捧げられている。

魂の力を解放するエロスによる人間形成

　ギリシアにおける詩人と教育者のあり方は，この芸術的

---

60)　（訳注）『パラティン詞華集』9506。

な女らしさに基づく「信女の群れ Thiasos」[61]におけるほど完全に一つであることはなかった。この信女の群れの精神的な周縁は，おそらくサッポー自身による抒情詩の広がりと重なることは困難であったが，先史時代の美しいもの全てを共に含んでいた。サッポーは歌の中で女性の魂の灼熱と偉大さを，伝承された男性的で英雄的な精神の仲間として付け加えた。この歌の中では，彼女の周囲の共同体で志を同じくする者たちによる生活固有の高揚感が震えている。こうした共同体において一種の理想的な中間世界が，両親の家と結婚との間に入り込む。この中間世界は，女性を女性らしい最高に高貴な魂へと形成する場としてのみ理解できる。サッポーの取り巻きの存在は，詩情には教育的な見解があることを前提としている。この見解は，彼女の時代のギリシア人にとっては自明なことであった。しかしここで新しく偉大なことは，女性がこの中間世界への入場許可を求め，この中で女性としての自らの場，自ら固有の関与を獲得することである。というのも，この中間世界ではムーサイへの奉仕が女性に開かれており，奉仕という要素が女性の個人的な成長の歩みと融合することは，獲得と名付けるべきだからである。しかし本来の意味で人間形成となる，こうした根本的な融合は，魂の力を解放するエロスの力なしには，いかなる場においても遂行されない。そしてプラトン的なエロスとサッポー的なエロスとの間の並行関係が，おのずと胸に湧いてくる。このような女性のエロスは，その詩的な精華が芳香の優しさと色艶によって我々を恍惚とさせ，人間同士の真の共同体を創設する力を持った。それゆえこの女性のエロスは気まぐれなものでは

---

61) （訳注）ギリシア・ローマの宗教における，神を崇拝する人々の結び付き。大抵それによって宗教的な団体のことが意味された。ヘレニズム以前の時代，多くの場合ディオニュソスや類似した神々の崇拝と関係があった。

あり得ず，エロスが満たした魂を第三の，より高いものにおいて結び付けなければならなかった。この第三の，より高いものは，遊戯と舞踊を事とする感覚的な優美の女神(カリス)の眼前にあり，サッポーの同伴者の中心にいた登場人物の高みの中に模範として具現していた。サッポーの抒情詩は，以下の点において絶頂に達する。すなわち，まだ心を開いていない無愛想な娘の心への熱い求愛，帰郷のため，あるいは自らを妻に欲する男に従うため——これは当時，愛と関係なかったが——（サッポーの）取り巻きを去らねばならない愛する女友達からの別れ，あるいは夕方，庭を静かに散歩しながら，いなくなってしまったサッポーの名を遠くから空しくも呼ぶ，（男性に）奪われた女性の伴侶への焦がれた想いの中に。

　こうしたエロスの本性について証明不可能で心理学的な説明を案出したり，それとは反対に，このような（サッポーによる同性愛という）瀆神について道徳的に憤慨し，サッポーの取り巻きの感覚をキリスト教的・市民的な人倫の掟に全く合致するものとして証明することは無意味である。サッポーをいかに解釈するかということは，近代人にとって未解決のままである。その詩はサッポーによるエロスの病理を，内的な均衡を揺り動かす情熱として描いている。この情熱は感覚を魂と同程度に，非常に強く捉える。我々にとって問題となるのは，サッポーの性愛における感覚的な面の存在を確定することよりも，むしろ感覚の充溢である。この充溢は，全ての人間に摑みかかる力によって解放される。ギリシア人の男性による愛の詩は，いかなる場においてもこの詩情の魂の深みに，寸毫といえども達することがない。男性は精神と感覚という両極へ分かれているため，ようやく後になってエロス的なものの意義を認めた。こうした意義は情緒的なものへと深く入り込み，生の全体を満たすことができる。

男性的な感覚のこうした変化は，ヘレニズムにおけるフェミニズム化として性格付けられた。いずれにせよ初期の時代においては女性だけにこのように包括的な，我々の感情にとってもっぱら愛の名に値する，感覚的で情緒的な献身への能力があった。女性にとっては愛の経験が存在の中心にあり，女性のみがこうした愛の経験を自然との不可分の統一によって把握する。愛による結婚という概念が未だに疎遠であった時代，愛という経験を男性との関係の中で達成することは困難であったろう。それは他方で男性の最高に精神化された愛も，女性との関係にあっては詩的に描かれることなく，プラトン的なエロスの形態で描かれたのと同様である。プラトン的な魂はエロスの秘密であるイデアへと，思い焦がれて高揚する。この高揚による形而上学的な超感覚性を，ますます感官へと接近するサッポーの感覚の中に読み取ろうとするのは，時代錯誤であろう。しかし彼女はプラトンと同様，真の情熱が魂を深みへ追いやることを感じていた。まさにここに偉大な情熱は由来し，この情熱こそサッポーの文芸に，魅惑的な哀愁という繊細な魅力のみならず，大いなる人間的な悲劇という並外れた崇高さをも与える。

　早くからサッポーという人物をテーマとした伝説は，彼女の人柄と感情の世界を隠す謎を，美男パオンへの不幸な愛に関する物語によって解釈し，彼女の悲劇をレウカスの岩からの劇的な身投げによって象徴化していた。男性のみが，彼女の世界から全く遠ざかっている。男性はせいぜいサッポーの世界の出口の門のところでサッポーに愛された娘たちへの求婚者として現れるに過ぎず，よそよそしい目で観察される。男性が神と同じような至福を享受し，愛人に対面して座り，愛人の可憐な声，愛人の憧れを掻き立てる笑い声に耳を澄ませるというイメージは，サッポーの中に，愛された人の傍らにいた彼女自身の感情の記憶を呼び

覚ます。この声，この笑い声は，彼女の胸中を興奮のあまり硬くさせる。「あなたを一瞥するだけでも，口からいかなる声も発せられず，舌は動きを失い，小さな炎が肌の下を這ってゆき，目の前は真っ暗になり，耳は轟々と音を立て，汗は流れ下ってきて，ありとあらゆる戦きが襲いかかり，私は草よりも青白く，ほとんど死人のように見える。」[62]

　サッポーによる至高の芸術は，荘重ならざる民謡的な素朴さと，感覚的で直接的に描かれた内的経験という現実の中にある。ゲーテに至る西洋芸術において，これと何か比較できるものがあろうか？　このサッポーの歌は女生徒の結婚式のために詩作され，サッポーがこの形式において類まれな独特な言語を用いるということを信じて構わないとしよう。するとサッポーの例だけで，以下のことを十分に示し得る。すなわちここでは様式と言語の慣習が，最も深く自分自身を感じることから，個性の純粋な表現へと改造されているのである。見たところまさに単純な状況から，感情の非常に繊細な陰影が明るみへ出ようとする。この陰影こそ，サッポーに初めて真の意義を付与する。しかし女性のみにこの個性への能力があり，女性に与えられた最大の力，つまり愛によってのみ，こうした能力を持ったということは，おそらく偶然ではない。サッポーはこの愛の告知者として，詩作する男たちの集まりへ歩み寄る。このことが彼女の唯一無二の使命の象徴であるかのように，最近発見された頌詩の冒頭には，次のように述べられている。「ある人々は，地上で最も美しいものは騎兵隊であると言い，別の人々は歩兵隊，さらに別の人々は多数の船であると考える。しかし私が最も美しいと思うのは，心の憧れが

---

62)　（訳注）サッポー「断片」2。

向かうような愛された人である。」[63]

---

63) （訳注）同上 27a。

ソロンと,アテナイにおける
政治的な教養の開始

アッティカの教養の支柱ソロン

　ギリシア部族の精神的な演奏における最後の共演者として,アッティカが前600年頃に演奏を開始する。アッティカは,見たところ最初は他部族のテーマを速やかに習得した。そして特に種族的に似ていたイオニア人のテーマを受容し変形させながら,間もなく自立して彼らのテーマを高度な統一へと編み込んだ。さらにますます明瞭で十全に展開する旋律のため,このテーマを利用した。ようやく百年後になってアッティカの力は,アイスキュロスの悲劇の中で高みに達する。たとえ我々がアッティカの力を彼の悲劇を通して初めて知ったとしても,不足するものはほとんどなかったであろう。我々は(前)6世紀全般にわたる,ソロンの詩のかなり重要な断片を所有している。しかしもちろんこの断片は,決して単に偶然に保存されてきたわけではない。ソロンはアッティカの教養の構築に際して,何百年にもわたって支柱の一つであり続けた。それは,アッティカ国家およびこの国家における自立的な精神生活が存在した限りにおいてであるが。彼の詩句は少年たちが小さい頃から魂に刻み込まれ,演説を行う人はこれを法廷の前あるいは民会で,アッティカ市民精神の古典的な表現として繰り返し引用した[1]。アッティカ帝国の力と壮麗さが没

---

　1) 拙論「ソロンの優れた法秩序(エウノミアー)」(『ベルリン・プロイセン学問

ソロンと，アテナイにおける政治的な教養の開始　257

落したため過去の偉大さを回顧しようとする願望が人々の間で目覚め，新時代（ヘレニズム）の歴史学的で文法的な学識が（過去の傑作から）残ったものの保存を引き受けた。そのお蔭で当時に至るまで，ソロンの詩句は生きて働き続けた。さらに上述（ヘレニズム）の学識はソロンの詩情における自伝的な発言を，高い価値を持つ歴史的な史料として自らの宝へ編入した。我々もこのような自伝的な発言を主としてこうした目で考察し始めてから，それほど時が経過しているわけではない

　ソロンの詩のあらゆる痕跡が失われたとして，我々の置かれた状況について少し考えてみよう。彼の詩が存在しなければ，悲劇時代の偉大なアッティカの詩情や，いやそれどころかアテナイの全精神生活において，まさに最も奇妙で壮麗なことをほとんど理解できないであろう。この最も奇妙で壮麗なこととは，国家という思想があらゆる精神的な産物に浸透していることである。国家が並外れて支配的な立場を占めていることは，市民生活の中にはっきりと示されている。これは，あらゆる個人を通した精神的な創造が共同体に結合され共同体を形成する機能を果たすのを，きわめて高めることによるのである。（ギリシアのアテナイ以外の）他の場所では，ただスパルタにおいてだけこのような状況が存在する。しかしスパルタ国家の性格（エートス）は，生活様式の偉大さとまとまりにもかかわらず固有の精神運動を伴わなかったため新しい内的な実質を中へ取り込めないことが，時と共にますます明らかとなる。スパルタ国家の性格（エートス）は，次第に硬直化する。他方イオニアのポリスは，なるほど法思想が新たな社会を構築するための組織的な原理を生み出し，同時に身分上の特権を突破することによって

アカデミー紀要』1926 年）69-71 頁を参照。本章で述べる見解は，その他の論文と並んでこの論文にも基づいている。

市民に自由をもたらした。この自由は，何ら束縛を受けずに展開する余地を個々人に与えた。しかし市民的な自由は人間的なもの，余りにも人間的なものを認めたことによって，個人の活動という新たに湧き上がってきた富に，作られた共同体の中で高い目的を示し人々をまとめる力を展開することができなかった。一方では教育的な力，他方では思考と言論の自由が存在した。前者は政治の営みによって新たに作られた法律という秩序の中に明確に示され，後者はイオニアの詩人が何ら束縛を受けずに享受した。両者の間には，それらを束ねる絆が未だに欠けていた。アッティカ文化が初めて，個人の前進を促す力と国家共同体を結合する力という二つの力を調和させた。アッティカは，精神的，政治的に非常に多くを負うイオニアとあらゆる点で内的に類似している。にもかかわらず，こうした遠心性のイオニア的な運動の自由と求心性のアッティカ的な構築力が根本的に異なることは，非常にはっきりと認識できる。ここからギリシアの決定的な形態は，教育と教養に関してアッティカの土壌にあって初めて成長したことが説明できる。ソロンからプラトン，トゥキュディデス，デモステネスへ至るギリシア人の政治文化の古典的な記念碑は，全体としてアッティカ部族の創造物である。この創造物は，次のような場においてのみ成立することができた。つまり共同体の生を求める強い感覚が精神の形式をことごとく自らの支配下に置き，この形式を自らの内面へ関連付けることができた場においてである。

貴族支配下の，イオニア精神との出会い

こうした真のアッティカ的なあり方を初めて代表する人物は，ソロンである。彼は同時に，アッティカのあり方を最も高貴に創造した。その理由は次のとおりである。ここにおいて全（ギリシア）民族が，いかに自らの調和的な精

ソロンと，アテナイにおける政治的な教養の開始　259

神のあり方に基づいて途方もないことを遂行するように運命付けられていたとしても，今後の展開を睨んで決定的であったのは，その当初から，こうした資質に形式を与えることのできた人格がこの民族から育ったことであった。政治的な歴史記述は，歴史上の人物が成し遂げた明白な成功に従って判断するのが常である。それゆえこの歴史記述は，ソロンを主に彼の立法の所産である「債務奴隷の禁止 Seisachthie」[2] という現実政治的な側面に即して評価する。ギリシアの教養史にとって特に考察の対象となるのは，ソロンの同時代史への影響という限定性をはるかに越えて，彼が政治的な教師として自民族に対して何を意味したか，ということである。そしてまさにこのことこそ，後世に及ぼす永続的な意義をソロンに付与する。かくして詩人としてのソロンが前面に登場する。彼は初めて自らの倫理的に偉大な志操を通して，政党政治の水準を越えて高まる政治的な行為というモチーフを明らかにした。我々は，新しい政治的な人間形成における立法の果たす意義について言及した。ソロンの詩は，そのための最もわかりやすい説明を提供してくれる。彼の詩は，我々にとって未だに特別な価値がある。すなわちソロンの詩の中には，法律という非人格的な普遍性の背後に立法者の精神的な形態が現れている。この精神的な形態の中には，ギリシア人が並外れて生き生きと感じていた法律の教育的な力が，目に見える形で具体化されている。

　ソロンを生んだ古代アッティカ社会は，依然として土地所有貴族の支配下にあった点に特徴がある。貴族支配は当時，他の地域ではすでに崩れ始め，あるいは終焉を迎えて

---

　2)　（訳注）アテナイの立法家ソロンによって作られた，一連の立法。前6世紀のアテナイで猛威を奮った，農奴の身分の拡張や奴隷制を，借金の帳消しによって改正しようとした。

いた。血で書かれたと評されたアッティカの法[3]を編纂するための第一歩，その厳格さがゆえに有名になった「ドラコン」の法律[4]は，（貴族の）伝統からの訣別よりも，むしろ慣習的な関係を固定することを意味した。ソロンの法律も，貴族支配それ自体を除去しようとしたわけではない。ペイシストラトス家の僭主政の没落後，クレイステネスの改革が，強制的にこの貴族支配を初めて排除した。社会的で政治的な高潮が押し寄せ，周囲の世界を水浸しにし，アッティカの開けた海岸で砕けたことは，後世のアテナイとその不穏な改革への欲望を考える人にとっては，奇跡のように見える。しかし当時のアテナイの住民は，外国からのあらゆる影響を受けることのできた後の世紀の船乗りではまだなかった。こうした船乗りをプラトンが描いている[5]。アッティカは，依然として紛れもない農業国であった。土くれにしがみつく民族は決して軽やかに敏捷ではなく，父祖の宗教や人倫に根付いていた。しかしだからといって，下層階級を新たな社会的観念に触れていない存在として思い描く必要はない。これを教えるのは，ボイオティア人の例である。ボイオティア出身のヘシオドスこそすでにソロンの一世紀前におけるその例であり，封建的な状態はギリシア民主主義の最盛期に至るまで揺らぐことがなかった。鈍い大衆が要求と苦情を携えて上層部へ訴えたことは，思ったほど容易に目的を意識した政治行為へと変化するわけではない。こうした変化は，上層部の優れた教養それ自体がこうした（目的を意識した政治行為という）考えの培養地となり，さらに貴族が巧妙心ないしは深慮から大衆を助け，大衆の指導を引き受けた場合に初めて起き

---

3) （訳注）プルタルコス『英雄伝 ソロン』第17章。
4) （訳注）同上，アリストテレス『アテナイ人の国政』第6章，第13章を参照。
5) （訳注）プラトン『法律』706B以下を参照。

た。我々は前古典期に作られた壺の絵の上に、馬を愛する高貴な大地主が改まった機会に、特に彼らと同じ大地主の埋葬式で、小さな馬車を軽快に御しているのを見る。この大地主は労働し隷属する農民階級に対し、まとまった力として堅固に対峙していた。高貴な者、つまり土地所有者は身分が低い者に対して利己的な身分精神(カースト)を抱き、彼らとの交渉を断った。こうしたことが、虐げられた住民の要求に対して堅固な防波堤を築いた。ソロンの長大なイアンボスは、住民のきわめて絶望した状況を生き生きと描いている[6]。

アッティカ貴族の教養は、全くイオニア的である。芸術と同様、詩情においても、アッティカという国では他では知られていない優れた趣味と様式が支配している。こうした影響が生活態度と人生観にまで広がったということは、ごく自然である。高貴な主人を埋葬する式で当時に至るまで、通例アジア風の華美と泣き女が存在した。ソロンの法律はこうしたアジア風の華美と泣き女を禁じたが、これは民衆的な感情への譲歩であった[7]。百年後にようやく、ペルシア戦争の結果、全く厳かな衣装、髪の結い方、生活態度が浸透したので、アッティカにおけるイオニア風の模範[8]、つまり「古風な軟弱さ $\alpha\rho\chi\alpha\iota\alpha\ \chi\lambda\iota\delta\eta$」は最終的に廃れていった。アクロポリスの「ペルシア人による瓦礫」[9]から出土したアルカイックな彫刻は、このイオニアの模範という小アジア的で豪奢な気取った流行について、ついに

---

6) (訳注) ソロン「断片」24。

7) (訳注) プルタルコス『英雄伝 ソロン』第21章。

8) (訳注) トゥキュディデス『戦史』第1巻第6章を参照。

9) (訳注) 前480/479年のペルシア軍による占領の間、アテナイのアクロポリスで聖域の略奪や破壊が行われた。その後、これを片付ける作業によって生まれた瓦礫と整地の層が、「ペルシア人による瓦礫」と名付けられる。

第Ⅰ部　初期のギリシア

生き生きとしたイメージを伝えた。ベルリンの博物館に最近加わった[10]女神像は、ソロンの時代を代表するものである。この像は、上述した古いアッティカ貴族主義の明るく身分意識の強い女性世界の代表者として、一般に認められた。母国がイオニア文化の深い影響を受けた結果、有害であると思われた多くの新しいことが持ち込まれざるを得なかった。しかしこのことが、以下の事態を洞察する妨げとなってはならない。つまり、そもそも古風なアッティカで固有の精神形態を形成する衝動は、イオニア精神を通してアッティカの本質を豊かにすることによって、初めて目覚めたのである。特に経済的な弱者である大衆から発した政治運動、これを率いるソロンという並外れた指導者の姿は、イオニア東部の刺激なしには考えられないであろう。この指導者の姿の中では、アッティカ的なものとイオニア的なものとが同等に分かち難く浸透していた。ソロンはこうした歴史的に重要な教養の行程にとって、後の歴史的な記憶が保ったごく僅かなもの、つまり同時代のアッティカ芸術が残したものと並んで、本来の古典性を証する。彼の遺した文芸の形態であるエレゲイアー、イアンボスは、イオニアに由来する。同時代のイオニアの詩情とソロンとの密接な関係は、コロポン出身のミムネルモスの詩によってはっきりと確認されている[11]。詩に表れたミムネルモスの言語は、アッティカ的な形式と混合したイオニア方言である。アッティカ的なものそれ自体は、この時代の高尚な詩情が用いている力をまだ持っていなかった。イオニア方言は、部分的にはミムネルモスの文芸に基づく思考が用いた

---

10)　（訳注）ベルリンの古代博物館に所蔵されている、南アッティカで出土した、娘の墓の立像、いわゆる「ベルリンの女神」（前570年頃）を指していると思われる。http://www.bildindex.de/obj20363267.html を参照。

11)　（訳注）ソロン「断片」22。

ものでもある。しかしここでは固有なものと異質なものとがせめぎ合い，壮麗で新しいものを表現するべく結び付く。ミムネルモスはこの新しいものを表現するため，イオニアの形式を借りることによって内的な自由および巨匠的なあり方を得た。この巨匠的なあり方は，どこでもというわけではないが，全く容易に表現されたのである。

秩序の女神(エウノミアー)とディケー

ソロンによる政治詩[12]の成立は，（彼が）法律を制定する以前の時代から，ペイシストラトスが準備した僭主政とサラミスの侵略に至るまでの50年に及ぶ[13]。ソロンはこの政治詩の中で，かつてヘシオドスとテュルタイオスの詩情を通して表現されたあの教育的な偉大さを，一挙に再現した。ソロンによる同胞への語りかけ――それは彼による挨拶の言葉の確実な形式である――は，熱意に動かされ責任感の漲る共同体の感情から溢れ出る。アルキロコスからミムネルモスに至るイオニア人の文芸のいかなる場においても，こうした語り口を取ることはなかった。ただし戦争という危機の時，エフェソスの同胞の故郷愛と自尊心に呼びかけたカリノスだけは例外である。ソロンの政治詩は，こうしたホメロス風の英雄精神から生まれたわけではない。ソロンの政治詩は，全く新しいパトスから突然，現れる。真の意味での新時代は全て，人間の魂の中で新しい源泉となる領域を文芸に対して開く。

社会と経済が大変動を被ったあの時代，世界からできるだけ多く富の分け前を得ようとする争いが起きた。その際に我々は，いかに正義という理念が探求する人間の思考の

---

12)「ソロンの優れた法秩序(エウノミアー)」（『ベルリン・プロイセン学問アカデミー紀要』前掲）71頁以下における，ホメロス，ヘシオドス，悲劇への関係，並びにソロンの政治的な詩の解釈について参照せよ。

13)（訳注）プルタルコス『英雄伝　ソロン』第8章。

確固たる支えとなったかを見た。ヘシオドスは最初の人物として貪欲で物欲しげな兄弟に挑んだ戦いにあって，保護を与える神的な力としてのディケーに呼びかけた。彼はディケーを傲慢(ヒューブリス)の呪いに対する共同体の守護者として称え，ゼウスの王座の横にディケーの場を指定した。このゼウスの王座は，ヘシオドスの信仰の最高位にあるのだが。ヘシオドスは，敬虔な想像力からなる全く並外れた現実感覚を駆使して，不正に対する呪い，つまり不作，空腹の困窮，ペスト，流産，戦争，死を具体的に描写した。こうした不正による呪いは，個々人の罪を都市全体へ広げる。他方で正しい都市という対照的なイメージは，神的な祝福によって明るく光る彩色の中で鈍く輝いている。耕地は穀物を実らせ，女たちは両親に似た子供を産み，船は確実に利益を家へもたらす。平和と富が国の至る所で支配している。

　政治家ソロンもディケーの力への信仰の中で生きており，彼がディケーに関して思い描くイメージは，明らかにヘシオドス的な色彩を帯びている。ヘシオドスによる正義への不動の信仰はすでにイオニア諸都市の身分闘争において一定の役割を演じ，共同所有権をめぐって戦う者にとって内的な抵抗を行う力の源泉となった。このことを信じても差し支えない。ソロンはヘシオドスの思想の再発見者ではなく——こうした者は必要なかった——，彼の思想を継承し，さらに展開する人物である。ソロンにとっても，正義が不動の場を神的な世界の構造に持つことは確実である。彼は，正義を無視することは不可能であると繰り返し強調する。というのも，正義は常に最終的な勝利を収め，自らを貫くからである。人間の傲慢(ヒューブリス)は遅かれ早かれ罰せられ，公正という限界を超えた埋め合わせを必ず行うことに

なる[14]。

　このような確信に基づいてソロンは，利害をめぐる盲目な戦いの中で神経を擦り減らす同胞へ，警告せざるを得ない。彼は都市が足取りを早めて深淵へ急ぐのを見，差し迫った没落を阻もうとする[15]。民衆の指導者は所有欲に翻弄され，不正な道を通して蓄財し，国家や神殿に流れ込む財産を保護せず，ディケーという気品ある基盤を顧慮しない。ディケーは沈黙しつつも過去と現在，全てのことを見つめるが，時と共に過つことなく罰するためにやって来る。しかしソロンによる罰の捉え方を見ると，正義の信仰に基づくヘシオドスの宗教的な現実主義とソロンとの違いが明らかになる。ソロンにとっての神罰は，ヘシオドスの場合のような不作やペストではない。神罰は，社会という有機体に障害をもたらす内在的なものである[16]。法を侵害する度に，障害が起きる。国家の中で党派間の闘争と内戦が勃発し，人間は暴力と不正のみが支配している集会に集まる。無産者の大群は祖国を去り，債務奴隷にならねばならない。たとえこうした災厄から逃れようとして自宅の全く目立たない隅へ潜り込むとしても，ありふれた災厄が彼を見出し，この災厄は「高く築いた宮廷の壁さえも跳び越えて」[17]襲来する。

　個人とその運命は，世界という全体の生へと編み込まれている。このことが，（ソロンの）偉大な警告詩の言葉におけるほど，わかりやすく感動的に描かれたことはかつてなかった。この警告詩は，明らかにソロンが「調停人」へと召命される以前の時代に成立した。社会悪は，随所で広まる伝染病に譬えられる。ソロンの呼びかけによれば，こ

---

14)　（訳注）ソロン「断片」1，8。
15)　同上 3。
16)　「ソロンの優れた法秩序(エウノミアー)」79 頁を参照。
17)　（訳注）ソロン「断片」3 の 28。

の伝染病は先に触れた市民の不和を呼び覚ますあらゆる都市に必ず襲来する[18]。ここでは預言者的なヴィジョンではなく，政治的な認識に基づいて語られる。正義の侵害が原因となって社会的な生の過程に障害が及ぶという連関は，ここで初めて一般的な妥当性を持つ命題として客観的に言明された。そしてこの認識が，ソロンを弁論へと駆り立てる。「私の精神が，このことをアテナイ人へ教えるよう命令するのだ」という文によって，不正とそれが国家へもたらす帰結に関する叙述が終わる[19]。ソロンは宗教的に高揚すると共に，ヘシオドスが語った正しい都市，正しくない都市という対照的な像を想起し，秩序の女神（エウノミアー）が明るく照らす片方の（正しい都市の）像を具体的に描写する[20]。この片方の像によって，彼の使命は前途が有望なうちに終る。ソロンにとっては秩序の女神（エウノミアー）もディケーと同様，神である——ヘシオドスの『神統記』[21]はこの両者を姉妹と名付ける。秩序の女神（エウノミアー）は内在的に働く。この働きは，ヘシオドスに見られるように外なる天から来る何らかの祝福の贈り物や，豊かな耕牧地や，あらゆるものが満たされたことによって明らかになるのではない。むしろ社会的な秩序（コスモス）の平和と調和によって明らかになる。

運命の摂理としての迷妄（アーテー）から人間の自己責任へ

ソロンはいかなる場でも，社会生活が内的な法則に従っているという考えを，全く明瞭に把握している。（彼と）同時代のイオニアにおいて，タレスやアナクシマンドロスなどミレトスの自然哲学者が，自然の永遠の生成消滅に恒常的な法則を認識しようとする，最初の勇敢な一歩を踏み

---

18) （訳注）同上 3 の 17 以下。
19) （訳注）同上 3 の 30。
20) （訳注）同上 3 の 32 以下。
21) ヘシオドス『神統記』902。

出したことを想起するとよいだろう。自然,人間の生,それと共に内的な感覚,現実を統御する内的な規範にあって,内在的な秩序を直観しながら把握しようとする同一の衝動が随所に存在する。ソロンは,自然の中に原因と結果の合法則的な関連が存在するという思考を紛れもなく前提としている。彼が別の箇所[22]で,「雲から雪と雹が生じ,稲妻の後には必ず雷鳴が続き,強過ぎる男たちの手で都市が没落し,民衆はただ一人の支配者の手に陥る」という時,上述の(自然における原因と結果の)関連と社会的な現象の合法則性を並置している。僭主政とは,ある民族の大衆に支えられた少数の貴族の一族と彼らの首領が,残り全ての貴族を支配することを意味する。僭主政はアッティカの貴族に発する社会にとって,ソロンが懸念したことの中で最も恐るべき危険であった。というのも国家においてこの瞬間に,何世紀も続いた古い覇権が終わりを告げるからである。特徴的なことだが,ソロンは民主主義の危険についてまだ語っていない。大衆が政治的に未熟であった当時,こうした危険は現実的なことではなかった。貴族が没落することによって,初めて僭主政が大衆に道を開いた。

アテナイ人は政治的な営みが特定の合法則性を持っているとする認識を,イオニアの思想という模範の助けによって,彼ら以前の誰よりも容易に把握することができた。なぜならアテナイ人には,植民地や本国の多くのギリシア都市で得た,一世紀以上にわたる政治的な展開という経験があったからである。この植民地および本国の多くのギリシア都市は規則的に同じ過程を歩んだのだが,これは注目に値する。アテナイが後にこうした展開へ加わったことは,彼らが未来を予見する政治的な認識の創造者たらしめた。教師としてのあり方がゆえに,ソロンは永続的な名声を得

---

22) ソロン「断片」10。

るに至った。しかし人間本性にとって特徴的なのは，以下のことが明らかになった点にある。すなわちアテナイは早い時期からこうした卓越した洞察に達したにもかかわらず，僭主政を通過せざるを得なかったのである。

今や我々はソロンの残された詩を手がかりに，最初の警告の使命から次のような事態に至る認識の成長をさらに追うことにしよう。この事態においては，政治的な出来事が認識の孤独な高みに立つ男（ソロン）の明晰な予見を証明し，ペイシストラトスという一個人と彼の一族による僭主政が実現したのである[23]。「汝らが汝らの悪行がゆえに艱難辛苦を強いられているとしても，そのことに対する罪を神々に負わせてはならない。なぜなら汝らこそが，（ペイシストラトスの一族という）人々へ力を与えたことによって彼らを増長させたからだ。それゆえ汝らは，不名誉な奴隷状態へと陥ったのである。」明らかにこれらの言葉は，先に検討した警告のエレゲイアーの冒頭と結び付いている。「我々の都市はゼウスの摂理，至福の神々の決定に従って，決して没落することはないであろう。というのも神々の高貴な保護者，力強い父を持つパラス・アテナが，上から手を差し伸べているからである。むしろ市民自身が金銭欲，無思慮から，大いなる都市を破滅させようと望んでいる。」[24]ここで脅されることは，より後の詩の中で実現するだろう。ソロンはより早い時期に行った予言で，来たるべき災厄に関してはっきりと注意を喚起する。これによって同胞を前に自らの無実を証明し，罪への問いを究明する。彼は（先に引用された）両方の箇所においてこれをほとんど同じ言葉で語っているが，それは以下のことを証明する。すなわち，ここではソロンにとって政治の根本思

---

23) 同上 8。
24) 同上 3。（イェーガーによるパラフレーズ。）

想，つまり近代的に言えば責任への問い，ギリシア的に言えば人間による運命への関与が問題となっている。

この問題はホメロスの叙事詩において初めて，『オデュッセイア』の冒頭で立てられた。この冒頭において支配者ゼウスは神々の会議に際して，死すべき者の不当な嘆きを退ける。死すべき者は，人間の生が災難に他ならないことの責任を神々になすりつける。この箇所ではソロンとほぼ同じ言葉で，神々ではなく人間自身が無思慮によって自らの苦悩を大きくすると言われている[25]。ソロンはこのホメロスの作品に表れた弁神論を，意識的に引き合いに出した。ギリシア最古の宗教は，逃れ難い迷妄(アーテー)に注目する。迷妄はあらゆる人間的な不幸の中にあり，高い諸力によって送られたのである。迷妄(アーテー)は外から来たのか，それとも人間の意志や衝動の中に根を持つのかといったことは，重要ではない。ゼウスは世界支配の最高の担い手であり，『オデュッセイア』の詩人はゼウスが哲学的な反省を発言するよう仕向ける。この反省は上述の（迷妄(アーテー)への注目という）ことに関して，すでに倫理的な展開における後期の段階を表す。こうした段階では，強力で予見不可能な神的な運命の摂理という意味での迷妄(アーテー)と，行為する人間の自己責任とが鋭く区別される。人間は自己責任によって自らの不幸を，運命が割り当てた分を越えて増やす。この行為する人間の自己責任には，前以て知るという契機と，故意に意志された正しくない行為という契機が不可欠に見える。このような点で，人間が共同体において健全な生活を送るためにソロンが正義の意義について考えたことは，ホメロスの弁神論に由来し，この弁神論に新しい内容を盛り込むものであった。

---

25) 『オデュッセイア』第1歌 32 以下。以下，前掲「ソロンの優れた法秩序(エウノミアー)」73 頁における私の説明を参照。

政治的な合法則性について普遍的に妥当する認識として明らかになったのは、行為者自身が義務に縛られることである。それゆえソロンが生きる世界は、もはや神々の恣意に自由裁量の余地を認めない。これは『イリアス』の信仰とは異なっている。彼の世界では厳格な法秩序が支配し、彼はホメロスの作品の登場人物が神々の手から与えられた運命の大部分を、人間自身の罪として読み換えなければならない。神々はこの場合、人倫的な秩序の執行者に過ぎず、この人倫的な秩序はまさに神々の意志と同一と見なされる。ソロンの時代におけるイオニアの抒情詩人は、世界になぜ苦悩が存在するのか、という問いに少なからず深く心を動かされ、憂鬱な思いで諦念した人間の運命と、逃れ難い運命を嘆くことに長々と耽った。ソロンはその代わり、責任意識を持って行為するよう人間に呼びかけ、自らの政治的で人倫的な態度を通して、こうした行為の模範を示した。この模範はアッティカのあり方の道徳的な真剣さと同様、古びることのない生の力を最も強く証明するものであった。

ディケーによる信賞必罰

ところでソロンにおいても、観想的な要素が決して欠けているわけではない。完全に残された長いエレゲイアーである「ムーサイへの祈り」は、まさに自己の罪という問題を改めて取り上げ、ソロンの全思考にとってこの問題が重要であったことが確認できる[26]。この（自己の罪という）問題は（ムーサイへの）祈りの中で、人間が行うあらゆる努力と運命に関する一般的な考察と関連付けられている。この考察から、行為する大政治家がいかに深く宗教的なものに根付いているか、政治詩よりもはるかに明らかに

---

26) ソロン「断片」1。

認識できる。この「ムーサイへの祈り」という詩は、物質的な財産と社会的な名声を高く評価する伝統に基づいており、特にテオグニスとピンダロスから、しかしすでに『オデュッセイア』からも、我々に馴染みの古い貴族倫理を示す。とはいえ上述の（ムーサイへの）祈りの中でこの古い貴族倫理は、ソロンによる厳格な正義観と弁神論に溢れている[27]。ソロンはエレゲイアーの第一部において、富は正当な仕方で獲得されねばならないと要求し、富へ抱く自然な願望を制限する。神々の与える財産のみが安定しており、不法と暴力を通して獲得された財産は、やがて現れる迷妄（アーテー）の豊かな温床に過ぎない。

このようにソロンは至る所で、不法は常に短い間、安定するに過ぎず、必ず時と共にディケーがやって来るという考えを示している。我々は（ソロンの）政治詩の中に、「神的な罰」に関する社会的で内在的な見解を見出した。この見解は、「ゼウスの報復」という宗教的な像の背後に隠れている。「ゼウスの報復」は、春の嵐のように突然、始まる。つまりゼウスは突如として雲を散り散りにし、深海を徹底的にかき乱し、畑に現れては人間が勤勉に骨を折って作ったものを荒らす。しかしその後ゼウスは再び天へ昇り、太陽の光は肥沃な大地を明るく照らし、周囲にはもはや雲が見えない——これこそ何人も免れることのできない、「ゼウスの報復」である。ある人々は早く罪を贖い、ある人々は遅くなってから罪を贖う。罪ある者が罰から逃れると、子どもや孫が（彼らは）罪がないにもかかわらず、罪を犯した者の代わりに罪の贖いをする[28]。我々はここですでに、百年後にアッティカ悲劇が成長する宗教的な思想圏の最中にいる。

---

27) （訳注）同上1の7以下。
28) （訳注）同上1の17-32。

しかし今や詩人は、いかなる人間のどんな努力によっても防ぐことのできない、あの別の迷妄(アーテー)を考察する。我々は次のことを認識する。ソロンの同時代人は人間の行為と運命の領域を大幅に合理化し、倫理化した。にもかかわらず、神による世界支配の例を個々の点に即してもう一度、後から数え直そうとしても、捉えきれない残余がある。「我々死すべき者は善人であれ悪人であれ、望むものを手に入れるだろう[29]と考える。不幸がついにやって来ると、我々は嘆く。病人は健康になることを、貧乏人は豊かになることを望む。誰もが固有の仕方で商人、船乗り、農夫、職人、歌手あるいは予言者として、金と利得を望む。しかし誰もが迫りつつある不幸を予見するにもかかわらず、この不幸を防ぐことができない。」[30]引用文中で詩の思想は古風な（単語の）並列によって展開しており、ここから第二部にとって決定的な観点が姿を覗かせる。すなわち運命の女神(モイライ)は人間のあらゆる努力を、それがどんなに首尾一貫して真剣であろうとも、根底から不確かなものとする。この運命の女神(モイライ)は、予め知識を持っていても防ぐことができない。これは上述の第一部における、（人間に）自己責任がある不幸の登場と同様である。それゆえ運命の女神(モイライ)は、善人と悪人を問わず打撃を与える[31]。我々の努力が成功に至るか否かは、どこまでも道理に合わない。努力して成功を収めようとする者はしばしば失敗を手にし、神性は努力なしに成功を収めようとする者に、彼らの愚かさが招く顚末から逃れさせる。人間のあらゆる行為には危険が伴う[32]。

---

29) 同上1の34。私はおおよそ補足すべき意味を書き込んだ。というのも、テキストはこの箇所で損傷を被っているからである。
30) （訳注）同上1の33-67。イェーガーによるパラフレーズ。
31) （訳注）同上1の63。
32) （訳注）同上1の67-70。

ソロンと，アテナイにおける政治的な教養の開始　273

　ソロンは，こうして人間の成功が道理に合わないことを認める。しかしだからといって彼は，行為する者が悪しき行為の結果に責任を負うのを否定するわけではない。彼の思考にとってエレゲイアーの第二部は，決して第一部と矛盾するわけではない。ソロンは最善の努力を払っても成功が不確実であることから，諦念あるいは努力を断念すべきことを導き出すわけではない。断念は，イオニアの詩人であるアモルゴスのセモニデスの必然的な帰結であった。彼は以下のことを嘆く。すなわち死すべき者は，盲目的な希望の中で不幸をもたらすものを望むのを止めて諦める代わりに，非常に多くの無意味な骨折りと力とを，獲得し難い幻を求めて浪費し，苦痛と憂慮の中で消耗している[33]。アテナイ人ソロンはエレゲイアーの結びにおいて，セモニデスに対する明白な反論を行っている。ソロンは人間的で情緒的な側面から世の成り行きを受け取る代わりに，客観的に神性の側に身を置く。そして人間の思考にとっていかなる道理をも欠くと思えることが，こうした（神性という）より高い観点から理解でき，正当化できるか否か，自らと聞き手に尋ねる。実際，人間のあらゆる目論見が対象とする富の本質は，富の中には尺度も目的もない点にある。ソロンは，我々の中で最も富んでいる者がこれを証明する，と訴える。というのもまさに最も富んでいる者こそ，（今，持っているものの）倍のものを得ようと努めるからである[34]。いったい誰が，彼らの望み全てを満足させることができるというのか？　そこには，人間の頭をかすめるただ一つの解決しかない。神々は人間に利益を与えるが，利益を取り去りもする。なぜなら盲目の神霊(ダイモーン)が利益の同伴者に

---

33)　176 頁（本訳書では 240 頁）を参照。
34)　（訳注）ソロン「断片」1 の 71 以下。

なるならば[35]，この神霊(ダイモーン)は再び均衡を作り出し，そのために所有は常に他人の手へと移るからである。

支配的なモチーフとしてのバランスの回復

この（ムーサイへの祈りという）詩を，詳しく検討することが必要である。というのも，この詩はソロンの社会倫理的な世界観を含んでいるからである。彼は後にこの詩によって，自らの立法を正当化した。[36] この詩は彼による実践的で政治的な意欲と前述の宗教的な思想との密接な関連を，明らかに示している。ソロンの解釈によれば神的な運命の女神(モイライ)は，人の間で除去できない所有の相違を必ず埋め合わせる。こうした解釈に基づいて，政治家としての彼が歩むべき規範としての道が予め描かれる。ソロンの改革の支配的なモチーフは，過剰と不足，力の過剰と欠如，法的な権利の有無の間に，上述の適切な埋め合わせを行う点にあった。ソロンの全ての言行から，それを目指す努力の跡が看て取れる[37]。なるほどソロンは，あらゆる党派にこの動因を納得してもらうことはできなかった。しかし実際に富者と貧者の両者は，彼らが持てる力を主張し，あるいはそれに加えて勝ち得たものをソロンに負う。ソロンは党派を超えるよりもむしろ党派の中で，前に述べた危険な立場を表現するため常に新しい，心を捉える像を見出そうとした。彼は自らの強みが，弱点のない人倫的な権威にあることを意識している。この権威はもっぱら彼の無私の，厳しく公明正大な人格に基づく。ソロンは忙しい党派の代表による利己的な営みを，ミルクからクリームを吸い上げる（最も良い部分を先取りする）こと，あるいは一杯になった

---

35) （訳注）同上1の75。
36) （訳注）同上5，8，10などを参照。
37) （訳注）同上4の7，5，23の13以下，24の22-25，25。

網を取り込むことと比較する[38]——これはアッティカの農民と漁師の想像力にとって劇的にわかりやすい比喩であった。他方で自らの態度を表現するため，最も高貴でホメロス風の様式化に依拠する。彼が英雄的な先駆者として抱く自負の念が，この様式化の内実を明らかにする。その結果ソロンは，ある時は自らの盾を二つの党派の前で守りながらいずれの党派にも勝たせず，ある時は槍が盛んに飛び交う中で両方の陣営の間に恐れることなく現れ，ある時は彼を威嚇しながら周囲で吠える猟犬の群れと，狼のようにいがみ合う[39]。最も深い効果は，ソロンが自らを指す「私」という言葉によって語る詩から生まれる。なぜなら長大なイアンボス[40]の中で語られる「私」の随所から，勝ち誇った人格性の力が最も輝かしく放射されるからである。ソロンはこの長大なイアンボスにおいて，「時代という法官席を前にして」釈明する。ここで我々の眼前で表現されるわかりやすい像から，求めるともなく何かが湧き上がる。創造物としてのあらゆる人間に兄弟のような感覚を抱いて，強い同情心が美しく高揚する。これこそソロンの詩を，残された全ての政治的な断片の中で最も個人的な証言とする。

　ソロンは立法者としての業を終えた後，長きにわたって国を去り，旅に出かけた。彼ほど，権力を自己目的とするあらゆる欲望から超然とした指導的な大政治家が，かつて存在しなかった。ソロンは僭主政を手に入れるため，あるいは致富を目的として，自らの立場を利用したのではないと——ソロンのような立場に置かれた人は，誰しも大抵こうしたことを行うのであるが——，飽くことなく強調し続

---

[38]　同上 23, 25。

[39]　同上 5, 24 の 27, 25 の 8。テキストの修復については，『ヘルメス』64 号（1929 年）に掲載された拙論の 30 頁以下を参照。

[40]　ソロン「断片」24。

けた。そしてソロンは，(致富を目的として自らの立場を利用する)機会を逸したがゆえに愚か者と呼ばれるのを好んだ[41]。ヘロドトスはクロイソスとソロンに関する短編小説風に形を整えられた詩の中で，こうした独立人(ソロン)の姿を記録した[42]。これこそ，ギリシア人が眩暈を起こすほどの富に恵まれていたアジアの専制君主を眺めても，一瞬たりとも自らの立場を動揺させずに，以下のことを確信していた賢者ソロンである。すなわちその確信とは，自らと子供たちのため額に汗して日々のパンを獲得し，父と市民としての義務を生涯にわたって忠実に果たした後，老齢への敷居を跨ぐ時に評価される，土くれの上にいるきわめて質朴なアッティカの農夫といえども，祖国のために戦死したならば，世界中のいかなる王よりも幸せだ，ということである。この(ヘロドトスによる)物語には，世界を「見るために」[43]歩き回るイオニアでの移動の自由，旅行の楽しみ，アッティカの国家市民が大地に根付いていることが，全く唯一無二な仕方で混ざり合い息づいている。アッティカの本質が，イオニアの教養と深く関わり始めた成果として，こうした混合が生まれた。非政治的な詩の残された断片を通してこの混合を追求することは，たいそう魅力的である。この断片は精神的な成熟の表現であり，ソロンを七賢人の一人と見なしたのと同様の印象を同時代人に与えた。

　まず(ソロンの)有名な詩句を挙げることにしよう。イオニアの詩人ミムネルモスは老いが苦しみをもたらすことを嘆き，病気と苦しみを知ることなく60歳にして死ぬことに切々たる望みを抱いた。(これと関連する)有名な詩

---

41) (訳注) 同上 23。
42) (訳注) ヘロドトス『歴史』第1巻第29章以下。
43) (訳注) 同上第30章。

句の中でソロンは、ミムネルモスの嘆きや願望に答えている。「君（ミムネルモス）が今なお私に従ってくれるならば、君の考えを取り消したまえ。私が君よりも優れたことを見つけたからといって、妬まないでくれ。そして汝、イオニアのさよなき鳥よ、改作して次のように歌え。80歳になってから、死の運命の女神(モイライ)が私を急襲するように！」[44)]ミムネルモスの反省は、イオニアのあの自由精神のありようの発露であった。この自由精神のありようは生を越えて超然とし、特定の主観的な人生の気分から人生の全体を吟味し、人生が独自の価値を失う時に人生の中断を望む力がある。しかしソロンは、イオニア人（ミムネルモス）が人生に下した価値評価に同意しなかった。健康なアッティカの力と彼（ソロン）が人生になお覚える新鮮な喜びは、過度の繊細さから生まれた世界苦の疲労に対して我が身を守る。この疲労は人間存在の苦痛と労苦に寄る辺ない態度を取るがゆえに、すでに60歳で（寿命の）限界を設けようとする。ソロンにとって年を取ることは、苦痛を覚えながら次第に身罷ることではなかった。不滅の若い力は、彼を大いに喜ばせる生の経験という緑の樹木に毎年、変わらぬ新しい花を咲かせる[45)]。彼はまた嘆き悲しまれない死について何ら関心を持たず、いつか亡くなる時には身内の者に苦痛と嘆息を与えることを望んだ[46)]。ここでもソロンは、イオニアの有名な詩人であるアモルゴス出身のセモニデスに異議を唱える。セモニデスは、人生は非常に短く労苦と

---

44) ソロン「断片」22。λιγυαστάδη という機知に富んだ語りかけは、翻訳不可能である。私が試みた代替（となる翻訳）は、もちろん戯れに過ぎない。（訳注）λιγυαστάδη はディールの原書では λιγαιστάδη。これは内容的にはミムネルモスを指すが、上の訳文では「イオニアのさよなき鳥よ」と訳してある（λιγαίνω は「大きく鋭い声をあげる」という意）。

45) （訳注）同上 22 の 7。

46) （訳注）同上 22 の 5。

苦痛に溢れているので，故人について一日以上，気にかけるべきではない[47]と教えた。ソロンも人生の喜びの総計に関して，（セモニデス）より好意的に考えていたわけではない。ある断片には次のようにある。「誰一人として幸せな者はいない。日の下にいる死すべき者は皆，労苦を負わされている。」[48] ソロンはアルキロコスやイオニア全土の詩人と同様，人間の運命が不確実であることに悩む。「不死の神々の意味は，人間には全く隠されている。」[49] しかしこの人間の運命に対して贈られた存在，つまり子供という後継ぎ，力強いスポーツ，乗馬と狩，ワインと歌，他の人間たちとの友情や愛という，感覚による幸福の喜びが対置される[50]。ソロンにとって，人間に本来備わっている享受の能力は，金や銀，土地の所有や馬に劣らぬ富に見える。人間が冥府へ下らねばならないのであれば，人間が生前どのくらい多く所有したかではなく，生という財産が人間へ何を与えたか，ということが問題となる。我々に完全な形で残されている「七年毎の，生の循環の詩」は，人生の全体を七年毎の 10 の単位へ配列する[51]。どの年齢の段階も，（人生）全体における固有の位置付けがなされている。この（人生）全体から，紛れもなくギリシア的な感覚が生のリズムに則って語られる。この生のリズムは，それぞれの段階を他の段階と交換することを許さない。なぜなら（人生の）各段階にその本来の意味が内在しており，したがって各段階にはそれぞれ何か独自のものが相応しいからである。むしろこの生のリズムは，上昇に始まり高みに達し下降に至る変化によって，自然本来の歩みに従う。

---

47) セモニデス「断片」2。
48) ソロン「断片」15。
49) 同上 17。
50) 同上 12-14。
51) 同上 19。

ソロンと，アテナイにおける政治的な教養の開始　279

共同体と個人の結合

事物に内在する合法則性に対するのと同一の新しい感覚が，政治的な問いのみならず，純粋に人間的な問いに対するソロンの姿勢を決定する。彼が語ることはギリシアの英知と同様，大抵は非常に単純に響く。自然的なものは，それが認識されるならば常に単純である。「しかし独力で万物の限界を自らの中に持つ，認識の不可視の尺度に気付くことは，全ての中で最も困難である。」[52] これもソロンの言葉である。この言葉は，彼がいかに偉大であったかを測る適切な尺度を我々の手中に与えることを，予め決定しているように見える。尺度と限界という概念は，ギリシアの倫理学において非常に根本的な意義を備えるに至る。この二つの概念はソロンと彼の時代に意識された中心問題，つまり内的な認識の力によって新たな生の規範を獲得するという課題を，はっきりと告げ知らせている。こうした認識の本質は，ソロンの言明，人格，生の全体へ沈潜することによってのみ理解できる。こうした認識の本質を定義することは，不可能である。大衆にとっては，制定された法律を守るだけで十分である。しかしこの法律を制定する人は，どこにも書かれていない，より高い基準を必要とする。ソロンは，立法者にかかる尺度を見出させる類まれなる本質の属性を，「賢慮 Gnomosyne《グノーモシュネー》」と名付ける[53]。というのもこの属性は，正しい洞察と同時に「金言 Gnome《グノーメー》」[54] を常に吹き込むからである。この金言《グノーメー》は，洞察を有効に働かせるための確固とした意志を表す。

---

52) （訳注）同上 16。

53) 同上。

54) （訳注）金言。短い，きわめて簡潔で含蓄に富む形式で，実践的な生の英知，一般的な注釈，経験，規則，根本条項を内容として含む。エレゲイアーの，六歩格と五歩格からなる二行詩において読まれ，記憶され，伝えられた。

我々はまさにこうした点から，ソロンの統一的な内的世界を把握しなければならない。この統一は，彼には与えられていなかった。我々は，ソロンの政治的・宗教的な思考にとって支配的な事柄である，公共生活における正義や法律に関する思想が，イオニアですでに影響を及ぼしているのを見出した。しかしイオニアにおいてこの思想を詩人として代表する者は，すでに検討したように誰一人として存在するようには見えなかった。イオニアの文芸の中で特に強く相応の権利が認められる精神生活の別の側面とは，個人的な生の享受と人格的な生の英知である。ソロンは，後者の人格的な生の英知とも深く親しんでいる。これら二つの半球体の内的な結合が新しい。我々は，この内的な結合が彼の詩の中で実現しているのを見る。この二つの半球体は，見事に結合して類まれなる完全性と調和による人生の全体像を作り出した。同時にこの像は，その創造者の人格の中に最も完全な具体化を見出す。個人主義は超克されたが個性は救われ，いやそれどころか個性はそもそも初めて本来の意味で倫理的に基礎付けられた。ソロンは国家と精神，共同体と個人を結び付けた。これによって彼は，真にして初のアッティカ人である。ソロンはこうした結合によって自らの部族の未来全体へ向けた展開のために，アッティカ人の永続的な形式を模範として明瞭に打ち出したのである。

哲学的な思考と世界の秩序(コスモス)の発見

宗教的世界像の合理化としてのギリシア哲学史

　我々はギリシア人の哲学的な思考の起源を,「哲学史」という古くから馴染みの枠内で考察するのが常である。アリストテレスの時代以降この哲学史にあって,「ソクラテス以前の哲学者たち」が古典的でアッティカ的哲学, つまりプラトン主義の問題史的で体系的な基礎として, 確固たる位置を占める。近代に至っては, こうした思想家を唯一無二の形における本来の哲学者として, すなわち各人を固有の存在として把握することを目指した。このような努力を前にして上で触れた思想史上の関連は, しばしば背後に隠れた。こうした思想史上の関連が注目されないことによって, ソクラテス以前の哲学者たちという思想家の意義は, かつてないほど高められたのである。ギリシア教養史の構築において, 視点はより古い時代へずらさなければならない。なるほどこの（ギリシアの）教養史において, より古い思想家が抜きん出た場を要求して構わないことは明らかである。しかし他方で彼らが自らの時代の教養に直接, 及ぼした意義は, 例えば前5世紀末期のソクラテスあるいは前4世紀のプラトンが教育家一般に及ぼした意義に比肩しない。プラトンは, 哲学の本質を新しい人間の教育の中に見た初の人物であった。

　ソクラテス以前の哲学者の時代, 民族の教養が詩人を通して指導的な役割を果たしたことに異論の余地はない。今

や立法者と大政治家が、詩人へ新たに加わる。ソフィストによって初めて、こうした点で変化が起きる。それゆえ彼らは、以前の時代に存在論を説いた人々や自然哲学者から明確に区別される。ソフィストは本来の意味で、教養に合致した現象である。彼らはそもそも教育史の中でのみ、完全な評価を見出し得る。他方、彼らの教説の理論的な内容は、一般的に僅かである。それゆえ伝統的な哲学史も、古来ソフィストに関してそれほど多く言及することができなかった。本書において事態は逆である。つまり理論的に偉大な自然哲学者と彼らの体系を個別的な問題史との関連で取り扱うことができないので、本書はソフィストを素晴らしい時代現象として評価せざるを得ない。そしてソフィストの新たな精神的な態度における根本的で画期的なものは、ギリシア人の本質をなす形式のさらなる展開に対する意義という点から把握されねばならない。最終的には、次のような点を決定しなければならない。この点においては、真に人間的なアレテーの形態をめぐる戦いに端を発した後、こうした（上述の意義をめぐる）純粋な思弁の流れが、あの（ギリシア人の本質をなす形式のさらなる展開という）包括的な運動へと合流し、個人的な担い手を超えて、社会全体の内部にあって人間形成の力となり始める。

　合理的な思考が出現し始める時代的な境界線を画定することは、困難である。この境界線は、ホメロスの叙事詩の最中を通り抜けるであろう。しかし彼の叙事詩において合理的な要素は「神話的な思考」と非常に緊密に浸透し合っているので、（合理的な要素と神話的な思考という両者を）引き離すことはほとんど不可能だろう。こうした観点から叙事詩の分析を行うのであれば、いかに合理的な思考がすでに早くから神話を捉え、神話の中で働き始めているか、示すことになるだろう。イオニア自然哲学は、叙事詩へと間隙なしに接続する。こうした厳密に有機的な関連は、ギ

リシア精神史に構造上の完結性と統一性を与える。他方，例えば中世哲学の成立は，騎士階級の叙事詩と結び付いているのではなく，大学を場とした，古代哲学の規則に則った受容に基づく。大学は，中欧と西欧において何世紀にもわたる貴族文化，それに続く市民文化に何ら影響を及ぼさなかった（偉大な例外はダンテである。彼は神学的，騎士的，市民的な教養を統合している―原注）。

タレスは水が世界の根本原理であると考えた。海(オーケアノス)が万物の根源であるという詩人ホメロスの教説[1]が，いったい何によってタレスの教説から区別されるのか，簡単に言うのは真に難しい。このタレスの見解にあって，無尽蔵の大洋という明確なイメージも決定的であったことは疑いない。ヘシオドス『神統記』は随所に，きわめて独特な構築的な知性が見られ，合理的な秩序と問題提起が見事に首尾一貫して支配している。他方で彼の宇宙論の中には，神話を形成し途切れることのない直観力が，未だに隠されている[2]。この直観力は，我々が「学問的な」哲学の国について語り始めることに慣れている境界を越えて，「自然学者」の教説の中に効果的に留まる。こうした直観力なしに，前述した最古の学問の時代における世界観上の驚嘆すべき生産性は全く把握できない。エンペドクレスの教説における愛と憎しみという，結合し分離する自然の力は，ヘシオドスによる宇宙進化論的なエロスと同様の精神的な由来を持つ。それゆえ学問的な哲学の発端は，合理的な思考の開始とも神話的な思考の終焉とも一致しない。さらに我々はプラトン哲学およびアリストテレス哲学の核心において[3]，神話の成立についての純粋な教説と出会う。この核心は，

---

1) 『イリアス』第 14 歌 201（302），246。
2) （訳注）アリストテレス『形而上学』第 3 巻第 4 章 1000a18。
3) 拙著『アリストテレス』48, 50, 152 頁などを参照。

例えばプラトンによる魂の神話，世界における不動の動者に対して事物が愛を抱くというアリストテレスの見解の中に現れている。

　神話的な直観はロゴスのいかなる形成的な要素をも欠いては盲目であり，論理的な概念形成は根源的で神話的な直観という生きた核心なしには全く空虚である。カントの一命題[4]を意味に即して大きく変えることによって，こう言うことができるであろう。このような観点に基づいてギリシア哲学史を，神話に安らう本来の宗教的な世界像が次第に合理化する過程として考察しなければならない。我々はこの世界像を，中心を同じくする存在の圏域として構築しつつ，周縁の外面性から中心の内面性に至るまで（変化するものとして）考えよう。すると合理的な思考が世界を獲得してゆく過程は，外部にある圏域から内部にある圏域へとより深く，段階的な仕方で侵入を続けていく形式を辿る。そしてソクラテスとプラトンが中心点である魂へと到達し，この中心点から反対運動が始まり，古代哲学の終着点である新プラトン主義に至る。まさにプラトンによる魂の神話は，存在を合理的なものへと余すことなく解消することに対する抵抗力を備えた。いやそれどころか，合理化された宇宙(コスモス)へと内部からおのずと新たに浸透し，ますます自らに従わせる力を内に秘めた。後世この場において，キリスト教による（古代哲学の）受容が，あたかも用意された寝床を眼前に見出したかのように入り込むのは，このためである。

---

　4)　（訳注）Kant, Immanuel: Kritik der reinen Vernunft, in: Gesammelte Werke von der Preußischen Akademie der Wissenschaften, Berlin 1900-, Bd.3, S.75.「内容のない思想は空虚であり，概念のない直観は盲目である。」

イオニア哲学者固有の精神のありよう

ギリシア哲学がなぜ自然への問いによって始まり，人間（への問い）と共に始まるのではないのか，という問題が，しばしば探求された。こうした非常に重要で実り豊かな事実を理解するため歴史を訂正し，最古の自然哲学者による見解を宗教的な神秘主義の精神から導出することが試みられた。しかしこれによって問題は解決されたのではなく，ずらされたに過ぎない。上述の問題は，地平がいわゆる哲学史へと誤って狭く限定されたことから生じたに過ぎない。このことを認識するや否や，この問題は解決される。我々は，イオニアの詩情においてアルキロコス以来，そしてソロンの文芸において倫理政治的，宗教的な領域を場として建設的で知的な労働が達成したことを，自然哲学に付け加えよう。すると詩情と散文を隔てる障壁を撤廃するだけで構わないことは，明白である。これは人間的なものという領域をも共に含むような，生成しつつある哲学的思考という像を完全に保つためなのである。ただし国家観はその本性上，常に直接的に実践的であり続け，他方で自然や生成，「起源」をめぐる探究は，観想（テオーリアー）それ自体を目的として行われる。外部世界への問い，特に医術や数学的な見方への問いにおいて，正確な技術（テクネー）というタイプが形成された。このタイプは，人間の内的な探求に際して模範として役立つことができた。その後で初めて，人間の問題はギリシア人によって理論的に把握された。我々はここで，「精神の道は回り道である」[5]というヘーゲルの言葉を想起することになるだろう。宗教的な憧れを抱くオリエントの魂は，感情の深淵へとすぐさま姿を消す。しかしそこで確

---

5) （訳注）Hegel, Georg Wilhelm Friedrich: Vorlesungen über die Geschichte der Philosophie, in: Werke, Frankfurt am Main 1971, Bd.18, S.55.

固とした基盤を見出さない。他方,外的な世界の合法則性〔コスモス〕によって形成されたギリシア人の精神の目は,続いて魂の内的な法則をもやがて発見し,内的な世界の客観的な直観〔コスモス〕に達する。こうした発見がギリシア史の危機的な瞬間に,プラトンが目的としたような哲学的な認識という基礎の上で,人間の新しい教育の構築をそもそも初めて可能にした。それゆえ教養史の観点からはっきりと現れる深い歴史的な「意味」は,まさに自然哲学の精神哲学に対する優位の中にある。古えの偉大なイオニア人の深みから迸り出る思考は,意識的で教育的な意欲に由来したのではない。しかしこの思考それ自体は,神話的な世界像の崩壊と新しい人間共同体の発酵という混沌の最中において,改めて問いに付された存在に直接的に対峙する。

しかし,まだプラトン主義者と名乗らなかったこの最初の哲学者たちの人間的な姿の中で顕著に目立つのは,固有の精神のありよう,認識への完全な沈潜,存在それ自体のため存在へと沈潜することである。これは後代のギリシア人にとって,そしてすでに同時代人にとっても何か全く逆説的に見えたに違いないとはいえ,同時に最高の驚嘆を引き起こした。(最初の哲学者たち以外の)残りの人間にとっては金銭,名誉,いやそれどころか家や家族すら重要である。探求者である最初の哲学者たちは,これらの事柄に対して落ち着き払い,無頓着で,自らの利益に盲目であるかのようであり,市場のセンセーションに対しても無関心であった。こうした特徴から,最古の思想家による独特な生の気分に関する一連の有名な逸話が作られた。これらの逸話は,プラトンが哲学者の真の「実践」として教えた「観想的生活 βίος θεωρητικός」の模範かつ例として,プラトンのアカデメイアと逍遥学派〔ペリパトス〕によって熱心に蒐集され,

伝えられた[6]。これらの逸話で描かれた哲学者は偉大ではあるが，自らの研究一筋に生きるため残りの人間共同体から浮いた，あるいはそこから故意に距離を取る，何かしら不気味な，愛すべき変わり者である。哲学者は子供のように世俗のことに不慣れ，不器用，非実践的で，時空による限定の外部に存在する。賢者タレスは天の何らかの現象を観察する際，井戸へ落ち，彼のトラキア人の女中は彼を嘲り，「彼は天の事物を考察しようとして自分の足元にあるものすら見ることがない」と言った[7]。ピュタゴラスは，（彼は）何のために生きているのか，と問われて，「天と星座を観察するために」[8]と答える。アナクサゴラスは，自らの親類と生まれ故郷の都市を気遣わないがゆえに告訴され，手で天を指し示し，「あそこが私の祖国だ」[9]と言う。これによって宇宙(コスモス)の認識，つまり当時まだより深く広い意味で言われたような，高みにおける事物に関する学問，「天体現象に関する学問」への没頭が意味されており，これは（通常の）人間には不可解であった。哲学者が行うことの一切は，民衆の感覚にとっては誇張され，奇妙なものである。ギリシアの民衆は，一般に詮索好きな人を不幸な人と見なした。なぜなら，そういった人は「偉大過ぎる περιττός」からである[10]。これは翻訳不可能な言葉であるが，明らかに傲慢さと紙一重である。というのも思想家は，神々が人間精神に対して引いた（神へ抱いて構わない）羨望の限界を超え出るからである。

---

6) 「哲学的な生の理想の起源と循環」に関する拙論（『ベルリン・プロイセン学問アカデミー紀要』1928 年）390 頁以下を参照。

7) （訳注）プラトン『テアイテトス』174A，ディオゲネス・ラエルティオス『哲学者列伝』第 1 巻第 1 章 34 を参照。

8) （訳注）イアンブリコス『哲学の勧め』51 の 8。

9) （訳注）ディオゲネス・ラエルティオス『哲学者列伝』第 2 巻第 3 章。

10) アリストテレス『形而上学』第 1 巻第 2 章 983a1 を参照。

自らの本来のあり方からすると常に何か散発的なものに留まった，この種の孤独で勇敢な人間は，そもそもイオニアにおいてのみ成長することができた。イオニアには，個人的な行動に対する並外れて大きな自由の雰囲気が存在したのである。当地では上で述べた法外な人々を平和な状態に放っておいたが，他方，彼らは他の地域では顰蹙を買い，難儀を身に招いた。イオニアにおいてミレトスのタレスのように個性的な男たちは，すでに早くから人気を博した。そして彼らが口頭で残した名言を伝え，彼らに関する逸話を語ることに関心が注がれた[11]。これを証明するのは，強力な反響である。この反響は，上述の現象と彼らの新しい理念が時代に適ったことをある程度，推測させる。我々が知る限りでアナクシマンドロスは，立法者が自らの法を記したように，自由な弁論で述べた彼自らの思想を書き留め，普及させる勇敢さを備えた最初の人物であった。これによって哲学者は自らの思想から個人的な特徴を拭い去り，最早「私人 ἰδιώτης」ではなくなった。哲学者は，一般人に傾聴されることを要求する。我々が続く時代のイオニアにおける学問的な散文の様式から，アナクシマンドロスの著作がどのような表現形式を有したのか思い切って逆推論を行うことが許されるならば，彼はおそらく私という形式によって，民衆仲間での支配的な意見に対する異議を表明したのである。ミレトスのヘカタイオスは系譜について述べた自らの書物を，見事なまでに素朴な次の言葉と共に始めている。「ミレトスのヘカタイオスは次のように語っている。ギリシア人の言論の多くは滑稽だが，私，ヘカタイオスは次のように言う。」[12] ヘラクレイトスは，さら

11）（訳注）アリストテレス『政治学』第1巻第11章1259a6, ヘロドトス『歴史』第1巻第74章, 第1巻第170章を参照。
12）（訳注）ヘカタイオス「断片」1A。

に簡潔に始める。「ロゴスは常に存在するにもかかわらず，人間はロゴスに聞き従う前も，ロゴスを聞いた時でも，このロゴスを理解しない。全てはロゴスに従って起きるにもかかわらず，人間は未経験な者に似ている。それは彼らがどんなにしばしば，私が告げるような言葉と作品を経験しようと試みても，そうなのである。私はその際，どの言葉も固有の本性に従って分解し，言葉が互いにどう関係するか述べるのだが。」[13]

根源の自然への問い

支配的な世界像に対して，自立的な知性に基づく批判が行われる。イオニアの詩人は人間生活と周囲の世界に関する自らの感情と思想を，自由かつ勇敢に語り始めた。批判を行う冒険心は，彼らの勇敢さと同様のものとして並置される。この冒険心と勇敢さは，目覚めつつある個人の産物である。合理的な思考は，この段階で差し当たりそう見えるとおり，起爆力として働く。最古の権威は，固有の威信を失う。「私」が十分に根拠ある理由によって説明できること，「私の」考えが釈明できることのみが，正しくなる。イオニア文学の全体は，ヘカタイオスという地誌学・民族学の創造者，ヘロドトスという歴史の父に始まり，何千年にもわたって基礎的と見なされたイオニアの医者の書物に至る。この文学は上述の精神に横溢し，批判に際して特徴的な，この私という形式を用いる。しかしまさに合理的な自我の出現によって個人が最も実り豊かに克服され，真理という概念の中に新たに普遍的に妥当するものが現れる。この新たに普遍妥当性に，あらゆる恣意は屈服せざるを得ない。前6世紀の自然哲学的な思考は，自然（ピュシス）という根源を問うことから始まった。それゆえこの自然（ピュシス）と

---

13) （訳注）ヘラクレイトス「断片」1。

いう名は，あらゆる精神運動と，この運動によって生み出された思弁形式に付された。その際，我々は（自然に）ギリシア語の単語本来の意味だけを常に心に銘記し，物理学に関する近代的なイメージを混入しないが，それには十分な理由がある。なぜなら前者の，我々の言語の使用によれば「形而上学的な metaphysisch（つまり自然学の後の）」問題設定は，実際には常に起動的な動機であり続け，自然学的な知識と観察によって付け加えられたものは，全く前者の（形而上学的な）動機に基づいたからである。確かにこうした行程は，合理的な自然科学の誕生をも間接的に意味した。しかし合理的な自然科学は，最初は形而上学的な考察にあたかも包み込まれたままであり，（後になって）ようやく徐々に自立し始めた。ギリシア語の自然という概念において，根源への問いかけと，この根源から生まれた実際に「存在するもの τὰ ὄντα」全ての把握という両者は，まだ分離されず，まさに一体として存在した。根源への問いかけは，思考に感覚的に与えられた現象を越えてゆくように強い，一方，実際に存在するもの全ての把握は「経験による探索 ἱστορίη」によった。他ならぬ旅行と観察を喜ぶイオニア人による生得の探求衝動は，こうした問題設定を究極の諸問題が開かれた深みへ収斂させるのに役立った。このことは，かつて掲げられた世界の本質と起源への問いが事実認識の拡張のみならず個々の現象を説明しようとする欲望をますます募らせたのと同様，明らかである。エジプトおよび西南アジアの国々の近くで，こうした欲望はほぼ事実に間違いなく，以下のことが伝承されたことも全く異論の余地がない。すなわちイオニア人は，こうした（エジプトおよび西南アジアという）民族のより古い文明と，絶え間なく精神的に接触した。その結果，イオニア人は測量術，航海術，天体観察に関する技術上の成果と発見を受け入れることができたに違いない。のみならず絶

え間なく接触したがゆえに，精神的に活発な船乗りや商人の部族の関心を，より深い問いへ向けることができた。この問いに対して，あの（エジプトおよび西南アジアの）諸民族は世界成立に関する神話や神々の物語において，ギリシア人とは異なる仕方で答えたのである。

イオニア人は，天体および自然現象についての経験的な学問をオリエントから受け入れ，（その知識を）増やした。彼らはこの学問を事物の起源と本質をめぐるあの究極の問いのために用い始め，これによってあの神話の領域——そこで神話は感覚的に目の前にある現象世界の現実と感覚的かつ直接的に隣接する——を世界成立の神話，理論的で因果論的な思考に従属させたが，これは何か原理的に新しいことである。これこそ学問的な哲学の成立契機であり，学問的な哲学は徹頭徹尾ギリシア人の歴史的な行為である。彼らが神話から解放される過程は，なるほど緩慢に進むに過ぎない。だが，すでに以下の外的な事実によって，この（神話からの）解放が学問的で合理的な性格を持つことを証明する。すなわち（神話からの）解放は統一的な思想運動として現れ，多くの人物が自立的に考えつつも互いに結び付きながら，この運動を担った。イオニア自然哲学の成立とイオニア文化の中心地ミレトスとの関連は，原初の一連の思想家であるタレス，アナクシマンドロス，アナクシメネスという三人によって明らかになる。アナクシメネスの存命期間は，ペルシア人によるミレトスの破壊（前5世紀初期—原注）にまで達する。この三世代によって続く最高の精神の精華は，外的で歴史的な運命の野蛮な干渉によって急激に中断する。これと同様，こうした一連の誇り高い偉大な男たちの探究作業と，その精神的なタイプとの連続性を，はっきりと感知できる。この連続性は，何か時代錯誤的に「ミレトス学派」と呼ばれた。しかし問題設定と説明の仕方に関して，上述の三者は現実に全く特定の方

向を動いている。こうした方向はデモクリトスとアリストテレスに至るまで，ギリシアの自然学にその根本概念を引き渡し，その道を予め描いてみせた。

地球像と世界像——アナクシマンドロス１

　ミレトスの自然学者の中で最も印象深い人物である・ア・ナ・ク・シ・マ・ン・ド・ロ・スを例に，こうした前古典期の哲学の精神を明らかにしてみよう。彼は，我々がその世界観に関して比較的，正確なイメージを獲得できる唯一の人物である。アナクシマンドロスの中には，イオニアの思考の驚くべき射程が現れている。彼は，真に形而上学的な深さと構築上の厳密な統一からなる世界像を創始した。しかし同じ男が，世界地図と学問的な地理学の最初の創造者でもあった[14]。ギリシアにおける数学の発端も，ミレトスの哲学者の時代に遡る。

　アナクシマンドロスの地球像と世界像は，幾何学的な精神の勝利の産物であると言える。この二つの像は，均衡という観点が目に見えるようになった象徴に似ている。この直線性は，前古典期における万人の本質と思考に特有であった。アナクシマンドロスの世界は，数学上の厳密な比例関係によって作られている。彼にとってホメロスの世界像に基づく地球は，欺瞞的な見かけに過ぎない。東から西へ向かう太陽の日々の運行は，実際には地球の下で（太陽が）先へ進み，東で再び出発点に戻る。それゆえ世界は半球ではなく完全な球であり，（宇宙の）中心に地球が存在する。太陽のみならず，星辰や月の軌道も円を描く。最も外部にある円は太陽の（描く）円である。この円は地球の直径の 27 倍，その内側にある月の円は 18 倍の大きさである。恒星の円は（地球に近い）最も内側の円であり，そ

　14）（訳注）アナクシマンドロス「断片」6を参照。

れゆえこの円は——典拠となるテキストはこの箇所で損傷を被っているが[15]——明らかに地球の直径の9倍の大きさである[16]。地球の直径それ自体は，平らな円柱形である地球の高さの3倍の大きさである。この平らな円柱は，神話的な思考が素朴に仮定しているように，堅牢な基礎に基づくのではない。地球は，目に見えない深みへと達する根から樹木のように[17]空へ成長するのではなく，自由に宇宙の中を漂っている。地球を支えるのは気圧ではなく，地球は天球から全ての方向への同じ距離によってバランスを保つ[18]。

同様に数学を用いて表現する傾向が，世界地図のイメージでも支配的である。このイメージは，幾世代もの探求者を経て成立したのであるが。ヘロドトスはこの世界地図のイメージに，時には依然として従い，時には異論を唱えている。そして彼はこのイメージを創り上げた人を，集合的に「イオニア人」と名付けている。ヘロドトスが，彼と時

---

15) タヌリ『ギリシア科学の歴史のために』（パリ，1887年）91頁を参照。

16) （訳注）ここで描かれたアナクシマンドロスの宇宙像のイメージについては，Wikipediaの英語版，Anaximander (http://en.wikipedia.org/wiki/Anaximander) を参照。

17) ヘシオドス『仕事と日々』19における大地の根。この箇所に関してヴィラモーヴィッツは，ヘシオドス『仕事と日々』43を大地の深さに過ぎないものとして理解している。しかし『神統記』728，812も参照。部分的には非常に古い神話的な直観と結び付くペレキュデス（「断片」2［ディールス］）によるオルフェウスの宇宙進化論も，「翼の生えた樫の木」について語っている。この宇宙進化論は，すでにアナクシマンドロスが教える自由な浮遊を，無限の中に根を持つ木のイメージと結び付けている（H. ディールス『哲学史論叢』第10巻を参照）。パルメニデスの「断片」15Aにおいては，大地が「水に根ざす」と言われている。

18) （訳注）アナクシマンドロス「断片」11（ディールス）。

代的に最も近い[19]ミレトスのヘカタイオスの作品から世界地図のイメージをまず汲み出していることは，疑いを容れない。しかしヘカタイオスは，はっきりと伝えられているように[20]絵画的な表現を用いれば，いわばアナクシマンドロスの肩の上に立っている。世界地図を図式化する構造は，ヘカタイオスよりも，まさにアナクシマンドロスが考えた世界の構造と地球の形態の幾何学的な概観に，むしろ相応しい。ヘカタイオスは旅行者にして探求者であり，様々な国と民族を探索し見聞を広め，特に個々の現象へ関心を向けた。ヘカタイオスには，まさにこうした世界の設計についての構想に関して先行者がいた。ヘロドトスがこのことを知らなかったのであれば，「イオニア人」について語ることはできなかったであろう。我々はヘロドトス，スキュラクス，他の著者から，ヘカタイオスによる地図学上の図式の輪郭を推論できる。それゆえこの図式の輪郭をアナクシマンドロスへ帰すことについて，私に疑念はない。(アナクシマンドロスによれば) 地球の表面は，ほぼ同じ大きさのヨーロッパとアジアという二つに，半分ずつ分かれる。アジアの一部は，どうやらリビアとして分離された。強い川の流れが，(アジアとヨーロッパの) 境界を形成する。さらにヨーロッパはドナウ川，リビアはナイル川によって，ほぼ正確に半分に分けられている[21]。より古いイオニアの地図に現れた地球像は世界の設計を図式的に捉えたが，ヘロドトスはこれを笑いものにしている。この地

---

19) F. ヤコービー『百科事典 Realenzyklopädie』第 7 巻 2702 頁以下を参照。

20) アナクシマンドロス「断片」6。

21) ヘロドトス『歴史』第 2 巻第 33 章，第 4 巻第 49 章。(訳注) ここで描かれたアナクシマンドロスの地球像のイメージについては，Wikipedia の英語版，Anaximander(http://en.wikipedia.org/wiki/Anaximander) を参照。

図は地球を，ちょうど旋盤の上に置き，外部の海，つまりオケアノスが周囲を流れるように，円形に描いた。誰一人として，この海の少なくとも東側と北側を，まだ目にしたことがなかったという[22]。これによって，こうした世界の構成が基づく幾何学的で経験に先立つ精神は，全く滑稽に性格付けられている。ヘロドトスの時代は，こうした欠陥を新たな事実によって埋め，この欠陥に由来する主張の荒唐無稽な側面を穏やかにするか，除去することと取り組んだ。彼の時代は，もっぱら経験的に現実に確定できるものだけを存続させる。しかし躍動する並外れた活気と創造的な天才性は，アナクシマンドロスと以下のような独創的な先駆者の上にある。この先駆者は，人間精神に霊感を与える，世界を構築する際の一貫した秩序と構成に関する認識を，数学的な数の比率に関する観念言語によって表現しようと試みた。彼らこそ，この観念言語をまさに最初に基礎付けたのである。

無限定なもの——アナクシマンドロス 2

タレスは，水を根源の原理として告げた。アナクシマンドロスは，根源の原理として水の代わりに「無限定なもの $\alpha\pi\varepsilon\iota\rho o\nu$」を想定し，この原理は感覚的な現象を（観念言語の基礎付けと）同様に勇敢に越え出てゆくことを示す。自然哲学者は皆，事物の生成と消滅の途方もない光景に圧倒され，人間の目は事物の色彩を備える形態を知覚する。そこから全てが生成し，そこへと全てが再び消え去る汲み尽くし得ないものとは，いったい何なのか？　タレスは，それが水であると信じる。この水は空気へと蒸発し，あるいは固体へと凍ってあたかも石のようになる。水が変化する能力を持つことが，おのずと彷彿される。世界の生ける

---

22) ヘロドトス『歴史』第4巻第36章。

もの全ては，湿ったものに由来する。そもそも古えの自然学者の誰が最初に，これをストア派が依然として信じていたように，星の輝きも，海から立ち上る霞を食べて栄養を取ることを教えたのか？[23] 我々はそれを知らない。アナクシメネスは，水ではなく空気が根源的なものであると見なし，特に宇宙の中で生を説明しようと試みた。魂が身体を支配するように空気は世界を支配し，魂は空気，呼吸，プネウマ[24]であるという[25]。アナクシマンドロスは，いかなる元素でもなく「あらゆるものを中に含み，全てを操る」固定した無限定なもの(アペイロン)について語る。これは，彼自身の表現であるように見える[26]。アリストテレスはこの表現を不快に思った。なぜなら「物質」に関しては，万物を包括するというよりも万物の中に含まれているという方が，より適切だからである[27]。無限定なもの(アペイロン)に関するアリストテレスの報告の中では，「不死の」または「不滅の」といった他の形容詞が（これを修飾するために）用いられている[28]。しかしこの形容詞は紛れもなく能動態の意味を示し，神のみが世界を「操る」ことができる。というわけで，哲学者自身が無限定なもの(アペイロン)を神的なものと名付けたことも，伝えられている[29]。この無限定なもの(アペイロン)は，常に新しい世界を自らの中から生み[30]，自らの中へと取り戻す。無限定なもの(アペイロン)からの事物の産出は，この世界において互いに戦い合う対立関係の，始原にある万物の結び付きからの

---

23) （訳注）アリストテレス『形而上学』第1巻第3章983b6以下。
24) （訳注）精神，息，空気を表す。
25) （訳注）アナクシメネス「断片」2。
26) アナクシマンドロス「断片」15。
27) （訳注）アリストテレス『自然学』第3巻第8章207b35。
28) （訳注）アナクシマンドロス「断片」15。
29) （訳注）同上。
30) （訳注）同上「断片」10-11。

分離であるという。アナクシマンドロスから直接，伝えられている以下の素晴らしい無二の言葉が，それを表している。「しかし存在者がそこから由来するところのものへ向けて，この存在者も運命の定めに従って没落せねばならない。なぜなら存在者は時代という裁判官の判決に従って，「互いに $\alpha\lambda\lambda\eta\lambda o\iota\varsigma$」罰を受け償わねばならないからだ。」[31]

ニーチェとエルヴィン・ローデ[32]以来，この文章について数多くのことが書かれ，多くの神話的な事柄がこの文章をめぐって解釈された[33]。事物の存在それ自体つまり個体化は堕罪であり，永遠の事物の根底からの離反であるという。この離反がゆえに，被造物はそれを償うために苦しまなければならないという。（古い版では欠けていた $\alpha\lambda\lambda\eta\lambda o\iota\varsigma$ を受け入れて—原注）正しいテキストが作られた後，何か全く別の，事物の貪欲の埋め合わせが問題であることが明白になるはずであった。存在が罪である——これは非ギリシア的な見方だが[34]——わけではない。アナクシマンドロスは，人間が法廷の前にいるのと同様，事物が互いに争い合っている様を生き生きとイメージする。我々はイオニアのポリスを眼前に見る。判決が下される市場

---

31)（訳注）同上 9。

32)（訳注）ニーチェについては，Nietzsche, Friedrich: Die Philosophie im tragischen Zeitalter der Griechen, in: Kritische Gesamtausgabe, hrsg.v.Giorgio Colli u. Mazzino Montinari, Bd. III/2, Berlin/New York 1972, S.312, ローデについては Rohde, Erwin: Psyche. Seelencult und Unsterblichkeitsglaube der Griechen, Freiburg 1898, Bd.2, S.144 を参照。

33) アナクシマンドロス「断片」9。この見解による興奮を冷ましたのは，J. バーネット『初期ギリシア哲学』（第二版，1908年）ドイツ語版の 44 頁である。しかし彼は私にとって，アナクシマンドロスの観念の素晴らしさと，この観念の哲学的な意味付けに公平ではないように見える。

34) オルフェウスの神話も，アリストテレスの「断片」60（ローゼ編）に関して何か別のことを語っている。

と，椅子に座って償いを「定める τάττει」裁判官を見る。この裁判官は時代という名である。我々は彼をソロンの政治的な思考の世界から知っており，彼の腕から逃れることはできない。争い合う者の一方が，他の者から受け取り過ぎたとしよう。この過剰な分は，受け取り過ぎた者から必ず再び抜け落ち，受け取る分が余りにも少なかった別の誰かに与えられる。ソロンの思考は次のとおりであった。ディケーは，人間のこの世での裁判に左右されるわけでも，ヘシオドスの古い宗教が思い描いたように，神的な罰の正しさを示す一回限りの介入として外からやって来るわけでもない。むしろディケーは出来事の中で内在的に行われる埋め合わせであり，早晩やって来る。まさにこうしたディケーから逃れられないことこそ「ゼウスの罰」，「神の報復」[35]なのである。アナクシマンドロスは，（ソロンよりも）はるかに先へ進む。アナクシマンドロスはこのような埋め合わせが永遠に行われるのを，人間の生のみならず全世界，全ての存在者の中で見出す。人間の圏域の中で示されるこうした埋め合わせが内在的に行われることから，アナクシマンドロスは次のような着想に至った。すなわち自然の事物，力，対立関係は人間と同様，内在的な法秩序に服しており，この法秩序に従って自然の事物，力，対立関係は高揚し，没落してゆく。

世界の秩序(コスモス)の内的な発見——アナクシマンドロス3

　自然を貫く合法則性に関する途方もない考えが，こうした形式において——近代的な観点から見ると——予告されているように見える。しかし今日の学問の抽象的な意味における，因果関係の成り行きに関する単なる同型性が問題となっているわけではない。アナクシマンドロスが自らの

---

35)　（訳注）ソロン「断片」1の25，30。

哲学的な思考と世界の秩序の発見　　　299

言葉によって定式化していることは，むしろ近代的な意味での自然法則としての世界の規範と名付けられる。自然の中の出来事にこうした規範を認識することは，直接，宗教的な意味を持っている[36]。この認識は事実の記述に留まらず，世界の本質の正当化である。世界はこの正当化によって全般的に「秩序（コスモス）」であること，ドイツ語で表現すれば事物の法に基づく共同体であることが証明される。世界は，まさに絶え間なく逃れられない生成消滅の中で，つまり素朴な人間の生の要求にとって最も理解し難く生存にあって最も耐え難いことの中で，固有の意味を主張する。このような文脈に即してアナクシマンドロス自身がすでに秩序（コスモス）という言葉を使用したか否か，我々には知られていない。断片が本物であると仮定すればの話だが，すでに彼の後継者であるアナクシメネスの中に，秩序（コスモス）という言葉が見出される[37]。事柄に即するならば，後世の意味そのままではないにせよ，森羅万象の中で永遠のディケーが支配するというアナクシマンドロスの考えは，秩序（コスモス）という観念を疑いもなく原則的に前提としている。したがって我々はアナクシマンドロスの世界像を，正当にも世界の秩序（コスモス）の内的な発見と呼ぶことができる。なぜなら人間精神の深み以外のいかなる場においても，こうした発見は不可能だからである。この発見は，望遠鏡，天文台，別種の純粋に経験的な探求と何ら関わりがない。直観による（観念を創造するのと）同一の内的な力から世界の無限性に関するイメージが生まれ，このイメージは伝承によれば，アナクシマンドロスに

---

36)　ここで与えた解釈は，アナクシマンドロスの断片に関する未刊行の講演で詳細に基礎付けた（『ベルリン・プロイセン学問アカデミー紀要』1924年，227頁を参照）。
37)　アナクシマンドロス「断片」2。K. ラインハルトは真正性を疑っている。

遡る[38]。哲学上の秩序(コスモス)という考えは，通常の宗教的な思考との断絶を疑いなく含んでいる。しかしこの断絶は，儚さと絶滅という恐怖の最中において，存在の新しい圧倒的な神性を直観するための突破口なのである。あの（アナクシマンドロスの）新しい世代は詩人が示すように，この恐怖によって自らが苛まれているのを見た[39]。

こうした精神的な行為の中に，見極め難い哲学的な展開の萌芽がある。秩序(コスモス)という概念は，たとえ近代の自然科学的な用法において本来の形而上学的な意味をますます失ったとしても，今日に至るまで世界を理解するための最も本質的なカテゴリーの一つであり続けた。しかし秩序という考えはまさにギリシアにおける人間形成という観点において，より古い自然哲学の重要性を具体的な象徴を用いて集約する。倫理的・法的に有罪な存在というソロンによる概念は，叙事詩の弁神論から導出されている[40]。これと同様にアナクシマンドロスによる世界の正当性は，以下のことを想起させる。すなわち新しい思考にとって基軸となったギリシア語の「原因(アイティアー) αἰτία」という概念は，元来，罪という概念と同じであった。それは，法律上の帰責から出立して初めて自然学的な因果関係へと転移されたのである。このような精神的な行程は，法生活から借用された概念の分類群である秩序，ディケー，代償(ティシス)を自然事象へ類比的に移し替えることと密接に関係している。アナクシマンドロスの断片は我々に，弁神論の問題から因果関係の問題が成長

---

38) この（『パイデイア』という）作品の初版では，この伝承をまだ疑っていた。しかしこの懐疑は，R. モンドルフォ『ギリシア人の思考における無限』（フィレンツェ，1934年）45 頁以下の叙述を前にして，放棄せざるを得ない。

39)（訳注）アナクシマンドロス「断片」15 を参照。

40) 「ソロンの優れた法秩序(エウノミアー)」（『ベルリン・プロイセン学問アカデミー紀要』1926 年）73 頁を参照。

することへの深い洞察を与える。彼のディケーは、ポリスを宇宙へ投影する過程の開始である。しかし我々はミレトスの思想家の中に、人間の世界と生の秩序を、人間外の存在である「宇宙(コスモス)」と明確に関係付けることを、まだ見出さない。この関係付けは人間をまず完全に度外視し、もっぱら事物の永遠的な根源の根拠の探求へと向かう問題設定の方向にあったわけでもない。しかし人間の存在秩序の例は、ミレトスの思想家にとって自然解釈への鍵として役立った。これにより彼らが作った世界像は最初から、永遠の存在が人間の生活世界およびその価値と、将来新たな調和に至る兆しを懐に秘めていた。

事物の原理としての数——ピュタゴラス 1

サモス人のピュタゴラスも、南イタリアにおいて活動したにもかかわらず、イオニアの思想家である。彼の精神的な類型は、彼の歴史上の人柄を把握するのが困難であるのと同様、把握が困難である。伝承上のピュタゴラスの姿は、ギリシア文化が発展するにつれて絶え間なく変化し、学問上の発見者、政治家、教育者、教団の創設者、宗教の教祖、奇跡を施す人といった姿の間を揺れ動き、捉えどころがない。ヘラクレイトスはヘシオドス、クセノパネス、ヘカタイオスに対するのと同様、彼を単なる物知りとして軽蔑した[41]。しかし、ここで名指しされた(ヘシオドスなど)各人に対するのと同様、明らかに特別な意味において軽蔑したのである。アナクシマンドロスの尊大で、精神的に閉鎖的なあり方と比べると、ピュタゴラスの中には様々な本質的な要素が結び付いている。このことは上で触れたように、いかに多様な姿のイメージが(ピュタゴラスについて)入り混じって抱かれるにせよ、何か一回的で偶

---

41) ヘラクレイトス「断片」40。

然的な性格を実際に備える。ピュタゴラスを一種の呪い師と思わせる最近の流行は、真剣な反証を要求することはないだろう。(彼が) 単なる物知りであったとの批判は、おそらくそれが正しかったことを暗示する。ただしこの批判が正しいのは、アリストテレスがいう後世の「いわゆるピュタゴラス主義者」が、イオニアの「天体現象に関する学問」とは反対に、一般に「マテーマタ Mathemata」[42]つまり「研究」と呼んだ彼らなりの学問の発端を、ピュタゴラスに遡らせた場合である。非常に一般的な名前は、実際には全く異質なものを包括している。すなわち「数秘術」、幾何学の要素、音響学の基礎と音楽論、星の運行についての当時の知識——これらを表現するためにミレトスの自然哲学の知識が、確かにピュタゴラスに援用されたのであろう[43]。これと並んでオルフェウス教徒の教団が抱いたのと似た、魂の輪廻についての教説が、我々（のピュタゴラス観）を唐突に代表している。この教説は明らかにピュタゴラスという人物について証言しており、ヘロドトスはこの教説を、後世のピュタゴラス主義者にも特徴的なものとして性格付けている。こうした魂の輪廻についての教説と、創設者（ピュタゴラス）の生み出した倫理的な規則が結び付いている。ヘロドトスはピュタゴラスが創設した共同体の結社のような性格を、確実視した[44]。この共同体は、前5世紀末期に南イタリアで政治的な迫害を受け絶滅に至るまで、百年以上も存続していたのである。

事物の原理としての数に関するピュタゴラスの見解は、

---

42) （訳注）ピュタゴラス派に始まり、算術、幾何学、天文学、音楽を指す。この概念を今日の意味の方向へ狭めることは、アリストテレスに始まる。ラテン語では、幾何学や算術の操作を必要とする学問を指す。

43) （訳注）アリストテレス『形而上学』第1巻第5章 985b23。

44) ヘロドトス『歴史』第4巻第95章。

哲学的な思考と世界の秩序の発見

アナクシマンドロスによる世界は厳密かつ幾何学的な均整を保っているという思想(コスモス)によって,準備教育を受けている。数に関するピュタゴラスの見解は,純粋な算術から理解することはできない。伝承によれば数に関するピュタゴラスの見解は,自然における新たな合法則性,つまり竪琴(リュラー)の弦の長さと振動数の関係の発見に由来する。しかし数の支配を全世界(コスモス)と人間生活の秩序へ広げるためには,以下の観察をきわめて勇敢に一般化することが必要であった。この観察はミレトスの自然哲学の数学的な象徴性の中に,疑いなく支えを見出したのである。ピュタゴラスの教説は,今日的な意味での数学的な自然科学と全く無関係である。彼の教説にとって数は,今日の数学的な自然科学における数以上のものを意味し,自然の出来事を算出し得る量に関係付けることではない。様々な数は,全く異なる事柄である天,結婚,正義,「時機 Kairos」[45]などの質的な本質である[46]。他方アリストテレスは,ピュタゴラス主義者が事物を物質的な意味における数から構成すると語る。この場合,数と存在する事物とのこうした理念的な同等化を,不適切にも物質化することをおそらく意味しているのであろう。彼らピュタゴラス主義者の思考モチーフとしては,同じアリストテレスによる以下の説明がおそらく当てはまるであろう[47]。すなわち(ピュタゴラス)以前の思弁は万物を火・水・土などの原理から導出したが,こうした原理よりもむしろ数において,事物との多くの類似性を洞察できる,とピュタゴラス主義者は信じた。これがアリストテレ

---

45) (訳注)決定の好都合な時点に関する宗教的・哲学的な概念。適切な瞬間,機会,長所,尺度,比例を表す。元来ギリシア神話中,「時機」を擬人化した神。

46) (訳注)アリストテレス『形而上学』第1巻第5章 985b27.

47) (訳注)同上 985b27, 986a15 以下。

スの見解である[48]。ピュタゴラス主義者の直観に関する最も重要な説明は、我々の思考にとって差し当たり非常に奇妙なものであるけれども、イデアを数へと還元する後期プラトンの試みの中に、つまり哲学的な展開の後期の段階の中に同様のものを見出すことができる。アリストテレスはこの点について、純粋に量的なものを質的に捉えることを批判する。これによって彼は、我々にとってまるで陳腐なことを語るように見える。しかしギリシアの数概念においては元来こうした質的な契機が中心にあり、純粋に量的なものへの抽象化がようやく緩慢に進むことが、（アリストテレスによって）正当にも示されたのである[49]。

　数詞には、疑いなく具象的な要素が含まれる。この要素の手がかりをさらに把握できれば、ひょっとして数詞の起源と、数詞の奇妙にも（通常の言語とは）異なる言語としての形成は、以下のことに関してより詳しい解明を与えるかもしれない。いかにしてピュタゴラス主義者は、数の力を非常に高く評価するに至ったのか？　この問いは他の（ピュタゴラスの）同時代人による高揚した言葉からも、理解できる。例えばアイスキュロスの作品に登場するプロメテウスは、数の発明を、彼による文化を創造する英知に基づく傑作と名付ける[50]。存在の様々な重要な領域における、数の支配が発見された。ここから事物それ自体の

---

48) 同上第 5 章を参照せよ。当該箇所においてこうした「ピュタゴラス主義者」の時代は、レウキッポス、デモクリトス、アナクサゴラスと同時代あるいは彼らより前の時代として規定されている。これと共にアリストテレスはピュタゴラス時代の近く（前 6 世紀）へ接近し、彼について意図的に何も証言していない（例外である『形而上学』第 1 巻第 5 章 986a30 は改竄である）。

49) J. シュテンツェル『プラトンとアリストテレスにおける数と形』（第二版、ライプツィヒ、1933 年）。しかしシュテンツェルは、ピュタゴラス主義者の問いにいかなる注意をも払っていない。

50) アイスキュロス『縛られたプロメテウス』459。

中に，注目する必要のある規範がおのずと存在する，という認識への新しい道が，世界の意味を探求する精神に対して開かれた。こうした新たな道はこの精神に，遊戯のように見える思弁を通して，万物を数に合致した原理へ還元することを要求した。こうして継承された無限に豊かな認識は，この認識が実践の中で非常にしばしば乱用されたことと密接に結び付いている。合理的な認識が大きく高揚する時代はどの時代であれ，自己に対して向こう見ずな過剰評価を下してしまう。ピュタゴラス的な思考を前にして，結局のところ数で説明できないものは何一つとしてない，と考えられたのである[51]。

音楽・数学と教育——ピュタゴラス２

数学によって，ギリシアの教養における本質的に新しい要素が現れる。数学の個々の分野は，差し当たり自立的に発達した。こうした分野における教育的な豊かさも，すでに早くから認識されていた。しかしより後の段階に至って初めて個々の分野は互いに影響を及ぼし合い，この個々の分野から全体が構築される。ピュタゴラスの教育者としての意義は，後世の伝説的な伝承によって強く注目を浴びる。その際プラトンが模範となったことに，疑いの余地はない。このプラトンという模範に従ってピュタゴラスの生と働きは，新ピュタゴラス主義者と新プラトン主義者によって自由に形を整えられた。近代人は古代後期における建徳のための英知をこうした（ピュタゴラスの生と働きという）標語の下に気楽な冗漫さで描き出し，これはほとんど無批判に受け取られた。しかし歴史的な真理の核心が，こうした見解の根底にある。ここでは個人的な生の気分の

---

51)　（訳注）アリストテレス『形而上学』第１巻第５章986a1以下を参照。

みが問題なのではない。教育的な性格は認識が有する新たに客観的な本質に根付いており、我々の伝統においてはピュタゴラスがこの認識を代表した。この本質は、特に数学的な探究の規範的な面から広がる。音の世界を支配する数の法則への洞察から、音楽の教育効果に関する初の哲学的な理論がすぐさま生まれたに違いない。これを洞察するためには、音楽が初期ギリシアの教養に対して持った意義と、ピュタゴラスが数学を音楽に近いと見なしたことを想起するだけで十分である。ピュタゴラスが樹立した音楽と数学との近しい関係は、爾来ギリシア精神の確固たる所有であり続けた。

　まさにこの（音楽と数学との）婚姻から、ギリシア人の彫塑的な思考にとって最も実り豊かで射程の長い概念が成長した。今や存在の全領域を超えて、この源泉から我が身を明らかに養っている新しい規範的な認識の流れが一挙に溢れ出てきた。前6世紀は、ギリシア精神によるあの（世界の秩序(コスモス)などの）驚くべき全ての根本概念が生まれた時期である。この根本概念は、我々にとってギリシア精神の最も深い固有性の一種の象徴となり、精神の本質から分離し難いように見える。これらの概念は最初から存在したわけではなく、歴史の必然的な帰結として現れた。音楽の構造への新たな洞察は、こうした展開における決定的な瞬間の一つである。この新たな洞察から調和とリズムの本質に関する認識が生まれ、この認識だけでも人間形成の歴史におけるギリシア人の不滅性を確保するのに十分であろう。こうした認識は、ほとんど無制限に生の全領域へ適用することができる。ソロンによる正義への信仰が完全な因果性の中にあるように、ここでは厳密な合法則性という第二の世界が開かれる。アナクシマンドロスは、世界を不可侵の絶対的な法規範が支配する事物の秩序(コスモス)として眺める。他方ピュタゴラスによる世界の考察においては、こうした

世界の原理が調和として現れる[52]。アナクシマンドロスにおいては，時代の経過の中で起きた出来事の因果論的な必然性が——存在の正義という意味において——把握された一方，（ピュタゴラスにおいては）調和という観念の中でのむしろ宇宙的な合法則性の構造的な面が意識されたのである。

調和・適切さという思想——ピュタゴラス 3

調和は，部分の全体に対する関係の中で表現される。この表現の背後には，比例という数学的な概念が存在する。ギリシア人の思考にとってこの比例は，幾何学上の目に見える形で現れる。世界の調和が話題となる場合，それは複雑な概念であり，音における美しい和音のイメージと同様，数による厳密さ，幾何学的な合法則性，構造学上の分節のイメージといった，音楽的な意義がその中に含まれている。続く時代にあって，調和という思考がギリシア人の生のあらゆる面へ及ぼした影響を看過することはできない。この思考は，文芸，修辞学，宗教，倫理と同様，造形芸術と建築芸術にまで及んだ。法規範と同様，人間の生産的で実践的な行為においても，「適切さ πρέπον, ἁρμόττον」という厳格な規範が存在する意識が随所で目覚める。この規範に違反すると，罰せられずに済むことはほとんどない。こうした概念は，後世の古典的なギリシアの思考をあらゆる面で無制限に支配した。この支配を見渡す人は誰であれ，調和の発見が規範を創造する働きについて適切なイメージを描くであろう。リズム，尺度，関係という概念は，この（調和という）イメージと密接に関連し，あるいはこのイメージによって一段と明確な内容を受け取る。秩序という思考と同様，調和とリズムも「存在者の自

---

52) （訳注）同上 986a2 以下。

然」の中で発見された。これらの発見は，それを人間の内面世界と生の構築という問題へ転移することを予期した，必然的な前段階であると言える。

　数学的で音楽的な思弁とピュタゴラスによる魂の輪廻の教説との間を繋ぐ内的な絆が何であったのか，我々には知られていない。当時の哲学的な思考がすでにその本性からして形而上学的であるように，宗教的な信仰が非合理的な領域に発する魂の神話と共に外から入り込む。我々はここで，オルフェウス教徒の類似した教説も考慮に入れようと思う。おそらくこの教説は，ピュタゴラスの霊魂観の源泉であった。後世の哲学者も，この霊魂観に多かれ少なかれ心を動かされたことが明らかになる。

　前7世紀の自然論的な運動が解体した後に続く前6世紀には，新しい精神的な生の構築をめぐって決定的な戦いが行われた。この時代は，哲学的な対決が真剣になされたのみならず，宗教的にもきわめて高揚した時期だった。オルフェウスの運動は，こうした揺籃期にある民族の深みから新たに迸り出た内面性の最も強力な証言の一つである。合理的な思考は，秩序付けられた存在の客観的な「世界の規範」を哲学的に把握しようと骨を折った。他方オルフェウスの運動は生のより高い意味を求め，こうした（合理的な思考の）骨折りと触れ合う。もちろんオルフェウス信仰のドグマ的な内容は，それほど重要ではない。近代はこの内容を過大に評価し，近代にとって確固かつ「アプリオリ *a priori*」概念を満足させる救済宗教という像を得るために，多くの古代後期的なものを（オルフェウス信仰の中に）読み込んだ。しかしオルフェウスの霊魂信仰の中には，新しい人間的な生の感情と自己確実性の新たな形式がまどろんでいる。ホメロスの霊魂概念とは対照的に，オルフェウスの霊魂概念には並外れて規範的な要素がある。霊魂が神に由来することと霊魂が不滅であることへの信仰

は，魂が現世の身体に結び付いた地上の状態において，魂を純粋に保つ要求を含んでいる。我々は，すでにソロンの「釈明 Rechenschaft」という思想と出会った[53]。この思想は個々人による国家全体への社会的な責任を意味し，ここで我々は倫理的な釈明という要求の第二の源泉，つまり宗教的な純粋性という観念に突き当たった。元来もっぱら儀礼的に考えられた純粋性には解釈の変更が加えられ，それは今や人倫的なものとなる。この純粋性を，身体それ自体が悪であるという後世の霊性主義における禁欲的な純粋性と，混同してはならない。しかし節制による禁欲というある種の試み，特に肉食全般に対する節制の規定は，すでにオルフェウス主義の中に，またピュタゴラス主義者の下に存在する[54]。身体への低い評価も，すでに霊魂と身体との際立った対置によって始まる。この対置は，神的な客としての霊魂がこの儚い世界へ降りてくるというイメージの結果，生まれる。しかしオルフェウス主義者が純粋さを保つこと，ないしは汚点を身に帯びることは，それぞれ上辺だけ完全に国家の法律を遵守する，あるいは侵害するという意味で理解された。古代ギリシアの神聖な法にも，純粋性という概念が存在した。この概念の有効領域を，ひたすら広げることが必要とされた。その結果オルフェウスの純粋性の観念は，支配的なノモスの全内容を自らの中へ取り入れることができた。もちろんこれは，近代的な意味での純粋性の観念を市民倫理へ引き渡すことを意味するわけではない。というのもギリシアのノモスは，その新しい，上辺だけ合理的な形式においてさえ，神的な起源を持つからである。しかしギリシアのノモスは，オルフェウスの純粋性

---

53) （訳注）本訳書 275 頁以下を参照。
54) （訳注）プラトン『法律』782C，アリストパネス『蛙』1032 以下を参照。

という観念と融合することによって基礎付けを得る。この基礎付けは新しい，神的な個々の魂の浄福から見られているのである。

アポロンとディオニュソス──ピュタゴラス 4

オルフェウス運動がギリシア（本国）と植民地において迅速に広まったことは，明らかである。これは，オルフェウス運動が当時の人間の深い欲望に応えたことからのみ説明できる。祭儀的な宗教は，この欲望を満たすことができなかったのであるが。当時それ以外の新鮮で宗教的な刺激，つまりディオニュソス祭儀の途方もなく高揚する力とデルポイに関するアポロンの教説も，個人的で宗教的な欲望の増大を明らかにしている。アポロンとディオニュソスはデルポイの祭儀において，密接な親近関係に基づいて統一された。この親近関係は宗教史的にはなるほど謎であるが，ギリシア人は明らかにこの二つの対極的な対立項の中に何か共通のものを感じていた。我々がこの対立項が併存しているのを見出す時代にあって，この共通のものとは，この対立項が信者の内面へ働きかける仕方の中にある。他のいかなる神も，この（アポロンとディオニュソスという）両者（の神）ほど個人的な態度へ深く介入することはなかった。以下のように考えられるかもしれない。すなわちディオニュソス的な興奮は市民的な礼儀正しい慎み深さをことごとく揺るがし，魂をかき乱した。アポロン的な精神による，制限し秩序付け浄化する力はこの興奮によって自らの土壌を柔らかくされたからこそ，これほど深く人間を動かしたのであろう，と。デルポイの宗教は当時，内的に非常に生き生きとしていたので，民族の構築力を全体として自らの側へ引き寄せ，役立たせられることが明らかになる。前6世紀の最も強力な王と僭主からなる「七賢人」は，予言する神を正しい助言の最高の審級として認める。

哲学的な思考と世界の秩序の発見 311

前5世紀においてピンダロスとヘロドトスは，デルポイの精神によってきわめて深く心を揺り動かされた，こうした精神の主要な証人である。前6世紀というこの精神の最盛期にあってすら，この精神は不変の宗教的な古文書の中に現れていなかった。しかし当時，教育的な力としてのギリシアの宗教は，デルポイにあって最高の影響力を発揮した。この影響は，全ギリシアの境界をはるかに越えて広がった。世俗の賢者による有名な格言は，アポロンに捧げられた。なぜならこの格言は，アポロンの神的な英知の反響のように見えたからである。アポロン神殿の入り口では，「汝自身を知れ」という言葉が中へ入る者に対して警告した。この言葉は思慮深さ(ソーフロシュネー)の教説，人間の限界を眼中に収めよという警告を，時代の精神を特徴付ける立法者的な簡潔さによって心に銘記させる。

ギリシアの思慮深さ(ソーフロシュネー)を生得の自然であると，つまり何ものによっても妨害されない一種の調和的な本質の表現であると理解するならば，それは間違った理解の仕方である。このことを洞察するには，なぜ思慮深さ(ソーフロシュネー)がまさにあの（前6世紀という）時代に非常に命令するような仕方で現れたのか，と問うだけで十分である。この時代においては足元から突然，存在のあらゆる深淵，特に人間の内面の深淵が，予期せぬ深さで再び姿を現したのだ。アポロン的な中庸は，俗物市民による泰然自若と自己満足の合言葉ではない。人間が自らの都合で己の枠を外すことには，アポロン的な中庸によって堤防が築かれる。「人間的なものを考えること」[55]ではなく，余りにも高きを目指して努力することこそ，神的なものへの最も深刻な冒瀆となる。そもそも現世の正義の領域のみに関わり，全く具体的に考えられた

55）（訳注）ピンダロス「ネメア祝勝歌集」第9歌47などを参照。

傲慢(ヒューブリス)という概念は，ディケーの反対以外のことを何ら意味しなかった[56]。今や傲慢(ヒューブリス)という概念は，宗教的な面へ広がる。この新しい概念は，まさに神性に対する人間の貪欲をも含意し，いやそれどころか僭主時代の宗教感情の古典的な表現となる。以下のことこそ，この（傲慢(ヒューブリス)という）単語が我々のドイツ語へ移行した意義である。すなわち神々による妬みに関する見解と並んでこの（傲慢という）単語は，ギリシアの宗教に関するイメージを，多くの人々に対して長期間にわたって非常に強く規定した。死すべきものの幸福は，日のように移ろいやすい。それゆえ人間の感覚も，高きに過ぎるものへ向けられてはならない。

しかし人間が幸福を求める欲望は，こうした悲劇的な認識から内面世界への逃げ道を作り出す。この逃げ道はディオニュソス的な陶酔という，我が身の忘却へ向かう場合もあろう。このディオニュソス的な陶酔は，アポロン的な中庸と厳格さの補足物であることも判明するのだが。あるいはこの逃げ道は，人間の最善の部分が「魂」であるとして，魂がより高い，より純粋な運命へ決定されているとするオルフェウス信仰へ向かう場合もあろう。真理を探究する精神による，自然の深みへの冷静で真剣な眼差しが，まさに当時の人間の眼前に絶え間ない生成消滅の像をもたらした。この精神は人間に，次のような世界法則が支配していること以外に何も示さないと仮定しよう。この世界法則は，堅固な正義と共に我々の短い幸福を越えて進み，人間と，その小さな存在に頓着しないのであるが。すると人間の心の中には内的な抵抗力，つまり人間が神によって規定されていることへの信仰が目覚める。魂，すなわち我々の中にある，いかなる自然認識によっても把握や固定が不可

---

56)　（訳注）これはホメロスとヘシオドスの全作品を貫いている（英訳の注より）。

能なものは，この荒涼たる世界におけるよそ者であると説明され，永遠の故郷を求める。愚か者の空想力は感覚的な喜びの最中，彼岸での未来の生活像を描き，高貴な者の精神は，自らの道の完成によって救済される希望を抱き，世界の混乱の最中で自己主張をめぐって戦う。しかし（愚か者，高貴な者という）両者は，より高い規定が確実である点において一致しており，彼岸に達する敬虔な者は，あの彼岸の世界への入り口での合言葉として信仰告白を行うであろう。彼はこの信仰のために生き，生を担ったのであるが。「私も神の一族だ。」[57] オルフェウスの小さな金めっき板に，この語句が資格認定として刻み込まれている。我々はこの板を，死者が彼岸への旅に用いるパスポートとして，南イタリアの墓で幾度も見かけた。オルフェウスの霊魂概念は，人間の人格性という意識が発展する際の重要な段階であった。プラトンとアリストテレスの哲学的な見解によれば，精神は神性を備えるという。彼らは単に感覚的な存在としての人間を，本来の自己の実現へ向けて召命されている人間の自己とは区別した。彼らの思想は，上で触れた霊魂概念なしに考えることができないであろう。ピュタゴラスに至って初めて目に見えるものとなる新しい宗教は，哲学的な思考への問いと近しいものであり続けた。これを示すためには，オルフェウスの神性の意識に溢れているエンペドクレスのような，比類ない哲学者を参照するだけで十分である。エンペドクレスはまさにオルフェウスに関する詩の中で，ピュタゴラスの「浄化」を褒め称えた[58]。エンペドクレスの中には，オルフェウスの霊魂信仰とイオニアの自然哲学が浸透し合っている。彼による両者

---

57) ディールス『ソクラテス以前の哲学者たち』（第四版，第2巻）175頁（オルフェウス「断片」17以下）。

58) （訳注）エンペドクレス「断片」129（ディールス）。

の総合は，こうした二つの直観世界が同一の人格の中で互いに補足し合うことを，並外れた仕方で示唆豊かに表現している。エンペドクレスは，魂が元素の回転運動の最中にあちこちへ投げられる像を描いている。こうした像は，上で触れたオルフェウスの霊魂信仰とイオニアの自然哲学との相補性の象徴に見える。空気，水，土，火は魂を突き動かし，魂をある元素から別の元素へと移し変える。「今やこうして私も神に追放され，迷いながら放浪する存在だ。」[59]魂は自然哲学の世界(コスモス)のいかなる場においても，自らに相応しい場を見出すことができない。しかし魂は自己救済を遂げ，自らの宗教的な自己確実性へと達する。ヘラクレイトスに見られるように魂が哲学的な宇宙(コスモス)の秩序という思想それ自体と結び付いて初めて，この思想は宗教的な人間の形而上学的な欲望を完全に満たすことができる。

優れた法秩序(エウノミアー)の原像と世界(コスモス)——クセノパネス１

我々はコロポンのクセノパネスを最後として，一連の厳格な思想家の検討を止めよう。彼はギリシア西部で影響を及ぼし，イオニアからの移住者の中で第二の偉大な存在であった。ミレトスの自然哲学は純粋な探求から生まれた。しかしアナクシマンドロスの思弁は，自らの教説を本(ほん)として手が届くものとすることによって，すでに公共性への転回を遂げていた。ピュタゴラスは同志の紐帯を創り出し，師匠（たる彼）による生の規定を実現することを目指した。これは，哲学的な観想(テオーリアー)から元来，遠くにあった教育的なものの萌芽である。しかしこの観想(テオーリアー)は自らの批判によって，現に通用するあらゆる考えへと非常に深く介入したので，残りの精神生活から隔離することは不可能であった。自然哲学が国家と社会における同時期の運動から最も

---

59) 同上 115 の 13。

豊かな刺激を受け取ったように，自然哲学は受け取ったものを多様な形で返した。クセノパネスは詩人であり，哲学的な精神は詩人から詩情を手に入れる。これこそ，哲学的な精神が教養力となり始めていることの紛れもない印である。というのも，文芸は依然としてギリシア民族の教養の本来的な表現であり続けるからである。哲学は知性と感情を等しく把握するが，この哲学が人間全体に対して働きかけること，さらに哲学が精神的な支配へ掲げる要求も，詩的な形態を求める衝動の下で目に見えるものとなる。イオニアから新たにやって来た散文は自らの領域を緩慢に拡張するに過ぎず，詩情と同様の反響を見出さない。なぜならこの散文は方言を用いるので，ホメロスの言語を用いることによって汎ギリシア的である詩情と比べて，より狭い集団と結び付いているからである。クセノパネスは自らの思想を広めようと努力し，後の影響はギリシア全体に及ぶ。パルメニデスのような厳格な概念の思想家あるいはエンペドクレスのような自然哲学者でさえ，クセノパネスという先例に鼓舞されたかもしれず，彼らは教訓詩によるヘシオドス風の形態を試みる。クセノパネスは多方面から悪口を言われるように，独創的な思想家でもなければ，かつて自然についての教訓詩を書いたことすらなかった。しかし彼は，自らのエレゲイアーおよび新しい諷刺詩の一種である「シッロイ Sillen」[60]の中で，イオニア自然学によって啓蒙された見解を民衆に知らせ，この自然学の精神に基づいて公の場で支配的な教養と戦った。これによってクセノパネ

---

60) （訳注）ヘクサーメター風の詩の収集を指す。代表者はフレイウスのティモン。彼はシッロイを通して懐疑論者以外のあらゆる哲学者の教説を批判し，ただしクセノパネスだけを嘲笑の例外とした。それゆえクセノパネスが神々の神話を批判した諷刺的な作品も，シッロイと名付けられた。

スは，哲学的な教説を詩的に描写する先駆者となった[61]。

教養とは，特にホメロスとヘシオドスを意味した。クセノパネスはこのこと，つまり万人は昔からホメロスについて学んだ[62]，と語っている。それゆえホメロスは，新しい教養をめぐる戦いにおいて攻撃目標となった。哲学はホメロスの世界像を，現象に関する自然的で規則的な説明と置き換えた。クセノパネスの詩的な想像力は，この新たな偉大な世界観に捉えられた。ヘロドトスの有名な言葉によれば，ホメロスとヘシオドスはギリシア人のために神々の世界を創造した[63]。クセノパネスにとって（彼による）上述の新しい世界観は，多神教と擬人主義という神々の世界からの断絶を意味する。彼は，ホメロスとヘシオドスは窃盗，姦通，瞞着など，あらゆる恥ずべき所業を神々に行わせた，と呼びかける[64]。クセノパネスが新しい真理の熱狂的なパトスと共に告げる神概念は，宇宙と一致する。死すべき者と形や考えにおいて比較できない神は，ただ一つしか存在しない[65]。この神は見ることそれ自体，聞くことそ

---

61) この場で，クセノパネスのパルメニデスに対する関係には言及しない。近いうちに，他の場で両者の関係を検討したいと思っている。K. ラインハルトは『パルメニデス』（ボン，1916年）の中で，クセノパネスをエレア派の体系の創設者であるとする通説の誤りを論証したが，私見では，反対にエレア派をパルメニデスに遡らせているのは正当ではない。私にとってクセノパネスの大衆的な哲学は，唯一全能の神に関する彼の教説においても，特定の体系を備えているようには見えない。教訓詩への問いについては，バーネットの前掲書102頁を参照。

62) クセノパネス「断片」9（ディール）。（訳注）以下クセノパネスからの引用は，原則としてディール編（「スパルタの国家教育」注23を参照）による。

63) （訳注）ヘロドトス『歴史』第2巻第53章。

64) クセノパネス「断片」10-11。

65) （訳注）同上 19，アリストテレス『形而上学』第1巻第5章 986b21-24。

れ自体，考えることそれ自体であり[66]，骨折りなしに，もっぱら純粋な思惟を通して万物を意のままにしている[67]。この神は，叙事詩に描かれた神々のようにあちこちへ忙しく急ぐのではなく，不動の内に同じ場所へ安らっている[68]。牛や馬やライオンが手を持ち，手を使って人間のように絵を描けるとすれば，神々の姿や身体を自らの像に従って，つまり牛や馬として描くだろう[69]。エチオピア人は団子鼻で黒い肌の神々を信じ，トラキア人は青い目で赤い髪の神々を信じる[70]。人間は外界の全ての出来事を神々の働きとして把握し，神々の前で戦く。この外界のあらゆる出来事は，自然的な原因に基づく。虹は色ある雲に過ぎず[71]，海は水，風，雲すべての母体である[72]。「我々は皆，土と水から生まれた。」[73]神話の教えによれば，神々が死すべき者に文化を贈ったというが，これは正しくない。人間自身が探求によって全てを見出し，全てをますます完全にしたのである[74]。

　こうした考えからどれ一つとして，新しい考えはない。アナクシマンドロスとアナクシメネスも，そもそも新しいことを考えたわけではない。彼らこそ，上述した自然主義的な世界観の本来の創造者であった。翻ってクセノパネスは，こうした世界観の炎のような先駆者にして告知者に他ならない。この自然論的な世界観は，古いもの全てを粉砕する激しさのみならず，新たに創造する宗教的かつ人倫的

---

66) （訳注）クセノパネス「断片」20。
67) （訳注）同上21。
68) （訳注）同上22。
69) （訳注）同上13。
70) 同上19-22，12-14。
71) （訳注）同上28。
72) （訳注）同上26。
73) （訳注）同上29。
74) 同上23-29の16（ディール）。

な力によって彼を捉えた。クセノパネスが新しい，より品位のある信仰を構築したことは，彼がホメロスによる不十分な世界像と神の像を辛辣に嘲笑したことと折り合いがつく。まさに新しい真理による，人間の生と信仰を根本的に変革する働きこそ，クセノパネスの世界観を新たな教育の基礎とする。自然哲学の世界（コスモス）は，精神的な展開の逆行運動の中で今や人間共同体における優れた法秩序（エウノミアー）の原像となった。ポリス倫理は，この原像に形而上学的に根付いているのである。

哲学的真理と人間的なアレテー──クセノパネス2

クセノパネスは哲学的な詩とは異なる別の詩，つまり「コロポンの建設」と「植民地エレアの建設」という叙事詩を著した。92歳の老人になった時，彼は一所不住の放浪生活を振り返っている[75]。この放浪生活は，おそらくコロポンから南イタリアへの移住に始まり，67年の長きにわたった。クセノパネスは常住する地を持たない男であり，前者の詩「コロポンの建設」の中で自らの古い故郷に記念碑を据えた。ひょっとして彼は，エレアの建設それ自体に参加したのかもしれない。いずれにせよ，こうした一見して個人的ではない作品の中に，クセノパネス自身の感覚が通例よりも多く含まれていた。哲学的な詩は新しい，深く刺激する教説という個人的な経験から生まれた。彼はこの教説を携えて，小アジアから[76]大ギリシア（マグナ・グラエキア）を経てシチリアの世界に至るまで放浪した。クセノパネスは公の市場においてホメロス（の作品）を朗読した吟遊詩人として把握されたが，より小さな集まりではホメロスとヘシオドス

---

75) 同上 7。
76) （訳注）大ギリシアの意。古代においてギリシア人が居住した南イタリア，シチリアを指す。

に対する自らの諷刺詩を披露した。この事実は,伝承されたいずれの言葉に対しても,紛れもない刻印を押し付ける彼の統一的な人格と折り合いをつけるのが難しい。この事実はまた,伝承の曲解に基づいているに過ぎない。クセノパネスは自らの詩を,まさに偉大な酒宴の詩が示すように[77]],同時代に生きる一般世人のために著した。彼の詩は,未だにきわめて厳粛な,宗教的な壮厳さに溢れている太古の饗宴を荘重に映し出している。詩人の眼差しが注がれる祭儀の成り行きの些細な特徴すら,クセノパネスの叙述においてはことごとく意義深く価値あるものにされている。饗宴は,神々の偉大な行為と男らしい徳という模範による,高尚な伝承の場であり続けている。他の歌手は食事の際,先史時代の着想である「巨神」(ティタン),「巨人」(ギガンテス),ケンタウロスたちの戦いや醜い神々の間の不和や争いを,好んで壮麗化した。しかしクセノパネスは彼らについて沈黙し,むしろ神々を尊敬し,真のアレテーの記憶を生き生きと保つよう命じる。彼は神々への尊敬が意味することについて,他の歌の中で言及した。我々はこの言及から,クセノパネスの残された詩における伝統的な神々のイメージに対する批判は酒宴の時に朗読される習わしであった,ということを学べるに過ぎない。この酒宴の詩情は,太古の饗宴の教育的な精神に貫かれている。クセノパネスは,この詩情の中で自らの精神を育むアレテーという思想と,新しいより純粋な神々への崇拝と,宇宙における永遠の秩序の認識とを結合している。彼にとって,哲学的な真理こそ真の人間的なアレテーへと誘う。

(クセノパネスの)第二のより長い詩(「植民地エレアの建設」)は,同一の(アレテーをめぐる)問いと取り組んでいる。クセノパネスはこの詩を,新しいアレテー概念の有

---

77) クセノパネス「断片」1(ディール)。

効性をめぐる情熱的な戦いの中で示している[78]。この詩は教養史における第一級の記録であり，それゆえこの詩に関するより正確な論評がこの場で不可欠である。詩人の故郷イオニアにおいては古風な，貴族主義的な社会構造が支配し，社会的な緊張は和らいでいた。上で触れた詩は，こうした社会構造とは全く異なった世界へ我々を置き移す。オリュンピア競技祭の男性の勝者に現れた騎士的な理想は，同時期のピンダロスの合唱歌の中で急に再び輝き，その後，次第に色褪せる。クセノパネスの詩においてもこの男性の騎士的な理想は，変わらぬ重みを持つ。クセノパネスは運命の計らいにより，メディア人の小アジアへの侵入，彼の生まれた都市の没落によって流浪した末，ギリシア西部の，彼にとっては全く疎遠な世界へ押し流されてしまう。彼は放浪を開始してからほぼ70年もの間，決してこの世界へ根付くことがなかった。彼がギリシアのどの都市へ姿を現そうとも，彼の詩句は驚嘆され，新しい教説は驚きを以て傾聴された。おそらくクセノパネスは，多くの豊かで高貴な人々の食卓に座っていたのだろう。シラクサの僭主ヒエロンと機知ある会話を交わす有名な逸話[79]が，これを示している。しかし精神的な人間（クセノパネス）それ自身はこうした環境のいかなる場にあっても，故郷イオニアで享受していた高い社会的な尊敬と当然な評価を得ることはない。クセノパネスは孤立したままである。

精神的な教養，知恵(ソフィアー)の重視——クセノパネス3

新しい哲学的な人間による教養と古いギリシアの貴族に

---

[78] 同上2。

[79] （訳注）クセノパネスA（生と教説）11（ディールス）。クセノパネスはヒエロンに貧窮を訴えたところ，「だが君の嘲っているホメロスは，死んでも一万人以上の者を養っているよ」と僭主からやり込められた。

よる教養とは互いに敵対し，不可避的に衝突した。我々はギリシア文化史のいかなる場においても，両者の衝突を（クセノパネスにおけるほど）これほど明瞭に見ることはない。哲学的な人間は，ここで初めて社会と国家の中で自らの場をめぐって戦い，人間形成という固有の理想と共に現れ，普遍的な承認を必要とする。スポーツか精神かという，この「あれかこれか」の中に，攻撃の全ての迫力がある。なるほど攻撃を行う人は，伝統という硬直した壁によって撃退される運命にあるように見える。しかし彼の戦いの呼び声は勝鬨のように聞こえ，以後の（歴史的な）展開は彼の確信を正しいと認めた。この展開は，体育競技の理想による単独支配を覆した。クセノパネスは，ピンダロスのように各オリュンピア競技祭での勝利に際して——それが格闘術であれボクシングであれ，戦車競争あるいは徒競走であれ——勝者による神的なアレテーの啓示を見ることができない。「都市は競技の勝者に，名誉や贈り物を夥しく与える。しかし勝者は，私ほどこうした名誉や贈り物に値しない。というのも，我々の知恵は男たちや馬の力よりも優れているからである！　男たちや馬の力の方が我々の良い知恵よりも優れていると判断するのは，誤った慣わしである。それは正しいことでもない。なぜなら，たとえポリス市民の中に優れた拳闘士，五種競技や格闘技の勝者がいるとしても，だからといってその都市がすでに優れた法秩序の下にあるわけではないからである。都市はピサで開催された競争の勝利を何と喜ぶことだろう。しかしこの勝利は，都市の宝庫を満たさない。」[80]

　こうした哲学的認識の価値の基礎付けは，我々にとっ

---

80) （訳注）クセノパネス「断片」2。イェーガーによるパラフレーズ。原文で「Stadt 都市」と「Polis ポリス」は別の表現だが，クセノパネスの原文では共に「πόλις ポリス」およびその変化形。

て驚嘆に値する。しかしこの基礎付けが繰り返し圧倒的にはっきりと示すのは、ポリスとその神聖さがあらゆる価値一般の基準であることである。クセノパネスは、従来の男性的な理想に対して哲学的な人間を承認させようとした時、こうした（ポリスとその神聖さがあらゆる価値一般の基準である）点から出立せねばならなかった。かつてテュルタイオスは自らの詩の中でスパルタ市民の徳、すなわち戦闘上の勇気が、人間のあらゆる他の長所、特にオリュンピア競技祭の勝者による体育競技(アゴーン)の徳よりも絶対的に優れていることを告げた。我々は、テュルタイオスがこれを告げた詩を想起する。「これ（戦闘上の勇気）は全ポリスへの共通の善である」[81]、と彼は語った。そして古い騎士の理想に対置された政治倫理という精神が、初めてこうした詩句の中で目覚めた。法治国家が古いものに代わって登場した時、すでにポリスの名において正義が最高の徳として称賛されていた。今やクセノパネスはポリスの名の下に、彼によるアレテーの新たな形式である「精神的な教養 σοφίη(ソフィアー)」[82]を告示する。この教養は、以前の全理想がこの教養を自らの中へ保存し従属させることで、以前の全理想を止揚する。精神力こそ、国家の中に正義と法律、正しい秩序と豊かさを創り出す。クセノパネスはテュルタイオスのエレゲイアーを意識的に模範として仰ぎ、新たな思想内容を自らの目的にきわめて適した（エレゲイアーという）形式によって表現した[83]。政治的なアレテーという概念の展開は、この段階において自らの目的を達成した。プラトンにとっても勇気、熟慮、公正、最後に英知が、市民的なアレテーの精華たる属性であり続けている。「知恵(ソフィアー)

---

81)　（訳注）テュルタイオス「断片」9。
82)　（訳注）知恵(ソフィアー)のイオニア方言形。
83)　拙論「テュルタイオス」（『ベルリン・プロイセン学問アカデミー紀要』1932年）557頁を参照。

σοφία」という新しい「精神の徳」は哲学的な倫理の中で非常に大きな役割を果たすに至るが、この徳はクセノパネスのエレゲイアーを通して初めて自らの要求を主張する。哲学は人間のため、つまりポリスのために自らの意義を発見した。真理の純粋な直観から、人間の生の批判と指導を要求する歩みが踏み出された。

純粋な思惟による把握物の発見——パルメニデス1

クセノパネスは決して独創的な思想家ではない。しかし彼は、自らの時代の精神史における重要な人物である。なぜなら哲学と人間形成という章は、クセノパネスによって開かれたからである。ギリシア人の間では、運動競技者としてのあり方が伝統的に余りにも高く評価されていた。エウリピデスも、クセノパネスから継承した武器を用いて、こうした（運動競技の）過剰評価に対して戦い続けた。プラトンによる、ホメロスの神話の教育的な利用に対する批判は、これと軌を一にしている。エレアのパルメニデスは最高の思想家の一人であるが、教養史という観点から見れば彼の意義が評価されるのは本来、以下の文脈に限られる。すなわち彼の基本的な思考モチーフは並外れて豊かだったので、（彼が）後世に与えた影響はことごとく遠方へ及んだのである。ギリシア人の哲学的な展開の全段階において、我々は彼と繰り返し出会う。さらにパルメニデスは、今日に至る哲学的な精神のあり方の一タイプ、つまり「創始者 Archeget」であり続けている。ミレトスの自然哲学とピュタゴラスによる数に関する思弁と並んで、パルメニデスによってギリシア思想の第三の根本形式が現れる。この形式の意義は、哲学の境界を越えて精神の全生活に触れる、論理的なものまで達したことにある。古い時期の自然哲学においては、他の精神的な力が支配していた。つまり第一に知性によって導かれ制御された想像力、第二に目

に見える世界を自らの手段によって分節し秩序付けようとする，ギリシア人を特徴付ける彫塑的で建築的な感覚，第三に人間の外部にある存在を人間の生から解釈する象徴的な思想が支配していた。アナクシマンドロスの構想した宇宙[コスモス]は，秩序において生成と消滅が眺められた「象徴 Sinn-Bild」である。この抗争し合う対立関係の上で，永遠のディケーが支配者として自己を主張する。ここにおいて，概念的な思惟は象徴の背後に完全に隠れる[84]。パルメニデスの文章は緻密かつ論理的に組み立てられており，思考過程が不可避の筋道を辿るという意識に溢れている。彼の作品から残された断片によって，包括的に関連し合った一連の哲学的な命題が初めてギリシア語で伝えられた。このことは全くの偶然ではない。この思考の意味は，一般的に思考過程の産物である静的な像の中にあるのではなく，もっぱら思考過程それ自体において現れ，伝達可能になる。パルメニデスが自らの基礎的な教説を聞き手に叩き込む力は，独断的な確信に発した熱意に基づいているのではなく，思惟の必然性から生まれる。こうした必然性は，この基礎的な教説の中で勝利を収める。パルメニデスにとっても絶対的な「必然性 Ananke[アナンケー]」[85]の認識は——彼は明らかに意識的にアナクシマンドロスを引き合いに出し，この認識をディケーあるいは運命の女神[モイライ]とも呼んでいるが——，最高の目

---

84) K. ラインハルトはこれとは異なって自らの前掲書（『パルメニデス』）253頁において，「不死で不滅の」という賓辞をアナクシマンドロスの無限定なもの[アペイロン]の本質から導き出し，すでにこうした本質の中に，パルメニデスにおける存在という賓辞に至る純粋に論理的な展開への出発点を見ている。私はこの『パルメニデス』という本に，多くを負うている。

85)（訳注）ギリシア神話において運命，必然，強制を擬人化した女神。クロノスの娘。タレス以来，「あらゆる現象の背後で機械的に働き，神的な根源原理をその多様な形態へと強いる自然必然性」を意味した。

的である[86]。人間の探求は、この目的へ向けて前進できる。パルメニデスが語るディケーとは、存在するものをしっかりと自らの矩の中に保ち放任せず、その結果、存在するものの生成消滅があり得ないところのものである。しかし彼はこの場合、自らのディケーがアナクシマンドロスのディケーと比べて反対の機能を持つことだけを考えているわけではない。アナクシマンドロスのディケーは、まさに事物の生成と没落の中で明らかになるわけだが。これに対してパルメニデスのディケーはあらゆる生成消滅を存在から遠ざけ、この存在を不動のまま自らの中に留まらせる。それは存在という概念の中にある、存在の「判決」として解釈される必然性である[87]。「存在するものは存在し、存在しないものは存在しない」、「存在するものが存在しないことは不可能で、存在しないものは存在し得ない」という命題は、繰り返し強く心に銘記させられる[88]。パルメニデスにとってはこの命題の中に思惟の強制が表現されており、この強制は、論理的な矛盾は遂行不可能であるという認識から生まれるのである。

　純粋な思惟を通して把握されたものというこうした強制、偉大な発見が、エレア派の哲学を支配する。この哲学が挑発的な形態を全く規定し、パルメニデスはこの形態の中で思惟を展開する。もちろん我々の見方にとってパルメニデスの主要命題における論理法則の発見として現れるものは、彼にとっては対象的で内容的な認識に他ならない。他ならぬこの認識に基づいて、パルメニデスは以前の自然哲学全体と論争を行うに至る。存在が決して存在しないのではなく、存在しないものは決して存在しないということ

---

86) （訳注）パルメニデス「断片」8 の 12-16。
87) （訳注）同上 8 の 14。
88) （訳注）同上 4, 6, 7。

が正しいと仮定しよう。この仮定に基づくと，すでに述べたように生成消滅は不可能である[89]。しかし（世界の）見かけは，何か別のことを教える。自然哲学者が存在するものを存在しないものから生成させ，存在するものを存在しないものへと解消させたのであれば，自然哲学者は見かけを盲目的に信頼したのである。これはそもそも，万人が共有する意見である。というのは，万人は紛れもない確実性だけを導くことのできる自らの思考に問う代わりに，目と耳から得られる証言を信頼するからである。人間にとって思考は精神的な目と耳であり，思考に従わない者は誰であれ，盲人や耳の聞こえない者と似ており[90]，出口のない矛盾へと巻き込まれる。人間は最終的に，存在するものと存在しないものを同一でありかつ同一でないと見なさなければならない[91]。存在するものを存在しないものから導き出す人は，最初に全く認識できないものを仮定している。なぜなら，存在しないものは認識できないからである。真の認識には対象が対応しなければならない[92]。それゆえ真理を探究する人は，自らを思考不可能な前提へと導く生成消滅の感覚的な世界から向きを変え，自らが思惟の中で把握する純粋な存在へ向かわねばならない[93]。「というのも，存在と思惟は同一だからである。」[94]

知覚と思惟，思惑と真理の区別——パルメニデス2

純粋な思惟が陥る最大の困難は，常にこの思惟が対象に関する何らかの内容的な認識へ至る点にある。パルメニデ

---

89) （訳注）同上8の3, 8の13以下, 8の38。
90) （訳注）同上6。
91) （訳注）同上6の8。
92) （訳注）同上8の7以下。
93) （訳注）同上8の14。
94) （訳注）同上5。

スは自らの作品の残された部分の中で,自らの本性に固有の規定の幾つかを,存在に関する新しい厳格な概念から導出しようと努めているように見える。哲学者(パルメニデス)はこの規定を,純粋な思惟が我々を導く探求の途上にある,心覚えのための印であると名付けている[95]。存在は生成したのではない。それゆえ存在は不滅,全体的で無二,不動,永遠で,常に同時にあらゆる場に存在し,統一的で関連し,分割不可能,等質的で,自らの中にあって無制限で自己完結している。パルメニデスが存在するものに関して下す積極的あるいは消極的な評価の全ては,古い自然哲学の対極像として得られたもので,自然哲学的な思考の前提との生真面目で批判的な取り組みから生まれた。これは全く明らかである。この場で,詳しくこの問題について示すことはできない。我々がパルメニデスを理解する可能性は,残念ながら限られている。なぜなら,古代哲学についての知識には欠陥が多いからである。だが(パルメニデスが)アナクシマンドロスと関連していることは,確実である。それと並んでここでもっぱら推測に頼らざるを得ないのだが,パルメニデスの攻撃目標としてピュタゴラスの思考が想定されているかもしれない。パルメニデスは自然哲学を自らの新しい観点から体系的に解釈し,全体として根本的に変革しようと試みた。このことは,思考が自らの道の首尾一貫した追求によって陥るアポリアの展開と同様,本書ではほとんど問題とならない。特にパルメニデスの弟子が,このアポリアと取り組んだ。彼らの中では,ゼノンとメリッソスそれぞれに全く独立した重要性が与えられなければならない。

　純粋な思惟の発見および厳格な思惟が必然的であることの発見は,パルメニデスにとっては真理への新しい道,い

---

95)　(訳注)同上 8。

やそれどころか唯一の歩み得る「道」の解明に見える[96]。探求の正しい「道 ὁδός」というイメージが、繰り返し現れる。そしてこの探求の正しい道というイメージは紛れもない比喩に留まるにもかかわらず、専門用語であるかのような響きを、特に正しい道と誤った道との対置の中に持つ。この対置によって探求の正しい道というイメージは、「方法」という意義に接近する。この方法という基本的で学問的な概念は、探求の正しい道というイメージに根源がある。パルメニデスは哲学的な方法という問題を意識的に立て、知覚と思惟という二つの主要な道を明確に区別した最初の思想家である。彼以降の哲学は、この知覚と思惟という二つの主要な道へ分裂しているわけだが。思惟の道を通して認識されないものは、「人間の思惑」に過ぎない[97]。救いの全ては、思惑の世界から真理の世界へ向きを変えることに基づく。パルメニデスはこの向き変えを何か暴力的で困難なもの、しかしそれ自体、偉大で解放的なものとして我が身に経験した。この向き変えは、彼が講演で自らの思想を語る際、素晴らしい勢いと宗教的なパトスを与えた。こうしたパトスは、論理的なものという限界を超えてパルメニデスを人間的に感動的な存在にした。というのも、かく彼を人間として感動的な存在にすることは、認識をめぐって格闘する人間の劇だからである。このような人間は現実の感覚的な印象から初めて自由になり、精神の中に存在するものの全体性と統一性を把握するための器官を発見する。こうした認識がさらに多くの問題と絡み合っているにせよ、上述の認識によってギリシアにおける世界の形態化と人間形成の根本の力が明らかになった。なべてパルメニデスの著した詩行は、人を覚醒させる経験によって

---

96) （訳注）同上 1 の 2, 4 の 6, 8 の 1。
97) （訳注）同上 8 の 51。

脈打っている。この経験に基づいて人間の探求に際して，上述の純粋な思惟への向き変えが行われる。

　こうした純粋な思惟から，パルメニデスの作品の構成が説明できる。すなわちその構成は，「真理」と「思惑」という二つの険しく対置させられた部分に分かれる。その際パルメニデスの他人を峻拒する論理がいかに詩人としての感情と折り合うのか，という古い謎も，この点から解決される。当時いかなる題材であろうとも，ホメロスとヘシオドスの詩句に依拠して取り扱うことができたと信じるならば，それは過度の単純化である。パルメニデスには真理それ自体の啓示が与えられ，彼はこの啓示を認識する担い手であるという熱狂的な感情によって詩人となる。それは，クセノパネスの勇敢で個人的な振舞と何か異なる。パルメニデスの詩は，誇り高い慎みに満たされている。彼が仮借なく厳格に探求しつつ事柄に集中すればするほど，彼は自らがより高い力の恩寵に恵まれ，受け取る存在に過ぎないことを知る。パルメニデスはこの高い力に，畏敬の念を抱いて向き合うのだが。（彼の詩の）序言[98]は，このような哲学的な霊感による不滅の信仰告白である。我々はより詳しくこの序言を眺めることにしよう。すると真理へ赴く「知者」[99]の像は，宗教的な領域から取られている（ことがわかる）。テキストは決定的な箇所が損傷を被っているものの，私の考えでは本来の字句内容を再獲得することが未だに可能である。「知者」は聖別された者であり，真理の秘儀を見るべく召命されている。こうした象徴の下で，新しい存在の認識が概念把握される。しかし彼を「無事に」——そう私は記すが——目的へ導く道は，浄福の道であ

---

98)　（訳注）同上 1。
99)　（訳注）同上 1 の 3。

る[100]。当時，高い意義へと上昇する神秘を表象世界からこのように転移することは，哲学の形而上学的な自己意識にとって非常に特徴的である。パルメニデスにとって神と感情が，厳格な思惟とその要求と比べて重要でないことが言明されたのであれば，厳格な思惟や，この思惟が把握する真理それ自体は，彼にとって何か宗教的なものを意味することへと大きく変えられたに違いない。彼は高い使命を授かったという感情から，己の詩の序言の中で最初の人として「知者」の姿，肉体を持った人間の形を哲学者の像へ与えることができた。光の娘たちは，人間の小道から離れて真理の家へ通じる厳格な道すがら，この「知者」に付き従う。

自然から人間への問いへ——ヘラクレイトス1

哲学はクセノパネスによる啓蒙的・教育的な態度によって生への近さを獲得し，その後パルメニデスにおいて人間的な事柄からの文字通りの遠さへと達したように見える——というのも，パルメニデスの存在概念にあっては全ての具体的な個別存在や人間も消滅するからである。他方エフェソスのヘラクレイトスにおいては，上述の観点から最も完全な急変が起きる。ヘラクレイトスは哲学史の伝統の中では，久しく自然哲学者の一人として位置付けられていた。そしてヘラクレイトスにとって根本の原理である火

---

100) 同上。真理への道が知者を「あらゆる都市を通って」導くということ（κατὰ πάντ' ἄστη φέρει εἰδότα φῶτα，ディールスのテキストがこの読み方に則っている—訳注）は，しばしば注釈されたように，無理な像である。ヴィラモーヴィッツによる"κατὰ πάντα τατῇ"（τατῇ は ταγῇ［戦列］の誤記か。その場合は「あらゆる戦列を通って」の意—訳注）という提案は，それほど適切ではない。私が後で見るところでは，"κατὰ πάντ' ἀσινῇ"（全く無事に）がすでに（アウグスト・）マイネッケによって見つけられており，この提案は決して悪い薦めではない。

哲学的な思考と世界の秩序の発見 331

は，タレスの水やアナクシメネスの空気と同列に置かれた。しばしば「暗闇」のアフォリズムによる謎めいた語りは，重要な含蓄に富むとされた。この重要な含蓄のみに注目するならば，骨を折って抑制された彼の気質を，もっぱら事実の究明のみへと捧げられた探求者精神と混同すべきではなかった。ヘラクレイトスの（断片の）いかなる場においても，現象を純粋に教育的に考察しようとした痕跡も，純粋に自然学的な理論の影すらない。そう解釈できる理由はより大きな文脈の中にあり，独立してあるわけではない。ヘラクレイトスが自然哲学の圧倒的な印象下に立っていることに，疑いの余地はない。自然哲学による現実の全体像，世界の秩序(コスモス)，生成消滅の絶え間ない上昇と下降，そこから生成消滅が上昇しそこへと再び下降する汲み尽くし難い根本の根拠，存在者を遍歴し，常に変化する形態の循環（が彼の中には認められる）。彼の偉大な思考の特徴の全てが，彼の思考の確固たる財産である。

ところでミレトス人と，彼らとより厳しく格闘するパルメニデスは，存在を客観的に直観するため，できるだけ存在から距離を取り，人間の世界を自然像の中へ解消した。他方ヘラクレイトスにとって人間の心は，情熱的に感じ苦悩しながら活動する中心である。この中心と，世界の秩序(コスモス)における全ての力の活動範囲が重なり合う。ヘラクレイトスにとって世の成り行きは，遠方で支配する崇高な光景では断じてない——精神はこの光景へ沈潜すると自らを忘却し，存在するものと一体化するのだが。世界の秩序(コスモス)の出来事が，こうした観察者の中を通り抜ける。彼（ヘラクレイトス）は次のことを意識している。すなわち，たとえ大多数の人間が，より高い秩序の手中にある道具に過ぎないことを知らなくとも，ヘラクレイトスのあらゆる言行は己の中にある上述の（より高い秩序という）力の働きに他なら

ないことを[101]。ヘラクレイトスの中に現れる偉大な新しさは、この点にある。世界の秩序(コスモス)のイメージ[102]は彼の先行者によって完成し、存在と生成との永遠の争いは人間から生まれた。どのようにして人間はこうした戦いの最中で自己を主張するか、という問いが、今や途方もない重みと共に人間へと降りかかる。ミレトスの「経験による探究(ヒストリエー)」は多彩に変化し、探求の衝動は自生的に生まれた。ヘカタイオスと他の似た方向を追求する同時代人はこうした探求の衝動を携え、国々、諸民族、先史時代の伝承といった新しい世界の題材を落ち着きなく貪るように多く取り上げ、合理主義を奉ずる子供っぽい熱心さによって、こうした世界の題材を我がものとする。他方ヘラクレイトスは朴訥な言葉を語る。「博識は洞察を教えない。」[103] 彼は哲学を創造し、彼の全哲学の革命的な意義は深い意味を湛えた格言の中に潜んでいる。「私は自分自身を探求した。」[104] ヘラクレイトスの哲学においては人間への転向が行われ、この転向の、これほど素晴らしい表現は他に存在しない。

ソクラテス以前の思想家で、ヘラクレイトスほど我々の個人的な関心を引き起こす人はいない。ヘラクレイトスは、イオニア思想の自由で完全な展開の高みに屹立している。我々は差し当たり、直前に引用したような言葉を非常に高揚した自己意識の証明として理解したい誘惑に駆られる。元来、由緒ある貴族の家に生まれたヘラクレイトスは、命令を下す不遜な人物として現れる。こうした彼の登

---

101)　(訳注) ヘラクレイトス「断片」1, 2を参照。

102)　ヘラクレイトスによる確固とした言語の使い方(「断片」30, 75, 89)は、世界の秩序(コスモス)という言葉の観点から、この言葉が彼にとっては先行者から継承された概念であることを示唆する。異説はK. ラインハルトの前掲書、50頁を見よ。

103)　(訳注) ヘラクレイトス「断片」40。

104)　ヘラクレイトスの言葉からの多くの引用は以下、もはや注釈の形で言及されていない。(訳注) ヘラクレイトス「断片」101。

場に現れる命令的で不遜な態度は，一見して自らの精神によって真の意義へと高揚した貴族主義的な不遜のように見える。しかし彼が語る自己の探求は，自らの個人的な特質の中へ心理学的に沈潜するのとは無縁である。この自己への沈潜は，哲学が以前に歩んだ二つの道である精神的・感覚的な直観と論理的な思考の傍らで，認識に基づく新しい世界の解明を意味した。それは，魂が自己自身へと帰還することによるのである。ヘラクレイトスの「私は自分自身を探求した」という言葉は，次の別の文章と内的に関連している。「君がどんなに遠くへ行っても，魂がいかに深いロゴスを持っても，魂の限界を見出すことはないだろう。」[105]ヘラクレイトスの思想の特徴は，ロゴスと魂が深い次元を持つことに初めて気付いた点にある。彼の全哲学は，こうした新しい認識の泉から流れ出た。

ヘラクレイトスのロゴスは，パルメニデスの「概念的な思惟 νοεῖν, νόημα」ではない。この「概念的な思惟」による純粋に分析的な論理は，内的な魂が限界を持たないことに関する比喩的なイメージを締め出すからである。ヘラクレイトスのロゴスは認識であり，この認識に「語りと行為」[106]が共に由来する。我々は，こうした特殊な認識の例を探そう。この例となるのは，存在するものが存在しないことは決してないことを教える思考ではない。むしろ「性格(エートス)は人間にとっての宿命(ダイモーン)である」[107]というような文章の中で閃く，あの深い眼差しである。すでにヘラクレイトスの著作の幸いにも伝承されている最初の文章[108]において，認識の生に対するこうした生産的な関係が言明されているのは，特徴的かつ重要である。この文章では，人間が

---

105) （訳注）同上 45。
106) （訳注）同上 1, 73, 112。
107) （訳注）同上 119。
108) （訳注）同上 1。

ロゴスを理解することなく自らの力を試みる，言葉と業が問題となっている。このロゴスは，ロゴスを持たない人が「眠りながら行う」ことを「起きて行う」ことだけを教えるのだが。それゆえロゴスは，新しい知る生を与えなければならない。ロゴスは人間に関する全領域を含む。ヘラクレイトスは「思慮 φρόνησις」という概念を導入し，これを「知恵 σοφία」と同一視した最初の哲学者である。つまり彼にとって存在の認識は，人間による価値の秩序と生活態度への洞察と関連し，この洞察を意識的に含む。ヘラクレイトスが預言者であるかのように心から語らざるを得ないのは，彼が哲学者として次のような要求を掲げることによる。すなわち彼は死すべき者に対して，自分自身を越えたものへと目を開き，生の根本の根拠のベールを剥ぎ取り，眠りから起きよと要求する。ヘラクレイトスによる数多くの表現は，（彼の言葉の）解釈者あるいは翻訳者がこうした表現を解釈ないしは翻訳すべく召命されていることを，繰り返し示している。自然と生は「錯綜したもの Griphos」[109]，謎，デルポイの神託，女予言者の託宣であり，自然と生の意味を読み取る術を心得ていなければならない[110]。ヘラクレイトスは，自らをスフィンクスから謎を奪い取る哲学的なオイディプス，謎解きであると感じている。なぜなら「自然は隠れることを好む」[111]からである。

対立関係と万物の統一——ヘラクレイトス２

これこそ哲学することの新たな形式，哲学者の新しい自己意識である。この新たな自己意識は，心の中の経験から汲み出された言葉と比喩を用いてのみ言い表すことができ

---

109) （訳注）網なども意味する。この網を用いて弱い敵を絡め取ることから，謎も意味する。

110) （訳注）ヘラクレイトス「断片」92, 93 を参照。

111) （訳注）同上 123。

る。ロゴスも比喩を用いてのみ，規定できる。ロゴスによる普遍妥当性の様態，ロゴスが行使する働き，ロゴスが自ら満たすものにおいて呼び覚ます意識は，ヘラクレイトスにとっては覚醒している者と夢見る者との間の，お気に入りの対立関係の中で最も明瞭に表現されている。彼はロゴスの本質となる基準を指示する。この基準は，ヘラクレイトスを大衆の精神状態から区別する。ロゴスは「共通のもの ξυνόν」[112]，「覚醒している者」のみに存在する統一的で同一の宇宙(コスモス)の秩序である。しかし他方で「眠る者」は，まさに（多くある）夢の一世界に過ぎないところの，自らの夢の世界である私的な世界を持っている[113]。こうしたヘラクレイトスのロゴスの属性である社会的な共通性を，論理的な普遍妥当性が具体的に表現されたに過ぎないものへと浅薄化してはならない。ポリス倫理が評価する最高善は共通のものであり，このポリス倫理は個人という特殊な存在を自らの中へ止揚する。ヘラクレイトスによってきわめて高揚した個人主義として初めて現れたもの，彼の要求する独裁者的な態度は，今やその対極のもの，すなわち生の全体の喪失を導きかねない個人の恣意的な動揺を意識的に克服したものであることが，明らかになる。人はロゴスに従うべきである。ポリスの法律を越え，ロゴスにおいてより高く，包括的な「共通のもの」が打ち立てられている。この共通のものに人間の生と思考を基礎付け，「ポリスが法律によるように」この共通のものによって人を「強くする」ことができる[114]。「多くの人間は，あたかもそれぞれが独自の思慮を持つかのように生きる。」[115]

　まさにここで，単に理論的な様態が欠けた認識のみなら

---

112) （訳注）同上 2, 113, 114 を参照。
113) （訳注）同上 89。
114) （訳注）同上 114。
115) （訳注）同上 2。

ず，人間の全存在，ロゴスの共通精神に由来しない人間の実践的な態度が問題であることが示される。ポリスと同様，宇宙においても法が存在する。ヘラクレイトスにおいて初めて，こうした（宇宙における法という）唯一無二のギリシア的な思想が出会われる。この思想の中で，ギリシアの立法者の英知に基づく政治的な教育者としてのあり方が，あたかもより高い勢位へと高められて現れる。ロゴスのみが，ヘラクレイトスが神的なものと名付ける法を把握し，このロゴスに基づいて「人間のあらゆる法律が存在する」[116]。ヘラクレイトスのロゴスは，宇宙的な感覚器官としての精神である。すでにアナクシマンドロスによる世界像の樹立という行為の中に萌芽として含まれていたものは，ヘラクレイトスの意識の中で，おのずとロゴスという構想へ発展する。ロゴスは，自らの影響と立場を世界の秩序の中で知る。ロゴスの中に，生と思考としての世界の秩序を貫く同じ「炎」が生き，思考を行っている[117]。ロゴスは自らの神的な由来を通して，ロゴス自体がそこから発した自然の神的な内部へ入り込むことができる。こうして人間は，ヘラクレイトス以前の哲学が秩序を発見した後，徹頭徹尾，秩序によって規定され，ヘラクレイトスが新たに作った世界の構築の中へ位置付けられる。この（人間という）存在はこうしたあり方として生きるため，認識に進んで耳を傾けること，世界の法則という規範に従うことを必要とする。クセノパネスは，「知恵」をポリスの法秩序の源泉であるがゆえに，人間の最高の徳として称賛した[118]。これと同様ヘラクレイトスは，知恵の支配要求を以下の点に基礎付ける。つまり彼によれば，知恵は

---

116) （訳注）同上 114。
117) （訳注）同上 30, 31, 64, 65 を参照。
118) （訳注）クセノパネス「断片」2 の 12。

人間に，言行において自然および自然の神的な法則の真理に従うことを教えるのである[119]。

　ヘラクレイトスは，対立関係と万物の統一に関する独創的な教説の中で，常人の理解を超えた世界の秩序(コスモス)に基づく知恵による意味深い支配を把握する。対立関係の教説も，部分的にはミレトスの自然哲学の具体的で自然学的な考えと結び付いている。しかしこの教説は自らの生きた力を，究極的には他の思想家の刺激ではなく，人間の生の過程に関する直観から汲み出す。この直観は，精神的なものと自然的なものとを固有の複雑な統一において，両方の半球を包括する学問として目に収める。しかし「生」とは人間的な存在に留まらず，まさに世界的(コスモス)な存在である。生は生として理解されることによってのみ，一見して無意味な性格を初めて失う。アナクシマンドロスの世界像は生成消滅を，永遠の正義によって均衡へもたらす支配として，より正しくは時代という裁判官を前にした事物の法的な係争として把握した。そこでは一方が他方に償いを，自らの不正と貪婪がゆえに支払わなければならない[120]。ヘラクレイトスにとって争いは，まさに「万物の父」[121]となる。争いにおいてのみ，ディケーが作り出される。今やピュタゴラスによる調和という思想は，アナクシマンドロスの洞察を改めて意味深く解釈する助けとなる。「まさに互いに離れようとするものが統一し，異なったものから最も美しい調和が生まれる。」[122]これこそ明らかに，世界全体(コスモス)を支配する法則である。戦争の原因である飽和と欠乏は，全自然に存在する。全自然は，もっぱら対立関係に溢れている。昼と夜，夏と冬，暑さと寒さ，戦争と平和，生と死は，永遠に

---

119)　（訳注）ヘラクレイトス「断片」1，32，112，114。
120)　（訳注）アナクシマンドロス「断片」9。296頁を参照。
121)　（訳注）ヘラクレイトス「断片」53。「断片」67を参照。
122)　（訳注）同上 8。

変転し,互いに入れ替わる[123]。法の係争という比喩に留まると,あらゆる対立関係は互いに補償し合う。世界の全ての「過程」は,「交換 ἀμοιβή」である。すなわち一方が死ぬ過程は常に他方が生きる過程であり,永遠に続く上昇と下降の道である[124]。「生は変転しながら安らう。」[125]「生きている者と死んでいる者,起きている者と眠っている者,若者と老人は,そもそも同一である。後者は前者へと,前者は後者へと反転する。」[126]「誰かが私ではなく,私のロゴスを耳にしたならば,あらゆるものは一つであると告白するのが賢明である。」[127]ヘラクレイトスによる,世界(コスモス)の中で対立関係が調和した響きの象徴は,弓と竪琴(リュラー)である。「反対の方向を目指す一致」[128]によって,両者は自らの業を遂行する。ここで哲学的な言語になお欠けている一般的な概念とは緊張の概念であり,この概念の代わりに比喩が入り込む。ヘラクレイトスにおける統一は,緊張に満ちている。この天才的な思考の中にある生物学的な直観は,無類に豊かである。まさに我々の時代が初めて,この直観に正しい価値評価を下した。

宇宙論的思考と宗教的思考――ヘラクレイトス3

我々はこの場で対立と万物の統一に関する教説についてさらに哲学的な解釈を行うことを断念し,特にこの教説とパルメニデスとの関係という困難な問いに全く言及せずにおこう。それは,ヘラクレイトスがギリシアにおける人間形成にとって意味する新しい,本質的なことを堅持するた

---

123) (訳注) 同上62, 67。
124) (訳注) 同上90。
125) (訳注) 同上84。
126) (訳注) 同上88。
127) (訳注) 同上50。
128) (訳注) 同上51。

めなのである。以前の思想家と比べると、ヘラクレイトスは初の哲学的な「人間学者 Anthropologe」[129]に見える。中心を同じくする三つの戦いとして、彼の哲学を描くことができる。ヘラクレイトスによる人間についての哲学は、この三つの戦いの中で最も中心に近い戦いである。人間学的な戦いの外側には宇宙論的な戦いが、宇宙論的な戦いの外側には神学的な戦いが広がっている。しかしこれらの環は実際上、互いに分かつことができず、こうした戦いの下で人間学的な戦いが宇宙論的な戦いおよび神学的な戦いから独立していると考えることは全く無理である。ヘラクレイトスが考えた人間は世界の秩序の一部であり、他の全ての部分と同様、全体の法則に服する。しかしヘラクレイトスの人間は、固有の精神力に基づいて全生命の永遠の法則を意識的に担うことによって、最高の知恵に参与できる。この知恵の下す決定は、神的な法律に由来する。ギリシア人の自由は、彼らがポリスという全体、つまり全体の法律に自分たちを成員として組み込む点にある。それは常に、近代の個人主義の自由とは別の自由である。近代の個人主義的な自由において人間は、超感覚的な普遍者に結び付くことができる。この普遍者は、国家という現世的な世界より高い世界に属する。ヘラクレイトスの思想は哲学的な自由へと高められ、この自由は先に触れた点において、ギリシア人がポリスに結び付いたあり方に全く忠実である。ポリスに結び付いたギリシア人は、あたかも存在する全てのものを包括する「共同体」の成員として自己を意識し、共同体のノモスに服する[130]。宗教的な感覚は、こうした宇宙を個人として導くのは誰であるのかを問い、ヘラクレイト

---

129) （訳注）通例は「人類学者」と訳すが、「anthropos 人間」に関する「logos 学問」を探求する人と解釈し、「人間学者」と訳す。

130) （訳注）ヘラクレイトス「断片」114。

スにとっても以下のことが当てはまる。「唯一無二の知恵は，ゼウスの名によって呼ばれることを望みもし，望みもしない。」[131] これに対して当時のギリシア人の政治的な感覚からすれば，ただ一人の人による支配を僭主政と見なす傾向があった。しかしヘラクレイトスの思想は，（こうした見解と宗教的な刺激という）両者を互いに和解させることができる。なぜなら，彼にとって法律は多数派（の意見）ではなく，最高の認識の流出を意味するからである。「法律とは，唯一者の判定に聴き従うことでもある。」[132]

ヘラクレイトスが世界の意味と取り組み始めることによって，より高い宗教，最高の知恵の道に関する精神的な理解が新たに誕生した。こうした理解に基づく生と行為はギリシア人によって「思慮 φρονεῖν」と名付けられ，ヘラクレイトスの予言は哲学的なロゴスという道を経由してこうした熟考へと導かれる。最古の自然哲学は，宗教的な問題を明確には据えなかった。この自然哲学の世界像は，人間から離れた存在の捉え方を示した。オルフェウスの宗教はこの空隙へと入り込み，随所に存在する生成消滅という破滅的な渦巻きの最中で，魂と神的なものとの間に働く親和力を信じることを教えた。自然哲学は，人間をこの渦巻へ突き落とすように見えたのである。しかし自然哲学は秩序という思想と世界を支配するディケーの中で，宗教的な意識の結晶点を提供した。ヘラクレイトスは自らの人間観を携えてまさにこの結晶点へ入り込み，人間を全く宇宙論的な局面へと据える。他方オルフェウスによる魂の宗教は，ヘラクレイトスが抱いた魂に関する概念によって，より高い局面へ高められた。この宗教が世界の秩序の「永遠に生きる炎」と似ていることにより，哲学的な魂は神的な

---

131) （訳注）同上 32。
132) （訳注）同上 33。

知恵を認識し，自らの中で育てる能力を持つ[133]。こうして前6世紀における宇宙論的な思考と宗教的な思考との対立関係は，新しい世紀への敷居を跨ぐヘラクレイトスによる総合の中で止揚され，統一へもたらされたように見える。我々は先に，ミレトス人による秩序(コスモス)に関する見方は我々の意味での自然法則よりも，むしろ世界の規範を意味すると述べた。ヘラクレイトスはこのような秩序という性格を彼の「神のようなノモス」に即して世界の宗教へ高め，世界(コスモス)の規範によって哲学的な人間の生という規範を基礎付けたのである。

---

133) （訳注）同上 36, 77, 117, 118 を参照。

貴族の戦いと聖化

―――――

ピンダロスとテオグニスによる貴族理念の永遠化

　我々はこれまでの叙述において，イオニア文化がギリシアの本国と西部へ及ぼした影響について，ソロンの下でのアテナイの宗教的かつ政治的な闘争の面からと，イオニアの啓蒙主義者クセノパネスによる，民衆宗教とギリシア貴族による競争的(アゴーン)な男性の理想の激しい衝突の両面から捉えたに過ぎない。（ソロン，クセノパネスといった）それを攻撃する人は，こうした（貴族の）見解が狭隘で限定されていると見なし，こうした見解の担い手たる社会層を後進的にして粗野，知識に敵対的な存在と見なす。しかしこの社会層は，自らに対する外的な力や，数の上での影響は度外視するにせよ，新しいものが殺到してきたことに対して精神的に強靭に抵抗できた。そしてイオニア思想を受容してゆく中で他に抜きん出て積極的であったソロン以来，全（ギリシア）本国での詩の創作活動により情熱的な反動という統一像が形成されたことを看過することはできない。前6世紀から前5世紀にかけての転換期に，こうした反動の代表者であるテーバイのピンダロスとメガラのテオグニスという二人は，強烈な身分意識に溢れている。この二人は，貴族という支配層の集団に訴える。支配層である貴族は，政治的にはイオニアのあり方に対して拒否的かつ閉鎖的に対抗した。しかしピンダロスとテオグニスにとっての貴族の世界は，もはや邪魔されない平和のうちに安眠

するのではなく，新たな時代の波に打ち砕かれ，困難のうちに戦いながら自己主張せねばならない。こうした物質的かつ精神的な生存闘争から，貴族に本来，備わった価値に関する深い徹底的な熟考が生まれた。我々は前述の二人の詩人を通して，この熟考の内容を知ることができる。彼らは，精神，そして純粋に芸術的な意義の比類なさがそれぞれ異なる。にもかかわらず，彼らを上述の観点から（貴族出身の詩人として）一括りにしなければならない。彼らの詩情は，形式からするとピンダロスが合唱抒情詩，テオグニスが格言詩というジャンルに属するにもかかわらず，教養史的には統一をなす。この統一の中に体現されているのは，貴族の特別な優位によって最高の感情へと目覚めた自己意識である。我々はこの自己意識を本来の意味で，当時の貴族的な教養理想と名付けることができる。

　（ギリシア）本国の貴族は，高尚な人間像を意識的かつ決然と形成していた。これによって貴族は教育的な重みと完結性という点において，イオニア人のあり方，つまり彼らが個人的なものや自然的なものへ離れようとする精神的な態度よりも，はるかに優れていた。なぜなら，こうした意識的で教育的な性格(エートス)こそ，ヘシオドス，テュルタイオス，ソロンのみならずピンダロスとテオグニスの特徴だからである。この性格(エートス)は素朴な自然性の対極に位置し，イオニアではこの自然性によって精神的なものがあらゆる固有の形式を取って現れる。この性格(エートス)が，（上述の）二つの敵対的な世界の衝突によって高揚したことに疑いの余地はない。この二つの敵対的な世界に折り合いをつけることは，非常に困難であった。ギリシア人の教育者としての意識的なあり方を本来代表する偉人は，ほぼ例外なしに本土の部族に属している。しかしこのことの，ほとんど唯一の根拠，ましてや主要な根拠は，上述の性格(エートス)が二つの敵対的な世界の衝突によって高揚したことには求められない。国民

のより高い教養を目指す意志が流出する源であった貴族の文化と支配が長く続くことは，（ギリシア）本国の地域において，おおむね以下のことに寄与したかもしれない。つまり（ギリシア）本国では，以前のものに人間の特定の理想，完成した形式を対峙させることによって初めて，新しいものが現れることができた。クセノパネスは精神的な矜持を個人として保つことによって，古い反動的なものの見方に対してとりわけ激しい論難を行った。その結果，こうした反動的なものの見方はとうの昔に時代遅れになったかのように見えた。他方，この同じ封建的なものの見方はピンダロスとテオグニスにおいて突然，驚嘆に値する新しい，人倫的で宗教的な力を展開させた。この封建的なものの見方は我々に，身分による限定を決して忘れさせない。しかしこうした見方の根は，最高の層を通って人間的なものの深みという下部へ達し，この深みはその根をいかなる旧弊化からも守る。もちろん（テオグニスとピンダロスが）精神的な自己主張を行った粘り強いエネルギーがゆえに，彼らが守るために戦った世界が瀕死の世界であったことを誤解してよいわけではない。彼らの文芸は，外的で政治的な意味におけるいかなるルネサンスも貴族にもたらさなかった。しかし彼らの文芸は，最高の危機という運命的な瞬間に，貴族理念の永遠化を意味する。これは時代の新しい力と貴族の社会的な構築力を，ギリシア民族の普遍的な財産へ併合することによって可能となった。

　今日もっぱら詩情のお陰で，前6世紀から前5世紀にかけてのギリシア貴族の社会的な状態，その生き様について何らかのイメージを抱くことができる。造形芸術と，極端に僅かな歴史的な伝承が付け加える全ては，詩人がギリシア貴族の内的な本質について解き明かしたことを沈黙のうちに説明しているに過ぎない。もちろんここにおいてはまさに，彫刻，建築，壺絵に現れた芸術の証言が特に重要

である。しかし我々がそれら諸芸術を、詩情の光の中で詩情の理想の表現として考察して初めて、この証言は我々に語りかけてくる。我々は、社会的な展開という外的な歴史との取り組みを断念せざるを得なくなる。それは我々がここでも、こうした社会的な展開に関して、重要な都市で起きた主要な出来事、地域に関する出来事の断片のみを、若干認識できるに過ぎないからである。はっきりと追究できる唯一のことは、ここにおいてもいかに（知ることが少ないという）損害を被っているにせよ、書かれた遺物に明確に表れたギリシア精神の行程に留まる。（書かれた遺物が一般的に乏しい）代わりにピンダロスとテオグニスは（書かれた遺物をかなり多く有し）、全く異なる意味において（上述の行程の）非常に特徴的な二人の代表者となっている。最近ようやく再発見されるまでほとんど知られていなかったバッキュリデスのような合唱抒情詩人が、ここに改めて加わった。このことは、我々の目的のためにピンダロス以外の詩人を検討する必要がないことを示したに過ぎない。ピンダロスとテオグニスという二人の詩人のうちテオグニスはおそらく年上の詩人として、（考察上の）優先権を持つかもしれない。これは何よりも、一部の貴族がテオグニスの時代に置かれた困難な社会状況への洞察を得る、という長所を同時に提供する。というのもテオグニスの詩においては、この状況が強く前面に出てくるからである。他方で我々はピンダロスにおいてむしろ貴族文化を、その宗教的な信仰、最高の理想である男らしい完全性という側面から考察する。

テオグニスの本の伝承

名詩撰の基礎

最初に、たいへん困難な状況にあるテオグニスの本[1]の伝承について語り、ほとんど全ての事実に異論の余地がある際、自らの立場をはっきりと基礎付けることが不可欠である[2]。私はこの文献学的な事柄がそれ自体、非常に興味深いにもかかわらず、それほど詳しく言及しないことにする。ただし詩人が我々の時代へいかに伝承されたかということが同時にギリシアの教養の独特の部分への深い歴史的な眼差しを開くのであれば、その限りではない。この歴史は、テオグニスが後世へ及ぼした影響と分かち難く結び付いているのである。

すでに前4世紀、収集は大体のところ完結していたのであろう。この収集は我々に、テオグニスの作品として全くの偶然によって伝えられている。最近の探求においてはこの奇妙な本を分析するために、膨大な量の鋭い洞察力と学識を伴う作業が行われた。この本は当初、存在した形態にあっては、アレクサンドレイア文献学の批判により純化する炎を通り抜けることがほとんどできなかった(すなわち偽作と見なされた)。この本は前5世紀と前4世紀の饗宴において実際に用いられ、役立てられた。饗宴というギリシア人の「政治的な」生の重要な慣わしが徐々に終焉す

---

1) (訳注) 以下、本節でテオグニスの「本 Buch」について触れる場合、もちろん現在の冊子形式の書籍とは異なり、古代ギリシアで通例、流布していた巻子形式の書物を指す。

2) 以下の説明は、R. ライツェンシュタイン『格言と酒宴歌』(1893年) と F. ヤコービー「テオグニス」(『ベルリン・プロイセン学問アカデミー紀要』1931年) との取り組みの結果である。

ることによって，この（テオグニスの）本は第一線を退き，
僅かに奇矯な文学作品として読まれ，伝承されるに過ぎな
くなった。そしてテオグニスという名前にこの本（の筆者）
は帰せられた。というのもこの詩人の一巻の本は，前後の
時代（前7世紀から前5世紀－原注）においては，様々な
詩人の詩と格言による名詩撰の基礎として役立ったからで
ある。これらの詩と格言のどれもが，宴会の時に笛の響き
を伴奏として朗読された。多くの箇所で本来の字句内容が
変えられ，訂正のつもりがかえって悪くしてしまうことも
あり，最も高名な詩句ですら最終的にはどれほど元の歌を
変えてしまったかが示される。しかし（名詩撰に集録する）
詩人の選択が前5世紀以降に下らないことは，貴族の政
治的な死滅とも関連している。こうした詩情が延命してい
たのは，明らかに貴族の集まりにおいてである。というの
も，収集に含まれたテオグニスの詩のみならず他の幾つか
の部分も，この貴族の集まりにおける並外れて反民衆的な
精神を呼吸しているからである。この本はクリティアスの
時代のアテナイにおける貴族の政治結社（ヘタイレイアー）で，最も頻繁に使
用されていたと考えられるだろう。この政治結社（ヘタイレイアー）からアテ
ナイの政体に関する小冊子が生まれ，プラトンも生い立
ち，この結社に近かった。彼の『饗宴』が最高の形式で示
している饗宴とエロスとの結合は，明らかにテオグニスの
名の下に収集された詩の中にも反映している。なぜならい
わゆる（テオグニスの）第二の本は，実際には（第一の本
と）内的な関連を強く持つことなく添付された自立した歌
の本であるが，エロスをこうした（饗宴の）機会に祝われ
た対象とするからである。

キュルノスへの注目による作品構成の分析

収集の中でテオグニスの財産を他の詩人の財産から分離
しようと試みるならば，幸いにも個々の作家と時代の個別

的な相違に関する，我々の様式的で精神的に鋭敏な感受性のみに頼らざるを得ないわけではない。多くの部分は，我々が未だに所有する有名な詩人の詩句として容易に識別でき，他の場合でも我々は，多かれ少なかれ確かな痕跡に甘んじなければならない。テオグニスの本は冒頭にあり，すでにその形式からして内的な関連を強く持つことなく並べたに過ぎない他の詩人からの抜粋とは，かなりはっきりと異なる。しかしこの（テオグニスの）本は（他の詩人からの抜粋と）同様に関連した詩ではなく，格言の収集である。この（テオグニスの）本の性格のみが，そもそも異質なものを生じさせることができた。しかしテオグニスの格言の収集は，内的な統一をなす。個々の格言から格言が収集され，個々の格言は外的にも相対的にも自立しているにもかかわらず，その収集に際して思考の進歩を知ることができる。そしてこの（格言の）収集には，後続する部分から明らかに区別される序言と結び[3]がある。こうしたテオグニスの古い真正の本を取り出す際，彼の狷介でユンカー的な態度が露わとなった精神を度外視するにせよ，特別な理解の助けとなるのは，語りかけの形式である。この形式は，詩人が自らの教えを授けるポリュパオスの息子で，貴族の後裔であるお気に入りの若者キュルノスに対して繰り返される。我々はこうした語りかけを，ヘシオドスがペルセスへ向けた警告の詩やイアンボス詩人の詩句の中に，さらにはサッポーとアルカイオスの抒情詩の中にすでに見出す。テオグニスは自らの教えを個々の格言という形式で授けるので，彼の本の中で「キュルノス」または「ポリュパオスの息子」に対する語りかけは，全ての格言についてではないにせよ，非常に頻繁に繰り返される。同様の形式は幾らかの（空間的・時代的な）距離があるにせよ，語りか

---

3)「エレゲイアー」237-254 行を参照。

けられたものの名前が反復される古代北欧の格言の詩情の中にもあることが証明できる。我々にとってキュルノスの名に注目することは，キュルノスの名が遍く全体に行き渡っている真正のテオグニスの（詩の）層を発掘する際，一種の示準化石のように役立つ。

しかしキュルノスという名は，古い格言の本の中でテオグニス真作の最後の詩を見出す点に至るまでのみならず，この最後の詩に続く部分にも存在する。しかしこのキュルノスという名はテオグニスの古い格言の本の中では互いに密接にまとめられ，頻繁に登場する一方，上述の最後の詩に続く部分にあっては散発的に，大抵は何度か短く連続して姿を現すに過ぎない。したがってこうした後者の部分における箇所は，それがもしも本物であれば，本来はより完全なテオグニスの格言の本から取り出された引用であると仮定せざるを得ない。このような引用の幾つかは部分的には，（テオグニスの）古い格言の本にも載っている――こうした繰り返しは，詩の収集が同一作家の作品にまとめられたのであれば，おそらくあり得ないことだ。それゆえテオグニス（の古い格言の本）に結び付けられた（収集の後半）部分は，元来は別の独立した本であり，この自立した本の中に他の詩人と並んでテオグニスの作品も存在したことは今や明らかである。この自立した本とは，テオグニスがすでに古典と見なされていた時代，つまり遅くとも前 5 世紀の末期か前 4 世紀の初期に作られた名詩撰であった。当時，学校においてこうした抜粋が存在したことは，プラトンの『法律』の中で明白に証言されている[4]。抜粋は，饗宴で用いるためにも存在したのであろう。そう適切にも名付けられたように，我々が今日読む様々な本（つまり序言と結びを伴うテオグニス本来の古い格言の本と，それに続

---

4) プラトン『法律』811A。

く部分）は，後になって我々の（現行の形での）収集へ統合された。その際どれほど大雑把な手続きが取られたのかということは，誰一人として収集の際に生じた副本を——そもそもこれに気付いた場合の話だが——遠ざける労すら費やさなかったことからも明らかである。それゆえ我々はテオグニス像を，関連付けて伝承されたキュルノスの（古い）格言の本へ結び付けることが許されているだけではない。こうして（古い格言の本へ）結び付けられたより後の収集における，あちらこちらで現れるキュルノスの格言も考慮に入れねばならない。しかしいずれにせよキュルノスの（古い）格言の本は我々の本来の基礎であり，全てはこの基礎がどの程度，堅固かという点において問題となる。それゆえ我々は，（テオグニス本来の古い格言の本を除いた）残りの収集から，そこに含まれたキュルノスの（名前を含む）格言以外に，テオグニスのためさらに何を獲得できるのか，という問いを探求することにしよう。しかしその前に，キュルノスの（名前を含む）格言をより正確に吟味しなければならない。

作品冒頭で著者の名を挙げる習わし

 そもそも我々は，キュルノスの（名前を含む）本がテオグニスの文芸であることをどこから知っているのか？　仮にテオグニスが，饗宴風の詩の作者におそらく迫った（本来の字句内容が変化を被るという）上述の運命を避けるために特別な術策を弄さなかったのであれば，こうした歌の収集に含まれている非常に多くの有名な詩人の名前と同様，あれこれの他の一般的な歌の収集の中に，いかなる痕跡も残すことなく，テオグニス自らの名前や名声への要求は，消滅していたことだろう。テオグニスは序言の中で自らの名を永遠化し，自らを忘却から救っただけではない。自らの精神的な財産に，自らの「印鑑 Stempel」あるいは

──彼自身の言い方によれば──自らの「印章 Siegel」を押した[5]。彼の言葉を聞こう[6]。「キュルノスよ,私が持つ賢い考えに従って,詩句に私の印章を押しておこう。するとこの詩句が密かに盗まれることは決してない。良いものがそこにあるのだから,誰一人としてこの詩句をより悪いものと取り代えることはないだろう。誰もが言うだろう。「これこそメガラのテオグニスの詩句だ。彼は万人の下で有名である」と。私には,この都市の全ての人間の名声を博することが,まだできていない。ポリュパオスの息子よ,それは不思議ではない。というのもあのゼウスでさえ,雨あるいは日照りを送ろうとも,全ての人を喜ばすことはできないからだ。」

例えば彫刻家あるいは壺絵の画家は,自らの名を作品に記す。これと同様,高揚した芸術的な自己意識と,精神的な財産を守る要求こそ,我々が当時の造形芸術の中にも見出す時代現象である。こうした個人的なものへの欲求は,並外れて伝統主義的な貴族主義者(テオグニス)の下にあって,特に我々の関心を惹くに違いない。なぜならこのような欲求は,この貴族主義者(テオグニス)が自らの意識に対応するよりも,むしろ時代精神に影響され,深く心を動かされたことを示すからである。テオグニスが自らの印章を押すことによって,自らの名を詩に添えたということは,彼の言葉から異論の余地なく導き出される。その第一の理由は,印章の概念にある。というのも,所有者の印または名によって印章は押されるからである。第二の理由として,印章はそこにある。なぜなら,詩句に自らの印章を押す意図に関する所有者の言葉の後に,直接的に記名が続くからである。作品の冒頭で詩人の名を挙げることは,

---

5) (訳注)「印章 Siegel」の原語は σφρηγίς。
6) 「エレゲイアー」19-23 行を参照。

当時にあって全く新しいというわけではなかったが,『神統記』序文のヘシオドスの例には後継者がいなかった。そしてテオグニスの直接の先駆者であるミレトスの格言詩人フォキュリデスのみが, その格言を自らの所有物として特徴付けるため――明らかにこの種類の詩句は, 格言の言葉のように容易に全世界の所有となったため――(「フォキュリデスは語る…」という) 発明を行った。なぜならフォキュリデスとテオグニスの有名な詩句は, 後世の作家によってまさに作者不詳の格言の言葉として引用されるからである。もちろんフォキュリデスの格言は, 特にこうした(作者不詳の格言として引用される) 危険に曝された。なぜなら, それは互いに内的な関連を持たないばらばらの格言だったからである。(彼の) 個々の格言は, それぞれの格言を個別に伝えることが可能なはずであった。それゆえ詩人は, 自らの名前を逐一, 個々の格言の前に据えた。この詩人(フォキュリデス) の最初の詩句は, 常に次のような言葉によって始まる。「これもフォキュリデスの格言である。」ペイシストラトスの息子ヒッパルコスはフォキュリデスの模範に従って, アッティカ街道のヘルメス神の柱像のために金言を詩作した時, 個々の格言を次のような言葉で始めた。「これこそヒッパルコスの記念碑である。」この(言葉の) 後,「決して友人を騙すな」あるいは「心の中で正しいものを保ち, 生きてゆけ」[7]と続く。テオグニスにとって, こうしたことは必要ではなかった。なぜなら彼の格言はすでに述べたように, 独立して伝承されねばならなかった関連する全体, つまり貴族身分へ継承された教育の知恵からなったからである。テオグニスは, 自らの本の序言と同様に結びでも語るように, 自らの本が「陸と海を越

---

7) プラトン『ヒッパルコス』228C。

えて，万人の下に」[8]広まること望んでいた。このような本とその内容に関する自らの所有権を守るため，テオグニスにとっては作品の冒頭で作者の名前を挙げるだけで十分であった。これは，まさに当時成立しつつあった新しい散文の本のいかなる作家にとっても，そうであったのと同様である。今日の作家は，こうした手段を必要としない。というのも，著者名と題名は書物の扉に載っているからである。前6世紀の末期，書物の扉はまだ存在しなかった。というわけでヘカタイオス，ヘロドトス，トゥキュディデスの歩んだ逃げ道だけが，すでに存在していた。すなわち彼らは自らの名を挙げ，自らの意図を申し立て始める。ヒポクラテス作という名の下に我々へ伝えられている医学関係の著作の中に，こうした個人的な由来に関する性格付けは存在しない。それゆえこの著作の著者が誰であるかということは謎であり，謎であり続けている。詩情における「印章」の発明は散文におけるのと同様，価値を認められることはなかった。我々はこの「印章」の発明を，前5世紀のキタラー伴奏の歌の旋律様式の中にのみ見出す。この旋律様式において詩人の名を挙げるために「印章」という表現を用いることは，技法的に確実である。だが，それがテオグニスから取って来られたのかどうか，確かなことは言えない。

ところでテオグニスの本が伝承される際に被った運命を前にして，彼は自らの意図を，個々の格言に一つ一つ印章を押すことによってのみ達し得た，ということが最近語られた。それゆえ「印章」を「キュルノスよ」という語りかけと関係付けがちであった[9]。一見して機械的な，しかし

---

8) （訳注）「エレゲイアー」23行，245-252行を参照。

9) ヤコービー，前掲書，31頁。今では『ゲッティンゲン学報』（1933年）所収 M. ポーレンツの論文を参照。私はこの論文を本書（『パイデイア』第一分冊）を書き終わった後に初めて受け取った。

まさに客観的な仕方で，真贋に関する問いを一挙に解決できるのであれば，もちろん好ましいことであろう。他方この真贋に関する問いは，こうした（客観的な仕方という）基準なしには，常にかなり面倒な状況にあるに違いない。しかしテオグニスは，仮に彼の本が将来，一部しか存在しないのであれば，2500 年後に批判を行う文献学者がどんなに困るか，まだ予見できなかった。というのも，これこそ古代の（テオグニスの）唯一の写本に対する我々の状況だからであり，テオグニスの伝承はこの写本にかかっているからである。彼は，自らの本が常に万人の手にあることを望んだ。しかし，何千年という単位を十分に考えることができなかった。ましてやテオグニスは，彼による格言の本がすでに百年後，饗宴で用いるために容赦なく短縮され，抜粋され，最終的には他の多くの匿名の著者と共に学生歌集へ融合されてしまうことを予想できなかった。いわんや彼を精神的な剽窃から守るために彼の名前を詩の序文に付すことが，彼を不当にも他日，収集本においてその（真の）筆者と関連付けられているあらゆる他の匿名の詩の著者に見せかけるであろうことも，ほとんど予期できなかった。しかし我々は，彼の名前を刻印した印章が彼の（古い）格言の冒頭において，主人のいない多くの財産に埋もれている彼の個性を再び明らかにできることを喜ばしく思う。これは，収集に含まれた他のいかなる詩人に関しても不可能であったろう。その限りで彼は，自らの意図を達成した。

テオグニスの生存年代

しかし印章がキュルノスへの呼びかけの形式に過ぎないと解釈することは，内的な理由からも支持できない。キュルノスの（古い格言の）本に沈潜すればするほど，キュルノスへの語りかけによって装備された格言を残りの格言か

ら分離することは不可能であるように見える。というのも、両者は互いに唯一の思考過程へと組み込まれているからである。キュルノスの名がない格言に関して、たとえその格言が古い格言の本の中にあるとしても、テオグニスの真作でないものを我々が甘受する可能性がある。この不確実性は、根本的に否定し難い。実際に、続く箇所で（テオグニスの真作とは）異質なものが始まる（古い）格言の本の結びの直前に、ソロンの一作品が根を下ろしていた[10]。しかしこのソロンの作品は思考の進歩を非常に損なうので、我々はこの作品がソロン作であることを知らなかったとしても、異物として除外するであろう。ここでも、その他の箇所と同様、内容的・形式的な批判を行わずには問題をほとんど解決できない。そしてキュルノスの名さえ、特にこの名が（古い）格言の本の外部に現れる場合、真贋性の絶対的な保証でないことは、おそらく一般に認められるであろう。

それゆえ我々のテオグニス像を、まずキュルノスの（古い）格言による完全な本に依拠して作り出さねばならない。これによってテオグニスは、完全に理解できる形態を取る。それに加えて（古い）格言の本に付け加えられた収集に散逸しているキュルノスの格言は、批判がここではまだ行われていないという当然の制限を踏まえつつ、（テオグニス像を構成するために）取り出すことができる。というのも我々はこうした格言を、この格言を結び付け保存した本来の文脈の中で読むわけではないからである。これによって、キュルノスの格言の価値が残念ながら甚だ減るのだが。残念ながら（古い格言の本と異なる）残りの部分に関しては、我々の手段によってはそこに潜むテオグニス

---

10) （訳注）「エレゲイアー」227-232 行。この詩行はソロン「断片」1 の 71-76 に対応する。

の作品を分離できない，ということが言える。自立した詩の本の序文からおそらく取られたメガラの詩人の美しい詩についてのみ，特別な言及が必要なだけである[11]。この詩は多くの場合テオグニス風と見なされ，その饗宴風の快活さは，ペルシア人の侵略が迫る激しい雷雨の稲光を閃かせる。この詩がテオグニスの手になるのであれば，彼は前490年か前480年頃，まだ存命していたのであろう。キュルノスの（古い格言の）本が描いているメガラの内政の状態は，もちろん我々の持つごく僅かな知識では，この（ペルシア戦争の）時代に首尾よく適合しない。メガラの内政の状態はむしろ前6世紀の中期を示し，古代の学問的な年代研究は詩人テオグニスをこの時代（前544年—原注）へ据える。詩の成立年代や詩人の生きた時期の画定は，残念ながら確定が不可能なものに留まる。ペルシア人の時代の詩それ自体は，（この問題に関する）手がかりをほとんど与えない。この詩は，一見してキュルノスの本とは異質な精神を呼吸しているかのようである。この詩の著者がテオグニスとは異なるメガラ第二の詩人であるとの仮定が存在する。とはいえこの詩の著者がキュルノスの本を用いる仕方は，この仮定を一般に見なされたほど本筋から逸脱しているように見せかけない。しかしこうした後の詩はテオグニスの序文と二つの小さな一致を持つに過ぎないので，上述の仮定は不完全な事実に基づくことを認めざるを得ない。

---

11)（訳注）「エレゲイアー」757-792 行。

貴族による教育伝統の集大成

貴族階級の教育全体を伝える訓戒(ヒュポテーカイ)

テオグニスの本は形式からすると、ヘシオドスの『仕事と日々』に現れた農民の英知およびフォキュリデスの格言と同様のジャンル、すなわち「訓戒(ヒュポテーカイ) ὑποθῆκαι」[12]というジャンルに属する。この訓戒(ヒュポテーカイ)という言葉は、(テオグニスの詩の中では)本来の箴言が始まる直前の、序文の最後に登場する。「さあキュルノスよ、私はお前に友人であるかのように好意を抱くので、私がまだ少年の頃、高貴な人々から学んだこと(訓戒(ヒュポテーカイ))を教えたいと思う。」[13]それゆえテオグニスの教説にとって重要な事柄とは、この教説がテオグニス個人の思想ではなく、彼の属する階級の伝承を与えることである。古えの貴族による躾という人倫的な命令を詩句で書き表す最初の試みは、すでに触れた「ケイロンの訓戒」という詩であった(50頁—原注、本訳書70頁)。フォキュリデスは、一般的で実践的な生の規則を与える。彼と比べると(他方で同様にヘシオドスと比べると—原注)、テオグニスに関して特に新しい点が明らかとなる。すなわちテオグニスは、以前もっぱら口承で様々な世代を通して伝承されてきた神聖化された規定、つまり貴族の教育全体を、自らの詩の中で教えようとする。それはヘシオドスが『仕事と日々』において編纂した農民風の伝承と、意識的に対立する。

---

12) P. フリートレンダーは、この(テオグニスの)教説をこうした(訓戒(ヒュポテーカイ)という)関連へと据えた(『ヘルメス』第43巻[第48巻か—訳注][1913年]572頁)。テオグニス「断片」27行を参照。(訳注)明らかに権威を有する人物による助言や指示。

13) (訳注)「エレゲイアー」27-29行。

語りかけられた若者は、エロスという絆によって詩人と結び付いている。エロスがテオグニスにとって、この（彼と若者という）二人の間の教育上の関わりの根本前提であることは明らかである。こうした前提はテオグニスに、両者が属する（貴族）層の目に好ましく映る、何か典型的なものを与えずにはいられない。我々はドーリアの貴族文化を近くから見る時に初めて、非常に支配的な現象としての男らしいエロスに出会う。このことは特徴的である。この場で、まさに我々の時代に頻繁に話題となった問題の探求に着手しようとは思わない。というのも、社会の状態を社会それ自体のために描くことは、我々の意図ではないからである。このエロスという現象がギリシア民族の生の中で、自らの場と根を持つ場所を示すだけで十分である。しかしこれはまた、男性による若者あるいは少年に対するエロスが、初期ギリシアの貴族社会の構築の中で同時代における本質的な要素である点を認識することを意味する。この本質は、この貴族社会の人倫的かつ階級的な理想と不可分に結び付いている。特に喜劇が示すように、ドーリアの少年愛はイオニアとアッティカの民衆の感覚にとって、多かれ少なかれ疎遠であり続けた。こうした限定を踏まえた上で、ドーリアの少年愛に言及することは正当である。もちろん上層部による、例えば「少年愛 παιδικὸς ἔρως」のような生活形式も、次第に有産市民階級へと広がる。しかしアテナイの詩人と立法者は、少年愛が何か当たり前のことであるかのように言及し、称賛する。彼らは特別な貴族であり、こうした言及や称賛はソロンに始まった。彼の詩において少年愛は、女性への愛と貴族のスポーツと並んで生の最高財産の一つに数えられ、それはプラトンに至る。まさにドーリアの貴族が、ギリシア中の貴族に対して非常に強い影響を及ぼした。すでにギリシアそれ自体において、そして（ギリシアの）古典期に、このエロスがたい

へん広汎に普及したにもかかわらず，これに関して非常に多様な判断が下されたならば——というのも，このエロスは特定の社会的・歴史的な前提と結び付いていたからなのだが——，これは近代の観察者にとって馴染みの，以下の有名な事実の理解を容易にする。つまりエロスのあり方の形式はギリシアの民族生活において広範囲に忌み嫌われ，あるいは蔑視されたにもかかわらず，他の（貴族という）社会層においては全く異なる展開を遂げ，この社会層にとって男らしい完全性と貴族それ自体のあり方へ向けた最高の感覚と結び付いた。

気高く成長した姿，均斉の取れた教養，高貴な運動への明るい驚嘆は，以下の人種に発することができた。つまり，まさに想像を絶するほど古い時代からこれらの価値を男性の最高の長所と見なすことに慣れ，ますます高い状態へ向けて陶冶したような人種である。その際，上述の価値は不断の，神聖かつ真剣に行われた競技の中に表れ，身体と魂による最高の力が投入された。以上のことは，いともたやすく納得がゆく。このような属性に基づく，羨望に値する（上述の価値の）担い手の明るい輝きの中に，理想的な契機つまりアレテーへの愛があった。深い廉恥は，エロスによって結び付けられた者たちを，あらゆる低級な行為から守った。そして高いものへの躍動は晴れがましい行為の際，常に彼らを鼓舞した[14]。スパルタ国家はエロスを重要な要素として，「軍隊式教育制度 ἀγωγή」の中へ意識的に取り入れた。そして愛する者の愛される者への関係は，教育的な権威という観点から，両親の子どもへの関係に喩えることができた。それどころか前者の（愛する者の愛される者への）関係は，若者がようやく家族の伝統や権威から離れ始め，一人前の男へと成熟する年齢にあって

---

14) （訳注）プラトン『饗宴』178D。

は，後者の（両親の子供への）関係よりも多くの点で優っていた。こうしたエロスの教育力が多く約束することを疑う人は，いないであろう。エロスが教育力を持つという物語は，プラトンの『饗宴』において頂点に達する。（プラトンと）同じ生の圏域に根付くテオグニスによる貴族の教説は，全くこうした教育的な衝動から発した。我々はこの教育的な衝動から発するエロスの側面を，テオグニスの情熱的で人倫的な真剣さの陰で容易に看過してしまう。こうしたエロスの側面は（彼による）格言の本の結びにおいて，苦悩に溢れた辛辣さと共に現れる。「私は君（キュルノス）に翼を与えた。君はその翼で海と陸の上を飛ぶであろう。君はあらゆる祭りや喜びの祝祭において，人々の評判になるだろう。魅力的な若者は笛を吹きながら，君の名を明るく歌い始めるであろう。そして君は冥府（ハーデース）へ下った後も，全ギリシア中を，海の島の上を闊歩するだろう。地球と太陽がある限り，未来の人間たちに歌を響かせ始めるであろう。しかし私は，君から尊敬を得ることはない。なぜなら君は君の言葉によって，私を小さい子供であるかのように騙すからだ。」[15]

民衆の台頭に対する貴族の闘争

こうした貴族の饗宴における，エロスが魂を入れた厳格な礼儀正しい慎み深さ（エウコスミミ）は，長期間にわたっていかなる嵐に対しても不動であった。しかしこれはテオグニスの時代に至って，異なる様相を呈した。上へ押し迫る民衆層，あるいは僭主政の脅威に貴族の地位が曝された結果，貴族は自らの地位をめぐって戦うようになった。ソロンの文芸が，我々にこの戦いのことを教えた。この戦いに際して貴族は

---

15)（訳注）「エレゲイアー」238-253 行。イェーガーによるパラフレーズ。

一面的な党派として，彼らの政治指導は乱脈な失政として描かれる。大衆は余りにも長い間抑圧され，国家を脅かす際限のない要求を抱くに至ったが，貴族の政治指導がこうした（大衆の）要求を引き起こすことになった原因であることも明らかになる。このような危機的状況から，政治的な思考に基づいて極端なことを制御し，国家を僭主政から守ろうとするソロンの国家倫理が生まれた。テオグニスの文芸も身分闘争を前提とする。彼は自らの格言の冒頭に，より多くの，より長い詩を据え，この詩は社会的な状況全般に光を当てる。最初の詩はソロン風の文体で書かれたエレゲイアーであり，気分，思考，言語に関して偉大なアテナイ人という模範に明白に支配されている[16]。貴族の息子であるソロンは，自分自身の階級を告発する。彼は自らの階級の長所を愛するのみならず，短所をも知っている。しかしこれに対してテオグニスは，都市を満たした不穏と不正の責任を，貴族以外の一派のみに負わせる。明らかにメガラの情勢は，土地を所有する古い都市貴族にとって不利になる方向へ展開した。指導者は法を枉げ，民衆を堕落させ，私腹を肥やし，より多くの力を得たいと願っている。詩人は，まだ平穏な都市が内戦によって真っ二つに分裂しているさまを見出す。僭主は最期を遂げるであろう。テオグニスが知っていると思われる救済のための唯一の手段，つまり貴族支配という正当な不平等への復帰は，あらゆる可能性の埒外にある。

（テオグニスの）第二の詩は陰鬱な像を完成する[17]。「都市はなるほど同じままであるが，人々は（今までと）異なる人間になった。裁判や法について何も知らず，腰の上に

---

16) 同上 39-52 行。
17) 同上 53-68 行。（訳注）引用部の中間に，イェーガー自身による補足が挿入されている。

山羊の皮を身にまとい，野生の鹿のように都市の外のねぐらで寝ていた人たち。キュルノスよ，彼らこそ今や高貴な人であり，以前ひとかどの人物であった人々は，今や卑しめられている。これは耐え難い光景だ！　彼らはお互いについて隠れて嘲り笑い，空しい望みを抱き，いかなる確固とした規範をも知らない。この規範は，何が高貴で何が高貴でないかを自分たちに告げるのだが。というのも，彼らは伝統を持たないからだ。キュルノスよ，君はこうした人々の誰一人として，何らかの目的のために友人とするな！　君が彼らと話すならば，礼儀正しく接せよ！　しかし真剣な事柄について，決して彼らと関わりを持つな！　というのも，もし彼らと関わりを持てば，君はこうした愚痴に溢れた奴らのものの考え方を知ることになり，彼らは人生で何の頼りにもならないことを経験するからだ。こうした救い難い交際仲間が愛するもの——それは欺瞞，策略，陰険さだ。」

　仮に我々が軽蔑や憎悪のみならず，非常に強い怨恨に基づくこうした記録すら持っていなければ，我々には多くの認識が欠けていたことであろう。こうした記録を最初のエレゲイアーと一まとめにしよう。テオグニスは階級的な関心に従って，ソロンによる全社会秩序の根源としての正義という理念を，いかに一面的に解釈しているのか？　我々はこれを見なければならない。しかし，古い没落した支配層の代表者からこうした正義を期待するならば，余りにも多くを望むことになるであろう。今や抑圧された者は，正義という観念に訴えかける。この訴えかけは公平な感情の持ち主に対してすら，抑圧された者が描く国家像に激越な調子を与えずにはおかない。この激越な調子は，詩人の力なしで済ますことができないのである。詩人による批判の，イアンボスを通して養われたリアリズムは，エレゲイアーの高められた形式に新しい内的な活気を分かち与え

る。不正の支配を描写するための模範としてソロンよりも重要なのは，おそらくヘシオドスの『仕事と日々』である。（テオグニスの詩は）序言と結びという二つの中心部分によってまとめられ，構築されているが，『仕事と日々』はこうした構築に明らかに影響を及ぼした。これは単に形式的に理解すべきことではなく，内容的な状況の類似から生まれる。ヘシオドスにおいては農民の労働倫理が，普遍的な教説と共に現実的な経験から成長した。この現実的な経験とは，詩人と兄弟ペルセスとの間の財産，つまり（ソロンと）同様に正義をめぐる争いのことである。まさにこれと同様テオグニスによる貴族の教説は，社会的な革命に対する彼の精神的な戦いに由来する。法を枉げたがゆえに裁判へ訴えることが，ヘシオドスにおいてもテオグニスと同様，（それぞれの著作の）第一部を構成している。第一部は両者にとって，より多くの，より大きな思考の文脈の中で展開した。この並行関係はテオグニスの本の第二部にとっても決定的であり，この第二部は，『仕事と日々』における格言の英知からなるヘシオドスの短い格言を模倣して作られたのである。テオグニスの本の第二部でも，個々の比較的長い部分が見出され，この部分は何行にも及ぶ格言から短いエレゲイアーの反省形態へと広がる。類比はこれによって乱されない。この場で超時代的に妥当するものが，（ヘシオドスとテオグニスという）二人において，特定の時点での個人的な衝動と困窮から形成されたことこそ，真に古風な流儀である。我々の近代的な感情にとって，上述したような仕方で成立する作品の芸術的なバランスの欠如を部分的にせよ埋め合わせるのは，個人の内面性と感情の力の獲得である。我々は，こうした動きの激しい内面性がその主観的な領域から普遍的な規範へと外へ向けて努力することを見誤り，本来，（普遍的な）認識が目指される至る所で（主観的な）信仰告白だけを聞こうとする過ちへ

容易に陥りがちであるにせよ。

テオグニスの貴族倫理

（テオグニスの）貴族倫理は現今の支配階級による陰険な営みと不正の原因を，この階級が高貴なこと，高貴でないことの基準[18]を全く知らないことに帰す。他方，第一部の第二のエレゲイアーは，すでに貴族倫理の本来の集大成である格言の収集それ自体への導入である。現今の支配階級が高貴さの基準を知らないことこそ，詩人がまさにキュルノスへ教えようとすることであり，それは真に貴族的な躾と態度によって自らを大衆から区別するためなのである。伝統を持つ者のみが基準を持つ。伝統を継続的な形式へと刻み込む男が生まれることによって，今やこの伝統を世界から守るべき時が来た。それゆえ伝統は，生まれの良い若い男が真に高潔な男となるための指導者なのかもしれない。詩人は「悪人 κακοί，低俗な者 δειλοί」——これはテオグニスにとって貴族の躾に由来しない全てを包括する具体的な概念であるが——と付き合うことを警告し，他方で「善人 ἀγαθοί，高貴な者 ἐσθλοί」をもっぱら自らと同類と見なす。これこそテオグニスの教育の中心思想であり，彼はこの思想を，祖先の教説を伝承しようとする自らの意図を告知するや否やあたかも公準として立て，この中心思想に基づいて再び格言の部分が始まる。両者の間，つまり告知と格言の英知との間には，政治と関わる箇所が存在する。その政治と関わる箇所は，低俗な者が堕落した像を暗い色調で描いている。そうすることで，「高貴な者を頼りにせよ！　低俗な者の間に紛れ込むな！」という要求に適う現実的な基礎付けを与える。テオグニスが貴族と

---

[18]「エレゲイアー」60行の γνῶμαι，つまり本来の基準的な判断。その際に格言の部分の新しく作られた箴言が考えられている。

の交際について理解することを例証しているのは，彼自身が行う教授活動の全体である。というのもこの教授活動の全体は，詩人が自らの人格に掲げる，真に貴族的な権威への要求によって担われているからである。

格言の部分の思考過程を詳しく辿ることは，我々の課題ではない。詩人が語る全ての言葉，彼が行う全ての要求は，危険が現にあることによって，特別に重要で緊急なものとなる。こうした危険については，社会的な関係の件ですでに述べたとおりである。テオグニスは悪人や，高貴でない人と友情を結ぶことを警告する。なぜなら彼らは信頼に値せず，信義がないからである。テオグニスはこうした警告からなる一連の箴言によって，（詩を）開始する。彼は面従腹背の徒ではなく，直言し，不幸にあっても支えとなるごく少数の友人だけ持つことを勧める。共同体の革命は何であれ，信頼の危機を醸成する。同じ考えを持っている人同士は，より緊密に手を組む。なぜなら，裏切りはあらゆる道に潜んでいるからである。テオグニスは次のように語る。「政治的な不和が支配する時代に，信頼できる男は金に値する[19]。」それは依然として，古い貴族倫理ではないか？

確かに古い貴族倫理は理想的な友情を称えており，テセウス，ペイリトオス，アキレウス，パトロクロスを模範とした。そして良い例への高い評価は，貴族主義的な教育の最古の存続物に属する。しかしテオグニスにおいて貴族は，絶望的な政治状況へと強いられる。良い例と高貴な交際が高い価値を備えるという古い教説は，政治結社(ヘタイレイアー)の称賛，党派倫理となる。こうしたことはテオグニスの教育の発端において，あらゆる友情の前提条件としての試され信頼できる志操と，正しく選ばれた交際が特に要求されるこ

---

19)　（訳注）「エレゲイアー」77-83 行。

とから，すでに導き出される。詩人（テオグニス）自身が，上述のことをすでに両親から教えられていたということはあり得る。というのも彼の階級が行った戦いには，すでに長い前史があったからである。いずれにせよ，こうした社会的な戦いは貴族倫理から何か別のものを作り出し，貴族倫理は厳格になればなるほど，より狭隘なものとなっていった。ソロンを代表者とするような新たな国家倫理は社会的な対立関係を架橋したが，よしこの貴族倫理が新たな国家倫理と根源においてどんなに根本的に異なっているにせよ，貴族は今や何らかの仕方で全体に順応しなければならない。貴族は，国家の中に隠された，不当にも瓦壊させられた国家として自らを感じ取ることができる。この瓦壊させられた国家は再建する価値があるが，冷静に考察すれば，権力を握る地位をめぐって戦う党派に過ぎない。その際，この党派は内的に団結しようと努力し，崩壊を防ぐため生得の身分という感情に訴える。良い交際をめぐる古い要求は，排他的かつ政治的に強調される。これは弱さの産物ではあるが，忠実さ，無二の誠実という要求が，たとえ最初は政治的に身分を重視する志操に忠実であろうとも，人倫的な内容も内に含む高い価値を友情の基礎として作り出したことは過小評価できない。ここに団体精神の根がある。この精神から，次のような判断が下される。「新しい人々は互いに騙し合うので，お互いのことを話題にして密かに嘲笑し合う。」[20] ソロンが達した国家思考の高みを，こうした貴族階級の教育を用いて測ることはできない。しかし以下のことを疑うのは許されない。すなわち「良い＝ἀγαθός＝貴族階級に属する」という同等化を行為によって示そうとする要求は，真剣であった。テオグニスは，自らの身分の強みを良いと同一視された高貴さの中に，そし

---

20) （訳注）同上 59 行。

て自らの最後の防塞を自らの存在をめぐる戦いの中に見出す。

　我々が適切な交際に関する規則の中で観察するものは，テオグニスによる全ての教育の中で一貫した現象である。こうした貴族倫理は，全く新しい社会的な関係の産物である。その際，貴族階級から党派への発展は，政治的に特定の活動を行っているという意味で，余りにも狭く理解してはならない。貴族は，狭い集まりで防御を行うため提携せざるを得なくなったに過ぎない。この貴族という少数派は目下，公共生活の中で自らの意志を全く貫けない。それゆえテオグニスは若い友人に，意識して上辺だけ現状へ適応するよう忠告する。「私が行うように，中間の道を行け！」[21] これはソロンのように，戦い合う過激な人たちの只中に英雄的に身を曝すことではなく，我が身をできるだけ危険へ曝すことなく，身をくねらせて進むことである。キュルノスは狡猾な考えを持ち，捉えどころのないあり方を見せつけると言われている[22]。彼は，自らが吸い付く岩の色に染まるポリプ[23]のように，自らの色を常に変えねばならない。これは生存をめぐる赤裸々な戦いにおける擬態であり，民衆こそ敵とされる。この戦いが道徳的に困難であるのは，この戦いが本性上，公然たる戦いではないという点にある。しかしテオグニスは，高貴な男は常に高貴な男であり続けること，いやそれどころか，この高貴な男は「民衆から栄誉を獲得することがほとんどないにもかかわらず，頭が空っぽの民衆にとっても堅き砦」[24]であること

---

21)　（訳注）同上 219-220 行。

22)　（訳注）同上 213-217 行。

23)　（訳注）Polyp. 着生生活する刺胞類の基本形。

24)　（訳注）「エレゲイアー」233-234 行。「堅き砦」は ein feste Burg, ギリシア語の原語は ἀκρόπολις。このドイツ語の表現は，ルターの有名なコラール「神はわがやぐら Ein feste Burg ist unser Gott」

を信じている。こうした語句は決して矛盾ではなく，貴族の置かれた状況から生まれるに違いない。しかしそれは，古い貴族倫理の語句ではない。

富とアレテーの結び付きの解体

特に政治的な革命，アレテー概念の危機が，新たに根本を揺るがす。このアレテー概念は，経済生活における階層変化の本来の核心と関連している。古えの貴族の立場は，土地所有に基づいていた。貨幣経済の登場によって，この土地所有は揺るがされた。さらに政治的な原因が付け加わったのか否か不明だが，いずれにせよ一部の貴族はテオグニスの時代に零落し，新たに平民が富を背景に政治的な力を握り，社会的な名声を獲得する。アレテーという古い貴族主義的な概念は，こうした所有（関係）の変化によって動揺した。というのも，アレテーは社会的な威信と生きるための外的な財産を常に共に含み，こうした威信や財産なしに，高貴な男が本来備える特別な徳目，例えば気前のよさ，優雅な振舞などは，全く影響を及ぼすことができなかったからである。ヘシオドスが言うように一介の農民にとってさえも，富がアレテーと名声へと導くことは自明であった[25]。この（富とアレテーという）二つの概念の結び付きは，初期ギリシアのアレテーにあって社会的な威信と影響を常に共に考慮しなければならないことを示す。

こうしたアレテー概念の解体は，新しい国家倫理に端を発した。もちろん古えの貴族によるアレテー概念が攻撃され，変形させられるところではどこでも，特にテュルタイオスとソロンにおいて，次のことが明らかとなる。すなわち，いかに「富 ὄλβος, πλοῦτος」がまさにこのアレテー

───────────────
への当てこすりか。

25)（訳注）ヘシオドス『仕事と日々』313。

概念と堅く結び付いており，アレテー概念をこうした本来の（富との）統一から引き離すことが難しかったか，ということである。メッセニア人と戦うスパルタにとって新しい政治的なアレテーは，特に兵士の勇敢さの中にあった。テュルタイオスはこのアレテーを，富や，貴族が生きるために必要とする他のあらゆる財産にもまして高く評価した[26]。ソロンは，新しい法治国家の最高の政治的な徳である正義を高く評価した[27]。しかし彼は古いアレテー観に養われた子供として，富を与えるよう——この場合，正当な富が意味されている——神々に祈り，アレテーと名声への希望を富に基礎付けた[28]。ソロンの社会的な思考にとって所有の不平等は，決してそれ自体，神々に反するあり方ではない。なぜなら彼にとっては財産や金銭以外にも，他の富が存在するからである。すなわち自然が人間に他の富を，自らの器官を健全に使用させるため，あるいは人生を愉しませるために与えたという[29]。ソロンがアレテーか富かを選ぶならば，彼はアレテーを優先させるだろう[30]。テオグニスは倦むことなく貧困を嘆き，呪詛し，貧困が人間へ無限の力を及ぼせると信じている。彼と（ソロンと）の比較は，こうした（ソロンの考えの）全てがいかに革命的で，その際，全てがいかに積極的に強靭に考えられているか，ということを教えてくれる。もちろんテオグニスは，貧困を我が身で知るに至った。彼が貧困に耐えるのにどんなに困難を覚えようとも，彼にとっては所有よりも高く，それどころか所有を自発的に断念するよう要求する価値が存在する。テオグニスは，人々に憎まれている金持ちの成

---

26) （訳注）テュルタイオス「断片」9の6。
27) （訳注）ソロン「断片」3の5以下。
28) （訳注）同上1の7以下。
29) （訳注）同上14。
30) （訳注）同上4の9-12。

り上がり者のところで，金と低劣さは互いによく折り合うことを非常にしばしば経験し，清貧を優先するソロンが正しいと見なさざるを得なかった。ここにおいてやむを得ない時代の事情による，古えの貴族のアレテー概念の価値転換が全く明らかである。ソロンにとってこの価値転換は，内的な自由から生まれた。テオグニスは，所有とアレテーに関してソロンが抱いた見解と情熱的に取り組んだ。これは至るところで感じ取れる。すなわちテオグニスは，第一部の政治的なエレゲイアーにおいてソロンの優れた法秩序（エウノミアー）と取り組み，これと同様にここ（短いアフォリズムの中で現れる詩）においては（ソロンによる）偉大なムーサイのエレゲイアーと取り組んだ。この偉大なムーサイのエレゲイアーは，人間が所有を目指す努力と成功との関係を，神による公正な世界秩序という観点から考察する。テオグニスは，この世界秩序における（所有と成功という）二つの（要因の）互いに壮麗な緊張関係を，二つの独立した詩へと変化させた。しかしそれによって，ソロンのような正当化を破壊した[31]。彼による正当化は，神的な支配が二つの部分を束ねるという深い意味を湛えていたのであるが。テオグニスにとって，（ソロンのような）この種の宗教的な認識は問題ではない。いやそれどころか，テオグニスはこうした認識を行うことすらできない。ソロンは思考を開始するに当たって，不正に基づく財産は長く続いても結局は栄えない，という事実の中に神の働きを認識する。彼がこのように思考を開始することは，テオグニスにおいて主観的な反省を呼び覚ます。確かにテオグニスはソロンに同意する。しかし罰は非常に長い間，到来しないこともある。

---

31) ソロンによるムーサイのエレゲイアー（「断片」1）の第一部にテオグニスの「エレゲイアー」197-208 行，前者の第二部に後者の 133-142 行が対応している。

人間はこれによって，繰り返し自らを騙す。ここでは，党派上の政敵へ下る天誅を待ち，最早その天誅を自分ではひょっとして経験することがないのではないか，と愚痴る人の性急さが感じ取れる。

貴族を特徴付ける正義としての徳(アレテー)

ソロンはエレゲイアーの第一部において，厳格で神的な正義の像を構想した。しかし善人の努力は非常にしばしば失敗し，愚か者の誤りは常に悪い結果をもたらすとは限らない。テオグニスはソロンのエレゲイアーの第二部を自由に変形するが，これによってソロンのエレゲイアー（第一部）に伏在する上述の（応報の不成立という）問題を再び見るわけではない。こうした問題の中にある人倫的な矛盾は，テオグニスの熟考を刺激しない。いわんや彼はソロンのように神性の側へ立ち，より高い観点から人間の努力と願望のカオスの只中に超個人的なバランスが必ずや存在することを，理解しようとするわけでもない。この点に関してもテオグニスはソロンの考察の中に，諦念に達した主観的な気分へ刺激するものを見出すに過ぎない。テオグニスは，人間は成功あるいは失敗の責任を他日取ることはないという自らの経験に食傷している。人間に残されているのは，神々の意志へ身を委ねることに他ならず，人間自身は運命に何ら関与できない。富や成功や名声の中にすら，災厄の芽が隠されている，と他の文脈では言われている[32]。それゆえただ一つのこと，つまり運命(テュケー)を祈らなければならない[33]。卑しい人間に金が与えられるとしても，それがいったい，何の役に立つというのだろう。なぜなら，彼の感覚は「正直」ではないからである！　金は彼を堕落へ突き落

---

32) （訳注）「エレゲイアー」145-154 行，227-232 行。

33) （訳注）同上 129 行。

とすに過ぎない[34]。

　真に高貴な人間が富を無視した時にただ一つ残るのは，今や徳(アレテー)がいわば内的な貴族を特徴付ける属性となることである。この徳を所有する人は，何と僅かしかいないことだろう[35]。テオグニスは，それほど「道徳化」できないと信じられた。しかし彼は，まさに名誉を保ちつつ零落した貴族なので，ここにおいてソロンのように考えることを学んだ。素晴らしい格言がテオグニスのものではあり得ない，と断ずることも正しくない。「正義の中にあらゆる徳(アレテー)が含まれている。そして正しい人はいかなる人であれ，善い貴族の男である。」[36] テオグニスがフォキュリデスのような貴族でない人の考えを借用したとしても[37]，彼は自ら確信したように，権力を必要とする大衆が標榜した原則のみを我がものとすることができた。大衆はこの原則を，行為する際には蔑ろにしたのであるが。今やまさにこうした原則が，不当にも抑圧されていた，より以前の支配（つまり貴族）階級による武器となった。この階級だけが，かつて「法律と法を知って」おり，詩人の見解によれば今なお真の正義の唯一の担い手であった[38]。これは真の徳としての正義という理想を，国家的なものから階級的なものへと狭めることを確かに意味する。しかしテオグニスにとって，正義は何ら不審なものではない。ピンダロスにとっても正義は貴族の礼節の不可欠な構成要素であり，それどころかその精華となった。ここで新しいポリス倫理の精神は，まさに古い理想を乗り越えた。

　最後に，（貴族がこのポリス倫理の精神を完全に同化する

---

34)　（訳注）同上 153 行。
35)　（訳注）同上 149-150 行。
36)　（訳注）同上 147-148 行。
37)　（訳注）本訳書の 352 頁を参照。
38)　（訳注）同上 54 行。

上で障害となる）障壁が僅かに存在した。それは血への不動の信仰であった。それゆえテオグニスは，（血を）純粋に保つことを最高の義務として要求する。ここで彼は，愚かで節操を守らない（同じ）階級の仲間に対して声を挙げる。この仲間は，零落して失われた財産を豊かな平民の娘との結婚によって救出できると思い込み，あるいは娘を成り上がり者の子息に嫁がせる。「我々は種畜，つまり雄羊，ロバ，雄馬を選ぶ際，最も高貴なものだけを選び出す。しかし我々固有の血は，こうした（貴族と平民の）結び付きに至るまで堕ちてしまっている。富が種族を混合させる。」[39] このように人種と淘汰に関する考えは険しく強調され，この考えは貴族倫理が新たな時代へ入り込んだ一つの印である。貴族倫理は，金と大衆によって水平化する途方もない力に対して，意識的に戦いを挑むようになる。例えば，非常に強力な全体的課題を解決しなければならなかったアテナイにおいて，深い精神の持ち主が大半は貴族であったにもかかわらず，単なる反動主義者であり続けられなかったことは当然である。すでにソロンは，この（単なる反動主義者であり続ける）ことを越えて大きくなった。しかし自らの生存と特殊なあり方をめぐって戦う貴族が存在した場にあって，こうした貴族はメガラのテオグニスによる教育の英知の中に模範を見出した。テオグニスの考えの多くは，より後の段階，つまり市民階級によるプロレタリアートに対する戦いに際して再び息を吹き返した。最終的に彼の信仰は，それが血あるいは何らかの他のより高い伝統に基づく貴族であるか否かに関わりなく，貴族の正当性と必然性をめぐる問い一般と共に存続し，没落する。特に貴族主義的な人種の陶冶という考えは，古代，特にスパルタにおいて，そして前4世紀の偉大な国家教育者の間

---

39) 同上183行以下。（イェーガーによるパラフレーズ。）

で，さらに広く形成された。この時期の貴族主義的な人種の陶冶という考えに関しては，より詳しく扱う予定である。スパルタでのこうした考えは，階級によって制限されたものを除去し，全民族の国家的な教育という要求と結び付く。

ピンダロスによる貴族への信仰

古風で闘争的な人間

貴族の社会的な地位をめぐる粘り強い戦いは，小さなメガラにおいてのみ行われたわけではない。ピンダロスはこの戦いを経て，古代ギリシア貴族の生活の英雄的な頂点へと達する。我々はこの場で，テオグニスが明らかにした貴族文化の問題性を，しばらく忘れても構わない。というのも，我々はより高い世界への敷居をまたぐからである。ピンダロスは我々にとって遠い，しかし我々を畏敬と驚嘆へと強いる偉大さと美の啓示である。彼はギリシアの人種に基づく貴族という理想を，それが最高に神聖視された時期に，おおむね次のように示す。つまりこの理想は神話的な時代から冷静で真剣な前5世紀の現在に至るまで，オリュンピア，ピュト，ネメア，コリントスのイストモス地峡での競争において全ギリシアの眼差しを繰り返し自らへと向ける力，つまりギリシアの人種に基づく貴族の勝利が万人を高揚させ，まとめることによって，部族や土地の間のあらゆる対立を忘れさせる力を持っていた。古代ギリシアにおける貴族政が人間形成に対して持つ意義は，古くから継承された身分的な特権，先入観を嫉妬心から保存しておくこと，有産者が正しいという何らかの内面化された倫理の形成によって生まれるわけではない。これを理解するためには古代ギリシアの貴族政の本質を，人種に基づく貴族の

理想が上で述べた力を持っていたことから考察しなければならない。まさに貴族こそ、人間の高い理想を創造した。この理想は内から理解されるよりも、むしろしばしば外から驚嘆されるかもしれない。それは前古典期と古典期に創造されたギリシアの造形芸術作品を通して、後世それに驚嘆する者に対しても、なお感覚的に眼前にある。芸術は闘争的な人間の高貴な形態を力強く調和的に形成することによって、我々に人間の本質を見るよう促す。このような人間の本質は、ピンダロスの文芸の中で内的な生と言語を獲得する。こうした人間の本質は、人間精神の歴史において一回限りのもの、反復不可能なものだけに相応しいような秘密に満ちた魅力と共に、今日なおピンダロスの強靭な魂とその真剣な宗教性を通して働きかける。なぜなら次のような二つの時期は一回限りしか恵まれず、繰り返しが不可能であったからである。まずこの時期にあっては古代ギリシア人の信仰が依拠する神に溢れた此岸の世界が、現世の尺度を超え「完全性」へと高まった人間の姿の中に、神的なものの頂点を見た。また同じ時期にあって死すべき者は、以下のような模範へ接近すべく奮闘し、人間の姿をした神々の姿の中に自らの厳粛さと聖別を受け取った。この模範は、芸術家に初めて上で述べた完全性という法則への目を開いた。

　ピンダロスの詩情は古風である。しかし彼の詩情は、彼の同時代人の作品とは異なった意味で古風であり、ピンダロス自身が比較的昔の、前古典期の詩人である。ソロンのイアンボスはピンダロス（の作品）と比べると、言語と感覚に関して全く新しく見える。ピンダロスの詩に見られる多彩なもの、過剰で豊かなもの、論理的に展望が困難であるものは、深く内的に古風なあり方を覆い隠す「時代に相応しい」外的な衣装に過ぎない。この古風なあり方は人間の全存在の中に、つまり人間の精神的な態度の厳格な拘束

性,人間の歴史的な生活形式が異なっていることの中に,根拠を持つ。我々が「より古い」イオニア文化からピンダロスへ接近するとしよう。すると我々は,ホメロスの叙事詩から直線的にイオニア人の個人主義的な抒情詩と自然哲学へ至る統一的な精神の展開から逸脱し,他の世界へ押し流された,という感情に圧倒される。ところでホメロスとイオニアの思考を並外れて利発に学んだ優等生ヘシオドスは,叙事詩の基礎の下へ埋もれていた,ギリシア本国の先史時代への眼差しをしばしば開いた。これと同様,あるいはそれ以上に我々はピンダロスにあって,ヘカタイオスとヘラクレイトスの生きていたイオニアがもはや何一つとして知らない世界によって囲まれている。いやそれどころかこの世界は幾つかの観点において,ホメロスやその人間的な礼節よりも,内面においてより古風である。すでに早く始まっていたイオニア思想という星座の最初の輝きが,この礼節に注がれた。なぜなら,いかにピンダロスによる貴族への信仰が古い叙事詩と共通のものであるにせよ,ピンダロスにとって全く真剣であることが,ホメロスではこれに反して,ほとんど晴れやかな遊戯に過ぎないかのように見えるからである。もちろん両者の相違の根拠は,部分的には叙事詩風の詩情とピンダロスの讃歌との相違の中にある。すなわちピンダロスによる神への讃歌は,叙事詩風の詩情が多彩な生として物語ることを,宗教的な命令として告げるのである。しかし文芸上の態度のこうした相違は,何か外的に与えられたものとしての詩の(創作の)切っ掛けや形式のみならず,ピンダロスが自らの描いた貴族の集団と内的により深く結び付いていることから生じる。彼の本来の本質は,こうした貴族の集団に由来した。そして彼はこの集団に養われているという理由のみに基づいて,この集団の理念に,並外れて説得力のある形態を与えることができた。そして貴族の集団という理念は,こうした説得

力のある形態を彼の文芸の中に見出したのである。

　ピンダロスの作品は古代において，彼の遺稿が我々に伝えられたよりもはるかに多くの分量があった。ようやく最近になってエジプトの地から（彼の作品が）運よく発掘され，失われた宗教的な詩情に関する彼の考えを知ることができるようになった[40]。この詩情は「勝利の讃歌 Siegeshymne」，つまり後にそう呼ばれたような「勝者の讃歌 Epinikien」[41]をはるかに量的に凌駕した。しかしピンダロスにとって宗教的な詩情は，本質的に勝利の讃歌や勝者の讃歌と区別できるものではなかった。というのもオリュンピアやデルポイの競技，イストモスやネメアにおいても競争に関する宗教的な感覚は随所で現れ，当地で展開した途方もない競争への熱意は，貴族の世界の宗教的な生の精華であったからである。

体操術，競技者の理想

　古代ギリシアにおける体操術の本来の営みは最広義の概念において，我々が伝承によって遡ることのできる最も早い世紀以来，神々の祝祭と関連していた。ひょっとして『イリアス』に記述されたパトロクロスを悼む葬送競技[42]のように，オリュンピアでペロプスが創始した追悼劇が，当地における祝祭の起源であったのかもしれない[43]。追悼

---

40)　（訳注）エジプトの砂漠（オクシュリンコス）で，アポロンへの様々な讃歌，ピンダロスによるディーテュランボスの一部，バッキュリデス，コリンナ，アルクマンの詩などを伴うパピルスが1897年に発見された。

41)　（訳注）ギリシアの合唱団によって歌われた，勝者を称える頌歌。前古典期後期以来オリュンポスやピュトにおける競技と同様，祝祭劇や競争においても勝者を称えた。

42)　（訳注）『イリアス』第23歌を参照。

43)　（訳注）オイノマオスの領土を継いだペロプスは，岳父の葬礼競技としてオリュンピア競技祭を創始した，という伝承がある。

劇も周期的に繰り返し上演されたことは，その他の例を挙げれば，シキュオンでのアドラストスの追悼劇の記録にも当てはまる。もちろんそこで競争は，異なる性格を持っていたのであるが[44]。こうした古い競争は，早い時期にオリュンピアのゼウス崇拝へ移行したのかもしれない。より古い聖域の基礎の下にある競技場の走路で，馬の形態の供物が発見された。これはオリュンピア競技の発展に関する伝承に基づくと，コロイボスによる最初の勝利が想定される時代のはるか前のものとされる。それゆえ非常に古い祭儀が行われた時，この場で戦車競争が開催されたことが推測される。前古典期の世紀が経過する中でオリュンピアの模範に倣ってピンダロスの時代，ピサにおいてオリュンピアの模範と並び称された他の三つの汎ギリシア的かつ定期的な競争が開催された。ピンダロスがいなければこれらの競技は，オリュンピアの模範に匹敵する意義を得ることは到底なかった。単純な競争からピンダロスの勝利の讃歌を反映する多様なプログラムに至る展開は，時代的に厳密に確定された段階に基づく古代後期の伝統によって伝えられている。しかしこの報告の信憑性について、異論がないわけではない。

　とはいえ競争の歴史，さらには体育の技術面も，ここで我々の頭を煩わせる必要はない。「競争術 Agonistik」[45]がそもそも貴族に固有のものであったことは事柄の本性に属し，詩情によって確認されている。ピンダロスの見解にとって，これは本質的な前提である。体操上の競争は彼の時代すでに久しく，もはや特定の身分の特権ではなかった。にもかかわらず，古い一族は依然として挙ってこの競争に参加した。彼らは財産を所有し，この財産こそ閑暇と

---

44)　（訳注）ヘロドトス『歴史』第5巻第67章。
45)　（訳注）競争を目的として行われた体操術。

継続的なトレーニングの手段を与えた。貴族にとって，競争に対する高い評価のみが伝統的であったわけでない。貴族に必須の魂や身体の性質は，たとえ時と共に（貴族と）同じ条件を満たした市民出身の勝者が競争に加わることを望んだとしても，貴族の下で最も容易に（伝統などによって）伝わった。後世になって初めて専門の競技者が，こうした何世紀にもわたる粘り強い努力と迷うことのない伝統によって高く躾けられた人種を，熱戦を通して出し抜くようになる。こうした時代以来，粗野で非精神的な「身体の力」の過剰評価をめぐるクセノパネスの嘆き[46]が，遅まきながら，しかし持続的に反響を呼んだ。精神が身体に対して何かもっぱら対立的なものとして，あるいは敵対的なものとして感じられる瞬間，古い競争術の理想は救い難く貶められ，この古い競争術がたとえスポーツとしてさらに何世紀も存続するとしても，ギリシア人の生における支配的な地位を失う。「身体的な」力あるいは鍛錬という知的なものに過ぎない概念ほど，古い競争術にとって元来，異質なものはない。我々がギリシアの造形芸術の高貴な作品の中に崇める身体と魂との統一は失われ，この統一を取り戻すことはできない。この統一は競技者の理想という人間的な高みを理解するための道を，たとえ現実がこの理想に全く対応していなかったにせよ，示す。クセノパネスの主張が現実にどれほど適切なものであったのか，ということを推測するのは難しい。しかしその限りで芸術は，彼がこの高い理想それ自体を適切に解釈する者ではない，ということを教える。神性を表す像の傍らでこうした解釈者となることは，当時のあらゆる宗教芸術にとって最も高貴な課題である。

46）　（訳注）クセノパネス「断片」2の11。

宗教的な文芸としての勝者の讃歌

ピンダロスによる讃歌の文芸は，競争する人間の生の中での最高の瞬間，つまりオリュンピアあるいはその他の地での偉大な競技における勝利と結び付いている。勝利は詩の前提であり，詩は祝勝祭に仕え，大抵は勝者の帰還に際して，あるいは帰還の直後，祝われる者の同胞からなる若い合唱団によって歌われる。ピンダロスの場合，こうした勝利の歌が外的な切っ掛けと関連していることは，神々の讃歌と同様，宗教的な制限を被っているように見える。これは自明のことではない。イオニアでの最初は祭儀的ではなかった叙事詩に引き続き，人間の感情と思考の表現を探求した個人的な詩情が形成された。その後より自由になった精神は，祭儀的な文芸，つまり神を称賛するために歌われた讃歌を詠った。この文芸は，最古の時代から同等の権利を与えられた英雄歌の傍らにあったのである。詩人が固有の宗教的な考えを受け容れ，これによって歌へ個人的な表現を与えたにせよ，あるいはイオニア人やアイオリス人の抒情詩のように，超人的な汝に対して人間の自我の隠された最深の感情を自由に表現するために，神への讃歌や祈りが単なる形式と化したにせよ，讃歌の古い伝統的な形態は多様な変化を被った。ギリシア本国においても発展する自己に抱く個人の感情について，さらなる歩みが証言されている。この歩みとは，讃歌（の目的）を神々への奉仕から個々人の壮麗化へ移すことであった。この壮麗化は，前6世紀末期に証明できる。ここで人間自身は，讃歌の対象となる。もちろんこれは，どの人間も讃歌の対象になったという意味ではなく，神に似たオリュンピア競技の勝者のあり方においてのみ可能であった。しかし，讃歌の世俗化は紛れもなかった。徹底的に世俗的であったのは，ケオスのイウリス出身で，（ピンダロスの）偉大な同時代人たる詩人の巨匠シモニデス，さらに彼とピンダロスに負けまい

と努力する，それほど重要ではない（シモニデスの）甥のバッキュリデスという，二人の「金に身を捧げるムーサイ」[47]であった。シモニデスは専門家としてこうした勝利の讃歌の文体を，他の多くの種類の世俗的な機会詩を詠う傍らで磨いた。

　ピンダロスにおいて初めて，勝利の讃歌は一種の宗教的な文芸となる。彼は，競争に関する古えの貴族的な見解に基づいて，男性としてのあり方の完成をめぐって戦う人間と勝者を，生の特定の人倫的・宗教的な解釈という観点から捉えた。これによってピンダロスは，彼の抒情詩が荘重な喜びに輝く頂点から死すべき運命の意義と謎に満ちた宿命を見下ろすことで，人間的な内容の前代未聞の深さを湛えた抒情詩を創造したのである。自作の敬虔な韻律形式という，新たに祭儀的な技術を行使し，かく沈思した巨匠ほど，無限の自由を持つ詩人は存在しない。ピンダロスにとって人間の勝者への讃歌は，こうした韻律形式においてのみ存在し得る。彼は讃歌を，自らの手仕事に誇りを持つ創作者からその本質を変化させることによって奪い，我がものとしたが，彼がこれを敢行できたのは，ひとえにここで問題となった尊い事柄をただ一人真に把握しているという，高揚した自己の感情によるのである。「勝者の讃歌 Epinikos」はこの尊い事柄を，様態と考え方が異なる時代の人々の下で有効に働かせる機会を与えた。そして新しい歌の形態それ自体は，今や真の貴族の信仰を魂へ吹き入れることによって初めて，「真の本性」を獲得した。ピンダロスは，祝われた勝者との関係において詩人に相応しくない（勝者への）依存を感じることはなかったし，それどころか手工業者のように実際に勝者の願望の言いなりになることもなかった。かといって慇懃無礼という精神の高慢さ

---

47)　（訳注）「イストミア祝勝歌集」第2歌6を参照。

も同様に知らず，勝者が王であれ，貴族であれ，一介の市民であれ，常に勝者と同じ高みに立っている。ピンダロスにとって詩人と勝者は，互いに密接な関係にある。こうして彼の中においては，ともかく当時は奇妙であったこうした（詩人と勝者の）関係に関する彼自らの解釈に従って，最古の歌手のあり方についての根源的な感覚が蘇っている。この感覚は，偉大な行為という名声を告知することに他ならない。

最高の人間的な勲功(アレター)としての勝利

これによってピンダロスは，英雄的な精神を歌へ取り戻す。歌はこの英雄的な精神から，原始時代に初めて湧出したのであるが。そして単に感情が美化された表現を越えるのと同様，出来事の単なる報告を越えて，英雄的な精神を模範に対する称賛へと高める。変転し，見かけは偶然的で外面的な切っ掛けとの結び付きは，ピンダロスの文芸の最大の強みとなる。勝利が歌を要求する。こうした規範的な考えは，ピンダロスの詩人としてのあり方の基礎である。彼が「ドーリアの竪琴(フォルミンクス)[48]を壁の棒杭」[49]から摑み，弦を響かせるならば，この規範的な考えは彼の中で，常に新たな言い回しによって繰り返される。「物事によって願望の対象は異なるが，競技での勝利は歌，つまり栄冠と勲功(アレター)のこよなく礼儀作法に適った従者をとりわけ好む。」[50] ピンダロスは高貴な人を称賛するための歌を「正義の精華」[51]と名付け，いやそれどころか歌は，しばしば詩人が勝者に対

---

48) （訳注）Phorminx. 古代ギリシアにおける最も古い弦楽器の一つ，竪琴。リュラーとキタラーの中間。おそらくメソポタミアに由来し，前500年頃に用いられた。

49) （訳注）「オリュンピア祝勝歌集」第1歌18。

50) （訳注）「ネメア祝勝歌集」第3歌7-9。

51) （訳注）同上29。

して抱く一種の「負債」[52]と名付けられる。アレター[53]（勲功）——我々はピンダロスの言葉を，彼の言葉の厳格でドーリア的な音の響きによる以外に記すことができないのだが——，すなわち勝利に際して勝利を祝う勲功は，「黙って地に隠されて」[54]いようとはしない。勲功(アレター)は，歌手の言葉によって永遠化されることを必要とする。ピンダロスは真の詩人である。空虚になった日常世界の全事物は，こうして彼が触れると魔法にかかったかのように，その泉が新鮮で根源的な意味を自らの中へ担うものへと繰り返し変化する。ピンダロスは，少年の格闘技で勝利を収めたアイギナ人ティマサルコスを詠った歌の中で，「言葉は，舌がその言葉を，優美の女神(カリス)の恩寵によって深い心から汲み出すならば，行為よりも長く生きる」[55]と述べている。

　我々は古いギリシアの合唱抒情詩に関して余りにも僅かしか知らないので，その歴史におけるピンダロスの位置付けを確定できない。しかし，彼は合唱抒情詩によって何か新しいものを創造したように見える。ピンダロスの文芸を合唱抒情詩の歴史から「導出する」ことは，決して成功しないだろう。古い合唱の詩情では叙事詩の名人芸的な抒情詩化が行われ，叙事詩から特に神話上の題材を受け入れ，この題材を抒情詩風の形態へ変化させる。この抒情詩化は，（ピンダロスとは）反対の方向を動いている。もっともピンダロスの言語は個々の点において，先行者に多くを負うているのだが。むしろ彼の場合，抒情詩の中に見られる叙事詩的・英雄的な精神と，彼によって真の英雄への称賛が蘇ったことについて語ることができるであろう。詩人は，こうした文芸を宗教的で社会的な理想の下へ従属さ

---

52) （訳注）「オリュンピア祝勝歌集」第3歌7を参照。
53) （訳注）アレターのアッティカ方言での双数形。
54) （訳注）「ネメア祝勝歌集」第9歌7。
55) （訳注）同上第4歌6-8。

せ，先史時代の最後から生き続けているこうした英雄としてのあり方に魂全体を挙げて奉仕すべく，あたかも僧侶のように献身する。イオニアとアイオリスの文芸においてはアルキロコスからサッポーに至るまで，個々人が自由な発言を行った。これに対してピンダロスによる上述の従属や献身は，きわめて大きな対比をなす。

　ピンダロスの文芸の形式も，彼による文芸の本質に関する上述の見解から新たな光を受け取る。讃歌に関して文献学的な説明を行う際，この問題についてたいへんな骨が折られた。アウグスト・ベークが彼のピンダロスに関する偉大な作品において初めて，この詩人を当人の歴史的な環境に関して完全に認識するのと同様，彼の精神についての内的な直観からも理解しようと試みた[56]。ベークは容易には見渡し難いピンダロス祝勝歌の思考のうねりの中に，その中に隠れている統一的な理念を探し求め，この統一的な理念は詩の構築に関して支持できないという見解を生み出した。ヴィラモーヴィッツと彼の世代がこの道を去り，彼らがむしろ，詩が感覚的な外観に供する多様な形態を理解しようと努めた時，こうした試みは非常に解放的に作用した。ピンダロスの（作品の）個別的な箇所の詳細に関する説明はかなりの部分，自らの進歩を（統一的な理念を探し求めないという）この諦念に負わざるを得ない。しかし，芸術作品を全体として理解しようとする試みは不可避である。まさに自らの芸術を非常に厳格に，唯一の理想的な課題に託する詩人ピンダロスにとって，単なる文体の統一を超える形式的な統一が彼の祝勝歌の中に存在するか否かという問いは，二重の意味で正当である。この統一が硬直した図式的な構築という意味で存在しないことは，疑いな

---

　56)　（訳注）Boeckh, August: Über die Versmaße des Pindaros, Berlin 1809 を参照。

い。しかし問題は、こうした全く明白なことの彼岸にあって、ようやく本来の高い関心を実際に獲得し始める。「疾風怒濤」[57]の時代の人々は自ら固有の意識から、ピンダロスには想像力によって彼らを天才風に導く能力がある、と信じた[58]。今日では誰一人として、彼にこうした能力があるとは信じないであろう。我々は一世代前から、ピンダロスの芸術の中における職人的なものを独創的なものと並んで強調することを学んだ。とはいえ上述の仕方で今日なおピンダロスによる神への讃歌の全体的な形式を扱う無意識の傾向は、こうした強調と折り合わせることが困難である。

我々は、以上で明らかになったような勝利と歌との不可分の関連から出立しよう。するとピンダロスには、詩的な想像力によって初めて対象を捉えることができるような様々な可能性が存在した。この詩的な想像力は、格闘技あるいは戦車競争の実際の行程、大観衆の興奮、埃の渦巻き、感覚の印象として車輪がきしむことを記録できた。それは、例えばソポクレスが『エレクトラ』の中で守役を通してデルポイの戦車競争を劇的に叙述した[59]とおりである。ピンダロスは、この（感覚の印象という）側面に対してほとんど注意を払っていないように見える。この側面に関しては、常に短く暗示的で型に嵌った指示を通してのみ、ごく付随的に話題となっている。その際、感覚的な現象が記述された以上に、むしろ戦いの骨折りが考えられる。というのも詩人の眼差しは、徹頭徹尾勝利を得た人間

---

57) （訳注）Sturm und Drang. 18 世紀中期から後期にかけてのドイツにおける文学運動。旧来の桎梏や理性から、感情の解放を求めた。代表者はレンツ、若きゲーテ、シラーなど。

58) （訳注）例えばゲーテの詩「プロメテウス」を参照。

59) （訳注）ソポクレス『エレクトラ』680-763。

へ向けられているからである[60]。勝利はピンダロスにとって，最高の人間的な勲功の啓示である。ピンダロスは勝利をかくの如く見るので，ここから彼の歌の形式も決定される。全ては，彼によるものの見方を意識化する点にかかっている。なぜならギリシアの芸術家は，ジャンルの強制によって厳しく拘束されているにもかかわらず，彼らにとっても自らの特別な表現形態は，その内的な直観の形式に由来するからである。

身体と精神を共に包括するアレテー概念

ピンダロス自身が詩に対して抱く意識は，我々にとって最善の指導者である。彼は自らが心の中で造形芸術や建築芸術と競争しているのを顧みて，こうした芸術の領域から嬉々として自らのイメージを取り出す。ピンダロスにとって自らの詩情は，讚歌の知識の宝庫のように見える[61]。なぜなら彼の詩情は，デルポイという聖別された地におけるギリシアのポリスの豊かな宝物庫を想起させるからである。ピンダロスは壮麗な序言の中で，自らの歌を時折，宮殿の柱によって飾られた（建物の）正面であるかのように眼前に見る。これと同様，彼は「ネメア祝勝歌集」第5歌の冒頭で，勝者として祝われた人へ取る自らの態度を，彫刻家が自らの対象へ取る態度になぞらえた。「私は，同じように足場の上に立ち，自らの中に安らう小さな

---

60) ヴィラモーヴィッツ『ピンダロス』（ベルリン，1922年）118頁は（感覚的な印象の）区別を明確に見たが，この区別に関して副次的に言及しているに過ぎない。しかしこの（区別という）事実は，必ずやピンダロス全体の理解の出発点とされねばならない。これは貴族倫理に関してのみならず，詩的な形態に関してもそうである。ヴィラモーヴィッツはこの詩的な形態に関して，上述の認識からまだ帰結を引き出していないのだが。

61) （訳注）「ピュティア祝勝歌集」第6歌8。

彫像を刻む彫刻家ではない。」[62]まさにこうした「私は〜でない」（という表現）から，（彫刻家と）何か似たことを果たす，という感情が語りかけている。続く部分は，彼が低い価値ではなく，偉大な価値の達成を意識していることを，次のように教える。「甘き歌よ，ありとあらゆる船に乗って，むしろアイギナから出発せよ。ランポンの力強い息子ピュテアスが，ネメア競技で「パンクラティオンPankration」[63]の栄冠を勝ち取ったことを伝えよ。」[64]（ピンダロスの詩情と彫刻との）比較は容易に思い浮かんだ。なぜならピンダロスと同時代の彫刻家は神々の彫像を除けば，競争に際してもっぱら勝者の肖像を創り出したからである。しかし（ピンダロスの詩情と彫刻との）類似は，これに留まらない。同時代の彫刻作品に現れた勝者の肖像は，（ピンダロスが）壮麗化された人物に対する関係と同じものを示す。この勝者の肖像は，その個人的な特徴ではなく，競争を目的とするトレーニングの結果形成されたような理想的な男性像を表現する。ピンダロスは自らの芸術を表現するために，この比較ほど適したものを見出せなかった。というのは彼の芸術も，個人としての人間は眼中になく，人間の中に存在する最高の勲功の担い手を祝うからである。（ピンダロスの詩情と彫刻という）両者は，オリュンピア競技のあり方の本質それ自体およびその本質の根底にある人間観に，直接由来する。（詩情と彫刻との）比較は別の箇所でも，同様に見出される。つまりプラトンは『国家』の中で，自らの精神に基づく未来の哲学者とし

---

62) （訳注）「ネメア祝勝歌集」第5歌1-2。

63) （訳注）古代ギリシアの格闘競技。オリュンピア競技祭，ネメア競技祭，イストミア競技祭に採用された。競技は全裸で行われ，殴る・蹴る・首を絞める・指を折る・男性部を攻撃するなど，相手に勝つためにはどんな方法でも使うことが許された。

64) （訳注）同上2-5。イェーガーによるパラフレーズ。

ての，支配者のアレテーという理想像を形成する。その後で彼は，ソクラテスを彫刻家に擬する[65]。我々はプラトンが，ここでピンダロスに自覚的に依拠しているのか否か知らない。『国家』中の別の類似した箇所においては，あらゆる現実の前に聳え立つ模範という性格が原則として言明される。この箇所で，哲学こそこの種類の理想を形成するとされ，かく哲学することは，現実の人間ではなく美の理想を創造する画家の芸術と比較される[66]。こうしてピンダロスの詩情，後にはプラトン哲学において，すでにギリシア人自身に意識されていたギリシア芸術，特に造形芸術，その神々，勝者の彫刻と，最高の人間という理想を刻印付ける精神的な行程との深い関連が明らかになる。この（ピンダロスの詩情，プラトン哲学という）両者は，同一の志操によって満たされている。ピンダロスはより高い審級に位置する彫刻家であり，彼は勝者から勲功の原像(アレテー)を形成する。

　ピンダロスがこうした職分と密接かつ完全に合体していることは，彼の同時代の芸術仲間であるケオスの詩人シモニデスおよびバッキュリデスとの比較によって，初めて明らかになる。この（シモニデスとバッキュリデスという）両者における男らしい徳の称讃は，勝利の歌への慣習的な付け足しに過ぎない。しかしシモニデスは個人的な考察に溢れており，彼の考察は，いかにこうした（勝利の歌という）切っ掛けとは無関係に，徳(アレテー)が前5世紀の初期に問題となり始めているのかを示す。彼は，この世界において徳(アレテー)が高尚かつ稀であることを表現する美しい言葉を見出す。徳(アレテー)は，敏捷なニュンペの神聖な合唱団に取り囲まれ，よ

---

　65)　(訳注) プラトン『国家』540C。

　66)　ソクラテスは，プラトン『国家』540C において彫刻家と比較される。361D も参照。「範例 παραδείγματα」を描く画家との比較は 472D を参照。

じ登るのが難しい岸壁の高みに住んでいる。汗が魂に染み込みながら内面から迫らない限り，全ての死すべき者どもの目が徳を見出せるわけではない[67]。この箇所で初めて，「男の徳」の表現として「ますらおの道 ἀνδρεία」という単語が，完全かつ全面的な意義において明白に見出される。この「男の徳」はシモニデスの有名な酒宴歌の中で，スコパス一門というテッサリア人の貴族を例に説明される。ここで，身体と精神を共に包括するアレテー概念が現れる。「非の打ちどころなく手足と精神が直角に作られた，真のアレテーを備える男となることは難しい。」[68] この真のアレテーの中に隠され，厳格な規範に服する高尚で意識的な芸術は，上述の言葉によって同時代人に明らかにされる。彼らはこの言葉に対して，特別な，新しい感覚を持たねばならなかったのであるが。我々はここから，シモニデスが酒宴歌で投げかける以下の問題を理解する。しばしば運命は，人間を完成に至らせない，抜け道のない不幸へと巻き込む。神性のみが完全である。もしも運命の指が人間に触れるのであれば，人間は完全ではあり得ない。神々が愛し幸福を送る者だけが，アレテーへと達する。それゆえ詩人は，卑しいことを嫌々行う全ての人を称賛する。「しかし，この大地が養う人々の下で，何ら非難の余地のない人を見出すのであれば，私はそういった人のことを君たちに知らせよう。」[69]

英雄と英雄の血の讃美

人間は何を行うにせよ，常に運命に依存している。こうした意識は，イオニアの抒情詩においてアルキロコス以

---

67) （訳注）シモニデス「断片」37（ディール）。
68) 同上 4, 37。
69) （訳注）同上。

来，自己展開を遂げ，高まり，古い貴族倫理へ入り込んだ。ケオスのシモニデスはこの貴族倫理を，ピンダロスのように自らの祝勝歌の中で代表することができる。つまりケオスのシモニデスは，上述の（運命への依存の意識から貴族倫理に至る）精神的な行程を表現する，非常に重要な証人なのである。シモニデスの中でより多くの，そして本質が非常に異なった伝統の線が交錯する。これこそ，彼を格別に興味深い存在とする。シモニデスはイオニア，アイオリス，ドーリア文化の延長線上に立っており，前6世紀の末期に完成した新しい汎ギリシア的な教養の典型的な代表者である。しかしまさにそれゆえ彼は，ギリシアのアレテー理念の問題史にとってかけがえのない存在であるにもかかわらず，ピンダロスの意味での貴族倫理の完全な代表者ではない。このギリシアのアレテー理念のためにソクラテスはプラトンの『プロタゴラス』の中で，プロタゴラスによる酒宴歌の解釈をめぐってソフィストと争う[70]。なるほどシモニデスは，ピンダロスとアイスキュロスの時代におけるアレテー観の歴史について多くのことを伝えている。しかしこの偉大な達人シモニデスに関して，彼にまつわる事柄そのものが汲み尽くし難いほど興味深い考察の対象以上のものであったとは言えない。シモニデスは最初のソフィストである。しかしピンダロスにとってアレテーは，信仰の根拠のみならず詩の形態を形成する原理でもある。ピンダロスは偉大な課題，すなわち勝者をアレテーの担い手として歌で讃美するという課題を引き受ける。このことは，上述の詩の形態が思考の要素として己の中へ取り入れ，己の中から発するものを規定する。ピンダロスにとっては芸術形式への理解が，それを体現する人間という規範を直観することから成長する。その様は，他のいかな

---

70) （訳注）プラトン『プロタゴラス』338E。

るギリシアの詩情をも凌駕している。これを個々の点に即して詳しく述べることはできない。なぜなら，ここで形式の分析をそれ自体のために行うこと[71]は，我々の課題ではないからである。貴族に関するピンダロスの理念をさらに追求すれば，詩の形式に関する問題への展望がさらに多重に，おのずと開くであろう。

　勲功(アレター)に関する貴族的な見解によって，ピンダロスには勲功(アレター)と高名な祖先の行為との結び付きが与えられた。勝者はピンダロスの（作品の）至る所で，一族の誇り高い伝承という光の中に立っている。祖先が自らの輝きを勝者へ伝えるのと引き換えに，勝者は祖先へ栄誉を与える。こうした相互作用において，高尚な遺産が現在の担い手に対して持つ功績が減ることはない。勲功(アレター)がそもそも神的であるのは，一族の最初の父祖が神あるいは半神であった場合に限る。一族の最初の父祖から力が生まれ，この力は世代を経るにつれて常に新しく，個々人の中で現れる。その際，（勝利を）文字通り個人に帰す見解は問題にならない。というのも神的な血は，あらゆる偉大なものへ働きかけるからである。それゆえピンダロスにとって英雄に対するほとんどあらゆる讃美は，英雄の祖先，英雄の血の讃美に帰結する。祖先への称賛は，確固とした場を勝者への讃歌の中に持つ。勝者はこうした（一連の祖先からなる）合唱団への編入によって，神々と半神の傍らへ歩み入る。「我々は

---

[71] 私はこの（ピンダロスに関する）章において，パイデイアに関する講義の中で以前，触れた見解を述べた。この見解は W. シャーデヴァルト『ピンダロスによるオリュンピア競技勝利者の讃歌の構築』（ハレ，1928 年）に，形式面の分析を豊かにする刺激を与えた。彼はピンダロスによる神話の使用を，共に取り扱わなかった。この作業は最近，シャーデヴァルトの本に改めて刺激され，L. イリヒのキール大学での博士論文『ピンダロスの語りの形式』（ベルリン，1932 年）によって取り戻された。

どの神，どの半神，どの男を褒め称えるのか？」[72]「オリュンピア祝勝歌集」第二の詩は，このように始まる。この第二の詩は，オリュンピアを神聖なものとしたゼウス，オリュンピア競技の創始者ヘラクレイトスと並んで，四頭立て馬車競争の勝者であるアクラガスの支配者テロンに対して，「高貴に響く名を伴う，彼の父祖の一族による，都市を護持する誉れ」[73]を告知する。もちろん勝者の一族が，常に純粋に善なるもの，幸福なるものを告げられるわけではない。詩人の人間としての自由と宗教的な深さは，神から送られた苦悩の影が人間の高い徳へ落ちる場において，最も美しく現れる。行為しながら生きる者は皆，苦しまなければならない。これこそピンダロスの信仰であり，そもそもギリシア人一般の信仰である。こうした意味での行為はまさに偉人に相応しく，彼らについてのみ，彼らもまた真に苦しむ者であると完全な意味で言い表すことができる。したがってアイオンはテロンとその父祖の一族に，生粋の生まれという徳の報酬として 富(プルートス)と優美(カリス)を授けた。しかしアイオンは，この一族を罪と苦悩の中へも巻き込んだ。「時間も，罪と苦悩がもはや起きないようにすることはできない。しかし「ラータ Latha」[74]すなわち忘却は，良き神霊(ダイモーン)に恵まれるならば，罪と苦悩に与えられるかもしれない。なぜなら運命の女神(モイライ)が幸福を上へ高く掲げる時，その苦しみは高貴な喜びによって消えるからである――恨みつつ，制されつつも。」[75]

一族の幸せや成長と同様，その勲功(アレテー)も，究極的には神々から与えられている。それゆえピンダロスにとって（解

---

72) （訳注）「オリュンピア祝勝歌集」第2歌1-2。イェーガーによるパラフレーズ。

73) （訳注）同上6-7。

74) （訳注）Lethe のドーリア方言形。

75) （訳注）「オリュンピア祝勝歌集」第2歌16-20。

決）困難な問題は，一連の名誉ある人々が一族の勲功(アレター)を担った後，なぜ世代を経ると勲功(アレター)がその働きを停止するのか，という点にある。このような停止は，ある種族の神的な力が連綿と表明される中にあって，不可解な中断のように見える。この神的な力は，詩人の臨在を半神の時代と結び付けるのだが。血の勲功(アレター)をもはや知らない新時代は，こうした一族の無能な代表者へ注意を喚起されることになるであろう。ピンダロスは「ネメア祝勝歌集」第6歌の中で，人間の備える勲功(アレター)がこのように働きを停止することについて詳説する。人間の一族と神々の一族は互いに遠く離れているが，我々は共に，同一の母なる大地から受け取った同じ生（という息）を呼吸している。しかし我々の力は，神々の力とは異なっている。すなわち死すべき者の一族は無である。これに対して神々が君臨する天は，永遠に不動の居所である。とはいえ我々は，我々の運命が不確実であるにもかかわらず，偉大な感覚あるいは種という点において不死なるものに似ている。こうして今や少年格闘技の勝者であるアルキミダスは，神と同じ力が自らの血に潜んでいることを証明する。勝者（アルキミダス）の父にあって，この力は働きを停止しているように見えた。しかし勝者は再び，自らの祖父で，オリュンピアで偉大な勝利を収め，ネメアとイストモスにいたプラクシダマスを手本にする。プラクシダマスも自らの勝利によって，彼の父ソクライデスが忘れ去られていたことを終らせた。ソクライデスの父は名声に溢れていたが，息子のソクライデスは無名であった。それはあたかも変転を重ねる耕地のようであり，ある時は人間を一年間にわたって養い，ある時は再び安らう。貴族主義的な秩序は，まさに優れた代表者である子孫に基づく。ある一族の成長の中でも不作が存在することは，ギリシア人の思考にとって常にわかりやすい見方である。我々はこの見方を，キリスト教の成立後の時代に著

された「崇高について」の作者の中に再発見する。この作品において作者は，亜流の時代にあって偉大な精神的創造を行う本性の持ち主が死滅した原因に関して，探求を行っている[76]。

貴族のパイデイアとイデア哲学

こうしてピンダロスは常に祖先へと立ち戻り，自らの思考を形成する。ギリシア本国において祖先が生者へ及ぼす力は，個人的な回想のみならず，生者が敬虔に敬う墓への距離に左右された。現世の最高の財産によって祝福され，最も高貴な贈物を与えられ，最高の伝承によって担われた人間のあり方からなる世代は変転を遂げた。その最中にあって上述の考えは，幸福と苦悩と功績に関する深い省察に満ちた哲学の総体に他ならなかった。ピンダロスの時代における貴族の家の歴史は，こうした思考に対して豊かな題材を提供した。しかし彼による祖先への思いの中には，何か特別なもの，つまり模範の備える偉大で教育的な動因がある。先史時代とその英雄的なあり方への称賛は，ホメロス以来，あらゆる貴族の教育における根本的な特徴である。仮に勲功(アレテー)を称賛することが特に詩人の業であるならば，詩人は最も崇高な意味での教育者である。ピンダロスはこの任務を，最高の宗教的な意識を携えて引き受けた。この点において彼は，ホメロスの作品に登場する歌手が非人格的であることとは異なる。ホメロスの作品に登場する英雄とは，現在に生き戦う人間である。ホメロスは英雄を神話の世界へ据える。これはピンダロスにとって，次のことを意味する。つまり彼は，神話の世界を理想的な模範の世界へ据える。この模範の輝きは世界を隈なく照らし，模範を称賛することは努力しつつこの世界を（神話の世界

---

76)（訳注）ロンギノス『崇高について』第44章1。

と）同じ高みへ引き立て，世界における最善の力を掻き立てなければならない。これはピンダロスによる神話の使用に，特別な意味と価値を与える。彼は偉大なアルキロコスが自らの詩の中で叱責したことを，高貴ならざるものと見なす[77]。ピンダロスを中傷する人が，詩人ピンダロスがシラクサのヒエロン王について叱責しつつ述べたことを，ヒエロン王に内密に知らせたように見える。しかしピンダロスは「ピュティア祝勝歌集」第2歌への献辞に当たる部分で，ヒエロン王の恩義を意識して，彼がヒエロン王を叱責したことを否定する。そしてピンダロスは称賛を続けることによってヒエロン王自身に，王が熱心に見習うべき模範を示す。ヒエロン王は（中傷者の）囁きに耳を傾けた時，それは己の王たる地位に相応しい態度ではなかった。支配者たる彼は，自己を超えて何か高いものを見ることができない。しかしヒエロン王は詩人ピンダロスに，王の真の自己が何であるかを言わせねばならず，王がこの真の自己に劣ることは許されない。この場でのピンダロスによる模範の考えは，その最も偉大で深い点へと達する。「汝自身があるところのものになれ」という文は，彼の教育者としてのあり方の総決算のように働きかける[78]。これこそピンダロスが人間の前に差し出すあらゆる神話的な模範の意味であり，人間はこの模範によって，自らの高められた本質的な像を示させる。こうした貴族のパイデイアが社会的・精神史的な本質にあって，いかに深くプラトンのイデア哲学の教育的な精神と結び付いているか，ということが繰り返し明らかになる。彼のイデア哲学は，イオニア自然哲学の全体から疎遠であるのと反比例して，このような教育的な精神に根付いているように見える。イデア哲学は哲学史の

---

77) 「ピュティア祝勝歌集」第2歌 54。
78) （訳注）同上 72。

中では，イオニア自然哲学と一面的かつほぼ独占的に関連付けられるのだが。我々のプラトンの定本への序文の中に，ピンダロスに関する言葉をも見出すことは到底あり得ないであろう。その代わりに物活論者の（空気，火，水などの）元素が，極端に堅い表皮を生じた状態で，永遠の病気のように遺伝する[79]。

批判よりも少なからぬ率直さが，ピンダロスがヒエロン王に対して行うような称賛の流儀の一部となっている。そしてこの称賛は，多くの義務を課す。我々は今やここで述べたことをより明らかにするため，ピンダロスの教育的な称賛の最も単純な例，すなわち「ピュティア祝勝歌集」[80]第6歌を取り上げよう。（この歌集で）語りかけられた人であり，アクラガスの僭主テロンの兄弟であるクセノクラテスの息子，トラシュブロスは，まだごく若い男である。トラシュブロスは父の二輪戦車を用いて（競技で）走るために，デルポイへやって来た。ピンダロスはトラシュブロスの勝利を，トラシュブロスという息子の（父への）愛を褒め称える短い歌の中で祝う[81]。古い騎士的な倫理にとってこの愛は，天の主人であるゼウスへの畏敬に次いで，最も高貴な命令である。英雄の教育者の原像であるケンタウロスの賢者ケイロンは，ペレウスの息子アキレウスが自らの保護下に成長した時，すでにアキレウスにこの教えを心に銘記させた。ネストルの息子アンティロコスは，トロイアを前にして年老いた父のため，エチオピア人の指導者メムノンに対する戦いに際して命を犠牲にした。ネストルの息

---

79) （訳注）イェーガーによれば，プラトンの定本への序文においてソクラテス以前の哲学者のいわゆる物活論への参照があり，両者の関連がイェーガーの時代に至るまで受け継がれている，ということ。

80) （訳注）原語では「Ode 頌詩」とあるが，祝勝歌のことと思われる。

81) （訳注）「ピュティア祝勝歌集」第6歌 15-22。

子アンティロコスの名を挙げることが，こうした（父という）尊い権威を引き合いに出すことの後に続く。「しかし今日の人たちの中では，トラシュブロスが最も父を敬うという規範を守っている。」[82] ここで，その行為が手短に述べられているアンティロコスという神話上の模範が，息子の徳を褒めることへと関連付けられた。こうしてピンダロスは個々の特別な事例のため，詩人としての知識が題材を求める範例(パラディグマ)の偉大な宝庫よりも，むしろ神話に繰り返し注目する。現在の事柄が神話的なものへ浸透することは，理想と変化の無比の起動力であることが随所で実証される。詩人が活動するのは，神話が他の何にもまして全く生き生きとした世界においてである。彼は魔法の杖，つまり事物のより高い意味に関する自らの知識によって貴族，僭主，市民の息子に触れる。そうするや否や，彼らがピンダロスに歌われることによって踏み入る名声の段階は，彼ら全てを代々の先祖に匹敵する神性へと高める。それは詩人が年老いた貴族のために歌おうが，潑剌と出世した近代風の僭主のために歌おうが，代々の先祖なしに勝利を収めた市民の息子のために祝おうが，といったことに関わりない。

アレテーが生得であるという信仰と教育

ピンダロスが教育について抱く意識は，ピリュラの息子，賢いケンタウロスで英雄の教師であるケイロンの中に，神話上の投影像を作り出す。この投影像はピンダロスの（作品の）その他の場においても，現れる。例えば神話上の例が豊かに示された，「ネメア祝勝歌集」第3歌の詩のように。この第3歌ではペレウス，テラモン，アキレウスという，アイギナの勝者の始祖自身が模範である。詩人の感覚は最後に挙げられたアキレウスから，アキレウスが

---

82) （訳注）同上 44-45。

教育された場であるケイロンの洞窟へ再び向けられる[83]。しかし勲功(アレテー)が血の中にあるという信仰に,そもそも教育は存在するのか？ ピンダロスは,この問いに対して多義的な態度を取った。元来すでにホメロスの中で,上で触れた問いが投げかけられていた。つまりホメロスは『イリアス』の歌の中で,アキレウスに教育者としてのポイニクスを対置する。その結果,ポイニクスの偉大な警告の語りは決定的な瞬間,効果を発揮することなく,英雄アキレウスの頑迷な心の中で拒否される。しかしホメロスにとっては生得の性格を制御できるか否か,ということが問題となっており,この問題はピンダロスにとって,男の真の徳は学習できるのか,それとも血の中にあるのか,という近代的な問いである。我々はここで,プラトンによって繰り返される,同じ内容の問いを想起しよう。この問いは古えの貴族の見方と合理的な啓蒙精神との戦いの中で,まず上で触れたように定式化された。ピンダロスは,この問いについてあれこれ思案したことを随所で明るみに出し,「ネメア祝勝歌集」第3歌の中で答えている。

> 称賛すべき価値が生まれつき備わっている人だけに,
> 完全な重みがある。
> 自分が習得することだけを所有する人,
> 動揺する影の薄い男は,
> 決して確固たる足取りで前へ進まず,実際に足を踏み出さず,
> 無数の高尚な事物を,
> 未熟な感覚によって
> 味わうに過ぎない。[84]

---

83) (訳注)「ネメア祝勝歌集」第3歌50以下。
84) (訳注)同上40-44。

アキレウスはかつて生まれながらの英雄としての志操を，教師を持つことなしにすでに少年の時に実証し，ケイロンを驚かせた。そう伝説は告げた。それゆえピンダロスによれば，この全知の伝説は，あの（男の真の徳は学習できるのか，それとも血の中にあるのか，という）問いに対する正答を与えたのであって，教育はもっぱら生得の徳（アレター）が手元にある場合のみ，存在し得る。それはケイロン，アキレウス，イアソン，アスクレピオスがまさに示すとおりである。彼らは，良いケンタウロスが「あらゆる適切なものについて有益な世話を行った」[85]高貴な教え子である。いずれも簡潔で的確な言葉の中に，上述の問題について長く熟考された認識が潜んでいる。この認識は，貴族の世界が危機の時代にあっていかに自らの立場を意識的かつ決然と弁護するか，ということを証する。

オリュンピア競技の勝者による勲功（アレター）と同様，これと等しく神的な源泉から流れ出る詩人の芸術も，学習することができない。詩人の芸術は，その本質からして「英知 Wißtum」である。ピンダロスの「知恵 σοφία（ソフィアー）」という言葉は，詩人の精神を一貫して特徴付ける。この σοφία という原語を翻訳することは，本来不可能である。各人がピンダロスの精神と，彼の影響の総体として何を感じるか，ということが問題となっており，この感じる内容の世界は各人なりに異なっている。純粋に芸術的な理解力のみをピンダロスの精神の中に見て美しい詩を作れる人だけが，このことを美的に理解するであろう。ホメロスは大工を「知者 σοφός（ソフォス）」と名付けた[86]。この言葉は前5世紀のギリシア語においてもなお，何らかの事柄に技術的に精通し

---

85)（訳注）同上 56。

86)（訳注）ホメロスの原典からの出典は不明。s. Clemens Alexandrius: Stromata Buch Ⅰ－Ⅵ, hrsg.v.Otto Stählin, Leipzig 1906, 1-25-1, S.16.

ている人,ということを全く意味しているのかもしれない。ピンドロスが「知者 σοφός」という言葉に言及する場合,それが大きな重みを持つことを誰もが感じる必要がある。当時この言葉が大きな重みを持つことは,優れた認識や高尚な知識を持つ人にとって,久しく浸透していた。これは民衆出身の男が並外れたものと名付けた認識,それに喜んで従う認識である。詩人クセノパネスの知識も非常に特徴的である。彼は,世間で通用している世界観の根本を破壊する自らの批判を,詩の中で誇り高く「私の知恵」[87]と呼ぶ。ここでは形式と思想の区別が無理であることが感じられ,この両者の統一が「知恵 σοφία」に他ならない。そしてピンドロスの深遠な思想にあって,どうしてこの両者が完全に別様であり得ようか。「ムーサイの予言者」[88]は「真理」の告知者である。彼は「深い心から創造する」[89]。彼は人間の価値について判決を下し,神話上の伝承に関する「真の語り」を偽の装飾から区別する[90]。ムーサイによる神的な使命の担い手は,王や偉人の傍らに,人類の高みに同等の権利を与えられた者として立っている。この使命の担い手は,大衆の称賛を渇望しない。シラクサ王ヒエロンへ捧げられた「ピュティア祝勝歌集」第2歌の詩は,「高貴な人々と交際を保ち,彼らに気に入られるよう,私に恵みあれ」[91]という言葉で閉じられている。

詩人の力と職業訓練を受けた人の知識

しかし「高貴な人々」がこの世の偉人であるからといって,詩人は廷臣になるわけではない。詩人は「直言する男

---

87) (訳注)クセノパネス「断片」2。
88) (訳注)「パイアン(アポロン讃歌)」第6歌6。
89) (訳注)「ネメア祝勝歌集」第4歌8。
90) (訳注)「オリュンピア祝勝歌集」第1歌28。
91) (訳注)「ピュティア祝勝歌集」第2歌96-97。

であり続け，僭主の下であれ，厚顔無恥な一党が支配するところであれ，精神的に優れた人が都市を保護するところであれ，いかなる支配の下でも頭角を現す」[92]。詩人は，高貴な人々の下においてのみ知識を見出す。その限りで，詩人の文芸は最も深い意味で秘教的である。「私の腕の下の矢筒の中には，多くの速く飛ぶ矢が入っている。その矢は理解する人だけに語りかけ，他の人には通訳を必要とする。賢者とは，天性によって多くを知る人のことである。だが学習によってのみ多くを知る人は，無遠慮な舌を用いてお喋りし，ゼウスの神的な鷲に対して烏のように姦しく鳴くことだろう。」[93]詩人の歌，つまり「矢」が必要とする通訳者とは，自分自身のあり方から高い認識に参与する偉大な魂である。ピンダロスによる鷲の像は，上の引用箇所においてのみ見つかるわけではない。「ネメア祝勝歌集」第3歌は次のように終わる。「しかしあらゆる鳥の下で，鷲だけが速さにおいて優る。鷲は遠くから他の鳥を素早く急襲し，爪によって血塗れとなった餌を掴まえる。しかし姦しく鳴く黒丸烏は，低い領分で栄養を取る。」[94]ピンダロスにとって，鷲は彼の詩人としての自己意識の象徴となる。鷲がその本質からして上のもの，近寄り難い高み，何ら束縛を受けない自由な運動を，天空の世界(アイテール)で感じるとしよう。この天空の世界の下には，姦しく鳴く黒丸烏が栄養を探す，低い領分がある。このような場合，（鷲という）象徴はもはや単なる像に留まらず，精神の形而上学的な質それ自体である。鷲という象徴は，ピンダロスより年下の同時代人バッキュリデスからエウリピデスの素晴らしい詩句に至るまで，固有の歴史を持った。

---

92) 同上86。
93) 「オリュンピア祝勝歌集」第2歌83。
94) （訳注）「ネメア祝勝歌集」第3歌80-82。

「鷲は、天空(アイテール)の中ではどこでも飛び回れる。」[95] ピンドロス個人の精神的な貴族意識は、この鷲の中に自己を表現した。詩人が担う貴族の肩書きは、真に不滅である。もちろん血の勲功(アレテー)への信仰は、ここでも詩人ピンドロスを去ることはない。彼は血統の中で担う自らの詩人としての力と、「職業訓練を受けた人(マトントンテス) μαθόντες」の知識との間に大きな深淵となる亀裂を感じ、血の勲功(アレテー)への信仰に基づいてこの亀裂を説明する[96]。血に関する貴族の教説について、（読者は）思うがままに考えるがよい。ピンドロスは、生得の貴族としてのあり方と、職業教育を施されたに過ぎない全ての知識と能力との間の溝を設けた。この溝が再び閉じることはないであろう。なぜなら、この溝は実際、当然なことに存在するからである。ピンドロスはこの（溝を表す）言葉をギリシア文化の時代の入場門のすぐ前へ掲げ、この言葉は学習に対して並外れた予想外の広がり、理性に対して最大の意義を与える運命にあった。

詩人の課題としての国王の教育

我々は上述の考察を通して貴族の世界から歩み出て、再び歴史の偉大な流れへ身を委ねる。この流れは貴族の世界の隣をさわさわと流れてゆく。他方、貴族の世界は、ますます静かに止まるように見える。ピンドロス自身は、貴族の世界を超えて大きくなった。志操ではなく、影響に従って——つまり偉大な詩を通して。この詩の中で、彼はすでに認められた汎ギリシア的な意義を備える詩人として、シチリアの強力な僭主テロンとヒエロンの戦車競争における勝利を祝い、彼らおよび彼らがまさに創り上げた国家を崇高な存在とする。それは、ピンドロスが古い貴族主義的な

---

95) （訳注）エウリピデス「断片」1047（ナウク編）。
96) （訳注）「オリュンピア祝勝歌集」第 2 歌 86-87。

理想という荘厳な豪華さによって彼らに縁飾りをつけ，それによって同時にこうした理想の有効性を高めることによるのである。なべて祖先によらずして征服された力は，昔から偉大な過去という高貴な家財道具によって装飾されることを好む。にもかかわらず，我々はこの（ピンダロスが行った）ことを，ひょっとすると歴史的に無意味であると感じるかもしれない。ピンダロス自身はこうした（自らの）詩において，貴族主義的で慣習的なものを最も強く乗り越えた。彼の個人的な声は，自らの詩の中で最も高貴に語りかけている。ピンダロスは国王の教育の中に，近代では貴族の詩人に割り当てられる最終的かつ最大の課題を見る。彼は後のプラトン同様，国王の教育への働きかけを期待できた。ピンダロスが国王に望もうとしたのは，変化した世界にあって政治的な理想像を高く掲げることである。この理想像はピンダロスへ活気を与え，大衆の厚かましさに対して堤防を築くべきだったのである。ピンダロスは，シラクサ出身でカルタゴ人に勝利を収めたヒエロンの赫々たる宮廷にあって，同業者仲間によって「職業訓練を受けた人」である偉大なシモニデスとバッキュリデスの傍らに，客人として孤独に立っている。これはまさに，後にプラトンがディオニュシオスの宮廷において，ソフィストのポリュクセノスとアリスティッポスの傍らにいるのと比べられる。

　我々はヒエロンの下へやって来た偉人，つまりアテナイのアイスキュロスについて，彼がシラクサで『ペルシア人』を二回目に上演した時，彼の道が一度でもピンダロスの道と交差したのか否か，知ることができればと願う。（創立後）20年に満たない古いアテナイ民族国家の軍勢は，そうこうしているうちにマラトンの戦いでペルシア人を撃退した。この民族国家はサラミスの戦いにおいて自国の船隊，軍，政治的な精神の高揚によって，あらゆるギリシア

人，ヨーロッパ，小アジアの自由のための勝利を決定したのである。ピンダロスの父祖の都市（テーバイ）は不名誉な中立を保ち，（サラミスの）国民的な戦いを傍観していた。彼の歌の中に，全ギリシアに対して新しい未来への力を掻き立てた英雄的な運命の反響を求めるならば，イストモス祭典の最後の詩（「イストミア祝勝歌集」第8歌）の中に，分裂した心で不安に満ちた期待を抱く観客の，深い安堵の吐息を聞き取るのみである。観客は今や慈悲深い神のお蔭で，テーバイの中心人物の上に迫る「タンタロスの石」[97]から（自分たちが）逸らされているのを見る[98]。しかしピンダロスがこの「タンタロスの石」によって，ペルシア人という危険，あるいはギリシア人という勝者の憎しみを考えていたのか，我々には謎である。テーバイはギリシア人の理想を裏切り，彼らによる復讐がテーバイを破壊すべく脅かしかねなかったのだが。ピンダロスの偉大な宿敵であるシモニデスは島嶼部出身のギリシア人で，並外れて機転が利いた。ピンダロスではなく彼こそが，ペルシア戦争の古典的な叙事詩人となった。シモニデスは，戯れ興じつつあらゆる事物を我がものとし，全てに対して器用に適合する能力を持ち，全てを輝かせる冷徹な文体を備えていた。今や彼はこの文体を駆使してポリスに殉じ戦死した者を悼んで，ギリシア人の諸ポリスのために注文された墓碑銘を記した。この時代にピンダロスがシモニデスの後ろへ退くことは，悲劇的な不運に見える。しかしその際ピンダロスが，別の英雄のあり方に奉仕するのに固執したことには，ひょっとして深い理由があったのかもしれない。（ペルシア戦争で）赫々たる勝利を収めたギリシアは

---

97) （訳注）タンタロスは，頭上に巨石が吊り下げられているので，常にこの巨石によって押し潰される恐怖に戦き続けていたという伝承が存在する。

98) （訳注）「イストミア祝勝歌集」第8歌 8-10。

ピンダロスの詩句の中に、サラミスの精神に何か似たものを感じ取った。そしてアテナイは、ディーテュランボスの呼び声によって次のように挨拶した詩人を愛した。「おお、全ギリシアのスミレによって王冠を飾られ、歌で名高い輝かしき祝祭、素晴らしきアテナイよ、汝、神的な場よ。」[99)]ここで成立した、ピンダロスの心にとって未知の世界、まさにここで、彼が国民の記憶の中で生き続けることが保証されねばならない。しかし彼にとってはアテナイの敵であり、部族が似て豊かなアイギナという、航海に従事している古い船主と商人の領主の館の都市が、むしろ気にかかった。しかしピンダロスの心が惹かれ、彼が壮麗化した世界は、まさに没落に瀕していた。人間共同体の偉大で歴史的な形式は、その生を最後まで生き抜いた時に初めて、あたかもその共同体の不死の部分と死すべき部分とを分かつかのように、認識の究極の深みから、その共同体の精神的な理想を最終的に形成する力を持つ。このことは、ほとんど精神の生の法則であるように見える。したがってギリシアの貴族文化は、その没落に際してピンダロスを生み出した。それはちょうどギリシアのポリス国家がプラトンとデモステネスを、また中世の教会の教権政治が、その高みを過ぎた時ダンテを生み出したのと同様である。

僭主の文化政治

教養史上の僭主政の位置付け

　貴族による詩情の精華はすでに前5世紀、下り坂となった。しかし貴族支配から民衆国家へと移行する間に、僭主政が入り込む。それは国家の展開のみならず教養史に対し

---

99)　（訳注）「ディーテュランボス断片」64。

ても，少なからず影響を及ぼした。それゆえこの展開に関してすでに様々な観点から触れた今，この場で僭主政の展開を検討しなければならない。ピンダロス自身は，シチリアの僭主政の代表者であるヒエロンとテロンのために長大な詩を書いた。この僭主政は，すでにトゥキュディデスが適切にも洞察したように，それ自体，独立した現象である[100]。シチリアは膨張し続けるカルタゴの海軍力と通商力に対抗するギリシアの前哨地であり，ここでの「単独支配」はギリシアの土壌の中で最も長く持ちこたえた。他方，政治的な展開が行われたこの時代は，ギリシア本国においてはアテナイのペイシストラトス家の前510年における没落によって終焉した。ギリシアの本国と東部の植民地における僭主政は，内政面，社会面から必然的に成長した。他方シチリアの僭主政は，これとは全く異なる条件に基づいた。ギリシアの本国と東部の植民地の僭主政は，通商植民地主義による軍事的な対外政治を代表した。シチリアの僭主政は，アクラガス，ゲラ，シラクサのように大きく有力なシチリア諸都市を強力に表現している。これらシチリアの諸都市（の成立）は，大衆の出現，古い貴族支配の解消の随伴現象であった。後世のシチリアにおけるディオニュシオス家の僭主政も50年に及ぶ民主主義の展開後，国民的な理由から新たに樹立されざるを得なかった。これこそプラトンの目から見てもシチリアの僭主政に，その歴史的な生存権を与えたのである[101]。

　我々はこの場で，前6世紀中期のアテナイおよびイストモスにおける豊かな諸ポリスの状況を振り返ることにしよう。当時ギリシア本国では，僭主政が展開するに至った。ソロンは，この展開をはるか前に予見した後，高齢に

100）　（訳注）トゥキュディデス『戦史』第1巻第17章。
101）　（訳注）プラトン『第八書簡』353A以下。

なって作った詩の中でこの展開が間近に迫り，最終的に事実となったのを見た[102]。アテナイは，こうした展開の最終段階であった。アッティカの貴族の子息（ソロン）すら自らの身分(カースト)によって継承された見解を勇敢に突破し，新しい人間の生の姿を法律の中で前以て描いて見せ，自らの詩の中で表現した。そして自らの行為を通して模範となる生活を送り，この生活を成就する可能性はもはや血や財産という特権に頼らなかった。ソロンは，虐げられ労働する民衆に対して公明正大に振舞うよう警告したが，その際，彼にとって喫緊の問題となったのは民主政に他ならない。この民主政こそ，後にソロンを自らの父として崇拝した。そもそも彼は，古い貴族国家がよもや早晩，没落するとは考えなかったに違いない。ソロンは，この古い貴族国家の基礎を人倫的・経済的に健全にすることを望んだに過ぎない。しかし貴族は，歴史からもソロンからも何一つとして学ばなかった。ソロンが官職を退いた後，新たに党派間の闘争が激しく燃え上がった。

こうした何十年もの間，最高執政官(アルコーン)のリストに関する我々の知識は全く欠けている。この不十分なリストは，国家秩序の尋常ならざる破壊が幾度も起きたに違いないことを，すでにアリストテレスに教えた。というのも，最高執政官(アルコーン)が全くいなかった年があるからである。自らの官職を二年間，保とうとした人もいた[103]。沿岸，平野部，より貧しい山がちなアッティカ地区のいわゆる山地党(ディアクリア)の貴族は三つの派閥へと分裂し，それぞれの派閥の頂点に最も強力な一族がいた[104]。これら三つの派閥は，いずれも民衆の中に取り巻きを得ようとした。民衆は，非常に強い不満

---

102) （訳注）ソロン「断片」3 の 18，8 の 4，10 の 3-6。
103) （訳注）アリストテレス『アテナイ人の国制』第 13 章 1。
104) （訳注）同上 4-5。

を抱きながらも政治的に組織化されず指導者を欠いていたにもかかわらず，あるいはまさにそれがゆえに，今や明らかに考慮すべき要素となり始めた。山地党(ディアクリア)の貴族の指導者であるペイシストラトスは，民衆を支持基盤として民衆に譲歩したことにより，アルクマイオン家のように時にははるかに豊かで強力であった他の一族を，不利な状況へときわめて巧みに誘導することができた。ペイシストラトスは権力を掌握することを幾度か試みたが失敗し，何回か追放された。その後，軍事的に槍で武装していたわけではないが，固い棒で武装していた護衛隊の個人的な助力を得て，ついに支配を我がものとすることに成功した。彼はこの支配を長く続いた政府によって非常に堅固なものとしたので，死に際して後継者を攪乱することなく，息子たちに支配を遺贈することができた[105]。

　僭主政は深部にまで達する教養史上の過程の起動力のみならず精神的な時代現象として，並外れて大きな意義を持つ。この過程は貴族支配の崩壊および政治力の市民階級への移行と軌を一にして，前6世紀に始まる。我々はこれを，非常に正確に知られているアテナイの僭主政の中に，典型的な仕方で観察することができる。それゆえ我々は，アテナイの僭主政に留まらなければならない。しかしアテナイ以外のギリシアにおける，上述の固有の社会現象に先行した展開を展望することが，まず必要である。

僭主政の起源としての経済的・社会的な大変動

　我々は残念ながら，証言が残されている大抵のポリスでの僭主政に関して，それを敷いた人の名前および個々の行い以外のことをほとんど知らない。我々が僭主政の成立とその原因の種類について何か知ることは稀であり，僭主政

---

105) （訳注）ヘロドトス『歴史』第1巻第59章。

の支配を行った人の人格と性格について知ることは，さらに稀である。しかし僭主政という現象は前7世紀以来，全ギリシア世界の中で驚くべく規則的に現れる。このことは，（僭主政が生まれた）同一の原因を推測させる。我々によく知られた前6世紀の場合，僭主政の起源は，この時代の経済的・社会的な大変動と結び付いている。我々は僭主政の影響を伝承，特にソロンとテオグニスから知る。貨幣経済の広汎な普及は，自然経済と並んで，あるいはそれに代わって，従来政治的な秩序の基礎であった貴族の土地所有へ革命的な影響を及ぼした。古い経済形態に固執する貴族は商工業から成長した新しい財産の所有者に対して，今や幾重にも不利な立場へ陥った。そして商売へ鞍替えし，経済的に適応した古い支配層の一部は，同じ古い一族の間においてすら新たな溝を作り出した。テオグニスによれば幾つかの家族は貧しくなり，もはや社会的な役割を維持できなかった。一方アッティカにおいてアルクマイオン家のような他の家族は富を集め，彼らの優位は同じ階級の仲間には耐え難いものとなった。同家出身のような人々自身も，政治的な自己主張を行う刺激に抵抗できなかったという[106]。貴族に負債を負う小農民や小作人の状況は，苛酷な負債法によって急激に悪化した。この負債法は，農奴に対する全権を土地所有者へ与えたのである[107]。その結果，不満を抱く貴族は政治的に寄る辺のない大衆の指導者となり，容易に権力を奪取できた。いかなる時代でも，新たに富を築いた成り上がり者は総じて反感を催させるものだが，貴族の（土地）所有者の幇間を，こうした成り上がり者の層によって強化することは，政治的かつ道徳的に疑わしい産物であった。なぜなら無産大衆と古い文化層との間

---

106)　（訳注）テオグニス「エレゲイアー」110以下。
107)　（訳注）アリストテレス『アテナイ人の国制』第2章2。

の溝は，このような成り上がり者の層の強化によって拡大する一方で，貧富という紛れもなく物質的で野蛮な対抗関係へと単純化され，この対抗関係は蜂起への汲めども尽きぬ源泉となったからである。僭主の存在が可能となったのは，民衆がこのような（僭主の）指導なしには貴族の強制的な支配を揺るがすことができず，しかしこの支配の没落が達成された時，（民衆が）大抵は完全に満足していたことによるものであった[108]。なぜなら「自由な民衆」による卓越した力の積極的な目的は，何世紀にもわたって奉仕と服従に慣れた現実の大衆にとって，疎遠なものであり続けたからである。大衆は当時，偉大な煽動家の時代におけるよりも，こうした（卓越した力の積極的な）目的を実現する能力にはるかに乏しかった。彼ら大衆は後になっても，この煽動家なしにやってゆくことが到底できなかった。それゆえアリストテレスは『アテナイ人の国制』において煽動家の変遷を，アッティカ民主主義の歴史の手引きとして適切にも用いている[109]。

我々はほぼ同時期，イオニアや島嶼部と同様，（ギリシア）本国においても僭主政と出会う。島嶼部の中に，精神的・政治的な展開という理由から僭主政の発端が好んで求められようとした。これはもっともなことである。ミレトス，エフェソス，サモスにおいては前600年頃，あるいはその少し後，有名な僭主が政治的な力を所有していた。彼らの一部はギリシア全土で，自らの同類と密接な結合を保っていた。というのも僭主は純粋に内政上の現象であるにもかかわらず，あるいはひょっとするとまさにそうであるがゆえに，最初からしばしば婚戚関係に基づくような国際的な相互扶助を通して，互いに結び付けられてい

---

108) （訳注）同上3，第16章2。
109) （訳注）同上第28章。

るからである。この婚戚関係はこうした相互扶助によって，民主主義や寡頭政の志操に相応しい連帯感を先取りする。このような連帯感は前5世紀にあって，きわめて普通なものであった。それと共に──とりわけ奇妙なことだが──例えばコリントス，アテナイ，メガラにおいても，遠方を広く展望する外政が初めて成立し，植民地の創設へと連なった。これら植民地にとって特徴的なのは，それが以前のこの種の植民地の創設よりも，「メートロポリス Metropolis」[110]とより緊密に関連していることである。例えばシゲイオンはヘレスポントスにおけるアテナイの拠点として直接，役立ち，ペリアンドロスはコリントスのために似た拠点を，彼が征服したイオニア海沿岸のケルキュラと，彼が新たに創設したトラキア地方のポティダイアに創り出した。ギリシアにおいてはコリントスとシキュオンが（僭主政の）展開の頂点にあり，後にメガラとアテナイがこれに続く。アテナイの僭主政はナクソスの僭主の助力によって成立し，他方でペイシストラトスが後にこのナクソスの僭主を支えた。エウボイアでも，僭主政は早くから馴染みのものである。すでに説明したとおりやや後に，この僭主政はシチリアで信望を認められ，当地で最大の力を発揮するに至る。前6世紀に重要なただ一人のシチリアの僭主は，アクラガスのファラリスである。彼こそ，アクラガスの都市が繁栄する礎を築いた。ギリシアの僭主の中で最大の人物は，いかに非常に多くの良いことをペイシストラトスについても言うことができるにせよ，明らかにコリントスのペリアンドロスである。ペリアンドロスの父キュプセロスは，バッキアダイ家の貴族政府が崩壊した後で王朝を建てた。その王朝は何世代にもわたって続いたのであ

---

110) （訳注）いわゆるギリシアの大植民地化以来，他の植民地の創設を促した，母なる都市。

る。本王朝の全盛期は、ペリアンドロスが支配した時期であった。ペイシストラトスの歴史的な意義は、彼が来たるべきアテナイの偉大さを準備した点にある。他方コリントスはペリアンドロスによって高みへと導かれ、その高みを再び獲得することなく、彼の死後この高みから零落した。

幸福な上昇の時代としての僭主政

　ギリシアの他の地方においては、貴族政が持ちこたえた。貴族政は依然として土地所有に基づき、純粋な商業地であるアイギナのような個々の場所では、莫大な財産にも基づいた。僭主政はいかなる場合でも、二世代から三世代以上続くことはなかった。僭主政は多くの場合、政治的な経験を有し目的を追求する貴族によって、再び打倒される。しかしこうした貴族が激変の受益者であることは、ごく稀である。大抵はアテナイのように、すぐさま民衆が支配を行うに至る。僭主が零落する主たる原因は、ポリュビオスが政体循環論の中で説明する[111]ように、通例は息子と孫が無能で、彼らが権力だけを継承し、しかし稀にしか父祖の精神力をも継承しないこと、さらに民衆の好意によって得られた力を恣意的な専制政治のために乱用する点にある。僭主政は零落した貴族主義者が民衆を威嚇するものとなり、彼ら（貴族主義者）はこれを、民主主義を奉じる後継者へ遺贈する。しかし僭主への憎悪は、その場限りの戦いの気分や反応の一面的な現象形態に過ぎない。ブルクハルトの賢い言葉[112]によれば、ギリシア人一人一人の中に僭主が潜んでいた。そして各人にとって僭主であることは至極当然な幸福の夢であったので、アルキロコスは自

---

　111)　（訳注）ポリュビオス『歴史』第6巻第7章。
　112)　（訳注）Burckhardt, Jacob: Griechische Kulturgeschichte, in: Gesammelte Werke, Bd.5, Darmstadt 1956, S.166.

らの作品に登場する満足した靴屋を,「私は僭主政を目指さない」という告白によって最も巧みに描くことができた[113]。ギリシア人にとって,実際に優れた有能さを備えるただ一人の男による支配は,常に「自然に適っているように」[114]（アリストテレス—原注）見えた。ギリシア人はこの自然に,多かれ少なかれ自発的に従った。

　古い僭主政は,太古の家父長的な王のあり方と民主主義の時代における煽動家のあり方とが混合して成立した。支配者は,貴族国家という外観を保つことによって,できるだけ多くの権限を自らの手中と信奉者の範囲に一体化させようとした。その際,支配者は多くの場合,大きくはないが効果的な軍事力に依拠した。（僭主政）国家は全体の意志あるいは強力な多数派によって担われた有効かつ合法的な秩序を生み出さなかった。それゆえ,こうした国家は武装した少数派によってのみ支配することができた。僭主は長い習慣によっても和らげることのできない明らかな圧政を強い続けるという,不評を得た。したがって彼らは,これを挽回しようと努めなければならなかった。それは官職に就くという外的な形態を堅実に保つこと,個人的な忠誠を組織的に育むこと,民衆に親切な経済政治を行うことによった。それどころかペイシストラトス自身はある係争事件へ巻き込まれた時,法律と正義が無条件に支配することを証明するため,折に触れて裁判官の前に自ら姿を現した。これは民衆に大きな印象を与えた。古い貴族の一族は万策を講じて抑えられ,特に貴族の危険な競争相手は追放され,あるいは国外での名誉職が課された。例えばミルティアデスは,非常に称賛に値することにケルソネソスを

---

113)　（訳注）アルキロコス「断片」22。

114)　（訳注）アリストテレス『政治学』第 3 巻第 17 章 1288a 28。

侵略し植民地とし，これをペイシストラトスが支援した，ということが言われている。しかしペイシストラトスは，民衆を都市へ集中させることによって有機体化された危険な力にしようとしなかった。経済的，政治的な理由からペイシストラトスは，基本的に平地を優遇するに至った。こうした優遇の結果，彼は平地で非常に好まれた。僭主政は長い年月を経た後もなお，「クロノスの下での生」[115]つまり黄金時代と呼ばれ，支配者が個人として田舎を訪れることや，（彼と）働く普通の住民との交際に関する好意的な逸話が多種多様な形で流布した。支配者は働く普通の住民の心を，気さくな人柄，低い税金によって永遠に掌握したのであった[116]。こうした政治において政治的な賢明さと生粋の的確な本能を備える大地主のあり方は，分かち難く混じり合っていた。支配者は仲裁者として田舎を定期的に訪れ，自ら設けた期限を厳守することによって，それどころか人々が訴訟のため都市へ行く手間を省いてやることができた[117]。

我々は残念ながら僭主による内政の並外れて生き生きとした像を，もっぱらペイシストラトスの例に即して描けるに過ぎない。というのも，ここでもすでにアリストテレスが，自らの用いたアッティカの古い年代記に基づいて，この僭主による内政の像を前以て描いて見せたからである[118]。誰一人として，この像の中で働く強力に経済的な契機を見過ごすことはないであろう。これこそ本来，決定的なものであり，政治的なものは全て弥縫策に過ぎず，対処療法として予め考えられているに過ぎない。新しい状況は成功へと誘い，成功は真に有為な男という全能の個人によ

---

115) （訳注）同上『アテナイ人の国制』第 16 章 7。
116) （訳注）同上 6。
117) （訳注）同上 5。
118) （訳注）同上第 14-17 章を参照。

る政体のみに帰すことができる。この男は，民衆の安寧へ奉仕すべく全力を傾注する。果たして至る所で上述のことが起きたのか，ということに疑いの余地があるかもしれない。しかし我々は僭主政のような形式も，その最善の代表者に基づいてのみ判断することが許される。僭主政は成功に従って，急激な，かつ幸せな上昇の時代として評価された。

　僭主が前6世紀に登場したことは精神的な観点から，僭主の政治的な敵対者，つまり偉大な立法者たる「執政官 Aisymnet」[119)](アイシュムネーテース)の登場と比較できる。彼ら執政官(アイシュムネーテース)は継続的に守るべき規定を公布し，あるいは目下の紛糾した状況を整理するため，途方もない全権を委託されることがあった。こうした男たちは，市民の政治活動を排除しない理想的な法規範の創造によって，主として文化一般の形成へ働きかけた。他方，僭主は個人の自発性を排除し，随所で自ら行為しつつ登場する。僭主は市民階級を普遍的で政治的なアレテーへ教育する者ではないが，他の意味で模範となる。僭主は，たとえ後世の大政治家が担うような責任が欠けるにせよ，後世の指導的な大政治家のプロトタイプである。僭主は内外へ向けた計画的な行為によって，将来を見通す広い視野に基づいて目的と手段を計算する例，つまり真の政治の例を初めて与える。僭主はまさに隣接領域における詩人と哲学者の場合と同様，国家の領域において覚醒する，精神的な個性の特別な現象形態である。後の前4世紀に傑出した個人への一般的な関心が現れ，伝記という文学ジャンルが新たに作り出された。その際，詩人，哲学者，僭主は，この文学ジャンルの中で

---

119)　（訳注）前7–前6世紀のギリシアにおける仲裁人。貴族と小農民の闘争に際して包括代理権を委託され，対立し合う党派を仲裁し，社会的な弊害を除去することが期待された。多くのポリスでは執政官の退官後，僭主政が樹立された。

特に好まれた叙述対象であった。前6世紀の初期から有名になったいわゆる七賢人の中には，こうした種類の立法者，詩人，他の男たちと並んで，ペリアンドロスやピッタコスのような僭主も挙げられている。特に注目に値するのは，同時代のほぼ全ての詩人が僭主の宮廷に滞留することである。個性はまだ大衆現象，つまり精神が一般的に浅薄化することではなく，真の内的な独立を意味した。そうであるからこそ現に存在する自立的な頭脳の持ち主は，仲間内での絆を強める。

僭主による詩人・芸術家の保護

こうした（宮廷という）中心における文化の収集は精神的な生を強力に高め，これは周囲の世界全体へ広がった。この高揚は，文字通りの創造者という狭い集団のみに限定されるわけではない。赫々たる名前を挙げるだけでも，シラクサのヒエロン，コリントスのペリアンドロス，アテナイのペイシストラトスの息子たち，サモスのポリュクラテスといったムーサイからなる宮廷が及ぼした影響こそ，精神的な生が集中化された様態であった。我々はアテナイでの僭主時代の状況を多かれ少なかれ正確に知り，教養の影響力が芸術，詩情，宗教的な生において，支配者の宮廷からアッティカの展開へ及ぶ意味を測ることができる。宮廷ではアナクレオン，シモニデス，プラティナス，ラソス，オノマクリトスが活躍する。この僭主時代に喜劇と悲劇が舞台で上演され，前5世紀の高揚した音楽生活，偉大なホメロスの作品の朗読，大規模なディオニュソス祭，彫刻・建築・絵画に関するアッティカでの意識的な芸術生活の起源がある。ペイシストラトスは女神アテナの大祭という国民的な祝祭に輝かしい仕方で新たな方向を与え，この祝祭のためにホメロスの作品の朗読を行うよう指示した。このペイシストラトスの時代になってようやくアテナイは，

ムーサイの場という継続的に保たれたあの性格を得る。宮廷から，より高い企画の喜びと高揚した享受能力という精神が流れ出る。ペイシストラトスの次男ヒッパルコスはプラトンの作品の中で伝えられているが，この（同じ）名前の（プラトンの）真作ではない対話編の中で，初の審美家として描かれている。ここでヒッパルコスは「恋愛詩人かつ芸術愛好者」[120]である。悲しむべきことに前514年，僭主殺害者の短剣がまさにこの政治的に無害で，生を愉しむ人間を抉った。ヒッパルコスの存命中に厚遇されたのは，オノマクリトスのような者だけではない。詩人全般が厚遇された。オノマクリトスは名門の関心に従って神託の詩句を偽造し，あるいはオルフェウスの名の下に叙事詩全体を書くことにより，隠れて小さな利益を好む神秘的な宗教を求める流行の欲望を宮廷で掻き立てたのである。僭主（ヒッパルコス）は最終的に，評判を落としたこの（オノマクリトスという）男を公に追放しなければならなかった。彼ら（オノマクリトスおよび彼と同じくアテナイから亡命したペイシストラトス一門）は，流謫の地（ペルシア）において初めて心の落ち着きを取り戻した[121]。

しかしスキャンダルは，名門による文学への功績を減らすわけではない。僭主が台頭して以来，アッティカの饗宴によって，あらゆる種類の詩情とムーサイの祭儀が汲めども尽きることなく流れ出る。僭主は功名心を備え，勝者として競走用の車の役畜と共にギリシアの国民的な祝典劇において祝われることを望む。彼らはあらゆる種類の競争心を保護する。こうして僭主は，当時の生にあって文化一般を高揚させる強力な梃子である。芸術への配慮や宗教的な祭儀の壮麗な展開はギリシアの典型的な僭主の像に属する

---

120) （訳注）同上第18章1。
121) （訳注）ヘロドトス『歴史』第7巻第6章。

が，それは動揺した大衆を政治から遠ざけ，彼らを危険でない状態で活動させる意図にもっぱら由来している，と主張された。たとえこうした副次的な意図が働いているにせよ，この（芸術への配慮などという）課題への意識的な集中は，当時この（芸術などの）保護という課題が，公的団体と公共活動の重要な部分と見なされたことを示す。僭主はそれによって自らが真の政治家(ポリティコス)たることを証明し，他方で市民は父なる都市の偉大さと価値へ深い感情を抱くに至った。この事柄への公の関心は，確かに全く新しいものではなかった。しかしこのような関心は行政局による組織的な促進を通し，大規模な手段によって突然，途方もなく高められた。国家による文化の保護は，僭主が民衆へ抱く親しみの印であった。僭主が打倒された後，この文化保護は民主主義国家の手へと移り，民主主義国家はもっぱら先行者の例に従った。それ以来より高く展開した国家有機体を，こうした方向での計画的な活動なしに考えることは全く無理である。もちろん当時，国家のこうした文化的な課題は，まだ主として芸術による宗教の神聖化と支配者による芸術家の優遇の中にあり，国家はこうした高貴な義務から決して自己矛盾に陥らなかった。自己矛盾が生じ得たのは，抒情詩人が僭主の宮廷で，従来行った以上に深く公の生や思考へ入り込んだ文芸，あるいは当時アテナイにまだ存在しなかった学問や哲学のみによってであった。我々は古い僭主政と哲学的な人格の結び付きについて，何ら耳にすることはない。それだけ両者が結び付いた場合，民衆による芸術と体操の教養，芸術の公の威信と普遍的な普及へ強く寄与した。

　あたかもルネサンス期に幾人かの専制的な支配者と，それより後の領主の宮廷におけるマエケナス的なあり方が当時の精神的な生の全体へ貢献したにもかかわらず，しばしば何か不自然なものを持つかのように，またこの種の文化

貴族の戦いと聖化

が真に成長することなく貴族政の中にも民衆の中にも深く根付かず，むしろ狭い層の贅沢であるかのように見えるならば，すでにギリシア人において何か似たものが存在したことを忘れてはならない。前古典期の末期におけるギリシアの僭主の宮廷は，最初のメディチ家の人々からなった。それは僭主が教養を何か残りの生から分離されたもの，高尚な人間存在という上澄みとして享受し，こうした教養とは疎遠であった民衆に対して，この教養を気前よく贈り物として与えたという意味によるのである。（僭主時代以前の）貴族はかつて，こうしたことを行わなかった。しかし貴族が所有した文化も，この仕方で（民衆へ）移すことができなかった。貴族が政治的な力を失った後，彼らの持続的な意義は，上述の仕方で民衆の教養を構築した点にあった。しかし自らを常に容易に分け隔て固有の世界を創造することは，明らかに精神的なものの本質にある。こうした精神的なものの本質は，苛酷で無価値な日々の戦いの生活の最中におけるよりも，むしろ上述の固有の世界の中で，創造と影響のために有利で外的な条件を見い出す。精神面で優遇された者は現世の強者へ頼ることを好み，あるいはペイシストラトスの取り巻きのおそらく最も重要な一員であるシモニデスのように，これを以下のような逸話の中で表現する。すなわち賢者は豊かな人の門へ行かねばならない。芸術と学問は洗練を極めることによってごく僅かの精通者のみに頼り専門的になる，という誘惑にますます多く曝される。その上，特権を付与されているという感情は，富者と賢者を，彼らが志操をめぐって互いに軽蔑しあっている場合でも，結び付けるのが常である。

これが前6世紀末期のギリシアの状況であった。イオニアにおいて精神的な生が展開した結果，前古典期後期の詩情は，何らかの仕方で一般社会と結び付いたものでは最早ない。貴族の詩人であることを確信していたテオグニス

とピンダロスは，例外である。彼らはこの点ですでに近代的であり，アイスキュロスにむしろ似ている。アイスキュロスの生活基盤は，ペルシア戦争の時代におけるアッティカ国家である。これらの（テオグニス，ピンダロス，アイスキュロスといった）詩人は，異なる前提に由来するにせよ，僭主時代の全ての巨匠的な芸術を克服した存在であることを意味する。彼ら詩人がこの僭主時代に関わる仕方は，ヘシオドスとテュルタイオスが（彼らより）後の吟遊詩人が作った叙事詩と関わる仕方と似ている。アテナイにおいてサモスのポリュクラテス，コリントスのペリアンドロス，ペイシストラトスの息子たちを自分の周りに集める芸術家，アナクレオン風のタイプであるイビュコス，シモニデス，ラソス，プラティナスといった詩人と音楽家は，造形芸術における自らの仲間も含めて，まさに「芸術家」という言葉の簡明的確な意味において独立した一族，魅惑的な音楽への能力を持つ人々である。彼らはあらゆる課題を解決する力を備え，いかなる社会にあっても確信を抱いて動くが，最早どのような場にも根付くことはない。サモスの宮廷が門を閉じ，僭主ポリュクラテスがペルシア人の剣によって殺された一方，アナクレオンは自らの宿営をアテナイのヒッパルコスの宮廷において整える[122]。ヒッパルコスは，50 人の漕ぎ手によってアナクレオンを迎えさせるのだが。ペイシストラトス一族の最後の子孫がアテナイを去らねばならず追放される一方，シモニデスはテッサリアにある（豪族）スコパス一門の領主の宮廷へと移る。当地では広間の天井が墜落し，一族全体が圧死するに至った。詩人（シモニデス）の逸話[123]が事故現場での唯一の生存者として彼を挙げるならば，これはほとんど象徴的であ

---

122) プラトン『ヒッパルコス』228。
123) キケロ『弁論家について』第 2 巻 352 以下を参照。

る。彼は80歳の老人になっても、シラクサの僭主ヒエロンの宮廷へと赴く。教養の担い手が代表した教養は、教養の担い手の全存在と同様であった。教養は、アテナイ民族のような賢明で美を愛する民族を支え、楽しませることができた。しかし、その最も内面の魂において、この民族を動かすことができなかった。造形芸術、イオニア人とペロポネソス人による美しい響きの詩情は、僭主の宮廷でアテナイの都市を飾った。それは、香水のかけられたイオニアの衣服と差し込まれた黄金の蝉を伴う、たっぷりと繁った雑然たる自然な巻き毛が、マラトンの戦いの直前、何十年かのアテナイの男たちを、流行として飾ったのと同様である。造形芸術、イオニア人とペロポネソス人による美しい響きの詩情は、あらゆる芸術の萌芽と全てのギリシア部族の豊かな思考によって空気を満たし、以下のような雰囲気を醸成した。この雰囲気の中で民族の運命の時、自民族の天才に相応しい存在となった偉大なアッティカの詩人が成長できたのである

第 II 部

アッティカ精神の絶頂と危機

アイスキュロスの劇

創造の背景としてのペルシア戦争

 アイスキュロスはまだ少年の頃,僭主時代を経験した。彼は新しい民衆支配の下で,一人前の男へと成長した。この民衆支配は,ペイシストラトス一族の没落後,新たに始まった貴族の権力闘争を短期間のうちに終らせたのである。抑圧された貴族が昔ながらの嫉妬心を抱き,僭主の没落を招き寄せた。しかしペイシストラトス以前に支配的であった封建的な無政府状態へ回帰することは,不可能であった。アルクマイオン家の一員で追放から返り咲いたクレイステネスは,ペイシストラトスと同様,貴族の残党に対抗し,民衆に支持基盤を求め,貴族支配を取り除くため最後の一歩を踏み出した。つまり古い秩序は,個々の部族のグループを全土にわたって広げた四つのアッティカの(血縁的な)部族からなったが,彼はこの古い秩序を抽象的な原理によって置き換え,アッティカを純粋に地域として十の部族へと分割した。この十の部族は古い血縁上のまとまりを引き裂き,その政治力を民主主義的な選挙権によって根絶した。この選挙権は,上述の新たな部族の組織に基づいたのである。こうした変化は貴族主義の精神的,政治的な影響の終焉ではないにせよ,血族共同体による国家の終焉を意味した。ペリクレスの死に至るまで,民族国家のアテナイにおいては貴族が指導権を握った。エウポリオンの息子で,新生国家の中で指導的な役割を果たす詩

人であるアイスキュロスも，（彼より）百年前のアッティカ精神の，初の偉大な代表者であるソロン同様，地方貴族の末裔であった。アイスキュロスはエレウシスの出身であり，ペイシストラトスはまさに当時，当地で行われる神秘の祭儀のため，この新たな聖域を作り出した。詩人の青春期は，厳かなエレウシスの女神と密接に結合している。こうした考えが喜劇の中で好んで取り上げられた。アリストパネスは，アイスキュロスをして以下のような敬虔な祈りによって，悲劇を堕落させる者と戦わせた。これは，「野菜の女神の息子」[1]であるエウリピデスとの気の利いた対比となった。

> デメテル，あなたは私の心を養育した，
> 私をあなたの神聖な聖別に相応しいものとして下さい。[2]

ヴェルカーは，アイスキュロス個人の敬虔さを想像上の神秘神学から導出しようと試みた[3]。この試みは，なるほど今日では乗り越えられている。正しいものに関する予感は，むしろ次のような逸話の中に潜むであろう。つまりアイスキュロスは，神秘という神聖な秘密を公共の場である舞台に曝したがゆえに訴えられた。しかし彼は，それを知らずに行ったことを証明できたので，法廷で無罪を宣告されたという[4]。しかしたとえアイスキュロスが聖別を受け

---

1) （訳注）アリストパネス『蛙』840。
2) 同上 886。
3) （訳注）Welcker, Friedrich Gottlieb: Die Aeschylische Trilogie Prometheus und die Kabirenweihe zu Lemnos : nebst Winken über die Trilogie des Aeschylus überhaupt, Darmstadt 1824.
4) アリストテレス『ニコマコス倫理学』第 3 巻第 1 章 1111a 10。作者不詳の『ニコマコス倫理学注解』145 頁（ハイルブート編，

取ることなしに、神的な事柄の認識を自らの深い精神から汲み出したとしても、デメテルへの祈りは、男らしい謙遜と信心深い力に現れた不滅の真理を性格付けていることに変わりはない。もしも我々が、アイスキュロスに非常に近く、彼を甚だ深く受け止めた時代が、彼の形姿を取り囲んだ神話にむしろ満足したことを見るならば、我々は詩人の生に関するあらゆる消息が失われたことを遺憾に思わないだろう。アイスキュロスの墓碑銘は以下のように素晴らしく素朴に語っており、これこそ神話にとってのアイスキュロスの存在を意味する。この墓碑銘は彼が生前、最高のことを成し遂げた証言として、マラトンの聖域の森に向けて呼びかける[5]。アイスキュロスの文芸は、彼が最高のことを成し遂げたことに触れない。こうした「碑文」も史実によるものではなく、碑文は様式に則って簡潔に、後世の詩人の見方による男の理想像を与えたに過ぎない。すでにアリストパネスの時代は、アイスキュロスの志操について上のように語ることができたろう。というのもアリストパネスの時代にとって、アイスキュロスは新しいアッティカ国家による最高の人倫的な意欲が横溢した、第一世代の精神的な代表者、「マラトンの戦士」だったからである。

　マラトンとサラミスの戦いほど、理念を原因として行われた戦いは史上、稀である。我々は、アイスキュロスが海戦で（他のギリシア人と）共に戦ったことを仮定せざるを得ないだろう。たとえ（彼の）一世代後に生まれたキオスのイオン[6]が、旅行記でこの事実に関して語っていなかったとしてもである。というのも、アテナイ人は都市を去り、「全市民と共に $\pi\alpha\nu\delta\eta\mu\varepsilon\acute{\iota}$」船内へ赴いたからである。

Clemens Strom［「貴族の戦いと聖化」注釈86］，II 60, 3）を参照。

5）（訳注）アイスキュロスの伝記における蓋然性の高い事実として、彼はマラトンの戦い、サラミスの海戦で戦った。

6）『ペルシア人』429への欄外注釈。

『ペルシア人』の使者の語りは，歴史的なドラマを実際に目撃した者による，比類ない報告である。この歴史的なドラマの中に，アテナイが未来へ持つ力，（ギリシア）国民に対する支配の礎が置かれた。もちろんこの支配は，決して目標に達することがなかったのだが。しかしこのように理解された戦いを初めて目撃したのは，アイスキュロスではなくトゥキュディデスであった[7]。すなわちトゥキュディデスにとってこの（ペルシア）戦争は，世界を支配する永遠の正義という英知による，深い啓示であった。小さな群れは戦いによって国民的な独立を成し遂げるため新たに英雄的な態度へと鼓舞され，精神的に優れたアテナイのある男（ミルティアデス）に指揮され，大軍勢からなるクセルクセス軍を破った。この精神的な優越の意義は，圧制を取り去った点にあった。「アジアはヨーロッパに負かされた Europae succubuit Asia」[8]。テュルタイオスの精神は，自由と正義の理念から蘇ったのである。

悲劇の教育的な役割

アイスキュロスが最古の劇を書いた時期を，何十年という単位の幅を以て確定することはできない。それゆえ我々はすでにペルシア戦争以前，『救いを求める女たち』中の強力なゼウスによる祈りの宗教がアイスキュロスの中で生きていたのか否か，知らない。アイスキュロスの信仰は，彼の精神的な指導者であったソロンの宗教と同じ根に由来する。こうしたソロンの信仰は，アイスキュロスにとって悲劇的な力強さを得た。しかし我々はこのことを，あの揺り起こし，浄化する嵐に帰さなければならない。この嵐は

---

7) トゥキュディデス『歴史』第1巻第74章。
8) （訳注）コルネリウス・ネポスの言葉（「テミストクレス」5章［『著名人物録』所収］）。

アイスキュロスによる『ペルシア人』の悲劇において，あらゆる時代にわたって感じられるようになった。自由と勝利という二つの経験こそ，堅固な絆である。新しい秩序に対するソロン流の正義へのアイスキュロスの信仰は，こうした堅固な絆によって，僭主時代の終焉に位置するこの息子（アイスキュロス）を縛った。国家はアイスキュロスの文芸の偶然的な舞台であるのみならず，理想的な空間である。いみじくもアリストテレスは，古い悲劇の登場人物は修辞的ではなく政治的に語る，と言っている[9]。アイスキュロスは『慈しみの女神たち』の結びでの，壮大な最後の言葉の中で，彼の悲劇の真に政治的な性格を依然として明らかにしている[10]。これはアッティカ民族の神的な秩序が無傷のまま存続すること，アッティカ民族へ恵みを与えたまえという荘重で熱狂的な祈願によったのである。こうした政治的な性格の中に，悲劇の教育者としてのあり方が基づいている。この教育者としてのあり方は，同時に人倫的，宗教的，人間的である。なぜなら国家はこうした全てを新しい，偉大な仕方で包括するからである。アイスキュロスがこのような教育者のあり方という点でピンダロスと似ているとしても，アテナイ人は独特の流儀でテーバイ人と大きく異なっている。ピンダロスは貴族の世界とその壮麗さの再建を，伝統に縛られた精神から熱望した。アイスキュロスの悲劇は，自由精神からの英雄的な人間の復活である。ピンダロスからプラトンへ，つまり血の貴族主義から精神と認識の貴族主義への道は非常に短く，必然的であるように見える。ただしこの道は，アイスキュロスを経由してのみ先へと延びてゆく。

アッティカ民族の良き守護霊が詩人アイスキュロスを，

---

9) （訳注）アリストテレス『詩学』第6章1450b7。
10) （訳注）『慈しみの女神たち』1032-1047。

彼が世界史へ入る時代においてもソロンの時代と同様，再び耐え抜かせた。国家と精神が完全に統一されることは，ここで生まれた人間の新たな形式に，一回限りの古典性を与える。というのも，国家と精神が同一の感覚に由来することは稀だからである。その際，精神が国家を，あるいは国家が精神をより多く援助したのかということは，簡単には言えない。アテナイの市民階級は，万人を平等の存在として深く把握した。さらに人倫的な力を最大限，投入することによって一世紀にわたって混沌(カオス)からの解放をめぐって戦い，政治的な秩序(コスモス)を意欲し，これを実現した。しかし国家の下に行政機関ではなく，この解放をめぐる戦いが考えられるのであれば，ほとんど後者つまり国家が精神を促進したように見えるであろう。まさに国家という経験は最終的にはソロンの意味において，人間的な努力の全てを結合する力となる。若い国家に魂を入れた正義の理念への信仰は，勝利を通してその神的な聖別や確認を受け取るように見えた。ここにおいて初めて，アテナイ市民による本来的で真の教養が成長した。

　過去数十年にわたって，余りにも急激かつ外面的と言ってよい物質的な進歩が遂げられた。その間，過度の軟弱化をもたらす洗練さや過剰な贅沢と深く結び付いた全てのものが，アッティカの本質から一挙に失われた。イオニア風の華麗な衣装が流行から消え，簡素なドーリア風の男子服に席を譲らねばならなくなった[11]。これと同様，同じ過去数十年の造形芸術によって刻まれた人々の顔面にあって，イオニアの教養と美の理想に基づくたわいない，型にはまった微笑が深い，ほとんど不機嫌な真剣さに席を譲る。（アイスキュロスに）続くソポクレスの世代に至って初めて，両極端の間で古典的な調和というバランスを見出し

---

11) （訳注）トゥキュディデス『歴史』第1巻第6章。

た。貴族文化が民衆にもたらすことができず，高い外国文化の影響が自力のみによって達成できなかったことから，今や固有の歴史的な運命が現実のものとなった。この運命は，完全に自民族の器官であると感じた高尚な詩人の芸術を通して，勝利による敬虔で勇敢な志操を（アテナイ人）全体に鼓吹した。そしてこの志操によって，共に感謝する高揚感の中で，生まれと教養（の有無）を分かつ溝を飛び越えさせた。アテナイ人が今や自らのものと名付けた最も偉大なものが，それが歴史的な記憶あるいは精神的な所産であるにせよ，最早一つの階級だけにではなく，一挙に全民衆のものになった。この偉大なものに対してそれまでのものは全て精彩を失わざるを得ず，この偉大なものは今やおのずから全民族の手中に帰した。国家の統治形態や選挙権ではなく，勝利こそ前5世紀のアッティカ民衆文化を創造した。ペリクレスのアテナイは，古いスタイルの貴族による教養という土壌ではなく，こうしたアッティカの民衆文化という土壌の上に構築された。ソポクレス，エウリピデス，ソクラテスは市民の息子であった。ソポクレスは商人の出身であり，エウリピデスの両親は小さな農場を持っており，ソクラテスの父は小さな鄙びた都市での実直な石工であった。従来，国家内の対立を緩和すべき役割を担っていたアレイオス・パゴスの権利がアイスキュロスの時代に剥奪されてから，民衆の支配はますます急進化した。そして貴族的な社会および文化との対立関係は再びより強く感じられるものとなり，この貴族文化はますます閉鎖的になった。しかしこのことを，クリティアスの時代からサラミスの戦いの時代へ遡らせることは許されない。テミストクレス，アリステイデス，キモンの時代にあって民衆と貴族は，都市の再建，長い壁の建設，デロス同盟の強化，海上での戦いを終結させることといった，共通の大きな課題によって結び付いていた。我々は，悲劇の新たな文芸上の

形式が踏まえた，過去数十年にわたるアテナイ人のあり方の中に，高い飛翔と活気，しかしまたアイスキュロスの精神に見られる断念する能力，慎み深さや畏敬の念を，何ほどか感じ取ることができよう。

叙事詩の再生としての悲劇

悲劇は，なべて人間的なものの偉大な統一をギリシアの詩情に再現した。この点において，悲劇はホメロスの叙事詩のみと比較できる。両者を隔てる数世紀の時期に，きわめて豪華な文学作品が豊かに存在した。にもかかわらずこの人間的なものの偉大な統一は，創造的な行為の広がりと同様，題材と造形力の充溢においても，叙事詩によってのみ達成される。悲劇はギリシア国民における詩的な天才の再生のように見えるが，この天才は今やイオニアからアテナイへと移った。叙事詩と悲劇は，二つの大きな山からなる形成物である。この二つの大きな山に連なる，低い途切れることのない山脈の山並みが，この形成物を結び付けている。

我々は叙事詩の死滅，つまりギリシアの詩情の最初の高みからそれが展開していく歩みを，人間形成が行われる偉大で歴史的な力の進歩する形態の表現として考察してみよう。すると再生という言葉は，より決定的な意味を得る。我々はホメロス以後の文芸の随所で，普遍的な規範の要求としても，あるいは個人の人格的な表現としても，純粋な思想の内容が急速に展開するのを見る。なるほど詩情の様々な形式の多くは，叙事詩から生まれた。神話は叙事詩の中でこのように純粋な思想内容を体現し，その内容はこの神話に付随した。しかし神話は詩情が叙事詩から解放された時，完全に拭い去られた。それはテュルタイオス，カリノス，アルキロコス，セモニデス，ソロン，テオグニス，ミムネルモスのような大抵の抒情詩人の例が示す

とおりである。あるいはヘシオドスの『仕事と日々』，抒情詩人（の作品），ピンダロスの神話にあるように，個々の神話上の例という形態を取って，詩人によって非神話的な思考過程へと引き入れられる。こうした文芸の多くは純粋な訓戒であり，一般的な規定と助言からなっている。この文芸の別の部分は，考察する内容からなる。叙事詩ではもっぱら神話的な英雄の行為に向けられた称賛も，今や実際の人間に与えられ，こうした人間も純粋に感情的な抒情詩の対象である。詩情はホメロス以後，目の前の社会と個人にとって本来の精神生活をますます強く包み込む表現になる。これは英雄伝説からの転向によってはじめて可能であった。この英雄伝説は本来，神々の讃歌と並ぶ歌の唯一の対象であったのだが。

　他方，圧倒的な努力が払われ，叙事詩の理念内容は現在の現実へと転移され，それによって詩情はますます高いレベルで，生を直接に解釈し指導するものとなった。にもかかわらず，神話はホメロス以後の時代においても詩的な形態化を行う無尽蔵の源泉として，固有の意義を主張する。神話は，詩人が後になって現在の出来事を神話という類例へと関係付けることによって，この出来事を高貴なものにする。それによって，より高い現実からなる固有の領域を創造する。これは抒情詩の中で神話上の例が，すでに言及したように用いられたのと同様である。これによって，神話は理想的なあり方の要素として用いられる。あるいは神話は全体として描写の対象に留まり，時代と関心の変化によって非常に多様な観点が生まれ，この変化に対応して表現形式は全く異なったものになり得た。したがっていわゆる「キュクロスの叙事詩人」においては，トロイアのサークルの伝説に純粋に題材として関心を抱くあり方が有力である。（こうしたキュクロスの叙事詩の）著者は，『イリアス』と『オデュッセイア』の芸術的で精神的な偉大さを理

解しなかった。(この二つの作品においては)以前と以後に起きた出来事だけを，聞くことが望まれた。柱の叙事詩の文体によるこれらの叙事詩——ところでこの種の文体はホメロスの作品それ自体に基づいて比較的，最近に作られた歌に多彩な形で見出されるのだが——は，歴史的に位置付けようとする意向から成立した。すなわち初期の時代は，伝説の思い出を全て史実と見なすので，こうした歴史化は必至であった。ヘシオドスに帰された「羅列する詩情」——というのも，彼は自らの文体が「羅列する詩情」の文体に似ていた有名な詩人であったからなのだが——は，神々と半神たちの高貴な系譜を導き出すことで騎士階級の欲望を満足させ，それゆえ神話の歴史化に際してもう一歩，先へと進む。言い換えれば，神話は現代の前史となる。(キュクロスの叙事詩と羅列する詩情という) 叙事詩の二つのタイプは，前7世紀，前6世紀における，神話をなしで済ます詩情の傍らで生き続ける。叙事詩のこの二つのタイプは，神話を欠いた詩情に生きた意義という点で匹敵せずとも，時代の要請を満たした。この要請は，ホメロスと神話が自らの存在全体の背景となっている。ホメロスと神話は，いわば当時の学識である。叙事詩の二つのタイプを直接的に継承することは，イオニア神話の題材を散文へ改作する系譜学的な意図を伴う，あるいはその意図を伴わずにアクシラオス，ペレキュデス，ヘカタイオスの中に見出されることもある。実際に詩的な形態はすでに久しく副次的に重要に過ぎないものとなっており，その形態は結局のところ古臭い考えに過ぎなかった。「伝承作者」[12]（ロゴグラーフォイ）の散文により僅かに残された作品は，はるかに新鮮かつ近代的

---

12)　(訳注) Logographen. 伝承作者。先史時代, 特に個々の都市・地方の創設, 個々の部族・民族に関わる全てが口承で伝承され, 流布していた。かかる報告を文字によって記録した歴史作者。

に作用する。この作品はその語る技術によって、題材への関心を再び活性化しようとする。

悲劇の中心にある神話と英雄精神

叙事詩の形態を散文へ解消することは、神話がむしろ題材として取り扱われ歴史上の出来事となる過程を、特に劇的に眼前へ見せ付ける。一方シチリアというギリシア西部で成立した合唱詩の中で英雄伝説が新たに芸術的に形態化され、この叙事詩の形態が抒情詩の形態へと置き換えられる。しかしここでは、伝説を改めて真剣に受け取ることが問題となるのではない。ヒメラのステシコロスは、まさに非常に冷静で合理的な批判を行うことにより、伝説に対峙している。それは、ミレトスのヘカタイオスが同様のことを行ったのに匹敵する。ロゴス、リズム、調和は、形成力としてまとめて作用する。しかしその中で最も価値が低い力は、ロゴスである。音楽は導くもので本来の関心を掻き立て、ロゴスは導かれるものに過ぎない。本来の関心は、神話を抒情的に作用する多くの感覚上の要素へ解消し、こうした要素を作曲という明白な目的と、突然、前進するバラードの語りによって結び付ける点にある。こうした仕方のために空虚で不完全という風変わりな印象が成立し、この（バラードという）詩情の残りの部分は音楽を伴わずに、今日の読者に風変わりな印象を与える。サッポー作のような単純な抒情詩において、神話は語るように用いられる。こうした用法も、特定の気分のみを喚起しなければならない。この気分は神話を芸術的な感情の実質としており、いずれにせよこの感情は神話の中で働く唯一のものである。こうした形式に潜むこうした感情は、我々にとってもかなり近寄り難い。我々がイビュコスに関してこのジャンルの中で見出したものは、完全に無駄なお喋りに過ぎず、もっぱら有名な名前がゆえに関心を惹くに過ぎない。

第Ⅱ部　アッティカ精神の絶頂と危機

　前6世紀の壺絵に見られる神話の工芸上の使用は，詩情および散文との決定的な比較を提供する。神話はこの詩情と散文の中で自己主張するにもかかわらず，いかなる場においても偉大で時代を動かす理念の担い手では最早ない。神話が完全な題材にはならず，理想的な機能を行使し続ける限り，この機能は一種の因習，装飾であり続ける。こうしたことは詩情の中で現実的，精神的な運動が現れる場において，神話に即してではなく純粋に思想的な形式に従って生じる。ここから，それ以後の（詩情の）展開を以下のように考えることができるであろう。この展開は詩情から世界観的な内容がますます解放されることによって，イオニア人の若く，哲学的で物語る散文の方向へとさらに直進する。そして前6世紀の思想に対する反省的な文芸を，散文による「ロゴイ λόγοι（λόγος）」の形態へと全体的に変換する。この散文によるロゴイは，アレテー，運命（テュケー），ノモス，「国家 Politeia（ポリテイアー）」[13]に関して警告あるいは探求を行うのである。実際ソフィストの思考方法が，さらなる展開を生みだした。

　しかし本国のギリシア人は，イオニア精神のこうした道のりの先へは進んでおらず，アテナイ人はそもそも実際にこの道を決して歩んでいなかった。（ギリシア）本国において詩情は，（詩情からの世界観的な内容の解放という）あの移行が自明となったほどには，内的にまだ合理化されていなかった。詩情は前6世紀に，イオニアで理想的な生の力が失った高い使命を，まさにギリシア本国において同じ力として新たに獲得した。平和で敬虔なアッティカ部族は，大変動によって歴史的な生へと投げ出された。この大変動がこの民族の魂の中に呼び覚ましたものは，確かにイ

　13）（訳注）都市（ポリス）から導出され，政府の形式，市民の状態と権利，都市（ポリス）における市民の共同体などを意味する。

オニアの学問や理性に優るとも劣らずに「哲学的」であった。しかしこうして新たに把握された生の全体は，精神化した宗教的世界の象徴としての崇高な文芸によってのみ示すことができた。前6世紀は，古い秩序と父祖の信仰の崩壊によって不安定なものになり，新しく呼び覚まされた未知の魂の力によって不穏になった。この前6世紀における生の新たな規範と形態は，ソロンの国（アテナイ）で最も包括的かつ深く，憧憬の念をもって探索された。ギリシアのどこよりもアテナイほど，繊細で内的な感じやすさが，若者のほとんど未熟で多様な精神的な素質や新鮮さと合一している場は他になかった。上で述べたような土台は，悲劇という奇跡的な，不思議な出来事を熟させた。この不思議な出来事は，ギリシア精神のあらゆる根によって養われ，担われた。しかしこの不思議な出来事の強力な中心は，ギリシア国民のあらゆる文芸や高貴な生の根本の実質的な深みである神話に根を下ろす。最も強い力が英雄的なものからますます遠くへ離れ去るように見え，イオニア文学が示すように認識は反省され，苦悩する能力が高められた。こうした時代においてまさに上で触れた根から，英雄的なものという新しく，内面化した精神が成長する。この精神は，神話や神話の中で形態となった存在に，直接的かつ根本的に似ていると感じる。この精神は自らの形式に生の息吹を再び吹き込み，その形式に自らが犠牲にした者の血を飲ませることによって，この形式に言語を返す。こうしたことなしに，上述の覚醒の奇跡は説明できない。

　近年，文献学的な側面から悲劇の本質を規定し，この本質を歴史的に導出することが新たに試みられた。この試みは，上で触れた問いを看過している。この試みは，問題を浅薄化する。例えば新しい創造的なものを何らかの形式史上の，純粋に文学的な手続きから導出することが試みられている。また創意に富んだ頭脳（の持ち主）がディオニュ

ソス的なディーテュランボスに古い英雄伝説を内容として与えたことによって、このディーテュランボスが「真剣な形式を得た」とされる。これを信じることで、上で言及した問題が浅薄化される。アッティカ悲劇は、アッティカ市民合唱団が演じる演劇化された英雄伝説の一部に他ならない、と言われる[14]。ヨーロッパのあらゆる文化民族における中世の詩情は、聖者物語を豊かに演劇化してきた。しかし演劇化された聖者物語のどれ一つとして、それが古代の模範から影響を受けるまで、悲劇へと展開しなかった。英雄伝説の由来する英雄精神が高い段階に置き換えられずに、新しい芸術的な形態を形成する力を受け取らなかったとしよう。すると演劇化されたギリシアの英雄伝説から生じたものは、合唱抒情詩の新しく短命な、名人芸風に戯れる方法に過ぎなかったであろう。この合唱抒情詩は我々とほぼ無関係で、いかなる展開の能力もなかったのだが。我々は残念ながら悲劇の最古の形態に関して、何ら正確なイメージをも持たない。それゆえ、悲劇の展開の最高点から判断するしかない。我々がアイスキュロスの作品で眼前に見出すような悲劇の完成形態において、この形態は世界と人間に関する新しい見解からの神話の再生に見える。こうした新しい見解はソロンを通して、そして彼以来アッティカ精神の中で目覚め、アイスキュロスの中でその宗教的で人倫的な問題性の最高度の緊張に達する。

悲劇の覇権と国家の栄華

　悲劇の完全な成立史を記述することは、あらゆる完全性一般を記述することと同様、我々の意図から離れている。この成立史がこの場で考慮に入る限りにおいて、悲劇的な

---

14)　（訳注）Wilamowitz-Moellendorff, Ulrich von: Einleitung in die Griechische Tragödie, Berlin 1921, S.107.

理念内容という問題との関連において，（悲劇という）ジャンルの最古の展開に触れることがあるであろう。こうした非常に多面的な精神の創造物は，きわめて多様な観点から考察できる。我々が記述しようと試みることは，こうした時代に形成される人間の新しい形態の精神的な客体化，ギリシア精神のこうした不滅の作用から放射する教育的な力としての悲劇の評価に過ぎない。ギリシア悲劇の残された作品の多くは非常に重要なので，たとえ叙事詩やプラトンについて似た仕方で当てはまるような，悲劇に関する特別な本がこの問題から生まれるべきでないとしても，我々は問題を相応の距離から見なければならない。しかしこうした観点に基づいて悲劇を取り扱うことを要求せざるを得ない。というのも人間性の最高の顕現を必然的に要求し，そこから自覚的に出立する考察方法こそが，こうした要求に相応しいからである。人間性が顕現するためには，芸術，宗教，哲学が未だに分割し得ない統一をなす。まさにこうした統一のゆえに，観察者は当時の言明と取り組むことに純粋な幸福を覚え，その統一のゆえにこの取り組みは，我々にとって全ての哲学史，宗教史，文学史を前にして，はるかに好ましく見える。人間の教養史が完全に，あるいは主としてこうした精神形式から分離された道を歩む時代は，その一面性が非常に深く歴史的に規定されているにせよ，必ずや一面的である。詩情はギリシア人によって初めて，精神的な等級と職分の高みへと到達した。この高みを確保することは，困難なのであるが。それはあたかも，この詩情が大地を去ってオリュンポスへ戻る前に，もう一度その全ての富と力をあり余るほどの豊かさを通して明らかにしようとするかのようである。

　アッティカ悲劇は一世紀にわたって紛れもない覇権を経験し，この世紀はアッティカ国家という現世の力が高揚し，栄華を極め，没落した時代および運命と重なる。喜劇

がそれを映し出しているように，悲劇はアッティカ国家において民族を圧倒する大きさへと成長した。ギリシア世界にあって悲劇の反響の広さを本質的に共に決定する要因となったのは，アッティカ国家の支配であった。これはアッティカ帝国がアッティカ方言を普及させたことにも負うたのである。トゥキュディデスの適切な判断によれば，精神的・人倫的な崩壊の結果アッティカ国家が没落したが，これとは逆に最終的にこの国家の支配は，精神的・人倫的な崩壊の完成を助けた。つまりアッティカ国家の支配が国家をその最高点において理想化し，この国家の高揚において国家に内的な支えと力を与えたのとまさに反対のことが起きたのである。純粋に芸術的あるいは心理学的な観点から見て，アイスキュロスからソポクレスを経てエウリピデスに至る悲劇の展開は——この三傑の創造的な活動を生み出した多くの共同創造者は，ここで問題にしないこととする——，全く異なる仕方で価値評価されねばならない。しかし人間の教養史は，この言葉のより深い意味において，こうした（アイスキュロスからエウリピデスへ至る）展開を経た。それは同時代の喜劇作家，すなわち公の良心を反映する鏡が，後世の人々を考えることなしに記したとおりである。なぜなら同時代人の感覚は悲劇の本質と影響を，もっぱら名人芸的に把握したからである。悲劇は彼らにとってまさに女王のような存在であったので，同時代人はこの女王に全体的な精神の責任を負わせた。非常に偉大な詩人は我々の歴史的な思考にとっては単なる代表者に過ぎず，全体的な精神の創造者では全くない。これに対して（古代人にとって）きわめて偉大な詩人は，指導者として責任感を担い続けた。この責任感は，アテナイ民族国家にあって常に変わる政治指導者が国家の統治形態に従って決められた責任感を抱いた以上に，（同時代人には）はるかに偉大かつ真剣に感じられたのである。プラトンの国家が

行う，自由主義的な思想にとって非常に不可解かつ耐え難い文芸の自由への干渉[15]は，ここからのみ理解できる。ペイシストラトスの時代は，詩情を純粋に享受すべきものと考えた。しかし我々がこのことに留意するならば，悲劇詩人が上述のような責任を担うという見解は（ギリシア）最初のものではあり得ない。この見解は，アイスキュロスの悲劇によって初めて（自覚的に）形成された。アリストパネスは，プラトンの検閲を知らなかった自らの時代の国家の中で，文芸をその真の課題へと呼び戻す唯一の手段として，アイスキュロスの影を呼び覚ました。

ポリス生活のハイライトとしての悲劇の上演

国家がディオニュソス祭の上演を開催し始めてから，悲劇はますます民衆の事柄となった。我々の古典主義の時代におけるドイツの詩人と劇場支配人は，国民劇場を建設すべく非常に情熱的に努力したが，無駄であった。アッティカの祝祭劇は，この国民劇場が達成を望みつつも，それができなかった原像である。なるほど劇と，劇が壮麗化すべく尽力した神の祭儀とは，内容的に僅かに関連したに過ぎなかった。ディオニュソス神話がアイスキュロスのリュクルゴス三部作のように舞台で上演されることは，稀であった。このリュクルゴス三部作は，トラキア王リュクルゴスがディオニュソス神に対して行った冒瀆にまつわるホメロスの伝説を描いた。それは後にエウリピデスが『バッカス人』において，ペンテウス伝説を描き出したのと同様である。そもそもディオニュソスの行状は，おどけた喜劇のサテュロス劇にむしろ相応しかった。このサテュロス劇は，ディオニュソスの祝祭劇の古い形式として悲劇と並んで生き延び，悲劇の三部作が上演される際は常に上演後，民衆

---

15)　（訳注）プラトン『国家』607B 以下。

が要求し続けたものである。しかし悲劇の中でまさにディオニュソス的であったものとは、俳優の忘我である。この忘我は聴衆へ及ぼす暗示的な作用の一要素であり、聴衆はオルケストラの上で描かれた人間の苦悩を、経験された現実であるかのように共に苦悩した。こうしたことは、以下の市民により多く当てはまった。彼らは合唱団を用意し、上演のための稽古を行った一年全体にわたって、自らの役割と内的に合体した。合唱団の歌は、詩情への導入を行った教師が存在するはるか以前の時代、古いギリシア人のあり方にとって高等学校のような存在であった。そして合唱団の歌による働きかけは、知性に則ったに過ぎない学習による働きかけよりも、深いものであり続けたことだろう。合唱教育の機関がその名称という点で、学校と授業への余韻を保っていることに理由がないわけではない。荘重さと唯一無比であること、国家と全市民の参加、熱意に溢れた真剣な準備、詩人が特にその（悲劇を上演する）日のために創造を行った、新しい（そう言われた―原注）「合唱団」を目的として一年全体が緊張すること、最後に様々な詩人による賞をめぐる競争。これらの要因によって、悲劇の上演はポリス生活のハイライトとなった。人々はディオニュソスの栄誉を称えて朝早く集い、祝祭に相応しく魂を高まらせ、新しい芸術の異質で真剣な劇の印象を進んで受け入れる用意ができている。こうした中で、精神と思案が捧げられた。詩人は、文学かぶれの公衆をまだ見出さなかった。公衆は円い野外舞踏場の、踊るため平らにされた地面の周りで、簡素な木の座席に対面して座っていたのだが。むしろ詩人は心理学の技法を用いて、全民衆を特定の瞬間に動かす力を感じた。これは、かつていかなる吟唱詩人もホメロスの歌の吟唱によってなし得なかったほどである。悲劇詩人は、政治的に大きな存在となった。プリュニコスはアイスキュロスの年長の芸術仲間として、アテナイ人が

自らに罪がないとは感じなかった現在の運命，つまりペルシア人によるミレトスの占領を悲劇として描き出し，民衆を思わず落涙させた。この時，国家は介入を行った[16]。

悲劇の由来，合唱団の機能

神話的な劇の作用が少ない，ということはなかった。なぜなら卑近な現実との関わりから，こうした詩情の魂の力が呼び覚まされたわけではないからである。詩情は大人しさ，快適さに安住する俗物根性を揺るがした。これは前代未聞の勇敢で，崇高な表情を備える詩的な言語の想像力によったのである。この表情に喚起された合唱団のディーテュランボス的な緊張は，踊りと音のリズムに支えられ，最大のダイナミックな高揚を経験した。この最大の高揚は日常言語から意識的に遠ざかることによって，聞き手を自らを越えた高い真理の世界へと高めた。人間はこの日常言語を因習的な様式化からのみならず，「死すべきもの」，「その日限りの創造物」と名付けた。つまり（こうした日常言語の）言葉とイメージには，新しい英雄的な宗教の生きた息吹によって魂が入れられた。「おお，汝（アイスキュロス）はギリシア人の中の最初の人として，気高く品位ある言葉の塔を築き上げた。」[17]こう孫（アリストパネス）の世代は，詩人の影に呼びかける。醒めた日常に，荘重で悲劇的に見えた「熱弁 Schwall」[18]という危険な存在が，まさにアイスキュロスの魂の偉大さに相応しい表現として感じ

---

16) （訳注）前494年ミレトスがペルシア軍によって劫略されると，プリュニコスは早速これを扱った悲劇『ミレトスの陥落』を上演。ところがこの作品は余りにも観客を涙にくれさせたため千ドラクメーの罰金刑が彼に科せられ，以後この劇の上演は禁止された。

17) （訳注）アリストパネス『蛙』1004。

18) （訳注）アイスキュロスの悲劇に現れた，贅沢で，響きと彩の豊かな言語を指していると思われる。

られた。こうした言語の息を呑むような力のみが，我々が音楽と運動のリズムの喪失をある程度，埋め合わせることを可能にする。それに加えて視覚的な効果が付け加わり，この効果の再建を望んでも，奇妙で無駄なことだろう。閉じられた劇場という舞台像[19]がギリシア悲劇の様式を誤解させているが，以上のことを想起したところで，今日の読者の想像力にあっては，せいぜいこの舞台像の破壊を助ける目的を持つことができるに過ぎない。こうした舞台像を破壊するためには，ギリシア芸術の中にしばしば現れる，悲劇の仮面による呪縛する外観だけですでに十分である。このギリシア芸術の中に，ギリシア悲劇とそれ以外のより後の劇作との本質的な相違がありありと体現されている。ギリシア悲劇の劇作と卑俗な現実との距離は非常に大きいので，ギリシア悲劇の言葉を日々の生の状況へパロディー化しながら転用することは，その後，繊細になったギリシア人の耳の様式感にとって，喜劇の無尽蔵の源泉となる。というのも（ギリシア悲）劇における全ては，高揚した登場人物と信心深い戦きという領域へ連れ去られたからである。

　圧倒的で直接的な効果は感覚および感情へと働きかけ，この効果は聞き手にとって同時に全体を貫き，内的で劇的な力を放射する入魂の技として意識された。人間の全ての運命は，劇が取り上げる短い，力のこもった出来事の経過へと集中する。こうした集中は観客の耳目を前にして，瞬間的な効果による強大な経験が叙事詩と比して途方もなく増大することを意味する。描かれた出来事を運命の転回へ向けて切迫化することは，最初からディオニュソス的な恍惚を経験し得ることに基づいていた。それは叙事詩の場合

　19）（訳注）例えばシラー『メッシーナの花嫁』序文，ニーチェ『音楽の精神からの悲劇の誕生』第7章を参照。

とは異なっている。叙事詩は伝説について伝説それ自体のために語り，その展開の最後の局面で初めて，単独の悲劇（としての神話）を全体として考察した。それは，『イリアス』と『オデュッセイア』が示すとおりである。最古の悲劇は，その名称が未だに想起させるように，ディオニュソスの山羊の合唱団から成立した。これは詩人がディーテュランボスの熱狂の中に，芸術的に豊かにし得る魂の状態を認識したことによったのである。この魂の状態は，神話を抒情詩のように集中的に感覚するべく劇的な現在化を行い，歌手を行為する人という他人の自我へ移し替えることへと誘った。かなり古いシチリアの合唱抒情詩が，これを行っていたのだが。ここにおいて合唱団は抒情詩の語り手から俳優へ，それと共に苦悩の担い手となった。合唱団は従来この苦悩について，（舞台の出来事に）自ら参加しながら報告し，それに共感しつつ付き添ったのだが。生を模倣した，詳細な本来の筋書を身振りで表すことは，悲劇の最古の形態（合唱抒情詩）に存したわけでは断じてない。合唱団はこの筋書を描き出すためには，全く不適切であった。抒情詩に触発された感情の運動は，合唱団の中に合唱団を超えて入り込む出来事を喚起し，それは合唱団の歌と踊りによっても表現された。それゆえもっぱら問題となり得たのは，合唱団をこうした抒情的な感情の運動のできるだけ完全な道具に仕立てることであった。詩人は合唱団のため抒情的な表現という契機によって，できるだけ多面的で陰影に富んだ音階を創り出した。これは，運命を幾度にもわたって急激に交代させることのみによったのである。詩人はひとえにこれを通して，この表現形式の制限された可能性を完全に使い尽くすことができた。それはアイスキュロスによる最も初期の作品，『救いを求める女たち』がまさに示すとおりである。この作品の中でダナオスの娘たち(ダナイデス)の合唱団は，依然として本来の俳優に他

ならない。ここでは，なぜ合唱団に語り手を付け加えることが必要となったのか，ということも理解できる。語り手は，ある時は自らの登場と報告，ある時は自らの説明ないしは行為によって，変転する状況を招き寄せる課題を担っていたに過ぎない。この課題は，抒情的な噴出の上昇と下降を動機付けた。この噴出は，合唱団へ劇的な興奮をもたらしたのである。そこで合唱団は，「苦しみへの喜びと，喜びへの苦しみによって深く揺り動かされた移行」[20]を経験する。舞踊は合唱団による歓喜，希望，感謝の表現である。すでに古い詩情の個人主義的な抒情詩と反省を通して動かされた，内面のあらゆる種類の言明に仕える祈りの中で，踊りは苦悩と絶望を吐露する。

最古の悲劇はアクション（特定の目的を持った集団的な行動）ではなく，受難そのものであった。この悲劇においてすでに共苦（シュンパテイア）の力によって，聞き手が苦悩する合唱団へ覚える同情を通して，運命が注視されねばならなかった。この運命は神々によって送られ，人間の生を動揺させたのである。イオニアの抒情詩は当時，こうした運命（テュケー）あるいは運命の女神（モイライ）という問題を，非常に近しいものとして人々に意識させた。この問題なしに，最古の「神話的な内容を伴うディーテュランボス」から真の意味での悲劇が展開することは決してなかったであろう。ディーテュランボスは伝説による個々の劇的な瞬間を，もっぱら魂の表現として形成する。近年このディーテュランボスによる純粋に抒情的な形式は，より多くの例を手がかりとして知られるようになった。ここからアイスキュロスに至るまでは，まだ大きな距離があった。それに加えて，確かに語り手の増加が重要な出来事であった。こうした語り手の増加は，合唱団

---

20) （訳注）ゲーテ『タウリスのイフィゲーニエ』第4幕第1場 1373-1375。

がもはや自己目的ではなく筋書の語り手，筋書を共に担う人，それどころか最終的には筋書を担う中心人物となったことを結果として招いた。描写された出来事は，依然として第一義的に人間の苦悩であり続けた。技術面での改善は，この出来事を通して神的な力の支配という高い理念をより雄大に，なおさら完全な仕方で現わすための手段に過ぎなかった。

宗教的な問いの焦点としての悲劇

こうしたより高い理念の出現によって初めて，新しい劇は本来の意味で「悲劇的」となる。その際，少なくとも最古の詩人にとって全く疎遠であった，普遍的に妥当する概念規定を探し求めても無益である。というのも悲劇的なものという概念は，悲劇という完成したジャンルによって，ようやく後になって導き出されたからである。悲劇における悲劇的なものそれ自体が何であるかという問いに意味を認めようとするのであれば，この問いに対して偉大な悲劇詩人は，各々異なった仕方で答えることができる。そして普遍的な定義は，こうした（各々の）答えを消してしまうだけであろう。この問いには，精神史に注目して答えることが最も容易である。合唱団の歌や踊りによる恍惚の苦しみは，明瞭に感知できる現在の中で表現された。幾人かの語り手が加わることによって，この苦しみから自己完結した人間の運命の経過が表現された。こうした表現は，この苦しみをはるか前から内面で経験していた時代にとって，神によって送られた苦しみという秘密を人間の生の中で問う，宗教的な問いの焦点となった。ソロンがまさに雷に喩えた運命の放電を共に経験することは，人間による最高の魂の力を抵抗へと挑発し，経験されたものの直接的で心理学的な働き，つまり恐怖と同情に対し，最後の支えとして生存の意味への信仰を呼び覚ました。アイスキュロスの悲

劇は，人間の運命的な経験に対する特に宗教的な働きを，出来事それ自体を描写するために受容し，この働きを観衆の中に呼び覚ました。我々はこの宗教的な働きを，彼の芸術の意味における悲劇的なものと名付けることができる。アイスキュロスの悲劇へ接近しようと試みるのであれば，劇的なものあるいは悲劇的なものの本質に関する全ての近代的な概念を完全に不問に付し，ひとえにこうした宗教的な働きへ注目しなければならない。

　悲劇によって神話を生き生きと思い浮かべることは，感覚的のみならず根源への遡行である。このように思い浮かべることは，語りから共に経験された筋書を作り出す外的な脚色へ至るのみならず，精神的なもの，人物の把握へも広がる。一般に伝承された物語は，全て現在の内的な前提から理解される。アイスキュロスの後継者，特にエウリピデスが，こうした点で神話的な悲劇を最終的に市民化するに至るまでますます遠くへ進んだのであれば，こうした展開の萌芽はすでにその発端にあった。なぜならアイスキュロスも，彼に単なる名前や筋書という空虚な輪郭以外，何も提供しなかった伝説上の人間を，彼自らが抱いた像に従って形成したからである。というわけで『救いを求める女たち』に登場するペラスゴス王は，近代的な大政治家に相当する。彼の行為は民会の決定によって定められ，彼が急激な介入を望むならば，彼はこの民会の決定に従う[21]。『縛られたプロメテウス』に登場するゼウスは近代的な僭主の原像であり，まさにハルモディオスとアリストゲイトンの時代がこれを見る。アイスキュロスの（描く）アガメムノンも，甚だホメロスらしからぬものとして働きかける。すなわちアガメムノンはデルポイの宗教と倫理による時代の真の息子であるかのように，勝者として，溢れんば

---

21)　（訳注）アイスキュロス「補遺」368以下，517, 600以下。

かりの力と幸運の最中で犯すかもしれない何らかの傲慢への恐怖によって常に我が身を苛まれている。飽満が傲慢を生み，傲慢が破滅へ導くというのがソロンの信仰だが，アガメムノンの心はこの信仰によって完全に一杯になっている[22]。しかしアガメムノンが迷妄(アーテー)から逃れられないことは，ソロンのように考えて初めて筋が通る。プロメテウスは秘密の計画，つまり苦悩する人間を救う計画を実現するため自らの力を乱用しようと試みる時，狐疑逡巡する若い僭主（ゼウス）にとっての助言者として理解される[23]。この助言者は，最初に冥府へ落とされたのだが。プロメテウスは苦悩する人間のお蔭で，なるほどまだ新しい，力づくで獲得された支配を強めることができるが，自らの力を人間と分かち合うことをもはや望まない。アイスキュロスはプロメテウスの姿を描くことによって，ソフィストと政治家を融合させる。それは英雄（プロメテウス）へ向けられた（ソフィストという）当時まだ晴れがましい言葉による再三の語りかけが，証するとおりである[24]。パラメデスも，失われた劇の中でソフィストとして描かれた。（プロメテウスとパラメデスという）両者は強い自負心を抱き，人間に役立てるために作り出した技術を列挙する[25]。プロメテウスは，遠い未知の国々に関する最新の地理学的な知識を備えている。この知識はアイスキュロスの時代において何かまだ稀で，秘密に満ちたものであり，聞き手は想像力を刺激されてこれを貪欲に取り入れた。しかし鎖へ縛り付けられ，解放されたプロメテウス（という作品）において，国，川，民族を長々と列挙することは，詩的な装飾として役立

---

22) （訳注）『アガメムノン』921 以下を参照。
23) （訳注）『縛られたプロメテウス』197-241。
24) （訳注）同上 62, 944, 1039。
25) （訳注）アイスキュロス「パラメデス」182a（「断片」ナウク編）。

つのみならず,同時に語り手の全知を性格付ける[26]。

　我々はこれによって,すでに語りの造形(を語るべき場)へと到達した。この造形に関しては,劇の登場人物と同じことを証明できる。ソフィストであるプロメテウスは,地理学について語る。こうした語りにおいて,プロメテウスという人物の造形を助けるために語りが形成されていることが,すでに全く明らかとなった。同様のことは,『縛られたプロメテウス』に登場する老齢のオケアノスについても言える。オケアノスは,悩む友人プロメテウスが全能のゼウスに従う気になるために,プロメテウスへ賢明な助言を与える。その際オケアノスは,序言のかなりの部分を古くから刻印付けられた諺の英知から受け取る。『テーバイを攻める七人の将軍』においては,近代的な将軍が指令を発する様子が聞こえる。『慈しみの女神たち』において,母を殺したオレステスに対するアレイオス・パゴスを前にした裁判は,アッティカで生まれ血で書かれた(と評された)法の最も重要な歴史的な源泉として用いることができた。というのも,この裁判は全くこの血で書かれた(と評された)法という思想に基いて行われるからである。国家公認の神々への礼拝による典礼とその祈りの言葉は,(『慈しみの女神たち』の)最後の行列における祝福の歌の模範となった[27]。詩人が伝説の伝承を,詩人の目的の要求如何によってどんなに頻繁に変化させたとしても,後世の叙事詩も抒情詩も,神話に対してこうした(アイスキュロスのような)最大規模の近代化を行うことはなかった。アイスキュロスは,神話が彼に語ったような本来の成り行きを,不必要に変更しようと企てなかった。しかし神話は,単なる名称に過ぎなかったものを彫塑的な形態へと形成するこ

---

26) （訳注)『縛られたプロメテウス』790 以下。
27) （訳注)『慈しみの女神たち』916。

とによって，形態に初めて内的な構造を与えた観念に従わねばならなかった。

運命の人間への支配，神と運命との関係付け

人物と語りに当てはまることが，悲劇全体の構築にも概して当てはまる。この（人物，語り，悲劇の）形態は至るところで，生に関する見方によって決定されている。この見方は詩人にとって重要で，彼はこれを自らの題材の中に再発見する。これはひょっとして陳腐に響くかもしれないが，実際にはそうではない。神話一般をある理念の表現として描き出し，神話を理念に従って選んだような詩情は——たとえ神話がこの目的に適うことがほとんどなかったとしても——，悲劇が登場するまで存在しなかった。というのも，いかなる英雄伝説の作品であれ劇にすることができ，その後でこの劇にされた英雄伝説が悲劇となったわけでは毛頭なかったからである。悲劇の形態が漸進的に形成される際，伝説という大きな貯蔵庫からごく僅かの題材のみが詩人の感情を動かした，とアリストテレスは告げている[28]。しかしほぼ全ての詩人が，この僅かな題材に手を加えた。オイディプス，テーバイの国王家，アトレウス家の運命に関する神話は——アリストテレスはさらに幾つか他の神話を数え上げている——その本性上，将来の形態の萌芽をすでに宿しており，この神話は潜在的な悲劇であった。叙事詩は伝説に関してそれ自体のために語った。『イリアス』のより最近に作られた層において一貫した理念が出現する場にあってさえ——この理念という観点の下に全体が据えられるのだが——，この理念は叙事詩の他の部分へ同等の影響を及ぼすことができない。抒情詩が神話上の題材を選ぶ限りでいえば，抒情詩に関しては対象の抒情的

---

28) アリストテレス『詩学』第 13 章 1453a19。

な契機を強調することが問題となる。（悲）劇が初めて人間の運命と運命の経過という理念を，形成原理とする。それは運命の必然的な上昇と下降，転回と破局によるのである。（悲）劇はこの形成原理に，確固とした構築を負う。

ヴェルカーはアイスキュロスが多くの場合，悲劇を個々の独立した形態で創造したのではなく，三部作の形態で構成したのを初めて示すことができた[29]。三つセットになった詩人の作品の上演は，こうした（三部作の）形式を放棄した後も，後に普通に行われ続けた。作品の三という数が，通常の形式としての三部作に由来するのか，それともアイスキュロスが，国家が望んだ三つの劇全てをただ一つの関連した題材のために用い始め，いわば困窮から徳を作ったのか否か，我々には不明である。しかしいずれにせよ明らかなのは，いかなる内的な根拠からアイスキュロスが自らの三部作という大きな構成へ達したのか，ということである。ソロンの信仰は，一族の呪いが父から息子へ，罪ある者から罪のない者へ幾度も遺伝し続ける中に，（解決が）最も困難な問題の一つを見出した。この信仰を詩人（アイスキュロス）は共有している。詩人はオレステイア三部作，アルゴス王とテーバイ王の劇の中で，何世代をも貫いたこうした運命を統一的な三部作という形でまとめようと試みた。こうした統一は，個々の英雄の運命が幾つかの異なる段階を経て自らの目的へ向かう場においても，適用可能であった。これは鎖に縛られ，解放され，松明を掲げるプロメテウスが示すとおりである。

三部作はアイスキュロスの芸術を理解する出発点として，特に適している。なぜならこの三部作は，人物ではなく運命が問題となっていることを見事に表しているからである。運命の担い手は，必ずしも一人の人物である必要は

29）（訳注）本章の注 3 を参照。

なく，まさに一族全体でもあり得る。アイスキュロスの劇において，人間それ自身はまだ問題となっていない。人間は運命の担い手であり，運命こそ問題である。アイスキュロスの作品は，冒頭の詩句から今にも雷が来襲しそうな気配に溢れており，この気配は全ての家へ重荷としてのしこうした悪霊の圧迫下にある。世界文学全体の劇詩人の中でも，アイスキュロスは悲劇的な導入部に関する最大の巨匠である。『救いを求める女たち』，『ペルシア人』，『テーバイを攻める七人の将軍』，『アガメムノン』の聞き手は，作品が始まるや否や運命がまだ決定されていないという呪縛の下にある。この運命は作品の経過の中で，抗い難い力と共に突然，降りかかる。本来，行動するものは人間ではなく，人間を超えた力である。時として人間を超えた力は，オレステイア三部作の最終作品（『慈しみの女神たち』）が表すように，まさに人間の手中からさえも劇を取り上げ，最後まで自らの中で導く。しかし人間を超えた力は少なくとも目に見えない仕方で常に現存し，この現存はありありと感じ取れる。非常に明瞭かつ悲劇的に感じられたオリュンピアの破風の彫刻を，連想せざるを得ない。ここでも神性は，自らの力の高みにおいて人間の戦いの中心にあり，全てを自らの意志に従って導く。

　詩人の手は，まさに神と運命を常に関係付ける点に現れている。詩人は神話の中に，運命が眼前にあるのを見出さなかった。ソロンは，比較的，若い時期に書かれた叙事詩に続く自らの詩の中で，全てを支配する弁神論という問題を展開させた。たとえ何が起きようとも，全ては詩人にとってこうした弁神論の問題下にある。詩人の精神は神の支配の隠れた理由を探し求めるべく，絶え間なく格闘する。ソロンにとって中心的な問題は，不幸と人間の罪との因果関係であった。この問いと取り組む彼の長いエレゲイアーの中で，アイスキュロスの悲劇を満たすに至る思想が

初めて表現された[30]。叙事詩に現れる盲目つまり迷妄(アーテー)という概念の中で, 不幸には神的かつ人間的な原因があることが未だに統一的に把握されていた。神霊的(ダイモーン)な力が人間を迷わせ, 人間それ自身を破滅へと導く。何人もこの力に抵抗することはできない。こうした神霊的(ダイモーン)な力が, ヘレネに対して夫と家を去り, パリスと共に逃げるよう駆り立てる。(ギリシアの)軍勢の派遣に関してアキレウスの名誉が傷つけられるが, これに関して(彼の)名誉を回復するための説明が行われ, また彼の白髪の教師(ポイニクス)が彼に警告する。上で触れた神霊的(ダイモーン)な力は, アキレウスの心と感覚を上述の説明や警告に対して頑なにさせる。人間の自己意識はより高い(力の)影響に対して, 人間の認識と意欲がますます自立する方向へと展開する。これと共に人間が自己責任を負わねばならなかった, 自らの運命への関与が育つ。

人間の限界に関する最も深い思慮深さ(ソーフロシュネー)と認識

すでにホメロスの叙事詩における最も新しい時期に作られた層, つまり『オデュッセイア』冒頭の歌の中で詩人は, 人間の自己責任による不幸と神による不幸とを区別しようと試み, (ゼウスによる)世界の支配はあらゆる災厄への罪を負わないとする。人間はより良い知識を持つにもかかわらず, 災厄の中へ突進する。ソロンは素晴らしい正義への信仰によって, こうした考えを深めた。彼にとって正義とは, 世界に内在する, あの神的な原理のことである。この正義に抵触すると, 人間のいかなる司法とも無関係に報いが来ざるを得ない。こうした認識が人間に意識されて初めて, この認識は不幸への責任の大部分を人間に帰す。世界において正義の守り手となる人倫的で崇高な神性

---

30) ソロン「断片」1 (198頁を参照 [本訳書では270頁])。

が，同程度に育つ。しかし，いかなる人間が神の道を本当に理解できるのか？　人間はおそらく時折，神の道の根拠を守ることができると信じるであろう。しかし神性は何としばしば，他ならぬ愚者と悪者に十分な成功を与え，誠実な者が最善の思考と計画を抱いて真剣に努力しても，挫折させることだろう。こうした「想定外の災厄」を，議論によって世界から葬り去ることはできない。この災厄は，自己責任による迷妄の傍らで常に固有の真理を保つ，あの古い迷妄(アーテー)の永続的な残余であり，ホメロスがこの災厄について語った。この真理は，人間の経験によれば死すべき者が幸運と名付けるものと，特に緊密な結び付きを示す。この幸運は，最も深い苦しみへと容易に反転するのだが。なぜなら死すべき者に幸運と名付けられるものは，人間をまさに傲慢という誤った方向へ導くからである。人間は自らの所有の大きさに関わりなく，その倍の所有を常に希うが，この衝動が満足させられることはない。この点に，神霊(ダイモーン)による危険が潜んでいる。したがって幸運，いかなる所有も，その受益者の下に長い間，留まることはできない。こうして幸運や所有が永遠に絶え間なく入れ替わることは，幸運や所有それ自体の本性の中にある。ソロンは神的な秩序が世界を支配していることを確信していたが，彼の確信はこうした人間にとって苦痛に満ちた認識の中に，まさにその最も強力な支えを見出した。アイスキュロスも，信仰より認識と名付けることが相応しいようなこの確信なしに，考えることができない。

　アイスキュロスの悲劇がいかにこうした根源から直接的に育つか，最も直截に示しているのは，『ペルシア人』のような劇である。この作品は三部作に属さないので，注目に値する。我々はこの作品において，悲劇が非常に狭く，閉じられた，統一的な空間の中で展開するのを見る。これは我々の分析にとって都合が良い。さらに『ペルシア

人』は神話上の題材に依拠していないので,唯一無二のものである。詩人は自らが経験した歴史上の出来事を,悲劇へ形成した。アイスキュロスにとって悲劇という意味での題材のいったい何が,本質的であるのか？『ペルシア人』は,これを洞察する機会を与えてくれる。『ペルシア人』は,「劇にされた歴史」とは全く異なっている。この作品は正当な意味で愛国的な劇作品ではなく,(ペルシア戦争の)勝利の陶酔の中で書かれた。アイスキュロスは人間の限界に関する最も深い思慮深さ^{ソーフロシュネー}と認識から,敬虔な聞き手である勝者の民族(ギリシア人)を,改めてペルシア人の傲慢と神的な代償^{ティシス}による震撼すべき世界史的な劇の証人とする。この代償^{ティシス}は敵(ギリシア人)に対する勝利を確信した優越感へと,粉砕しながら落下してくる。ここにおいて,歴史それ自体は悲劇的な神話となる。というのも歴史は偉大さを備え,人間の破局は神の支配を非常に明確に啓示するからである。

　なぜ詩人が「歴史上の題材」にしばしば手を加えなかったのか,軽率にも不思議に思われた。理由は単純である。なぜなら通常の歴史は,ギリシア悲劇が設ける条件を満たさないからである。『ペルシア人』は,いかに出来事の外面的で劇的な現実それ自体が詩人にとって後景へ退くかを示す。詩人にとっては運命が体験する,人々の魂へ及ぼす影響が全てである。アイスキュロスはまさにこうした歴史観に基づいて,神話と対決している。しかし(悲劇の登場人物による)苦悩の経験も,それ自体のため存在するわけではない。まさにこの点で『ペルシア人』は,それが詩人の知る最も単純な形態においてであるにせよ,アイスキュロスの悲劇の原型である。苦悩は,認識の力をそれ自体の中に担っている。これは,民衆が昔から持つ英知であ

る[31]。叙事詩は，この英知を支配的かつ詩的な動機としてまだ知っていない。アイスキュロスにとってこうした英知は，より深い意義のみならず中心的な意義を得た。デルポイの神による「汝自身を知れ」のような，中間段階が存在する。この「汝自身を知れ」は，ピンダロスが自らのアポロン的な敬虔さから繰り返し教えたように，死すべきものの限界を認識するよう要求する。この考えはアイスキュロスにとっても重要であり，特に『ペルシア人』の中で強く現れる。しかし彼は悲劇的な認識，すなわち「思慮 φρονεῖν」という概念を，苦悩の力を通して汲み出すのではない。アイスキュロスは『ペルシア人』において，こうした認識に固有の具体例を創造する。というのも，これこそ年老いた賢いダレイオス王[32]という死者の霊を呼び出すことの意味だからである。彼の後継者クセルクセスは虚栄心に満ちた傲慢な行いによって，ダレイオス王の遺産を台無しにし，浪費してしまった。ギリシアの戦場における死者の丘——これをダレイオスの厳かな影が予言している——は，未来の世代に対して，死すべきものには傲慢が全く無用である，という沈黙の警告者となる[33]。「なぜなら傲慢という花が開くと迷妄という穂の実をつけ，その穂の収穫は涙で一杯となるからである。汝らはこうした行為がどのように報われるかを見て，アテナイと全ギリシアを記憶に留めよ。そして誰一人として神霊の贈り物である与えられた運命を軽蔑し他のものに夢中になり，大きな幸運，富を浪費してはならない。ゼウスは復讐者として，度を越した大言壮語からなる不遜を警告し，厳格な釈明を要求する。」

---

31) （訳注）ヘシオドス『仕事と日々』218。
32) （訳注）ダレイオス 1 世を指す。
33) 『ペルシア人』819。

世界の秩序への信仰，迷妄(アーテー)に基づく動揺

　ここにおいて，ソロンの考えが影響を及ぼし続けている。つまり彼によれば，まさに最も多くのものを持つ人は，（自分の所有より）二倍，多いものへと手を差し出す。ソロンは，人間による果てしない努力は完成することはあり得ないと考えるのである。これに対してアイスキュロスは，神霊(ダイモーン)による誘惑と人間の盲目という共同経験のパトスを感じる。人間の盲目は深淵へ至る道の途上で，神霊による誘惑に無抵抗に従う。（神性が）ソロンにとってそうであったのと同様，アイスキュロスにとっても神性は神聖かつ正しく，この神性による永遠の秩序は不可侵である。しかしアイスキュロスは，自らの盲目によってこの盲目の断罪に陥る人間の「悲劇」を表現するために，震撼に値する響きを作り出した。すでに『ペルシア人』冒頭の情景における合唱の中で，合唱団は出征したペルシア人の軍勢の壮麗さと力を，憧れつつ誇り高く想起する。その直後に，迷妄(アーテー)の不気味な像が恐ろしく現れる。「しかし神による，策略を思いめぐらす迷妄(アーテー)（中略）。死すべき男のいったい誰が，この迷妄から逃れられよう？　神はまず親し気にこの男へと語りかけ，しかる後に彼を迷妄(アーテー)の網へと誘惑する。この網から逃れ出ることは，最早できない。」そしてこの男の「黒く覆われた心」は，「恐怖のあまり我が身を食い尽くす」[34]。『縛られたプロメテウス』の結末も，そこからはもはや抜け出すことのできない迷妄(アーテー)の網について語る。この場面において，オケアノス(オケアニーデス)の娘たちは神々に非難された者（プロメテウス）へ動揺することなく同情し，固執することによって，事情を知りつつ自ら進んで破滅へと転落する[35]。その時オケアノス(オケアニーデス)の娘たちに警告し，彼女

---

34)　同上 93。

35)　同上『縛られたプロメテウス』1071。「ソロンの

らに罪を着せるのは，神々の使者ヘルメスである。その時深淵は，この神々に非難された者をあっという間に呑み込んでしまうであろう。(ポリュネイケスとエテオクレスという) 二人の兄弟は父オイディプスに由来する呪いの手中に陥り，敵対し，男同士の戦いによって (テーバイの) 門前で殺し合う。『テーバイを攻める七人の将軍』における合唱団には，この兄弟へ寄せる嘆きの中で恐るべきヴィジョンが思い浮かぶ。「しかし一族全体が殺され絶滅に至った時，呪いの女神たちが明るい声で勝利の歌を最後に歌い出した。(テーバイの) 門のところでこの二人が殺され，運命の神霊(ダイモーン)は，この二人を打ち破った後，静まるに至った。この門に迷妄(アーテー)が勝利した記念碑が高く掲げられ，聳え立つ。」[36]

アイスキュロスによる運命の理念は，ある範例(パラデイグマ)を確定することとは全く異なっている。迷妄(アーテー)の働きをその幻想から誘い出すこの途方もない比喩の言葉が，これを教える。彼以前のいかなる人も，同様の感覚的な力によって迷妄(アーテー)の本質にある神霊(ダイモーン)的なものを経験したり，それについて語ることはなかった。ここにおいても認識が倫理的な力に抱く不抜の信仰にとって，迷妄(アーテー)が常に迷妄(アーテー)に留まることが明らかにならざるを得ないであろう。それはホメロスの中で言われているように，迷妄(アーテー)の足が人間の頭上を遊歩するのか，あるいはヘラクレイトスが教えるように，人間の宿命に固有の性格(エートス)であるのか，ということとは無関係である[37]。我々が「性格 Charakter」と名付けるものは，アイスキュロスの悲劇の作法にとって決して重要ではない。一方には正当で空隙がない世界秩序への信仰が，他方には神霊(ダイモーン)の残酷さ

優れた法秩序(エウノミアー)」(『ベルリン・プロイセン学問アカデミー紀要』1926年) 75 頁を参照。

36) 『テーバイを攻める七人の将軍』952 以下。
37) 『イリアス』第 19 歌 93, ヘラクレイトス「断片」119。

と策略に基づく迷妄(アーテー)の動揺が存在する。この神霊(ダイモーン)の残酷さと策略に基づく迷妄(アーテー)は、人間をしてこの秩序に違反するよう誘惑する。それは、人間がこの秩序を再建するための必然的な犠牲として死ぬためなのである。上で触れた信仰と動揺との間に初めて、アイスキュロスによる運命の理念全体が完結して横たわっている。ソロンは社会的な貪欲としての不正から出発し、自ら(が不正ではないかという)予感を見出した場で吟味を行い、常に自らの期待が確認されるのを見出した。アイスキュロスは運命(テュケー)が人間の生にあって悲劇的に動揺する経験から出発するが、彼が抱く内的な確信は彼による根拠を求める探求を、繰り返し神性による正義への信仰へと連れ戻す。同一の信仰が、ある人のところでは非常に落ち着いてかつ観照的に、別のある人のところでは並外れて劇的かつ強力に、勝者の如く話しかける。我々がこの理由を理解しようとするならば、アイスキュロスとソロンが一致しているにもかかわらず、(両者の)強調点が上述のように移動しているのを聞き漏らすことは許されない。

三部作を統一的に考察する必要性

『ペルシア人』においては神が人間の傲慢に断罪を下すという考えが、かなり単純に連続して展開する。アイスキュロスの信仰が孕む問題的な緊張は、この『ペルシア人』よりも他の悲劇で強く現れる。こうした緊張は、我々がそれを認識する限りにおいてだが、偉大な(オレステイア)三部作の中で最も明らかとなる。これは、我々が所有する最古の作品である『救いを求める女たち』に関しては当てはまらない。というのも、この作品は三部作の最初の劇であり、他の二つの作品は失われたからである。上で触れた緊張は完全に保たれたオレステイア三部作の他に、ラブダキダイ三部作の中で最も生まれやすい。なぜなら我々

はこの後者の三部作の中に幸いにも，まさに（アイスキュロス）最後の作品である『テーバイを攻める七人の将軍』を所有しているからである。

　オレステイア三部作においては，詩人の創造的な言語の想像力と構築術のみならず，宗教的で人倫的な問題性の活力が頂点に達する。アイスキュロスが史上，他に例を見ないほど最も強力で男性的で劇的な作品を老年期，しかも亡くなる直前に完成させたことは，ほとんど不可解である。まず全く過小評価してならないのは，最初の作品と後の二つの作品が分離できないことである。厳しく判断すれば，最初の作品だけを独立して上演することは野蛮である。単に巨大なフィナーレを備えるがゆえ後世に残る価値がある『慈しみの女神たち』については，言うまでもない。『アガメムノン』は『救いを求める女たち』と同様，独立した芸術作品ではほとんどなく，ひとえに第二の作品（『供養する女たち』）へと通じる段階である。オレステイア三部作においてアトレウス家の重圧となっている一族への呪いは，それ自体のために描かれているわけではない。このことから対等の位置に置かれた呪いの劇の三部作が生まれ，この劇は例えばオレステスを三番目，アガメムノンを中間の部分として，それぞれの部分が異なる世代の運命を描いたことであろう。しかしその代わりに中心（たる『アガメムノン』）には，無比で選り抜きの二律背反という悲劇的な問題がある。それは一階が前提を築いた（つまり『アガメムノン』においてクリュタイムネストラがアガメムノンを殺した）後で，オレステスが実の母に対して血の復讐の義務を果たすことによって逃げ道のない不本意な罪の巻き添えになる，という問題のことである。アポロン自身がこれを要求した。そして最終作品（『慈しみの女神たち』）の全体は，思案や実行に現れた人間の知恵では解決できない問題が，神の恩寵行為という奇跡によって解決されることへ

捧げられている。この神の恩寵行為は，犯人（オレステス）の無罪判決によって血の復讐という社会的な慣習，古い部族国家の恐るべきしがらみを同時に止揚し，新しい法治国家を法の唯一の守り手の座に就ける。

オレステスの罪は，彼の性格に基づくわけでは毛頭ない。詩人（アイスキュロス）がこの性格それ自体を意図したわけでも全くない。オレステスは血の復讐を行う義務を負わされた，不幸な息子以外の何者でもない。彼が男らしくなる瞬間，不運な行為が呪いとして彼を待ち受け，この行為は彼が生を享受する前に彼を破滅させるであろう。オレステスがこうした動かし難い目的から何らかの仕方で逸脱すると，デルポイの神は，彼を繰り返しこの行為へと改めて駆り立てる。というわけでオレステスは，彼を待ち望む運命の担い手に他ならない。このオレステイア三部作という作品以上に，問題提起を行う人としてのアイスキュロスが完全に現れている作品はない。この作品は，正義を保護する神的な力それ自体の闘争を描く。生ける人間は，この神的な力が破滅をもたらしながら互いに衝突する場に過ぎない。結末に際して母の殺人犯（オレステス）に下される最終的な無罪判決も，互いに争い合う新旧の神々の一般的な和解，祝福の歌の中で姿を消す。国家は新たな法秩序を創設し，復讐の女神たち(エリニュエス)は慈しみの女神たち(エウメニデス)へと変身を遂げる。上述の祝福の歌はその荘厳な音楽によって，荘重な最後の響きとしてこれに伴奏するのである。

個人的なアレテーと超人格的な運命との対立

罪なき者が罪を犯した父のために贖わなければならないというソロンの考え[38]は，『テーバイを攻める七人の将軍』においてテーバイ王家の劇という三部作の結びを作り

---

38) （訳注）ソロン「断片」1の29-32。

出す。この結びはオレステイア三部作と比べると，兄弟殺しの結末だけによるわけではない陰鬱な悲劇という点で，幾つかの見地から優っている。エテオクレスとポリュネイケスの兄弟は，ラブダキダイ家へのしこの呪いの犠牲者として倒れる。アイスキュロスはこの呪いの動機を，祖先の罪によって説明した。こうした背景がなかったのであれば彼の敬虔な感情は，遺された最終作品（『テーバイを攻める七人の将軍』）に描かれている（兄弟殺しの）ような行程を，言語道断と感じたであろう。このことに疑いの余地はない。しかし『テーバイを攻める七人の将軍』の上演は，敬虔な人倫が神的な罰を下すことによって遺漏のない秩序を要求し，この要求が無慈悲に実行されることとは全く異なっている。ここで古い罪による容赦ない因果関係が，次のような人間を破滅へと引きずり込む。この人間とは，支配者と英雄としての高い徳がゆえにより良い運命に値し，我々の同情が最初の瞬間からそこへと向かう人間のことである。全ての迫力は，こうした事実に基づいている。ポリュネイケスは影に留まる。他方，自らの都市を守るエテオクレスは，なおさら自覚的に描かれている。ここで個人的なアレテーと超人格的な運命は，最高度に対立的な緊張の中にある。その限りでこの（『テーバイを攻める七人の将軍』という）作品は，罪と断罪による簡潔かつ単純な論理に基づく『ペルシア人』と極端に対比できる。この『テーバイを攻める七人の将軍』という作品において，先祖の犯した罪があたかも錨鎖として，こうした（エテオクレスによる）途方もない苦悩という重荷のバランスを作り出すため，かろうじて役立つ。我々は『テーバイを攻める七人の将軍』では，和解に至らない結末を如実に感じる。他方『慈しみの女神たち』では，和解に至る結末というイメージの重要性に気付く。

　まさにこの（『テーバイを攻める七人の将軍』という）劇

の二律背反の中に，アイスキュロスの勇敢さがある。我々は，高い正義という前提を絶対的に保持する。詩人の意味におけるこの正義の支配を，個人の境遇に従って判断することは許されない。我々はこの前提を，もっぱら全体との眼差しの中で予感することを学ぶ。宿命(ダイモーン)から免れることはできず宿命(ダイモーン)は働き続け人間を震撼させるが，アイスキュロスは正義という前提の下，特に宿命(ダイモーン)が支配しているという印象を聞き手に与える。宿命は自らの創造物に苛酷な結末をもたらし，エテオクレスのような英雄は，宿命(ダイモーン)の支配という印象に偉大な態度を以て決然と立ち向かう。（ラプダキダイ家という）一族の最後の末裔を確実な死へと追いやるアイスキュロスの悲劇的な意識こそ，偉大で新しい。この悲劇的な意識によって登場人物が創造され，アイスキュロスは自らの最高のアレテーを悲劇的な事例の中で初めて明らかにする。エテオクレスは死ぬであろう。しかし彼が死へ赴くのであれば，自らの父なる都市を侵略と隷従から救い出すであろう。我々は彼の死という苦痛に満ちたメッセージを超えた，救いの歓びを聞き漏らしてはならない[39]。こうして運命という問題とのアイスキュロスの生涯にわたる取り組みから，悲劇的な偉大さに関する解放的な認識が成長する。悩める人間はこの偉大さへ向けて，破滅の瞬間になお身をもたげる。彼は，運命によって祝福された生を全体の安寧のための犠牲に供する。これによって彼は，真のアレテーの持ち主が没落するという，きわめて敬虔な感覚にさえ無意味に見えることすら，我々と和解させる。

『テーバイを攻める七人の将軍』の残された部分において初めて，英雄が筋書の中心にいる。これこそ『ペルシア人』あるいは『救いを求める女たち』のような以前のタイ

39）（訳注）『テーバイを攻める七人の将軍』792以下。

プの悲劇と比較して、画期的な点である。従来の劇においては合唱団が中心的な演技を行い、筋書の主体であった。『テーバイを攻める七人の将軍』の合唱団は、『救いを求める女たち』におけるダナオスの娘たちのように、個人的な特色を担っているわけではない。合唱団は、悲劇の雰囲気を織り成す悲劇的な恐怖と愁嘆という伝統的な要素を代表するに過ぎない。(『テーバイを攻める七人の将軍』においては)まさに包囲された都市の最中に、子どもを連れたパニック状態の女たちがいる。主人公は雄々しい行為という真剣で慎重な力によって、女々しい恐れと躊躇という背景から際立つ。ギリシア悲劇が本来、行為よりもむしろ苦悩であるならば、エテオクレスは息を引き取るまで行為することによって苦しむ。

文化創造の精神としてのプロメテウス

『プロメテウス』においても個々の登場人物は、一つの劇のみならず全三部作を貫いて重要な地位を占める。我々は伝承された一つの作品に従って、判断を下せるに過ぎない。『プロメテウス』は天才の悲劇である。エテオクレスは英雄として死ぬが、彼の悲運は支配者としてのあり方に由来するのでも、戦士としてのあり方に由来するのでもない。いわんや性格から生まれたわけでもない。この悲運は外部から来る。これに対してプロメテウスの苦悩と失敗の起源は彼自身、つまり彼の本質と行為の中にある。「自分から進んで、真に自分から進んで私は罪を犯した。私はそれを否定しない。他の人間を助けるために、私は自らの苦しみを作り出した。」[40] それゆえ『縛られたプロメテウス』は、残された多くの劇とは全く異なった次元に属する。にもかかわらず彼の悲劇は、個人的な意味で本人だけのもの

---

40) 『縛られたプロメテウス』266。

ではない。プロメテウスの悲運は、精神的な創造者としてのあり方一般の悲運である。彼は、アイスキュロスという詩人の魂による自由な産物である。ヘシオドスにとってプロメテウスは、火を奪った悪行がゆえにゼウスから罰せられる不埒な輩に過ぎなかった[41]。アイスキュロスは想像力を用いて、火を奪う行為の中にプロメテウスの姿、つまり悩める人類へ光をもたらす人という、人類の不滅の象徴への萌芽を見出す。アイスキュロス以後の世紀は彼の想像力にいくら驚いても驚き過ぎることはなく、この想像力に感謝し、尊敬を払うのであるが。神々の力である火は、アイスキュロスにとって文化の象徴となる。プロメテウスは文化創造の精神である。この精神は世界を認識しながら浸透し、自らの力の組織化によって（世界を）利用する。この精神は世界の宝庫を解明し、手探りし動揺する人間の生を確固たる基礎の上へと据える。粗野な力の神霊(ダイモーン)である神々の使者と獄卒はプロメテウスを鎖へ繋ぎ、ソフィストつまり発明の巨匠としてのプロメテウスに、嘲笑しながら語りかける。イオニアの思想家と啓蒙家は勝利を収め、高揚する意識によって文化成立の理論を編み出した。農民ヘシオドスは、五つの時代とそのいやます堕落に関する諦念的な教説を掲げた[42]。この文化成立の理論とヘシオドスの教説との間に正当にも存在する対立関係は、アイスキュロスの精神的な英雄の性格(エートス)へ精彩を付与した。アイスキュロスという創造者の想像力と思いつきの力の飛翔が、この英雄を担う。この英雄の魂には、苦悩する人間を積極的に助ける愛が吹き込まれている[43]。

　苦悩は『縛られたプロメテウス』において、人類という

---

41)　（訳注）ヘシオドス『神統記』521, 616。

42)　（訳注）同上『仕事と日々』90 以下。

43)　（訳注）アイスキュロス『縛られたプロメテウス』2, 235 以下, 442 以下, 542, 507。

種族の標識となった。プロメテウスは人間というその日限りの創造物による,洞窟の中での光を欠いた穴居人のような生存に,文化の輝きをもたらした。アイスキュロスにとって,自らの行為を嘲るかのように岩へ繋がれた(プロメテウスという)神が人類の運命を体現している点に関して,さらなる証明が必要である。他方,プロメテウスが人類と共有し,千倍にも増やしているものとは苦悩である。ここで詩人が象徴をどれほど意識的に展開しているのか,いったい誰が僭越にも言明しようとするであろうか。ギリシア悲劇全ての神話上の登場人物につきもので,登場人物をかつて実際どこかで生きた人間であるかのように見せかける個人に局限されたものは,プロメテウスの中で同程度に感じることができるわけではない。あらゆる世紀の人々は,彼の中に人類の代表者を感じ取り,プロメテウスの代わりに岩に縛り付けられていると感じ,しばしば彼による無力な憎しみの叫び声に同感した[44]。たとえアイスキュロスがプロメテウスを特に生き生きとした劇中の人物として意図したとしても,このプロメテウスの根本構想,つまり火の強奪に関する新しい解釈の中に,最初から人類全体を包括するほど深く,素晴らしい,観念的で哲学的な要素があった。人間の精神は,この観念を永遠(アイオーン)に至るまで決して汲み尽くすことがないであろう。全ての人間の創造者としてのあり方は,自らの本質たる悲運を最高度に表現するものとして,苦悩し戦う英雄精神からなるこうした(プロメテウスのような)象徴を生み出した。これがギリシア人に任せられていた。世界の罪への苦しみによって(キリスト教とは)全く異なった精神から生まれた「見よ,この人なり」[45]のみが,他人の真理から何かを借用することなしに

---

44) (訳注)例えばゲーテの詩「プロメテウス」を参照。
45) (訳注)ローマのユダヤ総督ピラトがイエスを指して言った

永遠の妥当性を有する，人類に新しい固有の象徴を創造できた。昔から全民族の下での詩人と哲学者にとって『縛られたプロメテウス』がギリシア悲劇の作品の中で最も好まれた作品であったことに，理由がないわけではない。そしてプロメテウスは，プロメテウス的な炎の火花が人間精神の中で灼熱する限り，そうあり続けるであろう。

プロメテウスの英雄性，巨神性(ティタン)

確かにアイスキュロスによる永続的で偉大な創造は，何らかの神統記的な秘密の中に求めることはできない。プロメテウスの公然たる，そして隠された威嚇が，(三部作の)失われた第二部の中で，この神統記的な秘密を暴露すべきだったのだが[46]。むしろアイスキュロスの創造の偉大さは，プロメテウスの姿という英雄的な精神の勇敢さそれ自体の中にある。『縛られたプロメテウス』は，プロメテウスの姿の悲劇的で，最も実り豊かな瞬間を描いている。このことに疑いの余地はない。『解放されたプロメテウス』がこうした像を補足せざるを得なかったことは，我々がこの補足について何か決定的なことを突き止めることができないのと同様，確かである。残された劇の中で，ゼウスは暴力的な僭主として描き出される。他方『アガメムノン』と『救いを求める女たち』における祈りは，アイスキュロス的な信仰に基づくゼウスを，永遠の知恵と正義として称える。前者の(暴力的な僭主としての)ゼウスが後者の(永遠の知恵と正義の具現としての)ゼウスへと，いかにして変化を遂げたのか，またそもそも変化を遂げたのか否か，確かなことは言えない。我々は，詩人自身がどのようにしてプロメテウスの姿を見たのか，知りたいと願う。詩人に

言葉。「ヨハネによる福音書」19の5(『聖書』)。

46) (訳注)『縛られたプロメテウス』515-525。

とってプロメテウスの誤りは，神々の財産に対する違反行為としての火の強奪にあったわけでは決してない。プロメテウスの誤りは，この違反行為がアイスキュロスに対して持つ精神的で象徴的な意義に対応して，より深い点に存した。すなわち，善行が悲劇的にも十分ではなかった点にあったのである。プロメテウスはこの善行を，自らの素晴らしい贈り物によって人類へ示したのであるが。

総じて啓蒙主義の時代は，内外から人間へと押し寄せる敵対的な力に対して，認識と芸術が勝利を収めることを夢想する。アイスキュロスは『縛られたプロメテウス』において，こうした信仰と取り組むことはない。英雄自身は夜から進歩と礼節という光明へと上昇する善行を誇り，我々はこれをもっぱら聞くに過ぎない。人類はプロメテウスの助けによってこの光明に与ったのであり，我々は，彼の行為に同意するわけではないにせよ，オケアノス(オケアニデス)の娘たちの合唱団が彼の神的な創造力を臆病に褒め称えていること[47]を証言する。詩人は天才プロメテウスによる希望と偉大さの高翔に，喜んで身を捧げていなければならなかった。それはプロメテウスに人間を救うための自らの着想を，我々を彼への信仰によって虜にするという仕方で誇らせるためだったのである。しかし詩人は，人間形成者や文化創造者の運命を，最終的な結果という輝きの反映の中に見なかった。合唱団は，創造的な精神の独断と我意は限界を知らない，ということを繰り返し語る。プロメテウスは兄弟である巨神(ティタン)たちから別れ，彼らの事柄に希望がないことを洞察した。なぜなら，巨神(ティタン)たちは粗野な力のみを正当と認め，もっぱら精神の才知が世界を支配することを把握しようとしないからである[48]（プロメテウスは，冥界(タルタロス)へ落とされた

---

47) （訳注）同上 510。526 以下，550-552 を参照。
48) （訳注）同上 212-213。

巨神(ティタン)たちに対する新しいオリュンピアの世界秩序の優位を，このように把握する－原注)。しかしプロメテウスは，世界の支配者が苦悩する人類に定めた道から，人類を暴力的に奪おうとする。こうした途方もない愛において，そして創造への誇り高い激しい衝動において，彼自身は巨神(ティタン)たちであり続ける。それどころかプロメテウスの精神はより高い段階にあっても，粗野な兄弟たちの本性よりも巨神(ティタン)的である。『解放されたプロメテウス』冒頭のある断片の中で，この粗野な兄弟たちは，プロメテウスが苦しむ場へと和解しつつ接近する。この苦しみの場で彼は，兄弟の巨神(ティタン)たちによってかつて知られた以上の恐るべき責め苦に耐え，ゼウスによって鎖から解放される⁴⁹⁾。この象徴性を過小評価することは，この象徴性を完全に最後まで考え抜くのと同様，不可能である。というのも，作品の続きの部分が欠けているからである。『縛られたプロメテウス』における合唱団の敬虔な断念は，(作品の結末への) 唯一のヒントを与えてくれる。「私は身震いします，あなたが無数の苦悩に苛まれているのを見て。というのもプロメテウスさま，あなたはゼウスを怖れることなく，自らの考えから人間たちを余りにも大切にするからです。しかし，おお友よ，(人間たちに) 好意を尽くしても何と報われなかったことでしょう。あなたの救いが何であり，それがどこにあるのか，言って下さい。移ろいやすいものに対するどんな救いが？　あなたは人間という盲目の種族を鎖へ繋ぐ，短命で夢に等しい無力を見なかったのですか？　死すべき者による妄想に過ぎない望みが，ゼウスが固く定めた秩序を超えることは決してないでしょう。」⁵⁰⁾

---

49)　(訳注) アイスキュロス「断片」191-192 (ナウク編) を参照。

50)　『縛られたプロメテウス』(540-──訳注) 553。

全対立関係の，国家秩序(コスモス)における和解

こうして巨神(ティタン)的な文化創造者の悲劇は，恐怖と同情を通して合唱団を悲劇的な認識へと導く。それは合唱団それ自体が，以下のような言葉で語るとおりである[51]。「私はこのこと（プロメテウスの人間への助力が報われなかったこと）がよくわかりました。というのもプロメテウスさま，私はあなたの破滅的な運命を見たからです。」この箇所はアイスキュロスによる悲劇の働きに関する見解にとって，最高度に重要である。観衆は，合唱団が自分たちについて語ることを観衆自らの経験として感覚し，そう感覚しなければならない。合唱団と観衆との融合は，アイスキュロスによる合唱団の芸術の展開における新たな段階である。『救いを求める女たち』の中でダナオス(ダナイデス)の娘たちの合唱団は本来の俳優であり続け，この合唱団と並ぶ他の英雄はまだ存在しない。フリードリヒ・ニーチェが天才的で，しかも結合不可能なものが幾重にも混ざっている若年期の作品『悲劇の誕生』において，合唱団と観衆との融合が合唱団本来の特質であることを初めて明確に表明した[52]。しかし，この発見を普遍化することは許されない。合唱団の代わりに個々人が運命の担い手となった時，合唱団の機能は変わらなければならなかった。合唱団は，たとえ筋書への参加がこれまで以上に試み続けられるにせよ，今や「理想的な観客」[53]となる。ギリシア悲劇の合唱団は，オルケストラにおける劇中の出来事という悲劇的な経験内容を，歌の中で同情しつつ客観化する。これはギリシア悲劇による教育的な力の，最も強力な根の一つである。『縛られたプロメテ

---

51) 同上 553。

52) （訳注）Nietzsche, Friedrich: Die Geburt der Tragödie aus dem Geiste der Musik, in: Kritische Gesamtausgabe, hrsg.v.Giorgio Colli und Mazzino Montinari, Bd. III /1, Berlin/New York 1972, S.48-60.

53) （訳注）A.a.O., S.48.

ウス』の中の合唱団は徹頭徹尾，恐怖と同情に震撼され，この点において悲劇の働きを体現する。それゆえアリストテレスは，この働きに関して有名な定義を行った際[54]，(ギリシア悲劇以外に) いかなるより良い模範をも見出すことができなかった。合唱団はプロメテウスの苦悩と余りにも融合して一体化するので，最終的には神からの警告にもかかわらず，むしろプロメテウスへの無限の同情を通して深淵へと沈む。しかし，そこで合唱団が感情から考察へと高まるあの歌の中で，この悲劇的な興奮は悲劇的な認識へと浄化される。こうして合唱団は，悲劇が導こうとする最高の目的を達成する。

というのも，合唱団が『縛られたプロメテウス』の中で言明すること，つまり最高の認識が存在するということは，アイスキュロスの悲劇的な宗教による根本の根拠だからである。この最高の認識への道は，苦悩によってのみ導かれる。彼の全作品は，こうした偉大で精神的な統一に基づいている。弧はより古い時代に向けては，『縛られたプロメテウス』から『ペルシア人』を経由して『救いを求める女たち』における祈りの苦悩に満ちた深い思想へと，容易に張られる。『ペルシア人』においてはダレイオスの影が上述の認識を告知し，『救いを求める女たち』においてはダナオスの娘たち(ダナイデス)が窮迫した状況の中でゼウスによる究め難い道の理解をめぐって戦う。他方で弧はより新しい時代へ向けては，「オレステイア三部作」へと張られる。詩人（アイスキュロス）の個人的な信仰はこの「オレステイア三部作」において，『アガメムノン』中の合唱団の荘重な祈りによって，その最も崇高な形式を見出した[55]。こうして（アイスキュロスの）生涯にわたる信仰の感動的な内

---

54) （訳注）アリストテレス『詩学』第14章。
55) 『アガメムノン』160。

面性は，苦悩の祝福をめぐって闘い，重い懐疑の中で格闘し，己の中に真に宗教改革的な深さと重さの表現となる記念碑的な力を担っている。この力は預言者的であり，いやそれ以上のものである。この力は，「ゼウスよ，あなたがどんなに横暴であろうとも」[56]という言葉と共に，最後の門の前で崇拝しつつ立っている。この門の後ろには存在の永遠の秘密が隠されており，神は「苦悩によって学ぶことこそ重要な法律とし，死すべきものへ思慮への道を示した。悩みこそ睡眠の代わりに，犯した罪を銘記して心へと滴り落ちる。望まぬ者のところにすら，精神の回復が襲いかかった。それはおそらく，世界という尊い舵を握る席にまします神々の，力づくでの好意であろう」[57]。この神の本質は，もっぱらその働きの中で苦悩しつつ予感することができる。悲劇の詩人は「絶望の重荷を心から押し流そうとする」[58]ならば，上述の認識においてのみ心の休息を再び見出す。こうした関連にあって，純粋な象徴へと変化する神話が助けとして，悲劇の詩人の下へ解放しつつやって来る。この神話はゼウスを祝福する。なぜならゼウスは，巨神(ティタン)的な太古の世界と，この世界の傲慢に満ち挑発する力とを克服したからである。いかなる侵害に対しても繰り返し回復される秩序が，混沌(カオス)を乗り越える。これこそ我々がそれを理解しないとしても，苦悩の意味なのである。

　こうして敬虔な心は，まさに自らの中の苦悩の力によって，神による素晴らしい勝利を経験する。鷲のように空中で満ち足りた心から，息を吸う全て（の生き物）と共に，克服者ゼウスを歓声を挙げて迎える勝利の叫び声へ加わることのできる者のみが，真に（この勝利を）認識した。こ

---

56) （訳注）『縛られたプロメテウス』907。
57) （訳注）『アガメムノン』176-183。
58) （訳注）同上165-167。

れこそ『縛られたプロメテウス』における，ゼウスの調和の意義である。この意義は死すべきものの願望と思考を決して超えてはならず，人間文化の巨神(ティタン)たちによる創造物も，最終的にはこの意義に適合しなければならない。そしてこのような観点から，国家秩序(コスモス)の像がオレステイア三部作の末尾で詩人（アイスキュロス）の生の最後に現れるならば，上で述べたことは非常に重要である。全ての対立関係はこの国家秩序(コスモス)の像の中で和解しなければならず，この国家秩序(コスモス)は永遠の宇宙(コスモス)に安らうのであるが。こうした秩序へ据えられ，悲劇という芸術を創造した「悲劇的な人間」の新しい姿も，存在と共に悲劇という芸術の隠れた調和を展開させる。そして英雄的に高揚した苦悩の能力と生命力において，人間性はより高い段階へと高まるのである。

ソポクレスの悲劇的な人間

三大悲劇詩人の関わり

　教育力としてのアッティカ悲劇が話題となるならば，アイスキュロスとソポクレスの名前をほぼ同時に挙げなければならない。ソポクレスは，年長の詩人（であるアイスキュロス）の後継者たる役割を意識的に引き受けた。同時代人はアイスキュロスをアテナイの劇場における気品ある半神，精神的に強靭な巨匠と見なし，ソポクレスに，アイスキュロスに次ぐ位置を認めた[1]。さてこの種の考察は，ギリシア人による詩情の本質に関する見解に改めて深く根ざしている。こうした考察は，まず一回限りの個性を詩情の中に求めるのではなく，詩情を以下のような芸術形式と見なす。この芸術形式は他の担い手へと移り，この担い手にとってあたかも完成した基準であり続け，自立的に創作を行い続ける。こうした詩情の本質の理解を学べるのは，まさに悲劇のような創造物を通してである。悲劇は一たび明るみへ現れるや否や，支配的な立場にあって全ての存在する力を最も高貴な競争へと駆り立て，共同世界や後世の精神に対して何かを義務付ける。

　全ギリシア人の詩的な生産性の中にあるこうした競争的(アゴーン)なものは，芸術が公共生活の中心および精神的・国家的な秩序を強く表すものとなるにつれて，成長する。したがっ

---

1) （訳注）アリストパネス『蛙』790 を参照。

てこの競争的(アゴーン)なものは，劇においてその最高点に達するに違いない。このようにしてのみ，切磋琢磨する二流，三流の詩人が，なぜディオニュソス祭の競争へと途方もなく殺到したか，理解できる。作品が幾許か遺されており時代を超えて生き残った僅かの偉大な人々が，生前，我が道を歩む際，いかなる取り巻きの群れに囲まれていたか知るならば，この劇は今日の人間を繰り返し驚嘆させる。そもそも国家が，作品の上演と賞の付与によってこうした競争を搔き立てたのではない。たとえ国家が同時に作品の上演と賞の付与によって競争を鼓舞したにせよ，それは競争を確固たる道へ導いたに過ぎない。あらゆる芸術において，特にギリシア芸術において職人仕事的なものが常に存在することを全く度外視するにせよ，例年行われるこうした（競争による）生きた比較によって，精神的で社会的な面に従って新しい芸術形式を絶え間なく管理することが必ず結果として生じることになった。こうした精神的・社会的な面は，なるほど芸術の自由に害を加えなかった。しかし公の判断は，偉大な遺産の水準の低下や，この遺産が被った深く強い効果の喪失に対して，それがいかなるものであろうとも，極端に慎重となった。

　これこそアテナイの三大悲劇詩人のような非常に異なった，多くの点で全く比較を絶した精神の持ち主の比較を正当化する理由である——それがたとえ無条件に当てはまる理由ではないにせよ。ソポクレスとエウリピデスをアイスキュロスの後継者として考察することは，全く馬鹿げているというわけではないにせよ，個々の点において繰り返し不当な印象を与える。というのも，この考察によってソポクレスとエウリピデスに，以下のような基準が押し付けられるからである。つまり，彼らとは異質で彼らの時代に適合しない（アイスキュロスという）偉大さから取られた基準が押しつけられるからである。自己の中に働きかける力

を担うのであれば，迷わず我が道を歩む人こそ，常に最善の後継者である。まさにギリシア人は，常に先駆者の名声の傍らで完成者の名声を評価する傾向があり，いやそれどころか完成者の名声を（先駆者の名声よりも）高い名声として認識し，最高の独創性を芸術の一回限りの形態の中にではなく，最も完全な形態の中に認める傾向があった[2]。しかし芸術家は，眼前に見出す過去に刻印付けられた形式の中で自らの力を展開させ，その限りで自らの力をこの形式に負う。これによって芸術家は，自らを超えてこの形式をも基準として承認し，形式の価値を自らの作品によって受け取るのか，減らすのか，高めるのか，この形式に従って判断しなければならない。ここに至って上で触れた展開は，アイスキュロスからソポクレスへ，そしてソポクレスからエウリピデスへと直線的に伸びているのではなく，アイスキュロスよりもそれどころか長く生きたソポクレスと同様，エウリピデスもアイスキュロスの直接の後継者と見なしても差し支えないことが明らかとなる。（ソポクレスとエウリピデスという）両者は古えの巨匠アイスキュロスの作品を，それぞれ異なった精神に基づいて先へと進める。最新の世代の探求は，エウリピデスがアイスキュロスと交わる場が，ソポクレスとこの両者の中の一人と交わる場よりもはるかに大きい，ということを甚だ強調した。これには理由がないわけではない。アリストパネスおよび彼と同意見の人々がエウリピデスを批判する際，エウリピデスをソポクレスの芸術ではなくアイスキュロスの悲劇を堕落させる人と見なすことは，不当なわけではない。エウリピデスはアイスキュロスの悲劇を再び継承し，実際にアイスキュロスの悲劇による影響を狭めたのではなく，無限に広げた。エウリピデスは時代の危機的な精神に門を開き，

---

2) イソクラテス「民族祭典演説」10 を参照。

アイスキュロスによる宗教的な良心の迷いに代わって近代的な問題性を据えることによって，これを達成した。エウリピデスとアイスキュロスとの間には，鋭い対立関係が存在する。にもかかわらず両者の間には，問題的なものが優勢である点に親縁が存在する。

　両者を親縁という観点から見ると，ソポクレスはほとんど展開から抜け落ち，離れているように見えた。つまり彼には，あの二人の偉大な芸術仲間の情熱的な内面性と個人的な経験能力が欠けているように見えた。古典主義がソポクレスを讃美する時，その判断はソポクレスの中にギリシア劇の最高峰を見る。なるほどこの判断は，厳格で見事な形式や円熟の境地に達した客観性に基づいて，今や歴史的に説明できる。しかし同時にこの判断は，古典主義の先入観として克服されたと信じられた。こうして学者の好みと彼らの従った（古典主義を拒否する）近代の心理学的な時代趣味は，（アイスキュロスが代表するような）原初の深い精神を湛えてはいるが粗野な擬古典主義，（エウリピデスが代表するような）アッティカ悲劇の後期の時代に属する洗練された主観主義とほぼ同時に取り組んだ。このような両者との取り組みは，余りにも長い間，等閑にされていたのだが。最終的に非常に異なった状況において，ソポクレスの手中に帰した立場をより正確に決定しようと試みた時，彼の成功の秘密は（古典主義の判断とは）異なる場において求めねばならず，この秘密は純粋な芸術家としてのあり方の中に見出された。ソポクレスの青年時代の神は，アイスキュロスであった。上で触れたソポクレスの芸術家としてのあり方は青年時代に劇が偉大に展開するにつれて成長し，常に自らの仕事に自信を持ち，舞台に適した効果を最高の法則として認めた[3]。たとえソポクレスがあ

　3）　ティコー・フォン・ヴィラモーヴィッツ゠メレンドルフは，

らゆる詩人の中でも非常に重要な一人以上の存在であるにせよ,いかにして彼が完成者の立場に値するかという問いは正当であろう。彼に最初にこの完成者の立場を認めたのは,古典主義ではなく古代それ自体であった。しかし詩情を基本的に美的な観点のみから見るわけではないギリシアの教養史において,ソポクレスの立場は特に疑わしくなる。

究極の法則の認識に基づく彫塑的な質

宗教的な告知の力という点においてソポクレスがアイスキュロスに劣ることは,疑いを容れない。ソポクレスも敬虔であり,しかも彼の敬虔さは静謐で,深く己の中に根付いていた。しかし彼の作品は,こうした信仰が第一義的に要求する表現ではない。伝統的な意味でエウリピデスが敬虔でないことは,ソポクレスによる不動の,しかし自らの中に安らう信心深さと比べて,並外れて筋金入りのものとして現れる。ソポクレスは(彼が取り上げた)問題という観点から考察すると,固有の真の強さに基づいて把握できないということが,近代の学問の批判によって主張された。こうした主張が正しいことを,認めねばならない。もっともソポクレスはアイスキュロスの悲劇を引き続き形成する者として,アイスキュロスの悲劇の思想内容を相続する者であるわけだが。我々は実際,舞台の上でアイスキュロスの思想内容が及ぼす効果から出立しなければならない。もちろんこの効果は,彼の賢い,卓越した技術を把握することによって汲み尽くされたわけではない。第二世代には(第一世代の仕事の)意識的な洗練と純化という課

この方向に従って,最近数十年における理解の最も強い進歩を意味する著書『ソポクレスの劇作上の技術』(ベルリン,1917年)の中で,この道で到達できる限界を同時に明らかにした。

題が随所で与えられるが、ソポクレスはこの第二世代の代表として、技術的に時代遅れとなったアイスキュロスを全面的に打ち負かす。このことは、ほとんど当たり前のことに見えるかもしれない。しかし近代においては変化した趣味を実践面でも貫き、アイスキュロスとエウリピデスの作品を舞台で近代化し、親しみやすくすることが試みられている。この試みは理解できるが、それは多かれ少なかれ聖別された聞き手の集団を前にした個別的な実験、という域を超えない。ソポクレスは、擬古典主義的な先入観とは別の理由で、我々の劇場の上演計画の中で自らを主張し続けるギリシア唯一の劇詩人である。このことを、どうすれば説明できるのだろうか。アイスキュロスの悲劇を近代の舞台で上演する場合、彼の悲劇で支配する合唱団の劇的ならざる硬直――というのも、彼の合唱団は立ったまま語り、歌と踊りを欠くからなのだが――を、思想と言語という内面の力を駆使しても乗り越えることができない。しかしエウリピデスの討論術は、なるほど激動の時代に生きる我々のような者にとって、似た（激動の）反響を呼び起こす。とはいえ市民社会のアクチュアルな問題以上に、変化しやすいものは存在するのだろうか。ところでエウリピデスの時代に彼が影響を及ぼす長所であった点は、我々にとってむしろ克服し難い制限に留まる。このことを理解するためには、ちなみにエウリピデスに全く比肩し得ないイプセンやゾラが今日どの程度、我々の背後にいるのか、ということを考えるだけで十分である。

　ソポクレスの作品の登場人物は、世界文学において彼の不滅性を織り成すのと同様の忘れ難い印象を、今日の人間に対して与える。ギリシアの悲劇詩人が創造した作品の中で、舞台や登場人物が現れる実際の筋書との関連を度外視して、どの作品が人間の想像力の中で生き長らえるか問うならば、ソポクレスは他に抜きん出て第一位にあるであろ

う。ソポクレスが舞台へ美しく描き出した筋書と振舞は一時的な作用に過ぎない，と悪口を言われたことがあった。こうした作用によって，登場人物が（上述の舞台や筋書との関連から）離れて延命するに至ることは，決してない。ひょっとして我々の時代にとって，落ち着いた素朴で自然な英知の謎ほど，理解困難なものはないかもしれない。なぜならこうした（彼の作品に登場する）血肉を備えた現実の人間とは，強大な情熱ときわめて繊細な感覚，英雄的で反抗的な偉大さと同時に真の人間性に満たされ，我々と同様でありながらも貴族の近寄り難い高尚さという雰囲気に取り囲まれた存在だからである。前述の英知は，（ソポクレスの作品に登場する）現実の人間がそうであるかのように見せかけた。こうした強大な情熱ときわめて繊細な感覚には，頭をひねって案出され，人為的に誇張されたものは何ら存在しない。後世は，威風堂々たることを暴力的なもの，巨大なもの，効果に溢れたものの中に探し求めたが，無駄であった。この威風堂々たることはソポクレスにとって自然な均整の中で，我々の前で強制されることなく成長するものであった。真に威風堂々たることは，常に単純で自明である。このことの秘密は，非本質的で偶然的なものを現象からことごとく拭い去り，その結果この威風堂々たることから，通常の目には隠された内的な法則以外に何一つとして完全かつ明瞭に現れない，という点にある。ソポクレスが描く人間には，アイスキュロスの作品の登場人物に見られる，大地から成長したかのような土着の素朴さがない。アイスキュロスの作品の登場人物はソポクレスの作品の登場人物と比べると，容易に動かない，いやそれどころか硬直した存在に見える。さらにソポクレスが描く人間の動きの激しさには，エウリピデスの劇作で舞台に登場する幾人かの人物のような重みが欠けていた。我々は，エウリピデスの作品の登場人物について語るのを好まない。な

ぜなら彼らは，衣装や朗読が及ぼす平面的な舞台効果を越えて，真に身体的な存在へ凝縮することがないからである。ソポクレスは，先行者アイスキュロスと後継者エウリピデスとの間に，登場人物の生まれながらの創造者として次のように立っている。つまり周囲を自らの形成物の群れによってあたかもた易く取り囲み，より正確に言えば，ソポクレスの形成物がこの創造者を取り囲むというふうに。というのも気まぐれな幻想という恣意ほど，真の登場人物にとって縁遠いものはないからである。あらゆるものは，一般的に妥当する空虚な類型でも個人的な性格の一回限りの規定でもなく，非本質的なものに対峙する本質的なものそれ自体から必然的に生まれた。

　しばしば文芸と造形芸術との対応関係が立てられ，三人の悲劇詩人それぞれが造形的な形式の異なる発展段階と関係付けられた。ひょっとしてこうした比較の全体は一種の余興として行われたかもしれず，この比較を衒学的に行えば行うほど，ますますそうである。我々自身はオリュンピアの破風彫刻の中心にある神性の位置付けを，前古典期の悲劇におけるゼウスや運命が占める中心的な位置付けと象徴的に比較した[4]。しかしこうした比較は純粋に観念的な比較であり，この比較は詩人の（作品の）登場人物が備える彫塑的な質と関係したわけではない。これに対して我々がソポクレスを悲劇の彫刻家と名付けるならば，彼が他の何人とも共有しない，まさにこうした彫塑的な質のことが考えられている。このような特性は，悲劇詩人と彫塑的な形式の変化との間に行われた比較を絶している。彫刻上の形姿は文芸上の形姿と同様，究極の法則の認識に基づく。それによってもちろん，（両者の間の）個々の対応関係は意味を失ってしまう。なぜなら魂による存在の特別な法則

---

4)　（訳注）本訳書453頁を参照。

は，触れたり見たりすることのできる身体性という，空間と結び付いた構造と比較できないからである。しかし，当時の造形芸術は魂の性格(エートス)の表現を最高の目的として人間描写の中に模索するので，ソポクレスの文芸が初めて解き明かしたあの内的な世界からの微光が，造形芸術の作品へ聖化されて注がれるように見える。こうした人間らしさの反照は，アッティカの墓に現れた同時代の記念碑の中に，最も感動的に見出される。たとえこの記念碑が二流の芸術作品として，ソポクレスという詩人の作品による充実した表現および本質と比べて劣るとしても，この静謐な芸術作品から光る芸術家の沈思は，同一の内的な人間存在を前にして，我々に次のことを認識させる。つまり芸術と文芸は，同一の志操によって魂が入れられたものである，ということを。この志操は，永遠に人間的なものに関する像を，恐れを知らず晴れやかに苦悩および死へと向け，それによって本来的で真に宗教的な確信への信仰告白を行う。

一回限りの古典性，教養芸術としての悲劇

ソポクレスの悲劇は，アッティカ精神が成熟に達した持続的な記念碑として，フェイディアスの造形芸術の傍らに位置する。両者は共に，ペリクレス時代の芸術を代表する。ここから以前の時代を振り返ると，悲劇の以前の展開は，全てこの（ペリクレス時代の芸術という）目的を目指しているように見える。これはアイスキュロスのソポクレスに対する関係についても当てはまるが，ソポクレスのエウリピデスに対する関係，いわんやソポクレスと，まだ前4世紀に存在する悲劇に関する詩情の亜流に対する関係については当てはまらない。この亜流の全ては余韻であり，エウリピデスにおいて偉大で未来に横溢していることは，すでに詩情を越え，哲学的に新たな領域を示している。したがってアリストテレスがそう言うであろうように，ソポ

クレスを古典的と名付けることができる。これはソポクレスの中で悲劇の歴史的な展開が「自らの本性」，つまり最高点に達するという意味による。しかしソポクレスはこれとは別の，一回限りの意味でも古典的であり続けている。こうした別の，一回限りの意味は，文学ジャンルの単なる完成者としての品位よりも高い品位を与える。これこそギリシア人のあり方という精神運動の内部における，ソポクレスの位置付けである。我々はこうした精神運動の表現として，特に文学のことを考える。人間形成の進歩する客観化の過程として考察を行うならば，ギリシアの文芸の展開はソポクレスによって最高点へ達する。ここから初めて，我々がソポクレスの悲劇の登場人物に関して語ったことを完全に理解し，さらに深めることができる。彼の作品に登場する人物の優れた点は，形式的なものという領域のみに発するのではなく，人間的なものというより深い層に基づく。この層においては美的なもの，倫理的なもの，宗教的なものが相互に貫き，制限する。この現象は，我々の道が以前の詩情を通して教えたように，ギリシア芸術の中で決して孤立しているわけではない。しかし形式と規範はソポクレスの悲劇では独特な仕方で一つであり，特に詩人ソポクレスが自ら手短かつ的確に語った登場人物の中ではそうである。彼は自らの登場人物に関して，彼らは理念的な登場人物で，エウリピデスが描写したような卑俗な現実の人間ではない，と語ったのである[5]。人間形成者ソポクレスは他に比肩できるギリシアの詩人がいないほど，全く新しい意味において人間形成の歴史に属する。彼の芸術に至って初めて，自覚的な人間形成が明らかになる。これはアイスキュロスの意味での教育的な意志と同様，ホメロスの意味での教育的な効果とも何か全く異なっている。この

---

5) アリストテレス『詩学』第25章 1460b34。

異質なものは人間社会の存在を前提とし、この人間社会にとって「教養」、人間形成それ自体が純粋に最高の理想となった。ある世代が運命の意味をめぐる困難で内的な戦い、アイスキュロス流の深さを備える戦いを行った。それ以来、人間的なものそれ自体が最終的に存在の中心へ移動し、ここにおいて初めて、上で触れた教養が純粋に最高の理想となることができた。ソポクレスが登場人物を創造する技術は、人間的な振舞いという理想から自覚的に霊感を受けている。この理想は、ペリクレス時代の文化と社会に特有の産物である。ソポクレスは、まさにこうした新たな態度を担うべく、この振舞をその本質の深みにおいて把握した。これによって彼は悲劇に人間的な性格を与え、悲劇の創造者による模倣を許さない精神のあり方に即して、悲劇を人間形成の不滅の模範とした。悲劇をほとんど教養芸術と名付けてもよいだろう。ゲーテが生活と芸術の中の形式を発見しようと格闘する独特の段階が、――もちろんはるかに人為的な時代条件の下で――『タッソー』であるように。その際、教養という言葉が様々な連想によって浅薄化の危険を含んでいるわけではないにせよ、こうした浅薄化から我々は決して完全に自由になることはできないのだが。「教養経験」対「根源経験」などの、文学研究において人口に膾炙した対立関係[6]を完全に遠ざけなければならない。その理由は、教養とは独創的かつギリシア的な意味において何であるか、つまり意識的な人間形成の根源の創造と経験として教養とは何であるかを測り、偉大な詩人の想像力を意識的な人間形成によって鼓舞する力を理解するためである。こうした意味で詩情と教養との創造的な出会いは、世界史の中で瞬間的に一回だけ起きた。

　ペルシア戦争において、民族と国家の統一が困難を経て

---

6) （訳注）Gundolf, Friedrich: Goethe, Berlin 1920, S.27.

獲得された。この民族と国家の統一が，以前，敷衍したようにアテナイにおいて，大地に根付いた新たな教養の基礎を据えた。この教養が，貴族文化と民衆生活との対立関係を架橋する。こうした民族と国家の統一の上に，アイスキュロスの悲劇という精神的な世界(コスモス)が丸天井のように広がっている。ペリクレス時代の国家と文化を基礎として築かれた世代の「幸福 Eudämonie(エウダイモニアー)」が，ソポクレスの生の中で独特の仕方によって象徴化されているように見える。なるほど誰もがこの事実を知っている。しかしこの事実は，ソポクレス個人の外的な生の歩みの詳細に関して，良心的な探求によってその他に確定できるものよりも重要である。ソポクレスが麗しい若者であった時，アイスキュロスが戦いに加わったサラミスの戦いでの勝利の舞踏を踊ったということは，おそらく伝説に過ぎないであろう。しかし嵐の過ぎ去った瞬間，（ソポクレスという）後輩の生が本格的に始まったことは，示唆に富む。ソポクレスは，アッティカ民族によって非常に早く越された子午線高度という，狭く険しい稜線の上に立っている。彼の作品は雲のない晴天と凪，すなわち εὐδία と γαλήνη，無比で唯一無二の日の周りを漂っている。この唯一無二の日における朝は，サラミスの戦いでの勝利によって始まる。アリストパネスがアイスキュロスの偉大な影を魔力で意のままにする直前，ソポクレスは自らの都市を没落から守るため，永眠した。ソポクレスは，最早アテナイの没落を経験しなかった。彼はアルギヌサイの戦いがアテナイへもう一度，大きな希望を掻き立てた最後の勝利の後，亡くなった。今やソポクレスは——彼の死の直後，アリストパネスがその死を描いているように——この世で生きた仕方と同様，冥府においても，世界のみならず自己とのバランスの取れた調和の中で生きる。彼がこうした幸福をどの程度，運命が特権を与えた時代の好意，幸運な本性に負うのか，また自

らの本性において意識的な芸術とあの静かな秘密に満ちた英知の作品であるものはいったい何であるのか，言うことは難しい。天才的な振舞は時折この英知に対する助力と理解の欠如を，過小評価を被り困惑した身振りを通して表現することを好む。真の教養は，常に運命が特権を与えた時代の好意，幸運な本性，自らの本性における意識的な芸術とあの静かな秘密に満ちた英知の作品という三つの力が結合した作品に過ぎず，最も深い根底において謎に留まる。教養は説明したり，いわんや創り出すことができず，ここにあると示すことができるに過ぎない。これこそ教養に関する，驚くべきことである。

都会性，中間音の巨匠，思慮深さ(ソーフロシュネー)の自明な表現

我々がペリクレス時代のアテナイについて他のことを何も知らなければ，ソポクレスの生と姿から，彼の時代に初めて意識的な人間形成が生まれた，ということを推論するであろう。ソポクレス流の交際の流儀が称賛され，彼の時代はこの（交際の流儀の）形態を表すため，新たに「都会的 $ἀστεῖος$」という言葉を創造した。20年後，この言葉はアッティカのあらゆる散文作家，つまりクセノポン，弁論家，プラトンの下で豊かに用いられる。この言葉は，他人との強制されない，自由で友好的な交際，選り抜きの個人的な振舞を特徴付ける。アリストテレスはこうした振舞の類型を分析し，記述した。ペリクレス時代のアッティカ社会は，このような振舞を前提とする。（ソポクレスの）文芸上の同時代人であるキオスのイオン[7]による機知ある語りこそ，この繊細なアッティカの教養に現れた優美の女神(カリス)を解説するための，最も見事な説明である。このアッティカの教養は，同じ（優美の女神という）言葉の，

---

7) アテナイオス『食卓の賢人たち』第13巻603e。

学校で教授されたような蔑まれた意味に大きく対置させられたのだが。上述の（イオンによる）語りとはソポクレスの人生からの，あの真の出来事についての語りのことである。つまりソポクレスはキオスというイオニアの小都市にあって，ペリクレスの同僚の将軍として賓客であった。宴会での食事の最中，ソポクレスの隣には当地の文学教師がいる。この文学教師は自らが博学であることを自慢しており，古えの美しい詩人からの引用という衒学的な批判によってソポクレスを苦しめる。「愛の光が深紅の頬に輝く。」[8]文学教師はその詩的な彩色に反感を覚える。ここで詩人ソポクレスは，世慣れた卓越さと人間としての愛嬌がゆえに，苦境から脱する術を心得ている。つまり，この想像力に乏しい（学校教師という）現実主義者は，詩人の説明というそれ自体，非常に素晴らしい仕事を全く理解しないのだが。詩人ソポクレスは，このことが皆にわかるよう愉しませる。さらにソポクレスは，自ら選んだわけではない将軍の仕事をやはり良く理解していることの明白な証明として，彼にワインで一杯の盃をまさに渡す魅力的な若者に対して，狡猾な「戦略」を実行する[9]。このように詩人がいかに巧みに苦境から脱する術を心得ていたかということは不朽の特徴であり，これは彼の時代のアッティカ社会

---

8) （訳注）ローマの詩人プリュニコスの言葉（同上第13巻604a を参照）。このプリュニコスの言葉をソポクレスは誉め，文学教師は批判する。

9) （訳注）同上 603e-604d。ソポクレスは少年愛好家として有名であった。その彼が，ここで話題となっている宴会の最中，ワイン汲みの若者を見染め，若者がソポクレスの命令に従ってワインの杯の中の藁屑を吹くため顔を盃に近付けたところ，彼は腕で若者を引き寄せて口づけをした。一同がソポクレスに喝采を送ると，ペリクレスがソポクレスは詩は作れても戦略は作れないと言ったことに対して，少年に口づけする戦略がうまくいった，とソポクレスが弁明したことを指す。

と同様，ソポクレスという人間の像に関しても不可欠である。我々は彫刻家クレシラスによるペリクレスの肖像を，この真の逸話に現れた詩人（ソポクレス）の肖像の横に据える。詩人ソポクレスの肖像は，態度と精神においてラテラノ（ローマ教皇の宮殿）式に基づく彼の彫像にぴったりする。上で挙げたペリクレスの肖像は偉大な大政治家としての彼を再現せず，鉄兜を被っているにもかかわらず，将軍としての彼をも再現しない。後世にとってアイスキュロスは常にマラトンの戦いの戦士であり，かつ自らの都市に忠実な市民であった。これと同様ソポクレスとペリクレスに関する芸術と逸話は，彼らの時代精神に対応するような，アッティカの善美(カロカガティア)という最高の貴族の総体を体現している。

　この形式の中に，あらゆる状況において人間的に正しく適切な振舞に関する，感受性に富む明るい意識が生きている。この意識は表現に最高度に熟達し，完成した基準を備えるがゆえに，自らの素性が新たな内的な自由の中にあることを明らかにする。この自由の中に不自然なもの，痙攣的なものは何一つとして存在しない。この自由の軽やかさは万人に認められ，驚嘆される。しかしイソクラテスが何年か後に記している[10]ように，何人もこの自由を模倣できない。ひとえにアテナイに，この自由が存在する。アイスキュロスの表現力や感受力を凌駕するものは，自然なバランスと均衡に席を譲る。我々はこの自然なバランスと均衡を，ソポクレスの作品に登場する人間の言語におけるのと同様，まさにパルテノンの古典様式の小壁(フリーズ)という造形芸術の中に奇跡として感じ，享受する。こうした公然たる秘密が本来あるところのものは，定義不可能である。しかしそれは，決して何か純粋に形式的なものではない。同一の現

---

10)　（訳注）イソクラテス「民族祭典演説」82-84。

象が彫刻と詩情の中で同時に示されることは、きわめて稀であろう。こうした現象には何か超人格的なもの、時代の特徴的な代表者に共通のものが根底に存在するに違いない。この共通のものとは、最終的に落ち着き、ついに自己と等しくなった存在の影響である。アリストパネスの詩行が、こうした輝きを以下の如く美しく表現しているように。「死すら、上で触れた存在を全く傷つけることができない。」こうした存在によってソポクレスはまさに「この世」と同様「あの世」でも、等しく「満足 εὔκολος」しているに違いない[11]。こうした事柄を、あたかも純粋に美的に単に見事な輪郭として、あるいは純粋に心理学的に単に調和的な自然として解釈し、徴候を本質と取り違えるのであれば、それは通俗化の最たるものである。アイスキュロスは中間音の巨匠たり得なかったが、ソポクレスがこうした中間音の巨匠であることは、個人的な資質という偶然のみに基づくわけではない。形式それ自体は、いかなる場においても存在の直接的に適切な表現でも、いわんや存在の啓示や、この存在を形而上学的に感覚し得ることの啓示でもない。ソポクレスは、こうした存在の本質や意味への問いに対して、アイスキュロスのように世界観や弁神論によってではなく、語りの形式それ自体、人間像によって答えた。堅固な形式が解体する瞬間に生じた不穏な生の混沌から、内的なバランスをソポクレスの幾つかの詩句の働きによって再発見するため、彼という指導者へかつて手を伸ばしたことがない人は、もちろんこれをほとんど理解できないであろう。ソポクレスの幾つかの詩句が響きとリズムによって感じさせる節度とは、彼にとって存在の原理である。この存在の原理は、事物それ自体の中に横たわっている正義を敬虔に認めることを意味し、この正義を尊重する

---

11) アリストパネス『蛙』82。

ことこそ成熟の究極の証なのである。ソポクレスの悲劇合唱団は，あらゆる災厄の根源としての法外なものに関して繰り返し語る。これには，いわれがないわけではない。ソポクレスとフェイディアスによる文芸と造形芸術との予定調和は，節度という認識が宗教的に結合されている点に，その最も深い根拠がある。我々にとって全ての時代を満たすこの意識は，形而上学的なものに基礎付けられた最も深い思慮深さの，並外れて自明な表現であると思われる。この思慮深さは，ギリシアの全本質の中にある。それゆえギリシア世界のあらゆる側面から多声的な反響が，ソポクレスを通してこの節度の讃美に応えているように見える。実際に新しいのは，思想ではない。ある思想の歴史的な影響と絶対的な意義にとって，思想の新しさが決定的であるわけでは毛頭ない。決定的なのは思想を襲い生かす，深さと強さだけである。あたかも頂上から見下ろしているようにソポクレスから，最高の価値としての節度というギリシア的な理念の展開を見下ろすことができる。この理念はソポクレスへと動き，彼を通して世界と生を支配する神的な力として，古典的で詩的な形態を得た。

最高のアレテーの担い手としての人物の形成

時代意識の中に宿る人間の教養と節度との密接な関連は，さらに別の側面から示すことができる。我々は一般的に，ギリシアの古典主義に現れた芸術的な志操の本質を，作品それ自体から取り出さなければならない。いずれにせよ作品は，最も高貴な証人であり続けている。しかし非常に豊かで多義的な人間精神の創造物による究極の，把握がきわめて困難な形成の傾向を理解することが問題となっている。これと同様，我々の進む正しい道を同時代の証言によって裏付ける，もっともな望みを抱いても構わない。ソポクレス自身からは，二つの言明が伝承されている。もち

ろん彼の言明は，結局のところ彼の芸術と我々自身の直観的な印象との一致によってのみ，歴史的に正しいことが保証された。一方の言明は，すでに引用されたソポクレスの登場人物を理想的な登場人物として性格付けるもので，これはエウリピデスの写実主義とは対照的である。他方の言明にあって芸術家ソポクレスは詩作に際して，アイスキュロスの言葉から一線を画している。これは芸術家ソポクレスが，正しいものの的を射る際アイスキュロス自身にとって本質的であると思われる[12]意識を否認することによる。上の二つの言明を一まとめにするならば，それは特別の規範的な意識を前提する。詩人はこの規範に則って創造を行い，「そうあるべきところの」人間を描き出す。しかしまさにこうした人間の理想的な規範に関する意識は，胎動しつつあるソフィスト派の時代にとって特徴的である。人間のアレテーへの問いは，教育問題という側面から途方もなく集中的に受容される。人間が「いかにあるべきか」とは時代の大きなテーマであり，ソフィストによるあらゆる努力が目指すところのものである。当時に至るまで，もっぱら文芸が人間の生きる価値を基礎付けていた。新しい教育的な意欲が，文芸に触れないままでいることはできなかった。アイスキュロスあるいはソロンは詩情を神と運命に対する内的な戦いの舞台とし，これによって詩情に強い影響を与えた。他方でソポクレスは自らの時代における彫刻家の衝動に従って人間自身と取り組み，規範的なものを人間の形態の描写の中へと置く。アイスキュロスは悲劇的な性格を高めるため，エテオクレス，プロメテウス，アガメムノン，オレステスのような登場人物を運命に対決させる。彼らには，強い理想性の契機が内在している。我々は，こうした展開のある種の発端を，すでに後期のアイスキュロ

---

12) アテナイオス『食卓の賢人たち』第 1 巻 22a-b。

スの中に見出す。ソポクレスはこの展開を継承し，中心的な人物を最高のアレテーの担い手として形成する。この中心的な人物とは，彼の時代の偉大な教育者の眼前に彷彿したような人物である。詩情または教養理想のいずれに優先権があるのかということは，決定不可能である。しかしこの問いは，ソポクレスのような詩情にとっては全くどうでもよいことである。決定的な点は，人間形成者としてのあり方と詩情が，意識的に同じ目標へ向くことである。

人間形成の出発点としての 魂(プシューケー)

ソポクレスの（作品に登場する）人間は美の感覚から生まれた。この感覚の源泉は登場人物を完全に霊化することであり，これは当時に至るまで前代未聞であった。こうした源泉からアレテーの新たな理想が現れる。この理想は，「魂(プシューケー)」を初めて自覚的にあらゆる人間形成の出発点とする。この言葉は前5世紀を経る中で新たな響き，高められた意義を得る。もちろんその意義は，ソクラテスによってようやく全体的に重要と見なされるに至るのである。今や「魂」は，人間の中心として客観的に認識される。この魂から，人間の全ての行為と態度が輝き出る。すでにはるか前から造形芸術は人間の身体の法則を発見し，この法則を熱心な研究の対象としていた。すなわち造形芸術は身体の「調和」の中に，秩序(コスモス)の原理を再発見した。他方，哲学的な思考はまず宇宙の中に，この秩序(コスモス)を確認したのである。今やギリシア人は，秩序から霊的なものをも発見するに至る。霊的なものは，内的な体験の混沌たる流出として立ち上るのではない。それとは逆に，まだ秩序(コスモス)という理念によって貫かれていない，存在の最後の残りの領域として法的な秩序に服している。今や身体と同様，魂も明らかにリズムと調和を備えている。霊的に形成されていること，という思想が現れる。つまりシモニデスは，アレテー

を「手足と精神が直角に正しく作られていること」[13]という言葉で書き換えた。この時、「霊的に形成されていること」という思想が彼の中に初めて完全かつ明瞭に言明されていることを見出す気持ちに駆られたのである。競争(アゴーン)に基づく形成という身体の理想に似た、霊的な形式における存在というイメージが、ここで初めて閃く。この閃きから教養理論に至るまで、まだかなりの距離があった。プラトンはソフィストのプロタゴラスに、この教養理論を帰す[14]、こうしたプラトンの評価は、おそらく歴史的にも正当である。なぜならプロタゴラスの教養理論の中で形成の思想は内在的に首尾一貫して展開し、この思想は詩情の像から教育的な原理となったからである。というわけで彼は、魂を真の良きリズム(オイリュトミー)と良き調べ(エウハルモスティアー)へと形成することに関して語っている。正しいリズムと正しい調和は、真の良きリズム(オイリュトミー)と良き調べ(エウハルモスティアー)の中で、詩情の作品との触れ合いを通して作られなければならないという。この詩情の作品の中で、この(真の良きリズム(オイリュトミー)と良き調べ(エウハルモスティアー)という)規範の輪郭が定まった。この（プロタゴラスの教養）理論においても霊的な形成という理想は身体的なものから考察されており、シモニデスの場合と同様、競争(アゴーン)に基づくアレテーよりも、むしろ造形芸術や芸術的な形成行為に基づいて考察されている。こうした直観的な領域にも、良きリズムと良き調べという規範概念は由来する。教養という理想は、古典的な造形芸術を有した民族からのみ生まれることができた。ソポクレスによる形態の理想も、この模範を否定することはできない。教育、文芸、造形芸術は当時、密接な相関関係にあった。この中のどれ一つとして、他のものなしで考えることはできない。教養と詩情は、彫塑によって形態を生み出す衝動

---

13) シモニデス「断片」4の2。
14) プラトン『プロタゴラス』326B。

の中に模範を見出し,両者は芸術のように,人間の「イデア ιδεα」という同じ方向を向いていた。芸術も,教養と詩情によって霊的なものへ方向付けられていた。しかし(これら三つ)全ての中に人間に関する一段と高い価値評価が現れており,この人間こそが教養,詩情,芸術という三つ全てにとって,関心の的であった。こうしたアッティカ精神の人間中心的な転回こそ,「人間性」が生まれた時刻に他ならない。ギリシア人は社会的・感情的な意味での人間愛を「博愛 Philanthropie」[15]と名付けた。しかし人間性は博愛とは異なり,人間の真の本質的な姿に関する反省としての人間愛である。こうした人間性をとりわけ特徴付けるのは,女性が初めて男性と全く同等に人間的なものを代表して登場する点にある。ソポクレスの高く広い人間としてのあり方の結果,クリュタイムネストラ,イスメネ,クリュソテミスなど女性の脇役は全く度外視するにせよ,アンティゴネ,エレクトラ,デイアネイラ,テクメッサ,イオカステなど作品に登場する多くの女性が脚光を浴びた。女性の発見は,悲劇の本来の対象として人間を発見したことに伴う必然的な帰結である。

苦悩による真の人間的な偉大さへの上昇

我々はここに至って,アイスキュロスからソポクレスに至る悲劇芸術の変遷を理解できる。三部作の形式は年長の詩人(アイスキュロス)にとって馴染みのものであるが,この形式が後継者(ソポクレス)によって放棄されていることが,外面的に目を惹く。この三部作(の形式)は個々の劇を通して解消され,個々の劇の中心には行為する

---

15) (訳注) 通例,人間に友好的な思考や態度を意味する。古代の定義によれば,この概念は万人に無制限に適用されるのではなく,自らのポリスの市民,特定のグループへと限定して適用された。

人間が立っている。アイスキュロスが三部作を必要としたのは，以下の理由による。つまり彼は，幾つかの世代の苦悩の連鎖の中でのみしばしば描写できる，関連する運命の経過全体という叙事詩に描かれた多くの出来事を，劇の形式において把握しようと試みた。アイスキュロスの眼差しは，運命の経過全体へと向けられていた。というのは，こうした全体の中でのみ神の支配の正当なバランスが目に見えるようになったからである。信仰と人倫的な感情は，このバランスが個人の運命の中には存在しないことに非常にしばしば気付くのであるが。これと関連して，たとえ我々が（登場）人物を通して初めて出来事へ関心を抱くとしても，（登場）人物はそれほど重要でない場へ移り，詩人はあたかも高い力によって世界を操縦する役割へ身を置くよう繰り返し強いられる。ソロンからテオグニス，アイスキュロスに至る時代まで，弁神論の要求が宗教的な思考を支配した。この要求がソポクレスにおいては，背後に隠れる。彼にとってまさに悲劇的なのは，苦悩の回避や，苦悩からの逃げ道が存在しないことである。これこそ人間の側から見られた，運命に対する必然的な眼差しである。これによってアイスキュロスの宗教的な世界観は，決して放棄されたわけではない。強調点が最早こうした宗教的な世界観にあるわけではない，ということに過ぎない。これを特に明瞭に示すのは，この世界観が未だに強く現れる『アンティゴネ』のような，ソポクレスの初期の一作品の例である。

　アイスキュロスはテーバイの三部作において，ラブダキダイ家が招いた一族への呪いが後に続く世代に破滅的な影響を及ぼすさまを追求した。この呪いは，ソポクレスにおいても究極の原因として背後にある。アイスキュロスの『テーバイを攻める七人の将軍』に登場するエテオクレスとポリュネイケスと同様，アンティゴネはこの呪いの最後

の犠牲者として亡くなる。それどころかソポクレスは、アンティゴネと彼女の敵役クレオンが力強く行動しながら介入することによって、彼女の運命を招き寄せるのに助力させる。そして合唱団は節度を踏み越えたことについて倦むことなく語り、二人が彼女の不幸へ関与することを非難する。しかしたとえこれらの契機がアイスキュロスの意味で運命を正当化するのに適しているとしても、全ての関心は悲劇的な人間の姿に集中する。悲劇的な人間は、全く自分自身のため現場にいる、という感情が抱かれる。運命は自明な問題として自己へ注意を向け、自明な問題から逸れるべきではない。運命は何か本質的に苦悩する人間の一部である。運命は苦悩する人間に、外から無理強いするだけではない。アンティゴネは本性上、苦悩の道を歩むべく定められており、おそらくそのための天命を授かったと言えるであろう。というのも、彼女は自覚的に悩むことによって、特有の新しい貴族となるからである。こうした苦悩へ選ばれた存在は——その際キリスト教的な考えに活動の余地を与えないのであれば——、アンティゴネと彼女の妹との間で交わされる、序言での最初の対話の中にすぐさま現れる。イスメネによる姉アンティゴネに対する愛は激しい。その激しさは、クレオンを前にしたイスメネの偽りの自責と、有罪判決を下された姉と共に死にたいという彼女の絶望的な望みとが、ただちに涙ぐましく示される点に現れている。にもかかわらず乙女らしく繊細なイスメネは、自ら選んだ没落を前にして怯んでしまう。彼女は悲劇的な登場人物ではない。それに加えてイスメネは、アンティゴネを高めるために用いられる。つまりアンティゴネは、イスメネが感情的に進んで同情することを（イスメネがアンティゴネと共に死のうとする）こうした瞬間に退けるが、我々はアンティゴネがこうしたことを行う、より深い権利を認める。すでにアイスキュロスは『テーバイを攻める七

人の将軍』において，無罪であるにもかかわらず自らの家の運命に巻き込まれたエテオクレスを英雄的な特徴によって飾り立て，エテオクレスの悲劇的な運命を高めた。同様にアンティゴネについても，彼女の高貴な一族のあらゆる優れた点が際立つ。

合唱団の最初（英訳では第二）の歌は，主人公の苦悩を理解するための一般的な背景を作り出す。合唱団は，人間の偉大さへの讃歌を歌い始める。これを合唱団は，全芸術の創造者として行う。この創造者は，自然の強い力を精神の力によって屈服させ，あらゆる贈り物の中の最高の贈り物として，法により国家を形成する力を受け取った。ソポクレスの同時代人であるソフィストのプロタゴラスが，人間の文化と社会の成立を理論的に構成したのは不思議ではない[16]。我々は，人間の自然な展開史のこうした最初の試みを支配するプロメテウス的な高揚感を，ソポクレスの合唱団の堂々とした，うねるようなリズムの中にも感じ取る。しかしソポクレス固有の悲劇的なイロニーを伴って，合唱団がまさに法と国家を壮麗化し，法律を破った者をあらゆる人間共同体から厳しく追放する瞬間，縛られたアンティゴネが連れて来られる。自らの祖国に対する戦いで戦死した兄ポリュネイケスの埋葬は，死刑を以て禁じられた。これは国王による，僭主が発布したが如く国家の力を凌駕する布告によったのである。しかしアンティゴネは，この布告を意図的に破った。この違反は，最も単純な兄弟姉妹の義務という不文の法を実行することによったのである。同じ瞬間に聞き手の精神には人間の像が別の光の下に現れ，あの誇り高い神への讃歌[17]は人間の弱さと無が瞬く，

---

16) プロタゴラスも，プラトン『プロタゴラス』322A 中の文化の成立についての神話において，はっきりと技術的な技芸を，国家と法のより高い文化段階から区別している。

17) （訳注）『アンティゴネ』332-372。

悲劇的な認識の前で沈黙する。

　ヘーゲルは，こうしてアンティゴネの中に国家の法律と家族の法という二つの人倫的な原理の悲劇的な闘争を見出し，この闘争について深い思弁を行った[18]。しかし彼による国家の志操という厳格な原理は，この志操を強く誇張するにもかかわらず，我々の傍へ（クレオン）王を導く。他方アンティゴネの頑固な苦悩は，真に革命的な情熱がもたらす感動的な説得力によって，国家の干渉に対して敬虔さという永遠の法律を弁護する。その際，二人の主要な登場人物の対立を理想化するための主たる強調点は，（国家の法律と家族の法の闘争という）一般的な問題にあるわけではない。この問題は，ソフィストの時代に生きた詩人の十分近くにあったのだが。その他，傲慢，節度を越えたこと，無思慮に関して言われることも，アイスキュロスのように中心的な問題ではなく，（ソポクレスにおいては）むしろ周縁的な問題に属している。（アンティゴネとクレオンという）二人の主要な登場人物が悲劇的な苦悩に巻き込まれていることは，英雄において常に直接，理解可能なものとして働きかける。そして英雄を裁判によって悪者とする代わりに，人間が神々に導かれる運命から逃れ難いことを，まさに（アンティゴネのような）高貴な本性の持ち主を例に目に見えるものとする。このように迷妄が理で割り切れないことは，すでにソロンの公正さへの感覚を不穏にし，あらゆる時代がこれに関して賢明に頭を絞った。こうした迷妄の非合理性はソポクレスにとって悲劇的な前提であっても，悲劇的な問題ではない。アイスキュロスはこの問題を解決しようと試みた一方，ソポクレスは迷妄を所与のものとして甘受する。比較的古いギリシアの抒情詩は最初の

18）（訳注）ヘーゲル『精神の現象学』より「Ⅳ．精神　b．人間と神の知識の人倫的な行為，罪と運命」を参照。

発端から,神によって送られた,逃れ難い苦悩を嘆いた。しかしソポクレスによるこの苦悩という事実に対する態度は,だからといって受け身に過ぎないわけではなく,ましてやシモニデスによる諦めの言葉,「逃げ道のない不幸が人間を打ち負かすと,人間はアレテーを必ず失わなければならない」[19)]という諦めの言葉が,ソポクレスに当てはまるわけでもない。ソポクレスの作品において苦しむ偉大な人々は,人間的な高みへと上昇する。このことは彼がこの現実を肯定していることを示し,死すべき精神がこの現実というスフィンクスの謎を解決することはない。ソポクレスが描く悲劇的な人間は苦悩の中で,いやそれどころか自らのこの世での幸福や社会的・肉体的な存在が完全に破滅することによって初めて,真の人間的な偉大さへと高まるのである。

人間の悲劇的な自己認識としての悲劇

ソポクレス的な人間は,自らの苦悩にあって素晴らしく繊細な音色を帯びた楽器となる。詩人の手はこの楽器を用いて,悲劇的な「悲嘆の声(アイリノス)」のありとあらゆる音を響かせることができる。ソポクレスはこの楽器を響かせるため,劇的な想像力による全ての手段を用いる。我々は,アイスキュロスの悲劇と比べるとソポクレスの悲劇は,劇的な効果が途方もなく高揚していると感じる。しかしその理由は,ソポクレスがシェークスピアの劇作のように写実的な意味において,年代を経て威厳を備えた合唱舞踊の代わりに出来事それ自体を据える,という点にあるわけではない。それと共にオイディプス王の筋書が展開し,最も粗野な自然主義にさえ畏怖の念を覚えさせるような重量感は,こうした誤解を掻き立てるかもしれない。ソポクレスの作

---

19) シモニデス「断片」4の8-10。

品は近代の舞台において常に新しいものとして上演されるが，ひょっとしてこのことは，上述の誤解にかなりの部分，負うのかもしれない。しかしこうした観点から，ソポクレスによる場面処理における素晴らしく均整の取れた構成は，決して理解できない。この構成は，物質的な出来事の外面的な首尾一貫性ではなく，より高い芸術的な論理に由来する。この論理は，対比豊かに互いに高め合う，人物の登場の順番によって，主要な登場人物の内的な本質への眼差しをあらゆる面にわたって開く。この古典的な例はエレクトラである。詩人の創造力は，大胆な技巧によって度重なる逡巡と突発的な出来事を常に創り出す。それはエレクトラに感情の内的な移行のあらゆる可能性を，完全な絶望に至るまで経験させるためなのである。しかし詩人は，振り子の最も急激な振動が止む点においても，完璧なバランスを全体的に保つ。この芸術は，エレクトラとオレステスがお互いを再認識する情景において頂点に達する。この情景にあって戻ってきた救い主（オレステス）は意図的に変装し，ようやく徐々にこの変装の覆いを取ってゆく。エレクトラの苦しみは，天国と地獄の間のあらゆる段階を走り抜ける。ソポクレスの劇作は魂の運動からなり，この魂の運動は筋書の線を調和的に引くことによって内面のリズムを展開する。彼の劇作は人間の形態の中に自らの源泉を持ち，この形態は繰り返し究極的なもの，最高の存在としての人間の姿へと導く。ソポクレスにとって劇作上の全ての筋書は，運命と，それによって自らを実現する苦悩する人間を本質的に展開したものに過ぎない。

　詩人ソポクレスにとっても悲劇は最高の認識器官であるが，アイスキュロスが心の安らぎを見出した「思慮 φρονεῖν」ではない。悲劇は人間による悲劇的な自己認識であり，デルポイの「汝自身を知れ γνῶθι σεαυτόν」がこの自己認識を深め，人間の力およびこの世の幸福が影に

等しく虚しい，という洞察へ至らせる。しかしまたこうした自己認識は，苦悩する人間の破壊し難い，（自己を）超克する偉大さに関する知識も含んでいる。ソポクレスの作品の登場人物による苦悩は，彼らの存在の本質的な部分である。詩人の愛は，高齢になってから彼を最も偉大な登場人物へともう一度，戻らせた。詩人ソポクレスはかつてこの最も偉大な登場人物におけるほど，人間と運命が解き難く一つのものへ融合していることを，感動的かつ秘密に満ちて描いたことはなかった。オイディプスは故郷から追放された盲目の老人として物乞いをしながら，娘アンティゴネに手を引かれ，世界を放浪する。彼女もまた，詩人を決して見捨てることのなかった，（詩人の）お気に入りの登場人物の一人である。詩人と彼の作品の登場人物との共生ほど，ソポクレスによる悲劇のあり方の本質にとって特徴的なことはない。オイディプスから何が生まれるかという考えから，詩人は解放されることがなかった。オイディプスには全世界の苦悩という重荷が突然，降りかかったように見えたが，彼こそまさに最初からほとんど象徴的な力を備えた人物であった。彼は苦悩する人間以外の何者でもなくなる。ソポクレスはかつて生の高みに立ち，オイディプスを絶滅の暴風の最中に据える点に，誇り高い自己満足を見出した。オイディプスは視力の光を自らの手で消したように，呪い，絶望しながら自らの全存在を抹殺することを望む。この瞬間ソポクレスはオイディプスを，観衆の眼前で立ち尽くさせた。悲劇的な人物それ自身が完成する場で，詩人は作品を終わらせる。これはエレクトラの場合と異ならない。

それだけ意義深いのは，ソポクレスが亡くなる直前にオイディプスという題材をもう一度，取り上げたことである。無論この第二のオイディプスに，ソポクレスが問題を最後まで突き詰めることを期待するならば，失望するであ

ろう。白髪のオイディプスは，自ら知ることなしに行為した，と繰り返し自己を情熱的に弁護するが，彼の自己弁護をそう解釈したい人は誰であれ，ソポクレスをエウリピデス風に誤解することになるであろう。運命もオイディプスも，起訴されることもなければ，無罪を宣告されることもない。しかし詩人は，ここで苦悩をより高い観点から見ているように思われる。(『コロノスのオイディプス』には)彼が目的を達する直前，年老いた安らぎのない放浪者と最後に再会する場面がある。オイディプスの高貴な本性は，相変わらず激しい力という点でも，不幸や高齢にもかかわらず一向に挫けることがない。この高貴な本性という自覚は，彼が苦悩という長年にわたる親密な道連れを担うことを助ける。この道連れは，オイディプスの最後の時に至るまで忠実に留まる。この情け容赦のない像は，感傷的な感動を締め出す。しかし，苦悩がオイディプスを気品ある存在とする。合唱団は彼の戦きを感じるが，それ以上に彼の高尚さをより多く感じ，アテナイ王は盲目の乞食を高貴な客のように丁重に歓待する。オイディプスは神託に従って，アッティカの大地で最後の安らぎを見出さなければならない。オイディプスの死それ自体は，秘密に覆われている。彼は独りで案内人なしに聖域としての小さな森へ行き，もはや誰も彼を目にすることはない。神性がオイディプスを連れてゆく苦悩の道と同様，彼を目的地で待ち受ける救いの奇跡は不可解である。「あなた(オイディプス王)を打った神々は，今やあなたをまっすぐに立てようとしています。」[20] いかなる死すべき目も，この神秘を見ることは許されない。この神秘は，苦悩によって聖別された者のみに与えられる。苦悩による聖別は，オイディプスを神に近い存在とする。しかし，どのようにして，と言うことはで

---

20) (訳注)『コロノスのオイディプス』394。

きない。この聖別が，彼を残りの人間から分かつ。オイディプスは詩人の愛した故郷，エウメニデスの常緑の聖域としての森，コロノスの丘に安らう。この丘では，さよなき鳥が茂みの中で鳴いている。いかなる人間の足もこの場へ踏み入ることはない。しかしこの場所から，祝福がアッティカの国へと広がる。

ソフィスト

教養史上の現象としてのソフィスト

貴族の教育上の特権の乗り越え

「パイデイア」,つまりより狭い意味でのいわゆる教養の根源は,ソポクレスの時代にある。この時代は,前述の箇所ですでに触れねばならなかった測り知れないほど重要な精神的展開に続く,最初の高揚である。「パイデイア」という言葉は前4世紀そしてヘレニズム時代と(ローマ)帝政期にようやくその権威と概念の範囲をますます広げていくが,この言葉は人間としての最高のアレテーと関わるに至り,「子供の養育」から——この言葉が初出するアイスキュロスにおいても[1],この単純な意味を持つ——,今や初めて本来の精神形成をも含む善 美(カロカガティア)という,身体と魂の理想的な形成を総括して表現する概念となるに至った。すでにイソクラテスとプラトンの時代に,教養理念のこうした新たな包括的な意義は確定していた。

もちろんアレテーは,最初から教育に関する問いと密接に関連していた。人間のアレテーという理想は,全体的な社会の展開という変遷の中で歴史的な進展を歩み通す。このことにより,この理想へ達するための道も変化を余儀な

---

1) アイスキュロス『テーバイを攻める七人の将軍』18。

くされた。そして思想は，教育のいかなる道が本来この理想へ通じるべきか，という問いへ激しく向けられねばならなかった。我々は多くの段階からなる全ての歴史的な展開を，最古の貴族のアレテー観から法治国家の人間の政治的な理想に至るまで検討した。この展開を前提として初めて，上述の問題提起が根本的に明らかとなる。この問題提起なしに人間形成の唯一のギリシア的な理念の成立は，考えられないであろう。貴族の躾にとってのアレテーの基礎付けと伝達の形式は，ヘシオドスの農民やポリスの市民にとってのアレテーの基礎付けや伝達の形式と異なるものであったに違いない。もっともそれは，こうした農民や市民にそもそも何かアレテーのようなものが存在した限りにおいてであるが。その理由は以下のとおりである。テュルタイオスの時代以降スパルタでは，市民の特異な教育，軍隊式教育制度（アゴーゲー）が形成された。しかしこのスパルタを例外として，軍隊式教育制度に比較し得るものは他のギリシアに存在しなかった。こうしてスパルタ以外の場において『オデュッセイア』，テオグニス，ピンダロスが示すような古えの貴族の教育に似て見え，あるいはこの貴族の教育の代わりたり得るものは，国の定めるところとして何ら生まれなかった。（軍隊式教育制度（アゴーゲー）に比肩し得る教育体系を創造する）私的なイニシアティブは全く緩慢に，ようやく後からやって来たのである。

　貴族の見解をたとえ原則的に凌駕していると信じられたとしても，人間と市民の新たな理想に基づいて，市民的・都市的な社会の形成を目的とした意識的な教育は，まだ与えられていなかった。このことは貴族社会と比べた場合，新たな市民的・都市的な社会の大きな欠点であった。父が子に遺産として与えた技術的な職業教育は，子が職人的な手仕事や商業を営む父に従った場合，決して貴族的な「善美の人 καλὸς κἀγαθός（カロス・カガトス）」が所有し，人間の理想的な

全体の直観に基づいた身体的・精神的な全体の形成の代わりたり得なかった。すでに早くから，ポリスの成員としての人間を目標とした新たな教育の要求を掲げる必要があった。ここにおいても，新たな国家が（貴族の教育の）後任にならねばならなかった。新たな国家は，貴族主義的な人種という観点に粘り強く固執した古い貴族の躾という痕跡を踏まえて，新たなアレテーの実現を試みる必要があった。このアレテーは，例えばアテナイ国家においてアテナイ出身の自由な全市民を国家共同体の自覚的な成員とし，自由な全市民が全体の安寧へと仕える能力を与えた。これは血族共同体の拡大された概念，つまり部族への所属という拡大された概念が，古い貴族による部族国家の代わりに入り込んだものに過ぎない。これ以外の他の基礎が問題となることはなかった。すでに当時，個人がいかに力強く活動しようとも，その教育を部族や国家といった共同体と何か異なるものに基礎付けることは，考えられなかったのであろう。人間のあらゆる教養のこうした最高の公準にとって，ギリシアにおけるパイデイアの成立は模範例である。喫緊の目的は，古い貴族が所有していた教育上の特権を克服する点にあった。この特権によれば，神々のような血筋の中にある者だけがアレテーに接近できると信じられたのである。当時，次第に価値を認められたような首尾一貫して合理主義的な思想にとって，古い貴族が所有した教育上の特権を克服することは，困難ではなかった。この目的へ導く道はただ一つしかないように見えた。この目的へ導いた道とは意識的な精神形成であり，新時代はその無制限の力を信じがちであった。「職業訓練を受けた人」に対するピンダロスの快活な嘲笑は，意識的な精神形成による無制限の力の障害となることはほとんどなかった。（その勢いを）阻止できないかのように見えた大衆を国家活動へ参加させることが誤った道たり得なかったとすれば，政治的

なアレテーは貴族の血に頼れなかったし，そうすることは許されもしなかった。新しいポリス国家が貴族の身体的なアレテーを体操術の受容によって我がものとしたのであれば，何ゆえにこれと同様，同じ貴族層によって遺伝的に受け継がれた，否定しがたい指導者の属性をも，精神的な道を介して意識的な教育によって創り出すことができないというのか？

血の優位という神話的な前提の打破

こうして前5世紀の国家は歴史的な必然によって，この世紀そして続く世紀に圧倒的かつ決定的な特色を与え，西洋の文化思想の起源である偉大な教育運動の出発点となる。国家は，ギリシア人がそう理解したように徹頭徹尾，教育的で政治的である。知識，つまり当時の強力で新たな精神力を人間形成の力として認識し，自らの課題へ奉仕させる教育理念が，国家の最も深い生の欲求から成立した。その際，我々がアッティカ国家の民主主義的な国制の形態——そこから前5世紀の問題が成長した——それ自体を肯定するか否か，ということは，我々の立場にとって重要ではない。民主主義の原因かつ特徴である大衆の活発な政治化を通覧することが，永遠に妥当する問いを意識化するための必然的かつ歴史的な前提であることは疑いない。ギリシア人の思考はこの問いを自らの展開の上述の局面において深い省察によって提出し，後世へ突きつけたのである。我々にとってもこの問いは同様の展開から生まれ，再びアクチュアルとなった。政治的な人間の教育，指導者の形成，自由，権威のような問題は，もっぱら精神的な展開のこうした段階においてのみ成長し，ここにおいてのみきわめて切迫した運命的な意義を得る。これらの問題は，原始的で歴史的な存在の形式，人間精神の個人化を未だに知らない部族の生活や群れの生活状態とは関係がない。それ

ゆえあの前5世紀の国家形態という土壌で成立した問題はどれ一つとして,その問題の重要性に関して,都市国家的なギリシア民主主義の通用区域に制限されない。それは国家一般の問題である。これを証明するのは,民主主義という生活環境から出立するギリシアの偉大な国家教育者と国家哲学者の思考が,そこで行われた教育的な経験によってすぐさま以下のような解決へと達することである。この解決は国家の所与の形式を勇敢に無視し,(後世の)類似したあらゆる状況にとって無尽蔵の豊かさを持つ。

今や我々が以下の考察によって踏み入る教育運動の道は,古えの貴族文化から貴族主義的な伝統,アレテーという理念への再接続,精神化された基礎における伝統の再活性化へと通じるはずである。この教育運動の道は広い弧を張り,最終的にはプラトン,イソクラテス,クセノポンに至る。しかし前5世紀の初期あるいは中期は,この最終地点からはるか遠く離れている。当時はまず,古えの狭隘な直観の打破が一挙に問題となった。その直観とは,血の優位という神話的な前提のことである。血の優位は,それが精神面の優位と人倫的な力,つまり「知恵 $\sigma o \varphi i \alpha$」と「正義 $\delta \iota \kappa \alpha \iota o \sigma \acute{\upsilon} \nu \eta$」として真価を発揮した場合のみ,正当で真実であることを示せた。クセノパネスは,「精神力」がアレテーの像と結び付くことが最初から政治的なものといかに強く関連していたか,またこのアレテーの像が国家全体の安寧および正しい秩序によっていかに基礎付けられていたかを示した。ヘラクレイトスにおいても,たとえ(クセノパネスとは)別の意味であるにせよ,法律はそれが由来する「知識」に根付いている。こうした神的な知識を現世において担う人は,ポリスの中で特別な地位を占める要求を掲げ,あるいはポリスとの対立へ陥る。国家と精神という,ソフィストの存在の前提であった新たな問題が登場した。もちろんこうした問題が登場する最大の例

は，精神によって古い血の貴族と彼らの要求を克服することが，すぐさま古い緊張の代わりに新しい緊張を作り出すことを紛れもなく示す。この新しい緊張とはポリス国家の終焉に至るまであらゆる思想家が取り組んだ，精神的に強靭な個性の持ち主と共同体との関係であり，彼らはこの問題に最終的な解決を見出すことができなかった。ペリクレスの場合，この問題は（彼）個人にとっても共同体にとっても幸運な解決を見出した。

ひょっとして精神的に画期的な個性の持ち主と彼らによる自己意識の厄介な覚醒それ自体は，公共世界それ自体が市民の地平を拡張し，個々人を精神的に訓練する衝動を感じなかったのであれば，ソフィスト派のような非常に強い教養運動へ刺激を与えなかったかもしれない。このソフィスト派は，アレテーを知識へ基礎付ける要求を初めて広汎な層へ掲げ，公共性それ自体の課題とした。アテナイはペルシア戦争の終了後，経済・交通・国家という面で国際的な出来事へと登場した。爾来こうした（アレテーを知識へ基礎付ける）欲望は，ますます目に見えるものとなる。アテナイは自らの救いを，（ペリクレスという）唯一の男および彼の精神的な優越に負った。たとえアテナイが（ペルシア戦争での）勝利の後，最早この男に長期間，耐えることができなかったとしても——というのも，この男の力はもはや古風な全市民の政治的平等と折り合わず，ほとんど紛れもない僭主政として感じられたからなのだが——，展開の論理は以下の切迫した見解に至った。すなわち民主主義国家における秩序の維持は，適切な指導者の人格をめぐる問いへますます明確に依存する，という見解である。民主主義国家の下では，その政治的な実行が厳しく規定された形態よりも人々は多くを望み，大衆が国家を実際上，支配するに至るや否や，自己矛盾に陥らざるを得なかった。したがって民主主義にとって，まさに適切な指導者の人格

ソフィスト 511

をめぐる問いは、諸問題の中で最も重要な問題であった。

教育目的としての知的な弁論

ソフィストが開始を告げた教育運動の目的は民衆の形成ではなく、最初から指導者の形成であった。それは本来、貴族の古い問題が新しい形式を纏ったものに過ぎなかった。アテナイほど、国家が学校を手中に収めることすらなしに、万人にとって、いや俟しい市民にとっても、初歩的な教養の基礎を獲得する非常に多くの可能性が存在した場所は、他になかったに違いない。しかしソフィストは、最初から選抜のみに頼った。政治家へと自己形成し、他日、自らの都市を指導したいと思う人々だけが、ソフィストのところへやって来る。そういった人々は時代の要求を満たすため、アリステイデスのように、正義という古い政治的な理想を実現しなければならないだけではない。全ての市民は、この正義という理想を望むことができる。政治を志す人々は法律に従うべきであるのみならず、法律によって国家を自ら導かなければならない。彼らがこの目的を実現するためには、いかなる場合においても政治活動の実践へ次第に馴染むことのみが助けとなる、不可欠な経験を必要としただけではない。これに加えて、人間についての事柄の本質に関する一般的な見解を必要とした。もちろん大政治家の主要な特性は、獲得可能なものではない。トゥキュディデスが特にテミストクレスに関して誇る[2]先見、行動力、溌剌とした精神は、生得のものである。しかし当意即妙で、確信を与える弁論の才能は、教育可能なものである。この才能は、すでにホメロスの叙事詩の中で長老会を構成する貴族の「評議員 Gerontes」[3]にとって本来の支配

---

2) トゥキュディデス『戦史』第1巻第138章の3。
3) （訳注）年長の者という意。スパルタにおける最も古い協議

者の徳であり，ホメロスの後に続く全時代においても貴族身分の中で保たれる。すなわちヘシオドスはこの続く時代にあって，ムーサイが王に授け，王がそれを用いてあらゆる集会を穏やかな強制によって導く力を見出す[4]。ここですでに，詩人の受け取るムーサイの霊感と同等に弁論が扱われている。その際まず考えられたのは，決定的で理由付ける言葉を行使する，裁判官の能力である。民衆の集会と弁論の自由からなる民主主義国家において，弁論の才能は初めて正当にも不可欠なもの，いやそれどころか大政治家にとって本来の舵取りとなった。古典期に政治家一般は，「弁論術教師 Rhetor」と呼ばれる。この弁論術教師という言葉は，後世に当てはまるような純粋に形式的な意義はまだなく，即物的なものを共に含む。当時，公共の場におけるあらゆる弁論の唯一の内容が国家および国家の事柄であることは，おのずと理解される。

　上述のことを背景として，全ての政治的な指導者の形成が始まらねばならなかった。こうした形成は，おのずと「弁士 Redner」への専門養成教育にならざるを得ない。その際ギリシア語のロゴスとその意義に相応しく，形式的な授業と具体的な授業への非常に異なった配分を考えることができる。ここから公共の場で金銭と引き換えに——以前そう翻訳されたような——「徳」の教授を申し出る教育家の全身分が形成されるならば，それは理解できるし，意味のあることである。知識を教える教師あるいはソフィストの要求は，同時代人そして彼ら自身もすぐさま自らの仕事をそう名付けたように，今日の人間にとっては最初からしばしば無意味で素朴な傲慢に見える。このことの本質的な

会，長老会の評議員。60歳以上の人からなる28人の男性市民および2人の王からなった。ホメロスの叙事詩においては，平時，戦時を問わず指導的な役割を担う高い地位の人をも指す。

　4）ヘシオドス『神統記』96。

責任は，先に述べたようにアレテーというギリシア的な概念を誤って近代化する点にある。我々がアレテーという言葉に，古典期には自明であった政治的なアレテーという意味を返し，その際（アレテーの内容として）弁論上の知的な能力をまず考えるや否や，こうした愚かな誤解は消える。この弁論上の知的な能力は前5世紀の新たな状況の中で，政治的なアレテーにとって決定的なものと見なされたに違いないからである。我々は後世からソフィストを振り返り，最初からプラトンの懐疑的な眼差しに倣って（ソフィストを）見る。これは自然なことであるが，歴史的に不当である。さらに人間形成の歴史にとって非常に重要な時代にその発端から，哲学的な自己反省が進歩した段階の問題によってバイアスをかけるならば，この時代を真に理解することを全く妨げてしまう。ところでプラトンにとって「徳を教え得ること」に関するソクラテスの懐疑は，あらゆる哲学的な認識の出発点だったのだが。ソフィストは精神史的にはソクラテスやプラトンと同様，必然的な現象である。そもそもソクラテス，プラトンをソフィストなしに考えることは，不可能である。

政治的なアレテーを教えようとする大それた企ては，国家の本質の深部まで達する構造変換の直接的な表現である。トゥキュディデスは，アッティカ国家が大政治の開始によって歩み通した途方もない変化を，天才的な鋭い眼光によって描き出した。古代における静的な状態の都市国家は，ペリクレスによるダイナミックな形式の帝国主義へと変化する。この移行は，あらゆる諸力のきわめて強い緊張と競争を，内部のみならず外部へももたらした。政治的な教育の合理化は，かつて以上に業績や成功へ向けられた全体的な生の合理化の特例に過ぎない。こうした変化は，人間の属性を評価する基準に影響を及ぼすことができた。「おのずと理解される」倫理的なものが，知的なもの

へと意図せずして席を譲った。この知的なものは，今や随所で決定的な影響を及ぼした。新たな人間類型の孤独な先駆者および代表者であるクセノパネスは，（ソフィストの時代の）僅か50年前に知恵と思慮とを高く評価した。今やこの両者への高い評価は，特に商業活動と政治活動において一般化した。それは人間のアレテーという理想が，あの（知識という）価値の全体を自らの中へ受け入れた時代である。アリストテレスの倫理学は後にこの価値を「知性的なアレテー διανοητικαὶ ἀρεταί」[5]として一括し，人間の倫理的な価値とのより高い統一へ向けて結び付けようとする[6]。もちろんこうした問題は，ソフィストの時代にあってはまだ完全に遠く離れたところにあった。人間の知的な側面はここで初めて力強い注目の的となり，ソフィストが解決を試みた教育上の課題はこうした人間の知的な側面から生じた。彼らがアレテーを教え得ると信じていたことは，上のようにしてのみ説明できる。それゆえこうした教育的な前提を持つソフィストにはある観点において，（アレテーを教え得ることに対して）急進的な疑いを持つソクラテスと同様，正当性があった。なぜならソフィストは，そもそも何か全く多様なことを考えていたからである。

精神形成による政治的なアレテー

ソフィストの教育による精神形成としての目標設定は，途方もなく多様な教育の手段と方法を自らの中に含んでいる。しかし我々は，精神という概念をその可能な限り多様な観点から眼前に思い浮かべるならば，こうした多様なあ

---

5)　（訳注）アリストテレスは『ニコマコス倫理学』において人間の魂のアレテーを二分したが，その一つ。発生も成長も教育に負う点が大きく，これを身につけるためには経験と歳月を要するという。

6)　（訳注）アリストテレス『ニコマコス倫理学』第2巻第1章1103a14，第6巻第1章1139a1，同上第3章b15。

り方を精神形成という統一的な観点から導出すべく試みることができる。精神はある時は、それと共に人間が対象世界を自らの中に、つまり事柄と関係付けて受容する器官である。それに対して対象的な内容を全く度外視すれば（これこそ当時の新たな見解である－原注)、精神も空虚ではなく、精神自らの内的な構造が初めて適切に姿を現す。これこそ形成原理としての精神である。上述の（精神に関する）二つの見解に対応して、ソフィストの間では根底において二つの異なる種類の精神教育が見出される。つまり百科全書的な知識の素材を伝達すること、およびその様々な区域を伴う「形式的な精神陶冶 formale Geistesbildung」である。この二つの教育方法の対立が精神形成という上位概念においてのみ統一を見出すことは、明白である。この二種の授業は（どちらかを）完全に一面的に選ぶのではなく、大抵は（両者の）妥協という形で、教育原理として今日に至るまで維持された。これはすでにソフィスト自身において、おおむね異なるものではなかった。しかしこの二種の教養を一人の人格の中に統一していることも、精神教育の二つの全く異なった種類が問題となっていることに関して誤った判断を抱くことを許さない。とはいえさらにソフィストには純粋に形式的な知性の形成と並んで、知性と言語の構造ではなく魂の力という全体性から出立する、より高い意味での「形式陶冶 Formbildung」が存在する。この形式陶冶はプロタゴラスに代表される。それは文法、修辞学、討論術と並んで、特に詩情と音楽を魂の形成力として評価する。このソフィストによる、第三の種類の教育の根源は、政治的なものと倫理的なものの中にある[7]。この

---

7) プラトン『プロタゴラス』325E 以下を参照。同上 318E はプロタゴラス自身に、エリスのヒッピアスの数学的な博識に対するプロタゴラスと彼の政治的・倫理的な教養理念との対立関係を非常に鋭く定式化させる。

第三の種類の教育と形式的な教育，百科全書的な教育との区別は，前者の教育が人間を抽象的に孤立した個人と見なすのではなく，人間を共同体の成員とする点にある。これによって教育は人間を価値の世界へ確固と関係付け，精神的な教養を人間的なアレテーの全体へと組み込む。こうした形式も精神形成である。ここで精神は純粋に知的で形式的に過ぎないもの，あるいは知的で即物的に過ぎないものではなく，社会的な限定性の中で把握される。

それゆえ以下のように言われたならば，いずれにせよ余りにも外面的である。すなわちソフィストにおいて新しく彼らに共通のものは，修辞学の教養理想，つまり「良く語ること εὖ λέγειν」であり——なぜなら彼らの代表者は皆この教養理想を共有するから，というのだが——，他方彼らは事柄の価値評価に関しては互いに意見が対立する——というのもゴルギアスのように修辞家に過ぎず，その他に何も教えなかった[8]ソフィストも存在するから，というのだが——，と。むしろ全てのソフィストの共通点は，彼らが政治的なアレテーの教師であり[9]，彼らが精神形成の高揚によって，このアレテーに到達しようとする点にある——このアレテーの何を精神形成へ含めようとも。我々はソフィストが世界へもたらした，教育上の永続的で豊かな認識に関して，驚いても驚き過ぎることはない。この認識は，精神形成および精神形成へ向けた教育術を創造した。同時に新たな教養は，形式的なもの，即物的なものを超え，政治的な指導への教育をむしろ人倫性と国家という問題の深みで攻撃した場合，真実をそれ自体がゆえに求め

---

8) H. ゴンペルツ『ソフィスト派と修辞学「良く語ること εὖ λέγειν」の，前 5 世紀の哲学との関係における教養理想』（ライプツィヒ，1912 年）。

9) プラトン『プロタゴラス』318E 以下，『メノン』91A 以下など。

る生粋の探求および徹底的に哲学的な思考に基づいていなかった場合，大抵は中途半端な状態で終わる危険にあったことは明らかである。プラトンとアリストテレスは続く時代において，上述の観点に基づくソフィスト流の教育の全体系を根底から変革した。

これはギリシアの哲学史，学問史におけるソフィストの立場がいかなるものであるか，という問いへと我々を導く。我々のギリシア哲学史は，哲学的な展開の有機的な構成要素として考察を行い，これは全く伝統的かつ自明のことと見なされている。にもかかわらず上述の問いは奇妙なことに，そもそも常に両義的であった。その際プラトンに依拠することは許されない。というのもソフィストの学問ではなく，彼らによる自分たちはアレテーの教師であるという要求，つまりまさに彼らの生や実践との関連こそ，プラトンを常に彼らとの新たな対決へと導くからである。唯一の例外は，プラトンの『テアイテトス』におけるプロタゴラスの認識論への批判である[10]。実際ここには，ソフィスト派と哲学との結び付きが存在する。しかしこの結び付きは，（プロタゴラスという）ただ一人の代表者のみに当てはまるので，一般化することはできない。アリストテレスが『形而上学』の中で敷衍している哲学史は，ソフィストを除外している。近代の哲学史の記述は，ソフィストに哲学的な主観主義あるいは相対主義の創始者を見るのが常である。しかしプロタゴラスによる一理論の諸命題から，こうした一般化は当然とされない。アレテーの教師をアナクシマンドロス，パルメニデスあるいはヘラクレイトスのような世界的な思想家に伍する存在と見なすことは，まさに歴史的な遠近法の歪曲に他ならない。

---

10) 同上『テアイテトス』152A。

ソクラテス以前の哲学者による人間観

　人間，いやそれどころか実践的に教育的な働きに関する思想は，元来イオニアの「経験による探求(ヒストリエー)」の純粋な探求衝動から，きわめて遠く離れていた。このことは，ミレトス人の宇宙論に示されていた。我々はこの宇宙論(コスモス)から，どのようにして世界の考察が，ますます抵抗し難く緊急性を増す人間の問題へ一歩一歩，接近するか，検討を行った。クセノパネスは人間のアレテーを神と世界に関する合理主義的な認識に基礎付けようと果敢にも試みたが，こうした試みはすでにこの認識を教育理想と内的に結び付けていた。自然科学はあたかも一瞬，詩情へ受け入れられることによって，民族の教養と生に対する精神的な支配を獲得すべきであったかのように見える。しかし，たとえかつて掲げられた人間の価値，本質，道へ向けた問いが哲学を不穏にし続けたとしても，クセノパネスは孤立した人物であり続けた。もちろんヘラクレイトスのように偉大で孤独な思想家のみが，統一的な原理から人間を世界(コスモス)の合法則的な構築へ組み入れることができたわけではない。そもそもヘラクレイトスは，自然学者ではない。前5世紀のミレトス学派の後継者の手の下で，自然探求はますます専門の学問という性格を帯びる。彼ら後継者は，人間を自らの思想から完全に排除するか，あるいは彼らが哲学的な深さを持つ度合いに応じて，各人は固有の流儀で問題と折り合った。クラゾメナイのアナクサゴラスは同時代の人間中心的な傾向を宇宙論に取り込み，存在の発端へと秩序付け，導く力として精神を捉える。その際，副次的に機械的な自然観察を完全に遂行する。アナクサゴラスは自然と精神との貫通に達しない。アクラガスのエンペドクレスは哲学的なケンタウロスであり，二つの形をした彼の魂の中には，イオニアの基礎自然学がオルフェウスの救済宗教との類まれな結び付きにおいて生きている。この救済宗教は，自然の永遠の

生成と消滅によって救済されることのない創造物にして玩具たる人間を，人間が運命によって結び付けられている元素の呪われた循環から，神秘的な道を通して，その根源において神的で純粋な魂のあり方へと連れ戻す。人間の魂の世界は，上で挙げたいずれの思想家においても，独自で自立している。デモクリトスのような非常に厳格な自然思想家でさえ，人間とその人倫的な固有の世界という問題を，もはや等閑視できない。他方で彼は，この問題がその直接の先行者を誘惑した，部分的には奇妙な逃げ道を避け，自然哲学と倫理的な教育の英知とを純粋に区別することを好む。デモクリトスは自然哲学と倫理的な教育の英知を理論的な学問としてではなく，説得という伝統的な形式において表現するのであるが。つまり古い諺による詩情の遺産と，近代の探求者による自然科学的で合理的な精神が，説得という伝統的な形式を介して独特の仕方で混じっている。これは純粋に意義深い兆候であり，人間と人間存在が哲学に課した問題がますます重要になりつつあることを示す。しかしソフィストの教育思想は，ここに起源があるわけではない。

実践的な要求，多面的な教養

哲学は人間により多くの関心を抱く。この関心は人間という対象のいよいよ近くを回り，ソフィストの登場が歴史的に必然であったことを改めて証明する。しかし彼らを満足させるのは，学問的・理論的ではなく全く実践的な欲求である。それはまた，なぜソフィストがアテナイで非常に強い影響を及ぼしたのか，他方なぜイオニアの自然学がアテナイに長期間，根付くことができなかったのか，ということのより深い理由でもある。こうして（イオニアの自然学のような）生から背を向けた探求に無理解なまま，ソフィストは詩人の教育的な伝統つまりホメロスとヘシオド

ス，ソロンとテオグニス，シモニデスとピンダロスを継承する[11]。我々がソフィストを，ギリシア人の教養の展開——それはこの一連の（ホメロスなどの）名前によって特徴付けられるのだが——へ位置付けて初めて，彼らの歴史的な位置が明らかとなる。シモニデス，テオグニス，ピンダロスに至ってようやく，アレテーとその教授可能性に関する問いが詩情のテーマとなった。詩情はその時に至るまで，人間という理想を無造作に据え，告知したに過ぎない。アレテーは今や，教育に関する多声的な言明の場となる。シモニデスは実のところ，すでに典型的なソフィストである[12]。ソフィストが最後の一歩を歩む。彼らは教育的な要素が非常に強く現れた勧告的な文芸による様々なジャンルを，新たに芸術的な散文へ変化させる。ソフィストはこの芸術的な散文という分野の巨匠であり，この巨匠性によって思想的にも形式的にも，文芸と意識的に競争を行う。同時に詩情の教育内容が散文となることは，この教育内容が決定的に合理化されることの表れである。またソフィストは，詩情が担う教育上の使命を継承する者として，自らの活動を詩情へも向ける。彼らは自分たちの教説を好んで大詩人の作品と関連付け，こうした大詩人の作品を学校において説明した最初の人々である。その際，我々が考える意味での解釈を期待してはならない。プラトンの『プロタゴラス』が滑稽な仕方で示しているように[13]，（読者は）詩人と直接的かつ時間を超えて向き合い，詩人は無邪気に現在へと引き入れられる。時代を問わず固有の，知性の冷たい目的意識は，詩情の教訓的な見解におけるほど強く，また場違いに現れることはない。ソフィストにとっ

---

11) （訳注）『プロタゴラス』316D。
12) 元来，同上339Aがすでにこのことを語っている。
13) 同上339A以下。

てホメロスは，車の製造から戦略に至る，人間に関わる全知識の百科事典であり，賢明な生の規則に関する有望な鉱脈である[14]。叙事詩あるいは悲劇の英雄を教育する者としてのあり方は，具体的に有用性という観点から把握される。

にもかかわらずソフィストは，決して単なる亜流ではない。彼らは形態の変化に富む，新たな問題に心を奪われている。ソフィストは人倫的で国家的な事柄に関する，彼らの時代にとって合理的な思考，例えば自然学者の教説に非常に心を惹かれるので，多面的な教養の雰囲気を周囲に醸し出していた。ペイシストラトスの時代さえ，その（後のソフィストに表れたような）明るい意識，渦巻く活気，伝達への敏感な渇望を取り巻くこうした雰囲気を，まだ知らなかった。クセノパネスが体現した精神の矜持は，新たなタイプから分離できない。その矜持は，グロテスクな自己意識を備える品位からけちくさい虚栄心に至るまで，プラトンによってかなり多様な形式の中で繰り返し戯画化され，嘲笑される。こうした全てはルネサンスの文学者を想起させ，両者の類似の内容として独立独歩，世界市民性，気前のよさも含まれる。これらがソフィストを世界の隅々へと駆り立てるのである。知識の全分野に精通し，ありとあらゆる手仕事を習得したエリスのヒッピアスは，自らの手で作らなかった服や飾りを何一つとして身にまとわず，完全な「普遍人 uomo universale」[15]である。他のソフィス

---

14) 同上『国家』598E は，ソフィストが行うホメロスの説明のこうしたタイプを明らかに特定の模範に従って描いている。

15) （訳注）同上『ヒッピアス（小）』368B。ルネサンス期に成立した，古代ギリシア・ローマの模範に依拠する人間の理想。人文主義の意味においては，多面的に形成され，解放的で，教会のドグマから自由な人。ブルクハルトが『イタリア・ルネサンスの文化』においてこの概念を用いた。

トについても文献学者，修辞家，教育者，文学者のこうした捉えどころのない混合を，何か伝統的な諸概念の中の一概念の下に集約することは無理である。ソフィストは一定期間，自らの役割を都市で演じるが，滞在する全ての都市においてギリシア精神の最高の名声を博する存在として，金持ちと有力者の下で好まれた客であった。彼らが好まれたのは，おそらく彼らが与える教説のゆえにではなく，彼らのような近代的なタイプが精神的にも心理学的にもありとあらゆる刺激を与えたからである。こうした点においてもソフィストは，我々が前6世紀末期に僭主の宮廷と裕福な貴族の家に見出した，居候的な詩人の紛れもない後継者である。彼らソフィストの存在は，もっぱらその知的な重要性に基づいている。彼らは絶え間ない放浪生活にあって，確固とした市民的な地位を得ることができない。こうした解放されたあり方が，そもそも当時のギリシアにおいては可能であった。このことは，最も内的な核心にあって個人主義的な，全く新たな種類の教養が台頭したことに関するきわめて固有かつ確かな徴であろう。それは，たとえこの全く新たな種類の教養が，共同体への教育と最善の国家市民の徳に関していかに多弁に語ろうと，そうなのである。ソフィストは実際，一般に個人主義へ傾斜する時代における，並外れた個性の持ち主である。その限りで，彼らは現実に時代精神の生粋の代表者として，同時代人から瞠目されるに値した。教養が時代精神を代表する男たちを養うことも，時代の徴である。教養は市場の商品のように「輸入」され，交易へともたらされる。こうしたプラトンの悪意ある比喩[16]の中には何か全く正しいものがあり，この正しいものはソフィストと彼らの個人的な志操に対する道徳的な批判のみならず，精神的な兆候として受け取らね

---

16) 同上『プロタゴラス』313C。

ばならない。ソフィストは「知識社会学」にとって汲めども尽きぬ項目に値し，全てが探求し尽くされたわけではない。

　まとめて言えば新たな男たちは，教養史上の第一級の現象を意味する。この現象によって教養の理論と意識的な観念という意味におけるパイデイアが世界に現れ，合理的な基礎へ据えられた。その限りで，ソフィストを人文主義の展開における重要な段階と見なさねばならない——たとえこの人文主義が最高かつ真の形式を，プラトンによるソフィストとの戦い，および彼らの克服の中に初めて見出したにせよ。こうした先駆性，未完成という性格は，彼らソフィストに終始つきまとっている。ソフィスト派は学問的な運動ではない。それはイオニア人の古い自然学，「経験による探求」の意味における学問の氾濫である。こうした学問の氾濫は生の様々な方向への関心であり，特に経済的で国家的な状態の階層変化から生まれた教育的で社会的な諸問題によって起きた。それゆえ運動は，まさに近代に至って教育学，社会学，新聞学の隆盛が古い学問へ影響を及ぼしたように，まずはまさに学問を抑圧するような影響を及ぼした。しかしソフィスト派は，まずホメロス以後の詩情の中で具体化されたように，古い教育伝統を合理主義的な時代の言語形態と思考方法へと新たに置き換え，教養概念を理論的に意識化した。これによってソフィスト派は，イオニアの学問領域の倫理的・社会的な側面への拡張と交わり，自然に関する学問を超えた，あるいはこの学問と並ぶ，真に政治的で倫理的な哲学の先駆者となる[17]。ソフィストの業績は，久しく形式的な領域に存した。しか

---

　17)　ソフィストの実践的な傾向と古えの哲学者および賢者による生から背を向けた流儀との対決を，プラトン『ヒッピアス（大）』281C が強調している。

し修辞学からほどなく，学問的な要素（哲学）にとって恐るべき敵，強い競争相手が生じる運命にあった。この学問的な要素（哲学）は修辞学から解放され，自らの権利を要求したのである。こうしてソフィストの教養はまさにその多面性という点に関して，続く世紀における教養の戦い，哲学と修辞学の戦いの芽を孕んでいた。

教育学と文化理想の起源

政治的な教養の技術的な知識に対する優位

ソフィストは教育学の創始者と呼ばれた。実際に彼らは教育学の基礎を据え，知的な教養は今日なお大部分，（かつてと）同じ道を歩んでいる。しかし教育学が学問か技術（クンスト）かという問いに関しては，今日なお決着がついていない。ソフィストは自らの教育術と教育理論を，学問ではなく技術（テクネー）と名付けた。我々はプラトンを通して，プロタゴラスについて詳しく知っている。というのも，プロタゴラスが公の場に登場する流儀に関してプラトンが与える描写は，嘲笑的な誇張にもかかわらず，おおむね事実に即した像を与えるに違いないからである。ソフィストは自らの職業を「政治的な技術（テクネー）」と名付ける。なぜなら，この技術（テクネー）は政治的なアレテーを教えるからである[18]。教育の技術化は，同時代に一般に見られる以下のような努力の特例に過ぎないように見える。すなわち生の全体を，幾つかの特別な学科へ解消するよう目指す努力である。この学科は，目的意識によって作られ理論的に基礎付けられた，転移可能な事柄の知識を媒介する。我々は数学的な学科，医学，体操術，音楽論，舞台芸術などに関する専門家や専門書を見出す。

---

18) 『プロタゴラス』319A。

ポリュクレイトスのような造形芸術家ですら，理論的に書き始める。

　しかしソフィストは，自らの技術の中にあらゆる技術の精華を見る。プラトンは，プロタゴラスの技術(テクネー)の本質と立場を説明するため，プロタゴラスに文化の成立に関する神話[19]を語らせる。この神話の中でソフィストは，二つの展開の段階を区別する。こうした段階は明らかに，時代的に分けられた歴史上の時期として考えられているのではない。二つの段階の連続は，ソフィストによる高尚な教育がいかに重要で，必要であるかを神話がわかりやすく説明する形式に過ぎない。最初の段階は，技術的(テクネー)な文明である。プロタゴラスはこの文明をアイスキュロスに従って，プロメテウスの贈り物と名付ける。人間はこの贈り物を，火と共に受け取ったのである。人間はこの贈り物を持つにもかかわらず，有罪判決が下され哀れにも没落していたことだろう。というのも，ゼウスが人間に国家と共同体の建設能力を与える法という贈り物を授けていなかったのであれば，彼らはお互い同士の恐るべき戦いによって絶滅したであろうからである。プロタゴラスがこうした特徴もアイスキュロスから，つまりプロメテウス三部作の失われた部分から借用したのか，それともヘシオドスから取ってきたのか，明らかではない。ヘシオドスは正義を，ゼウスによる人間への贈り物として初めて褒め称える。人間はこの正義によって，互いに食い合う獣から区別される[20]。ところで独創的な点は第一に，プロタゴラスの続く説明にある。すなわちプロメテウスの贈り物である技術的(テクネー)な知識がもっぱら専門家に授けられている一方，ゼウスは正義と法律への感覚を万人に植え付けた。なぜなら，そうでなければ国家

---

19) 同上 320D。
20) ヘシオドス『仕事と日々』276。

は存続できないからである。しかしソフィストの政治的な技術(テクネー)が教える法と国家の基礎に関する洞察には，さらに高い段階が存在する。この洞察のさらに高い段階はプロタゴラスにとって本来の教養にして精神的な絆であり，これが全ての人間共同体と文明をまとめる。

　ソフィストの全てが，自らの職分について非常に高尚な見解を持っていたわけではないであろう。おそらく平均的なソフィストは，自らの知識を男たちへ伝えることで満足した。しかし（ソフィストの）全運動を正しく見積もるためには，彼らソフィストの最も強い代表者を出発点としなければならない。（その代表者たる）プロタゴラスが生の全体の中で人間形成を中心に位置付けていることは，明白な「人文主義」として彼の教育の精神的な目標設定を特徴付ける。彼の立場は一方で，今日的な意味における技術(テクネー)的なものという言葉に対して，つまり文明全ての領域に対して人間形成を優先させる点にある。こうした技術的な能力・知識と本来の教養との根本的かつ明白な分離は，人文主義の基礎となった。ひょっとして専門家としてのあり方を，自らの起源によれば「職業(ベルーフ)」というキリスト教的で近代的な概念と無造作に同一視することに用心すべきかもしれない。この職業(ベルーフ)という概念は，古代ギリシア語の技術(テクネー)という概念よりも包括的である[21]。我々の意味での職業(ベルーフ)とは，プロタゴラスにとって人間の形成目標である大政治家の職業(ベルーフ)でもあり，これに対してこの職業(ベルーフ)をギリシア語で技術(テクネー)と名付けるためには，蛮勇が要る。この蛮勇は，以下のことによってのみ正当化される。すなわちギリシア語には，政治家の働きによって訓練された力と獲得された知識に基づくものを表現する，（技術(テクネー)以外の）他の言葉がないので

---

　21) カール・ホル「Berufという言葉の歴史」(『ベルリン・プロイセン学問アカデミー紀要』1924年) XXIX頁を参照。

ある。プロタゴラスがこうした技術(テクネー)を狭い意味での技術(テクネー)的な職分からずらし、何か普遍的なもの、全てを包括するものであるかのように見せかけるべく尽力していることも、全く明白である。彼は同様の理由から「一般教養」に関する自らの思想を、彼以外のソフィストによる教育および実科的に過ぎない教養から、非常に鋭く際立たせる。プロタゴラスの見解によれば、まさに「残り（つまり彼以外）のソフィストは若者を台無しにする」[22]。若者は、技術的で手工業的なものから逃れることだけを目的としてソフィストのところへ来るにもかかわらず、ソフィストは若者に、若者の意図に反して改めて技術(テクネー)的な知識への手ほどきをする[23]。プロタゴラスにとって真に「普遍的」なのは、政治的な教養のみである。

高尚な教養と国家、共同体との結び付き

プロタゴラスはこうした「普遍的な」人間形成の本質に関する見解によって、ギリシアの教育全体の歴史的な展開を要約しているに過ぎない[24]。このように倫理的なものも政治的なものも、生粋のパイデイアの本質における根本特徴である。後世になって初めて新しい、純粋に美的なタイプの人文主義が付け加えられ、あるいは倫理的なものや政治的なものの代わりに据えることが試みられた。というのも後世に至って国家は、もはや最高の位置になかったからである。ギリシアのあり方の古典期において、まさにあらゆる高尚な教養が国家および共同体という理念と結び付いていることは、重要である。我々は人文主義という言葉を

---

22) （訳注）プラトン『プロタゴラス』318D。

23) 同上 318E。プロタゴラスは当該箇所で特にヒッピアスを顧慮して、この「技術 τέχναι」に幾何学、天文学、ここではおよそ音楽論を意味する音楽を含める。

24) 155 頁以下を参照（本訳書では 213 頁）。

偶然的な，単に歴史的な例としてではなく，あらゆる熟慮を伴う本質的な意味における，人間形成という理念の性格付けとして用いる。この人間形成という理念は，ソフィスト派によるギリシア精神の展開の深みから，覆いを破って現れた。しかし近代にとって人文主義という概念は，我々の教養の古代への自覚的な関係に付着している。とはいえ我々の教養の根拠は，以下の事実の中にのみある。すなわち我々の「普遍的な」人間形成という理念は，まさに古代にその歴史的な起源を持つ。人文主義はその本質上この意味において，ギリシア人の創造物である。ギリシア人の人間精神に対する不滅の意義のみが，我々の教育と古代との歴史的な関係も必然的かつ本質的なものとする。

　ところで，ここで最初に次のような但し書きをつけねばならない。つまり人文主義は根本的な特徴が常に存在するにもかかわらず生き生きと展開し，プロタゴラスという（特定の）タイプへ固定できない。イソクラテスと同様プラトンもソフィストの教養という考えを受け入れ，二人はそれぞれこの教養という思想に異なった言い回しを与えた。「万物の尺度は人間である」[25]とは，プロタゴラスによる有名な，まさに彼流の人文主義の多義的なあり方に基づく意味深長な文章である。プラトンは自らの生と認識の最後に『法律』において，この文章を「万物の尺度は神である」[26]という公理へと変化させた。この事実ほど，上で触れた（人文主義が特定のタイプへ固定できない）変容にとって特徴的なものはない。我々はその際，以下のことを想起すべきである。すなわちプロタゴラスは神性に関して，彼がこの神性といかに関わるか，神性が存在するとも存在し

───────
25)　（訳注）プラトン『テアイテトス』152A。
26)　同上『法律』716C。プロタゴラス「断片」1（ディールス）を参照。

ないとも言えない，と語ったのである[27]。我々は，プラトンによるこうしたソフィスト流の教育の基礎に対する批判を前にして，すぐさま厳しく次のように問わねばならない。すなわちプラトンは宗教的な懐疑と無関心，人倫的で認識論上の「相対主義」に対して戦いを挑んだ。それゆえ彼はこの懐疑と無関心,「相対主義」（への戦い）のゆえに，ソフィストにとって生涯にわたる仮借ない敵となった。しかしこの宗教的な懐疑と無関心，人倫的で認識論上の「相対主義」は，人文主義にとって本質的なことなのだろうか？ 解答は個々人の見解に任されているのではなく，客観的に歴史それ自体からも与えられねばならない。我々の今後の記述はこの問題に繰り返し触れ，教養と文化による宗教と哲学をめぐる戦いを認識させるであろう。この戦いは，古代後期におけるキリスト教の受容と共に，世界史的な転回点に達する。

我々がこの場で今後の叙述を睨むのであれば，上述の程度のことを言えるに過ぎない。ソフィスト以前の古代ギリシア文化は，近代に見られるような文化と宗教との間の亀裂をおよそ知らず，その教養は深く宗教的なものに基づいている。亀裂はソフィストの時代に初めて開き，この時代は同時に自覚的な教養理念を創造した。伝承されてきた生の規範の相対化，我々がプロタゴラスの中に見出す，宗教の謎を解き難いとする諦めた洞察は，人間の教養に関する彼の高い理念と，偶然的に結び付いていたに過ぎないわけでは決してなかった。自覚的な人文主義は，おそらくあの最高の教育的な価値が問われた歴史的な瞬間においてのみ，ギリシア人の偉大な教育伝統から生まれることができた。実際にこの歴史的な瞬間に，まず「単なる」人間存在という狭い基礎へ退くものが明確に存在する。教育は出発

---

[27] プロタゴラス「断片」4。

点として常に規範を必要とする。そして伝統的な規範が解体した時、教育は自らの規範として人間の形式を選んだ。こうして教育は形式に関わるものとなった。こうした状況は歴史の中で繰り返され、常に人文主義の親密な仲間とされた。しかし他方で人文主義がこのような形式的な態度を通して自己を超え、以前と以後の時代を示すことも、同様に根本的なことである。つまり以前の時代へ向けては、本来かつ真の「精神」として歴史的伝統の宗教的で人倫的な具象表現力を充溢させることを示した。この「精神」から抽象的で空虚になった合理主義の精神概念は、自らの具体的で生きた形態を再獲得しなければならない。以後の時代へ向けては、存在概念の宗教的で哲学的な問題を示した。この存在概念は人間的なものを優しい根のように守りつつ取り囲み、そこで人間が根付くことのできる豊かな土壌を人間に与え返す。あらゆる教育のこうした根本問題へいかなる態度を取るかということは、ソフィストの意義を判断する際、決定的に重要である。歴史的に言えば、プラトンが史上初の人文主義つまりソフィストの人文主義を終結させたのか、それとも完成させたのか、ということが明らかになるか否かという点に、全てがかかっている。こうした歴史的な問いへの態度決定は、信仰告白に他ならないことを意味する。しかし純粋に歴史的に考えるならば、ソフィストが告知したような人間の教養という理念は、なるほど偉大な未来を自らの中に孕んでいるが、決して最終的な創造物ではなかったことが以前から事実上、決定されていたように見える。人間形成という理念は自らの形式を意識している点において、今日に至るまで並外れて実践的で教育的な効果を及ぼした。しかしまさにこの理念は最高の要求を掲げて現れたことによって、哲学と宗教によるより深い基礎固めを必要とした。そもそもプラトン哲学に新たな形態を与えるのは、ホメロスから悲劇に至る、古えのギリシ

アの教育における宗教的な精神である。プラトンは、ソフィストの教養理念の背後へ遡ることによって、ソフィストの教養理念を越えてゆく。

教養世界の歴史的な構築

ソフィストの登場が決定的である理由は、自覚的な教養という考えそれ自体の中にある。我々は、ギリシア精神がホメロスからアッティカの隆盛期まで後にした道を振り返ろう。すると、この考えは何か驚くべきものではなく、その展開が全て歴史的かつ必然的に熟した果実であるかのように見える。自覚的な教養という考えは、ギリシア人のあらゆる思考の働きと詩的な形態化の弛まぬ努力の表現であり、それは人間の形式という規範に刻印されている。この本質に従えば造型面での努力は、特に（ギリシア人のような）非常に哲学的な民族の下で、ここで把握されるような高い意味における教養理念の自覚化を必要とした。ソフィストにとってギリシア精神による初期の創造物は全てこうした教養という理念と結び付いており、教養に与えられた内容であると考えられた。このことは、ごく自然に見える。詩人の作品が及ぼす教育力は、以前からギリシア民族にとって確固たるものであった。この力を教養という内容へまとめ上げることは、次のような時点に実行されざるを得なかった。つまり自覚的な「教育 παιδεύειν」は、最早「子供 παῖς」の年齢のみならず、成長する人間に特に強い注意を向けるべきで、さらに人間の教育的な成長の歩みは年齢が進むことによっても決して固定的な限界を持たない、という認識が目覚めた時点においてである。ギリシア人は今や一挙に、大人もパイデイアを持てるということに気付いた。元来、教育の歩みそれ自体のみを特徴付けた概念は、その意義の領域を客観的で内容的な側面へ向けて拡げた。これはちょうど我々（ドイツ語）の教養、ある

いは「文化 cultura」という同じ意味のラテン語の言葉が，「教養の行程」から「教養ある存在」の性格付けへ，さらに「教養の内容」となり，最終的に全ての精神的な「教養の世界」を含むのと全く同様である。この教養の世界の中で，各人は自民族あるいは特定の社会的な集団の構成員として生まれるわけだが。こうした教養の世界の歴史的な構築は，教養理念の意識化において頂点に達する。それゆえギリシア人が精神的に創造された全てのものと成長した形式を見出し，この（教養という）概念をようやく最終的に結晶化した前4世紀以来，自らの伝統の全体的な所有と内容をパイデイアとして——我々はこれを「教養」，あるいは外来語のラテン語を用いて「文化」と呼ぶ——性格付けたことは，全く自然で自明のことである。

　ここから考察すると，ソフィストは中心となる現象である。彼らは文化意識の創造者であり，この文化意識においてギリシア精神は自らの「目的」，さらには内的で自己を確信した固有の形式と方向へと到達する。その際ソフィストがこうした概念と意識の出現を助けたことは，彼らがこの概念と意識にまだ最終的な刻印を与えなかったことよりも，差し当たり重要である。ソフィストは伝承されてきた存在の形式が解体する時代にあって，人間の教養を自民族が歴史から受け継いだ偉大な課題として，自己および共同世界に意識させた。これにより，全ての展開が常にそこへと向かい，あらゆる生の自覚的な構築がそこから出立しなければならなかった点を発見した。意識化とは高みであり，しかも後世の時代の高みである。そしてこの意識化は，（ソフィストという）現象の別の側面である。ソフィストからプラトン，アリストテレスへ至る時代は，ギリシア精神の展開の延長上に位置するさらなる高揚である。この主張に説明を要さないとしても，「ミネルヴァの梟は，

黄昏にようやく飛行を開始する」[28]というヘーゲルの言葉は，効力を持ち続ける。ギリシア精神はその最初の使者がソフィストである自らの世界支配を，自らの青年期を代償として手に入れた。ニーチェとバッハオーフェンが高みを「理性 ratio」が覚醒する前の時代，例えばホメロスや悲劇の時代という神話的な発端へ移そうとしたことは，理解できる。しかし，こうした初期の時代をロマン主義的に絶対化することは不可能である。なぜなら個人と同様，民族の精神の展開も，踏み越えられない法律を自らの中に持ち，この展開を歴史的に後で経験する者に対して分裂した印象を与えるからである。我々は精神が展開する中で，自らの中にあったものを失うことを遺憾に感じる。しかし展開を可能にする力のどれ一つとして，なしで済ませようとは思わない。なぜなら精神が展開する前提の下でのみ，より以前のことに全く憶することなく驚く準備ができ，驚く力があるということを，我々は十分に知っているからである。これが我々の立場でなければならない。というのも我々自身は後期の文化段階に立ち，幾つかの観点からソフィスト派以来，初めてギリシアこそ我々の根源であると本来の意味で感じ始めるからである。ソフィスト派は，ピンダロスやアイスキュロスよりも我々に「近い」。そのため我々は，ソフィスト派をより多く必要とする。我々はまさにソフィストのお蔭で，以前の段階を「継続」することは教養の歴史的な構築にあって決して無意味ではない，という点に気付いている。というのも，我々は以前の段階がこうした教養の中で同時に止揚されている場合にのみ，新たな段階を肯定できるからである。

---

28) （訳注）Hegel, Georg Wilhelm Friedrich: Grundlinien der Philosophie des Rechts, in: Werke, Frankfurt am Main 1970, Bd.7, S.28.

教育理論の基礎として人間の自然への注目

我々は個々の点に関してソフィストについて知ることが余りにも少ないので，主として代表者からのみ彼らの教授法と目的という個人的なイメージを得られるに過ぎない。プラトンが『プロタゴラス』において性格を比較する描写は，ソフィスト自身がこうした（個々のソフィストの）区別をたいへん重視していたことを示す。しかしソフィストは，自らの功名心のためにそう信じたがったほど，互いに遠く離れて存在したわけではない。彼らについての消息が欠けている理由は，自分たちを越えて長く生き延びた文学を残さなかった点にある。この点において別格とも言うべきプロタゴラスの著作は，すでに彼の生前にほとんど失われたも同然であったものの，古代後期に至るまで時折，読まれていた[29]。それぞれのソフィストによる学問的な業績は，何十年にもわたって参照され続けた。しかし彼らは概して学者ではなく，彼らの目的は実践的な影響を及ぼす点にあった。トゥキュディデスの言葉によれば，ソフィストが修辞能力を「演示すること Epideixis」[30]は永久的な所有（を目指すの）ではなく，むしろその場その場で傾聴されることを目的とした傑作であった[31]。そして彼らの主たる力は，教育へ向けてより深く努力する際，文学的な事柄ではなく，生きた人間との交際へ集中した。これは確かに自然なことである。ソクラテスはこうした点においてソフィストをさらに凌駕しており，何一つとして書かなかった。我々がソフィストによる教育的な実践への洞察をもはや持

---

29) ポルピュリオスの作品の中での，存在者に関するプロタゴラスの著作の残存する部分についての重要な知見に関しては，プロタゴラス「断片」2（ディールス）を参照。

30) （訳注）語り手が聴衆に聞かせ彼らを魅了するだけのために，美辞麗句を連ねること。

31) （訳注）トゥキュディデス『戦史』第1巻第21章。

たないということは，我々の判断にとって何ものによっても代え難い喪失である。これに対して我々がソフィストの生き様や意見について散発的に聞き知ることは，重要ではない。というのも基本的には，それぞれの（ソフィストが抱いた）見解について，そもそも多くのことが問題になるわけではないからである。我々は，彼らの教育の理論の基盤に関わることが問題となる場合のみ，彼らの見解に触れることにしよう。そこではまず，教養過程を意識することが本質的に重要であり，これは教養理念が意識されることと関連する。教養過程を意識することは，教育行為の実状への洞察，特に人間の分析を前提とする。なるほど，このような人間の分析は近代の心理学と比較するならば，根本的にはまだ単純である。その単純さは，ソクラテス以前の哲学者による自然学的な，究極の原素に関する教説を近代の化学と比較する場合の単純さと，ほぼ同じである。しかし心理学は今日，事物の本質に関して，ソフィストの教育論以上のことを何も知らず，化学はエンペドクレスやアナクシメネス以上のことを何も知らない。それゆえ我々は，ソフィストの教育学による一回限りの原理的な洞察を，今日なお援用して構わない。

我々がテオグニスとピンダロスの中に見出した，貴族の教育と政治的・民主主義的な見解をめぐる一世紀前の争点を引き合いに出すならば，ソフィスト派はあらゆる教育の前提条件，すなわち人間の成長における「自然」と意識的で教育的な影響との関係という問題を探求する。こうした探求の反響である，（ソフィストの）同時代に著された文学の多くの箇所を蒐集しても，無意味であろう。こうした箇所は，ソフィストが前述の問いが生まれた問題意識をあらゆる集団へもたらしたことを証明する。言葉は変わるが，（問題となる）事柄は随所で同じである。「自然 φύσις」こそ，全ての教育が依拠せねばならない基礎であ

るという認識に到達した。教育を完成させる過程それ自体は,「学習 μάθησις」または「教授 διδασκαλία」,そして学ばれたことを第二の自然とする「訓練 ἄσκησις」として行われる[32]。ここにおいては貴族主義的な血の倫理を基本的に放棄した上で,貴族のパイデイアと合理主義という,かつて対立させられた観点の総合が試みられている。

今や神的な血の代わりに,人間の自然という普遍的に把握された概念が,あらゆる個別的な偶然性と多義性において,しかし非常に広範囲に現れる。これこそ途方もなく大きな影響を及ぼした歩みであり,この歩みは当時,まさに溌剌と発展する医学という新しい学問の助けによって初めて可能になった。久しく医学は,様々な民衆医学的な迷信や呪術のあり方と混合した,原始的で素人的な軍医術であった。そしてイオニアでの自然認識の高揚と,整理された経験的知識の十分な発達もようやく医術に影響を与え始め,医者を人間の身体とその身体の学問的な経過観察へ導いた。こうした学問的な医学とそれに携わる人々を通して,人間の自然という概念が生まれた。我々はソフィストと彼らの同時代人の中で,非常にしばしばこの自然という概念と出会う[33]。自然という概念は宇宙全体から個々のもの,人間へと転移された。ここでこの概念は,独自の個人的な色合いを得た。人間は,自らの本性が人間に指示するある種の規則に服している。人間の生き方は,それが正しいものに適っているならば,病的あるいは健康な状態にあるかを問わず,この規則の認識から始まる。人間の自然は,ここではまず特定の特徴を持つ身体的な有機体として認識され,この特徴に従って扱われた。人間の自然に関わ

---

32) プロタゴラス B3(ディールス),「大きなロゴス」からの断片を参照。

33) ヒュポクラテス全集の医学文献に登場する人間の本性という概念は,切迫して探求を必要とする。

るこのような医学的な概念から，人間の自然が拡張された概念への前進がすぐさま行われた。ソフィストは人間の自然が拡張された概念を，教育理論の根底に据えたのである。彼らは教育理論の下に，身体と魂からなる全体，しかし特に人間の内的な素質を理解する。似た意味において当時，歴史家のトゥキュディデスも，人間の自然という概念を用いる。しかし彼は，この概念を対象に即して，人間の社会的で道徳的な本性という意義へ変える。ここで初めて把握されたような人間の自然という理念は，決して何か自明なものとして受け取ってはならない。この理念は，ギリシア精神の基本的な行為それ自体である。こうした行為によって初めて，本来の教養論が可能となる。

人間の教育可能性への楽観的な信仰

ソフィストは，「自然」という言葉に含まれた深い宗教的な問題を展開しなかった。彼らは，通常，人間の本性は教育が可能で善への能力がある，という一種の楽観主義的な信仰を前提にしている。不幸や悪の素質を持つ者は，その限りではない。これは周知のように，キリスト教が常に人文主義に対して行った宗教的な批判である。もちろんソフィストによる教育上の楽観主義は，こうした問いに対するギリシア精神の結論を意味するわけではない。しかしギリシア人が人間形成という理想の代わりに（万人が）共通に持つ罪の意識を前提にしたのであれば，決して文化の理想や教育学へ達することはなかったであろう。いやそれどころか，いかに深くギリシア人が最初から，あらゆる教育者のあり方に関わる問題性を意識していたか推し量るためには，『イリアス』のポイニクスの情景，ピンダロスやプラトンを想起するだけで十分である。もちろん，こうした（教育上の楽観主義に対し）疑いを抱くのは，特に貴族主義者である。ピンダロスとプラトンは，啓蒙された大衆の教

育という民主主義の幻想を決して共有しなかった。平民ソクラテスは，こうした（楽観主義的な）教育に対する貴族主義的な疑いを再発見した人物である。プラトンは「第七書簡」において，認識が大衆に及ぼす影響に関してプラトンが設けた狭い制限について，つまりなぜ彼が無数の者へ救いのメッセージを伝える人として現れたのではなく，（メッセージを伝える）集団を自らの周囲の人間に限定して非常に固く閉ざしたのか，という理由について，深い諦めの言葉を語った[34]。こうした言葉を想起せねばならない。しかしそれにもかかわらず，このような同じギリシアの精神貴族があらゆる高い意識的な人間形成の出発点であったことを同時に想起する必要がある。すると，まさに教育の可能性に関する真剣な疑いと教育を形成する者の堅固な意志との間にある内的な二律背反の中に，ギリシア精神の永遠の偉大さと実り豊かさを理解するであろう。ソフィストの教養楽観主義と同様キリスト教の罪意識や文化ペシミズムとは，こうした両極に存在する。ソフィストの教養楽観主義の功績を公正に判断するためには，この教養楽観主義が時代に拘束されている点を同時に認識する必要がある。ソフィストによる教養楽観主義の功績の諸前提に正当な評価を下しているのか，という点に対して，批判がないわけではない。なぜならソフィストが目指し，成し遂げたことは，まさに我々の時代にとっても相変わらず不可欠だからである。

　ソフィストの教養楽観主義に対する偉大な批判者であるプラトン以上に，ソフィストの教養楽観主義が時局に適い，政治的に限定されていることを明瞭に見抜き，簡潔に描いた人はいない。我々はプラトンの『プロタゴラス』から，繰り返し資料を汲み出さなければならない。というの

---

34) プラトン「第七書簡」341D。

も，同書の中でソフィストの教育上の実践と思想世界が偉大で歴史的な統一と見なされ，社会的かつ政治的な前提が異論の余地なく露呈しているからである。この社会的かつ政治的な前提とは，ソフィストが眼前に見出した教育の状況が常に歴史的に反復する，という同一の前提である。ソフィスト流の教育方法を編み出した人は自らの方法を非常に誇りに思っていたが，こうした方法の個人的な相違は，もちろんプラトンにとってユーモアの対象となるに過ぎない。アブデラのプロタゴラス，エリスのヒッピアス，ケオスのプロディコスの人格が，一挙に観覧に供される。彼らは皆，裕福なアテナイ人カリアス（3世）の家へ賓客として共に招かれ，彼の家は精神世界の著名人をもてなす客用の家へと変化した。その際，彼らソフィストは互いに非常に異なっているにもかかわらず，彼らの間で顕著な，精神的な家族としての親縁性は明らかである。

　プロタゴラスはソフィスト中の最重要人物として，ソクラテスから紹介された向学心旺盛な良家出身の若いアテナイ人を，政治的なアレテーへ向けて教育することを申し出た。プロタゴラスはソクラテスの懐疑的な異議に対して，人間を社会的に教育できることに確信を持つ根拠を述べる[35]。プロタゴラスは，社会の現実の状態から立論する。各人は，特別な素質が要求される何らかの技能に関して，能力がないと告白するのが常である。というのも，こうした告白はいかなる不名誉にもならないからである。これに対していかなる人も，人前では法に抵触する過誤を犯さず，少なくとも行為が合法であると見せかける。この人がこうして体面を保つことを止め，公の場で不法を告白すれば，これは率直さではなく狂気の現れと見なされる。なぜなら，何人も公正と熟慮に与り得ることを前提とするか

---

35)　同上『プロタゴラス』323A 以下。

らである。政治的なアレテーを獲得できることも，公の承認と罰という統治のシステムに遡る。誰一人として，生まれながらの本性に属し，避けることのできない欠陥を理由として他人を叱ることはない。人間はこうした欠陥について，称賛にも罰にも値しないのである。しかし称賛と罰という両者は，人間社会から割り当てられる。それは人間が意識的な努力と学習によって，良いものを獲得するためなのである。それゆえ社会が依拠する全てのシステムを維持するために，法が罰する人間の過ちは教育によって避けることができなければならない。プロタゴラスは，同様のことを罰の意味からも導き出す。古代ギリシアにおける報復としての罰に関する因果論的な見解――というのは，誰かが間違えたから，というのだが――とは対照的に，彼は全く明らかに近代的な理論へ信仰告白する。つまり罰を，他人への威嚇や犯人の矯正のために用いられる最終手段として理解しようとする[36]。罰に関するこうした教育上の見解は，人間が教育できるという前提に基づいている。市民の徳は国家の基礎であり，この徳なしにいかなる社会も存続できない。この徳に与らない人は，良くなるまで教育され，罰せられ，訓戒を与えられねばならない。しかし彼を矯正することが無理であれば，彼は共同体から排除され，あるいは殺されねばならない。こうしてプロタゴラスにとって刑事司法のみならず国家とは徹頭徹尾，教育的な力なのである。彼がアテナイにおいて見出した現実は，正確にいえば近代的な法治国家と法律国家である。この法治国家と法律国家の政治的な精神は，上述の教育的な刑罰観から首尾一貫して語られ，この刑罰観の中に正当性を模索する。

---

36) 同上 324A-B。

法律の教育的な機能

　国家による法の育成と立法に関するこうした教育上の見解は，そもそも国家が市民の教育に全体的な影響を及ぼすことを前提とする。しかしこの教育は前に述べたように，スパルタ以外のギリシアのどこにも存在しなかった。プロタゴラスの見解によれば，教育を国営化する要求は本来，全く当然のように思われたにもかかわらず，ソフィストが教育の国営化を支持しなかったことは注目に値する。しかしソフィストは，私的な取り決めに基づいて自らの教育を提供したことによって，まさしく実際にこうした空隙へ入り込んだ。プロタゴラスは，個人の生はすでに生まれた時から教育の影響下にあることを証明する。乳母，母，父，子供の指導者は，子供を育てるために競争する。それは彼らが子供に対して，何が正しくて何が間違っており，何が美しく何が醜いかを教えることによる。彼らは，歪んで曲がりくねった木のような子供を，威嚇と打擲によって正しい方向へ矯正しようとする。それから子供は学校へ入学し，秩序を学び，キタラーの演奏のみならず読み書きの知識を獲得する。

　こうした段階を終えると，教師は子供に優れた詩人の詩を呈示し，その詩を暗唱させる[37]。この詩は，優れた男たちによる多くの警告と称賛を含んでおり，彼らの例は，子供がそれらの例を模倣するように鼓舞しなければならない。これと並んで，子供は音楽の授業によって熟慮することを身につけるよう教育され，悪戯をしないよう配慮される。引き続き抒情詩人の勉強が行われる。彼らの作品は，音楽作品という形式において朗誦される。この作品は，リズムと調べを若者の魂に親しませ，若者を大人しくさせる。というのも，人間の生は良きリズム(オイリュトミー)と良き調べを必要

---

37)　（訳注）同上 325E。

とするからである。この調べは、真に教養ある全ての人間の言行を通して、表現されねばならない[38]。さらに若者は、「体育教師 Paidotriben」[39](パイドトリベース)による体操学校に送られる。これは彼らが優れた精神に正しく仕え、人間が決して身体的な弱さのために人生で役立たずにならないよう、身体を鍛えるためなのである。プロタゴラスは、富裕な家族は貧しい階級の人々よりも子弟を長く教育すべきである、と主張する。彼は（富裕な家族からなる）高貴な集団の前で人間形成における根本の前提とその段階に関して講演するが、上で述べたとおり、この高貴な集団に特段の配慮をしている。金持ちの息子は早い時期から学習を始め、遅い時期に学習を終える[40]。プロタゴラスは、万人は自分の子供にできるだけ慎重な教育を続けるべきであること、そして人間の教育可能性は世界における「共通意見 communis opinio」であり、教育は万人によって問題なく実践されていることを証明しようとする。

プロタゴラスが教育を学校の卒業によって完結させていないことは、新たな教養概念の特徴である。学校は今や（卒業した後）、ある意味で本来、初めて始まる。彼は国法を政治的なアレテーの教育者と見なすのであるが、その際、彼の時代の支配的な国家観が、再び彼の理論の中に反映している。学校を卒業した若い男は活動的な生を始めるに当たり、法律を学び、国家は彼らに法律という模範と「範例 παράδειγμα」(パラデイグマ)に従うように強制する。これによって、本来の国家市民としての教養が始まる。ここでは古えの貴族のパイデイアを近代的な市民教育に変形していることが、明らかである。ホメロス以来、模範という考えが貴

---

38)（訳注）同上 326A-B。
39)（訳注）格闘技学校または練習場において、少年をスポーツによって鍛える職務に就いている人。
40)（訳注）同上 326C。

族の教育を支配してきた。教育を受ける人には個人的な模範の中に，従うべき規範が紛れもなく眼前に現れている。そして教育を受ける人は，人間という理念的な形態の中で具体化された規範を驚嘆しつつ眺めることによって，この規範を模倣するように促されるべきなのである。「模倣 μίμησις」という個人的な契機は，法律からは抜け落ちる。この契機は，なるほどプロタゴラスが展開する教育の段階的な体系の中では完全には消えず，より低い段階へ移された。この個人的な契機は詩情における初歩的な，まだ純粋に内容に即した授業につきまとっている。我々が見たように，こうした授業は精神の形式，リズム，調べではなく，道徳的に規則通りのもの，歴史的な例へ向けられていた。これと並んで市民の最高の教育者である法律を把握する際に，模範という規範的な要素が固く保持され，強化された。なぜなら法律は，妥当する規範を最も普遍的かつ拘束力を以て表現するからである。プロタゴラスは法律に適う生を，初等教育での書くための授業に譬える。この授業において子供は，線をはみ出さずに書くことを学ばなければならない。このように上手に書く線こそ法律であり，法律は古えの優れた立法者の発明である。プロタゴラスは教育の過程を，木を適切な状態へ曲げることに喩えた。ソフィストの見解によれば，正義の言語が線から逸脱する者を元の線へ向けて戻す罰は，「真っ直ぐにすること Euthyne」と名付けられる。そこでは，法律の教育的な機能も明らかになる[41]。

教養と農耕との比較

法律はアテナイ国家において，当時ピンダロスから好んで引用されたように「王」であるのみならず，市民階

---

41) （訳注）同上 326D。

級の高度な学校でもあった。こうした考えは，今日の感覚からかなり離れている。法律はもはや威厳を備えた立法者が案出したものではなく，時々の創造物である。アテナイにあっても法律は，早晩そうなる運命にあった。法律は専門家自身にとっても，もはや全体が見えないものとなった。ソクラテスに監獄の中で自由と逃亡への扉が開かれた瞬間，彼にとって法律は生きた人物であるかのように思われ，誘惑に駆られても法律に忠実に留まるよう警告した。こうしたことは，我々の時代ではほとんど想像不可能である。というのも，法律はソクラテスを生涯にわたって教育し，保護し，彼の存在の根拠かつ土壌だからである。プロタゴラスが教育者としての法律について語っていることは，プラトンの『クリトン』における上述の情景を想起させる[42]。プロタゴラスはこれによって，自らの時代の法治国家の精神を定式化しているに過ぎない。我々はプロタゴラスの教育学とアッティカ国家との親和性を感じ取るであろう。アッティカ国家とその施設は，上で触れた人間観に基づいている。たとえ彼が明確に何度もアテナイとの関連を引き合いに出さず，このことに言及しないにせよ。プロタゴラス自身はこうした（親和性の）意識を持っていたのだろうか？ プラトンは『プロタゴラス』の中で，（プロタゴラスによる）教授の講演を，天才的ではあるが芸術的に自由に模倣した。その際プラトン自身が上述の意識をプロタゴラスへ付与したのだろうか？ 我々は，このことをもはや決定できない。確実なのはプラトンが，ソフィストの教育は実際の政治状況から学び取った技術であったという見解を，生涯にわたって抱いていたことに過ぎない。

　プロタゴラスがプラトン（の作品）の中で述べている全てのことは，教育の可能性という問いを狙いとする。しか

---

42) 同上『クリトン』50A。『プロタゴラス』326C を参照。

しこの問いは，ソフィストによって国家と社会の前提，つまり政治的で道徳的な常識(コモン・センス)からのみ導き出されるのではなく，より包括的な文脈へ据えられる。人間の自然を形成できるのかという問題は，自然と技術との関係一般の特例である。（教育）理論のこうした側面に関して並外れて豊かな教えを与えるのはプルタルコスの論述であり，その論述が収められた著作はルネサンスの人文主義にとっての基礎文献となった。この著作は非常にしばしば出版され，その思想内容は近代の教育学に吸収され尽くしてしまった。著者プルタルコス自身は序文において[43]，古い教育文学を知り，それを用いていることを告白している。これは，いずれにせよ気付く点である。プルタルコスは古い教育文学を，それへ依拠する個々の点のみならず，彼があらゆる教育の三つの根本要素，つまり素質，学習，習慣を取り扱う以下の章においても利用している。彼がここで古い教育理論という土壌の上に立っていることは，異論の余地なく明らかである。

　プルタルコスは，通例はソフィストに由来するものとして知られた「教育学上の三位一体論」と共に，以下の一連の思考を同時に受け取った。この思考は上述の教えと密接に関連し，ソフィストの教養理想の歴史的な射程を判然と明らかにする。これは我々にとって，非常に歓迎すべきことである。農耕は人間の意識的な技術による自然の加工を表す根本的な事例であるが，プルタルコスの原典はこの農耕を手がかりに，教育の前述の三つの要素の関係を説明した。正しい農耕のためには，まず良い土壌，それから技術に精通した農夫，最後に良い種が必要である。教育のための土壌は人間の素質，農夫に対応するのは教育者，種は話された言葉を伝達する教説と規則である。こうした三つ全

---

43) プルタルコス『自由教育について』2A 以下。

ての条件が満たされたならば，途方もないものが形成される。しかし贈物をそれほど多く受けていない素質の持ち主でも認識と習慣によって適切に世話されるならば，存在する欠陥は部分的に埋め合わせる。他方，反対に才能に恵まれた素質の持ち主であっても，放任されると堕落する。まさにこうした経験は，教育術を不可欠なものとする。素質から戦い取られたものは，最終的には素質それ自体よりも強くなる。良い土壌は世話されないと収穫が少なく，その土壌は，本性が良いものであればあるほど，（世話をされないと）より悪くなる。あまり良くない土壌であっても，適切に絶え間なく手を加えるならば，最終的には高貴な果実をもたらす。農耕の（重要な）他の半分である樹木の栽培も，同様である。身体の訓練と獣の調教の例も，素質が教育しやすいことを同じく証明する。教育が最もしやすい適切な時期にこそ，仕事を始めなければならない。この時期とは，人間の中の素質がまだ柔軟で，学んだことがなお容易に魂と融合し魂に残る，幼年時代である。

　こうした（プルタルコスの）思考過程に見られる初期の要素と後期の要素とを正確に区別することは，残念ながらもはや不可能である。明らかにプルタルコスは，ソフィスト以後の哲学の教説をソフィスト流の直観と結び付けた。上で述べたような若者の魂の「良き形成 εὔπλαστον（エウプラストン）」に関する見解は，ひょっとしてプラトンに由来するのかもしれない[44]。そして技術は自然に欠けたバランスを回復するという美しい考えは，プラトンとアリストテレスがソフィストという先行者を前提しないにせよ，アリストテレスによって繰り返される[45]。これに対して耕作という決定的な

---

44) プラトン『国家』377B。

45) アリストテレスはこうした考えを，失われた「哲学の勧め Protreptikos」の一部において展開した。この一部は新プラトン主義者イアンブリコスの同名の著作から再び取り戻されている。拙著

例は，教育学上の三位一体論と非常に有機的に結び付いているように見える。それゆえこの例は，ソフィストの教育論の一部たらざるを得なかった。この耕作の例はプルタルコス以前にもすでに用いられており，この理由から（その典拠を知るためには）古い資料へも遡らなければならない。このような例をラテン語へ移し替えることによって，人間の教養と「農耕 agricultura」との比較がヨーロッパの思考へ受け継がれ，「魂の耕作 cultura animi」[46] という適切な表現が新たに創造された。人間の教養は「精神文化」である。こうした概念の中に，大地の耕作に由来する具象的なものが，はっきりと共鳴し続けている。後の人文主義の教養論もこの考えを復活させ，この考えに，人間形成という理念がそれ以来「文化民族」の思考において占める中心的な立場を与えた。

ソフィストは，文化の概念という像が将来，人間の教育という単純な概念をはるかに凌駕し，この像が礼節の最高の象徴になるであろうことを予感できなかった。たとえそうであったにせよ，彼らが文化という概念の創造者となったことは，最初の人文主義者としてのソフィストの性格付けに適っている。しかし文化という考えのこうした凱旋行進は，内的に正当化されている。というのも，先に述べた（人間の教養と農耕との）豊かな比較の中にギリシアの教養観の新しい，普遍的に妥当する基礎が表現されているからである。この教養観はこうした基礎と共に，意識的な人間精神によって自然を醇化し改善する一般法則を最高度に適用するものとして特徴付けられる。ここにおいてソフィスト，特にプロタゴラスの伝承が証言するように，教育学と

『アリストテレス』75 頁を参照。

46)（訳注）キケロが哲学をこう名付けた（『トゥスクルム荘対談集』第 2 巻第 5 章の 13）。

文化哲学が結び付く内的な必然性があった、ということが示される。人間形成の理想は、プロタゴラスにとってはあの最広義での文化の頂点である。そこで文化は、人間による原始的な自然に対する強制という最初の発端と、人間精神の自己形成の高みとの間にある全てを包括する。ギリシア精神によって存在の一般性と全体へ向けられた自然が、こうした教育現象の深く広い基礎の中で再び現れる。この自然なしには、文化という理念も人間形成という理念も、具体的な形を取って現れることはなかったであろう。

後世の修辞学への影響

しかし、たとえ教育のより深い哲学的な基礎付けがどんなに重要であるにせよ、農耕文化との比較は教育方法それ自体に対して限定された価値を持つに過ぎない。学習が魂へもたらす知識の魂に対する関係は、種の土壌に対する関係とは異なっている。教育は、教育者が恣意的に招来し、自らの手段によって養い促進する、おのずと前進する成長過程に過ぎないわけではない。我々はすでに、人間の身体面での教育の模範に関して、体操のトレーニングを例に考察を行った。この（体操という）人間に古くから継承された経験は、新しい魂の形成に対してたいへんわかりやすい例を提供した。造形芸術との関連において、生きた身体に手を加えることは形成の行為と見なされた。これと同様プロタゴラスにとって教育は魂の・形・成、教育の手段は形成力に見える。ソフィストが形成あるいは教養という特定の概念を、教育過程を表すため、すでに用いていたか否か、確実なことは言えない。ソフィストによる教育という考えは、原理的にこれ（教育過程）と異なるものではない。それゆえプラトンが「形成 πλάττειν」という表現を初めて用いた可能性があるということは、どうでもよいことなのかもしれない。プロタゴラスは、詩的で音楽的なリズムと

調べを叩き込むことで魂をリズミカルで調和的にしようと望んだが、その際すでに形成という考えが根底に横たわっている。彼はこの（主張を行う）引用部において[47]、彼自身が行う授業ではなく、既存の私塾が行う授業——これを全アテナイ人が多かれ少なかれ享受するのだが——について記述する。ソフィストの授業が同様の意味でこうした（既存の私立学校が行う）授業、特にソフィストの教育の中心部分であった形式的な原理に依拠していたことが推測できる。ソフィスト以前の文法、修辞学、討論術に関しては、いかなる場においても話題とならない。それゆえ彼らを、これらの学科の創造者と見なさなければならない。明らかに新たな技術(テクネー)は、精神形成という原理の方法的な表現である。というのもこの技術(テクネー)は、言語、語り、思考の形式を出発点とするからである。こうした教育学の行為は、人間精神による最大の発見の一つである。人間精神はこの発見によって、人間の活動のこうした三つの領域の中で、人間自らの構造の隠された法則に対して初めて自覚的になる。

残念ながら、ソフィストのこうした顕著な業績に関する我々の知識は極端に少ない。彼らによる文法に関する著作は失われた。しかし後世の人々、つまり逍遥学派(ペリパトス)やアレクサンドレイア学派の人々が、ソフィストの著した文法に関する著作に引き続き依拠した。我々はプラトンのパロディーに基づいて、眼差しをケオスのプロディコスによる同義語論へと幾分か向けてみよう。我々はこの教説と並んで、プロタゴラスによる語の種類の分類、さらにヒッピアスによる文字と音節の意義に関する考えを幾許か聞いてみることにしよう[48]。ソフィストの修辞学は（文法に関する

---

47) （訳注）プラトン『プロタゴラス』326A-B。
48) 僅かな証言は、プロディコスA（生と教説）13以下、プ

著作と）同様に失われた。彼らの教科書は，最初から公刊を目的としていたのではない。こうしたタイプの末裔は，アナクシメネスの修辞学である。彼の修辞学は大部分が伝承された概念を用い，ソフィストの修辞学について未だに一つの像を残している。我々にとってソフィストによる論争術は，未だにより良く認識できる。なるほど，彼らの代表作であるプロタゴラスの『反論集』は失われてしまった。しかしドーリア方言で記された，前5世紀末期の匿名のソフィストによって保存された小冊子『両論 δισσοὶ λόγοι』[49]からは，同じ事柄に関して「両方の側から」語る，つまり（同じ）事柄をある時は攻撃し，ある時は弁護する奇妙な方法を認識できる。真剣な哲学者は，何人かの低レベルのソフィストによる手品的な論争術の不埒な所業に対して戦い，（この手品的な論争術は）プラトン学派に至って初めて論理学へと達した。プラトンの「エウテュデモス」の戯画に描かれたこの手品的な論争術は，新しい論争術が最初からいかに強く弁論上の戦いにおける武器として構想されたかを示している。新しい論争術はこの点で，論理学の学問的な理論よりも修辞学に近い。

ソフィストによる形式陶冶のほぼ全ての意義に関して，個々の直接的な伝承が欠如している。それゆえ我々はこの形式陶冶の意義を，特に彼らが共同世界や後世へ及ぼした途方もない影響から認識しなければならない。同時代人は，弁論の構築や論証と同様，事柄の単純な語りから情熱が最大の興奮に至る思考の展開のありとあらゆる形式に関して，前代未聞の意識や優れた技能をソフィストの教養か

ロタゴラスA（生と教説）24-28，ヒッピアスA（生と教説）11-12（ディールス『ソクラテス以前の哲学者』）に収集されている。

49）（訳注）修辞学の練習法で，正反対の側から同じ主題を論じる技術。遅くとも前4 - 前3世紀に遡る。敵の立場から考えることを論者に強い，主題をより深く理解することを目指した。

ら汲み出した。弁士はこうした情熱に基づく全体的な語り口を，鍵盤楽器の鍵盤を弾くかの如くマスターしている。ここにおいては「精神の体操術」が実践されており，我々はこれが近代の弁士と作家の表現の中にはないことに非常にしばしば気付く。我々は当時のアッティカの弁士を前にして，ロゴスとは格闘技のため服を脱ぐことである，という感情をまさに抱く。見事に構成された証明が引き締まって柔軟であることは，絶好調の競技者に贅肉がなく，彼が筋の多い訓練された身体を持つことと同じである。（法廷での）審理はギリシア語で競争(アゴーン)と言い，ギリシア人の感覚にとっては常に，二人の敵同士による合法的な形式での戦いであり続けた。最近の研究の結果，ソフィストの時代の最古の法廷での雄弁術にあっては，法廷で証人や拷問や誓いによる旧来の方法で立証する代わりに，いかにして新しい修辞学に基づく論理的な議論によって多くのことが証明されたかが示された[50]。しかし歴史編集者トゥキュディデスのようにあれほど真剣な真理探究者ですら，ソフィストの形式的な技能から弁論術，文の構造，いやそれどころか文法的な言葉の使用，「正しい発音法」の細部に至るまで，修辞学に多大な影響を受けていたかがわかる。修辞学は，古代後期の支配的な教養となった。ギリシア民族が形式を愛好する素質にきわめて適っていたので，修辞学はギリシア民族にかけがえのないものとなった。なぜなら，修辞学は最終的に残った全てを蔓植物のように広範囲に成長させたからである。こうした事実から，（修辞学という）新しい発明の教育的な意義に関して否定的な価値判断を下すことは許されない。修辞学は文法や討論術と同盟を結ぶことによって，ヨーロッパの形式陶冶の基礎となった。これ

---

50) F. ゾルムゼン「アンティフォン研究」（『新しい文献学的研究』W. イェーガー編，第8巻）7頁を参照。

らの学科は、いわゆる「三学科 Trivium」を古代後期以降に形成し、「四学科 Quadrivium」と融合して「自由七学科 sieben freie Künste」[51]の体系を作り上げ、こうした学校の授業という形態を通して古代の文化と芸術のあらゆる輝きを超えて生き残った。フランスのギムナジウムにおける上級学年は、今日なお中世の修道院学校に由来するあの「学問分野」の名称を、ソフィストに始まる教養の途切れることのない伝承の印として担っている[52]。

数学的諸学科の教養への組み入れ

ソフィスト自身は、上で触れた三つの形式的な技芸に算術、幾何学、音楽、天文学を加えることによって、後世の七つの自由学芸の体系へまとめ上げることはまだなかった。しかし結局のところ七という数字は、（自由学芸における）新機軸であるとはほとんど言えない。ギリシア人によるいわゆる数学的諸学科を高等教養へ含めること——それは三学科と四学科を結合する際の本質的な事柄であったが——は、実際にソフィストの為せる業である[53]。ピュタゴラス主義者以来、和声学や天文学も数学的諸学科の一部となった。ただし実技としての音楽の授業は、すでにソフィスト以前、一般に行われていた。それは、ちょうどプロタゴラスが一般的な教育のあり方について記す内容も、こうした（実技としての音楽の授業という）点を前提するとおりである。音楽の教授はキタラー演奏者の手中にあっ

---

51) （訳注）古代に生まれた、七学科からなる規範(カノン)。伝統に基づく自由な技芸、自由な男に相応しい教養。中世の授業体系においては三学科および四学科へと分離し、神学、法学、医学という学問への準備と見なされた。

52) （訳注）「リセ lycée」を指す。アリストテレスの創設した学園リュケイオンにちなんで名付けられた。

53) ヒッピアス A（生と教説）11-12（ディールス）を参照。

た[54]。ソフィストは、ピュタゴラス主義者による調和に関する理論的な教説を付け加えた。あらゆる時代にわたって基礎的な行為とは、数学の初歩を教えることであった。いわゆるピュタゴラス主義者の集まりにおいて、数学は学問的な探求の対象であった。ソフィストのヒッピアスによって初めて、数学固有の教育上の価値が認識される。アンティフォンや後のブリュソンのような他のソフィストも探求と教授を行いつつ、数学の問題と取り組んだ。彼ら以後、数学が高等教養から再び排除されることはなかった。

ソフィストが構築したような、ギリシア人による高等教養の体系は今日、文明化された全世界を支配している。この高等教養は、普遍的な価値を認められた。というのも、この高等教養のためには特にギリシア語の知識が必要とされないからである。我々が人文主義的な教養の起源を認識した倫理的・政治的な一般教養の理念のみならず、いわゆる実科的な教養──これはある時は人文主義的な教養と競合し、ある時はこれに対して戦ったのであるが──も、ギリシア人が創造し、直接的に彼らから発していることを決して忘れてはならない。我々が今日、人文主義的な教養と名付けるものは、より狭い意味において古典文学の原典の言語を知ることなしには考えられない。この人文主義的な教養はそもそも非ギリシア的な、しかしローマのようなギリシア文化によって精神的に最も深く影響された文化から成長することができた。ルネサンスの人文主義に至って初めて、ギリシア語とラテン語という二言語による教養が創造された。古代後期の文化におけるその前段階は、さらに我々の関心を惹くであろう。

どのような意味でソフィストが数学の授業を行ったのか、我々には知られていない。公の批判はソフィストの教

---

54) （訳注）プラトン『プロタゴラス』326A。

育のこうした（数学の授業の意味付けという）面に対して中心的な異議を掲げ，この異議は数学が実生活に役立たない点へ向けられた。周知のようにプラトンは，数学を哲学の準備教育として自らの授業計画へ組み込むことを要求する[55]。こうした見解ほど，ソフィストにとって縁遠いものはなかったに違いない。しかしそれだからといって，我々がソフィストに以下の基礎付けを帰す権利があるのか否か，全く確かではない[56]。この基礎付けによってソフィスト流の修辞学の弟子の一人であるイソクラテスは，頭初の長年にわたる敵対関係の後で数学を，ある限界内で，知性の形式陶冶の手段として最終的に認めたのである。ソフィストの教養の中で数学的諸学科は実科的な要素を，一方，文法・修辞学・討論術は形式的な要素を表す。後に七つの自由学科は三学科と四学科へと分割されたが，このような分割も前述の学科を二つのグループへ分けることを代弁する。こうした二つのグループが異なる教育的な課題を持つことが，明らかに意識され続けた。両部門を統合する努力は，すでに調和という考え，あるいはヒッピアス自身のように普遍性という理念に基づいており，単なる寄せ集めによって成立したわけではない[57]。最後に——当時はまだそれほど数学的ではなかった——天文学も属した数学的諸学科が，単に形式的な精神の体操術として学ばれたことは，ありそうにない。ソフィストは当時，こうした知識を実践のために用いることができなかった。しかし彼らの見解に

---

55) 同上『国家』536D。

56) イソクラテス「アンティドシス（財産交換）」265,「パンアテーナイア祭演説」26。

57) プラトン『ヒッピアス（大）』285B はヒッピアスの多様で百科全書的な知識を，『ヒッピアス（小）』368B は多面性を目指す意識的な努力を示しているに過ぎない。というのも，ヒッピアスはあらゆる種類の手仕事も体得しようとする功名心を抱いているからである。

よれば，だからといってこのような知識が教育上，重要ではないという決定的な異論が導き出されたようには見えない。彼らは数学と天文学を，理論的な価値を持つがゆえに評価したに違いない。たとえソフィスト自身の多くが生産的な探求者ではなかったにせよ，上述のことはまさにヒッピアスに関して確実に当てはまる。純粋に理論的なものが精神形成に対して持つ価値が，ここで初めて承認された。技術的・実践的な能力は文法・修辞学・討論術によって目覚めるべきであり，後者の学問によって展開したものは，技術的・実践的な能力とは全く異なる能力であった。精神の構成的で分解する力，つまり精神の思考する力一般が，数学的な認識の行程を通して鍛えられた。ソフィストはこうした働きに関する理論を，決して形成するに至らなかった。プラトンとアリストテレスが初めて，純粋な学問が教育的意義を持つという自覚を完全に形成した。しかしすぐさま正しいものを捉えたソフィストの慧眼は，まさに後世の教育史がその慧眼をしかるべく評価したように，我々にとって評価に値する。

　学問的・理論的な授業の導入によって，どの程度こうした研究を行うべきかという問いが，すぐさま現れねばならなかった。当時トゥキュディデス，プラトン，イソクラテス，アリストテレスなどが学問的な教育に関して語った至る所で，我々はこうした問いに関する反省を再発見する。理論家だけがこの問いを掲げたわけでは，決してない。我々は明らかにこの問いの中に，新たな教養が広い領域において遭遇した抵抗の余韻をはっきりと認識する。というのもこの教養（の担い手）は，一見して時間と力を奪う，日常とは異なった，純粋に精神的で，生から疎遠な研究へ没頭したからである。以前の時代においてこうした精神的な態度は，もっぱら学を備えた一人一人の変わり者における例外現象として知られていた。この例外現象は，まさに

普通の市民生活と生活上の関心から奇妙にも解放されていたがゆえに，ある種の承認と友好的な忍耐を得ていた。彼ら変わり者は半ば嘲笑され，半ば呆れて認知された独創的な存在であった。この状況は上述の（学問的・理論的な）知識が真の教養，高等教育であるとして以前の教育の代わりに注目され，以前の教育よりも上位に据える要求を掲げた瞬間，変化した。

イオニア精神とアッティカ精神との架橋

職業労働に携わる民衆はこうした（新たな）教養から予め除外されており，抵抗はこうした民衆から生まれた，というわけでは必ずしもない。というのも，この教養は「無用」かつ高価であり，もっぱら指導層が属する集団に依存していたからである。以前から高い教育と確かな基準を備えていた上層階級のみが，批判の能力を持っていた。彼らは民主主義の下においても本質的に変化しないまま，善 美という紳 士の理想を備えていた。例えばペリクレスのように政治的なリーダーシップを握る男たち，アテナイで最も裕福な男カリアスのように社会的に指導的な役割を演じている人たちは，こうした（新しい教養の）研究を情熱的に好んでおり，多くのやんごとのない人々は，子弟をソフィストの講演へと送った。しかし，「知恵 σοφία」が貴族の男性類型に対して隠していた危険が見誤られることはなかった。つまり，子弟をソフィストに教育させることは考えられなかった。才能あるソフィストの弟子たちは，それぞれ師匠に従って都市から都市へと遍歴し，学習内容それ自体を役立てられる仕事に就くことを望んだ。しかし講筵に列した若い高貴なアテナイ人は，こうした才能あるソフィストの個々の弟子を，そのまま模倣の価値がある模範として感じたわけではない。ソフィストの講演は若い高貴なアテナイ人に，市民の出身であったソフィストの

身分との相違をむしろ強く感じさせ，若い高貴なアテナイ人はソフィストの影響に身を任せた結果，彼らとの相違という限界を自覚した[58]。トゥキュディデスはペリクレスによる戦没者追悼演説の中で，国家にも新たな知性に対する留保を告げさせた。なぜなら国家は精神をどんなに高く評価しようとも，「我々が哲学する φιλοσοφοῦμεν」ことへ，警告的な含蓄を持つ「臆病などなしに ἄνευ μαλακίας」，つまり弛緩することのない精神形成を付け加えることを忘れないからである[59]。

こうした常套句は前5世紀後半のアテナイにおける支配層の態度にとって，それが（精神に基づく）探究の成果へ厳格で慎重な喜びを覚えるがゆえに，並外れて示唆に富む。この常套句はプラトンの『ゴルギアス』に登場する「ソクラテス」——ここではプラトン自身に他ならない——とアテナイの貴族主義者カリクレスとの間の，国家で活動する高貴な男の教養に相応しい，純粋な探求の価値に関する論争を想起させる[60]。カリクレスは，人生全般にわたって学問を職業とすることを激しく拒否する。学問は，若者が一人前の男へと成熟する，危険に曝された年齢の間，愚かな悪行を妨げ知性を訓練するためには役立ち，良い。こうした関心を幼い頃から知らなかった人は誰一人として，決して本当に自由な人間にはならない[61]。しかしだからといって一生の間，こうした（学問の）狭い雰囲気の中で過ごす人は決して完全な男ではなく，未発達な段階に留まる。カリクレスは，こうした（学問的な）知識と取り組まなければならない年限を，以下の言葉によって定め

---

58) プラトン『プロタゴラス』312A，315A。
59) トゥキュディデス『戦史』第2巻第40章の1。
60) プラトン『ゴルギアス』484C以下。
61) （訳注）同上485C。

る[62]。つまりこの知識を「教養がゆえに」、つまり単なる通過段階としてしばらくの間、始めから終わりまで習得し抜くべきであると。カリクレスは、自らの社会階級を代表するタイプである。ここで我々は、プラトンの彼に対する態度について頭を煩わす必要はない。カリクレス同様、アテナイの高貴な世界と市民社会の全体は、若者による新しい精神上の熱狂主義に対して多かれ少なかれ懐疑的であった。ただ抑制の度合いが、個人によって異なっていたに過ぎない。我々は後で喜劇について触れることにしよう。喜劇は、我々の最も重要な証人の一人である。

カリクレス自身は、彼の全ての言葉が暴露するように、ソフィストの弟子である。しかし彼は後に政治家として、(ソフィストから学んだ) 教養のこうした段階を、大政治家としてのキャリア全体へ組み入れることを学んだ。カリクレスはエウリピデスの作品を引用し、エウリピデスの作品はあらゆる時代の問題を照射する鏡である。エウリピデスは、活動的な人間および生まれながらの理論家にして夢想家という、二つの相反する近代的なタイプを、自らの『アンティオペ』の舞台の中で描いた。そしてカリクレスがソクラテスに対するように、(この作品の中で) 活発かつ大胆不敵に生きる男は、そもそも自分とはあり方が本質的に非常に異なる兄弟に語りかけた。この (『アンティオペ』という) 劇が、古代ローマの詩人エンニウスの模範となる運命にあったことは奇妙である。彼の作品中、偉大なアキレウスの息子である若い英雄ネオプトレムスは、「哲学せよ、しかし僅かに *philosophari sed paucis*」[63]という言葉を語る。徹頭徹尾、実践的で政治的でローマ的な精神のギリ

---

62) (訳注) 同上 485D。

63) 『エンニウスの詩の補遺』J. ファーレン編、第二版、191 頁。私はこの詩行を、キケロによる警句の形式において引用する。

シアの哲学・学問に対する態度がこうした詩句の中に歴史法則のように力強い表現を見出したことは、以前から感じられていた。ただし我々のギリシア愛好者の多くがそれを前にして慄然とするこうした「ローマ人の言葉」は、そもそもギリシア人の口に由来した。この「ローマ人の言葉」は、ソフィストとエウリピデスの時代の、アッティカの高貴な社会層による新たな哲学と学問に対する態度を翻訳し、我がものとしたに過ぎない。ローマ人は純粋に理論的な精神を少なからず異質に感じ、そう感じ続けた。こうしたローマ人のあり方が、上の（ネオプトレムスの）言葉の中で語られている。「もっぱら教養を目的とした」[64] 探求との取り組みは、それが必要不可避であった限りで、ペリクレス文化の決まり文句であった。なぜなら、この文化は全く活動的で、政治的であったからである。ペリクレス文化の基礎はアッティカ帝国であり、アッティカ帝国の目標はギリシアの支配であった。プラトンもこの帝国が滅びた後「哲学的な生活」を理想として告知した時、この理想を正当化した[65]。それは、国家建設のため実践的な価値目標を設定することによったのである。イソクラテスの教養理念も、純粋な知識という問いに対して異なる態度を取っているわけではない。偉大なアッティカ人の時代が過ぎ去って初めて、イオニアの学問はアレクサンドレイアにおいて復活を経験する。ソフィストは、自らと種族が似たアッティカ精神とイオニア精神との間の対立関係を架橋するのを助けた。ソフィストは、アテナイに精神的な要素を媒介し、アッティカの教養のためにイオニアの知識を利用すべく予め決定されていた。アテナイはこうした要素を、自らの国

---

64) プラトン『ゴルギアス』485A、『プロタゴラス』312B。

65) 「哲学的な生の理想の循環と起源について」(『ベルリン・プロイセン学問アカデミー紀要』1928年) 394-397頁を参照。

家の直面した偉大で錯綜した課題のため，なしで済ますことができなかった。

国家の危機と教育

教育的な力の源泉としての国家

ソフィストの教養理念は，ギリシア国家の内的な歴史における頂点を意味する。なるほどこの国家は何百年も前から市民の存在形式を決定し，その神的な秩序(コスモス)はあらゆる種類の詩情によって称賛された。しかし国家の直接的な教育者としてのあり方は，決して（ソフィストによるほど）内容豊かに描かれ，基礎付けられたことはなかった。ソフィストの教養は，実践的かつ政治的な欲求からのみ生まれたわけではない。彼らの教養は，自覚的に国家をあらゆる教育の目標かつ理想的な基準とした。プロタゴラスの理論においては，あたかも国家一般が全ての教育的な力の源泉であり，いやそれどころか唯一の偉大で教育的な形成過程であるかのように見えた[66]。この形成過程は，全ての法律と社会的な施設を上述の精神によって貫いたのである。トゥキュディデスが（ペロポネソス戦争の）戦没者追悼演説の中で要約しているようなペリクレスの国家体制は，教育者としての国家への同様の信仰告白において頂点に達した。さらに我々は，国家のこうした文化的な使命がアテナイの共同体の中で模範的に実現しているのを見出す[67]。それゆえソフィストの思考は現実政治の中へと入り込み，国家を征服した。こうした事実内容は，他の解釈を許さない。ペリクレスとトゥキュディデスも，その他の点においてソ

---

66)　（訳注）プラトン『プロタゴラス』321D を参照。

67)　（訳注）トゥキュディデス『戦史』第 2 巻第 41 章 1。

フィストの精神に溢れている。この二人は，この点においても与える存在ではなく，受け取る存在であるに違いない。ソフィストの教育的な国家観は，トゥキュディデスがこの国家観を別の新たな見解と結合することによって重要性を得る。近代国家の本質には，国家による権力への渇望がある。権力と教育という両極の間に，古典主義時代の国家が嵌め込まれている。というのは，たとえ国家が人間をもっぱら国家それ自体のために教育するとしても，国家の中にはいかなる場合にも緊張が存在するからである。個人の生を国家目的のため犠牲にするよう要求することは，こうした目的が全体とその部分との正しく理解された安寧と調和することを前提する。この安寧は，客観的な規範に照らして測ることができなければならない。ギリシア人には以前から正義，つまりディケーがそれ自体として目標とされている。このディケーに優れた法秩序，それと並んでポリスの 幸 福(エウダイモニアー) が基礎付けられている。プロタゴラスにとって国家への教育は，正義への教育をも意味する。しかしまさにこうした点に，ソフィストの時代における国家の危機が由来する。この危機は同時に，教育の最も困難な危機となる。しばしば行われているように，ソフィストだけにこうした展開の責任を負わせようとするならば，彼らの影響を途方もなく誇張して評価することになるであろう[68]。ソフィストの影響は，彼らの教説の中に最も具体的に現れるに過ぎない。なぜなら彼らの教説は時代のあらゆる問題を非常に明瞭な意識によって反映し，教育は一般に認められている権威のそのつどの動揺を最も強く感じなければならないからである。

　かつてソロンが正義の観念を国家へ転移した人倫的なパトスは，ペリクレス時代においてもなお国家の中で生きて

---

68)　（訳注）プラトン『国家』492A-B。

いる。国家の最高の誇りは，この世での正義の守護者，不当にも苦しい立場に置かれた人の避難所としての自らの職分である。しかし民衆の支配が導入されて以来，国家の統治形態や法律をめぐる古い戦いは決して鎮まることがなかった。新時代はこの古い戦いを他の（論争術という）武器のみを用いて遂行し，敬虔で実直な先祖は他の武器の破壊力と危険をまだ予感していなかった。なるほど，自説を認めさせる力を持っていた支配的な見解は存在した。その見解とは，ペルシア戦争が首尾よく終結した後，ますます影響を増す民主主義の理念に他ならなかった。この理念によれば，あらゆる決定と正義は数の上での多数にあった。この民主主義の理念は，血なまぐさい戦いと絶え間なく差し迫る内戦の危険下にあって，道を切り開いて進んだ。ペリクレス自身は由緒ある高位の貴族アルクマイオン家の出身であり，長年にわたってほとんど何人にも妨害されない支配を行った。彼のような個々の優れた大政治家の支配も，もっぱら民衆法（の適用範囲）を新しく大幅に拡張することによって獲得された。しかし名目上は民主主義であるアテナイの表面下，政治的な権利を奪われた貴族，あるいは敵から寡頭政治家と呼ばれた人々の集まりの中で，怒りの火花は決して消えることなく，くすぶり続けていた。

　民主主義が重要な男たちの指導下，外政面であい継ぐ成功を経て，（彼らが）手綱をしっかりと手中に握っていた間，彼らは正直かつ忠実であったか，あるいは民衆に友好的な気持ちを抱いているふりをし，民衆の話に調子を合わせるよう強いられた。これは間もなくアテナイにおいて驚嘆すべき精華へと達し，時としてグロテスクな形を取った技術であった。ペロポネソス戦争は止むことなく増大し続けるアテナイの力を最後の宿命的な試練へと据え，この戦争のみがペリクレスの死後，国家指導および国家の権威それ自体をますます深刻に動揺させ，最終的には国内の支配

をめぐる最高度に情熱的な戦いへと掻き立てた。この国内の支配をめぐる戦いは，双方の党派からソフィストによる新たな修辞学と論争術という戦いの手段を用いて行われた。ソフィストが自らの政治観に従って，必ず双方（の党派）いずれかの立場に立たねばならなかったということは，必ずしも主張し得ない。プロタゴラスにとって当然であるかのように与えられた民主主義は，自らの教育上の骨折り全てが向けられた「国家」それ自体をその場とした。このことは彼にとって自明であった。しかしたとえそうであったとしても，我々は今や逆に民衆の敵がまさに武器を所有しているのを見出す。民衆の敵はこの武器の使用を，ソフィストの教養を通して学んだのである。民衆の敵も元来，国家に敵対すべく訓練されたわけではなかったとしても，彼らは今や国家にとって宿命的な存在である。なるほどこの戦いで重要な役割を演じるのは，修辞学の技術のみならず，特に法律と正義の本性に関するソフィストの普遍的な思想である。この戦いは，こうした思想によって党派間の戦いに過ぎないものから，精神の決戦となる。この決戦は，既成秩序の原理的な基礎を根底から揺さぶるのである。

　より古い時代において，法治国家は偉大な成果であった。ディケーは強力な女神であり，誰一人としてこの女神による秩序という厳かな基礎に，罰せられることなしに抵触することは許されなかった。現世の法は神的な正義に基づいている。これは，ギリシアでは一般的な見解である。この見解は，法律国家の古い権威主義的な国家形態が新しい理性によって基礎付けられた秩序へ移行した際にも，変わらなかった。神的なものとして公認済みと考えられた内容が，変化したに過ぎない。神性は，人間的な理性や正義という特徴を帯びた。法律の権威は，依然としてその権威が神的な法律と一致する点，あるいは新時代の哲学的な思

考方法が表現しているように，自然と一致する点に基づいた。自然は，新時代の哲学的な思考方法にとって神的なものの内容となった。この自然の中に同じ法律，人間の世界において最高の規範として尊重された同じディケーが支配していた。これこそ世界の秩序(コスモス)という観念の起源であった[69]。ただし前5世紀の間，こうした自然の姿はもう一度，変化した。すでにヘラクレイトスにおいて，世界の秩序(コスモス)は対立関係の絶え間ない戦いから常に新しく生まれた。「戦争は万物の父である[70]。」徐々に戦いだけが残ったに過ぎない。世界は力が機械的に戯れる最中における，強制と優位する力による偶然の産物に見えた。

平等あるいは強者の支配としての自然

我々にとって一見，次のことは決め難い。つまり上述の自然観が最初の第一歩で，この自然観を人間世界へ転移することが第二歩をなすのか？ それとも人間が自らの生に関する新しい「自然主義的な」見解を普遍化し，それを永遠の法律としての自然に投影したのか？ 新旧の世界観は，ソフィストの時代にあって密接に並行して存在する。エウリピデスは『フェニキアの女たち』において，平等つまり民主主義の根本原理を自然の支配下で甚だ多く観察できる法律として称讃し，人間もこの法から逃れることは決してできないという[71]。しかし同時に他の人々は，民主主義によって理解されるような平等という概念に対して非常に鋭い批判を行った。彼らは，自然は実際いかなる場にお

---

69) 219頁を参照（本訳書では299頁）。以下，私の講演「プラトンの時代におけるギリシアの国家倫理」（ベルリン，1924年）を参照。

70) （訳注）ヘラクレイトス「断片」53。

71) エウリピデス『フェニキアの女たち』535以下。『救いを求める女たち』408を参照。

いてもこうした機械的な全市民の政治的平等(イソノミアー)を知らず，自然においては随所で強者が支配することを証明したのである。どちらの場合も，存在とその持続的な秩序の像は全く人間の側から見られており，人間の様々な観点次第で正反対の意味に解釈されることが明らかであるように見える。我々は，民主主義的な自然像・世界像と貴族主義的な自然像・世界像をいわば並行して持っている。新たな世界像は幾何学的な平等を尊重する代わりに人間相互の自然な不平等を盾に取り，こうした事実を自らの全体的，法的，国家的思考の出発点にする人の声が増えることを示す。こうした声はまさに先行者と同様，自らの見解の支えを世界の神的な秩序の中に求め，それどころか最新の自然探求あるいは哲学の認識が自らの味方であると自惚れることができる。

　この原理を具現し忘れがたい印象を残すのは，プラトンの『ゴルギアス』に登場するカリクレスである[72]。彼はソフィストの下での物覚えが良い弟子である。プラトンの『国家』第1巻において，カリクレスの見解が上述のソフィストの教説に由来することが示されている。この第1巻で，ソフィストかつ弁論家のトラシュマコスが強者の権利を弁護する[73]。もちろん一般化は何であれ，歴史像の歪曲であろう。プラトンが戦いを挑むこの二人の敵が依拠する自然主義にソフィストの別のタイプを対置することは，容易であろう。この別のタイプのソフィストとは道徳を説く教師めいた代表者のことであり，彼は箴言に基づく文芸による生の規則以外，何も散文で表現しようとしない。しかしプラトンが描くカリクレスのようなタイプは，はるかに興味深く，また強力なタイプである。アテナイの貴族主

---

72) プラトン『ゴルギアス』482C 以下，特に 483D。
73) 同上『国家』338C。

義者の下で、こうした生まれつき権力を求める人が存在したに違いない。明らかにプラトンにとってこのような本性の持ち主は、若い頃から同輩の下でよく知られていた。ただちにカリクレス、あの反動と後の「僭主」という厚顔無恥な指導者のことが思い浮かべられる。ひょっとしてこの指導者、あるいはあの指導者の志操上の仲間が、虚構の名であるカリクレス像に、肖像として一種の特徴を与えたのかもしれない。しかしプラトンはカリクレスの全てを基本的に拒否するにもかかわらず、プラトンによるカリクレスの描写には、この敵を胸中で一挙に屈服させなければならなかったか、あるいは繰り返し屈服させなければならない人だけが持つ、内的な共感の能力が感じ取れる。実際にプラトンは「第七書簡」の中で、自ら次のように語っている[74]。つまり（カリクレスと共にゴルギアスの弟子であった）クリティアスの周囲の人々はプラトンの中に、確かに両者が親類であることのみを理由として生まれながらの戦士仲間を見たわけではなかったこと、プラトンをしばらくの間、現実に彼らの計画のために（仲間として）得たと。

　プロタゴラスの精神に基づく教育、つまり伝承された理想の精神に則った正義を目指す教育は、カリクレスに攻撃される。カリクレスはこの攻撃を情熱的に行い、あらゆる価値の完全な転換を、我々の感情に共に経験させる。アテナイの国家と市民にとって最高の正義であるものは、彼にとって不正の頂点を意味する[75]。「我々は我々の中にあって最も善く、最も力に溢れた者たちを、子供の頃から獅子のように育て上げる。そして各人は同じものを所有すべきで、これこそ美しいこと、正しいことであると言うことによって呪文を唱え、彼らを魔法で騙し、奴隷にしている。

---

74) （訳注）同上「第七書簡」324D。
75) 同上『ゴルギアス』483E。

しかし一度，真に力強く生まれついた男がやって来れば，彼はこうした全てのことを払い落とし，突破し，（奴隷状態から）逃げ，我々の全ての文字のがらくた，妖術，魔法の手段，あらゆる反自然的な法律を踏みにじり，我々が奴隷としていた男は立ち上がり，我々の主人として現れる。その時，自然の正義の火花が輝き出す。」この見解によれば，法律とは人為的な制限，弱者が組織化した慣習に他ならない。法律はそれによって，弱者の自然的な主人であるより強い者を束縛し，弱者の意志に従うよう強制する。自然の正義は，人間の正義と険しく対立する。平等に基づく国家が人間の規範に照らして正義や法律と名付けるものは，恣意に他ならない。カリクレスによれば，その恣意へ従うべきか否かは，力の問いに過ぎない。いずれにせよ，彼にとって法律という意味における正しさの概念は，内的で人倫的な権威を失った。こうした権威の失墜は，アテナイの貴族主義者（カリクレス）に言わせれば，公の革命を告知するものである。実際にアテナイの（ペロポネソス戦争での）敗北後，前403年のクーデターは，カリクレスの精神から実行された。

国家の法律と世界の秩序(コスモス)の法律との亀裂

我々がこの場で証人となるような精神的な行程の射程を明らかにすることが，必要である。まさに我々の時代の観点から，この射程を完全に測ることはできない。なぜなら政治的な生においてまさに強者が支配すべきであるという見解は，今日の概念を用いて表現すれば個々人の私生活上の人倫的な態度にとって，必ずしも無政府状態を招来するわけではないからである。もちろん国家に対するカリクレスのような態度は，いかなる状況下でも国家権威の弱化へ通ずるわけだが。今日の意識にとって政治と道徳は，それが法を伴うにせよ不法を伴うにせよ，二つの遠く分離され

た領域となり、両者の行為の規則は単純に同じというわけではない。両者の亀裂を架橋しようとする全ての理論的な試みは、以下の歴史的な事実を変えるものではない。すなわち我々の倫理はキリスト教に、我々の政治は古代国家に由来し、それゆえ両者は異なる人倫的な根源から成長したのである。こうした何千年にもわたる、慣習によって公認されたダブルスタンダードは、ギリシア人には知られていなかった。それどころか近代哲学はこのダブルスタンダードという困窮から、徳を拵えることを心得なければならないのである。我々は国家道徳の中に常にまず個人倫理との対立関係を見、実際に多くの人は心の中であの(「道徳」という)言葉に引用符を記すことを最も好む。他方で古典主義時代の、いやそれどころかポリス文化が栄えた全時代のギリシア人にとって国家道徳という言葉は、ほとんど同語反復である。なぜならギリシア人にとって国家はそもそもあらゆる人倫的な規範の唯一の源泉であり、国家倫理、つまり、そこで人間が生きる共同体の法の他に、どのような他の倫理が存在し得るか、看て取ることができないからである。我々はここで個人の良心という概念を、全く度外視しなければならない。この概念はなるほどギリシアの土壌で生まれたが、はるかに後の時代になって初めて生まれた[76]。前5世紀のギリシア人にとっては、二つの可能性が存在するに過ぎなかった。つまり国家の法律は人間生活の最高の紐帯であり、存在の神的な秩序と調和する。すると人間と国家市民は同一であり、一方は他方において生まれる。あるいは国家の規範が自然ないしは神性が据えた規範と矛盾するなら、人間は国家の法律を認めることができない。すると自然のより高い永遠の秩序が人間の思想に新し

---

76) Fr. ツッカー『シュネイデシス・コンスキエンティア(共知－意識 Syneidesis-Conscientia)』(イエナ、1928年)を参照。

い確実な投錨地を提供しないのであれば，人間存在は政治的な共同体から抜け落ち，土台を欠いたところへと沈む。

　国家の法律と世界の秩序（コスモス）の法律との間に亀裂が開くことから，ヘレニズム時代の世界市民性への道が真っ直ぐ通ずる。こうした帰結をノモスに対する批判から明確に導き出した人々が，ソフィストの下にいないわけではない。彼らは初のコスモポリタンであり，一見してプロタゴラスとは異なったタイプである。プラトンは，このタイプをエリスの万能人ヒッピアスの姿を借りてプロタゴラスに対置した[77]。プラトンはヒッピアスに次のように言わせる。「満場の諸君。私の目において君たちはみな一緒，法律によってではないが，自然によって親戚，同じ団体の一員，共同市民である。というのも，同じ者は同じ者に似て生まれついており，しかし人間の僭主である法律は，多くのものを自然に反するように強いるからである。」ここで法律と自然，ノモスと自然（ピュシス）との対立関係は，カリクレスの場合と同じ対立関係である。しかし法律に対する批判の方向と出発点は，正反対である。とはいえ両者（カリクレスとヒッピアス）は，支配的な平等概念を破壊し始める。なぜならこの支配的な平等概念は，公正に関する伝統的な見解の内容だからである。しかしカリクレスは民主主義による平等の理想に，人間の自然的な不平等という事実を対置する。他方ソフィストで理論家のヒッピアスは，逆に民主主義の平等の概念が余りにも狭く限定されていることを見出す。なぜなら民主主義は，この理想をもっぱら国家において同一部族からなる，自由で平等な市民の間で有効とするからである。ヒッピアスは平等と親縁性を，人間の顔を持つ全ての存在へ拡張しようとする。アテナイのソフィスト，アンティフォンは似たやり方で，啓蒙書『真理について』の中

---

[77] プラトン『プロタゴラス』337C。

で自説を述べている。この本は少し前に，かなり大規模な残りの部分が（エジプトで）発見された[78]。「我々は皆あらゆる関係において，ギリシア人であろうと非ギリシア人であろうと，同じ本性を持つ。」アンティフォンは，歴史の中で生まれた国民的な差異の全てをこうして止揚する。こうした止揚を素朴な自然主義と合理主義に基づいて基礎付けることは，カリクレスによる不平等への熱狂とは対照的で，非常に興味深い。「これ（人間本性の平等）は，あらゆる人間の自然な欲求から見ることができる。全ての人間は皆，この欲求を同一の仕方で満たすことができる。そして我々にとって万物において，非ギリシア人とギリシア人との間の相違は存在しない。我々は皆，口と鼻によって同じ空気を呼吸し，皆，手を使って働く。」[79] このようなギリシアの民主主義から遠く離れていた国際的な平等の理想は，実際カリクレスの批判とは対極にある。アンティフォンの教説は国民的な相違と同様，社会的な相違をも首尾一貫して平均化する。「我々は高貴な生まれの人々を尊敬し尊重するが，高貴な生まれでない人々を尊敬も尊重もしない。我々はこの点では，異なる民族の構成員であるかのように対立している。」[80]

---

78) 「オクシュリンコス・パピルス」ⅩⅠ 1364番（ハント編）。今はディールス『ソクラテス以前の哲学者たち』第2巻第2版（補遺ⅩⅩⅩⅢ頁）「断片」B，第2欄の10行以下にも存在。

79) （訳注）同上，第1欄。

80) （訳注）同上。「（近くに住んでいる者の法あるいは神）をわれわれは知り遵守する。遠くに住んでいる者のもの（法あるいは神）はわれわれはこれを知らず遵守もしない」（高畠純夫『アンティフォンとその時代　前5世紀アテナイの社会・思想・人間』［東海大学出版会，2011年］p.679）。「この断片はかつては，高貴な生まれと卑近な生まれ，富者と貧者といった区別の人為性を平等主義的立場から批判するのが主旨であると考えられていたが，新しい断片（*P.Oxy.*3467）の発見と共にそうした解釈は廃れている。」（同上 p.677）

当時の国家にとって，抽象的な同等化をもたらすアンティフォンとヒッピアスの理論は，現実政治的に差し迫った，余りにも大きな危険というわけではなかった。というのも，この理論は特に大衆の中に，いかなる反響も求めたり見出すことはなく，政治的にはおおむね，むしろカリクレスのように考えた啓蒙主義者の狭い集団のみに頼ったからである。しかし歴史の一部となった秩序は，こうした思考が紛れもない自然主義であるという点によって間接的に脅かされた。この自然主義は万物に自らの尺度をあてがい，これによって有効と見なされる規範の権威を徐々に弱らせた。この思考方法はその最も古い痕跡をホメロスの叙事詩に至るまで遡及でき，以前からギリシア人にとって馴染みのものであった。ギリシア人に生得である全体への眼差しは，人間の思考と態度に対して非常に異なった影響を与えることができた。というのも（以下の例が示すように）人間の個性によって人間の目は，全体の中にきわめて異なったものを見たからである。ある人は，全体が高貴な男の力を最高の緊張へと引き締める英雄的な出来事によって満たされているのを見，別の人は，いかに全てが世界の中で「ごく自然に」前進するかを見た。ある人は，盾を失うよりもむしろ英雄的に死ぬことを望み，ある人は，自分の命の方が重要なので盾を見殺しにし，新しい盾を買った。近代国家は原理と自己克服へ向けた最高の要求を掲げ，国家の神性がこの要求を神聖化した。しかし人間の行為の近代的な分析は，事物を純粋に因果論的かつ自然学的に考察する。この分析は，人間が生まれつき得ようと努力し避けるものと，法律が人間に努力し避けるよう命じるものとの間の一貫した衝突を立証した。アンティフォンは「法律に基づく正義の多くは自然に敵対的である」と言い[81]，別の

---

81) 同上「断片」A 第 2 欄の 26，第 4 欄の 5。

箇所で「自然の鎖」[82]としての法律に言及している。さらにこの認識は，古い法治国家の理想である正義の概念を徐々に弱らせるに至った。「ディカイオシュネーの下に，自らがその市民である国家の法律を侵害しないことが理解される。」[83]すでに言語上の定式化の中で，規範としての法律の妥当性が相対的であることが信じられる。それぞれの国家，それぞれの都市において，まさに異なる法律が効力を及ぼす。それぞれの国家や都市で生きようとするならば，異なった法律へ従わなければならない。これは，まさに外国においても同様に当てはまる。しかし絶対的な拘束力を持つことは，法律に相応しくない。それゆえ法律は，人間の内面に銘記された志操としてではなく，超えてはならない制限として全く外的に把握されるに過ぎない。しかし内的な拘束力が欠けるならば，公正とは刑罰がもたらす不利な点から逃れるための，振舞が外的に法律に適っていることに過ぎない。(そうであれば) 人前で見かけをつくろう動因がなく証人なしに行為する場合，法律の遵守は困難であろう。これこそ実際アンティフォンにとっては，法律に基づく規範と自然の規範との本質的な相違が際立つ点である。自然の規範は，証人がいなくとも罰を伴うので，注意せずに済ますことができる。ここではまさにソフィストのアンティフォンが明らかに自著(『真理について』)のタイトルを揶揄して言明しているように，「見かけ」のみならず「真理」を顧慮せねばならない。それゆえ彼の目的は，法律という人工的な規範を相対化し，自然の規範を真の規範として示す点にある。

---

82) (訳注) 同上第1欄。
83) (訳注) 同上。

深い基礎付けを欠いた人間・国家・世界観

同時代のギリシアの民主主義は，あらゆるものを法律として固定しようと試みた。しかしその際，常に自己矛盾へと巻き込まれ，新たな場を拵えるために既成の法律を変え，あるいは廃止しなければならない。このギリシアの民主主義においては，法律がますます粗製濫造されること，アリストテレスが『政治学』の中で語った言葉が想起される。すなわち彼によれば，絶え間なく変化する法律——それがたとえ非常に良い法律であるとしても——よりも，悪くとも長持ちする法律を公布する方が国家のためには良い[84]。法律は大量に発布され，あらゆる偶然と人間的なものに翻弄される法律をめぐって，派閥政治的な戦いが行われる。こうした哀れな印象の結果，相対主義の働きが容易となった。しかしアンティフォンの教説に現れたような法律への倦怠のみが，同時代の世論の（法律への）反対像であったわけではない——アリストパネスの喜劇に，民会で最近，決議された法律を売りに来て，観衆による心からの拍手の下，殴られる商人が登場するが，この商人の姿を想起するとよい[85]。自然主義も，支配的な時代潮流に応える。筋金入りの民主主義者の大多数は彼らの理想の下に，そこで「望むように生きることができる」国家以外，何も理解しなかった。ペリクレスもアテナイの統治形態に関する性格付けの中で，国家を顧慮する。それは，彼が以下のように見せかけることによる。つまりあたかもアテナイにおいて法律への最も厳格な尊敬は，私的な楽しみの満足を誰一人として妨げず，しかもその際，他人に不機嫌な顔をされることがないと[86]。しかしこうした公共生活の「引き締め」

---

84) アリストテレス『政治学』第2巻第8章1268b27以下。
85) アリストパネス『鳥』1038。
86) トゥキュディデス『戦史』第2巻第37章の2。

と私生活の寛容との間のバランスは，この両者がペリクレスの口の中でどんなに真実に響き，いかに人間的であったとしても，確かに万人の事柄ではなかった。自分を隠さず率直なアンティフォンは，あらゆる人間的な行為の唯一の自然な基準として，利益をもたらすもの，そして最終的には快適なもの，快楽を用意するものを有効とする[87]。その際，彼は，おそらく同胞たる市民の隠れた多数派へ話しかけているのである。こうした点に対するプラトンの批判が後に始まり，国家の新たな構築を目的とした，より堅固な基礎を創ろうとした。全てのソフィストが，非常に公然かつ根本的に，快楽主義と自然主義への信仰告白を行ったわけではないであろう。プロタゴラスは，こうした信仰告白を行うことができなかった。なぜなら，プラトンの対話編においてソクラテスがプロタゴラスを危険な状況へ誘い込もうと試みる時，プロタゴラスはかつて上述の（快楽主義と自然主義という）立場を代表したことを決然として否定するからである。ソクラテスは洗練され討論術を借りた有罪認定の技術を用いることによって初めて，尊敬に値する（プロタゴラスという）男を最終的に説得することができる。そこでこの（プロタゴラスという）男は，正面玄関で拒否された快楽主義を中へ入れるため，後ろの小さな門をそっと開けたままにしておく[88]。

　ともかくこうした妥協は，同時代人のより良いタイプに特有であったに違いない。アンティフォンはこのより良いタイプに属さない。その代わりに彼の自然主義は，首尾一貫性という長所を備える。アンティフォンによる「証人を伴うあるいは伴わない」という区別は，実際には同時代の

---

[87] ディールス『ソクラテス以前の哲学者たち』「断片」A，第4欄第9行以下（第2巻第二版，XXXIII―［訳注］）。
[88] プラトン『プロタゴラス』358A以下。

道徳の根本問題に当てはまる。時代は熟しており、人倫的な行為を新たに、すなわち内的に基礎付けようとしていた。こうした新しい、内的な基礎付けのみが、法律の効力に新たな力を与えることができた。法律への服従というかつての単なる概念の形成は、古い法治国家にとってその成立の草創期、偉大で解放的な行為であった。この概念は、より深い人倫的な意識を表現するために、もはや十分ではなくなった。この法律への服従という概念は、あらゆる法律倫理と同様、行為を外面的なものとし、いやそれどころか単に社会的な偽善へ教育する危険に曝されていた。すでにアイスキュロスが、真の賢人と正しい人について次のように語っている。「というのも、彼はよく見られることではなく、よくあることを望んでいるからである」[89]——その際、聴衆は、アリステイデスに注目したに違いないのだが。深い精神の持ち主は、ここで問題となったことをおそらく意識していた。しかし公正に関する通例の概念においては、正確で合法的な行為以外には何も知られず、大衆にとっては刑罰への恐れが法律を遵守する際の中心動機であり、そうあり続けた。法律が内的に効力を持つ最後の拠り所は、宗教であった。しかし宗教に対しても、自然主義による批判は憚らずに近寄ってきた。後に僭主となったクリティアスは、「シシュフォス」という劇を著した。この劇中、公の舞台の上で、神々は大政治家たちによる、自らを偉く思わせるための巧妙な案出に過ぎない、と朗読された[90]。この大政治家たちによれば、創造された神々はあらゆる人間の行為の、あたかも常に存在しつつも目に見えない全知の証人であり、彼らは神々への恐怖を通して民衆

---

89) アイスキュロス『テーバイを攻める七人の将軍』592。ヴィラモーヴィッツの読み方については、『アリストテレスとアテナイ』第1巻160頁を参照。

90) クリティアス「断片」25（ディールス）。

を黙らせたという。これは人間が証人なしに行為する場合，法律を無視することを妨げるためであった。ここから，なぜプラトンが『国家』において，ギュゲスの指環の寓話——それを嵌めた人は同胞の目に見えなくなってしまう——を考え出したのか理解される[91]。プラトンは内的な正義に基づいて正しく行為する者を，単に外から見て合法的な人間と区別しなければならない。後者の人間による唯一の動機は，世間的な体面への顧慮なのであるが。これこそ，アンティフォンとクリティアスによって投げかけられた問題である。プラトンはこの問題を，（ギュゲスの指輪の寓話という）上述の仕方で解決することを試みる。デモクリトスは自らの倫理学の中で内的な尻込み，廉恥(アイドース)という古いギリシア的な概念を新たな意義へと高める。つまりアンティフォン，クリティアス，カリクレスのようなタイプのソフィストが骨抜きにした，法律の前での廉恥の代わりに，人間が自分自身を前にした廉恥(アイドース)という素晴らしい考えを自らの前に据えたのである。これは上で述べたことと異ならない[92]。

ヒッピアス，アンティフォンの考えはカリクレスの考えと同様，こうした（デモクリトスのような倫理規範の）新たな構築から遠く離れていた。我々は宗教的あるいは人倫的確実性の究極の問いをめぐる現実の戦いを，彼らの下で見出さない。ソフィストによる人間，国家，世界に関する見解には，形而上学的に深く，真剣な基礎付けが欠けている。時代がこの深みと真剣さを所有し，アッティカ国家に自らの形態を与え，後の世代が哲学の中にこれを再発見した。しかし，こうした（深みと真剣さという）側面に彼らソフィストの独創的な功績を求めることは，不当であろ

---

91) プラトン『国家』359D。
92) デモクリトス「断片」264（ディールス）。

う。すでに述べたように彼らの功績は，形式的な教育技術が天才的な点にあった。ソフィストの弱点は，彼らの教育がその内的な内容を汲み出す実質が，精神的かつ人倫的に疑わしい点に由来する。しかし彼らはこの精神的かつ人倫的な実質を自らの全時代と共有し，芸術の全ての輝きと国家の全ての力は，この時代の重大な状況について我々の眼を晦ますことができない。まさにこのように非常に個人主義的な世代が意識的な教育という要求を，かつてなかったほど切迫して掲げ，巨匠的な能力によってこの要求を実現することは，全く自然なことである。しかしこの世代は，いかなる時代も究極の教育的な力を，自らの世代以上にもはや欠くことはない，という自己認識に他日，達しなければならない。これは上と同様，必然的なことである。というのもこの世代には，その賜物の並外れた豊かさにもかかわらず，こうした職分に対する最も重要なもの，つまり目的に関して抱く内的な確実性が欠けているからである。

エウリピデスとその時代

時代の危機の表現

　時代の危機はエウリピデスの悲劇によって初めて，全体的な規模において目に見えるものとなる。我々はソポクレスから彼を，ソフィスト派を通して分離した。というのも，「ギリシア啓蒙主義の詩人」[1]ことエウリピデスの——彼は好んでそう呼ばれる——，もちろん後期の時代に属する残された全ての劇は，ソフィストの思想と修辞学の技術に溢れているからである。しかし，エウリピデスがたといいかに多くの光をこうした面から受け取るにせよ，ソフィスト的なものは彼の精神の限られた一面に過ぎず，ソフィストはエウリピデスの文芸が明らかにする魂を背景として初めて完全に理解できる，と逆の立場から言うことができる。ソフィスト派は，一方がソポクレス，他方がエウリピデスの方へ向くヤヌスの双面を持っている。ソフィストは人間の魂の調和的な展開という理想をソポクレスと共有しており，それはソポクレスの芸術の彫塑的な根本法則と類似している。ソフィストの教育は，人倫的で原理的な基礎付けが曖昧で不確かであるために分裂し，自らが自己矛盾した世界に由来することを明らかにする。こうした世界は，エウリピデスの文芸が我々に開示した。（ソポクレ

1）（訳注）Wilhelm Nestle: Euripides. Der Dichter der griechischen Aufklärung, Stuttgart 1901 を参照。

スとエウリピデスという）二人の詩人，両者の間で（この二人の詩人の）二つの面を見ているソフィスト派は同一のアテナイを代表し，ソポクレスとエウリピデスは二つの異なった時代の代表者ではない。両者の生誕を分けるほんの15年間[2]は，こうした忙しく生きる時代においても，世代の相違を基礎付ける長さとしては不十分である。二人は，自らの創造を通して同一の世界を非常に異なる仕方で明確に打ち出した。こう運命付けたのは，彼らの本質の相違であった。ソポクレスは，時代の険しい高みの上を悠然と歩む。エウリピデスは，時代を混乱に陥れる教養悲劇の啓示のように働きかける。時代はエウリピデスに精神史における自らの位置を指定し，あの不滅の時代に縛る。こうした時代への拘束がゆえに，我々は彼の芸術を全く時代の表現として把握せざるを得ない。

　ここではエウリピデスの劇の中で我々の眼前に示され，彼の劇が取り上げる社会を，それ自体のために描くことはできない。歴史的な資料，特に文学的な資料は，彼の時代にようやく以前よりも豊かに流布し始めた。我々にこの時代の素描を許す風俗描写は，独立した別の本を必要とするであろう。この種の本は，いつか書かれなければならない。ここで我々の前には人間存在の全体が，共同体での生活，芸術，思想における日常の平凡な下層社会の現実からその人間存在の高みに至るまで，多彩に広がっている。我々はまず圧倒的な豊かさと，その後の歴史ではほとんど獲得されることのなかった自然的で創造的な生の力，という印象を受ける。ペルシア戦争の時代，ギリシア人の生活は未だに部族毎に分割されており，各部族の中心的な代表者は，精神的にある程度（お互いの間で）バランスが取れ

---

[2] （訳注）ソポクレス（前 496/495 - 前 406 年），エウリピデス（前 485 頃 - 前 406 年）。

ていた。他方こうしたバランスはペリクレスの時代以降に崩れた。アテナイの優位はますます明らかとなる[3]。ギリシア民族は多様に分裂しており、後世になって初めて自らの歴史の中で、共通してギリシア人と名付けられた。ギリシア民族はかつてこの時（ペリクレス時代）ほど、国家・経済・精神という三者からなる力の集中を経験したことがなかった。こうした集中を体現する、我々の世紀に至るまで聳える記念碑として、パルテノンの壮麗な建築がアクロポリスの上で、女神アテナを称えるべく展開した。この女神アテナは自らの国家と民族が神的に讃美された魂として、常に際立った存在であった。この国家はかつてマラトンとサラミスの戦いで祝福された勝利を収め、この国家の運命はこの勝利の影響下にあった——たとえ当時の種族の大部分が、はるか前に絶えていたにせよ。当時のギリシア人の行為は繰り返し心に銘記され、後世の人々の名誉心を鼓舞し、人々は当時のギリシア人の行為を非常に熱心に見習った。この行為は象徴であり、こうした象徴を模範として仰ぐことによって新しい世代は自らの驚嘆に値する成功を、アッティカ帝国の力と交易力が拡張し続ける中で獲得した。この成功は、新しい世代が粘り強い耐久力、決して麻痺することのない進取の気性および賢明な遠望を備え、以下のような長所を利用し尽くすことによって得られたのである。この長所は、発展する民族国家とその海軍力がもたらした偉大な遺産の中にあったのであるが。もちろんすでにヘロドトスが示しているように、アテナイの歴史的な使命へ寄せる全ギリシアの信認には限度があった。だからこそ彼はペリクレス指導下のアテナイ国家のこうした歴史的な要求を、非常に熱心かつ激しく支持せざるを得ない。なぜならアテナイ以外のギリシア世界は、最早ペリクレス

---

[3] （訳注）トゥキュディデス『戦史』第2巻第41章1。

帝国の歴史的な要求に耳を傾けようとしないからである。ヘロドトスが（『歴史』を）記した時代，すなわち全ギリシア世界を襲うペロポネソス・アッティカ戦争という大火が勃発するそれほど前ではない日々，（マラトンとサラミスの戦いでの勝利という）あの反論の余地のない事実からイデオロギーが生まれ，久しい時が経っていた。このイデオロギーはアテナイ帝国主義の権力政治によってすでに甚だ使い古され，多くの点で援用されていた。このイデオロギーは意識的であるか否かを問わず，アテナイが全ギリシアのまだ自由な部分に対してさえ支配権を掌握する要求を含んでいた。

社会的な分裂と人間の内的な解体

ペリクレスの世代とそれに続く世代に与えられた課題は，宗教的に鼓舞する活力という点で，アイスキュロスに与えられた課題と比較し得なかった。あの（アイスキュロスの）英雄時代はテミストクレスの中にすでに本質において新たな様相を呈したが，彼が自らの後継者以上の存在であることが正当にも感じられた。しかし，生命財産をアテナイの偉大さのため喜んで犠牲に捧げた同胞は，新時代において目的を追求する冷静な現実主義に関しても，独特のパトスを感じた。このパトスの中で，成功を目指し利益を求める冷徹な計算と，共同体へ献身する感覚とが混じり合い，互いに強め合った。国家は，全体が成長し繁栄する時にのみ個々人も成功するという確信を，全市民の心へ吹き込むことができた。それにより国家は自然なエゴイズムを，政治的な態度決定の際の，最も強い動機の一つとした[4]。もちろん国家は，目に見える獲得が犠牲の意識を凌駕した場合のみ，各人のエゴイズムに頼ることが許され

---

4) （訳注）同上第60章。

た。こうした態度は戦時中、戦争が長引けば長引くほど、物質的な利益の獲得が減れば減るほど、深刻な危険となった。私的な領域から公の最高の領域に至るまで、仕事・計算・思案の優位がエウリピデスの時代を特徴付けている。他方、外面的な、並外れた礼儀正しさを目指す、祖先伝来の几帳面な感覚は、たとえ利益や享受のみが行為の真の動機であったにせよ、善人という見かけを保つように強いた。ソフィストは、「法律上」良いことと「本性上」良いこととの間に区別を設けた。この区別がエウリピデスの時代に起源を持つことに、理由がないわけではない。そして人間が実践を通して我が身の利益に気付き、上述の区別を力の限り利用し尽くそうと励むのに、理論や哲学的な省察による刺激は全く必要なかった。このように人為的に保たれた、理想主義と自然主義の両義性という亀裂は、時代の全体にわたって公的な道徳と私的な道徳とを引き裂いた。この亀裂は、厚顔無恥な権力政治——国家は自らがこうした状況へ追いやられるのをますます頻繁に見るのだが——から、個々人による最小の業務上の操作にまで至る。時代が大きなスケールを備える自らのあらゆる試みを通して上辺は立派に現れれば現れるほど、また各人が自らの特別で普遍的な課題を柔軟に、意識的に、期待に満ちて把握すればするほど、嘘と体裁の途方もない増大、疑わしい内面のあり方が、悲しく心を動揺させた。この嘘という代償を払って輝きが得られ、まさに疑わしい内面のあり方がゆえに、外面的な成果を目指して前代未聞なほどの全力を尽くさねばならなかった。

　何十年も続く戦争によって思考の基礎をことごとく掻き乱し、根こそぎにするような不気味な事態が進行していた。アテナイ国家の悲劇を歴史に記したトゥキュディデスは、この国家の力の没落を、もっぱら内部からの解体の結果として捉える。我々にとって戦争は、単に政治現象とし

て興味を惹くのではない——後でトゥキュディデスを検討する際，我々は戦争それ自体を，正当に評価しなければならない。社会的な有機体の没落は，ますます明るみに出，急激に広まる。このような没落に直面して，偉大な歴史家の現状診断は，なおさら正当に評価しなければならない[5]。トゥキュディデスは，（ペロポネソス）戦争の初年にすぐさま民族の肉体的な健康と抵抗力を弱らせたペストに関して有名な言葉を残した。彼による（社会的な有機体の没落という）病気の分析は，純粋に医学的で客観的な認識を踏まえてなされており，彼によるペストに関するあの有名な記述と，震撼すべき対をなしている。さらにトゥキュディデスは，人間の本性が同一である限り党派間の戦いも一回限りのものではなく常に反復するであろう，と予め断っている。その際に彼は党派間の恐るべき戦いを描くことによって，すでに述べた民族の人倫的な解体過程へ我々が抱く関心を高める。我々はトゥキュディデスが描いたイメージを，できるだけ彼自身の言葉を用いて再現しよう。彼によれば，理性は平和な時代には，自らの言いたいことを他人にた易く聞いてもらえるという。なぜなら，（その場合）人間は苦境へ置き移されないからである。しかし戦争は生の可能性を極度に制限し，ものの考え方をその都度の状況へ無理やり適合させるよう大衆に強いるという。戦争による大変動の中で志操の激変や陰謀，復讐行為が繰り返し起きたため，先行した革命とそれに伴う苦悩の思い出は，あらゆる変革の新しさを強めたという[6]。

トゥキュディデスはこうした文脈において，妥当するあらゆる価値の転換について語る[7]。この価値転換は，言語

---

5) 同上第3巻第82章。
6) （訳注）同上。
7) （訳注）同上。以下，イェーガーによるパラフレーズ。

の中で,単語の意味の完全な変化として,自らの本質を明らかにした。古くから最高の価値を特徴付けた言葉は,日常言語の慣用により唾棄すべき心情や行為を表現するものへと成り下がった。他方かつて叱責を意味していた言葉が活用されて,称賛を意味する高尚な用語へと成り上がった。無意味で向こう見ずな振舞は今や純粋に親密な僚友関係に基づく勇敢さと見なされ,将来に備えて待つことは美辞麗句の中に隠れている卑怯さと見なされた。熟慮は無力の単なる口実,周到な思考はエネルギーや行為の欠如と見なされた。狂気染みた衝動性は真の男らしさの証し,熟考は職務放棄と見なされた。ある人が侮辱を加え,悪口を声高に唱えれば唱えるほど,ますます信用され,彼に反対する者は端から疑いをかけられた。狡猾な陰謀を練ることは政治的な賢さと見なされ,陰謀を嗅ぎ出すことはさらに大きな天才的行為と見なされた。しかし事に先んじて憂慮すべく努力し,上述の手段を最初から必要としない人は,連帯意識の欠如や敵への恐怖という理由によって非難された。血縁上の近さは,特定の党派への所属よりも弱い絆であった。なぜなら「党派の同志 Parteigenosse」[8]は,むしろ抑制の効かない冒険を行う用意ができていたからである。というのもこうした(党派を仲立ちとした)結び付きは,既存の法律と調和することによって法律を支えるために常に役立つわけではなく,自己の力と個人的な利得の拡大を目指し,現行のあらゆる法律に敵対するからである。誓約が党派をまとめた場合ですら,人は神聖な誓約よりも,共犯意識を介して結び付いた。人間の間の信頼の火花は,最早どこにも存在しなかった。争い合う党派が疲労によって,あるいは目下の不都合な状況によって契約を結

---

8)(訳注)特にナチ党の党員を指す。原語は「ξυμμαχίας 同盟者,仲間」。

び，誓約を立てるべく強いられた場合，誰もがこの誓約を弱さの兆候としてのみ判断すべきことを知っていた。それゆえこの誓約に頼ることは許されず，力を盛り返した敵が，何一つとして予感せず無防備な敵を隠れ場からより確実に襲うためだけに誓約を利用することを，覚悟していなければならなかった。指導者は，民主主義者であろうと貴族主義者であろうと，自らの党派の大言壮語を常に口にした。しかし彼らは実際に，戦いのより高い目的を知らなかった。権力欲，所有欲，名誉心が行為の唯一の動機であった。古い政治的な理想に依拠した場合，その理想は久しくスローガンへとその価値が切り下げられていた。

　社会的な分裂は，人間の内的な解体が外的に表現された姿に過ぎなかった。戦争の困難さも，国家に対するのとは異なった仕方で，内的に健康な民族へ影響を及ぼす。この国家の価値概念は，個人主義によって空洞化されたのだが。その際，当時のアテナイほど，美的かつ知的に高い教養を誇る社会は存在しなかった。幾世代にもわたるアッティカにおける内的で穏やかな安定した展開や，当地で昔から公の関心の中心にあった精神的な事柄へ市民の誰もが自然に参与することは，最初からきわめて恵まれた条件を創造した。それに加えて生が複雑な様相を呈する中，自身途方もなく聡明で敏感な（アテナイ）部族は，ますます覚醒していった。この（アテナイ）部族は，あらゆる美に対して並外れて鋭敏な感覚や知性の力という鎖から解き放たれて力を玩ぶことに飽くことのない喜びを抱いていた。当時の作家はアテナイ人一般の理解能力に対して，一貫して無理な要求を掲げた。この要求は，後代の人々の心を怪訝な驚きで一杯にするに違いない。しかし我々は，例えば同時代の（アリストパネスの）喜劇がアテナイの観衆とその作家との関係について与える（以下の二つの）像を疑う理由を持たない。喜劇が上演されるディオニュソス劇場で

は，(アリストパネス『アカルナイの人々』に登場する) 小市民のディカイオポリス[9)]が (客として) 玉ねぎをかじりながら大人しく座っており，太陽が昇る前からひどく心配そうに独りごち，新しく稽古を積んだ合唱団を待ち侘びている。彼は冷ややかで緊張し切った，最新の劇作品を見ることになっている。しかしディカイオポリスの心は，全く時代遅れのアイスキュロスを切に恋焦がれるのである[10)]。また (アリストパネス『蛙』において) 劇場の神 (ディオニュソス) は，本人の証言によればアルギヌサイでの海戦を共に戦ったと主張する船の甲板に，自惚れて本を読みながら座っている[11)]。彼はエウリピデスの劇の一つである『アンドロメダ』[12)]の単行本を手にし，直前に亡くなった詩人 (エウリピデス) のことを切なく考えながら，すでに公衆の「より高い」段階を体現している。血気盛んな崇拝者の集まりは，公の厳しい批判によってまだ評価の定まらない詩人の下へと集い，この詩人の創造を劇場での上演とは無関係に，非常に張り詰めた緊張感を抱いて追求する。

知的，芸術的な中心としてのアテナイ

文学的なパロディーが喜劇の舞台上をさっと掠め過ぎる刹那に，このパロディーの精神豊かな機知を聞き取り，喜びを味わいつつ鑑賞するためには，相当数からなる通人を

---

9) (訳注) 古代ギリシア語で「ポリスに忠実な人」という意。

10) (訳注) アリストパネス『アカルナイの人々』10。

11) (訳注) 同上『蛙』52以下。

12) (訳注) エウリピデスによる悲劇。断片のみ現存。前412年に上演。アンドロメダは岩へ縛りつけられ，海の怪物ケトによって犠牲に捧げられるはずであった。しかしペルセウスがケトを殺してアンドロメダを解放し，自分の妻にしようとする。だが結婚式の時，彼女の叔父で婚約者のフィネウスが現われ，彼に結婚する権利があると主張する。ペルセウスはフィネウスを石へ変え，アンドロメダと結婚する。

必要とした。彼らは，「今はエウリピデスの『テレポス』に登場する乞食王[13]のことが考えられており，今はこの，今はあの情景が考えられている」などを知っていたのである。そしてアリストパネスの『蛙』に登場するアイスキュロスとエウリピデスの競争(アゴーン)は，アリストパネスの同時代の作品への当てこすりに関して，いかなる持続的な関心を前提とするのか。この『蛙』において，（アイスキュロスとエウリピデスという）二人の詩人による序言と，悲劇の他の作品が大量に引用されている。これらの引用は全民族層からなる何千人という単位で数えられる聞き手の集団を前にして，すでに彼らがそれを知っているものとして前提されている。しかし，たとえ単純な聞き手に（アイスキュロス，エウリピデスの作品の）幾つかの個別的な部分に関する知識がひょっとして欠けていたとしても，我々にとって重要かつはるかに驚くべきことは，様式感が紛れもなく反応するあの繊細さ——この繊細さなしに，滑稽な演技への関心も関心の契機も，こうして敷衍された比較から巧みに勝ち取ることができないのだが——を大衆へ期待して構わなかったことである。こうした流儀に基づく個々の試みが問題となるならば，趣味を感じ取る上述の能力の存在を疑うことができるであろう。しかし喜劇の舞台で最も愛好された手段としてのパロディーの汲み尽くし難い適用を前にするならば，このような疑念を抱くことは不可能である。今日の舞台のいったいどこにおいて，似たことを考えられるというのか？　なるほどすでに当時，民衆の所有である教養は，精神的なエリートから分離していた。喜劇と同様，悲劇も，詩人のあれこれの思い付きが精神的な高みにいる人へ向けられているのか，あるいはむしろ大衆へ向けられているのか，かなりはっきり区別できると信じられ

---

13)　（訳注）同上『アカルナイの人々』387-390。

る。しかし前5世紀の後半および前4世紀のアテナイが示すような，学識ある教養ではなく，徹頭徹尾生きた教養の広がりと大衆性は，何か唯一無二のものであり続ける。こうした唯一無二のものは，ひょっとして精神が公共生活へ完全に浸透した場合にのみ，都市国家的な共同体の空間の中で展開できたのかもしれない。この空間は狭くかつ容易に展望でき，人間が密集していたのだが。

平坦な土地はこうしたアテナイの都市の広場（アゴラー），集会所（プニュクス），そして劇場に集中した生から，完全ではないにせよ分離された。このことから同時に「百姓風のもの ἀγροῖκον」という概念が，「都市的なもの ἀστεῖον」という概念と対置された。後者の「都市的なもの」という概念は，教養あるもの一般とほぼ同義となる。都市的で市民的な新しい教養と，大部分は田舎に居住し，大土地を所有する貴族の古い文化との対比が，ここで完全に現れる。さらに都市においては数多くの饗宴が存在し，これは新たな市民社会の中で全く男性的な社交が行われる本来の場であった。饗宴は飲み，浮かれ歩く，単に愉しい歓楽の場としてではなく，真剣で精神的な生の焦点としての文芸によってますます壮麗なものとなった。このことから貴族時代の後，饗宴を場として社交がいかにして途方もなく変化したのか，はっきりと認識できる。市民の集まりである社交の基礎となったのは，新たな教養である。これを一挙に明らかにするのは，あの何十年かの間に生まれた饗宴風のエレゲイアーであり，これは時代の問題に溢れ，知性重視の傾向に完全に棹差していた。喜劇がこのことを幾重にも証明している。古風な教養と新たなソフィスト的・文学的な教養との間の致命的な争いは，エウリピデスの時代の饗宴全体をも貫き，この時代を明らかに深刻で教養史上重要な時代として性格付ける。新しいもののために戦う人は，常にエウリピデスという権威ある名前の下に集まる。

非常に異なる歴史的で創造的な力が重層的で矛盾に満ちていることから，当時のアテナイの精神的な生が成長する。特に国家施設，その祭儀と法の慣習の中で相変わらず確固と根付いている伝統の力に，個人的な啓蒙と教養への衝動が初めて対置される。この個人的な啓蒙と教養への衝動は多くの人に支持され，かつてない自由を以て意のままに振舞う。こうした衝動は，イオニア人ですら決して知ることがなかった。というのも結局のところ一人一人の自己解放を遂げる詩人あるいは思想家が，馴染みの習慣に浸って酔生夢死の生活を送る市民階級の中でどんなに勇敢であっても，この勇敢さはアテナイのような非常に不穏な雰囲気と比肩し得なかったからである。アテナイの非常に不穏な雰囲気は，伝承されたもの全てに対する批判の萌芽に満ちていた。こうした雰囲気の中で個人は精神的な観点から，民主主義が個人としての市民に民会で認めるのと同じ思想と弁論の自由を，原則として要求した。こうしたあり方は，古代国家や民主主義的な国家の本質にとっても，何か全く異質で不気味であった。このような新しい個人主義的で，いかなる統治形態によっても保証されない思想と弁論の自由は，国家の背後に潜む保守的な力と一度ならず敵対的な衝突へと至った。これはアナクサゴラスの瀆神罪に関する裁判[14]，あるいはソフィストに対する個々のいざこざの中に現れたとおりである。彼らの啓蒙主義的な教説は一部，明らかに反国家的な性格を担っていたのであるが。しかし一般に民主主義国家は，あらゆる精神運動に対して寛容であり，いやそれどころか市民の新たな自由を誇りに思っていた。我々は以下のことを想起しなければなら

14）（訳注）アナクサゴラスは太陽を神ではなく灼熱した石塊であると説いた。このためペリクレスの政敵によって瀆神罪の廉で告訴され，ペリクレスの弁護にもかかわらず有罪判決を下された（前433年頃）。このことを指していると思われる。

ない。すなわち当時あるいはその後の時代におけるアッティカの民主主義こそ，プラトンに民主主義的な統治形態に対する批判のモデルを提供し，その上で彼は独自の観点からこの民主主義的な統治形態を知的かつ道徳的な無政府状態として性格付けたのである。たとえ影響を揮う個々の政治家が，若者を堕落させるソフィストに対する憎しみから（彼らに）手加減を加えなかったとしても，政治家の憎しみは多くの場合，私憤という域を超えない[15]。自然哲学者アナクサゴラスに対する告訴は，同時に彼の保護者とペリクレスの信奉者に対して向けられようとした。実際，長年にわたってアテナイ国家の運命を決した男であるペリクレスは，哲学的な啓蒙へ心惹かれる傾向を公に示し，広い領域に及んだ自らの力によって，新たな流行である精神的な自由を一貫して守った[16]。精神の重視はアテナイ以外のギリシアで世界のあらゆる場所と同様，遅かれ早かれ自明のものとなり，知的な生は全てアテナイへと惹き付けられた。今や最大の規模で，ペイシストラトス家の僭主政の下で起きたことが進んで繰り返される。そもそも居留外人であった異質な精神が，市民となる権利を得る。当時詩人がいなかったわけではないにもかかわらず，アテナイに惹き付けられたのは，詩人ではない。なぜならアテナイ自体は，芸術の全ての分野にわたって異論の余地なく指導的な立場にあったからである。今やあらゆる種類の哲学者，学者，知識人が決定的に新しい特徴を与える。

アテナイの様々な場での合理的精神の萌芽

我々はここで，万人を凌駕するクラゾメナイのイオニア人アナクサゴラス，アテナイにおける彼の弟子アルケ

---

15) プラトン『メノン』91C。
16) （訳注）プルタルコス『英雄伝　ペリクレス』第32章。

ラオスと並んで，アポロニアの全く重要でないとも言えないディオゲネスのような，古風なスタイルによるイオニア自然哲学の最後の代表者を見出す。彼ら自然学者については，すでに言及した。このディオゲネスをモデルとして，アリストパネスは『雲』の中で自らのソクラテスを描いた。アナクサゴラスは世界の成立を，偶然の代わりに思惟する知性という原理から初めて導き出した。これと同様ディオゲネスは，古い物活論を近代的で啓蒙された目的論的な自然観察と結び付けた[17]。ちなみにサモスのヒッポンは，名誉なことに喜劇俳優クラティノスの「パノプテン」の中で嘲笑された。アリストテレスはこのヒッポンに，思想家としてかなり低い等級を割り当てるに過ぎない。若きプラトンはしばらくの間，ヘラクレイトス主義者クラテュロスのことを耳にしていた。数学者かつ天文学者のメトンとエウクテモンの名は，前432年に行われた国家レベルでの暦の改革と結び付いている。この二人のうち特に前者のメトンは，アリストパネス『鳥』の舞台へ登場するように都市で有名な存在であり，一般のアテナイ人にとっては観念的な学者の代表であった[18]。アリストパネスはミレトスのヒッポダモスの幾つかの特徴を，彼の描く戯画の中へ受け入れたように見える。

都市建設の改革者であるヒッポダモスは，直角という幾何学的な理想に則ってペイライエウスという港湾都市を新たに設計した。さらにそれと並んで同様に，合理主義的で直線的な国家というユートピアを代表した[19]。アリストテ

---

17) （訳注）万物の始源(アルケー)を空気と見なす師アナクシメネスの学説と，アナクサゴラスらの学説とを融和させ，始源(アルケー)たる空気が濃化ないしは希化することによって万物が生成され，精神の素も空気であると主張した。

18) （訳注）アリストパネス『鳥』992以下。

19) （訳注）アリストテレス『政治学』第2巻第8章1267b25以

レスの『政治学』は，このユートピアとなお真剣に取り組んでいる[20]。ヒッポダモスはメトンおよびエウクテモンと並んで，自らの時代を特に代表する人物である。なぜならヒッポダモスは，合理性がどのようにして生活の中へ広がり始めるかを示しているからである。ソクラテスが耳を傾けた音楽理論家のダモンも，こうした時代を代表する人物に属する。ソフィストの往来はその都度，都市全体の出来事となり，アテナイの教養サークルを熱狂的な興奮へと駆り立てた。プラトンはこの興奮を，巨匠としてのあり方に相応しい優れた皮肉を用いて『プロタゴラス』の中で描いた[21]。ソフィストの後の世代は，ソフィストによる啓蒙を原則的に後ろ盾にしていると信じることを許され，優越感を抱いた。この世代より前の時代がソフィストに対して抱いた驚嘆を理解しようとするならば，我々はこの優越感を克服しなければならない。プラトンはパルメニデスとゼノンという二人のエレア派の哲学者をアテナイへ来させ，当地で講演を開かせる。これは他の多くの流儀と同様，対話という舞台装置のための詩的な作り事であった可能性がある。しかし二人がアテナイで講演を開いたことは少なくとも考えられないことではなく，実際に典型的な真理を備えている。アテナイで生活しておらず，あるいは当地へしばしば姿を見せなかった人は誰であれ，話題とはならなかった。これを最も注目に値する仕方で証明するのは，デモクリトスによる次の皮肉な名言である。「私はアテナイへやって来た。そこでは誰も私のことを知らなかった。」[22] アテナイですでに名声を博した人の多くはまさに流行の産物であり，その日限りの偉大さを代表するに過ぎない何人か

下。
20) （訳注）同上第7巻第5章。
21) （訳注）プラトン『プロタゴラス』315B。
22) デモクリトス「断片」116（ディールス）。

の人々が，注目の的となった。歴史はこうした，その日限りの偉大さに対して，後になって初めてその正当な場所を指し示さなければならなかった。しかしアブデラではなく世界を故郷としたデモクリトスのような，偉大で狷介な性格の持ち主の数は減っていった。精神的な中心という魅惑的な力からいずれ抜け出すことができたのは純粋な探究者に他ならなかったということは，おそらく偶然ではない。なぜなら将来ギリシア民族の教養に関して第一人者たるべく運命付けられた精神的な強者も，それ以後の全世紀にわたってアテナイにおいてのみ成長したからである。

　トゥキュディデス，ソクラテス，エウリピデスのような，そもそも同時代に生きた偉大なアテナイ人には，民族の歴史上，非常に卓越した場が与えられた。我々はこの卓越した場をめぐる忙しない状況を全て描いたが，こうした状況は決戦を前にした単なる小競り合い以上のものに見える。これはいったい何によるのだろうか？　この決戦を通して合理的な精神の萌芽が周囲の空気を満たしてゆくが，この精神は教養という大きな力，国家観，宗教，道徳，文芸を手に入れる。合理化された国家は没落の瞬間に際しても，トゥキュディデスの歴史的な自己把握という形態を取って，自らの本質を永遠化する最後の精神的な行為を成就する。歴史記述家はこうした過程を通して，二人の（ソクラテスとエウリピデスという）偉大な同胞にもまして，時代へ縛られたままである。トゥキュディデスはまさに最も深い認識のゆえに後世のギリシアのあり方に関して，ひょっとして後世の人々に対するよりも僅かなことしか言えなかったのかもしれない。なぜなら，彼が自らの作品を記述した歴史的な状況は，おそらく彼が考えるほど早くは再来しなかったからである。我々は，トゥキュディデスによる国家とその運命の理解をめぐる戦いを注視することによって，精神的にもアテナイ帝国の崩壊と共に終わる

この時代の考察を終えることになろう。ソクラテスは以前のより良い多くのアテナイ人と同様、もはや国家に関心を向けていない。むしろ人間や生の問題一般に関心を向けている。彼は時代の変化する問いや不穏な良心の持ち主であり、全ての新しい研究と手探りの探究によって、(アテナイの)周囲の人々の平静を深くかき乱した。ソクラテスの姿は、まさに彼が自らの時代といかに不可分に見えても、すでに哲学が教養の本来の担い手へと高揚する新時代の発端に属していた。エウリピデスはこうした(詩人という)言葉の古い意味において、ギリシア最後の大詩人である。彼の片足もすでに、悲劇がかつて由来した領域とは異なる領域に立っている。古代の人々は、彼を舞台上の哲学者と呼んだ[23]。エウリピデスは実際、二つの世界に属している。我々は彼を古い世界へ据え、彼はこの旧世界の破壊者たるべく召命されている。この旧世界は、エウリピデスの作品の中でもう一度、その最高の誘惑的な輝きにおいて光を放つ。詩情はもう一度、かつての指導的な役割を担った。もっともこの新しい精神は、自らが相続した場から詩情の道を排除しなければならないのであるが。これこそ、歴史が愛するあの偉大な逆説の一つである。

革命的な冒険性と勇敢な改革欲

ソポクレスと並んで、悲劇の第二の流儀のために場所が用意されていた。というのも、アイスキュロスの劇で掲げられた古い問いを(以前とは)異なった意味で再び取り入れる能力のある世代が、時と共に成熟していたからである。ソポクレスにとって問題的なものは、他の方向へ向けられた形成力の背後へ一時的に退いた。その後この問題的

---

23) (訳注) アテナイオス『食卓の賢人たち』第4巻158e、第13巻561a。

なものは，エウリピデスによって再び情熱的に自らの権利を要求する。人間の悲劇的な過程を，神性と共に受容するための時代が再びやって来たように見えた。この時代は，新たに思考の自由が覚醒することによってもたらされた。この思考の自由は，ソポクレスが人生の男盛りを過ぎた頃，ようやく一般的に広まり始めたのであるが。父祖には敬虔さへの囚われゆえにベールで覆われていたように見えた存在の謎が，冷静な探求眼によって見られた。この時，批判という形で新たな基準を古い問いへ据えた詩人（エウリピデス）にとって，以前に書かれた全てのものをあたかも大幅に書き換え始める必要があるように思われた。（アイスキュロス，ソポクレスという）最初の二人の偉大な悲劇詩人は生の息吹を神話へ吹き込んだとされ，神話はあらゆる高尚な詩情によって最初から吸収し尽くされた。神話は，詩人から継承された登場人物の世界として一挙に与えられた。エウリピデスの勇敢な改革欲も，予め描かれたこうした道から逸脱しようとは考えなかった。これを彼に期待したとすれば，古代ギリシアの詩情を最も深い本質において誤解することを意味したであろう。なぜなら，この詩情は神話と結び付き，神話と共に生き，没落しなければならなかったからである。しかしエウリピデスは，こうした祖先伝来の詩的な領分においてのみ思案し，形成を遂げながら生きたわけではない。

　今やこの領分と彼との間に，彼の時代に感じられた現実的な生が入り込む。歴史家トゥキュディデスにとって真理の探求は，神話的なものの追放とほぼ同義であった。この歴史的・合理的な時代が彼を生み出したという事実は，この時代と神話との関係にとって象徴的である。同じ（歴史的・合理的な）精神が，自然に関する説明と医学に魂を吹き込む。自ら経験した現実を形態化しようとする意志は，エウリピデスの作品の中で初めて基本的な芸術衝動として

意識され，高揚した。詩人（エウリピデス）は神話を所与の形式として自らの眼前に見出すので，新しい現実感覚をこの（神話という）器へ流し込む。すでにアイスキュロスが，周囲の世界に関する彼本来のイメージや願望像に沿って伝説を形成したのではなかったか？ ソポクレスは同じ欲求から英雄を人間化したのではなかったか？ そして後世の叙事詩の中では，久しく死に絶えたように見えた神話が驚嘆に値する革新を遂げた。このことは，当時にあって最近百年の劇の中で唯一の（言及に値する）業ではなかったか？ こうした業は，久しく魂が抜き去られた世界の影のような肉体へ，血と生を勇敢にも注入したのである。

エウリピデスは様式に関して極端に厳格な神話的な劇を携えて，悲劇によって称賛されることを望む志願者の列へ加わった。しかし彼はこの時，自らの試みを通して，神話の登場人物を進歩させ近代化する傾向が段階的な高揚を経験するに過ぎないことを，聞き手に信じ込ませることができなかった。エウリピデスは，自らの行為の革命的な冒険性を意識していたに違いない。この革命的な冒険性は同時代の観客へ襲いかかり，彼らの内面を震撼させた。観客はエウリピデスを情熱的に嫌悪することによって，彼から背を向けた。明らかにギリシア人の意識は卑俗な現実というカテゴリーに適応するよりも，むしろ神話が美的で慣習的な理想と仮象の世界へ浅薄化することに耐えた。神話はこの世界へ，前6世紀の巨匠的な合唱抒情詩と後の叙事詩の中で幾重にも接近したのである。ギリシア人の感覚にとって卑俗な現実は神話と比較するならば，我々の「世俗的なもの Profanen」という概念に対応する。芸術は，神話をよそよそしさと空虚さから守ろうとする。それは，幻想なしに見られた現実に神話があてがう基準を訂正することによるのである。こうした芸術の試みほど，新時代の現実的なものに対する自然主義的な傾向を鋭く性格付けるものは

ない。エウリピデスはこうした前代未聞の干渉を，冷淡に行ったわけではない。芸術家による強力な個性の投入がこの干渉へと至らしめ，この個性は何十年にもわたる敗北と失望に対しても不撓不屈であった。その多数が未だに決して服従することがない民族こそ，努力する詩人に対して，こうした敗北や失望をもたらした。しかし努力する詩人エウリピデスは最終的に勝者であり続け，アテナイの舞台のみならずギリシア語を話す全世界を征服した。

　我々はこの場でエウリピデスの個々の作品を観覧に供し，あるいは作品の芸術的な形式の分析を，作品自身のために個別に行うことはできない。我々は，新しい芸術による様式の形成力を眼前に把握する。我々はその際，新しい芸術の中で伝統によって限定されたものを度外視する。まさにこうした（伝統によって限定された）要素を慎重に把握することは，個々の点で詩的な形態化の過程をより繊細に理解するための，不可欠の前提条件である。しかしこの前提条件は，すでに実現したものであることを踏まえなければならない。その結果，我々は個別的な箇所の調査結果が一致していることから，形式の支配的な傾向を際立たせるよう試みることができる。ギリシア人の生きた詩情の随所において，エウリピデスの中で形式が特定の内容から有機的に成長する。この形式は内容と不可分であり，しばしば単語と文章の構造の言語的な形態に至るまで，内容によって制限されている。新しい内容は神話のみを変化させるわけではない。神話と並んで詩的な言語の性格，悲劇において伝承された形式の存続をも変化させる。ちなみにエウリピデスはこの形式の存続を決して恣意的に解決するのではなく，むしろ堅固で硬直した図式へと硬化させがちなのであるが。エウリピデスの劇の中で新しい，様式を形成する力は，市民的な現実主義，修辞学，哲学である。こうした様式の変化は，精神史的に最高の射程を備える。とい

うのもこのような変化は、この三つの決定的な教養力が後世ギリシア人のあり方を支配することを予告しているからである。この三つの決定的な教養力が明らかにするのは、詩人があらゆる場面において、自らの創造物が醸し出す特定の教養の雰囲気と、自らの創造物が対象とする社会を前提としていることである。そしてこれと対照的にエウリピデスの文芸は、人間の性格の新しい形式が初めて本格的に出現するのを助け、人間に自らの本質における理想像を眼前に据えることを明らかにした。人間はひょっとしてこの本質を、以前のいかなる時代よりも（自らの）正当化のために必要としているかもしれない。

生の市民化と悲劇の喜劇化

エウリピデスは古い悲劇的な英雄の代わりに、弊衣蓬髪の乞食を舞台へ上げる。するとエウリピデスの時代における生の市民化は我々にとってプロレタリアート化とほぼ同じことを意味し、彼の時代は時折このプロレタリアート化と紙一重である。まさに（エウリピデスの）敵は、高尚な文芸がこうして面目を失っていくことに反対した。先行者の芸術に時代的かつ内的に最も近く位置する『メデイア』において、すでにこのような特徴に随所で気付くことができる。個人の政治的・精神的な自由が増えることによって、人間社会と、人間社会が基づく絆という問題は、より明確に目に見えるものとなる。自我は自らの人権を告げ、（『メデイア』では）人為的に見える鎖を窮屈に感じる。自我は熟考および理性という手段によって、逃げ道として（鎖を）緩めるよう求める。（『メデイア』では）結婚について議論される。何百年来の慣習の中で「不可触の掟 noli me tangere」である世代間の関係は、公共性の光へともたらされる。つまりこの関係は、自然における万物の関係と同様、闘いである。強者の権利、これが地上の至る所で支

配しているのではないか？ それゆえ詩人エウリピデス
は，メデイアを捨てるイアソンの伝説の中に同時代の苦悩
を見出し，同時代の問題を投影する。伝説はなるほどこの
同時代の問題について何ら知らないが，この問題を素晴ら
しい表現力によってありありと思い浮かべることができる

当時のアテナイの婦人はメデイアではなく，こうした
(メデイアの) 役割を演じるためには余りにも鈍感か，抑
圧されているか，洗練されていた。異国人 (メデイア) は
裏切った夫を傷つけるため，目に絶望の色を浮かべながら
自らの子供を殺害する。したがってメデイアは，女性の本
性の中にある原初的なものをギリシア風の人倫に妨げられ
ることなく描写するため，詩人にとって恰好の存在であ
る。この異国人 (メデイア) が詩人に歓迎される理由は，
上で触れたアテナイの婦人の特徴にある。なるほど天性の
模範的な夫ではないにせよ，ギリシア人の一般的な感覚に
とって叱責の余地のない英雄イアソンは，卑怯な機会主義
者となる。彼は情熱ではなく，冷たい打算に基づいて行動
する。しかしイアソンがそう行動せざるを得ない結果，子
供を殺した伝説上の人物 (メデイア) を悲劇的な登場人物
として受容できるようになる。詩人の関心の全体は，こ
の (メデイアという) 悲劇的な登場人物へ向けられている。
なぜなら詩人はある意味で女性の運命一般を，もっぱら行
為と名声のみによって価値評価される男性とは異なり，英
雄の輝きに隈なく照らされている嘆かわしい存在と見な
し，女性の運命を神話の光の中で見ないからである。当時
アテナイにおいては市民的な結婚による悲劇の女傑が，た
とえメデイアほど極端な姿ではないにせよ，すでにしばし
ば演じられていた。そして詩人はこのような市民的な結婚
による悲劇の女傑を，特に『メデイア』から意識化しよう
とする。エウリピデスは，市民的な結婚による悲劇の発見
者である。『メデイア』は，この作品が創作された時代の

男の無制限なエゴイズムと女の無制限な情熱との間の戦いを描いた，真の劇である。それゆえこの劇も（男と女という）双方の陣営から全く市民的な流儀に従って争われ，罵られ，理路整然と論じられる。イアソンは賢明さと高貴さに溢れており，メデイアは女性の社会的な状況，男性へ性を理由とした献身を強いられる屈辱について哲学する。彼女は結婚に際し男性に従い，加えて豊かな婚資によってこの男を買わねばならず，子供の出産が戦闘による英雄的行為よりも，はるかに危険で勇敢であると宣言する[24]。

　このような芸術は，なるほど我々の中に愛憎相反した感情を呼び覚ますことができるに過ぎない。しかしこの芸術は疑いなく画期的で，新しいものをその豊かさを通して示すのに適している。エウリピデスは老境に入り始めた頃の作品の中で，市民的な問題を神話的な素材へ移し替えることに満足せず，時折，悲劇をまさに喜劇へ近付けた。『オレステス』はアイスキュロスやソポクレスの作品と全く異なっているが，この『オレステス』でメネラオスとヘレネの夫婦は長い別離の後，再び一つになる。オレステスは母を殺した後，神経を壊して病気で寝込み，群衆のリンチ裁判によって脅かされている。しかし彼の困窮が最大となる瞬間に，メネラオスとヘレネが旅行から戻ってくる。オレステスは叔父（メネラオス）に助けを哀願する。メネラオスは財布を抜き取り，金銭を（オレステスに）提供する。しかしメネラオスはたいそう臆病なので，せいぜいこうしたことができるに過ぎない。なぜなら彼は，心から同情する甥のオレステスと姪のエレクトラのために，まさに骨折ってようやく再び手にした幸せを危険に曝すことができないからである。メネラオスは，オレステスの祖父で自らの義理の父に当たる，殺されたクリュタイムネストラの

---

24)　（訳注）『メデイア』230 以下。

父テュンダレオスが復讐心に燃えて現れ，家族の劇を完成させる際にも，なおさら特に臆病である。煽動された民衆は適切な働きかけがないため，オレステスとエレクトラへ死刑を宣告する。忠実なピュラデスがその場へ現れ，メネラオスの態度に復讐し，有名なヘレネを殺すためオレステスと結託する。これはもちろん，うまく行かない。というのも神々は，同情するこの（ヘレネという）女性を適切な時に（彼女を殺そうとする者から）引き離すからである。その後，彼女の身代わりに娘ヘルミオネが殺され，家は焼かれる運命にある。しかし「機械仕掛けの神 *deus ex machina*」[25]としてのアポロンは極端なことを妨げ，この作品は臆病なメネラオスがヘレネを再び獲得し，オレステスとヘルミオネ，ピュラデスとエレクトラという二組のカップルが同時に婚約を祝うことによって，ハッピーエンドに終わる[26]。時代の洗練された趣味の持ち主は，特に様々な文学ジャンルを一緒にしたり，ジャンル間の微妙な変化を愉しんだりした。市民悲劇を『オレステス』のグロテスクな悲喜劇へ変形することは，（エウリピデスの）同時代人である詩人で政治家のクリティアスの含蓄ある言葉を想起させる。彼の言葉によれば，少女は何か少年らしいもの，少年は何か少女らしいものを持っている場合にのみ魅力に溢れているのである[27]。しかしエウリピデスの非英雄的な英雄に関する熱弁は我々の感情にとって，しばしば喜劇的なものの領域に期せずして僅かに触れ，すでに彼の時代の

---

25) （訳注）すでに前4世紀に有名になった，神が舞台装置の助けを借りて現れること。比喩的には，困窮の状態にあって助け解決をもたらす，大抵は予期せずに現れる人物や出来事。

26) （訳注）オレステスがヘルミオネの喉をナイフで切り裂こうとする刹那，アポロンが介入する。そしてオレステスがアテナイの裁判で無罪を宣告されたことを告げ，ヘルミオネの命は救われる。

27) （訳注）クリティアス「断片」48（ディールス）。

喜劇作家にとって笑いを刺激する豊かな源泉であった。この豊かな源泉から溢れる市民としてのあり方は，神話の根源的な内容と比べるならば，様式の感覚にとって何か奇異な感じを抱かせる。というのも，（この市民としてのあり方は）冷静に計算し自己の権利を主張するわかりやすさ，啓蒙，懐疑，道徳化，赤裸々な感傷への実践的な衝動を伴うからである。

修辞学と詩的な雄弁との関連
　修・辞・学・は詩情へと入り込む。これは少なからず重要な影響のある，内的な行程である。この行程は，詩的なものを弁論術に完全に解体する運命にあった。詩情は古代後期における修辞学の理論にあって，僅かにその下位部門で特別な適用として考察されていたに過ぎない。ギリシアの詩情は，すでに早くから自ずと修辞的なものという要素を生み出していた。エウリピデスの時代になって初めて新たに芸術的に作られた散文が，詩情の使用に関する教説を作り出した。この散文はそもそも自らの手段を詩情から借用したが，その後，詩情へと逆に影響を及ぼすようになった。悲劇詩人の言語が生の現実の語りに近付くことは，神話を市民的なものと置き換えることの延長上に位置した。同時に悲劇の「対話 Dialog」と「スピーチ Rhesis」[28]は，専門教育に基づく法廷での雄弁から洗練された論理的な議論を行う能力を新たに学んだ。この議論を行う能力は単なる言語芸術を超えたものであり，エウリピデスの（作品の）登場人物が修辞学の弟子であることを明らかにする。今や劇場においても，弁論の競争（アゴーン）がますます多く劇を緊張させる主

---
28)　（訳注）劇，特に悲劇におけるスピーチを表す。長さは7行から100行以上に及ぶ。その物語上の最も重要な機能は，情報を提供する点にある。

たる刺激となる。その際，我々は随所で，法廷を前にして論戦を行う者が悲劇に対して抱く，新たに掻き立てられた競争心を感じ取る。アテナイ人はこの法廷を前にした論戦に，喜びを覚えたのであるが。

修辞学の草創期に関しては，ほとんど何も伝えられていない。にもかかわらず，（修辞学に関して）僅かに残されたものだけでも，エウリピデスの詩的な雄弁と修辞学との関連をはっきり認識できる。神話上の人物に関する語りは，学校で行われた修辞学の訓練に欠かせなかった。これは，ゴルギアスによるパラメデスのための弁護弁論と「ヘレネ賛」が示すとおりである。他の有名なソフィストによる雄弁も，学校での模範例として保存されていた。裁判官を前にしたアイアスとオデュッセウスとの弁論競争はアンティステネスの作に，パラメデスに対するオデュッセウスの告訴はアルキダマスの作に帰される[29]。テーマが荒唐無稽なものになればなるほど，ソフィストが教授した「より悪い事柄をより良い事柄とする」[30]という，扱いにくい技術を証明する試験として，なおさら適していた。我々はこうした大胆で巧妙な修辞を用いた詭弁と詐術の全てを[31]『トロイアの女』の中でヘカベがヘレネを告訴した時の自己弁明[32]，あるいは『ヒッポリュトス』の中で乳母が雄弁に語る場面に再発見する。後者の語りにおいて乳母は女主人パイドラに，結婚した女性の心が動揺するのであれば，この女性が別の男への愛に屈することは違法ではないことを示す[33]。これこそ意識的に弁護を行う巧妙な作品であり，その向こう見ずな能弁は同時代人に反感のみならず驚嘆を

---

29) （訳注）ゴルギアス「断片」11a。
30) （訳注）アリストパネス『雲』893。
31) （訳注）『トロイアの女』914。
32) 同上 895。
33) 『ヒッポリュトス』433。

も呼び覚ました。この巧妙な作品は、巨匠的な形式以上のものであった。

　ソフィストの修辞学は、説得のため万策を用いて被告の主観的な観点を代弁する権利を、勝手に我がものとする。エウリピデスの悲劇に登場する英雄の弁論と同時代の法廷弁論との共通の根とは、罪と帰責に関する古代ギリシアの概念が止め難く変化していることである。これは、当時ますます進行していた個人化の影響下に行われる。かつて罪に関する観念は客観的であり、人間は自らの知識や意欲と関わりなしに、呪いや汚点に憑りつかれることがあった。呪いの神霊（ダイモーン）は神的な力と共に人間の上へ到来し、それは人間を自らの行為の不吉な帰結から無罪放免にしない。アイスキュロスとソポクレスは、未だにこうした古い宗教的な観念を抱いている。しかし彼らは呪いが襲いかかる人間に対して、この観念を弱めようとする。それは呪いが襲いかかる人間に、運命に積極的に協力させ、もちろんその際迷妄（アーテー）という客観的な概念をこの協力によって損なわないことによる。アイスキュロスとソポクレスが描く登場人物は、あちこちへ呪いをもたらすという意味では「有罪」であり、それゆえ彼らは我々の主観的な思考にとっては「無罪」である。しかし彼ら登場人物の悲劇は、あの（アイスキュロスやソポクレスという）詩人たちの意味において罪のない苦しみに基づくのではない。これこそエウリピデスをエウリピデスたらしめるものであり、それは基本的に自己の観点を、人間にとって主観的なものから受け取る時代の見解に由来する。老齢のソポクレスは自作に登場するコロノスのオイディプスに、避難所コロノスの住民が彼を追放したことに対して、次のように弁明させる。つまりオイディプスは自らの無罪を証明し、——父親殺しと近親相姦という——人の道に悖る行為を知らずに行ったと、もっと

もなことに思わせる[34]。この場合，詩人ソポクレスはなるほどエウリピデスから何ほどかを学んだが，オイディプスという悲劇の本質に関するエウリピデスのより深い見解に言及することはほとんどない。それに対してエウリピデスにとってこうした問いは，随所で決定的な重要性を持つ。彼の英雄が，情熱的に反抗を企てつつも主観的には無罪であるという（エウリピデスの）意識は，彼の劇中で運命による著しい不正に対する多声的な，憤慨した訴えかけとして述べられる。刑法の中での法的な帰責の問題を主観化することは，ペリクレス時代の法廷での弁護において罪と無罪との間の境界を一時的にせよ完全に消しかねなかった。また例えば興奮の中で行われた行為は，もはや自由意志の行為として多くの人々に認められなかった。我々はこれらのことを知っている。これは悲劇的な文芸という領域へ深く介入し，エウリピデスのヘレネは自らの離婚をエロスの強制という考えの下で行われた行為として分析する[35]。これも芸術の修辞学化の章に属するが，単に形式的な事柄とは全く異なっている。

哲学の詩情に対する支配

最後に哲学とエウリピデスとの関連について述べよう。ギリシアのあらゆる詩人は，思考・神話・宗教がまだ分離せずまとまっていたという意味で，生粋の哲学者であった。エウリピデスはその限りにおいて，彼の英雄と合唱団が箴言を用いて話すのであれば，詩情へ何か異質なものを近付けるわけではない。しかし彼は実際上，何か別のものを問題としている。初期ギリシアの詩人にとってあたかもまだ地下にある哲学は，時と共に自立的な「知性 νοῦς」

---

34) （訳注）ソポクレス『コロノスのオイディプス』266 以下。
35) 『トロイアの女』948。

として明るみへ高揚し,合理的な思考が存在の全領域を捉えた。この思考は,詩情から自由になりつつ今や詩情を攻撃し,詩情に対する支配を望む。こうした鋭い知的なアクセントが,エウリピデスの人物の語りから我々の耳へ繰り返し迫ってくる。このアクセントと,アイスキュロスの思考の豊かさを織り成す深い信仰の音とを混同することは,こうした思考の豊かさがきわめて深刻な懐疑と戦う際においても許されない。これこそエウリピデスの作品から最初に受ける,純粋に感性的な印象である。彼の登場人物が呼吸する精神的な雰囲気という原素(アイテール)は,繊細で希薄である。根が堅固なアイスキュロスの生命力と比べると,単なる弱さに過ぎないようなエウリピデスの登場人物の繊細な観念性は,悲劇という芸術の魂が現れる場となる。この悲劇という芸術は,(登場人物が)新たに主観として苦悩する能力の支えおよび刺激として,不眠不休の討論術を必要とする。しかしそうでなくともエウリピデスの描く人間は生が命じるまま,理性的に理路整然と論じる止め難い欲求を持つ。このエウリピデスの描く人間の備える内的な構造が本質的に変化したことをこのように確認することと比べれば,詩人(エウリピデス)が登場人物の含蓄ある言葉にどの程度,責任を負うかということは,さほど重要ではない。すでにプラトンは『法律』において,詩人をあらゆる時代に好まれたこうした(自らの登場人物の言葉の責任を詩人に帰す)流行から守り,詩人は泉に流れ込むほど多くの水を与える泉のようである,とコメントしている[36]。詩人は現実を模倣し,それゆえ登場人物に甚だ相矛盾する見解を与えるが,その際,複数の見解のどの見解が正しいのか詩人自身も知ることがない,という。しかしたとえこうした道において詩人の「世界像」の解明が永遠に不可能で

---

36) プラトン『法律』719C。

あり続けるとしても，こうしたエウリピデスの（作品に描かれた複数の）知性主義者はその精神的な外観が家族のように似ている。これは，こうした（知性主義者の）魂の力が詩人（エウリピデス）の本質的な特性へ支配的に関与していることの圧倒的な証明である。

　彼は自然と人間の生に関する特定の見解として，現在と過去の思想家から詳かな点に至るまで刺激を受けていた。我々はこの刺激が教養に合致した性格を持つことを，（こうした思想家の）多様性から認識できると信じる。これに対してエウリピデスが時折，従うのはアナクサゴラス，アポロニアのディオゲネス，あるいは別の人か，という問題は，副次的な興味を惹くに過ぎない。そもそもエウリピデスにとって，何か確固とした世界観のようなものは存在したのであろうか？　存在したとするならば，彼の世界観は彼の変幻自在な精神を過渡的なもの以上のものとして魅了したとでもいうのであろうか？　この全能の詩人にとって，かつて死すべき者の頭に到来したいかなる思考も疎遠ではなかった。エウリピデスにとって，彼が敬虔であろうと，自らが望むように軽率であろうと，啓蒙のドグマに縛られることは不可能であった。彼が困窮に陥ったヘカベに，アイテールに対して次のように祈らせようとも[37]。

　　大地を支え，大地に君臨するあなた，
　　あなたが誰であるのか，知ることは究め難い，
　　ゼウス，人間精神，それとも自然の理なのか。
　　私の祈りはあなたに向けられています。というのも静かな道を歩みながら，
　　あなたはあらゆる人間の運命を正しく導くからです。

---

37) 『トロイアの女』884。

こう呼びかける人は，もはや古き神々を信じているわけではない。古き神々に苦しめられた心は祈りの中で，存在の永遠の根拠に関する哲学的な詮索が彼らの代わりに据えたものを，あたかも宇宙のどこかに祈りを聞く耳があるかのように頼りにする。この心はまさに苦悩の深み，出来事の混沌の最中で，人間的な意味を求める願いを諦めることができない。宇宙的(コスモス)な宗教が，世の成り行きが正しいことをエウリピデスに信じさせた。いったい誰が，エウリピデスがこうした宗教を自らの中に担ったという結論を，この人間的な意味を求める願いから導き出すというのか？ 彼の（作品の）登場人物による無数の言明は，これに劣ることなく決然と正反対の証言を行う。そしてエウリピデスにとって，宇宙的(コスモス)な法則と人倫的な法則との調和が回復不可能なほどまでに壊されてしまったということ以上に，明らかに見えることはない。しかしこうしたことは，彼がこうした認識を意識的に教授しようと試みることを意味しない。それはちょうど，彼の（作品の）登場人物が与えられた機会にこの認識を（告げるのを）抑えることがほとんどないのと同様である。作品は，神性に急激に訴えかけた後で，この神性が最終的に全てを痛ましい結末へ導く場面で，耳をつんざくような不協和音に直面する。この場面でエウリピデスは伝承された信仰の弁護者でないのと同様，神から離れたことを告げる預言者でもない。彼が描く，行為する人間が神々に対して行う仮借ない批判は，なるほど彼の劇を貫くあらゆる悲劇的な出来事の中で中断することのない同伴モチーフである。しかしそれは，何か第二義的なものに留まる。エウリピデスはこの批判によって，クセノパネスがホメロスとヘシオドスに登場する神々の神話を批判し，さらにプラトンがこれを批判したことへの延長線上に立っている。この（クセノパネスとプラトンによる）批判は，二人の哲学者をして神話を非現実的かつ非人倫的

なものとして非難するよう強いる。この同じ批判がエウリピデスにおいて常に（劇が創り出そうとする）幻想を破壊するものとして神話の劇的な描写それ自体と混じり合うことは、逆説的である。彼は神々の現実と品位を破壊し尽くす一方、その直後に再び、この現実と品位を、彼の劇の中で働く力として観覧に供する。これは、非常に深い真剣さと軽やかな浅薄さの間で色調を変える独自の両義性であり、この両義性は彼の悲劇に独自の作用を与える。

神話に対する批判、劇の抒情詩化

エウリピデスの批判は、神々に対して向けられるだけではない。神話がギリシア人の思考にとって理想的な模範の世界を意味する限りで、彼の批判は全ての神話に対しても向けられる。ひょっとして自主独立の古いドーリア的な男性の理想を壊すことが『ヘラクレス』の意図ではなかったとしても、『トロイアの女』においてトロイアを征服したギリシア人の栄光はなおさら根本的に一夜にして変化し、ギリシア人という征服者の英雄としてのあり方、民族の誇りは、野蛮な権力欲と破壊欲に過ぎないことが暴露される。しかし同じエウリピデスが『フェニキアの女たち』ではエテオクレスの形姿を借りて[38]、支配欲の強い人間の神霊的な権力衝動を、心の中の悲劇を用いて感動的に体現させた。エウリピデスは『救いを求める女たち』と『アンドロマケ』の中では国民的な祝祭劇の詩人として、特定の意図を持った平和主義者とは全く異なっている。彼の悲劇が彼の時代の全運動における談話室と呼ばれた[39]のに、理由がないわけではない。（そこでは）国王から召使に至

---

38) （訳注）『フェニキアの女たち』521-525 を参照。

39) （訳注）Burckhardt, Jacob: Griechische Kulturgeschichte, in: Gesammelte Werke, Bd.7, Darmstadt 1957, S.227.

るあらゆる年齢層と身分の者が議論し哲学することに参加し，全ての伝承と生を議論し哲学することへと解消した。これこそ，この世代の意識が万物を疑わしいと見なしたことを如実に証明する。

　エウリピデスの批判的な反省は決して教訓的ではなく，劇の登場人物による支配的な世界秩序への主観的な態度決定を，あますことなく表現している。悲劇的な文体によって自然主義化し修辞学化する，理路整然と論じる新たな教養の最中で，途方もなく主観的なものへの激変が現れる。この激変は，詩作と思考を自らの道へと引き入れる。イオニアとアイオリスの抒情詩の中で初めて頂点に達した（主観的なものの）展開は，エウリピデスが再び強力に推し進め，しかし悲劇の創造および精神的な生が政治的なものへ転回すると止まった。この精神的な生の転回が，今や悲劇へと流れ込む。エウリピデスは最初から劇にとって本質的な抒情詩風の要素を創作し続けたが，彼はこの抒情詩風の要素を合唱団から登場人物へ部分的に転移した。この要素は個人的なパトスの担い手となる。歌いぜりふ(アリア)は劇の中心的な構成部分となり，このことは劇がますます顕著に抒・情・詩・化する徴候となる。喜劇はエウリピデスの芸術の随所における（彼の作った）新しい音楽を批判することによって，この喜劇と共に我々から何か本質的なものが失われてしまったことを証明する。ここ（エウリピデスの音楽と抒情詩風の要素）では原初的な感情が放たれる。この感情が詩人の本質の中で優位を占めることは，省察に劣らず特徴的である。原初的な感情と省察という両者は等しく主観的に動かされた内面性の発露であり，恒常的に相互に浸透し合うことで内面性を完全に模写している。

　エウリピデスは最も偉大な抒情詩人の一人である。彼にとって知性の問題として解き難い不協和音は，歌を通してのみ調和的に解決される。なるほどエウリピデスの

歌いぜりふ(ア)(リ)(ア)は時と共に著しく人為的で不自然となり，遺憾なことに空虚感すら部分的に感じ取れる[40]。『ヒッポリュトス』の情景の中でヒッポリュトスは，純潔のアルテミス女神の像を花環で飾る。ここで恋い焦がれる繊細で内的な絆が，異性に対して拒否的なヒッポリュトスという若者の魂を，純潔のアルテミス女神と結び付ける。またイオンはデルポイのアポロン神殿の守り手として，パルナッソス山上に昇る太陽の曙と共に毎年，変哲のない，神に聖別された日々の仕事を敬虔な祈りの中で始める。さてエウリピデスは，上述の絆あるいはイオンの朝の歌といった現実の抒情詩風の気分を把握する点において，比類のない存在に留まる。パイドラの憂鬱な病んだ魂は，（ヒッポリュトスのような）偉大な孤独という山の本性（の持ち主）へ献身することにより，歓喜と苦しみを被る。この歓喜と苦しみは，古典的な人間による経験の限界をすでに超えてしまっているように見える。詩人エウリピデスの衰えを見せない抒情詩の力は，老境に入ってからの作品『バッコスの信女』の中で，ディオニュソス的な狂気の恍惚があのように荒々しく爆発することによって，頂点に達した。この荒々しい爆発は，我々に伝えられた全古代の領域におけるこうした異国風の熱狂的な興奮状態の，唯一の真実かつ内的な啓示である。そしてこの爆発は，ディオニュソスが魂に及ぼす力に関して戦慄させるような予感を，我々の時代にも伝えている。ディオニュソスの半狂乱は，この魂に襲いかかるのだが。

　新たな抒情詩風の芸術は，感情移入による理解では従来，知ることのできなかった深みから，そしてまた人格的なものという筆舌に尽くし難い魅力——それが人間あるいは事物や場所についてであるにせよ——と，繊細に響き合

---

40)　（訳注）アリストパネス『蛙』1309 以下を参照。

うことから生まれる。この感情移入による理解は，きわめて異質な魂の存在の最も繊細で隠された刺激さえ，尋常ではない領域に至るまで探索するのだが。感覚的で精神的な雰囲気の漂うアテナイという都市が放つ唯一無二の香気は，『メデイア』[41]の合唱歌の僅かな詩句の中で，どのようにして捉えられたのであろうか？　こうした唯一無二の香気とは，アテナイという都市が神話を深く記憶に留め歴史的に気品があること，生を包む穏やかな安らぎ，呼吸が行われる朝の透徹した光，神聖なムーサイが金髪のハルモニアを初めて成長させた，人間を育む精神の原素(アイテール)のことである。アプロディテはケピソス川の水を汲み上げながら陸へ穏やかな息を吹きかけ，バラ冠を被った英知の持ち主として，エロスたちを遣わす[42]。エロスたちは，各人が最高の人間的な完成を遂げるべく力を貸すのである。この詩句が，ここで欠けてはならない。というのも，この詩句はペロポネソス戦争が勃発する直前の週という未来を孕んだ瞬間に，アッティカの教養世界の精神的な生の気分と高揚感を発散するからである。このペロポネソス戦争は，アテナイの都市で称賛されよく守られた静けさを一挙に終わらせ，文化を再び国家と民族に関する一般的な運命へと巻き込んだ。

人間の感情と情熱が不穏に動く世界の探求

エウリピデスは最初の心理学者である。彼は言葉の新たな意味で魂の発見者であり，人間の感情と情熱が不穏に動く世界を探求する。エウリピデスはこの感情や情熱が魂の精神力と争うかのように，表現それ自体を通して倦むことなく描く。彼は魂の病理学を創造した。人間はこうした

---

41)　『メデイア』824。
42)　(訳注) 同上 835-842。

（感情と情熱という）事柄からベールを引き裂き，神霊(ダイモーン)的な苦悩と（強迫観念に）憑かれた状態の中に「人間の自然」の必然的で規則的な行程を見，考察の光によって魂(プシューケー)という迷宮を照らすことを学んだ。こうした時代にあって，上で触れた文芸は初めて可能になった。エウリピデスの心理学はこのような時代の中で，次々と新しい領域を征服する自然で合理的な現実の認識，主観的なもの，世界の発見との出会いから成長した。こうした詩人のあり方は，探求者としてのあり方なしには考えられない。狂気が初めて，あらゆる症状を伴い仮借ないリアリズムに基づいて舞台へもたらされる。エウリピデスは，天才には全てが許されると信じている。彼は本能生活の中に根を持つ人間の魂の病を，運命の形成力として描いた。これによって，悲劇に全く新たな可能性をもたらした。『メデイア』と『ヒッポリュトス』においては，性愛の欠如も含めた性愛的なものの病理学という悲劇的な働きのベールが取り除かれる。これとは対照的に『ヘカベ』においては，余りにも大きな苦悩には性格を歪める働きがあることが描かれている。つまり我々はこの作品の中で，全てを失った高貴な女性が野獣のように堕落する姿を，戦慄しつつ追う。

　主観的な反省と感覚へと解消するこうした詩的な世界の中に，絶対的に確固とした観点は存在しない。神話的な表象と支配的な世界秩序に対するエウリピデスの批判が一義的な世界観によって担われているわけではないことについては，すでに述べた。登場人物全員の行為と思考の上に漂う諦念は，深い懐疑に由来する。ここではもはや世界の成り行きに関して，宗教的な正当化は存在しない。エウリピデスの一人一人の登場人物は幸福への鎮め難い願望と余りにも敏感な正義感を抱くが，それはこの世界のいかなる場においても成就しない。人間は，人間自身を最後の審級とするプロタゴラスのような存在観に従うことをもはや望ま

ないし，従うこともできない。したがってこうした展開は，人間が自由への要求を最高度に高揚させる瞬間，完全な不自由を認識する，という逆説に終わる。「いかなる死すべき人間も自由ではありません。彼は金銭あるいは運命の奴隷です。または国家の中で命令する大衆，もしくは法律の制限が，人間が自らの感覚に従って生きることを妨げます。」この老婆ヘカベの言葉[43]は，彼女の都市（トロイア）を打ち負かした征服者であるギリシア人の王アガメムノンに対して向けられた。彼は彼女に懇請され好意の印を与えようとするが，自らの軍隊のいきり立った憎しみを恐れるあまり，思い切ってこれを行うことが許されない。ヘカベは苦悩それ自体の具現である。アガメムノンの呼びかけ「これほど不幸な女がいただろうか」に対して，彼女は「あなたが運命[44]の女神自身を考えているのでなければ，これほど不幸な女は存在しません」と答える[45]。

運命の不吉な力が，幸福な神々の代わりに入り込んだ。エウリピデスの感情にとってこの不吉な力が神霊として現れる現実は，幸福な神々の現実が消滅するのと比例して大きくなる。こうした不吉な力は，新たな神性という特徴を全く自然に帯びる。この神性はそれ以後ギリシア人の思考を支配し，古い宗教をますます抑圧するのだが。この新しい神性の本質は，多義的で曖昧で気まぐれである。幸福は，ある日から別の日にかけて急激に変わる。運命は，今日は不機嫌な者を明日には元気付けることができる。運命は移り気で計算できない[46]。運命はエウリピデスの幾つかの劇の中で，人間と戯れ万物を操縦する力としても現れる。これこそ，不自由で弱い人間のイメージを必然的に補

---

43) 『ヘカベ』864。
44) （訳注）この場合は不幸の神。
45) （訳注）『ヘカベ』785-786。
46) 『ヘルメス』48号（1913年）442頁を参照。

完する。人間に与えられた唯一の自由とは，運命(テュケー)の営みを皮肉にも落ち着いた態度によって考察することである。これは，まさに『イオン』『タウリケのイピゲネイア』『ヘレネ』で見られる。これらの作品が互いに近い時代に成立したことは，おそらく単なる偶然ではない。詩人は明らかに，これらの作品が作られた時期に運命(テュケー)という問題を特に好んで追求し，題材をこの問題に従って選んだ。エウリピデスは筋書を複雑な陰謀の上に築き，人間の策略と賢明さの争いを，運命(テュケー)の矢のように早い話の展開と息を呑むような内面の緊張の中で我々に追求させる。『イオン』はこのタイプの劇の，最も典型的な例である。我々はこの劇の中で，運命(テュケー)の支配を繰り返し明確に目にする。つまり運命(テュケー)は，永遠に変転する神性として最後に呼びかけられる。主人公の英雄は，意図することなく犯した重大な罪から救われ，自分自身すら知らなかった驚嘆すべき運命を発見し，自らが捨てた母と幸せな再会を遂げる。彼はこれらのことを，神性としての運命(テュケー)に負う。驚くべきことへ抱く特有の喜びが，詩人の中で目覚めているように見える。人間の禍福が備える逆説的な本性が，ますます強く（エウリピデスの作品に）露骨に現れる。それゆえ悲劇的な情景の間に，ますます喜劇的なものが入り込む。メナンドロスの喜劇は，こうした方向を継承している。

　無類の豊かさ，落ち着きのない探求と実験，劇の大詰めに至るまで自らを超えてゆく能力が，エウリピデスの創造を性格付けている。彼は最終的に古い様式の悲劇へ回帰する。エウリピデスは『フェニキアの女たち』の中で，形式と題材に関して再びアイスキュロスの流儀を強く示す運命の劇，すなわちたとえ装飾過多であっても出来事と形態の素晴らしい充溢からなる暗く巨大な恐るべき描写を，創造する。エウリピデスが老齢の時期に創造した遺作『バッコスの信女』においては，詩人の自己発見，独断的な知性の

啓蒙から宗教的な体験，神話的な恍惚へ意識的に逃げ道が見出されようとした。さらにこの作品からは，余りにも個人的な信仰告白を聞き取ることができる。エウリピデスにとって恍惚というディオニュソス的な経験を抒情詩的・劇的に現在のものとして描くことは，それ自体きわめて適切な目的であった。そして（『バッコスの信女』に描かれた）宗教的な集団暗示の敵対的な衝突という観念から——この集団暗示はその観念に捉えられた人の中で原始世界の諸力と本能を掘り起こすのだが——，理性に基づく国家と市民社会という秩序と共に，心理学者エウリピデスにとって不滅の働きと効力を伴う悲劇的な問題が生まれた。しかし彼は老齢になってからも，守ってくれる「安息所」へ到達しなかった。エウリピデスの生は，宗教的な問いへ生き生きと介入することによって終わる。合理的な批判を行使したこの詩人ほど，こうした観点から人間の魂の非合理的なものを深く把握した人はいなかった。しかしまさにそれゆえ，彼が立脚する世界は信仰を欠いたままである。エウリピデスは全てを包括する自己理解から，また自己および自己の時代についての懐疑的な知識から，高齢になってようやく理性の限界を超える宗教的な真理に対する謙虚な信仰の幸福を称賛することを学んだ——まさにこの宗教的な真理を所有しないがゆえに。このことは十分に感じ取れる。こうした知識による信仰への態度が基準的なものとなる時代は，まだ到来していなかった。しかしこの時代のあらゆる標識は，『バッコスの信女』においてすでに以下の如く予言的に先取りされている。すなわち（この作品において）不可思議なものと回心が知性に対して勝利を収め，国家——これは古典的なギリシアのあり方にとって宗教的なものと一致した——に対して宗教と個人主義が同盟を結び，法律倫理に過ぎないあらゆるものによる制限から解放され，個々人の魂は直接的に経験可能で救済する神に気付

くのである。

教養力としての市民社会，修辞学，哲学

エウリピデスは，特に芸術家的なあり方の創造者である。このあり方は，もはや彼の属する市民階級と一致せず，彼を自らの生へ直面させる。エウリピデスは古典的なアテナイ国家における伝統的な芸術の水準を，偉大な先駆者という意味での芸術の教育者としてのあり方を，もはや満たすことができなかった。いずれにせよエウリピデスは，これとは別の意味で教育者として生きた。彼は教育的な意識を欠くことはなかった。しかしその意識は，統一的な秩序(コスモス)を精神的に構築するものとして働くのではない。むしろエウリピデスにとって教育的な意識とは，公共性と精神的な生に基づく個々の問いと繰り返し情熱的に携わることによって，率直に意見を述べることに他ならなかった。こうした現在に対する批判の浄化力は，大抵は慣習的なものの否定と不審なものの発見にある。このような現在に対する批判は，エウリピデスをまさに孤独にしたに違いない。これこそ喜劇が彼を描く像であり[47]，彼の同時代人は彼をそう感じた。こうした（孤独な）像に，無二の雰囲気によって担われているという感情が矛盾するわけではない。この感情は『メデイア』の称賛の歌において，詩人（エウリピデス）からアッティカの教養と生の精神へと熱狂的に流れ出る。エウリピデスが自らの祖国から離れたマケドニアで生を終えたことは，象徴的である。これは，シチリア旅行中に亡くなったアイスキュロスとは何か異なっている。エウリピデスの世界は書斎であり，アテナイ人は彼をソポクレスのように将軍に選ばなかった。エウリピデ

---

[47] （訳注）アリストパネス『アカルナイの人々』395以下を参照。

スの共同作業者である俳優ケピソポンはエウリピデスの書斎の静けさを粘り強く守り，エウリピデスは外界から殺到する訪問客に対して厳しく守られていた。エウリピデスは著作と仕事に没頭していると考えられている。体のみがその場にいて，精神は遠い彼方を漂っている。彼がこの世へ戻るとしても，彼は喜劇の中で訪問者に「おお，一日限りの存在よ」と語りかける。（エウリピデスの）肖像は，乱れた頭髪によって無頓着に額の輪郭を示す。これは彫刻によって哲学者の頭を表現する時，用いられた典型例である。エウリピデスは，エロスと知恵(ソフィアー)を幾重にも緊密に結び付けた。両者の結び付きは彼自身の性格を想起させるが，次のような言葉と出会うまで確実性を手に入れることはない。「たとえ元来，芸術的な才能がなくとも，エロスが詩人への教育を行う。」[48] 人生においては不幸であったが，作品においては完全に幸福に見える芸術家が存在する。ソポクレスは人生においても，自らの芸術を十分に照らし出すあの調和を達成した。しかしエウリピデスの詩情に現れた不調和の背後には，人間としての個人的な不調和も存在するに違いない。（エウリピデスという）詩人はこうした点から見ても，新しい個性の真骨頂である。彼は同時代のいかなる政治家やソフィストよりも，新しい時代の個性を深く完全に体現している。エウリピデスのみが新時代の個性による秘密のあらゆる内的な苦悩に精通しており，前代未聞の精神的な自由という危険な富に与っている。彼は自らが置かれた社会的で個人的で狭隘な生活環境に翼をぶつけてどんなに傷つくにせよ，世界は彼のものである。エウリピデスの中には，ピンダロス的な鷲の感情が特有の形式で再び息を吹き返している。「全ての天空(アイテール)は，鷲の飛翔に

---

48) エウリピデス「断片」663 N。

とって自由である。」[49]エウリピデスは，精神が高揚する高みをピンダロスのように感じるに留まらない。完全に新しい情熱的な憧れによって，特に自らの道が無限に広いことを感じている。そこでいったい何が，自己の全てを制限せざるを得ない大地を必要とするのか？

　エウリピデスの芸術の中で来たるべきものは，驚嘆すべき規模で先取りして感じ取られていた。我々は彼の芸術による新たな様式の形成力の中に，続く世紀の以下のような教養力を示した。つまり（この言葉の政治的な意味よりもむしろ社会的な意味での‐原注）市民社会，修辞学，哲学である。これらの教養力はその息吹と共に神話を貫き，このことは神話にとって致命的となる。神話は発端からそうであったように，あらゆる新しい生きた形態にとって不滅の形式，ギリシア精神の有機的な身体であることを止めた。これをエウリピデスの敵が感じ取り，それに抵抗した。しかしエウリピデスは，国民の生の過程においてより高い歴史的な運命を遂行したに過ぎない。この詩人（エウリピデス）を評価する際，カール・オトフリート・ミュラーの『ギリシア文学史』以来，ロマン主義的な，神話へ罪を犯したという感情が非常に重要な役割を果たした[50]。こうした感情は，上で述べた認識の助けとならない。

　深みにおいて動揺する国家と古典的な文芸という土壌の上で，ヘレニズムの新たな人間それ自身が準備されている。アテナイの劇場におけるエウリピデスの失敗は，彼が後の世紀へ期せずして影響を及ぼしたことによって拭い去られた。この後の世紀にとって，彼は悲劇詩人そのものであった。我々が今日なおヘレニズム文化の周辺で驚嘆する

---

49)　同上 1047N。

50)　Müller, Karl Otfried: Geschichte der griechischen Literatur bis auf das Zeitalter Alexanders. Nach der Handschrift des Verfassers, hrsg. v.Eduard Müller, Bd.2, Breslau 1857, S.142-180.

豪華な石造りの劇場は，続く全ての世紀が主に彼のために築いたものであった。

アリストパネスの喜劇

人間の属性としての笑う能力

　前5世紀の最後の三分の一の時期に関するいかなる文化の描写も，アッティカ喜劇に言及しないことは許されない。このアッティカ喜劇は，我々にとって非常に魅力的であると同時に異質な現象である。なるほど古代の人々がこの喜劇を「生の鏡」と名付けた[1]時，人間の永遠に同一に留まる本性と，本性の弱さのことが考えられた。しかし喜劇は同時に，時代の最も完全かつ歴史的な模写でもある。芸術や文学の分野の他のいかなるジャンルも，この点に関して喜劇に匹敵できない。アテナイ人の外面的な振舞のみを研究しようとする人は誰であれ，確かに壺絵から少なからぬことを学べるであろう。我々にとってこうした色彩豊かな，まるで絵本のような（壺絵という）ジャンルは，市民的なあり方の叙事詩のように読める。しかし，こうした気楽で感覚的にわかりやすいジャンルは，顫動する精神的な運動の上層へと達することがない。残された古代喜劇の最も優れた作品は，この上層に由来したのであるが。国家，哲学上の観念，詩情の作品はこうした精神的な運動の生きた奔流へ置かれ，この奔流に勢いよく流される。我々はこれを喜劇の中に見る。これこそ我々にとって，喜劇の

　1）（訳注）キケロの言葉。s. Aeli Donati: De comoedia, in: Commentum Terenti, recensvit Paulus Wessner, Stuttgart 1966, S.22.

代え難い価値の一つである。かくの如く詩情の作品は自らの孤立した状態から逃れ，時代状況の直接かつダイナミックな働きの中で追体験が可能となる。我々は喜劇から知る時代に関してのみ精神的な生の形成を，あたかも未だに社会的に進行中であるかのように観察でき，このような生の形成が喜劇以外の場合には次のような創造的な作品においてのみ結晶化しているのを目にする。この作品は完結し，完成して我々の前に立っているのだが。こうしたことは余りにも自明なので，再構成によって（精神的な生の形成を捉える）目的に達しようとする骨董品のような文化史は，事実の伝承が古代よりもはるかに豊かに得られるとはいえ，そもそも希望のない無謀な試みである。このことは，上述の理由でなおさら明らかとなるであろう。詩情のみがある時代の生から，この生を感覚的な色彩と形式，そして同時に不滅の人間的な核心において直接的に把握できる。その結果，実際のところ何か全く自然な以下のような逆説が生まれる。つまり過去のごく近い時代と比べても，歴史上どれ一つの時代としてアッティカ喜劇の時代ほど我々に並外れて現在を想起させ，心から近しく把握できるものはほとんど存在しないのである。

　当時，喜劇の芸術的な力は，きわめて多様な才能を持つ驚くべき多くの個人の中で活発に機能していた。しかしこの場で喜劇の力は，過去の世界を直観する際の源泉として役立つのみならず，ギリシア人の詩才の最も素晴らしい独創的な啓示として把握する必要がある。喜劇は他の芸術に例を見ないほど，現実に没頭している。こうした（アッティカ喜劇という）対象が現代史上，我々にとっていかに魅力的であり続けるにせよ，喜劇それ自体が考慮する唯一のこととは，その対象となる移ろいやすい出来事の中で，永遠に人間的なるものの一側面を描写することである。このような一側面を，崇高な文芸である叙事詩や悲劇は見落

としたのであるが。(喜劇の) 後に続く世紀に生まれた文芸哲学は，人間の最も本来的な同一の模倣衝動の補足的な表出として，悲劇と喜劇の根本的な両極性をすでに意識している。この文芸哲学は，悲劇をより高貴な本性の持ち主が偉人と優れた行為や運命を模倣する傾向と関連付ける。これは，英雄的な叙事詩の後継者に位置する全ての高尚な詩情が行うのと同様である。この文芸哲学は，喜劇本来の発端をより卑俗な本性の持ち主による抗い難い衝動から説明しており[2]，我々は次のように言うであろう。つまり (喜劇本来の発端は) 現実的に観察し，判断する民衆の衝動による。この衝動は，悪しきもの，叱責や軽蔑に値するものを好んで猿真似の対象として選び出す。醜く卑しいテルシテスは『イリアス』の情景の中で反感を惹起し民衆を扇動し，他人の不幸を喜ぶ一般人の笑いに委ねられる[3]。つまりこのホメロスの叙事詩が含む非常に多くの悲劇の中に僅かに現れる喜劇の一情景は，真に民衆的な情景である。この情景は大衆の本能を考慮に入れ，アレスとアプロディテという恋のカップルが意志に反して上演する神々の道化芝居[4]では，オリュンポスの笑う神々すら多くの楽しむ観衆となる。

それどころか崇高な神々は，こうして並外れて滑稽に笑うことができるし，笑われることもあるとしよう。するとこれはギリシア人の感情に対して，全ての人間，あるいは擬人的に捉えられたものの中に，英雄的なパトスや真剣な尊厳への力と並んで，笑いの能力と欲望が宿っていること

---

2) アリストテレス『詩学』第2章1448a1 と 4, 1448b24。

3) (訳注)『イリアス』第2巻212-277。

4) (訳注) アプロディテは恋多き女神。醜い夫のヘパイストスに飽き足らず，軍神アレスと情を通じたところ，密会の床で夫の仕掛けた魔法の網にとらわれ，参集した神々の哄笑の的になった話 (『オデュッセイア』第8歌599) を指す。

を示している。後世のギリシアの哲学者は，人間は笑う能力がある唯一の獣である，と定義した[5]（人間は大抵の場合，話す，あるいは考える獣として規定された—原注）。そしてこの定義によって精神的な自由の表現としての笑いを，話すことや考えることと同レベルに据えたのである。我々は，ホメロスの笑う神々からこうした人間的なものという哲学的な理念へと結び付く線を引くならば，喜劇のそれほど崇高ではない源泉に基づいて，あらゆる種類の文芸とその魂のモチーフも低い価値しかない，と推論する気にはならないであろう。アッティカ文化の人間性の大きさと深さは，まさにアッティカの劇の中で遂行される悲劇的なものと喜劇的なものとの差異化および統合の中で，最も明瞭に明らかとなる。プラトンが初めてこうしたことを述べたのは，彼がソクラテスに，真の詩人は悲劇作家であると同時に喜劇作家でなければならない[6]，と『饗宴』の最後で語らせた時である。これは，プラトン自身が『パイドロス』と『饗宴』の並置によって実現した要求である。アッティカ文化の全ての目標は，この要求を実現する点に置かれた。この文化は劇場においてのみ悲劇と喜劇を相互に対置したのではなく，——プラトンの別の言葉によれば——人間の全人生が悲劇であると同時に喜劇であると見なすことを教えてくれる[7]。まさにこうした全体的な人間性こそ，アッティカ文化が古典主義的な完成を遂げたことの標識である。

喜劇の展開史，悲劇の喜劇への影響

近代精神は，展開史上の先入観から自由になった時，ア

---

5) アリストテレス『動物部分論』第3巻第10章673a8と28。
6) プラトン『饗宴』223D。
7) 同上『ピレボス』50B以下。

リストパネスの喜劇における無二の奇跡を初めて理解した。この先入観によれば近代精神は，彼の喜劇の中になるほど天才的ではあるが，未だに粗削りで形式を欠く，市民喜劇の前段階を見たのである。古い喜劇を宗教的な起源から，熱狂的に湧き立つディオニュソス的な生の欲望の爆発として理解することを学ばねばならなかった。しかし我々は，自然の産出力をこの芸術の中で感じることのなかった美的な合理主義を乗り越えるため，魂の源泉へ下降しなければならなかった。たとえそうであったにせよ，我々がアリストパネスの喜劇の中であのディオニュソス的な根源の力を高貴にする文化の純粋な高みを獲得しようとするならば，改めて一歩，道を上へ行く必要がある。

　アッティカ民族の最高の精神形態は，自然的なものと大地に根付いたものという根源から直接に展開した。喜劇の歴史は，この理解を最も容易たらしめる例である。悲劇は最古のディーテュランボス的な合唱歌と舞踊から，ソポクレスの芸術において頂点に至る。この発展段階を，同時代人は永久に忘れることのないよう意識に刻み付けた。他方，喜劇の発端はこれとは対照的に，暗闇の中にあった[8]。その理由は，技術的なものにのみ求められるわけではない。喜劇という文芸ジャンルは，最初から公のきわめて真剣な関心の焦点にあり，常に最高の思考を言明するための器官であった。（喜劇に登場する）行列は粗野で卑猥なパロス[9]の歌を歌う田舎のディオニュソス祭の最中にワインを飲んで陶然となり，そもそも精神的に創造的な，「制作 Poiesis」[10]の領域に属していなかった。非常に多種の要素が例外なく太古のディオニュソス祭の習慣に端を発

---

8)　（訳注）アリストテレス『詩学』第5章1449a37以下。

9)　（訳注）人間の勃起したペニス。

10)　（訳注）目的が活動それ自体ではなく，手仕事のように（技術的ないしは芸術的な）作品の産出に求められる行為。

し，文学的になった喜劇の中で互いに混じり合った。我々はこうした要素を，アリストパネスを通して知る。「喜劇 Komödie」という名称は行列の祝祭に由来するが，この祝祭の熱狂と並んで合唱団の行進も上述の要素に属する。この合唱団の行進は特に公衆，つまり元来は周りに立ちぽかんと見とれる民衆に対して，いかがわしい個人的な嘲笑に成り行きを任せ，その際，合唱団は旧来の慣習でしばしば観衆の一人一人を指で指し示した。俳優が身に纏う陰茎の生えた衣装と，特に蛙，スズメ蜂，鳥など獣の仮面からなる合唱団の覆面も，太古から伝承されてきたものである。これを証明するのは，古い喜劇作家の作品にこうした蛙，スズメ蜂，鳥などの仮面が登場することである。彼らの作品にあって伝承は未だに生き生きとしており，固有の精神はまだ弱かった。

　アッティカ喜劇の中で形式を構成する要素は，芸術的に融合し集約的に表現された。この融合は，上演に相応しい豊かさと内的な緊張を喜劇に与える。この構成要素はアッティカ精神の本質のあり方にとって並外れて特徴的であり，悲劇の構成と最も似ている。悲劇は舞踊，合唱歌，語られた詩情から見事に構成されている。アッティカ喜劇は上述の内的な緊張のために，以前の全ての類似した喜劇から独立して成立した。その限りにおいて，アッティカ喜劇は他のギリシア部族の作品を凌駕する。もっともこの作品が，例えばドーリア方言が用いられたシチリアにおいて生まれたエピカルモスとソプロンによる「笑劇 Mimos」[11]のように，アッティカ喜劇とは独立に成立したとすれば，の話であるが。喜劇の中で劇として最も展開能力のある要素

11）（訳注）卑俗な日常生活を主題とした笑劇。一般に不義密通など，好色な題材を扱ったものが多い。言葉と身振りによって人間の類型を短い，大抵は粗野で陽気な行為によって描く。

は，イオニアのイアンボスであった。これをアルキロコスはすでに二百年前，詩的な形式へと昇華した。イアンボスは，ディオニュソス的な環境からも由来した。喜劇の「三歩格 Trimeter」[12]は上述のように文学的になったイアンボスからではなく，こうした（イアンボスという）名称——これは昔から嘲りの言葉として用いられたのだが——の本来は民衆的で，おそらく即興で行われたリズムに直接，由来する。このことを喜劇の三歩格が，韻律の自由な構築によって明らかにしている。喜劇詩人の第二世代，それに続く世代になって初めてアルキロコスの諷刺詩から，詩行の厳格な構築ではなく，標的が巧みに定められた個人攻撃というより高尚な芸術を学んだ。この攻撃はあつかましくも，都市の最上位に立つ人物に対しても向けられた。

喜劇は政治的にキャリアを積み，国家は富裕な市民に喜劇の「合唱団長 Choregie」[13]を名誉の義務として託するに至った。こうした時に初めて，喜劇は重要となった。なぜなら，喜劇の上演はポリス全体の事柄となり，悲劇との競争が掻き立てられたからである。喜劇の「合唱団」には，名声の点で（悲劇と）比肩し得る段階へ躍進するには，多くのことが欠けていた。しかしたとえそうであったとしても，詩人は高尚な劇作の模範を（悲劇の中に）見ざるを得なかった。悲劇から受容された個々の形式のみが，喜劇への影響を示すわけではない。むしろ喜劇が完結した劇的な筋書を構築しようとする努力こそ，（悲劇から）喜劇への影響を示す。あたかも自由に成長する唐草模様のように，このような筋書が，新しい厳格な筋書に順応しようとしな

---

12) （訳注）「短（または長）・長・短・長」という組み合わせの単位を三つ重ね合わせてできた韻律。5語目の位置，もしくは5語目の位置の後に，必ず中間休止が来る。

13) （訳注）ギリシアの市民は祭儀的な祝祭の時，合唱団を準備したり組織する義務を担った。

い滑稽なエピソードで溢れんばかりに繁茂したままだったとしても。同様に喜劇は悲劇の影響下にあって，初めて「英雄」を受け取った。喜劇の中で抒情詩風の形式がふんだんに用いられているのも，悲劇に色濃く規定された。さらに喜劇は自らの展開の高みにおいて，自らの本性の最終的な高揚への霊感，あの教育的に高い使命への霊感も，結局のところ悲劇から受け取った。この霊感は，アリストパネスによる自らの芸術の本質に関するあらゆる見解を貫き，さらに彼の喜劇を同時代の悲劇と，芸術的にも精神的にも同等の作品として匹敵するものとした。

アリストパネスの他の喜劇詩人に対する優位

これこそ，我々が（喜劇の）特別な位置と絶対的な優位を理解しなければならない点のように見える。アッティカ喜劇の原典作品は，なるほどアリストパネスの比較的多くの作品のみが残されている。それゆえ古いアッティカ喜劇の代表者の伝承に際して，彼に絶対的な優位が認められた。アレクサンドレイアの文献学者が古典的と見なした三人の喜劇作家クラティノス，エウポリス，アリストパネスの中で，アリストパネスのみに価値が認められた。これが盲目的な偶然の出来事に過ぎないと決めつけることは，困難であろう。こうした明らかに（三大）悲劇詩人の三という数を模倣した（三大喜劇詩人という）規範(カノン)は，文学史上の詮索による構成の産物に他ならなかった。この規範(カノン)の中には，それがヘレニズム時代のみ通用したにせよ，三人の詩人の生前における影響という実際上の力関係が反映されていない。これを異論の余地なく教えるのは，パピルスの発掘物である。プラトンがアリストパネスを喜劇一般の代表者として『饗宴』の中へ組み入れたことは，正しかった。すでに喜劇が自堕落な天才クラティノス，そして劇作上の閃き豊かなクラテスのような重要な詩人を持っていた

時代においてすら、高い文化的な使命に役立とうとすることほど喜劇の本性上、無縁で疎遠なことはなかった。喜劇は聴衆を笑わせること以外には何も望まず、聴衆にとって最も人気のある詩人ですら、喜劇の働きの基礎的な源泉つまり機知が高齢になって枯れ果てた時、容赦なく口笛を吹いて野次り倒された[14]——それがあらゆる道化の運命であるかのように。喜劇は人間の道徳的な教化を試みたという見解に対して、とりわけヴィラモーヴィッツは激しく抗議した[15]。喜劇にとって、あらゆる教訓的なものほど実際に異質なものはない。まして道徳的なものについては、言うに及ばない。にもかかわらず（ヴィラモーヴィッツの）抗議は十分に声高ではなく、この抗議は我々が喜劇を知る時代において、喜劇の実際上の展開に対して十分に適切なものではない。

しかし年老いた酒飲みのクラティノスは都市で嫌われている有名人を容赦なく笑いものにすることによって、なお（他の喜劇詩人を）凌駕していたように見える。アリストパネスは『騎士』における合唱団の行進の中でクラティノスに、舞台から迅速に退場し「迎賓館 Prytaneion」[16]において死ぬまで飲み続ける名誉の飲酒を提案する[17]。ここで生粋の古いイアンボスが、政治的な風刺へと高められた。若い世代の輝くディオスクロイであるエウポリスとアリストパネスも、作品を友人として共同で書き始めながらも、最後は憤慨した敵同士として盗作の罪をなすりつけ

---

14) （訳注）『騎士』の合唱団の行進 507 以下、特に 525 以下を参照。

15) （訳注）Wilamowitz-Moellendorff, Ulrich von: Die griechische und lateinische Literatur und Sprache, Berlin/Leipzig 1905, S.52.

16) （訳注）ギリシアの多くのポリスにおいて統治の仕事を担った 500 人評議会の委員の場所。都市の中心部、大抵は広場の傍にあった。ポリスにおける、多くの祭儀的な手続きの中心となった。

17) 『騎士』535。

あった。この二人はクレオンとヒュペルボロスを個人的に侮辱する点において，クラティノスの後継者である。しかしアリストパネスは最初から，高い芸術的な水準を代表することを自覚している。彼の初期の作品に属する『アカルナイの人々』の中ですでに政治的な嘲笑は，この上なく天才的に遂行された想像上の筋書の中に編み込まれている。この筋書は，通例の粗野で感覚的な茶番喜劇を遠大な政治的ユートピアの機知豊かな象徴と結び付け，その象徴をさらにエウリピデスの（作品を当てこすった）滑稽で文学的なパロディーによって豊かにする。いわばディオニュソス的な謝肉祭劇には，グロテスクな幻想と力強い写実性の交錯という二つの根源の要素がある。この二つの要素は独特の仕方で，感覚に近いが現実の外部にある領域を生み出す。この領域は，喜劇という文芸のより高い形式が成立するための必然的な前提であった。皮肉なことにアリストパネスは，すでに『アカルナイの人々』において次のような粗野な具体性に触れている[18]。メガラの道化はこの具体性によって，機知を欠いた大衆が笑いたくなるように刺激し，喜劇詩人も相変わらず喜んでこの具体性に頼ったのであるが。なるほど，大衆にも何かが提供されねばならなかった。というわけで詩人は，時代遅れの喜劇に不可欠の小道具，例えば禿げ頭の観客を使い古された仕方でからかったり，ありきたりのリズムで「仮装ダンス Kordax」[19]を踊ったり，話し手が自らの愚かな冗談を誤魔化す殴り合いの情景を嬉々として挿入することなどを，必要な時に用いる術を心得ている。お人好しで厚顔な『騎士』の判断によれば，老齢のクラテスがキャベツを食べる自らの口から

---

18) （訳注）『アカルナイの人々』738。
19) （訳注）ギリシア喜劇における，男声合唱団によるグロテスクで奔放な扮装の踊り。大抵は酩酊と結び付く。

拭い取った機知は，おそらくこうした流儀であったのだろう[20]。この口は，未だに簡素で古いアッティカの食べ物に食傷していたのだが。アリストパネスは『雲』の中で，いかに自分が先達の手段（そして決して手段のみならず—原注）を超えたと感じているか，いかに自らの芸術と言葉のみを信頼しているか，声高に告知する[21]。彼は毎年，新しいアイデアを提供することを誇りに思い，このアイデアと共に最新の滑稽な文芸による芸術的な想像力を正しい姿で，古い滑稽な文芸のみならず悲劇に対しても示す。というのも，（喜劇とは対照的に）悲劇は所与の題材を扱うからである。毎年コンテストが開かれ，途方もなく劇的な競争が繰り広げられていたが，独創性と新奇さは，ますます重要となったに違いない。万能のクレオンに対するような，政治的に並外れて勇敢なアリストパネスの攻撃は，喜劇の魅力をさらに高めることができた。喜劇詩人はこうした違反行為によって，まさに世間一般の注目を掻き立てることができた。これは，やる気に溢れた若い政治家が訴訟を取り上げることで大きな政治スキャンダルの裁判にデビューするのが常であったのと同様である。この違反行為に必要なのは，蛮勇だけであった。アリストパネスは，同僚が毎年はるかに無害な僭主ヒュペルボロスとその母の神経を逆なでするのと比べると，思い切って偉大なクレオンの「どてっ腹に一発くらわせる」[22]ことの方が，より多く楽しめると信じている。

同時代の最大の教育力としての喜劇

こうした全ては，人間の道徳的な改善を目指しているよ

---

20) 『騎士』539。
21) 『雲』537。
22) 同上 549。

うには見えない。喜劇の精神的な変容は，他の源泉から来る。その変容は，自らの批判的な役割に関する見解が次第に変化することに由来する。

　すでにアルキロコスのイアンボスは，部分的にどんなに彼個人に関わるものであるにせよ，イオニアのポリス国家の拘束が緩い自由の中で，批判の役割を幾重にも引き受けた。しかしこの（批判という）概念が初めて当てはまるのは，本来の，より高い意味において，彼のイアンボスの後継者であるアッティカ喜劇であった。アッティカ喜劇も，プライベートな個人に対する多かれ少なかれ無害な嘲笑から成長した。しかしアッティカ喜劇は，政治という公の競技場へ舞台を移すことによって真の本性を初めて獲得した。我々に知られている最盛期の喜劇の姿は，民主主義的な言論の自由の，生粋の産物のように見える。すでに君主政に基づくヘレニズム時代の文学史家が，政治的な喜劇の高揚と没落はアッティカ国家の高揚と没落と軌を一にしていたことを認めた。この政治的な喜劇は後世，いかなる場においても再び展開することはなく，ましてや古代に――プラトンの表現によれば[23]――自由の過剰から不自由の過剰へと転落した[24]後，展開することはなかった。しかし喜劇の中に，もっぱら民主主義的な自由精神を見るだけでは不十分である。喜劇の中で余りにも大きくなった自由は，いわば自己の中から解毒剤を作り出す。この余りにも大きくなった自由は自己を凌駕し，きわめて自由な政体においてさえタブーであるのが常である事柄と審級に対しても，言論の自由(パッレーシアー)を拡張した。

　喜劇は，あらゆる公の批判を表現することの中にますます多くの課題を認識する。喜劇は，今日の狭められた

23）（訳注）プラトン『国家』564A。
24）　同上 563E。

語義での「政治的な事柄」への態度表明に甘んずることなく，本来のギリシア的な感覚において全領域を包括する。喜劇は自らの声を，普遍的なものに触れる全ての問いへと高める。喜劇は個々人や，あれこれの政治的な行動のみならず，適切と思われる時には全体的で国家的な指導を叱責し，民族の性格や弱さを叱責した。喜劇は精神を管理し，教育・哲学・文芸・音楽を常に占有する。その際これらの力が，ある民族の教養全体の表現として，その民族の内的な健康の基準として初めて考察される。劇場に集まったアテナイ人を前にして，この基準は釈明を求められる。「執務審査官（エウテュノス）」[25]の創設は，国家の営みにあって責任という考えを奉じた。この考えは，自由の理念と不可分である。こうした考えは，あたかも超個人的で精神的な力へと転移され，この力は全体の安寧へと奉仕し，あるいは奉仕しなければならない。自由を呼び覚ました民主主義は内的な必然によって，まさに精神の自由に限界を据えた。

　しかし他方では，当局ではなく公の意見闘争が，この限界を設定した。この事実が，国家の本質にあった。検閲局は，アテナイにおいて喜劇を要求する。検閲局はアリストパネスの痛烈な機知に，非常にしばしば途方もない真剣さを与える。この真剣さが，彼の快活な仮面の背後に隠れている。プラトンはかつて喜劇的なものの根本要素として，他人の不幸を喜ぶ嘲笑という性格を挙げた[26]。この嘲笑は，隣人の無害な弱さと自己欺瞞へ向けられる。アリストパネスの喜劇，例えば『蛙』において，この楽しい気分は悲劇的なものに触れる。ひょっとして上述の（プラトンによる喜劇の）定義は，アリストパネスの喜劇よりも，むしろプ

---

25)　（訳注）Euthyne. 民主政のアテナイにおける執務審査官。アリストテレス『アテナイ人の国制』によれば，評議員によって部族毎に一人選ばれた。公金に関する以外の執務上の不正事実を扱った。

26)　同上『ピレボス』49C。

ラトンの時代に実際そうであった喜劇により良く当てはめることができるのかもしれない。しかしこの問題については，後で述べることにしよう。戦争のため動揺した時代であるにもかかわらず，教育の問題は政治と並んで喜劇の中で非常に広い位置を占め，いやそれどころか所々で全く支配的となる。この教育の問題が共同世界の意識の中で並外れて重要であることが，上述のことを証明している。我々は，教養をめぐる激しい戦いやその原因を，そもそも喜劇を通してのみ学ぶ。喜劇はこうした戦いの中で，自らに与えられた滑稽なものという力によって，リーダーシップを奪おうとする。喜劇それ自体はこのことによって，同時代の最大の教養力となる。これは公共生活の三つの中心的な領域，つまり政治，教育，芸術において示されねばならない。アリストパネスの全作品の分析は，ここでは問題とならない。しかしこれら三つの領域は，それぞれ彼にとって最も特徴的な作品から解明されねばならない。

アテナイの過去に値しない民衆と指導者への批判

アリストパネスの比較的初期の作品では，政治的な風刺が未だに支配的である。この風刺は我々が見たように，初期の時代には高尚な目的を設定することがほとんどなかった。こうした風刺に現れる自由は，非常にしばしば厚顔無恥と区別することが困難であった。アッティカの民主主義においてさえも，国家権力との戦いが繰り返し行われるに至った。実名を挙げて個々人の名誉を毀損すること，つまりアッティカ喜劇の本来の特権を阻止することが，当局の側から幾度となく試みられた。しかし禁令は，それほど長い生命を持たなかった。禁令は不人気で，新たな法治国家の意識でさえも，原始的かつ社会的な感情の名残を封じ込められなかったであろう。このような感情から，アリストパネスが『雲』の中でソクラテスの像を描いたのと少しで

も似た仕方で，大政治家が戯画化され，芸術的に自由奔放に描かれたとしよう。その際，大政治家が我が身を守るために権力を行使する誘惑に陥ったことを，人間的と見なさなければならない。他方プラトンの証言によればソクラテスのような私人は，喜劇によって養育された民衆の声に無防備に曝されていた。クラティノスはペリクレスという偉大な人物さえ，遠慮なく嘲笑した。クラティノスは『トラキアの女たち』の中で，ペリクレスに「海草のような頭を持つゼウス」という名誉称号を与えた。クラティノスはこうした称号によって，普段は兜が優しく隠していた（ペリクレスの）珍妙な頭の形を揶揄したのである。しかしまさにこうした無害な機知は，「全ギリシアに乱雑に触れた」「稲光を送り雷鳴を轟かすオリュンポスの住人」[27]，すなわち嘲笑された者（ペリクレス）を秘かに尊敬していることを暴露している。

　アリストパネスはクレオンに対して，全く異なった種類の政治的な攻撃を行う。アリストパネスの嘲笑は，向こう見ずでありながら率直ではない。彼は，自らの犠牲者に中途半端で可愛らしい仇名をつけることなどしない。アリストパネスの戦いには，何か原理的なものがある。クラティノスはペリクレスの中に卓越した点を感じ，彼に対して気前のいい道化に留まる。アッティカの機知のあり方は紛れもない距離の感情を常に保つが，偉人を小人と不器用にも取り違えて，近付き難い人を親密な人へと引き摺り下ろすことは，こうしたアッティカの機知のあり方とは全く異なる。アリストパネスのクレオンに対する批判は，上から下へと命中する。それゆえアリストパネスは，クレオンの低いレベルへ身を落としてクレオンを批判しなければならなかった。ペリクレスの不吉な早逝の後，（アテナイの）没

---

27)　（訳注）『アカルナイの人々』530-531。

落は余りにも突然やって来たので，彼の死を国家全体に関わる状況の徴候であるかのように感じ取らねばならなかったであろう。（アテナイ人はペリクレスによる）素晴らしく高貴で優れた指導に慣れていたので，凡庸な製革工（クレオン）が厳しく拒否された。彼の平民的な流儀は，全国家に影響を及ぼした。

事実に即した意見闘争の結果，民会において彼が黙らざるを得なくなったことは，市民的な勇気の欠如によるわけではなかった。そこでは仕事に関する異論の余地のない知識と，民会を前にした演説で経験を積んだ語り手（クレオン）による否定し難い実行力が勝利を収めた。しかしクレオンは，彼自身のみならずアテナイや全国民を恥じ入らせるような弱点を示した。まだ青二才に過ぎなかった若い詩人（アリストパネス）は，彼の残されていない第二の作品『バビロニア人たち』において，すぐさま民衆の全能のお気に入り（クレオン）に対して攻撃を行い，クレオンが行った盟友国家に対する圧政を，これら国家の代表者が列席する公の舞台で弾劾した。これは前代未聞の勇気がなせる業であった。トゥキュディデスはクレオンにミュティレネの背反を契機として，盟友国家への適切な対処の仕方に関する弁論を開かせる。この弁論が，上述の弾劾に関する最善の注釈を与える[28]。アリストパネスは日常の単調な仕事の中で，この盟友国家を奴隷として描き出した。その結果，クレオンは彼を政治上の理由で起訴した。詩人は『騎士』の中で反撃する。彼は，騎兵隊軍団や騎士という華やかな仲間による政治的な反対派に助けを求める。この騎兵隊軍団や騎士はクレオンを憎み，侵略戦争の結果，新たに重要な存在となり，規模は小さいが影響力は大きくなるに至る。騎士の合唱団は，国家の中で大きくなった田舎者

---

28) トゥキュディデス『戦史』第 3 巻第 37 章以下。

（クレオン）のあり方に対して，高貴さと精神との防衛的な結合を目に見えるようにする。

　この種の批判は，喜劇の歴史において何か画期的に新しい。またこの種の批判がクラティノスの政治的なとんぼ返りと異なるのは，アリストパネスがソフィストとエウリピデスに対して行った「文化闘争 Kulturkampf」[29]に喩えられる迫害が，同じ先行者（クラティノス）が記した『オデュッセイア』へのからかい[30]と異なるのと同様である。以上のことが理解されねばならない。新たなことは，精神的な状況の変化から生まれた。並外れて天才的な詩人の登場によって喜劇が精神を所有する瞬間，詩人は国家から追放される。ペリクレスは政治と新しい精神文化との間にバランスを作り，このバランスを自らの中に体現し，目に見えるようにした。しかし，このバランスは壊された。この事実が最終的なものであったとすれば，国家から文化が撤退しただけであったろう。しかし精神は，時と共に政治的にも自立した力となった。後のアレクサンドレイア時代のように，私人として生活する学者が精神を代表したわけではない。精神の名声は，公共性の耳を捉えた生きた文芸の中で影響を及ぼした。それゆえアリストパネスは，戦いを引き受けた。彼にとって，国家に対する戦いではなく，目下の権力者に対する国家をめぐる戦いが問題であった。喜劇が創り出したものは，組織化された政治行動ではなかった。詩人が特定の人物が支配への道を切り開くのを助けようとすることは，ほとんどなかった。しかし詩人は緊張し

29）（訳注）ドイツ統一後，帝国宰相ビスマルクが行ったカトリック弾圧政策と，その結果，生じた政府・カトリック教会間の争い。アリストパネスがビスマルク，ソフィストとエウリピデスがカトリック教会に喩えられていると思われる。

30）（訳注）断片として残っている「オデュッセウスとその仲間たち」を指していると思われる。

た雰囲気を和らげ，精神を欠いた野蛮が耐え難い優位を占めることを制限するのに貢献できた。アリストパネスは『騎士』の中で，『バビロニア人たち』や『アカルナイの人々』のように特定の政治への賛否の気分を煽ろうとしたのではない。民衆や指導者を鞭打ち，両者の相互の関係を，アテナイ国家とその偉大な過去との関わりに値しないものとして曝し者にしたのである。

『騎士』における古き時代の理想像

民衆と煽動家との関係は，グロテスクなアレゴリーによって（観衆の）眼前へと据えられる。無論このアレゴリーは，こうした（民衆と煽動家との関係という）類型の典型的な特徴，つまり精彩や活気のなさでは認識できず，逆に目に見えないものが感性化される。聴衆は国家という遠い抽象的な次元から市民の狭隘な所帯へと移され，そこでは耐え難い状態が支配している。家の所有者で，永遠に満足することなく難聴で，万人に欺かれた年老いた主人であるデーモス[31]，すなわち当時のアッティカ民主主義の多人数からなる統治者の象徴は，あの新たに雇われた奴隷である野蛮で残酷なパフラゴニア人[32]の言いなりのままに動かされ，（これとは別の）二人の年長の奴隷は最早よい日を送ることもない。パフラゴニア人の仮面の下に畏怖されたクレオンが隠れており，不幸な運命を共に嘆く二人の奴隷仲間は，将軍ニキアスとデモステネスであると言われている。しかし喜劇の英雄はクレオンではなく，彼の敵対者のソーセージ売りである。このソーセージ売りは卑俗な取

---

31) （訳注）Demos. 人名であるが，普通名詞では国家，市民団などの意味になる。『アカルナイの人々』ではアテナイ市民という，追従に弱い愚かな主人を指している。

32) （訳注）クレオンに異民族パフラゴニア人の名を付すことは，彼が異民族の出身であるという，政治家への侮辱を含意している。

アリストパネスの喜劇　　639

るに足らない立場で，何らかの知識や妨害によって圧迫を受けることなく，厚顔無恥な力を借り，随所で卓越した存在であることを示す。クレオンは，自分とソーセージ売りのどちらが自らの主人であるデーモスに相応しい，善行を施す者であるか，競争する。その結果，ソーセージ売りに負かされる。このソーセージ売りは，民会用の座布団，何足かの長靴，老人用の暖かい下着を引き摺っているのであるが。クレオンは悲劇の英雄であるかのように倒れる。合唱団は勝者に歓声を上げ，勝者を助けた報酬として，高級官庁のポストの斡旋をかなりしつこく（ソーセージ売りに）頼む。続く場面は，荘重な様式からなる。勝者は最初の行為として，年老いたデーモスという主人の象徴的な若返りを企てる。デーモスは大きなソーセージ用の煮鍋の中で料理され，こうした摩訶不思議な手続きの後で，歓呼する一座によって王冠を飾られ，生き返ったかのように（舞台の）前へと引き出される。デーモスは今や再び，ミルティアデスと自由戦争の輝かしい時代にいるかのように見える。つまりデーモスは肉体を備え，すみれで飾られ，讚歌によって荘麗化された古きアテナイの具現であり，古風な髪形で先祖の装飾，自然のままの純真な衣装を纏っている。これがギリシア人の王として宣言される。さてギリシア人の王は内的にも浄化され，変化し，後悔しつつ，旧悪にまつわる恥を告白する。他方で誘惑者クレオンは罰を受け街頭商人として，彼の現在の後継者が以前，売りに出した，ロバの糞が混じった犬のソーセージを売らなければならない。

　こうして蘇ったアテナイの神格化はその頂点に達し，天上の正義がこの業を行った。現実政治という観点から実現不可能な課題であったこと，つまりクレオンの不徳をさらに卑劣な行為によって追放することは，詩人の想像力にとって何ら問題がなかった。アリストパネスの聴衆の中に，ソーセージ売りが製革工（クレオン）よりも本当にペ

リクレスに優る後継者になるか否か問うた人は，まずいなかったであろう。アリストパネスは，再生した国家から政治家が何を作るのか，政治家に任せた。アリストパネスは民衆と政治家のそれぞれに，（彼らの）欠点をあからさまに指摘したかっただけなのである。アリストパネスにとって，民衆と政治家の変革を期待することは困難であった。あらゆる人間的な弱みと不完全さに満ちている，（英雄とは）正反対の特徴を持つこの滑稽な英雄のあり方にとって，クレオンは模範像であった。クレオンに，彼にぴったりする「理想」をソーセージ売りと対置させることは，機知に溢れた思いつきである。この英雄（ソーセージ売り）が，いかにこの理想を達成すべく努力しようとも，彼は理想の背後それ自体に著しく取り残されている。仮借ないクレオン像と，思いやりのある愛らしい優美さが対比される。この優美さにより民衆の弱点が明らかとなり，同時に甘やかされるのであるが。詩人アリストパネスは古き時代の理想像を，非常に多くの憂鬱なユーモアおよび並外れて純粋な祖国愛によって呼び覚ます。詩人アリストパネスが，あたかもこの古き時代へ戻る可能性を真剣に信じたと考えるならば，これほど詩人を悪意を以て誤解することはないであろう。ゲーテの『詩と真実』における次の言葉は，詩情においてこの種の，後世からの願望を投映した効果を見事に描いている[33]。「ある国民にその歴史を才気に満ちた仕方で再び想起させるならば，普遍的な快さが生まれる。その歴史は先祖の徳を喜び，先祖の欠点をすでに克服し終えたと信じ，微笑みかける。」現実的なものにメルヒェンを素晴らしく織り込む詩的な想像力の魔術を平板で政治的な学校教師根性と見なすことが少なければ少ないほ

---

33) （訳注） Goethe, Johann Wolfgang von: Aus meinem Leben. Dichtung und Wahrheit, in: Werke, Bd.10, Hamburg 1959, S.117.

ど，詩人の声は聞き手の耳により深く，より警告的に迫る。

新しい教育の代表者ソクラテスへの批判

こうした瞬間に捧げられ，全力を投入する文芸ジャンルが不滅であることは，前世紀以来，以前にも増して強く証明された。このことは，いったい何に基づくのか？ ドイツにおいてアリストパネスの政治的な喜劇への関心は，政治的な生の覚醒と共に目覚めた。しかし我々ドイツにおけるこうした政治的な生の覚醒は最近の数十年来ようやく，前5世紀末期のアテナイで見出された明確で意識的な問題となった。問題の基本的な背景は，常に同一に留まる。つまり今日においてはかつてのアテナイと同様，共同体と個人，大衆と知性，富と貧困，自由と拘束，伝統と啓蒙という対極的な力が，劇を規定している。それに第二のものが加わる。アリストパネスの喜劇は政治的なものに内的かつ情熱的に参加し，精神的な高所から政治的なものを自由に見る。この精神の自由は，日々の出来事からその場限りのものという性格を奪い取る。詩人が描く全ては，人間的なもの，余りにも人間的なものという不滅の項目に属する。こうした内的な距離なしに，精神的な高所からの叙述は全く成立し得なかった。アリストパネスの喜劇は一回限りで現実的なものを，幻想的あるいは寓話的な，永遠で真実の高い現実へとますます昇華する。このより高い現実は，以下のような場で最も深く働きかける。すなわち『鳥』に現れるように，現在をめぐる重苦しい憂慮から解放され，やましさを持つことなく快活に，心ゆくまで国家の理想像を正す場，現世の全ての重荷がなくなる夢想境，全てが歩みを早め自由であり，人間的な愚かさと弱さだけが残り，傷を負うことなく創作が許される場においてである。これは最も美しいもの，つまり不滅の笑いが欠けないためなので

ある。この笑いがないのであれば、我々は上述のようなパラダイスにおいてさえも生きようとは望まないであろう。

アリストパネスにあっては、すでに早くから政治的なものに加えて文化批判が入り込む。この文化批判は、初の成功作『宴の人々』と共に始まる。この作品のテーマである、古い教育と新しい教育との戦いは、『雲』の中で再び取り上げられる。同じテーマはその他の喜劇においても、様々な反響を呼んだ。批判のかなり外面的な出発点は、新しい教育の代表者が見かけ上、気取っていて、悪趣味で突飛に振舞うことであった。この振舞は、アテナイ人の笑いの衝動を刺激した。というのも、このような振舞はすでに何か使い古された弱さを暗示し、この弱さは人間の誤った行為という、より古い喜劇の在庫品目録を喜ばしい仕方で豊かにしたからである。例えばエウポリスの『追従者』においては、金持ちの家で交際するソフィストの居候根性が嘲笑された。またアリストパネスの『タゲーニスタイ』[34]においても、ソフィストと有産階級との結び付きが中心にあったように見える。この作品の中では、ソフィストのプロディコスが笑いものにされる。プラトンは『プロタゴラス』において、喜劇のモチーフを役立てた。しかしプラトンの作品に見出されるような、ソフィストの教養の本質に深い理解を示すことは、前述の喜劇『追従者』『タゲーニスタイ』では明らかに問題となっていなかった。アリストパネスは『宴の人々』において、ソフィストの授業が教育によって若い男性を歪める影響を描いた。これによりアリストパネスは、すでにはるかに深く進んだ。田舎に住むアッティカのとある市民は、二人の息子のうち長男は家に

---

34)（訳注）題名は「（肉や魚を）ローストする人たち」という意。主題と上演年は不明。アテナイオス『食卓の賢人たち』269E は、他の喜劇詩人が書いた「古き良き時代」を主題とする喜劇作品からの引用の中で、本作に言及している。

おいて古えの流儀で教育し，次男は新しい教育の長所を享受させるため都市へと送った。次男は豹変し，道徳的に堕落し，田舎で仕事を行うには役立たずにされて戻ってくる。というのも次男の高い教養は，田舎では何の役にも立たないからである。父は苦しむ。なぜなら彼は，次男が酒宴で古えの詩人アルカイオスとアナクレオンの歌すらもはや歌えないことを認めなければならないからである。ホメロスに登場する古風な単語の代わりに，次男はソロンの法律の注釈語彙だけを理解する。なぜなら，今や法律的な教養は全てを凌駕しているからである。雄弁家トラシュマコスの名前は，単語の使用について争われる文脈で発せられる。昔気質のアテナイ人は，特にこうした文法的な些事に拘泥することに反感を抱いた。全体として作品は無害な嘲笑という限界を，余りにも遠くまで超えてしまったようには見えない。

しかし『宴の人々』から僅かな年月を経た後，『雲』が作られた。あの（『宴の人々』で見られた新しい精神方向に対する批判という）最初の試みは，詩人自身にとっても間もなく，もはや満足のゆくものではなくなった。というわけでこの試みは，新しい精神的傾向に対するきわめて深い内的な違和感と反感から生まれた。『雲』においては，このことが明らかとなる。今や詩人はモデルを発見し，このモデルは新たな哲学的な教養に関する喜劇の英雄となるべく予め運命付けられているように見えた。そのモデルとは，石工と産婆の息子であるアロペケ市区出身のソクラテスに他ならない。彼はアテナイに滞在することが稀であったソフィストと比べると，舞台効果の大きい都市で有名かつ特別な人物であったという大きな長所を持っていた。まさに自然の気まぐれが，獅子鼻，尖った唇，ぎょろぎょろする目を備えるこうした（ソクラテスの）シレノスの顔を形成し，喜劇の仮面を作った。形姿をグロテスクなものへ

高めることだけが重要であった。ソクラテスは明らかにソフィスト，修辞学者，自然哲学者あるいは当時の言い方では気象学者といった類型に属したが，アリストパネスは彼の犠牲者ソクラテスに，こういった類型のあらゆる標識を積み重ねた。ソクラテスは，現実にはほとんど一日中を市場で過ごした。にもかかわらずアリストパネスは，彼が描く素晴らしく身なりがよいソクラテスを，いわくありげに狭い思索用の陋屋へ移す。この思索用の陋屋でソクラテスは，中庭のブランコに乗って高みへと漂いながら，首を捻じ曲げ，「太陽を研究している」。他方，弟子たちは地面に横たわり，冥府を究明し抜くため青白い顔を砂へ埋めていた。『雲』を哲学史の観点から考察し，せいぜい大目に見るのが慣わしであった。「最高の正義（つまり誇張された正義）は，最高の不法な行いである Summum ius, summa iniuria.」[35] 喜劇の道化のようなソクラテスを厳格で歴史的な公正という裁判席の前に引用することは，不当である。プラトンは，こうした歪んだ像が師匠の死と宿命的に関わっていることを発見する。彼は，（ソクラテスに歴史的な公正という）こうした基準を当てはめることはなかった。プラトンは『饗宴』の中で，賢者（ソクラテス）の清められた姿を詩人の姿と一体化した。プラトンは，アリストパネスに非常に抜きん出た役割を「死者の霊」[36]の集団の中で割り当てた。プラトンはこれによって，ソクラテスという死者の霊を侮辱するとは思わなかったのである。喜劇に現れるソクラテスは，プラトンや他のソクラテス信奉者が描く人倫的に目覚めた人とは無縁である。アリストパネスがソクラテスをそのような存在として知っていたならば，

35）（訳注）キケロ『義務について』第Ⅰ巻33。

36）（訳注）Manen. 古代ローマにおける死者の霊の総称。古ラテン語では「良き者たちの霊」の意で，常に複数形で表される。

ソクラテスを必要とすることはあり得なかった。アリストパネスの英雄ソクラテスは民衆から浮いた啓蒙主義者で，自然科学的には無神論者である。このような傲慢で頑固な学者に関する典型的な喜劇は，もっぱらソクラテスの形姿から借用した特徴によって個性的にされている。

若者の魂をめぐる新旧の教育の戦い

プラトンのソクラテス像を抱いてアリストパネスの喜劇を見る者は，このような歪曲は全く機知を欠いていると思うに違いない。真の機知は，隠れた類似性の発見にある。しかし，ここで（プラトンのソクラテス像とアリストパネスのソクラテス像との）関連が見られることは最早ない。とはいえアリストパネスにとっては，ソクラテスの対話の形式と内容が問題となっているわけでもない。プラトンはソクラテスとソフィストの精神のあり方に関して，両者の区別の標識を浮き彫りにした。この区別の標識は喜劇作家にとって，ソクラテスとソフィストのタイプが似ていること——彼らによれば万物は構成要素へ分解され，あらゆる議論の埒外にあり知性によるいかなる基礎付けも必要としないほど偉大で神聖なものは何ら存在しないという——の陰に隠れて消え去る。それどころか概念として捉えられたソクラテスは，ソフィストをはるかに凌駕しているように見えた。ありとあらゆる屁理屈をこねる流行の欲望がいかなる形で現れようとも，この欲望を破壊的に感じた者（アリストパネス）から，（ソクラテスとソフィストとの）繊細で微妙な差異化を望むことは許されない。多くの人は，新しい教養がもたらした個々の悪しき現象を嘆こうとした。ここで初めて新たな教養は時代の精神的な全体像，追放するに値する大きな危険と見なされた。アリストパネスは慧眼を備え，過去の全体的な精神の遺産が解体する場に居合わせている。この遺産は，この冷静な慧眼によって考察さ

れることに耐えられない。なるほどアリストパネス自身は、彼が古い神々に対して抱く「内的な関係」に関して問われたならば、私人として困惑に陥るであろう。しかし気象学者のソフィストが天空の原素(アイテール)を神的なものとして述べるならば、喜劇作家としてのアリストパネスはその言明を滑稽であると見なす。そしてアリストパネスは、どのようにしてソクラテスが渦巻へ、あるいは雲へ祈るのか、露骨に思い浮かべざるを得ない。この渦巻は根源の原素を形成したに違いないとされ、またこの雲は哲学者の思考の霧と非常に根深い親縁性を持ち、浮遊し無形の空気による構築物とされるのであるが。並外れて勇敢で自然科学的な思弁が行われた二世紀の間、ある体系が別の体系を解消した。その後（ギリシアにおいては）人間的な思考の成果を疑う雰囲気が余りにも強くなったので、無知な大衆を啓蒙しようとした知性が生み出す尊大な自信を平穏に受け入れることができなかった。新しい英知の弟子は実践的な生にあって、非常にしばしば何ら躊躇うことなく言葉を歪曲する技術を乱用した。こうした乱用こそ、唯一の疑いようもない成果であった。その結果アリストパネスは、万物に関してソフィストの修辞が区別した、正しいあるいは正しくないロゴスを、寓話的な人物として舞台へ乗せることを思いつく。それは不当な弁論の正当な弁論に対する勝利を、新しい教育術の滑稽な劇的情景として眼前に見せるためなのである[37]。

導入部の前哨戦で、二人の弁士は通例の無遠慮な言葉を互いに眼前へと投げかける。その後で合唱団は、新旧の教養をめぐって巧みな答弁を競う競争へ弁士を鼓舞する。一

---

37)（訳注）『雲』889 以下。以下の二つの段落は、同書からのイェーガーによるパラフレーズ。最初の段落で正論は古えの教育を、次の段落で邪論は新しい教育を擁護する。

方が他方より優れていると思い込む個々の手段や方法が抽象的に列挙されるのではなく，古い教育[38]が擬人化されたタイプとして正論によって目に見えるように活写されることは，特徴的である。というのも教育は，理論的な優越のみならずこの古い教育が生み出す完結したタイプによってのみ，勧めることができるからである。正論が未だに栄え，礼儀正しい振舞が勧められた時代，子どもがぶつぶつ不平を言うことは決して聞かれなかった。誰もが学校へ通わねばならないのであれば，たとえ雪が引き割り大麦のように降ってきたとしても，マントを羽織ることなく，通りで秩序正しく自らの道を歩んだ。学校では父祖の時代に由来するメロディーで，厳格な古い歌を歌うことが学ばれた。ある人が新時代の音楽家の様式に倣う装飾的旋律(コロラトゥーラ)や美辞麗句を歌ったのであれば，殴られたことであろう。これこそ，マラトンの戦士の種族が教育された流儀であった。しかし今や若者がすぐさまマントに身を包んでしまうほど柔弱になり，女神アテナの大祭での武器を用いた踊りにおいて盾をたいそう不器用に腹の上で支えるならば，人々は怒りのあまり息を詰まらせてしまったことだろう。正論は，（正しい）ロゴスとこのロゴスによる教育を信頼する若者に，以下のことを約束する。すなわちこのロゴスは市場や浴場を憎み，不名誉なことを恥じ，侮辱されたら憤り，老人が近付いたら立って彼らに席を譲り，神々を崇拝し，畏敬の念から神々の像を汚さず，踊り子の下へ行かず，自らの父に逆らわないことを教えようとしている，と。若い男は，市場でイラクサのように鋭い弁論を行い裁判所へ連れてゆかれ些事について抜け目なく議論すべきではない。その代わり屋内体操場で体に油を塗り，体を力強く鍛えねばならない。この若者はアカデメイアのオリーブ

---

[38] （訳注）同上 961 以下。

の木の下で葦の王冠を被り，プラタナスの木の葉が楡と共にさらさら鳴っている。すると若者は春たけなわを歓びながら，風媒花，ポプラの葉，素晴らしい無為の芳香が漂う中，優しく礼儀正しい仲間と競争する。合唱団は，こうした教育が支配する古き美しき時代に生きていた人間を幸あれと称賛し，正論の言葉の上に漂う思慮の甘い精華の香りを享受する[39]。

　正論に対して，今や邪論が立ち上がる[40]。邪論は怒りのあまり我を忘れそうであり，討論術によって全てが混乱することを熱望する。邪論は，法廷で法律を反駁する技術を第一人者として考案したことによって，この（正しくない）ロゴスが受け取った不吉な名前を誇っている。それは何ものにも代え難い，より悪い事柄を代表し，この事柄を勝利へと導く能力である。邪論は質疑応答という新たな流行の形態を用いて，自らの敵に反駁する。その際，年を経て威厳を備えた証明手段を用いる。この証明手段は修辞学の最新の流儀に従って，神話上の例を使い人を完全に籠絡する。（ホメロスの）叙事詩の語り手はこの神話上の例を模範的な意味において理想的な規範として使用し，古い詩情もこの使用に倣った。今やソフィスト派は叙事詩を受容した。それは彼らが，効力のあるあらゆる掟を現実的なものへ解体し相対化するため利用できる例を神話から集める仕方によってであった。法廷における以前の弁護の流儀は，事件と法律との一致を示すことを目指した。他方，今では法律や人倫すらも攻撃され，両者の欠陥を示すことが試みられる。邪論は，暖かい風呂が人を軟弱にするように働くという主張を，国民的な英雄ヘラクレスを引き合いに出し，反駁する。というのも，女神アテナはかつて彼を元

39）　（訳注）同上 960 以下。
40）　（訳注）同上 1036 以下。

気にするために，テルモピュライの大地から温かい泉を沸き立たせたからである。邪論は市場へ留まることや，古い教育の代表者が軽蔑する雄弁を称賛し，弁舌さわやかなネストルとホメロスの英雄を自説の証人として呼び出す。今や正論は，そもそもかつて思慮深さ(ソーフロシュネー)が誰かに何ほどか役立つことがあったかと冷笑的に尋ねられると，同じ手段に依拠し，ペレウスを例として引き合いに出す。神々は彼に，彼をかつて最悪の困難へ追いやった徳への報酬として，奇跡を起こす力がある護身用の短剣を送った。しかし，この「可愛らしいプレゼント」[41]は，邪論に何の感銘も与えない。もちろん邪論はしばし神話という領域を去り，より新たな経験の例，つまり煽動政治家ヒュペルボロスが自らの（詐術に秀でた）特性によって「多くの」才能「より以上の」[42]ものを手に入れたことへと依拠せざるを得ない。これは，卑劣な所業がどのような利益をもたらすかを描くためである。邪論はさらに以下のように抗弁する。すなわち神々はペレウスにはるかに大きな報酬，つまりテティスを妻として与えた。しかし彼が彼女に十分な歓びを与えなかったため，彼女は残念ながら彼を去った，と邪論は話をはぐらかす。さて新旧の教育は若者の魂をめぐって戦うが，邪論はこの若者へ向きを変え，彼に以下のことを熟考するよう願う。すなわち思慮深さ(ソーフロシュネー)に倣う生の選択は，生のあらゆる享受を断念せざるを得ないことを。これに加えて若者は「自然の必然性」によっていつか過失を犯し，自己弁護できなければ，寄る辺ないであろう。「お前（若者）と私（邪論）の関係が良ければ，本性をもっぱら自由な成り行きに任せ，跳ね，笑い，何一つとして恥じるな。お前が間男として告訴されたらゼウスを引き合いに出し，いかなる罪をも

---

41) （訳注）同上 1063。
42) （訳注）同上 1064。

否認せよ。ゼウスでさえ，恋や女には弱かったのだ。お前は死すべき人間として，どうして神さま以上に強くあることができようか。」[43] こうした論証はエウリピデスにあっては，ヘレネの論証あるいは『ヒッポリュトス』の中での乳母の論証と同じである。こうした論証は，以下の説明において頂点に達する。すなわち邪論によれば，高く尊敬されるべき民衆の圧倒的多数が実践することは悪徳ではあり得ない。こうして邪論は弛んだ道徳を賞めることによって，公衆を笑わせる。

悲劇の警告者としての喜劇

古い教育理想に対するこうした反発からも，近代的な学者のタイプが十分にはっきりと際立つ。だがこのタイプを，まさにソフィスト的な教育志操の確実な証言として利用することは許されない[44]。しかし多くの同時代人にとってこのタイプは，上で描かれたようにソフィスト的な教育志操の確実な証言，あるいはそれと似て見えた。この意味で（ソフィストのタイプという）一般化へと刺激した，誇張された例が多くあったに違いない。詩人は新しい教養と古い教養の戦いに際して，どこに立っているのか？　彼をどちらか一方に立つ党派として一義的に探し求めることは，誤りであろう。詩人アリストパネス自身は，近代的な教育の受益者であった。彼の喜劇を古き良き時代へ帰すことは，全く以て考えられない。アリストパネスの心はこの古き良き時代に属してはいるが，にもかかわらずこの時代は彼のことを，口笛を吹いて野次り倒したことだろう。若い春の魔法は，この古き良き時代への憧れを掻き立てる像を自らの花で満たし，哀愁に溢れ，微かな滑稽さによって

---

43)　（訳注）同上 1078-1082。
44)　（訳注）同上 1036 以下。

編み合わされている。それは、『騎士』の結末で古えの素晴らしさへと再生した民衆の幻影と似ている。古いパイデイアの誓いは、決して過去への帰還の勧めではない。アリストパネスは、ドグマ的に硬直した反動主義者ではない。しかし（過去と）同じ値打ちのある新しいものが確保される前、時代の激しい奔流に連れ去られ、貴重な古いものが消え失せるのを見る者が抱く感懐が、こうした過渡期に力強く現れ、見る精神を戦きで満たす。我々の今日の意味での変化という歴史的な認識はまだ存在せず、いわんや展開と「進歩」に対する普遍的な信仰も存在しない。それゆえ真の歴史経験は、伝承されてきた確固たる価値体系の動揺としてのみ感じることができる。人はこの体系の中で、きわめて安全に暮らしていたのだが。

　古い教育の理想像は、新しい教育とは異なったものを示す課題を担う。新しい教育を描写する際、古い教育の像をパラフレーズする無害で好意的な滑稽さが鋭い風刺へと変化し、この風刺は健康なものと正しいものへと完全に方向転換する。こうした否定的な批判の中に、何人も作品に否定できない真剣かつ教育的な思想が潜んでいる。新しい、高められた知的能力は、最早いかなる規範にも拘束されていないことを知っている。この知的能力を道徳的に危惧する必要がないことが、ここで特に強調されてくる。新しい教養のこうした面が嘲笑される作品に登場する中心的な英雄こそ、ソクラテスに他ならない。これは我々にとって逆説的に見える。なぜなら、少なくとも我々の眼前に横たわる喜劇の構成においてすら、正論と邪論の戦いの情景は、ソクラテス——彼はこの戦いの場に一度たりとも居合わせないのだが——とほとんど無関係だからである[45]。しかし『蛙』の結末は、ソクラテスが今なお詩人にとって新し

---

45)　（訳注）同上 887 を参照。

い精神のタイプを代表することを示す。この精神は，尊大な，些細なことを詮索する愚かな取り組みによって時を無為に過ごし，のみならず芸術的なものと悲劇的な芸術の代え難い価値を侮辱し，この悲劇的な芸術を失う[46]。詩人の本能は，生の理想的な内容と最高の教養をこうした（芸術的なものと悲劇的な芸術という）源泉に負い，その教養が危険にあるのを見る紛れもない感情と共に，知性の中に最大の強さを持つ教育から背を向ける。そしてこの敵意は個人が抱く敵意以上のものがあり，歴史的で徴候的な意義を備える。

というのも，こうした精神は文芸それ自体へもすでに広がっていたからである。アリストパネスがソクラテスと合理的な啓蒙主義に対して悲劇を弁護するならば，彼はエウリピデスを敵として背後に持った。エウリピデスによって，新たな精神の流れが高尚な詩情へ入り込んだ。それゆえアリストパネスにとって教養をめぐる戦いは，悲劇をめぐる戦いにおいて頂点に達する。我々はここでもアリストパネスの頑強な粘り強さを，近代的な教育をめぐる戦いにおけるのと同様に見出す。エウリピデスの批判は彼の文芸上のあらゆる創造を貫いて持続し，最終的にはほとんど迫害を被るに至る。政治的な立場の表明は，むしろ一時的な事柄であった。クレオンに対する戦い，あるいはアリストパネスにとっても原理的な意味を持った（ペロポネソス戦争での）平和を締結するための戦いすら，二，三年しか続かなかった。見たところ，重点はますます文化批判の側へと移動する。いずれにせよ文化批判は，公の探究を行うのに適した問いの中でもまだ，喫緊の問いである。政治的な喜劇の沈黙は，ひょっとしてペロポネソス戦争が終結した時の状況が余りにも絶望的であったことから説明でき

---

46)　『蛙』1491。

るのかもしれない。公の意見について無制限かつ自由に争って構わないことは，国家の過剰な力を前提とする。当時，国家にこの過剰な力は最早なかった。政治的な懐疑が高まり，それは私的な集団とクラブへと逃れる。アテナイが敗北する直前，エウリピデスとソポクレスが相次いで亡くなる。悲劇の舞台は見捨てられる。歴史上の一時期が，明白に画される。悲しい亜流である悲劇作家のメレトス，ディーテュランボス詩人のキネシアス，喜劇作家のサンニュリオンは，数年後に書かれたアリストパネスの喜劇「ゲリュタデス」[47]の中で，偉大な詩人の助言を受け取るための使者として，詩人のいる冥府へと赴く。こうして時代は自らを皮肉る。二人の悲劇詩人の死とアテナイ陥落との短い間隙に成立した『蛙』においては，未だに別の，より悲劇的な気分が支配している。国家の困窮が大きくなればなるほど，そしてあらゆる情感にのしかかる圧力が耐え難くなればなるほど，それだけ精神的な支えと慰めが切なく待望される。今やアテナイ民族が悲劇に何を求めたのか，ということが初めて明らかになる。喜劇のみが，このことを万人に語ることができた。喜劇はかつて，これを語る能力があった。これは喜劇のムーサイを反対物，つまり悲劇のムーサイから分離する，能う限り遠い距離が客観的であることによったのである。そして喜劇のみが，こうした名称に相応しい詩人を未だに持っていた。喜劇は時と共に高い立場へと上昇し，そこから悲劇への警告者としての役割を国家の中で敢えて引き受け，心を魅惑することが許された。これこそ喜劇の最大の歴史的な瞬間であった。

---

47) （訳注）前408年に上演との説がある。現在は断片のみ存在。メレトス，サンニュリオン，キネシアスという三人の詩人が冥府へと派遣される。

詩人の本質と職分に関する信仰告白

アリストパネスは『蛙』の中で，ソポクレスおよびエウリピデスと共に亡くなった悲劇の影を，魔力によって意のままにする。こうした思い出以外に，激しい党派争いの中で不和に陥った精神を深く結び付けるものはなかった。この思い出を新しくすることそれ自体が，大政治家の行いであった。ディオニュソス本人は，エウリピデスを再び地上へ連れてゆくため冥府へと下りてゆく。これが公衆の最も熱い望みであろうことは，亡くなった者（エウリピデス）の最大の仇敵すら認めなければならない。エウリピデスの神ディオニュソスは，大小のあらゆる滑稽な弱さを伴うことで，劇場の公衆を象徴的に具体化している。しかしアリストパネスにとってこうした公衆皆が抱く憧れは，エウリピデスの芸術と最後にきわめて包括的に取り組もうとする切っ掛けとなる。アリストパネスは，この瞬間に適切でなかったようなより古い，大抵は付け足しに過ぎない嘲笑を，そこで問題が把握される決定的な深さによって凌駕している。というわけで彼はエウリピデスを，エウリピデス自身の基準によって批判しなかった。もっともエウリピデスは，偉大な芸術家としてこうした批判を要求していたのだが。いわんや彼は，同時代の基準として承認されるわけでもない。むしろ彼は，宗教的で人倫的な品位がある悲劇の最高代表者としてのアイスキュロスに対置される。『蛙』の構成にとってこうした単純な，しかし最高度に効果的な対立関係が，新旧の文芸の論争(アゴーン)を生み出す。これは『雲』における新旧の教育の論争(アゴーン)と似ている。しかし『雲』における論争(アゴーン)は，筋書の進行にとって決定的な重要性を持たない。他方『蛙』における論争(アゴーン)は，完璧な構成を備える。冥府への歩みは，喜劇では好まれたモチーフである。『蛙』ではこのモチーフを取り上げる際，エウポリス

の「市民たち Demen」[48]を模倣する。この「市民たち」においては悪い助言を受けた都市を救うため，古えのアテナイの大政治家と戦略家が冥府から地上へと連れて来られる。アリストパネスはこうした着想を詩人の論争（アゴーン）と結び付けることによって，驚くべき解決を目指す。つまりディオニュソスはお気に入りのエウリピデスを連れてくるため冥府へと下り，年下の競争相手（エウリピデス）の代わりにアイスキュロスが勝利を収めた後，年老いた詩人（アイスキュロス）を最終的に現世へと連れ戻す。それは，父なる都市を救うためなのである。

　我々の課題は，作品を芸術作品として評価することではない。我々は政治的な共同体の生にとって悲劇という詩情はどのような位置にあるかという観点から，前5世紀全体にわたって，それを一番強く教えてくれるものとして作品を考察しなければならない。こうして『蛙』においては前面に論争（アゴーン）の部分が現れ，アイスキュロスは自らの功績を自画自賛するエウリピデスに次のような問いを立てる。「詩人が嘆賞される原因はいかなるものか，答えよ。」[49]その後に続く序言，歌謡，そして悲劇の他の部分の筋立ての中の個々の喜劇的な部分に対して，より美的な批判が行われる。この批判は，ここでは自己目的として受け取ってはならず，それゆえ副次的なものに留まらざるを得ない——たとえ喜劇の中で精神と機知が充溢し，その充溢が並外れてありありと具体的に真の精彩を，そこで初めて全体に放っているにせよ。しかしこの真の精彩は，作品の喜劇的な働

---

48)　（訳注）エウポリスの最後の，最も重要な作品。ペロポネソス戦争でのシチリア遠征後の，アテナイの破滅的な敗北が背景となっている。詩人はソロン，ミルティアデス，アリステイデス，ペリクレスという4人の過去の大政治家を復活させ，彼らは現在の裁き手となる。

49)　『蛙』1008。

きにとって中心的な意義がある。というのもこの真の精彩は，あらゆる生粋の文芸の倫理的な意味に関する（作中の）先行する論争との釣り合いを取るからである。前述した，悲劇的な真剣さに繰り返し触れる取り組みは，この釣り合いを差し迫って必要とする。我々にとって詩人の本質と職分に関する同時代のこうした信仰告白は，同時代における創造的な人物の直接的な言明がほとんど存在しないため，なおさら重いものとなる。アリストパネスがアイスキュロスとエウリピデスの口を通して発言させる詩人の本質についての見解は，すでに同時代のソフィストの理論によって意識的な影響を受け，また彼らの理論にあれこれの定式化を負う。たとえ我々がこうしたことを考慮するとしても，この（詩人の本質と職分に関する）言明は，我々がそれを悲劇の作品それ自体から受け取る印象を確実に強めるものとして，代え難い価値がある。

国家の指南者としての喜劇

「詩人が嘆賞される原因はいかなるものか，答えよ。」エウリピデスは，彼が選ぶ言葉が固有の解釈を許すにせよ，アイスキュロスの答えに同意する。つまり，詩人の優秀さと他人に教授する能力がゆえに。というのも，国家の中で人間はより良くなるからである。「もしも君が人間を正そうとせず，人間を誠実で高貴な存在から卑劣漢へと変えたならば，君は何に値すると説明するつもりなのか？」[50]「死に値する，彼（エウリピデス）に問うまでもない」とディオニュソスは話の腰を折る。今やアイスキュロスは喜劇風にパロディー化するパトスを抱いて，エウリピデスがかつてアイスキュロスから引き継いだ（アテナイの）人々がどんなに尊敬に値し，好戦的であったか描き出す。彼ら

50）（訳注）同上 1010-1011。

は敵を打ち負かす以外，何も望まなかった。詩人は最初から，次の職務のみを果たした。つまり詩人の中の高貴な人は，常に人間の幸福のために詩作を行った。オルフェウスは我々に神秘，血なまぐさい殺人の抑制，ムサイオスによる病気の快癒と未来の解釈を，ヘシオドスは畑の耕作，収穫の時期，種蒔きを啓示し，神に譬えられるホメロスは英雄の戦術，勇気，武装などの良いことを教えたので，まさに名誉と名声を獲得した。アイスキュロスはこのような英雄のモデルに従って市民を鼓舞し，獅子のような心を持つ登場人物パトロクロスやテウクロスという，多くの真の英雄を練り上げた。それは市民がトランペットの音を聞いたら，英雄の模範を見習うようにするためであった。

> しかし，私はパイドラやステネボイアのような娼婦を劇で取り上げなかった。
> 何人も，私が愛した女をかつて劇で取り上げた，ということはできない。[51]

アリストパネスの喜劇の驚くべき客観性はしばしば脅かされたバランスを，この気楽な調子外れのパトスによって回復することができる。つまりエウリピデスは，女性に関する劇の題材は実際には神話から与えられたものであることを引き合いに出す。しかしアイスキュロスは，詩人は悪いものを隠し，それを公の場であからさまに見せて教えるべきではない，ということを勧める。

> なぜなら，若者に正しい道を示す教師の若者に対する関係は，
> 私たち詩人の大人への関係と同じだからだ。それゆえ

---

51)　（訳注）同上 1043-1044。

私たちは常に，
最も高貴なことだけを言わねばならない。[52]

　エウリピデスは，アイスキュロスの山のように高く聳え立つ言葉の中に，ここで言う高貴さがないことに気付く。というのも，このような言語はもはや人間的ではないからである，という。しかし敵はエウリピデスに，偉大な思想と志操を内面に抱く者は誰であれ，似た言葉も生むに違いなく，高尚な言語は荘重な衣装と同様，半神のものであると説明する[53]。「お前（エウリピデス）はそれ（アイスキュロスが定めたこと）を壊した。お前は王からぼろくずに身をまとった乞食を作り，かけずり回ること，豊かなアテナイ人が嘆くこと——彼らには国家が要求する仕方で軍艦に艤装する金がない——をアテナイ人に教えた。お前は彼らに，お喋り，しかも下らぬお喋りの練習を教え，闘技練習場へ通う人を減らした。（中略）水夫を上官に対する暴動へと唆した。」[54] これにより我々は，現在の政治的な不幸の最中にある[55]。エウリピデスにはあらゆる悪と同様，この不幸にも責任があるとされる。

　こうした言葉はエウリピデスを神と崇めていたアテナイの公衆へ向けられ，古典文献学者で一杯の劇場へ向けられていたのではない。古典文献学者は全てを言葉どおりに受け取り，その結果，憤慨するわけだが。我々はこのことをイメージしよう。すると，こうした（エウリピデスの）不敬が誇張された滑稽さは，初めて完全に効果を表す。きわめて繊細な批判は目立たぬ高揚の中で歪曲する戯画に，

---

52)　（訳注）同上 1053-1055。
53)　（訳注）同上 1060 以下。
54)　（訳注）同上 1069-1073。イェーガーによるパラフレーズ。
55)　（訳注）1918 年の 11 月革命の際，ドイツのキール軍港で起きた水夫の反乱を連想させる。

戯画は「他人の言いなりに動く人(ポパンツ)」[56]となり，最終的には「神」がこうした不幸な時代のあらゆる災厄の具現となるに至る。それから詩人（アリストパネス）は，この不幸な時代へ警告の言葉を向ける。この警告の言葉は，愛国的な合唱団の行進(パラバシス)にあって心を生き生きとさせ，救済するのだが。なぜなら精神に溢れた遊戯の背後には（合唱団の行進(パラバシス)の）各行において強力に現れるもの，つまり国家の運命に対する痛ましい憂慮が存在するからである。真のあるいは偽りの文芸術が話題となる随所で，国家のことが考えられている。アリストパネスは自らの能力に関してエウリピデスに無限に多くのものを負っており，エウリピデスは他人の言いなりに動く人(ポパンツ)ではない，不滅の芸術家であった。アリストパネスは自らの感覚において実際に，彼の理想アイスキュロスよりもはるかにエウリピデスに近い。アリストパネスが現実に，このことを十分に知っていた，と仮定しよう。たとえそうであったとしても，こうした新しい（エウリピデスの）芸術は，まさにアイスキュロスが同時代の市民に与え，当時の苛酷な困窮の中でもっぱら祖国を救えるようなものを国家に与えることはできなかった。それゆえディオニュソスは，アイスキュロスに最終的な軍配をあげねばならず，冥府の王は以下のような訣別の言葉と共に，太陽の光へ向けて悲劇詩人を去らせる[57]。

さらばアイスキュロス，行くがよい，
我々の都市を有益な助言によって救え，

---

56) （訳注）Popanz. イタリア語の pupazzo（人形）に由来。真剣に受け取るべきではない恐るべき形姿。軽蔑的な意味で，大事なように見えながら，恐怖や脅迫，似たようなことを呼び覚ますもの，あるいは力や自己決定という印象を搔き立てようとするものを意味する。

57) （訳注）『蛙』1500。

愚か者を教育せよ。というのも,そういった者は山ほどいるから。

　喜劇がここで試みるように,態度と言語を表現する能力が悲劇に存在して以来,すでに長い時が経っていた。喜劇の生活空間は相変わらず公共性,あるいは公共性を動かすものであり,他方,悲劇は最も深い問いと共にはるか昔,人間の内面へ撤退していた。しかし(国家という)全体性の精神的な運命は,(アリストパネスの時代におけるほど)公共性を深く刺激したことは決してなく,また古典悲劇の喪失を苦しんだ時ほど,この運命を強い政治的な事柄として感じることもなかった。喜劇がこの瞬間もう一度,国家が精神の運命と創造的な精神の責任へと組み込まれていることを民衆全体へ示すことによって,喜劇自体は教育的な使命の最高点に達する。

政治的な思想家としてのトゥキュディデス

―――――――

ヘカタイオスとヘロドトス

　トゥキュディデスは、ギリシアにおける歴史記述の創始者ではない。したがってすでに彼以前、歴史的な自覚がどのような段階に達していたのかを見ることが、彼を理解するために必要な最初の第一歩である。するとトゥキュディデス以後、いかに歴史記述が彼とは全く異なった道を歩んだとしても、彼以前に彼と比肩し得る人が全くいない、ということが明らかになる。というのも歴史記述は自らの形式と基準を、その時々の支配的な精神の動向から受け取ったからである。しかし、以前の段階との関連が存在する。最古の「歴史記述 ἱστορίη」は、この言葉がすでに教示しているとおり、イオニアにおける自然探求の草創期に始まった。このヒストリエーというギリシア語は実際には常に自然探求を含意し、この（ヒストリエーという）言葉の初期にあって自然探求は（この言葉の）本来の内容であった。人間が住む大地は以前、世界の一部に過ぎず、その千遍一律で表面的な分割によって取り扱われた。我々にとってヘカタイオスは、自然に関する「探求」をとりわけこの人間が住む大地全体に転移した最初の人物である。彼は草創期の偉大な自然学者と同様ミレトスの出身であり、当地はイオニア文化の中心であった。ヘカタイオスによる諸国と諸民族に関する研究は、人為的な構成と経験との奇妙な混合物であり、神話への合理主義に基づく彼の批判および

系図学と一括りにしなければならない。すると彼の研究は，古えの叙事詩が批判的かつ合理的に解体される過程の一段階として，精神史的な関連へ置かれる。この関連から，彼の研究を理解する必要がある。諸国と諸民族に関するヘカタイオスの研究は，歴史記述が成立するために必要な前段階であった。彼の歴史記述は，経験によって確定できる限りにおいてではあるが，（後の歴史記述と）同様の批判的な志操に基づいて，既知の地球の諸民族に関する伝承を収集し，結合する。

　ヘロドトスが次の一歩を踏み出す。彼はヘカタイオスと同様，諸国と諸民族に関する統一的な研究を維持し続けるが，人間を中心に据える。ヘロドトスは当時の全ての文化世界，すなわち西南アジア[1]，エジプト，小アジア，ギリシアを踏破し，あらゆる種類の異国風の人倫，生き方，古い諸民族の素晴らしい英知に関してしかるべき場所で尋ね，書き留め，諸民族の煌びやかな宮殿と神殿について記した。さらに諸民族の王族と多くの奇妙で重要な人々の物語，彼らの中で神性の支配および人間の変転極まりない運命の浮き沈みがいかに認識できるかについて物語る。ヘロドトスの統一的な内面性は，こうした古風で多彩かつ多種多様なあり方を，東洋(オリエント)と西洋(オクシデント)との戦いという大きなテーマによって受け取った。この戦いはクロイソス王の治世下，隣り合ったリュディア王国とギリシア人との衝突を介して最初に確定でき，この衝突からペルシア戦争に至るまでが（ヘロドトスの著作の中で）敷衍された。ヘロドトスはホメロスを思わせる語りの喜びと技術を用いて，自らの外観だけは慎ましく素朴な散文の中で，ギリシア人と非ギリシア人の行為の名声を後世の人々へ告知した。こうした散文は，以前の時代が叙事詩の詩行を享受したように享受され

---

1) （訳注）北アフリカを除き，ほぼオリエントと同義。

た，と言われている。これを彼は（『歴史』）冒頭の文章で，作品の目的として述べている。ヘカタイオスの知性に基づく批判によって抹殺された叙事詩があたかも再び復活したかのように，ここでは啓蒙主義的な自然観察とソフィスト時代の最中における英雄叙事詩の古い根源から，何か新しいものが成長する。探求者の冷静な経験は，吟遊詩人による名声の称賛と溶け合う。見られ，聞かれた全ては，人間と諸民族の運命に関する叙述に統合されている。それは小アジアに住むギリシア人の古い，豊かな，多様で複雑な文化の所産である。この文化は何十年も封印された（ギリシア）民族の運命を，サラミスとプラタイアイの戦いで母国の予期せぬ高揚と勝利へと引き入れた。この文化はこれにより自らの英雄時代さえはるか昔に凌駕し，いま一度，歴史の強力な息吹に触れられる。しかし結局のところ，この文化は懐疑的な諦念のために上述の高揚と勝利によって迷わされることはなかった。

政治的な思考の歴史化

　トゥキュディデスは政治史の創造者である。ペルシア戦争がヘロドトスの作品の最高点を形成しているにもかかわらず，この（政治史という）概念を彼に関して適用することはできない。しかし，非政治的な精神の持ち主が政治史を執筆することもできる。ハリカルナッソス人ヘロドトスは自らの静謐な先祖代々の都市にあって，国家生活を知らなかった。そしてペルシア戦争が終わった時期のアテナイの国家生活こそが，彼を初めて波立たせ砕けさせた。その時，彼は比較的安全な岸から，国家生活をひとしお驚嘆しつつ眺めた。トゥキュディデスはペリクレス治下のアテナイでの生活に完全に根付き，このアテナイでの生活における日々のパンは政治であった。ソロンは前6世紀の社会闘争の混乱にあって，国家への確固とした志操を基礎付け

た。我々はアテナイ市民に認められる、こうした国家への志操——彼らのイオニア部族の仲間とは対照的だが——を、端から讃嘆する。こうしてソロンが国家への志操を基礎付けた日々以来、重要な男たち全てが国家に関与したことが、政治的な思考による経験の総体と堅固な形式を成熟させた。我々はこの政治的な経験と堅固な形式を、まずは偉大なアッティカの詩人による、時折輝く社会的な洞察の中にのみ把握できる。それからペルシア人の来襲の際、そのごく直前にようやく僭主政から解放されたアテナイ共同体の閉じた政治行動の中にのみ把握できる。そしてサラミスの戦い以後に始まるテミストクレスの大国政治にあって、アッティカ「帝国」への転回が遂行されるに至る。

　アテナイはこうした（アッティカ「帝国」という）創造物の中に、政治的な思考と意欲の驚嘆に値する集中力を明らかにする。この集中力は、トゥキュディデスの作品の中に適切で精神的な表現を見出した。ヘロドトスによる諸国と諸民族に関する見解は、人間と神々に関わる全ての事柄を落ち着いて考察することによって、地球の既知の部分すべてを包含する。世界中へ広がる彼の見解の地平と比べれば、トゥキュディデスの視界は限られている。トゥキュディデスは、ギリシアのポリスの影響範囲を超えてゆかない。しかし、この（ヘロドトスと比べれば）はるかに制限された対象は、何と巨大な問題を抱え、何という集中的な高揚によって考え抜かれ、経験し抜かれていることだろう。こうした問題性の核心が国家であることは、すでに当時のアテナイにおいてほぼ自明である。しかし政治的な問題それ自体が、歴史的な熟慮を通して自らをより深く把握するよう明らかに強いることは、自明なことではない。ヘロドトスの民族史がおのずから政治史へと導かれることは、そもそもあり得なかったであろう。むしろアテナイそれ自体がもっぱら、ひたむきに努力して現在へ関心を寄

せ，運命の転回点へと，もちろん新たな意味で，以前とは異なる内容と共に突然やって来る。アテナイの国家的な展開は，未曽有の危機へと導かれる。そしてこの危機が必然であることの自己認識として上述の運命の転換点にあって，目覚めた政治的な思考は歴史的な熟慮を必要とし，それを生み出す。トゥキュディデスの作品の中で現れた精神的な行程の本質は，歴史記述が政治的となるのではなく，政治的な思考が歴史的となる点にある。

　そうであるとすれば，最近になって表明された歴史家としてのトゥキュディデスの経歴に関するイメージは，全く受け入れ難い[2]。近代の歴史学にとってと同様，彼と彼の時代にとって歴史家の概念と本質がすでに何か確固と完成したものであることが，余りにも自明に前提とされているからである。トゥキュディデスは自らの作品の幾つかの補論の中で，関心を惹く過去の問いへの立場を，時折明らかにした。しかしその他の点では，もっぱらペロポネソス戦争，つまり彼自らが経験した同時代の歴史のみと取り組んだ。トゥキュディデス自身は，我々が彼について読む最初の文章においてのみ，自らについて次のように語っている。彼は戦争が始まった時，(この戦争という)出来事に意義があることを確信していたので，作品を著す作業を始めた，と。しかし彼がどこで歴史学の作業を習い，どこからより古い時代に関する知識を汲み上げてきたのか，が問われている。この問いに対しては，次のような答えが考え出されている。すなわち，(戦争が始まる)以前からトゥキュディデスは過去の研究と取り組んでいた。研究の途上，戦争が彼の作業を中断させ，彼はこの戦争の最中，取り組まねばならない大きな題材をすぐさま認識した。しか

---

2)　(訳注)Ziegler, Konrat: Thukydides und die Weltgeschichte (Rektoratsrede, Greifswald 1928).

し彼は，自らがけりをつけた以前の探求の材料を無為に放置しておかないようにするため，学術的な補論として（以前の研究の成果を）自らの作品の中へ挿入した。私にとってこうしたイメージは，政治的な歴史記述の創始者よりも，近代的な学者に相応しいように思われる。この（政治的な歴史記述の）創始者は，行動的な政治家およびアテナイ艦隊の指導者として戦争に従軍し，現在の政治問題以上に高い関心を持っていないのであるが。戦争がトゥキュディデスを歴史家にした。そして彼が見たことは，他のいかなる場においても学べなかった。トゥキュディデス自身が語るように，正確に認識できるとほとんど思わない全く異なった種類の過去から，彼が見たことを学べなかったことは言うまでもない。つまりトゥキュディデスは，我々が通例，歴史家として思い描く存在とは全く異なっていた。彼が初期の歴史の問題を取り扱う際に証明された批判的な判断を我々がいかに高く評価しようとも，彼がより以前の歴史の問いに時折，耳を傾けることは，まさに副産物に過ぎない。あるいはこの批判的な判断は，彼によって現在のものに基づいて，より以前のものを重視する観点の下で行われたのである。

権力政治家の目に基づく過去の考察

以上のことを証する中心的な例は，（『戦史』）第1巻の冒頭にある，いわゆる考古学である。この考古学は，特に以下のことを証明する狙いがある。つまり過去は――推論が可能な限りにおいてではあるが――，トゥキュディデスが語る現在と比べると，全く重要ではなかった。なぜなら過去については，そもそも何も知ることができないからである。にもかかわらず，まさにこうした過去の考察は簡潔であればあるほど，トゥキュディデスが歴史全般へ据える尺度，彼の同時代にあって重要であると思われる基準を，

より明晰に認識するよう我々に教えてくれる。

彼にとってギリシア民族の過去は、過去について報じられる最大かつ最も有名な企てという観点からも、重要ではないように見える。というのも当時の生には、全体的な構造に従って権力を形成し国家を組織するという、特記に値する能力が全くなかったからである。近代的な意味での貿易と交通は、まだ存在しなかった。諸部族は自らの土地から相手を互いに追い出し、絶え間なく移動し、決して真の意味で定住するには至らなかった。その際、堅固な関係を築くための第一の条件である安全は——技術を除けばの話であるが——発達していなかった。もちろんトゥキュディデスによれば、まさに国内経済上の最も有望な土地をめぐって非常に頻繁に戦いが行われ、住民がしばしば変った。その際、土地を効率よく耕すことも資本の蓄積もできず、比較的大きな都市は近代のその他(非ヨーロッパ)の文明と同様、存在しないも同然であった。トゥキュディデスは、ここで古い伝承の全てを無視する。なぜなら、それは彼の掲げる問いへの答えを与えないからである。その代わり、彼自身による仮説的な構成、後退推論のみを行う。それは、文化の段階と経済の形式との合法則的な関連に関する慧眼と言える観察に基づくのである。いかにして彼がこのように古い伝承を無視し後退推論を行うのか見ることは、並外れて教訓に溢れている。こうした根源史の知的な性格は、ソフィストが人間文明の端緒に関して行った再構成と似ている。しかしトゥキュディデスの根源史は、(ソフィストとは)別の観点から立てられている。この根源史は近代的な政治家の目、つまり純粋な権力意識という目に基づいて過去を見ている。文化、技術、経済も、トゥキュディデスにとってはそれが現実に力が展開するための必然的な前提条件である限りにおいてのみ、考察の視野に入る。彼によれば、巨大な海軍力に基づく大資本と領土の拡

大による帝国の形成が，特にその前提条件に属する。アテナイの帝国主義は，より以前の歴史に価値判断を下すための基準を与える。その基準としては，ごく僅かなものしか残っていない。

　トゥキュディデスによる根源史は観点の選択と同様，上述の原理を遂行する点においても優れている。権力政治家の目に基づいて，先入観を交えることなく非ロマン主義的にホメロスが吟味される。トゥキュディデスにとってアガメムノンの帝国は，ギリシアで初めて資料に基づいて証言された，大権力が形成した国である。アガメムノンの帝国は海へも広がり，それゆえ彼は必然的に大海軍にも頼らざるを得なかった。このことは，ホメロスのただ一つの詩行[3]に非常に誇張した解釈を施すことによって，仮借なく鋭い洞察力によって解明される。『イリアス』の「軍船の表」[4]が，トゥキュディデスの中心的な関心を掻き立てる。トゥキュディデスは詩人の伝承に関して，その他の点については非常に懐疑的である。この（「軍船の表」という）船舶目録は，個々のギリシア都市の（アガメムノンの遠征軍へ拠出する）負担額，それに基づく軍事力に関して詳細に報じているが，トゥキュディデスは対トロイア戦争についてのこうした報告を信じる傾向がある。なぜならこの軍事力は，当時の権力手段の総数が僅かであるという，彼が抱いていた考えを確証するからである[5]。トゥキュディデスは，当時の艦隊が建艦術上，原始的であることをも同じ資料から解明する。トロイア戦争は過去のギリシア史において未聞の，海外で初の大規模な共同作戦であった。それ以前は，クレタにおけるミノスの海上支配が存在するに過

---

3)　（訳注）『イリアス』第2歌 576。
4)　（訳注）同上 494-759。
5)　（訳注）『戦史』第1巻第10章 3-4。

ぎなかった。この海上支配は当時まだ半ば野蛮で、地域的に分裂していたギリシア人の海賊としてのあり方を終焉させた。トゥキュディデスは、彼の時代のアッティカ海軍と同様ミノスの艦隊が、厳しい海上警備を行っていたことを思い描く。そこでトゥキュディデスは資本、艦隊、海軍力の形成という基準を手にして、全ギリシア史をペルシア戦争に至るまで吟味し、その際に個々の時代の建艦に関する技術的な発明について、時代を区切って言及する。他方、彼にとって豊かで精神的な伝承の内容は、無へと沈み込んでしまう。アテナイ国家は、ペルシア人に対する勝利によって初めて権力の要因として現れる。従来ギリシアの国家世界においては、スパルタが支配的であった。しかし島嶼部のギリシア人と小アジアのギリシア都市がデロス同盟に加入することで、このスパルタへの対抗力が作り出される。それ以前の歴史は、（アテナイとスパルタとの間の）最終戦争が始まるまでの、二つの権力システムの予期せぬ事件や不断の摩擦を伴う軍備競争である。この最終戦争と比べるならば、以前の権力闘争は全て児戯に見える。

　上で述べた、非常に驚嘆に値する前史の中に、歴史家トゥキュディデスの本質が決して汲み尽くされたというわけではないにせよ、凌駕し得ないほど鋭く表現されている[6]。彼は時代の出来事に対する自らの立場に基づいて、大規模な経済と権力政治の延長上に描かれた過去の凝縮されたイメージを反省している。私がこの前史から始めた理由は、それがトゥキュディデスの（作品の）冒頭に置かれ

---

6) 私はW. シャーデヴァルト『トゥキュディデスの歴史記述』（ベルリン、1929年）と見解を異にする。彼はEd. シュヴァルツ『トゥキュディデスの歴史作品』（ボン、1919年）と同様、考古学を特に古いと見なし、この考古学から「ソフィストの弟子」たる若いトゥキュディデスの精神の有様を解明しようとする。私はさらなる理由付けを、別の機会に与えようと思う。

ているからではなく，上述のことによる。(ペロポネソス)戦争(全体)に関する語りの中では同一の原理がはるかに詳しく，それほど一目瞭然ではないものとして描かれる。というのも，戦争がより広い空間を舞台として行われるからである。これに対して上述の原理は(前史において)資料の量が甚だ乏しいことによって負荷をかけられ，我々に対してほとんど純粋に迫ってくる。(戦争の)前史の中で近代の現実政治のキーワードが，ほぼステレオタイプなほど規則的に繰り返される。読者は，かつてギリシア史に存在した中で最大の力の展開と危機が問題となっているという意識を抱いて，戦争の描写へ迫らねばならない。上述の(近代の現実政治の)キーワードは，読者にこのことを銘記させるのである。

歴史の中に永続的な法則を認識する努力

　対象が現在に関わるものであればあるほど，トゥキュディデスが対象へ注ぐ関心が生き生きとすればするほど，それだけ彼にとってこの対象を考察する観点を見出すことが困難となる。途方もない経験によって，彼の時代は二つの敵対する陣営へと分裂した。こうした経験を考察する観点を目指す精神的な努力から，歴史家の目的を把握しなければならない。トゥキュディデスが実際そうであるような政治家でなかったならば，こうした客観性を獲得しようとする努力はさほど驚きには値せず，それほど素晴らしいこともないであろう。彼は，詩人が先史時代の行為に関して美辞麗句による報告を行ったのとは対照的に，純粋に非党派的な真理のみを与え，真理を能う限り正確に突き止めようとする[7]。こうした考え自体は，それがイオニア人の自然探求の中で生きていたように，政治的ではなく学問的な

---

7) (訳注)『戦史』第1巻第21章1, 22章4。

心情から生まれた。しかしトゥキュディデスの行為の解放的なところは、まさに次の点にある。すなわち、このような精神的な態度が時を超越した自然から、現在の政治的な戦いという領域へ移される点にである。この領域は、情熱と党派争いのために曇ってしまったのであるが。彼の同時代人であるエウリピデスも、この（自然と政治という）二つの領域が測り知れないほど深い亀裂によって分断されているのを目にしていた[8]。（彼によれば）「歴史」は、「時の経過を経ることのない」対象へと平和裡に沈潜し、自然に関する「歴史」しか存在しなかった。政治的な生の敷居をまたぐ者は誰であれ、憎しみと戦いの中へ巻き込まれる。しかしトゥキュディデスが「歴史」を政治的な世界へ転移する場合、真理の探究に新たな意味を付与した。我々は彼の歩みを全て、行為に関するギリシア特有の見方に基づいて理解しなければならない。この見方によれば、認識が本来の行為の原因となるのである。こうした実践的な目標に制約されてトゥキュディデスの探求は真理を目指し、イオニアの自然哲学者による、関心から自由な「観想（テオーリアー）」とは区別される。そもそもアッティカ人の何人も、正しい行為に導く以外の目的を持つ学問を知らない。これこそ、プラトンのみならずトゥキュディデスをも——この二人の世界がその他の点でどんなに隔たっていようとも——イオニア人の探求者精神から分かつ、大きな対立関係である。幾人かの歴史家について、彼らは全く目そのものである、と言われた。この言葉が表現するように、トゥキュディデスが生来、情熱的ではなかったために客観的なものの見方ができる天分に恵まれていたことは、ここでは問題となり得ない。単なる情熱から自由になる力をトゥキュディデスに与えたもの、彼が求めた客観的な認識による獲得物として思

---

8) エウリピデス「断片」910N。

い描いたものは何か？　これについて彼は（『戦史』という）作品の課題をより正確に限定する箇所において，次のように語っている。「私の作品に美しい物語が欠けていることは，聞く人にはそれほど愉快ではないかもしれない。しかし私の作品には，次のような全ての人が十分な判断を下すための利点があるであろう。すなわち（過去に）起きた事件，人間本性の必然の結果として，将来再び（過去と）似た形で起きるであろう事件について正確に吟味したいと思う全ての人に対して。私の作品は利那的に楽しむための装飾としてよりも，むしろ永久的な所有を目的として執筆された。」[9]

人間と諸民族の運命は人間の本性が同一に留まるがゆえに反復する，という考えは，トゥキュディデスによって繰り返し言明された。この考えは元来，我々が今日では概して歴史的な意識と見なすものの対極に位置する。歴史的な意識にとって歴史上，反復するものは何一つとしてない。歴史上の出来事は，徹頭徹尾，個性的である。一人一人の人生においてすら，反復は存在しない。しかしヘシオドスから引用された根源的な言葉は，人間は経験を積み，辛い経験によって賢くなる，とすでに語っている[10]。ギリシア人の思考は，昔からこうした認識と普遍的なものに向けられていた。それゆえトゥキュディデスが述べる，人間と諸民族の運命は反復するという公理は，近代的で一面的な意味での歴史意識の発生の瞬間を性格付けるわけではない。彼の考える歴史はこうした（歴史）意識を含むにもかかわらず，一回限りの出来事やもっぱら異質なもの，他なるもの（の認識）への単なる従事を越えて，この一回限りの出来事の中で把握できる一般的かつ永続的な法則を認識すべ

---

9)　（訳注）『戦史』第1巻第22章。
10)　ヘシオドス『仕事と日々』218。

く努力する。まさにこうした精神的な態度こそ，トゥキュディデスの歴史記述に不滅のアクチュアルな魅力を与える。このアクチュアリティーは，彼の中の政治家的な側面にとって根本的である。というのも，予め熟慮され考え抜かれた行為は，以下の場合のみ可能だからである。つまり人間の生の中で，あれこれの経験を積むことで将来に対してある程度の予見が可能になる，同種の状況下において同種の原因が同種の作用を引き起こす場合に限る。

内在的な合法則性を持つ世界としての政治

ギリシア人の政治的な思考はかつてソロンにおいて，上述したことの確認によって始まった[11]。ソロンの場合，過度の反社会的な行為の結果，特定の病的な変化を被る，国家という有機体の内的な生の行程を認識することが問題となっていた。彼の考えによれば，社会という有機体は反社会的な行為による有害な影響を，直接的に自らの反応から生み出す。にもかかわらずソロンは，その変化の中に依然として神的な正義による罰を宗教的に見出す。彼以後，つまりアテナイが大国となった後，政治的な経験という新しい非常に大きな領域が，国内の領域へ付け加わった。すなわち国家の国家に対する関係，つまり我々が外政と呼ぶものである。この外政の最初の偉大な代表者は，テミストクレスであった。トゥキュディデスは彼を，記憶に値する言葉によって新しいタイプとして性格付けた[12]。このような性格付けにも，（トゥキュディデスの）先見的で明晰な判断が重要な役割を演じている。トゥキュディデスは彼自身の言葉によれば，後世の人々がこうした重要な役割を果たせるように，自らの作品を通して後世を教育しようとす

---

11) 195 頁を参照（本訳書では 266 頁）。
12) 『戦史』第 1 巻第 138 章 3。

る。これと同じ基本的な思考が全作品を貫き，繰り返し刻印付けられる。この刻印付けによって，彼が上述の目的を掲げて並外れて真剣に全作品と取り組んだことが，確実なものとなる。我々がこのような目標設定の中に，ソフィストの啓蒙による現代史の弱点のみを見るならば，それは大きな誤りである。我々はこの弱点を，純粋な歴史家（としてのトゥキュディデス）の像を手元に留めておくために捨てねばならないのだが。トゥキュディデスによる政治的な認識との取り組みの中に，彼の精神の真の偉大さがある。彼は出来事の本質を，何らかの倫理，歴史哲学，宗教的な観念ではなく，政治的な認識の中に把握する。トゥキュディデスにとって，政治は固有の内在的な合法則性を持つ世界である。出来事を孤立してではなく，全体の経過の関連の中で考察して初めて，この合法則性に気付くことができる。トゥキュディデスは，政治的な出来事の法則と本質への深い洞察を持つ。この点で，彼は古代のあらゆる歴史家を凌駕している。（トゥキュディデスと）同じ精神のあり方によっており，本質が異なる二つの作品を挙げるのであれば，それは偉大な時代に創造されたフェイディアスの芸術とプラトンのイデアに他ならない。こうした偉大な時代のアテナイ人（トゥキュディデス）のみが，前述の深い洞察を備えることができた。トゥキュディデスによる政治史の認識という概念を最も巧みに性格付けるのは，ベーコン卿の『新機関』からの以下の有名な言葉である。彼はこの言葉によって，スコラ哲学に自らの新しい学問の理想を対置した。「人間の知識と力とはひとつに合一する，原因を知らなくては結果を生ぜしめないから。というのは自然とは，これに従うことによらなくては征服されないからである。そして〔知的な〕考察において原因にあたるもの

は,〔実地の〕作業ではルールにあたる。」[13]

　トゥキュディデスの国家観に普遍的な教説,「教訓譚 *fabula docet*」が存在しないことは,彼の国家観の特色である。彼の国家観は,ソロンの政治的・宗教的な思想世界のみならず,ソフィスト的あるいはプラトン的な国家哲学とも対立する。政治的な必然性が,直接的に具体的な出来事それ自体の中で把握される。トゥキュディデスにとってこうしたことが可能になるのは,政治における原因と結果の関わりが無二の密度で現れる(ペロポネソス戦争という)全く特殊な出来事が問題となっているからに過ぎない。トゥキュディデスによる歴史の概念を,何らかの任意の時代へ臆せず転移することは考えられないであろう。それはあたかも任意の全ての時代に,アッティカ悲劇あるいはプラトン哲学のようなものを生み出すべきことを期待するのと同じであろう。しかし,どんなに並外れて重要な出来事であっても,それを事実に即して描写するだけでは,政治思想家の意図を満足させることはできないであろう。政治思想家は特別な可能性を必要とし,この可能性は精神的なものおよび普遍的なものへと進む。トゥキュディデスにとってとりわけ特徴的な描写の手段とは挿入された多数の演説であり,これらの演説は政治家トゥキュディデスの特別な伝声管である。彼の歴史記述における根本命題を告知するために,外的な出来事のみならずリーダーシップを握る男たちの演説も記録する必要があった。これは当たり前のことのように見える。しかしこれらの演説は,元の演説を忠実に再現したわけではない,と言われている[14]。それゆえ読者は,事実の描写の正確さに適用するのと同様の

---

　13)　(訳注)ベーコン『ノヴム・オルガヌム』第1巻第3章(フォーラー,第二版,オックスフォード,1889年)。引用文はラテン語。訳文は同書(桂寿一訳,岩波書店,1978年)p.70より。

　14)　(訳注)『戦史』第1巻第22章。

基準を，この演説に対して適用すべきではない。トゥキュディデスは，事実の概略的な全体感を記録しようとするに過ぎない。しかし個々の点については，状況がその都度，彼に要求するように見えた仕方で，人々に語らせようとする[15]。これは並外れて容易ならぬ着想である。この着想は，そもそも歴史家が（出来事を）正確に記録しようとする努力から理解すべきではない。むしろ，出来事を究極の政治的な動機にまで踏み入って究め尽くそうとする欲望から理解すべきなのである。

　出来事を究極の政治的な動機にまで踏み入って究め尽くそうとすることは，文字通りの意味で実現不可能な要求であった。人々が実際に語ったことに依拠することは，一度として許されなかったであろう。というのも彼らが実際に語ったことは，しばしば彼らの仮面に過ぎなかったからである。そうではなく，むしろ人々の内面を隈なく照らし出すべきであったが，これは不可能である。しかしトゥキュディデスは，党派内での指導的な思想それ自体を認識し，描くことができると信じていた。彼は次のようなことを思いついた。人間に彼らの最も深い意図および根拠を，民会での公共の弁論，あるいは内密に行われたメロス人との対話において語らせることはできるだろうか？　しかも個々の党派が自らの政治的な洞察に従って，独自の観点から語らねばならなかったかのように。こうしてトゥキュディデスは，ある時はスパルタ人またはコリントス人として，ある時はアテナイ人またはシラクサ人として，ある時はペリクレスまたはアルキビアデスとして，読者へ語りかける。このような弁論術にとって，外面的には叙事詩が模範たり得た。控え目ではあるが，ヘロドトスも模範たり得た。しかしトゥキュディデスは，大がかりにこうした手段

---

15) 同上第1巻第22章1。

を用いた。我々はこの（ペロポネソス）戦争を，第一に精神の戦いとして，そして第二にようやく軍事的な行程として眼前に見る。この戦争はギリシア人のあり方が精神的な高みに達した時代に現実に戦い抜かれ，あらゆる深遠な議論を伴ったのであるが。我々は以上のことを，前述の（他者に仮託して自らの意見を述べる）手段に負う。トゥキュディデスの弁論の中に，実際に当時言われた内容の痕跡を探し求めることがしばしば試みられた。しかしこれは，希望のない企てである。それは，あたかもフェイディアスの芸術が彫り上げた神々の中に人間の特定のひな型を再認識しようとすることに希望がないのと同様である。たとえトゥキュディデスが（実際に）行われた交渉に関して情報を得ようと試みていたとしても，彼が伝える弁論の幾つかは現実には全く存在せず，大抵の弁論は（彼が記すのとは）全く異なった仕方で行われていた。トゥキュディデスが事件と状況に関する自らの熟考に基づいて，その時々に「必要なこと $τὰ\ δέοντα$」[16]を敢えて語ろうと考えたのであれば，この「必要なこと」は以下の確信に基づいている。すなわち，あらゆる意見は上述の戦いの中に所与の確固たる内的な論理を持ち，より高い見地から事柄を考察する人は，この論理を十分な仕方で展開できる，という確信である。これこそ主観がつきまとってはいるものの，トゥキュディデスの意図した演説の客観的な真理である。この真理を把握できるのは，そもそも歴史家の中に存在するこの政治思想家の側面を，相応しい仕方で正当に評価する場合に限られる。トゥキュディデスは，自らの思考をこうして理想的に構築するための言語として，独自の文体を創造した。その文体とは，「テーゼとアンチテーゼとの討論」である。この文体は全ての弁論に当てはまり，トゥキュディ

---

16) （訳注）プラトン『カルミデス』164B。

デスの時代に実際に語られていたギリシア語を、いついかなる場合もはるかに凌駕していた。我々にとってこの文体は誇張され、技巧豊かに形成され、概念的な感じを受ける。トゥキュディデスの文体は、重苦しい思想と取り組むという点において、思想家としての彼の最も直截な表現である。近代的なソフィストによる、修辞という比喩を用いた文体上の手段は、この重苦しさに対して奇妙にも異質な関係に立つ。思想家としてのトゥキュディデスは、思慮深さのみならず晦渋さという点でも、ギリシア最大の哲学者に比肩する。

闘争の根拠と戦争の真因との区別

トゥキュディデスは自らの（創作）原理を告げる。この意味における政治的思考の最も壮麗な一例は、（『戦史』）冒頭の記述、すなわち戦争の原因に関する彼の報告である。すでにヘロドトスが、ヨーロッパとアジアとの間の闘争の原因（を問うこと）によって（自らの作品を）始めていた。彼はこの原因を、戦争責任という意味で把握する。もちろんこの問いは、ペロポネソス戦争の間にも諸党派を興奮させた。（戦争という）大火災の発生に関する詳細な事柄が逐一、幾重にも探求されたが、敵同士が互いに罪をなすりつけたこの闘争を調停できる見込みはなかった。その後でトゥキュディデスは、問題を新しい仕方で設定する[17]。彼は最初から、戦いが燃え上がった闘争の根拠と戦争の「真因」とを区別する。そしてトゥキュディデスは戦争の「真因」を、彼がすぐさま言明するように、スパルタにとって脅威的で、止むことなく増大するアテナイの力の中に見出す。原因という概念は、トゥキュディデスが用いる「出現させること πρόφασις」というギリシア語の単語

---

17) 『戦史』第1巻第23章6。

が示すように,医学用語から借用されている。この医学用語においては,まず病気の真因と単なる徴候との間に学問的な区別が行われた。このように有機体的で自然科学的な思考方法を戦争の勃発に関する問題へと転移することは,単に形式的な行為ではなく,こうした問いを完全に客観化することを意味する。なぜならこうした問いは,法的で道徳的な領域から解放されるからである。これによって政治は,自立的で自然に作用する因果性の領域として画定される。トゥキュディデスによれば対立する力同士の隠れた戦いは,最終的にギリシアの国家生活を公然たる危機に導く。こうした客観的な原因の認識は,何か解放的なものを備える。というのもこれを認識する者を,党派間の悪意に満ちた戦いおよび罪の有無をめぐる厭わしい問いを超えて高めるからである。もちろん同時にこの認識は,何か息詰まるものでもある。なぜならそれは,以前には自由に望まれた行為として道徳的な判断の下に位置付けられていたような出来事を,止むことのない,より高い必然によって制限された長年の過程の結果として見せかけるからである。

　トゥキュディデスはこの過程を,戦争の直接的な前史を付け加える有名な補論の中で記述している[18]。この補論は,(ギリシア人が)ペルシア人に対して勝利を収めた後の50年にわたるアテナイの力の成長と拡大という,ペロポネソス戦争が勃発する前段階を取り上げている。トゥキュディデスはこの形式を,作品の(取り上げるペロポネソス戦争という)時代的な枠を超え,過去へ遡行せざるを得ないことによって正当化する。それに加えてアテナイの権力の歴史に関する短い要約は,彼が言うように自己目的でもある。というのもトゥキュディデスより前の時代に,同時代に最も近い時代の重要な部分は決して十分に描かれること

---

18) 同上第89-118章。

がなかったからである。もちろんこの部分のみならず補論も，そしてこの補論によってトゥキュディデスが戦争の真因について語る全ても，いわば後になって初めて前史へと組み込まれる。この前史（の記述）は，そもそも戦争に直接的に先行した外交面，軍事面の出来事に制限されているかのようである。奇妙な形態の構成のみならず，トゥキュディデスがまさに戦争の開始を草稿の最も早い段階ですでに確かに描いていたことを考慮しても，こうした印象を喚起する。他方アテナイの力の展開に関する補論はすでに（アテナイの）壁の破壊（前404年－原注）について言及しており，それゆえこの補論の現在の形態は，早い時期に見積もっても戦争の終了後に初めて成立した。補論が基礎付ける，戦争の真因についての教説は明らかに，この（アテナイの力の展開という）問いに関する（トゥキュディデス）自身の生涯にわたる熟考の成果であり，壮年期のトゥキュディデス（の思想的立場）の産物である。初期のトゥキュディデスは，依然として事実に過ぎないものへより多くの支えを求めていた。後になって彼の中の政治思想家がますます自由に展開し，全体をその内的な関連と必然性からより勇敢に把握するようになった。今日，我々の眼前にある形態に基づく作品の働きかけは，本質的に以下の事実に基づく。つまりこの（『戦史』という）作品は，唯一の政治的なテーゼを最大のスケールで表現したものであり，このテーゼは最初から（ペロポネソス戦争の）真因に関する教説の中ですでに明瞭に表現されていた。

「真の歴史家」というものは，長い間，準備されてきたより高い必然性という関連の中でトゥキュディデス的な意味での真因を並外れて明晰に把握すべきだと最初から要求するならば，それは非歴史的な「論拠請求 petitio

政治的な思想家としてのトゥキュディデス 681

principii」[19]であろう。レオポルド・フォン・ランケの『プロイセン史』が、きわめて奇妙な類比を提供している。彼は同書の 1870 年以後の第二改訂版において、プロイセン国家の展開の歴史的な意義を全く新たな目で眺めた。ランケは当時初めて、遠方を眺める普遍的な思想を把握したと語り、この思想ゆえに彼は第二改訂版の序の中で、あらゆる形で共同研究者に詫びなければならない、と考える[20]。というのも、ここでは事実の確定のみならず、歴史の政治的な解釈が問題となっているからである。こうした新しい普遍的な思想は、特にプロイセン国家の生成に関する完全に更新され、本質的に拡張され、深められた叙述の中で、影響を及ぼしている。同様にトゥキュディデスもまさに戦争の（終わった）後、成立史を含んだ作品の冒頭を新たに執筆した。

アテナイにおける権力の展開の心理学的な基盤

歴史家（トゥキュディデス）はアテナイの力の中に戦争の真因を認識した後、この力という問題を内部からも把握しようと試みた。彼は戦争の前史に関する記述の中で、アテナイの力の外的な展開に関する補論を、スパルタにおいて感動的に記された会議の付録として与えているに過ぎない。この点に留意しなければならない。スパルタ人はこの会議に際して、（ペロポネソス同盟の）同盟国による強固で情熱的な圧力を受けた後、戦争を行う決断を下す。なるほど宣戦布告に関してはペロポネソス同盟による、より後で行われた公式会議がまずは問題となっている。しかしトゥキュディデスは、以下の最初の非公式な交渉が優れて

---

19) （訳注）証明の根拠となる論点を事前に先取すること。
20) （訳注）Ranke, Leopold von: Preussische Geschichte, hrsg.v. Willy Andreas, Wiesbaden 1975, S.50f..

重要であることを正当にも認識し，それを本来の決定と見なした。この交渉には，アテナイに不満を抱く幾つかの同盟国が出席していたに過ぎないのであるが。そして彼の作品の他のいかなる箇所でも一挙に提供されていないような四つの弁論によって，前述の交渉の意義を外部に対しても強調した[21]。トゥキュディデスによれば，スパルタ人が戦争を決断する際に決定的な影響を与えたのは（ペロポネソス）同盟国の事情ではなく，ギリシアにおいてアテナイの覇権がより大きく成長することへの恐れであった。この同盟国の不満が，協議の中心内容を形成したのである。こうした背景は実際の交渉中，かなりありありと現れていた。しかしトゥキュディデスは，前面にあった国法上の問題を敢えて意図的に考慮せず，そこで開かれた（四つ）全ての講演の中から，コリントス人の最終弁論のみを取り上げた。コリントス人は，アテナイにとって最も悪意に満ちた敵である。というのもコリントスはギリシア第二の交易大国であり，それゆえおのずとアテナイの競争相手となったからである。コリントス人は，アテナイ人に激しい憎悪を抱いて接する。その結果トゥキュディデスはコリントス人に，決断能力のないスパルタ人を刺激するトリックを使わせる。これは，（スパルタ人を）アテナイの活動力および征服欲と対比的に性格付けることによるのである。アッティカ民族の性格についてのイメージが，眼前に彷彿として現れてくるかのようである。トゥキュディデスはペリクレスの戦没者追悼演説を自由に構成し，ここからコリントス人の演説のために少なからぬ特徴を抜き出した[22]。この（戦没者追悼）演説におけるトゥキュディデス自身以上

---

21) 『戦史』第 1 巻第 66-88 章。

22) 私はこの場でこうした特徴を個々の点にわたって詳細に示すことはできない。こうした特徴は，コリントス人の演説の成立年代にとって重要である。

に，かつてアテナイで祝賀演説を行ったいかなる者も，自らの父なる都市を称賛するために，アッティカ民族の性格に関するイメージをこれほど印象的に描いた者はいなかった。というのも，実際にスパルタでコリントス人が行った演説ではなく，根本的にトゥキュディデスの思考上の産物が問題であることを真剣に疑うことは，不可能だからである。このように敵前にあって敵を褒め称えることは，修辞学の意味においても作家としての最高の業績[23]である。そしてこれは，トゥキュディデスの直接的で煽動的な目的のみならず，歴史家に要求されるより高い目的を叶えるものとなっている。このより高い目的とは，アテナイにおける権力の展開の心理学的な基盤に関する，唯一無二の分析のことである。スパルタ人の鈍重で無感覚，古風で実直，狭隘で粘り強い気質という対照的な背景から，アテナイ人の気質に関する叙述が際立つ。このアテナイ人の気質に関する叙述の中には，コリントス人の妬み，憎しみ，驚嘆が混じり合っているのだが。アテナイ人の気質とは，活動へ向けた不眠不休の衝動，敢行と同じく計画を練る際の高い活力，いかなる状況にも善処し，失敗によって弛緩することなく，偉大な行動へと鼓舞され，柔軟で融通が利くことである。こうしてアテナイ民族の力は，万物を新しく形成しながら，ますます周囲へと広がってゆく。ここで言明されるのは，アテナイの道徳的な承認では断じてない。アテナイの成功を最近の50年間の中で説明する，魂のダイナミズムが記述されるに過ぎない。

戦争の内的な必然の洞察による客観性の獲得

さてトゥキュディデスはアテナイの力に関する上述の心理学的な説明に勇敢な再構成を施すことによって，第二の

---

23) プラトン『メネクセノス』235D を参照。

類似した考察を対置する。スパルタ人が宣戦をめぐって協議している最中，トゥキュディデスはアテナイ人の派遣団に演説を開かせる。情景はもちろん外交上の会議から，アテナイ人の意見を聞くため特別に召集された民会へと変化する。演説を行う外的な動機付けは読者にとってかなり不明瞭であり，ひょっとして不明瞭となるように意図されているのかもしれない。弁論とそれに対する反論は，まさに舞台上ではなく公衆に語りかけられ，その作用は見事に全体へと統合される。アテナイ人（トゥキュディデス）は，アテナイの力の展開をその端緒から現在に至るまで歴史的に分析しようとするが，この歴史的な分析を心理学的な分析へ付け加える。しかしこの歴史的な分析は，すぐ後の補論の中で述べられるような，アテナイによる侵略の外的な歩みを単に列挙するものではない。この歴史的な分析は，アテナイを非常に首尾一貫して自らの力の発展へと強いた動機を，内的に展開した像に他ならない。こうしてトゥキュディデスは，同一の問題に関する三つの異なった見方を並置する。これら三つの見方は，同じ目的に通じるのだが。アテナイ人（ペリクレス）はアテナイの力が歴史的に必然的に展開をすることに関して演説を行うが，この演説はトゥキュディデスにとって偉大な流儀を正当化する。トゥキュディデス自身の精神のみが，この流儀を把握できた。ペリクレスの演説はトゥキュディデス自身の思想であり，彼はこの思想をアテナイの崩壊後，政治的な経験の苦しい高みにあって初めて定式化できた。トゥキュディデスはすでに戦争が勃発する以前，彼自身の思想を早過ぎる認識として，匿名のアテナイの弁論家に予言者のように語らせている[24]。トゥキュディデスによればアテナイの力の根源は，ギリシア民族の国家的な生存と自由に対して果たし

---

24)（訳注）『戦史』第1巻第70-71章。

た決して曇ることのない歴史的な功績，つまりマラトンとサラミスの戦いの勝利に決定的に貢献した点にある。その後アテナイは，同盟国の意志によって覇権を握った。スパルタは今や伝統的な指導者の立場から排除され，アテナイが覇権を握ったことによって嫉妬を掻き立てられるのではないか？　アテナイはその後，こうしたことを恐れた。アテナイはこのような恐れから，一たび獲得した力をますます強化し，中央集権的な指導をより厳格にすることによって，同盟国の離反から身を守らねばならなかった。この指導は元来，自由な同盟国を，徐々にアテナイの臣下へと押し下げた。アテナイは恐れという動機のみならず，名誉心とエゴイズムによって支配されるに至った。

　これこそアテナイの権力の展開が，人間本性の不変の法則に従って歩まざるを得なかった過程であった。スパルタ人は，今や（アテナイの）優勢と恣意に対して正義を行うと信じる。たとえ彼らがアテナイを滅ぼし，その支配の後継者の地位に就くことにさえ成功するとしても，ギリシアにおける同情の（対象の）激変は，権力は担い手を変えるに過ぎず，政治的な現象形態，方法や影響を変えるわけではないことを，スパルタ人に間もなく示すことになろう。世論にとってアテナイは戦争が始まった日から僭主政の具現であり，スパルタは自由の牙城であった。トゥキュディデスは，これを事の成り行きから全く自然と見なす。しかし彼は，歴史が両国家に割り当てた（僭主と解放者という）役割の中に，永続的な道徳的性格を認識しているわけではない。むしろ観衆が驚くことに，両国家の力関係が他日，変化するのであれば，役割が入れ替わるのを認識する。ここではっきりと語られるのは，ギリシアがアテナイの没落後，（かつての解放者）スパルタの専制的な支配下に被ら

ざるを得なかった大きな経験である[25]。

　もちろん同時代人は，あらゆる権力に政治的な合法則性が内在するという考えから，一般に遠く離れていた。これをトゥキュディデスの継承者であるクセノポンが，証明している。クセノポンによる素朴で正統主義的な信仰にとって，アテナイの覇権と同様，後のスパルタの覇権の没落は，人間の傲慢さに対する神の裁きを意味する。こうした（クセノポンとトゥキュディデスとの）比較から初めて，トゥキュディデスの精神的な業績を真剣に価値評価すべきことがわかる。トゥキュディデスは，出来事が内的な必然性から戦争を招来したことを洞察して初めて，自らが目標とした完全に高い客観性へ達する。これはアテナイに関する判断と同様，スパルタに関する判断にも妥当する。その理由は次のとおりである。トゥキュディデスの目にあって，アテナイは必然的に権力を握るに至った。これと同様，我々は他方で歴史家による，アテナイの権力への恐怖がスパルタに戦争を「強いた」という言葉を，その言葉の重い含蓄によって対抗する（アテナイという）力の強調と見なさなければならない[26]。ここで表現がたまたま不鮮明であることについては，トゥキュディデスの（作品の）他の任意の箇所と同様，取り立てて話題とするに及ばない。彼は，怠惰な平和という長年にわたる休憩の後で再び起きた戦争を描写する際にも，「敵は，敵意が潜在する時代の後で，再び公に開戦を"強いられた"」[27]という同じ言葉を使用する。このことに，まだ注意が払われていない。トゥキュディデスはこれについて，いわゆる第二の序言の中で

---

25)　同上第77章6を参照。この箇所は戦争の終結後に限って書くことができ，そのパウサニアスへの参照によって明らかにリュサンドロスの権力政治を比較の対象として意識している。

26)　同上第1巻第23章6。第5巻第25章3を参照。

27)　（訳注）同上第5巻第25章3。

言明している。彼は，戦争が終わった後に記したこの序言の中で，(ペルシア戦争とペロポネソス戦争という) 両方の戦争はただ一つの大戦争として考察すべきであるという，彼の画期的な考えについて説明している[28]。こうした考えと，彼が原因譚で伝える戦争の不可避的な必然性についての見解は，偉大な統一をなす。両者は，トゥキュディデスが政治に関して到達した見解の最終段階に属している。

戦争の中心にある権力という問題

我々は (ペルシア戦争，ペロポネソス戦争という両) 戦争の連続性を問うことによって，すでに原因から戦争それ自体へと移った。トゥキュディデスによる戦争の描写は，事実的なものが政治的な理念内容と同様，集中的に描写の中へ入り込むことを示している。ギリシア悲劇は合唱団によって，より後の時代の劇から区別される。合唱団の魂の運動は出来事を絶え間なく反省し，出来事の意義を意識化する。このようなギリシア悲劇と同様，トゥキュディデスによる歴史の語りは，後世の後継者による政治史から区別される。この区別は，(トゥキュディデスが) 題材を思想的に浄化し，処理することによる。しかしこの浄化や処理は，緩慢な理性的判断の産物ではない。大抵は演説によって精神的な出来事へと転移され，考えながら読む読者の目に見えるものとされる。一連の演説は教訓の汲めども尽きぬ源泉であるが，我々はここで，この教訓が政治的に豊かな思考を含んでいるというイメージの描写の試みすらできない。この政治的な思考は，ある時は明晰な文章という形式の中に，ある時は演繹または鋭い区別の中に与えられている。好まれた手段は，同じ問いについて二つ，あるいはより多くの弁論を対置すること，ソフィストが考案

---

[28] (訳注) 同上第5巻第26章。

したいわゆる「反対弁論 Antilogie」[29)]である。ここでトゥキュディデスは戦争の決断をめぐる争いに際して、平和を望み戦争を阻止する潮流と戦争を掻き立てる潮流というスパルタ政治の二つの潮流を、前者についてはアルキダモス王、後者については監督官(エフォロイ)のステネライダスの演説の中で語らせる。両者は、ニキアスとアルキビアデスの演説の場合と似ている。この二人はアテナイにおけるシチリア（遠征）の企てを前にして、最高指揮権を共に持つべきであるが、戦争に対しては政治的に正反対の異なる態度を取る。トゥキュディデスはミュティレネの反乱を記述する際、アテナイの民会でのクレオンとディオドトスとの間の舌戦の中で、アッティカの同盟国に対する政治の中の急進的な方向と穏健な方向に、それぞれの立場を論争させる。その中でトゥキュディデスは、同盟国の適切な取り扱いに関する問いが、まさに戦時に招いた途方もない困難への洞察を与えた機会に注目する。プラタイアイが不幸にも占領された後、スパルタの執行委員会は面目を保つため、世間に対し一芝居(ひと)打って公判を開く。その執行委員会の前でのプラタイアイ人とテーバイ人の弁論の中で、原告の仲間が同時に裁判官である場において、戦争と正義が折り合わないことが示される。

トゥキュディデスの作品は、政治的なイデオロギーと現実との関係に、および政治的なスローガンに関する問いに豊かに寄与している。自由と正義の代表としてのスパルタ人は、彼らの信条に相応しく時折、道徳的な偽善へ強いられる一方、美辞麗句のスローガンは一般的に彼らの関心とよく重なる。それゆえ彼らは、どこで一方の信条が終わり他方の信条が始まるのか、意識している必要はない。アテ

---

29) （訳注）議論の釣り合いを示すため、あるテーゼを証明するための議論を、それに矛盾する諸議論へ対置すること。

ナイ人の立場は、はるかに困難であった。彼らが国民的な名誉に訴えるよう強いられるのは、そのためである。国民的な名誉は野蛮に働き得る。しかし「解放者」の道徳的な隠語よりも、しばしば共感を呼ぶ。この解放者の中で内的な確信と魅力という点での最たる代表者は、ブラシダスであった。

　大国間の戦争にあって弱小国がいかに中立を保つかという問題は、様々な側面、つまり現実政治のみならず正義という観点から、メロスとカマリナにおいて開かれる演説の中で描かれる。関心の対立によって二つに分裂した個々の国家による国民的な統一という問題は、外部からの共通の危険という圧力下で、シチリア人を例に明らかにされる。彼らは外敵への恐怖と最大のシチリア国家による覇権への憎しみとの間で決断できず動揺し、そもそも（アテナイとスパルタという）両国の絶滅を望む。相互理解による平和、あるいは勝利による平和という問題が、ピュロスでのスパルタ人の敗北を例に検討される。この敗北は突然スパルタ人に平和の準備をさせ、他方、久しく厭戦気分に陥っていたアテナイ人は、今やあらゆる相互理解の申し出をすぐさま拒否する。戦争における心理的な問題は、それが軍事的な性質を持つ限りで、将軍の演説の中で取り扱われる。政治的な問題は、偉大な指導者による幾つかの演説の中で取り扱われる。例えばペリクレスは、アテナイ人の厭戦気分とペシミズムについて論じている[30]。それに加えて、あらゆる規律を絶滅し予測を越えた被害をもたらしたペストのような天災が、政治に途方もない影響を及ぼした様子が描かれる。トゥキュディデスは、余りにも長期にわたる戦争や、党派間の抑制の効かない戦いによる、社会の道徳的な崩壊とあらゆる社会的な価値の転換を詳しく報告する。そ

---

30)　（訳注）同上第 2 巻第 60-64 章。

してケルキュラでの残酷な革命がペストの描写と明らかに並行して，上述の報告を行うための切っ掛けとされる。まさにこうしたペストとの並行関係は，トゥキュディデスによるこうした（政治的な）事柄に対する態度を如実に示している。つまり彼の態度は，決して道徳化を目指すわけではない。まさに戦争の原因を問う点において，医術上の目利きによる診断学の態度である。トゥキュディデスにとって政治的な道徳の崩壊（に関する考察）は，戦争の病理学への寄与を意味する。戦争が孕んでいる政治的な問題の全範囲をトゥキュディデスが通覧していることを示すためには，一時的な展望だけで十分であろう。彼がこれらの問いを検討する機会は慎重に選ばれ，常に出来事それ自体に規定されているわけでは毛頭ない。同種の出来事が，全く異なった仕方で取り扱われる。すなわちある時は，戦争の血なまぐさい犠牲者と恐怖が意識的に前面へと据えられる。またある時は，はるかに凄惨な事柄が冷静に列挙されるだけで無視される。というのも戦争のこうした面は，僅かな例を示すだけで十分であったからである。

戦争の勃発に関する教説においても本来の戦争の描写においても，権力の問題が中心にある。これと同様，取り上げられた個別的な問いの大半も，この権力の問題と関連している。トゥキュディデスは権力の問題を，権力を取り扱い慣れた巨匠という観点からのみ考察するわけではない。これは，彼のような深い眼差しを備える政治思想家にとっては自明のことである。トゥキュディデスは，権力の追求に没頭しているわけではない人間に対しても，その全生活の中へ権力の問題をはっきりと組み込む。まさにアテナイ人こそ，権力という観点を最も明らかに，最も仮借なく告白する。彼らは自らの帝国内の正義を最高の規範として承認し，オリエント的な意味でのいかなる専制政治をも知らず，近代的な法治国家であることに誇りを抱く。このこと

は特徴的である。それどころかこうした特徴は，アテナイ人がスパルタ人を前にして外政という観点からアッティカの帝国主義を弁護する演説の中で言明される[31]。トゥキュディデスは，国内での党派争いが万人の万人に対する戦いへと堕落することを，政治的に深刻な病と見なす。しかしそれは，国家の国家に対する関係についてとは異なっている。なぜなら国家間の関係では契約が存在するにもかかわらず，結局のところ決断に際しては正義ではなく力がものを言うからである。敵がある程度，成長していれば，戦争と呼ばれる。しかし一方の人が不釣り合いに強ければ，暴力と呼ばれる。制海権を握るアテナイは中立を保つ小島メロスに対して暴力沙汰を働くが，トゥキュディデスは上述のことをこの事件において明らかにしている。これはそれ自体，取るに足らない出来事であるが，ギリシア人の世論を一世紀後に至るまで沸騰させ，（彼らに）反アテナイの態度を取らせた[32]。他方この事件は，戦争それ自体に際しアテナイに対して元来すでに非常に少なかった同情を，無へと引き下げた[33]。

力と正義の戦い，権力とノモスの分離

メロスの事件は，いかにしてトゥキュディデスが出来事の実際上の意義とは無関係に普遍的な問題をこの事件の中に把握し，政治的な精神に基づく傑作を創作したか，という古典的な例である。彼は自らの作品のその他の箇所では登場することのない，ソフィスト的な討論による対話形式に訴える。このソフィスト的な討論の中で敵同士は，議論を議論によって受け流すという，問いと答えの精神的な格

---

31)　（訳注）同上第1巻第77章1。
32)　（訳注）イソクラテス「民族祭典演説」100, 110,「パンアテーナイア祭演説」63, 89を参照。
33)　『戦史』第5巻第85-115章。

闘技という点で互角である。それは力と正義の気まずい抗争を，その逃れ難い必然性を通して永遠化するためなのである。トゥキュディデスは，メロスの市役所の壁の背後で行われたという上述の会談を，二つの和解し難い信条の抗争という意味において素晴らしく自由に拵えた。このことを誰一人として疑わないであろう。勇敢なメロス人は，彼らが正義に頼ることが許されないのをすぐさま認識する。というのも，アテナイ人は自らの政治に都合のよい点のみを規範として認めるからである[34]。メロス人はアテナイ人に対して，アテナイ人が自らの優る力を行使する際，幾つかの節度を守ることは，アテナイにとっても有利であることを明らかにしようとする。なぜなら将来，非常に大きな権力でさえ人間的な公正への要求に依拠せざるを得ない日が来るかもしれないからである[35]。しかしアテナイ人は，それによって躊躇することはない。彼らは，あの小さな（メロス）島の侵略は，彼らの関心が命令するところであると宣言する。メロス人が粘り強く主張するようにこの島の中立が守られるならば，世間はそれをアテナイの弱さの徴と見なすはずだ，と言う[36]。アテナイ人は，この小さな島を絶滅することに関心はないと言う。彼らはメロス人に対して，メロス人が場違いにも英雄の役割を演じていることを警告する。騎士的な倫理は，近代的な大国の権力理性に対して正当性を失った（とアテナイ人は言う）。アテナイ人は，神とスパルタ人への盲目的な信頼に警告を発する。神はその都度より強い側にあり，自然はそれを随所で示す。スパルタ人も人間が「恥ずべき」と名付けるものを，彼らの関心に合致する場においてのみ避ける[37]。

---

34) （訳注）同上第89章。
35) （訳注）同上第90章。
36) （訳注）同上第97章。
37) （訳注）同上第105章。

強者の正義は自然の法律に基礎付けられる。神性という概念は正義の保護者から，この世界のあらゆる暴力と優位の原像に変化する。このことは，アテナイの力の観点に基づく自然を重視する立場を原理的なもの，世界観的なものへと深める。こうしてアテナイ人は，宗教と道徳との闘争を取り除こうとする。他方，彼らにとっての弱い敵（メロス人）は，宗教と道徳の助けを借りて勝利を収めることを望む。トゥキュディデスは当該の箇所でアテナイの権力政治を，その最も極端な帰結を以て，そしてこの権力政治が（アテナイ人に）意識されている高みで示す。彼がこの争いに決着をつけようとせず，またできもしないことは，すでに彼が選んだ形式の本質にある。というのも（メロス人との対話が模倣しているような）ソフィスト的な討論の強みは，まさにある問題の両面性を弁証法によって意識化する点にあり，その問題を解決する点にあるわけではないからである。しかしトゥキュディデスがここで変装した異端審問官として登場しようと望んだことは，特に彼によるその他の，あらゆる態度に鑑みてもあり得ない。もちろんトゥキュディデス本来の斬新さは，純粋な権力理性を赤裸々に描写した点にある。この権力理性は，それ以前の古いギリシアの思想家にとっては全く疎遠であり，トゥキュディデスの時代にようやく政治的な経験となった。彼はこの政治的な経験を，強者による一種の自然法や自然法則として見なされた道徳である「ノモスによる正義 νόμῳ δίκαιον」に対置する。するとこれは，権力の原理が全く異なった種類の合法性の領域として，伝統的なノモスから切り離されたことを意味する。その際，権力の原理はノモスを止揚することも，それに従うこともない。我々はトゥキュディデスの時代に政治思想家が国家概念に関してこうした問題を発見したことを，プラトン哲学の観点から考察することは許されない。いわんやトゥキュディデスが国家

による権力の追求を「善のイデア」という基準に基づいて測ったに違いない，と要求することも許されない。メロス人との対話と同様，作品が理念的にも最高の影響を及ぼすという点において，トゥキュディデスはまさにソフィストの弟子である。しかし彼は，ソフィストによる理論的な二律背反を歴史的な現実の描写へ適用することによって，こうした現実像を非常に矛盾に満ちた，緊張感溢れるものとした。その結果，この現実像はプラトンのような人のアポリアを，すでに孕んでいるように見える。

シチリア遠征という政治的な誤り

　我々はここで，アテナイの権力政治が（ペロポネソス）戦争中，実際にどのように展開したか，という点に注目することにしよう。この展開を個々の変動に定位して辿っても，無意味である。我々は展開の頂点，つまり前415年のシチリア遠征という決定的な時点を取り上げよう。この時点はトゥキュディデスの描写術の，異論の余地ない頂点であるのみならず，政治的な理解の分岐点でもある。トゥキュディデスは，(『戦史』）第1巻からシチリア作戦（の描写）を準備していた。すでに戦争が勃発する以前，ケルキュラの強力な海軍力がアテナイへ加わることが，政治的な観点からアテナイ人に対して勧められている。それは，ケルキュラを（味方として）持つ人は誰であれ，シチリアへの海路を支配する[38]という指示による。船を僅かしか所有しないアテナイ人がシチリアへの第一回目の介入を行うことは，無意味であるように見える。しかしトゥキュディデスは，すでにこの第一回目の介入（前424年—原注）直後の，ゲラで開かれた会議においてシラクサの大政治家ヘルモクラテスに対して，シチリア諸都市をシラク

---

38) 同上第1巻第36章2。

サの指導下に統一することを試みさせる。なぜならシチリア諸都市は，将来アテナイから攻撃を受けるかもしれないからである。ヘルモクラテスが提案を行う理由は，後に彼がシチリア戦争に際してカマリナで申し立てることと同じである[39]。トゥキュディデスがこの前段階を，シチリア遠征を記した時，つまり（ペロポネソス）戦争の最後になってようやく作品へ付け加えたことは，疑いを容れない。彼によれば，ヘルモクラテスは先見の明があるシチリア唯一の国民的な政治家である。彼は危険が来るに違いないがゆえに，危険が遠くからやって来るのを見る。アテナイ人はそれどころか，自らのシチリアでの支配を拡張すること以外に何もできないであろう。シチリア（の一）国家それ自体がアテナイ人を介入させるべく呼び寄せるのであれば，何人もアテナイ人をそのことを理由に悪く取ることはできない。こうしたヘルモクラテスの計算は，アテナイの外部においても現実政治的な思考が学習されたことを示している。しかしシラクサ人が，アテナイ人をシチリアへの冒険に誘うものをどんなに正しく理解するにせよ，こうした（シチリア遠征という）目的がアテナイにとっても論じる価値があるものとなるためには，多くのことが付け加わらなければならなかった。

この目的が実際に現れ始めるのは，アテナイにとって期せずして有利に結ばれたニキアスの和約の後の年月である。アテナイがほとんど絶体絶命で休養を取らずにいた後，（アテナイの）民衆はセリヌスと戦争を行っているシチリアのエゲスタによる，アテナイの介入を求める願いに屈する。アルキビアデスは，冷静で思慮深い平和政策家ニ

---

39) 同上第4巻第59章，第6巻第76章。ヘルモクラテスは，アテナイがシチリアの内紛を利用してシチリアを自らの支配下に置こうとしていることを警告する。

キアスのありとあらゆる警告に対して，シチリア全土の征服と全ギリシアの支配という気の遠くなるような計画を民会で披露する。そしてアテナイのような権力の拡張は「合理化」できず，権力を持つ人は誰であれ，いかなる停滞も身の破滅の危険を意味するので，ますます広がる（権力の）膨張によってのみ権力を保つことができる，と説明する[40]。これは，トゥキュディデスの全作品の中で最も劇的な瞬間である。我々はこの瞬間，戦争の勃発の際におけるアテナイの権力の止むことのない拡大，しかしまたアテナイ人の民族性や，その不眠不休の，何ものにもひるまない進取の気性について言われた全てのことを想起しなければならない[41]。なぜならこうした（アテナイ）部族の属性の全ては，アルキビアデスの中に天才的な仕方で具現しているからである。これを説明するのは，彼が私生活では尊大で領主のような立ち居振舞のために大衆から憎まれていたにもかかわらず，その心を奪うような影響を及ぼしたことである。トゥキュディデスはこうした事情の連鎖の中に，そして（ニキアス）のあり方がまさに憎しみと妬みを掻き立てた点の中に，アテナイ没落の主因の一つを見出す。ニキアスは，上述の（アルキビアデスの）企てから確実に国家の難局を打開できたであろう唯一の指導者であったのだが。なぜならアテナイにとってシチリア遠征開始の直後に，自らの精神的な創始者であり指導者である人物（アルキビアデス）が追放に処された後，彼が立案したシチリアに関する計画を首尾よい結末へともたらすことは無理であったからである。アテナイのこうした最大の権力の緊張は，艦隊，軍隊，将軍の没落によって国家の基礎を揺るがす。そこで読者はアテナイのこうした最大の権力の緊張

---

40) 同上第6巻第18章3。
41) （訳注）同上第1巻第70章。

を，たとえそれがまだ最終的な破局を決するわけでは全くないにせよ，運命的に迫る急展開として経験する。

　シチリア遠征の記述は悲劇と名付けられた。しかしこの記述が悲劇であるのは，後世のヘレニズム的な歴史記述の美学的な意味においてでは断じてない。ヘレニズム的な歴史記述は，詩情の働きに意識的な対抗心を抱いて悲劇の代わりに現れ，読者に同情と恐怖を掻き立てようとするのである。むしろトゥキュディデス自身が一度，大衆の楽天的な冒険心の「傲慢」について語った事実を指摘すべきであろう。その際，彼は明らかに，まさにシチリアへの冒険のようなものを眼前にしているのである[42]。しかしこうした場合においてもトゥキュディデスの関心を惹くのは，この冒険の道徳的あるいは宗教的な面よりも，むしろ政治的な問題である。シチリアの不幸の中に，例えばアテナイの権力政治への天罰を認めることは決して許されない。というのも，トゥキュディデスは権力それ自体が悪であるという見解から，可能な限り遠く隔たっているからである。彼の見方によれば，シチリア作戦はいかなる犯罪よりも重大な犯罪であり，政治的な過ちであり，より正しく言えば誤謬の連鎖であった。政治家トゥキュディデスは傲慢への傾向（つまり事柄によって基礎付けられていない欺瞞的な計画を立てること−原注）を，大衆の心理に何か一挙に与えられたものとして考察する。大衆の心理を適切に導くことが，指導の要諦に他ならない。彼は暗い歴史的な必然性をシチリア遠征の中に，ましてや全戦争の結末の中に認識するわけでもない。まさにここにおいて，絶対的に歴史的な判断が思い描ける。この判断は，必然性を見るのではなく誤った思考の働きあるいは単なる偶然によるほとんど慰めにもならない遊戯を見ることを，耐え難いと見なす。ヘーゲル

---

42)　同上第2巻第65章の9。

は，ある種の歴史に関する酒場政治談議における批判を，辛辣な言葉によって退けた[43]。この談義は後になってから，いかなる点で過ちが犯され，自分ならもちろんより良く過ちを避けられたであろうことを正確に知るのである。ヘーゲルは，例えば次のように言うかもしれない。つまりペロポネソス戦争の不幸な結末は，個々の間違いに原因があったのではなく，深い歴史的な必然であった，と。なぜならアルキビアデスの世代は，指導者のみならず大衆においても支配的であった渦巻く個人主義のために，もはや戦争にまつわる困難を内部に対しても外部に対しても克服できなかったからである。トゥキュディデスは（ヘーゲルとは）別の意見である。彼が実際に体現した政治家にとって，ペロポネソス戦争は彼の思想に据えられる特定の課題を意味する。この課題を解決する際，多くの宿命的な過ちが犯された。彼はこの過ちを，批判的な観客として高い観測所から鋭い洞察力によって発見する。トゥキュディデスにとっては，後になって立てた予測が存在する。この予測を断念することは，全ての政治を断念することになるであろう。この後になって立てた予測は，以下のことによって容易となる。つまり，この予測が自らの基準を単に知ったかぶりの感情ではなく，ペリクレスという偉大な大政治家から取ることによってである。ペリクレスこそトゥキュディデスの堅い確信によれば，アテナイが戦争を決断したことへの責任を取り，この戦争を戦勝を以て終結させることができたであろう，とされる。

---

43) （訳注）Hegel, Georg Wilhelm Friedrich: Wissenschaft der Logik, in: Werke, Bd.6, Frankfurt am Main 1969, S.283. 出典を探す際には，日本ヘーゲル学会のヘーゲル・テキストデータベースを使用させていただいた。同学会に感謝を申し上げる。SK01w092.txt を参照。

理想的な国家指導者としてのペリクレス

トゥキュディデスにとって戦争の終結がどの程度，政治的な指導に依存するか——戦争の終結に際しては，政治的な指導が軍事的な指導よりもはるかに重視されるのだが——を示すのは，(『戦史』) 第2巻のあの有名な箇所である。この箇所でトゥキュディデスはペリクレスに，戦争とペストのため勇気を失った大衆を元気付け，さらに頑張り抜くよう鼓舞する演説を開かせる。その後で出来事を先取りしながら，この偉大な指導者を後世のアテナイの全政治家に対置する[44]。ペリクレスは戦時，平時を問わず，先頭に立っていた間，国家を毅然と維持し，極端な急進派の間の狭い境界で穏健に国家を導いた。彼のみが，ペロポネソス同盟に対する戦争がアテナイに立てた課題とは何であったかを正しく把握した。ペリクレスの政治とは，艦隊を強化するいかなる大作戦にも巻き込まれず，戦争による領土の拡大を全く目指さず，何らかの不必要な危険によって国家に重荷を負わせないことであった。しかしトゥキュディデスが鋭く指摘するように，ペリクレスの後継者は上で触れた全てに関して（彼とは）正反対のことを実行した。彼らは個人的な名誉心から個人的な致富を目的として，戦争とは無関係の大プロジェクトを作り上げた[45]。この大プロジェクトは，成功すれば彼らに名誉をもたらし，失敗すれば戦争中の国家の抵抗力を弱めたであろう。ここでアルキビアデスのことを考えない人がいるであろうか。彼の敵で，思慮深く何ものにも惑わされることのないニキアスは，シチリア遠征に関する論戦でアルキビアデスのことを，まさに上で述べた（ペリクレスの後継者の）ように

---

44) 『戦史』第2巻第65章。
45) （訳注）同上第65章の7。

性格付けたのである[46]。しかしまさしくこの戦争は,(トゥキュディデスによればニキアスのように)正しい洞察と誠実な性格を持つだけでは十分でないことを読者へ示すべきだったのである。そうでなければ,トゥキュディデスが非常に暖かい個人的な共感を込めて描いているニキアスは,生まれながらの指導者となっていたはずである。実際にアルキビアデスは民衆を危険な道へと誘惑し,我が身の利益を考えることなしには何も実行しないにもかかわらず,言葉の本来の意味における指導者の資質に関して,ニキアスよりもはるかに優れている。つまりアルキビアデスは,トゥキュディデスがより後の機会で言うとおり,民衆の「手綱を締める」能力を持つ男である[47]。この機会にトゥキュディデスはアルキビアデスの功績をさし迫る内戦の瞬間,最高度に称賛する。

ペリクレスの性格付けに関しても,まさに民衆へ影響力を保ち,「指導させるのではなく,自ら指導する」[48]彼の能力が強調される。彼は金銭の事柄についても同時に非の打ち所のない政治的な性格の持ち主であったが,これこそ彼の立場を,アルキビアデスや他の全ての者の立場よりも優位にした。というのも,こうしたことこそ彼に,民衆の口先に合わせるのではなく,民衆に真理を語る権威を与えたからである。ペリクレスは,常に手綱を掌中に握っていた。大衆が羽目を外そうとした場合,彼は大衆を脅かし,恥じ入らせることができた。大衆が意気消沈していれば,彼らを励ますことができた。その結果アテナイはペリクレ

---

46) (訳注)同上第6巻第12-13章。
47) 同上第8巻第86章5。この「κατέχειν δῆμον 群衆を統御できる」という言葉は,国内政策上の文脈において,指導者に関する古いソロン的な考えを意味している。ソロン「断片」24の22と25の6を参照。
48) 『戦史』第2巻第65章8。

スの指導下，国家において「名称のみに従えば民主主義であるが，実際には第一の男による支配」[49]，優れた政治的な有能さを備える君主政であった。アテナイはペリクレスの死後，こうした指導者を再び持つことがなかった。なるほど誰もが，彼のような第一人者たることを嬉々として望んだ。しかし誰一人として，大衆の情熱に屈従し彼らに媚びることなしに，たとえ過渡的であるにせよ，ペリクレスに比肩する影響を及ぼすことはできなかった。民主主義的な国家形態にもかかわらず，民衆および民衆の本能による影響を排除し，民衆を国王のように操縦できた男は存在せず，トゥキュディデスによれば，そのためにシチリア戦争は失敗した。ペリクレスはシチリア戦争を，彼の防御主義的な戦争政策と直ちに相容れないというので，決して企てなかったであろうことを思い切って度外視するにせよ。というのも，国内での党派的な欲求により天才的な指導者の失墜を招くことがなければ，アテナイの力はそれ自体，おそらくシラクサ人の力を打ち破るのに十分だったからである——この点でアルキビアデスの評価は誤っていなかった。なぜならアテナイはシチリア戦争での敗北後10年間にわたって持ちこたえた末，ついに絶え間ない内戦によってきわめて弱体化し，もはや抵抗が不可能となったからである[50]。それどころかペリクレスの指導下にあれば，アテナイは——これこそ文字通り歴史家の上述の考察の核心であるが——戦争に容易に勝利を収めていたであろう[51]。

　トゥキュディデスはここで後世の政治家との比較によって，ペリクレスの像をくっきりと明らかにしている。このペリクレスの像は，いかなる驚嘆をも絶した男の肖像

---

49)　（訳注）同上 9。
50)　（訳注）同上 12。
51)　（訳注）同上 13。

である。(彼との) 比較の対象となる全ての人は同一の課題，つまり自らの生存をめぐる非常に困難な闘いの最中でいかに国家を指導するか，という課題によって測られるが，この課題を解決する力を持っているのはペリクレスだけである。少なくとも喜劇は戯画によって，ペリクレスの周辺的で人間らしい個性的な像を描いた。しかしトゥキュディデスは，こうした描き方からはるかに遠く隔たっている。トゥキュディデスの描くペリクレスは，厳密に政治家の本質に属する特徴のみを備えた，指導者および真の大政治家の模範的な姿である。このことは，特に (ペロポネソス) 戦争の最終局面から明らかになる。するとトゥキュディデスの作品でペリクレスが最後に登場した後に下されるペリクレスという人物全体についての評価は，歴史家 (トゥキュディデス) 自身が (ペリクレスと) 似た仕方で，(ペリクレスと同じ) 自らの見解に達したことを示すのに十分である。トゥキュディデスの描くペリクレスは，そこから偉大なものを考察すべきである距離に基づいて見られている。トゥキュディデスがペリクレスに帰す戦争政策のプログラムが，全ての点にわたってすでにペリクレス自身によってそのように定式化されていたのか，それとも例えば戦争の間，領土の拡張を控えることが，トゥキュディデスが後世に行われた正反対の政治を顧慮して，ペリクレスの事実上の態度に対応して特徴付けた定式化なのか否か，決めることは難しい。しかしペリクレスの政治的な英知に対するほとんど唯一無二の性格付けは，彼の後継者とは対照的に，彼が行わなかったことによって，(ペロポネソス) 戦争の最後におけるトゥキュディデスの回顧的な観点に基づいて，初めてできたことである。これは全く見え透いているように思われる。このような否定的な性格付けは，彼がいかなる金をも受け取らずいかなる利益をも得なかったという，その他の注目すべき称賛についても当て

はまる[52]。なるほどトゥキュディデスは彼の描くペリクレスに，すでに戦争の勃発に際して行った弁論の中で，次のような公理を語らせる。「支配圏の拡大を望むべきではない！　危険を増すような道を選ぶべきではない！」[53] まさにこの箇所において，トゥキュディデスはペリクレスに戦争の終結を以下のような言葉で説明させる。「私は敵の攻撃よりも，我々自身の過ちを恐れる。」[54] この言葉には，すでに戦争の結末を振り返る，より後のトゥキュディデスの声がはっきりと響き渡っているのではないのか。ペリクレスは，より確実に外政の方向を基礎付けようとする。この観点は彼が内政上の立場から，アルキビアデスの立場が不確実であるのを確信していることによる。アルキビアデスの権威は，彼が自己とアテナイが外政上の大きな成功へ向けて歩むことを考えた決定的な瞬間，無力を曝け出した。トゥキュディデスは，そもそも内政を外政から主に考察する。このことは，古いソロンの意味において戦争を成功裡に遂行するため，内政上の指導者のあり方が途方もない重要性を持つことを，まさに彼に認識させた。

民主主義国家における指導者の重要性

我々はその最終的な性格付けから，真の大政治家としてのペリクレス像へと接近した。ペリクレスの弁論も，こうしたペリクレス像に似つかわしい。彼は最初の弁論で，戦争政治のプログラムを披露する。他方，彼の最後の弁論は，非常に困難な状況においてすら民衆の手綱を握る指導者を示す[55]。まとめとなる最終的な（ペリクレス）像とこの二つの弁論とが密接に関連していることは，ペリクレス

---

52)　（訳注）同上 7。
53)　（訳注）同上第 1 巻第 144 章 1。
54)　（訳注）同上第 144 章 2。
55)　同上第 2 巻第 60-64 章。

像の全体そして弁論も，後のトゥキュディデスによる統一的な創作であることを容易に推測させる。それはちょうど，このペリクレス像が第三の最大の弁論，つまり（ペロポネソス）戦争の初年に戦死したアテナイ人への追悼演説のため全体として付け加えられるのと同様である[56]。

この追悼演説は歴史家による自由な創作で，トゥキュディデスによる他の弁論の一つ以上のものである。この弁論は（戦死したアテナイ人への）弔辞として，古い名声に包まれたアテナイへ向けて新解釈を施すものであった。こうした新解釈は，まさに死が彼方へ沈んだものという理念を純粋な現象へもたらす力を持つ限りにおいて正しい。戦死した戦士へ捧げられたアテナイでの伝統的な弔辞においては，彼らに勇敢で輝かしいイメージを与えることが慣わしであった。トゥキュディデスはこれを退けて，アテナイ国家の全体的な理想像を描き出した。彼はペリクレス以外のいかなる人によっても，この理想像を語らせることができなかった。というのも，この無二の大政治家のみが，アテナイ国家の独創性が自らの精神の告知者に要求した高尚さを備えていたからである。政治はトゥキュディデスの時代に野心家や巨匠の領域になろうとしており，それは力と成功の追求へと誘う。しかし彼にとっては，ペリクレスが人間と国家の理想を自らの中に宿した点に他ならぬペリクレスの偉大さがあった。ペリクレスの戦いの目的は，この理想を実現することであった。この偉大さは彼をクレオンのみならず，アルキビアデスをも超えて高める。トゥキュディデスは自らの名人としてのあり方に相応しく，祝賀演説のいかなる陳腐さからも解放された。そしてペリクレスによる権力政治のエネルギーが圧倒的に冷静であること，同時に彼の精神と生における人間としての内実が筆舌に尽

---

56) 同上第35-46章。

くし難く充実していることによって，近代的なポリス国家の事実上の像を統一的に形成するという困難な課題を解決した。これをいかに再現しようとしても，こうした（トゥキュディデスがペリクレスを描いた）名人芸に及ぶことはない。

近代国家の展開を意識する者にとって，ここで複雑な仕組みからなる共同体の構造が目に見えるようにならなければならなかった。素朴な時代に創造され，現在の日に至るまで尊重された父祖による政治的な理想，つまりソロンの優れた法秩序(エウノミアー)とクレイステネスの全市民の政治的平等(イソノミアー)は，こうした複雑な仕組みに関してかつて予感したことがなかった。こうした本質形態を概念で把握するのに適したであろう言語は，以前にはどこにも存在しなかった。しかしトゥキュディデスの目は，国家の国家に対するダイナミックな関係を本性上，必然的な対立関係の戦いとして考察することに慣れており，このダイナミズムをアテナイの生の内的な構造に関しても同様に鋭い目で見ることができ，その構造の中で支配する隠れた原理を発見した。これはアテナイ国家の本質に関する彼の見解の中に，十分に示されている。この国家は彼にとって何か独創的なものであり，何らかの模範を模倣したものでもなく，むしろ他の人にとって模倣の価値があるものと見なされる。トゥキュディデスは，国家に関して考えられる最善の形式としての混合政体に関する後世の哲学的な理論[57]を，ここで先取りしている。彼にとってアテナイの「民主主義」は，ある人を正義の頂点として熱狂的に称賛し，他の人をその対極として弾劾する，あの外面的で機械的な平等の実現ではない。実際にはアテナイを支配した「第一の男」[58]としてのペリクレスの

---

57) （訳注）アリストテレス『政治学』第4巻11章を参照。
58) （訳注）『戦史』第2巻第65章9。

立場の定義が，すでにそれを示した。ここで述べられた，アテナイは彼の統治下「名称のみに従えば民主主義であった」という言葉は，弔辞，「第一の男」の口それ自体において，普遍化された形式へと変化する。アテナイにおいて各人は法の前で平等であるが，政治的な営みにおいては有能性に基づく貴族主義が支配している，という[59]。これは，もしも誰かが優れていれば，国家の第一人者として承認されるだろうという原理を自らの中に含んでいる。こうした見解は一方で，個人の政治活動が国家全体へ何らかの寄与を果たすことを認める。しかしこのような見解はトゥキュディデスの作品において，民衆それ自身は非常に巨大で操縦が難しい帝国を支配することはできない，という事実を正当に評価してもいる[60]。クレオンのような並外れて急進的な煽動政治家も，この事実を認めた。まさに「自由と平等」の国家，つまり大衆の国家の中で，優れた個々人と政治的な共同体との関係は喫緊の問題となる。トゥキュディデスにとってこの問題は，ペリクレスとアテナイの関係として幸せに解決されている。

歴史が教えたのは，次のことである。すなわち，こうした解決が天才的な指導者の存在にかかっていたこと——それは他の国家形態と同様，民主主義においても何か稀な出来事に留まるのだが——，民主主義も指導者の不在状態という危険に対していかなる確固たる保証も提供しないことである。他方アテナイの国家形態はペリクレスのような指導者に，個々の市民の主導権を解放し，起動的な政治力として動かすあらゆる可能性を提供した。ペリクレスはこの個々の市民の主導権を，非常に誇り高いものと見なしたのであるが。続く世紀の僭主政は，こうした課題を解決する

---

59) （訳注）同上第 37 章 1。
60) （訳注）同上第 3 巻第 37 章。

ための新たな手段と方途を発見できなかったことによって挫折した。なぜならこの僭主政は，民主主義的な統治形態が存命中のペリクレスに提供を約束したものを，受け入れなかったからである。市民を現実に国家へ引き入れることは，シラクサのディオニュシオスの僭主政には失敗した。その結果ペリクレスが勧めるように個々人は，自らの生を私的な職業の領域と政治的な義務へ分割しなければならなくなった。この分割は，ある程度の能動的な関心と，国家生活に関する独自の見解が存在しなければ，なし得なかった。

アッティカ精神の正当化としてのパイデイア

ギリシア的な意味での国家とは，近代的な国制概念が特徴付けるものに留まらない。ポリスがこの国家を規定する限りにおいて，ポリスの全生活を特徴付ける。アテナイ国家のあり方は，全市民の日常の行為を規制するスパルタ的な規律という流儀に従って決められるわけではない。たとえそうであるとしても国家は普遍的な精神として，あらゆる人間的な生の遂行の深い点に至るまで影響を及ぼす。現代ギリシア語の Politeuma は未だに教養と似たものを意味するが，これは前述した古代における生の統一が後世に至るまで残った最終的な影響である。それゆえペリクレスの像は，アテナイ国家に関する経済・人倫・文化・教養として，私的かつ公的な生というあらゆる内容を含む。トゥキュディデスによる力強い国家思想は，こうして完全に具体的に把握して初めて，色彩と形態を受け取る。彼の国家思想は，ペリクレスが担った国家像に根付いている。こうした生きた内容がなければ，トゥキュディデスの国家思想は不完全であろう。歴史家が語る権力は，いかなる場においても精神を欠いた，機械的な貪欲に過ぎないわけではない。アッティカ精神の総合的な性格は，ペリクレスによる

文学的,芸術的,哲学的,人倫的な言明の全般にわたって強い影響を残した。そして彼が国家を創造する際,スパルタの駐屯地における厳格な共同体の構成とイオニアにおける個々人の経済的,精神的に自由な活動の原理を建設的かつ自覚的に架橋する。トゥキュディデスはもはや国家の新たな構造を,自らに安らう静的な構成物であるとか,古いギリシアの優れた法秩序(エウノミアー)に基づく法的な構築物とは見なさない。国家は経済,精神の担い手であるのと同様,政治的な構築物や統治形態としても,自然に生じる土着の対立関係を一種のヘラクレイトス的な調和へもたらす。国家は自らの存在を,その緊張とバランスの中で主張する。つまり自らの手による生産は全世界の産物を共に享受することに,労働は休養に,仕事は祝祭に,精神は性格(エートス)に,熟慮は行動力に,柔軟かつ弾力的に対立する。これらの対立関係はペリクレスの国家像において,理念的に考え抜かれた共働の中で現れる。

しかしペリクレスの国家像のこうした規範的な性格を,アテナイ人のためのみに所有すべきではない。偉大な指導者は彼らにこの国家像を,最高の言語の力によって魂の前へ突きつける。それは彼らアテナイ人を運命の瞬間に,戦いの目的である最高の価値という意識全体で満たし,自らの都市を炎のように「愛する存在」とするためなのである。トゥキュディデスは国家を外政的にも精神的にも,歴史という作用空間の中へ据える。彼は国家を自分自身の中のみならず周囲の世界と共に,恐るべき精神的な緊張の中にも見る。「まとめて言えば,私は私たちの都市を"ギリシアの教養の τῆς Ἑλλάδος παίδευσιν" 高い学校と名付ける。」[61] 偉大な歴史家に相応しくアテナイの精神的な覇権をこうして認識することによって,トゥキュディデスのダ

---

61) 同上第2巻第41章1。

イナミックな眼差しの前に初めて，アッティカの教養が歴史的に遠くまで影響を及ぼしたという問題と事実が現れる。ペリクレスの時代にまさに新しい高みと広がりを見せたギリシアの教養観は，最高の歴史的な生と内容に満たされた。この思想は，最も崇高な力の内容となる。こうした最も崇高な力は，その精神生活を通して民族および国家を誘い，獲得しながら外へ輝き，他の人をも自らの道へ引き入れる。アテナイがギリシアにおいて政治的な威信を保とうとした際，パイデイアという理念こそが遅ればせながら，最高の正当化であった。アッティカ精神はこの理念において，特にアテナイの外的な挫折の後で，超時代的に継続する慰めの意識という高みを獲得するのである。

解　説

　本書は、ヴェルナー・イェーガー『パイデイア　ギリシアにおける人間形成』（以下『パイデイア』と略）第Ⅰ・第Ⅱ部の、ドイツ語版を底本とした日本語への全訳である。『パイデイア』は全3部からなり、第Ⅰ・第Ⅱ部が第一分冊、第Ⅲ部の前半が第二分冊、第Ⅲ部の後半が第三分冊に当初、収録された。第Ⅲ部の日本語への全訳は、続刊として刊行される予定である。第Ⅰ・第Ⅱ部と第Ⅲ部は、成立背景および受容が大きく異なるので、それぞれ別個に解説を付す。

　翻訳の底本としては、以下の版を用いた。Jaeger, Werner: Paideia. Die Formung des griechischen Menschen. 2. ungekürzter photomechanischer Nachdruck in einem Band, Berlin/New York 1989.

　この版の刊行に至る『パイデイア』の書誌は、次のとおりである。同書のドイツ語の初版は第一分冊が1934年、第二分冊が1944年、第三分冊が1947年、英語の初版は第一分冊が1939年、第二分冊が1943年、第三分冊が1944年に刊行された。つまり第一分冊の初出はドイツ語版、第二・第三分冊の初出は英語版であり、これは著者のイェーガーが1936年、ドイツからアメリカ合衆国へ移住したことによる。英語版は、ドイツ語版からのギルバート・ハイエット（Gilbert Highet）を訳者とする翻訳で、

イェーガーの校閲を経ている[1]。ドイツ語版と英語版の内容は，同一ではない。すなわち英語版の第一分冊にはドイツ語版の第一分冊にはなかった多くの注が追加され，一部，改変が施され，全体として表現がドイツ語版と比べ，平易となっている。1973年，ドイツ語版の第一分冊から第三分冊までの合本が作られた。上の底本は，この合本の写真製版による復刻である。この復刻された合本は第一分冊の第五版，第二・第三分冊の第四版に当たる。第一分冊の第二版（1936年）においては初版と比べて細かい修正が施されており，その後の版において修正は施されていない。

今日に至るまで『パイデイア』第一分冊は，英語以外にもフランス語，イタリア語，スペイン語，ポルトガル語，ロシア語，ポーランド語，クロアチア語，ペルシア語という9つの言語へ翻訳されてきた[2]。日本においても『パイデイア』は，久しく教育学，西洋古典学などの分野における研究者の関心を惹いてきた。学術情報データベースのCiNii Articlesその他によれば，同書の第一分冊の解説的論述ないしは部分訳として石山脩平[3]，北岡宏章・中田裕

---

1) Jaeger, Werner: Paideia. The Ideals of Greek Culture, translated from the Second German Edition by Gilbert Highet, vol. I, Archaic Greece, The mind of Athens, New York 1939., vol. II, In search of the divine centre, New York 1943, vol. III, The conflict of cultural ideals in the age of Plato, New York 1944.

2) Werner Jaeger Paideiaを検索語とした，フランクフルト・ドイツ国立図書館のインターネット・カタログによる。

3) 石山脩平「イェーガーの希臘教育史観について（一）――希臘教育史の国家主義的新解釈」（『教育学研究』東京文理科大学教育学会，1937年，第6巻第7号）pp.20-34, 同上（二）（同上，第6巻第8号）pp.24-43, 同上（三）（同上，第6巻第11号）pp.15-32, 同上（四・完）（同上，第6巻第12号）pp.1-13. 以上は第一分冊全体の解説，序文・序論から「哲学的な思考と世界の秩序(コスモス)の発見」までの解説的論述。

一[4]，武田安史[5]，村島義彦[6]，畑潤[7]によるものが存在する。拙訳の際には，これら過去の解説的論述，部分訳，ハイエットの英訳を参考にさせていただいた（出典に関する訳

---

4) W・イェーガー「パイデイア——ギリシア的人間の形成」(1)（北岡宏章・中田裕一訳『大阪府立工業高等専門学校研究紀要』27号，1993年）pp.97-105, http://repository.osakafu-u.ac.jp/dspace/bitstream/10466/13417/1/2013700441.pdf，同上 (2)（同上28号，1994年）pp.81-89, http://repository.osakafu-u.ac.jp/dspace/bitstream/10466/13437/1/2013700460.pdf. 以上は序文・序論および「貴族とアレテー」の翻訳。

5) W・イェーガー『パイデイア』(1933)（武田安史訳，東京教育大学外国教育史研究室『西洋教育史研究：東京教育大学外国教育史研究室年報』26号，1997年，pp.87-98）。「教養史上の現象としてのソフィスト」の翻訳。

6) W・イェーガー「パイデイア——ギリシア的人間の形成」(2)（村島義彦訳，『国際教育研究所紀要』6号，1997年）pp.49-87，同上 (3)（同上7号，1998年）pp.51-98，同上 (4)（同上8号，1999年）pp.25-49。以上は「貴族とアレテー」から「ヘシオドスと農民階級」までの翻訳。ハイエットの英訳の助けを借りて翻訳との注記あり。G・ハイエット「パイデイア(その2) ギリシア文化を彩る理想の数々」（村島義彦訳『立命館文学』626号，2012年）pp.1320-36, http://r-cube.ritsumei.ac.jp/bitstream/10367/4804/1/L626_highet.pdf，同上(その3)（同上627号，2012年）pp.46-64, http://r-cube.ritsumei.ac.jp/bitstream/10367/4567/1/L627haietto.pdf，同上(その4)（同上629号，2012年）pp.375-390, http://r-cube.ritsumei.ac.jp/bitstream/10367/5081/1/L629murasima.pdf，同上(その5)（同上632号, 2013年）pp.47-65, http://r-cube.ritsumei.ac.jp/bitstream/10367/5245/1/L632highet.pdf, 同上(その6)（同上633号, 2013年）pp.222-234, http://r-cube.ritsumei.ac.jp/bitstream/10367/5255/1/L633highet.pdf，同上(その7)（同上638号, 2014年）pp.43-60，同上(その8)（同上639号, 2014年）pp.147-158, http://r-cube.ritsumei.ac.jp/handle/10367/5966，同上(その9)（同上642号, 2015年）pp.644-652。以上はハイエットによる英訳を底本とした，「ホメロスの貴族文化と教育」から「ソロンと，アテナイにおける政治的な教養の開始」までと「僭主の文化政治」の翻訳。

7) 畑潤「教育学と教養理念の起源に関する研究——W. イェーガーの『パイデイア』から学ぶ」（『都留文科大学大学院紀要』15号, 2011年）pp.4-29.「教育学と文化理想の起源」の翻訳。

注の多くは，英訳の注による）。訳者の方々に感謝を申し上げる。

『パイデイア』においては，古代ギリシア・ローマの古典作品から多くの引用が行われている。これら引用部の訳出に際しては，イェーガーによる独訳の文章から翻訳を行った。しかし翻訳が困難な引用部については，引用部の原典作品および原典作品からの邦訳[8]を参考とした。これ

---

8) ホメロスについては，『イリアス』（松平千秋訳，全2巻，岩波文庫，1992年）『オデュッセイア』（松平千秋訳，全2巻，岩波文庫，1994年），ヘシオドスについては，『神統記』（廣川洋一訳，岩波文庫，1984年），『仕事と日』（松平千秋訳，岩波文庫，1986年），テュルタイオスについては，山村敬「Lyra Graeca 覚書1 カリノス，テュルタイオス」（『東北学院大学論集 一般教育』1970年，第54号）pp.1-35，同上「Lyra Graeca 覚書2 テュルタイオス註解」（同上1971年，第55号）pp.1-28，ソロンについては，「断片」（呉茂一訳『世界名詩集大成 古代・中世篇』平凡社，1958年）pp.45-46，仲手川良雄『古代ギリシアにおける自由と正義』（創文社，1998年），「ソローン断片集」http://web.kyoto-inet.or.jp/people/tiakio/historiai/solon.html，いわゆるイオニアの抒情詩人（アルキロコス，サッポー，シモニデス等）については，『ギリシア・ローマ抒情詩選 花冠』（呉茂一訳，岩波文庫，1991年），いわゆるソクラテス以前の哲学者（ヘラクレイトス，アナクシマンドロス，エンペドクレス，クセノパネス，パルメニデス，プロタゴラス，ヒッピアス等）については，『初期ギリシア哲学者断片集』（山本光雄訳編，岩波書店，1958年），ジョン・バーネット『初期ギリシア哲学』（西川亮訳，以文社，1975年），『ソクラテス以前哲学者断片集』（内山勝利・国方栄二編，全5巻，岩波書店，1996-98年），テオグニスについては，「エレゲイア詩集」（久保正彰訳，『世界人生論全集 第1巻』筑摩書房，1962年）pp.60-114，ピンダロスについては，『祝勝歌集／断片選』（内田次信訳，京都大学学術出版会，2001年），三大悲劇詩人（アイスキュロス，ソポクレス，エウリピデス）については，『ギリシア悲劇』（高津春繁・松平千秋訳，全4巻，ちくま文庫，1985-86年），『ギリシア悲劇全集』（松平千秋・久保正彰・岡道男編，全14巻，岩波書店，1990-93年），アンティフォンについては，高畠純夫『アンティフォンとその時代 前5世紀アテナイの社会・思想・人間』（東海大学出版会，2011年），アリストパネスについては，『ギリシア喜劇』（高津春繁訳，全2巻，ちく

ら原典作品の訳者の方々にも，感謝を申し上げる。

『パイデイア』のドイツ語の原文は 19 世紀ドイツ中産階級の教養人の筆致によるとされ[9]，難解な箇所を多々含む。こうした箇所を適切な日本語へ移し替えることができたか訳者は心許ないが，読者の方にご寛恕を乞う次第である。

本書の題名である「パイデイア παιδεία」とは，元来，子供の教育，後には教育一般，教養，文化などを意味するに至った古代ギリシア語である。この言葉は前 4 世紀のプラトン，イソクラテス，特にヘレニズム，ローマ帝政期の著作において重要な役割を果たすに至った。イェーガーは『パイデイア』において，この概念が人口に膾炙する時代よりもはるか前の時代に遡り，古代ギリシアにおける教育の精神史的な展開を，主に詩情や哲学，国家や共同体との関わりに注目することによって明らかにしている。同書の考察の範囲は，時代的にはホメロスからデモステネスに至るほぼ数百年，ジャンル的には文学，哲学，歴史，宗教，医学，政治，法学，経済その他の領域まで及ぶ。ドイツ語版の原書（第一分冊から第三分冊までの合本）は 1398 頁か

ま文庫，1986 年），トゥキュディデスについては，『戦史』（久保正彰訳，全 3 巻，岩波文庫，1966-67 年），ヘロドトスについては，『歴史』（松平千秋訳，全 3 巻，岩波文庫，1971-72 年），プラトンについては，『プラトン全集』（田中美知太郎・藤沢令夫編，全 17 巻，岩波書店，1974-78 年），アリストテレスについては，『アリストテレス全集』（出隆・山本光雄編，全 17 巻，岩波書店，1968-71 年），ディオゲネス・ラエルティオスについては，『ギリシア哲学者列伝』（加来彰俊訳，全 3 巻，岩波文庫，1984-94 年），アテナイオスについては，『食卓の賢人たち』（柳沼重剛訳，全 5 巻，京都大学出版会，1997-2004 年），プルタルコスについては，『英雄伝』（河野与一訳，全 12 巻，岩波文庫，1952-56 年）。

9) Karlsson, Borit: Review of Jaeger, Werner, Paideia, in: H-Ideas, H-Net Reviews. February, 2001, p.2.(http://www.h-net.org/reviews/showrev.php?id=4956)

らなり，浩瀚な著作である。

　ヨーロッパにおいて古代ギリシア語・ラテン語は，古代には自由な人間になるための必須の教養，中世には聖書や教父の著作を理解するための知識として重んじられてきた。近現代においても，この二つの古典語はヨーロッパの一部の学校，大学で教授され続けている。14 世紀から 16 世紀にかけてのイタリアを中心とするいわゆるルネサンス期，古代ギリシア語・ラテン語，ギリシア・ローマ古典古代の文学作品との取り組みは，同時代の文化の形成と密接な関わりを持った。ドイツにおいては 18 世紀後期から 19 世紀初期にかけてのいわゆる古典主義の時代，古代ギリシア・ローマ（特に古代ギリシア）文化が改めて関心を惹き，文化史上の重要な一時期を画するに至った。このようにギリシア・ローマ古典古代を模範として仰ぎ，人間や文化の形成を目指す運動は，「人文主義 Humanismus（ドイツ語），humanism（英語），Humanisme（フランス語），Umanismo（イタリア語）」と名付けられた。19 世紀末期から 20 世紀初期にかけてのドイツにおいては，古典古代（特に古代ギリシア）から改めて同時代の芸術・学問・国家の形成への刺激を汲み取ろうとする様々な企てが生まれた。これはルネサンス期の「古人文主義 Althumanismus」，ドイツ古典主義による「新人文主義 Neuhumanismus」に次ぐ，「第三の人文主義 der Dritte Humanismus, Dritter Humanismus」と命名された。イェーガーの『パイデイア』は，こうしたドイツ・ヨーロッパ的な人文主義の伝統，特にこの「第三の人文主義」の思想圏内から生まれた著作である（「第三の人文主義」について，詳しくは以下のⅢを参照）。

　古代ギリシア語・ラテン語，この二つの古典語で記された古典作品との取り組みが教育上の価値を持つことは，ドイツの人文主義者にとって長らく自明の前提であった。しかし 19 世紀中期以降，科学技術の進歩，ナショナリズム

や労働運動の高まりなども与り，普遍的な陶冶の手段としての古典語の価値が疑われ，上述の前提は思想的にも制度的にも揺らぎつつあった[10]。こうした状況の中で，イェーガーは人文主義のいわば基礎付け，護教論を『パイデイア』において試みた。すなわち彼は，従来，人文主義者によってまとまりを欠く形で言明されてきたギリシア古典古代の教育上の意義を，改めて「(政治的な)人間の形成」という統一的なプログラムに基づいて，歴史的に考察したのである。イェーガーによれば，「ギリシアにおける教養という現象の本質を認識することは，現在のあらゆる教育上の知識と意欲にとっても不可欠の基礎」[11]であり，彼は『パイデイア』によって同時代の教育に指針を与えることを目指した。

したがって同書をより深く理解するためには，同書が成立した頃のドイツに関する精神史的および社会的な知識が不可欠である。また同書の著者イェーガーならびに「第三の人文主義」は，日本において一般によく知られているとは言えない。それゆえ以下，Ⅰ.『パイデイア』第一分冊の古代ギリシア観をまとめた後，Ⅱ. 著者のイェーガー，Ⅲ.「第三の人文主義」の背景および内容，Ⅳ.『パイデイア』第一分冊の受容，という4点に順次，触れてゆく[12]。

---

10) 詳しくは拙著『人文主義と国民形成 19世紀ドイツの古典教養』(知泉書館，2005年) pp.185-247 を参照。

11) 本訳書のix頁を参照。

12) 以下Ⅱ，Ⅲの記述は，拙稿「ヴェルナー・イェーガーの「第三の人文主義」と，その根源」(東洋大学経済研究会『経済論集』第40巻第1号，2014年) pp.128-143 を短縮したものである。

解 説

I．『パイデイア』の古代ギリシア観

「序論」においてイェーガーは，教育を共同体の事柄として捉える旨，断る。そして，ギリシア人の下での文化・歴史の開始，ドイツ・ヨーロッパと古代ギリシアとの特別な結び付き，ギリシア文化の非ギリシア文化に対する優位，ギリシア人による（共同体の中の）個人や自然の重視など，イェーガーが古代ギリシアの本質と見なす点が総説として述べられる。

第Ⅰ部は，古えの貴族の教育を市民的なポリス文化という土台へ置き換える過程を描く。その際イェーガーは，ギリシア人の教育の根源として貴族社会および農民階級という二つの基底に注目する。前者の代表としてホメロスの二大叙事詩，後者の代表としてヘシオドスの作品が，主たる考察の対象とされる。

ホメロスについて扱う「貴族とアレテー」「ホメロスの貴族文化と教育」「教育者としてのホメロス」の章において，イェーガーはギリシアの教養史の自然的なモチーフとして，アレテーという概念を取り上げる。さらにイェーガーは貴族の身分道徳として廉恥(アイドース)，因果応報(ネメシス)，名誉や競争(アゴーン)への高い評価などを挙げ，英雄という神話的な模範および範例(パラデイグマ)に基づく警告と鼓舞の重要性を説く。具体的にはアキレウスやテレマコスへの教育，ケイロンの訓戒などが考察の対象とされる。

「ヘシオドスと農民階級」においては，神話が範例(パラデイグマ)としての寓話(アイノス)によってヘシオドスへ影響を及ぼしたこと，彼において初めて自立した神性としてのディケー，法への信仰が現れたことが特筆される。農民による仕事と生の経験という宝庫から，労働と正義によるアレテーが賛美された。

解 説 719

こうしてヘシオドスはホメロスと同様，自民族の教師になったという。

「スパルタの国家教育」においては，ギリシアの教養史の枠としてポリスが注目される。すなわち英雄的なアレテーというホメロスの理想がスパルタのテュルタイオスによって「祖国愛」の英雄主義へと融合したことが述べられる。ポリスはドーリア（スパルタ）の戦士国家とイオニアの法治国家という二つのタイプへと大別され，この二つのタイプは前5—前4世紀のアテナイにおいて融合することが断られる。

ポリス市民の理想は，イェーガーによればイオニアの法治国家において初めて概念的に把握された。「法治国家とその市民の理想」では，イオニアにおける成文法および平等な法への要求，自立的な批判精神の誕生，ディケーにおける平等からアレテー一般としてのディカイオシュネーへの展開が述べられる。イオニアのポリス文化は，貴族からアレテーのみならず競争(アゴーン)の理想をも取り入れた。この文化においては体操と音楽が古い教養として重んじられ，法がポリスの王として崇められたという。貴族の精神形式は市民階級へと転移され，万人に適用される法という共通の基盤に基づく国家が新たに構築されたのである。

ソロンは上述の法治国家とその市民の理想を現実化した。それゆえ「ソロンと，アテナイにおける政治的な教養の開始」において，彼の思想の説明に1章が割かれる。ヘシオドスの影響下アッティカの代表者ソロンは，秩序(エウノミアー)の女神とディケーを重んじ，社会的な秩序(コスモス)の平和と調和を追求し，政治的な生の合法則性を発見した。彼はディケーによる信賞必罰を説き，社会秩序のバランスの回復を目指した。こうしてソロンは，国家と精神，共同体と個人の結合を図ったという。

イェーガーによれば，ポリスという法治国家の形成は，

抒情的な文芸における個人の自己形成および自然哲学の土台となった。これが次の二つの章において詳説される。

「イオニア・アイオリスの文芸と個人の自己形成」においては，市民生活での法の強制が私的な生で手綱を緩めることを促し，政治的なものから離れた新たな経験の領域の発見へ連なったことが述べられる。その結果，人間と詩情との最も緊密で個人的な交際範囲において自己の内的な法則が見出され，英雄的なものが自然的なものへ変形された。ヘシオドスによる勧告の流れから，アルキロコスのイアンボス調の詩や寓話への移行が導き出される。快楽主義的な詩情はポリスの市民生活の補足として位置付けられ，サッポーの抒情詩にはエロスの力による人間形成が現れているとされる。

「哲学的な思考とコスモスの発見」においては，ギリシアの哲学史が宗教的な世界像が合理化する過程として把握される。世界の本質および起源への問いと事実認識の拡張の相補性が指摘され，ソクラテス以前の著名な哲学者の思想が，教育や規範の形成との関わりから検討される。彼らの自然哲学は，自然をポリス秩序との類比に従って調和的な世界(コスモス)として解釈した。アナクシマンドロスは人間の中の世界(コスモス)，事物の法に基づく共同体を発見した。ピュタゴラスは事物の原理としての数，調和・適切さという思想を見出した。クセノパネスはホメロスの多神教と擬人主義(アゴーン)への批判を行い，体育競技に代わって哲学的な真理を重視した。パルメニデスは純粋な思惟において把握されたもの，知覚と思惟，思惑と真理の区別を発見した。ヘラクレイトスは自然への問いから人間への問いへ転向を敢行し，対立関係と万物の統一を説き，宇宙論的な思考と宗教的な思考との止揚を試みた。

イェーガーは「貴族の戦いと聖化」において，市民の政治に対する貴族の側からの反動の代表として，テオグニス

の格言詩とピンダロスの合唱抒情詩を取り上げる。テオグニスは反民衆的で，訓戒(ヒュポテーカイ)という形式に依拠し，エロスの教育的な力を重んじ，貴族の高貴な教育伝統の擁護を試みた。彼がアレテーの根源としての正義に依拠し，血への不動の信仰を抱いたことが特筆される。ピンダロスの作品においては，最高の人間的なアレテーの啓示として競技における勝利が讃えられた。さらに彼は詩人の力と職業訓練を受けた人の知識との亀裂(マトーンテス)を指摘し，国王の教育を詩人の課題として掲げた。こうした貴族出身の詩人による文芸にもかかわらず，貴族支配の（政治的な）回復はポリスの土台において不可能であった。しかしその代わりに「僭主の文化政治」においては僭主政の下，芸術が開花し，民衆の教養および文化が促進されたことが述べられる。

　第Ⅱ部「アッティカ精神の高みと危機」においてイェーガーは，ドーリアとイオニアの総合としてのアッティカのあり方を考察する。そして以前，法治国家として経験されたポリスの宗教的な基礎が三大悲劇詩人の作品によって様々な形態で取り扱われたこと，ソフィストの教育思想，彼らによる他の文芸や歴史作品への影響が述べられる。

　「アイスキュロスの劇」においては，ギリシア悲劇が人間的なもの，芸術・宗教・哲学の偉大な統一をギリシアの詩情に再現した点において，ホメロスの叙事詩のみと比肩し得ることが述べられる。さらに悲劇における神話の再生，合唱団の機能，悲劇の上演と由来などについて説明が行われる。アイスキュロスの悲劇においては運命が中心的な問題であったこと，彼において全ての対立関係は国家秩序(コスモス)の中で和解を遂げることが，イェーガーの重要な主張である。

　「ソフォクレスの悲劇的な人間」は，彼が運命に代わって人間を問題としたこと，人間形成の出発点としての魂を描くことによって悲劇を人間形成の不滅の模範としたこと

を説く。ソフォクレスの作品には素朴で自然な英知の謎，一回限りの古典性，人間形成の進歩する客観化が具現しているとされ，悲劇は教養芸術として捉えられる。その際ソフォクレスは，人間の魂の調和的な展開という理想をソフィストと共有していたことが指摘される。

「ソフィスト」においてイェーガーは，彼らを偉大な教育運動，西洋の文化思想の出発点として高く評価する。なぜなら彼らは，血の優位という神話的な前提を明示的に打破し，意識的な精神形成を目指したからである。ソフィストは人間の知的な側面に注目し，政治的なアレテーを教えようと試みた。彼らは修辞学という教養理想を掲げ，技術的な能力・知識と本来の教養とを分離し，この両者の区別は後の人文主義の基礎となった。ソフィストは，いわゆる数学的諸学科を高等教養へと一般的に含め，彼らが構築したような高等教養の体系は，今日，文明化された全世界を支配している。ところでソフィストは，あらゆる教育の前提条件，すなわち人間の生成における自然と意識的で教育的な影響との関係を探求した。その結果，神的な血の代わりに，人間の自然という普遍的に把握された概念が非常に広い範囲において現れた。ソフィストによる自然への注目は，国家の危機を招来したという。すなわち法の権威は，その権威が神的な法と一致する点，後には神的なものと見なされた自然と一致する点に基づいた。自然における同一の法，人間世界における同一のディケーの支配こそ，世界の秩序という観念の起源であった。しかるにソフィストのある者は自然において平等，ある者は不平等が支配すると考え，彼らの自然観に対応して平等ないし不平等が国家・社会を支配していることを説いた。こうして国家の法と世界の法との間に亀裂が開いた。イェーガーはソフィストの意義を，彼らの形式的な教育技術が天才的であった点に認めつつも，彼らによる人間・国家・世界観には形而上

学的に深い基礎付けが欠けていたことを、批判的に指摘する。

ソフィストの教育は、自らが分裂し自己と矛盾した世界に由来することを明らかにした。「エウリピデスとその時代」によれば彼の文芸こそ、こうした世界を開示したという。ペロポネソス戦争期における社会的な分裂と人間の内的な解体、知的な中心としてのアテナイ、アテナイの様々な場における合理的な精神の萌芽が詳説される。エウリピデスは神話を批判し、慣習的なものを否定し、不審なものを発見した。彼は続く世紀に市民的な現実主義・修辞学・哲学としての教養力を示したという。

「アリストパネスの喜劇」においては、彼がいわゆる三大喜劇詩人の中で優位を占めたことが確認され、喜劇が自らの時代の最大の教養力として捉えられる。彼は古い教育を代表する正論と（ソフィストによる）新しい教育を代表する邪論との戦いを描き、アテナイ国家の偉大な過去に値しない民衆と為政者に対する批判を行った。喜劇は悲劇が影響を失った後、悲劇に代わって国家の指南者としての役割を引き受けたという。

「政治的な思想家としてのトゥキュディデス」においては、彼が歴史の中に永続的なものを認識しようと努力し、政治を固有の合法則性を持つ世界として発見したことが特筆される。彼はアテナイにおける権力の展開の心理学的な基盤を考察した。そこにはソフィストの影響が認められる。『戦史』においては、権力に依拠するアテナイと正義に依拠するスパルタとの戦い、権力とノモスの分離が述べられる。まとめとしてアテナイの国家指導者ペリクレスを例に、民主主義国家における適切な指導者の人格への問いが導かれる。

こうして第Ⅱ部の最後にあって、知恵の重視に現れた「国家と精神の緊張」というソフィストの存在の前提で

あった新たな問題は，未解決の危機として残される。この問題は，第Ⅲ部へと引き継がれることとなる。イェーガーは意識的な精神形成を教育の中心に据えたソフィストの先駆性を評価しつつも，後のプラトンが初めてその深い哲学的な基礎付けを行ったとする。そしてソフィストとプラトンとの関わりは，ヘブライズムにおける旧約と新約，すなわち約束とその成就との関係に譬えられ[13]，第Ⅲ部においてはプラトンの教育哲学の検討に多くの紙数が割かれるに至るのである。

Ⅱ．著者のイェーガー

彼は1888年，当時のラインラントにあったロッベリヒで生まれた。高校卒業資格を得た後，1907年の夏学期にマールブルク大学で古典文献学と哲学の勉学を始めた。一学期後，イェーガーはベルリン大学へと移り，高名な古典文献学者であるヘルマン・ディールス（Hermann Diels）の下で博士の学位を取得した。彼の博士論文は，アリストテレス『形而上学』の成立史を主題とした。イェーガーは，同書の成立の様々な局面が時代的に異なること，教授内容と概念的な構成の変化を明らかにした。これによって同書が，以前の研究が仮定したように統一的な構造からなるのではなく，様々な講演の組み合わせからなることを証明した[14]。こうした画期的な証明は専門家の間で高い評価を得，若きイェーガーに学者としての確固たる名声をもたらした。彼は博士の学位の取得後，ドイツ第二帝国におけ

---

[13] 本訳書の530頁，「ローマの信徒への手紙」第4章（『聖書』）を参照。

[14] Jaeger, Werner Wilhelm: Studien zur Entstehungsgeschichte der Metaphysik des Aristoteles, Berlin 1912.

る代表的な古典文献学者であったベルリン大学教授ウルリヒ・フォン・ヴィラモーヴィッツ＝メレンドルフ（Ulrich von Wilamowitz-Moellendorff）の下で研究を行った。1914年にはバーゼル大学古典文献学科の教授へと招聘され，翌年キール大学へ移った。1921年にはヴィラモーヴィッツ＝メレンドルフの後任としてベルリン大学へ招聘され，古典文献学の講座を担当した。このベルリン時代，彼は「第三の人文主義」に関する自らのプログラムを練り上げ，研究を行い，同時代のドイツの古典語教育・古典研究に大きな影響を及ぼした。

1933年ナチスが政権を掌握した直後，イェーガーは「政治的な人間の教育と古代」という論説によって，自らの教養理念が新体制に適合することを説明しようと試みた[15]。『パイデイア』第一分冊の中にも，同書とナチズムとの関連を語彙などの点で示す箇所が存在する[16]。本訳書においては，そういった箇所に留まらず『パイデイア』と同時代の出来事，隣接思潮などへの当てこすりとして重要と思われる箇所について，訳注を付した。さて，「第三の人文主義」の代表者として名声を得ていたイェーガーのナチズムへの好意的な態度は，ナチズムへの去就を決しかねていた同僚の人文主義者に影響を与えたことが推測されてい

---

15) Jaeger, Werner: Die Erziehung des politischen Menschen und die Antike, in: Volk im Werden, Bd.1, Heft 3, 1933, S.43-49.

16) 「偉大な人格への方向付け，強力な国家と英雄的なものの愛好，ギリシアの民主主義を等閑にしていること，個人の価値よりも共同体を評価すること，民族的な思考と指導者原理への当てこすり」(Näf, Beat: Werner Jaegers Paideia. Entstehung, kulturpolitische Absichten und Rezeption, in: Werner Jaeger reconsidered. Proceedings of the Second Oldfather Conference, held on the campus of the University of Illinois at Urbana-Champaign, April 26-28, 1990, edited by William M.Calder Ⅲ, Atlanta 1991, p.137)。

る[17]。しかしイェーガーのこうした適合の試みは、エルンスト・クリーク (Ernst Krieck) を始めとする、ナチズムを奉じる教育学者、古典文献学者、古代史家に批判された。なぜなら彼らにとってイェーガーの「第三の人文主義」はあまりにも知的で、生命力に乏しく[18]、民族的でない[19]と思われたからである。

ナチスが政権を固めつつあった時期、イェーガー自身も自らの教養理念を第三帝国の下で実現することが困難である点に気付いた[20]。こうした不如意な社会状況の下イェーガーは、ニュルンベルク人種法が制定され彼のユダヤ系の妻との離婚を迫られたこともあり、1936年シカゴ大学からの招聘を受け、妻や子供と共にドイツを去った。イェーガーがアメリカ合衆国へ移住した後も、彼による「第三の人文主義」はドイツの古典語教育・古典研究に隠然たる影響を持続的に及ぼした。この事実およびナチズムとイェーガーの教育理念との相違[21]は、ナチズムを信奉する古典文

---

17) Calder Ⅲ, William M.: Werner Jaeger, in: Berlinische Lebensbilder. Geisteswissenschaftler, hrsg. v. Michael Erbe, Berlin 1989, S.357.

18) Berve, Helmut: Antike und nationalsozialistischer Staat, in: Vergangenheit und Gegenwart. Zeitschrift für Geschichtsunterricht und politische Erziehung, Jg.24, 1934, S.264.

19) Krieck, Ernst: Unser Verhältnis zu Griechen und Römern, in: Volk im Werden, Bd.1, Heft 4, 1933, S.77.

20) イェーガーによる、アメリカ合衆国への移住直後に刊行された講演集 (Jaeger, Werner: Humanistische Reden und Vorträge, Berlin 1937) に、注15の論説は収録されなかった。『パイデイア』第一分冊の第二版 (1936年) においては、初版 (1934年) にあったナチ国家への期待を表す箇所 (Jaeger, Werner: Paideia. Die Formung des griechischen Menschen, Berlin/Leipzig 1933, S.511) が削除されている等。

21) 知性と感情、精神と身体の関わりをめぐって、イェーガーは知性と精神、ナチズムは感情と身体を重視した等。

献学者を後に至るまで苛立たせ，彼らの中には「第三の人文主義」を公に批判する者もいた[22]。イェーガーとナチズムとの関わりは，未だに解明し尽くされていない複雑な問題である。

すでに述べたように1933年から1944年にかけて，本訳書の原著でイェーガーの主著である『パイデイア』が刊行された。1939年，彼はハーヴァード大学へと招聘され，1961年の死に至るまで同大学で教鞭を執った。彼はアメリカ合衆国に移住した後，以前ドイツにいた時のように学派を形成することはなかった。そして，とりわけギリシア思想がキリスト教神学の形成に及ぼした影響について研究を行った[23]。こうして彼は波乱を含みつつも，学者としての一生を送った。イェーガーは今日，20世紀最大の古典文献学者の一人と見なされている。

Ⅲ．「第三の人文主義」の背景および内容

（1）「第三の人文主義」

すでに言及したように19世紀の末期から1930年代にかけてのドイツにおいて，古代ギリシアから同時代の文化運動，社会・国家の形成への刺激を汲み取ろうとする様々な試みが生まれた[24]。これら一連の試みは，「第三の人文主

---

22) Drexler, Hans: Der Dritte Humanismus. Ein kritischer Epilog, Frankfurt am Main 1942.

23) Jaeger, Werner: Early Christianity and Greek Paideia, Cambridge Mass. 1961（ヴェルナー・イェーガー『初期キリスト教とパイデイア』［野町啓訳，筑摩書房，1964年］）等を参照。

24) s. Wüst, Ernst: Die Erneuerung des Humanismus, in: Bayerische Blätter für das Gymnasial-Schulwesen, Bd.45, Heft 1, 1929, S.1-13. >Mehr Dionysos als Apollo<. Antike-Rezeption um 1900, hrsg. v. Achim Aurnhammer u. Thomas Pittrof, Frankfurt am Main 2002.

義」と名付けられた。最初にこの呼称を用いたのは，教育学者のエドゥアルト・シュプランガー（Eduard Spranger）である。彼は1921年，上述の「第三の人文主義」を「我々近代人が得られる，探究と理解の広さ」によって新人文主義から区別した[25]。このような理解に基づいてバルバラ・シュティーヴェ（Barbara Stiewe）のような研究者は，「第三の人文主義」をゲオルゲ・クライスによる古典古代の芸術的な受容も含めた広い意味で捉えている[26]。しかし以下において「第三の人文主義」という場合，イェーガーを中心とする学問的・教育的な運動に限定する[27]ことを予め断っておく。

イェーガーは自らの学問的・教育的な運動を「更新された」人文主義と名付けていた。彼は1933年になってようやく「第三の人文主義」という呼称を，自らの関心を示すために用いた[28]。

(2)「第三の人文主義」の背景——四つの危機

引き続き「第三の人文主義」の成立背景としての四種の危機，すなわち，① 学校教育上，② 学問上，③ 社会政治上，④ 文化上の危機について整理する。こうした整理を行う理由は，「第三の人文主義」は上述の危機への対応として理解できるからである。

---

25) Spranger, Eduard: Aufruf an die Philologie (an Stelle der Vorrede), in: Der gegenwärtige Stand der Geisteswissenschaften und die Schule, Berlin 1922, S.10.

26) Stiewe, Barbara: Der Dritte Humanismus. Aspekte deutscher Griechenrezeption vom George-Kreis bis zum Nationalsozialismus, Berlin 2011.

27) s. Jaeger, Werner: Stellung und Aufgaben der Universität in der Gegenwart, in: Humanistische Reden und Vorträge, Berlin ²1960, S.83.

28) Jaeger, W. : Die Erziehung des politischen Menschen und die Antike, a.a.O., S.44.

① 学校教育上の危機

ドイツにおいては18世紀中期から19世紀初期にかけて，主に古代ギリシアを模範と仰ぐことによって，いわゆるドイツ古典主義の芸術が隆盛に達した。これは当時の学校教育へ影響を及ぼした。すなわちナポレオン戦争におけるプロイセンの敗北（1806年）後，ギムナジウムが中等教育機関としてドイツのほぼ全ての諸領邦国家において制度化された。このギムナジウムにおける授業の重点は，古典語，特に古代ギリシア語の習得に置かれた。なぜならドイツと古代ギリシアとの親縁性が前提され，古代ギリシア語との取り組みは，当時，政治的・文化的に分裂状態にあったドイツ人のアイデンティティーの形成に寄与すると考えられたからである（かかる親縁性は，フランスと古代ローマとの親縁性に対置させられた）。

19世紀後期，人文主義ギムナジウムは主に三つの方面から批判を受けた。第一に実科ギムナジウムの代表者は，19世紀を通して大きな進歩を遂げた自然科学の科目の必要性を強調した。第二に社会民主主義者は，人文主義ギムナジウムをその反動的な性格のゆえに批判した。第三にドイツ・ナショナリストは，人文主義ギムナジウムがコスモポリタン的でドイツの民族性への教育を怠っているとしてこれを咎めた。こうした人文主義ギムナジウムの批判者は，人文主義ギムナジウムが時代遅れで，日々の要求に応じる能力がないという認識で一致していた。このように人文主義ギムナジウムを取り巻く外的な環境の圧迫下，学校で教鞭を執る人文主義者は学校会議の結果，古典語の授業時間数を徐々に減らすよう強いられた。最終的に1900年，人文主義ギムナジウムは，19世紀初期以来認められた大学への入学資格の独占的な付与権を，放棄するに至った。

ドイツにおいては第一次世界大戦での敗北後，新たな文教計画に関する様々なプランが練られた。プロイセンにお

いては1924年から25年にかけてハンス・リッヒャート（Hans Richert）の指導下，教育改革が行われ，全ドイツの学校組織へと波及した。この改革の結果，ドイツの本質と生成の核心である（ドイツ語，歴史，公民教育，地理，宗教からなる）「文化理解を目的とする学科 kulturkundliche Fächer」が新たに全中等教育機関の共通の授業科目とされた。さらに人文主義ギムナジウム等と並ぶ第四の新たな中等教育機関として「ドイツ高等学校 Deutsche Oberschule」が新設された。このドイツ高等学校において，古典語は教授されなかった。リッヒャートによる教育改革の結果，古典古代を模範とする要求は放棄され[29]，古典語の学習は自己目的ではなく，古代文化あるいは母国語を深く理解するための単なる手段として位置付けられた。このリッヒャートの教育改革に基づく新しい古典語教育のあり方は，ヴィラモーヴィッツ＝メレンドルフが20世紀初期に構想した古典語教育のあり方と多くの共通点があった[30]。ヴィラモーヴィッツ＝メレンドルフは古代ギリシア語で書かれた，文学のみならず実科的な科目も含めた様々なジャンルのテキストとの取り組みを勧め，古典教養の近代化を図った[31]。しかし，学校で教鞭を執る多くの人文主義者の反対

---

29) Richert, Hans: Deutsche Bildungseinheit und die höhere Schule, Tübingen 1920, S.76.

30) Preuße, Ute: Humainsmus und Gesellschaft. Zur Geschichte des altsprachlichen Unterrichts in Deutschland von 1890 bis 1933, Frankfurt am Main/Bern/New York/Paris 1988, S.124f.. シュプランガーはヴィラモーヴィッツ＝メレンドルフが編纂した『ギリシア語読本』を「文化理解を目的とした学科の読本」と呼び，揶揄している (Spranger, Eduard: Zum kulturkundlichen Unterrichtsprinzip, in: Pädagogisches Zentralblatt, Jg.7, 1927, S.751)。

31) Wilamowitz-Moellendorff, Ulrich von: Der griechische Unterricht auf dem Gymnasium (1901), in: Kleine Schriften, Bd.VI, Berlin/Amsterdam 1972, S.83f..

を受けていたのである。

②　学問上の危機

近代的な学問としての古典文献学の形成は，ドイツでは新人文主義の時代に遡る。当時，一部の古典文献学者は，歴史学的－批判的な方法や事柄の知識の助けを借りて，古典古代の文学を考察し始めた。こうした新しい研究の方向は，古人文主義の伝統を汲み言語の知識のみと取り組んだ骨董的な研究の乗り越えを図るものであった。ハレ大学，後にベルリン大学の古典文献学科教授となったフリードリヒ・アウグスト・ヴォルフ（Friedrich August Wolf）は19世紀初期，文学のみならず歴史，地理，宗教など古代の全生活を対象とする包括的な「古代学」の構想を発展させた。歴史学的な学問としての古典文献学は，碑文集成や考古学の発掘の成果を取り入れることで隆盛に達した。こうした歴史学的で実証主義的な研究の方向は，未知の古代像を明るみに出し，近代人の精神的な地平を拡大した。しかし他方で新人文主義において要請された，古代ギリシアという最高の古典性の相対化を帰結として伴った。なぜなら歴史学的で実証主義的な研究は古代の近代に対する優位よりも，むしろ古代と近代との共通点，時として近代の古代に対する優位を明らかにしたからである。

古典文献学者であった若きニーチェは，一方で古代ギリシアの最高の古典性，他方で古典文献学の歴史学的で実証主義的な研究方向を両立し得ないものとして捉えた。そして同僚の古典文献学者に，後者によって古典文献学が古典性の破壊という自己破壊へ陥る危険を先駆けて警告した[32]。こうした関連で，ニーチェとヴィラモーヴィッツ＝

---

32)　ニーチェ『音楽の精神からの悲劇の誕生』第10章，第15章，第18章，『反時代的考察』第二論文「生にとっての歴史研究の利害」，遺稿の「我ら文献学者」等を参照。

メレンドルフとの間の有名な衝突が起きた。ヴィラモーヴィッツ＝メレンドルフは歴史学的で実証主義的な研究方向を擁護し，さらに発展，大成させたのである。ニーチェによる先駆的な問いかけは20世紀初期，プロテスタント神学，歴史学などの諸学を巻き込んだいわゆる「歴史主義の危機」として正体を現した。エルンスト・トレルチュ（Ernst Troeltsch），フリードリヒ・マイネッケ（Friedrich Meinecke）など著名な精神科学者が，この問いと取り組んだ。

以上，敷衍した学問上の危機は，学校教育上の危機と本来，不可分であった。なぜなら歴史学的で実証主義的な学問としての古典文献学が古代ギリシアの最高の規範性を問いに付したのであれば，学校で教鞭を執る人文主義者は自らの教授対象が教育的な価値を持つことに十全の自信を持つわけにはゆかなかったからである。しかしヴィラモーヴィッツ＝メレンドルフのような指導的な古典文献学者は，学校教育の危機に強い関心を持たなかった。彼にとっては，彼自身が取り組む古典文献学という学問の進歩の方が，教養施設としての人文主義ギムナジウムの退潮よりも重要であったからである[33]。かくして人文主義においては，学校教育上のディスクルスと学問上のディスクルスが分離する危険に瀕していた。

③ 社会政治上の危機

第一次世界大戦は11月革命とドイツの敗北によって終わった。大多数の人文主義者が支持した君主政は瓦解し，新しい，民主主義的なヴァイマル共和国が成立した。戦時の多額の公債発行および戦勝国によってドイツへ要求され

---

33) Wilamowitz-Moellendorff, Ulrich von: Philologie und Schulreform. Festrede im Namen der Georg-August-Universität zur Akademischen Preisverteilung am 1. Juni 1892, in: Reden und Vorträge, Berlin/Göttingen ³1913, S.104f..

た巨額の賠償金とフランスによるルール地方の占領によって生じた天文学的なインフレは，深刻な打撃を特に中産市民階級に与えた。人文主義的な教養の担い手でもあった中産市民階級の多くは物質的な困窮に陥り，貧困化した。小政党が議会で争い合い，比較的長い期間，政権の座にあった政府は稀にしか成立しなかった。左派と同様，右派によるテロが起き，政治的な反乱の試みが幾度か企てられた。1929年の世界経済恐慌の後，失業者の数が急増し，少なからぬ人は古い君主政へ回帰するか，（共産主義あるいはナチズムに基づく）新たな政治秩序を建設することに憧れた。ドイツ人の多くは，ヴァイマル共和国は維持するに値しないという考えへと誘惑された。こうして1920年代のドイツは周知のように政治的，社会的に不穏な情勢に満たされていた。

④　文化上の危機

野蛮な様相を呈した第一次世界大戦は，ヨーロッパ文明の進歩への信仰を揺るがした。ドイツ古典主義において重視された「人間性 Humanität」のような市民文化の理想像は，信憑性を失った。ヴァイマル共和国の時代，伝統的な価値の空隙を満たすべく，意味を創設する多くの提供物が生まれた[34]。少なからぬ人は，キリスト教や人文主義といったヨーロッパの伝統的な価値への関心を失った。しかし他方，こうした精神的な伝統の本質を考え抜こうとした人もいた。文化的な危機感は，オスヴァルト・シュペングラー（Oswald Spengler）『西洋の没落　世界史の形態学の素描』[35]（以下『西洋の没落』と略）の中に集中的に表現さ

---

34) これについてイェーガーは，批判的に述べている (Jaeger, W.: Stellung und Aufgaben der Universität in der Gegenwart, a.a.O., S.83f.)。

35) Spengler, Oswald: Der Untergang des Abendlandes. Umrisse einer Morphologie der Weltgeschichte, München 1918.

れた。彼はヨーロッパ文化の他文化に対する優位を相対化したのみならず、自らの生物学的・形態学的なモデルにしたがってヨーロッパ文化が不可避的に没落するとの予言を下した。この『西洋の没落』はセンセーションを巻き起こし、第一次世界大戦後のドイツで多くの読者を見出した[36]。

(3)「第三の人文主義」の内容

次に、イェーガーが (2) で触れた危機にどのように対応したかを明らかにすることによって、彼の「第三の人文主義」の内容へ移ることとする。

イェーガーはアリストテレスの『形而上学』成立史研究を通して示したように、修業時代すでに古典文献学における歴史学的‐批判的な方法に熟達していた。彼はバーゼル大学への就任演説「文献学と歴史学」において、(2) の②で触れた古典文献学という学問の危機と取り組み、古典文献学と歴史学という二つの学問の相違を精密にすることを試みた。すなわちイェーガーによれば、文献学者は「理解 Verstehen」、歴史学者は「認識 Erkennen」を目指す。その際、前者の「理解」は価値と関係し、後者の「認識」は因果関係的で時代的な事実の関連を明らかにするという。そしてイェーガーは、古典的な歴史学は存在しない一方、古典的な古代学は古典文献学として存在することを主張した[37]。つまり彼は、本来の古典文献学を歴史学的な研究とは区別して理解したのである。

---

36) シュプランガーは、「文化理解を目的とする学科」に表れた「人間と文化の精神的な存在を真に照明する心理学への憧れ」を、『西洋の没落』が大きな影響を及ぼした一因と見なした (Spranger, E.: Zum kulturkundlichen Unterrichtsprinzip, a.a.O., S.753)。

37) Jaeger, Werner: Philolgie und Historie, in: Humanistische Reden und Vorträge, a.a.O., S.10.

第一次世界大戦中イェーガーは健康上の理由から兵役を免除され，戦場で戦った経験がなかった[38]。しかし彼は11月革命をキールで経験した[39]。イェーガーはドイツ敗戦の前年（1917年），時代や社会を覆う深い不安感を彼の師匠であるヴィラモーヴィッツ＝メレンドルフに書簡で伝えている[40]。イェーガーは他の同時代人と同様，社会政治上の危機を我が身に感じていたのである。

　以下，彼がベルリン時代，人文主義的な教養のために構想し企てたことを，① 後継者養成のための叢書，学際的な雑誌の創刊，学術協会の設立，② 通俗学問面・啓蒙面での貢献，③ 専門家による学術会議の開催，④ 『パイデイア』の執筆，という四つの点から整理する。

① 後継者養成のための叢書，学際的な雑誌の創刊，学術協会の設立

　イェーガーはベルリン大学へ赴任した後，後継者を養成するため1925/26年から1937年にかけて『新しい文献学的な探究』という叢書を刊行した。この叢書はヴィラモーヴィッツ＝メレンドルフが刊行した『文献学的な探究』を継承し，イェーガーの弟子による博士論文や教授資格請求論文を収録した。さらにイェーガーは1920年代，以下の二つの学際的な雑誌を創刊している。第一に『古代　古

---

　38) Mensching, Eckart: Über Werner Jaeger im Berlin der zwanziger Jahre (Schluß), in: Nugae zur Philologie-Geschichte, Bd.IV, Über U. v. Wilamowitz-Moellendorff, W. Kranz, W. Jaeger u.a., Berlin 1991, S.104.

　39) Mensching, Eckart: Über Werner Jaeger (geb. am 30. Juli 1888) und seinen Weg nach Berlin, in: Nugae zur Philologie-Geschichte, Bd.II, Über Ed. Norden, F. Jacoby, W. Jaeger, R. Pfeiffer, G. Rhode u.a.. Mit einem Text von Werner Jaeger, Berlin 1989, S.61.

　40) Ulrich v. Wilamowitz-Moellendorff. Selected Correspondence 1869-1931, hrsg. v. William M. Calder Ⅲ, Antiqua 23, 1983, p.178.

典古代の芸術と文化のための雑誌』[41]（以下『古代』と略，1925 年）は，古典文献学者のみならず芸術史家，考古学者，詩人を執筆者の対象とし，古代に関心を抱く人一般を読者として想定した。第二に『グノーモーン』[42]（古代ギリシア語で「批評家」の意，1925 年）は，古典的な古代学と関わる様々な学問分野，その近代の教育と教養への影響に関わる国際的な新刊書の書評を行った。『古代』との関連で，1924 年には「古代文化協会」が設立された（『古代』は同協会のいわば協会誌で，同協会の会員へ配布）。同協会は「現在の精神生活のため，古代文化の学問的な認識を豊かにする」[43]ことを謳い，学者のみならず「全ドイツ語圏の教養世界」[44]から会員を募った。

こうしてイェーガーの関心は，大学の世界における後継者の養成に留まらなかった。『古代』『グノーモーン』のような学際的な雑誌の創刊，「古代文化協会」のような学術協会の創設は，ギリシア・ローマ古典古代の愛好者の緩い結び付きを培うことを通して，周辺的な存在となりつつあった教養市民のまとまりを再建する試みであったと言えるであろう。

② 通俗学問面・啓蒙面での貢献

---

41) Die Antike. Zeitschrift für Kunst und Kultur des Klassischen Altertums. 同誌は 1945 年以後，東ドイツにおいては Das Altertum, 西ドイツにおいては Antike und Abendland. Beiträge zum Verständnis der Griechen und Römer und ihres Nachlebens へと引き継がれた（後者は今日に至る）。

42) Gnomon. Kritische Zeitschrift für die gesamte klassische Altertumswissenschaft. 年に 8 回刊行。イェーガーの弟子リヒャルト・ハルダー（Richard Harder）が初代の編集長を務め，今日に至る。

43) Jaeger, Werner: Einführung, in: Die Antike, a.a.O., Bd.1, Berlin/Leipzig 1925, S.1.

44) A.a.O.. 会員数は，約 1000 名に達したという (Jaeger, Werner: The present position of Classical Studies in Germany, in: Classical Association Proceedings, April 1927, vol.XXIV, p.47)。

イェーガーはギリシア・ローマ古典古代の同好者の比較的, 閉じた集まりを再編するのみならず, ギリシア・ローマ古典古代が近代人の生活に対して持つ意義を, 広範囲の公衆に伝えることを試みた。彼は1920年代と1930年代, ドイツの様々なギムナジウムや大学などで異なる公衆を前にして, 人文主義的な教養の重要性に関する講演を文書で確認できる限り計9回, 開いている[45]。かかる講演の中で彼はしばしば同時代の教育制度や文化, 社会的・政治的な現象についても言及しており, 当時の彼の講演から彼の反近代主義的, 反共産主義的, ヨーロッパ的かつ反国際主義的, 伝統主義的な立場を読み取ることができる[46]。さらにイェーガーは1920年代の後期から, 保守右派の刊行した「ドイツ一般新聞 Deutsche Allgemeine Zeitung」に, 人文主義に関する4つの記事を発表した[47]。

上で述べた①と②の側面は,「第三の人文主義」の組織および普及と関係していた。しかし「第三の人文主義」は内容的に新しい方向付けを必要としており, それは以下の専門家の会議で議論され, イェーガーの『パイデイア』において集約的に表現されるに至った。

③ 専門家による学術会議の開催——古代ギリシア・ローマの古典性をめぐる討論

1930年, 古典古代と関わる学問の専門家による学術会議がイェーガーの呼びかけの下, ナウムブルクにおいて開催された。本会議のテーマは,「古典性という問題と古代」

---

45) Schadewaldt, Wolfgang: Gedenkrede auf Werner Jaeger 1888-1961, Berlin 1963, S.27-31.

46) Jaeger, Werner: Die geistige Gegenwart der Antike, in: Humanistische Reden und Vorträge, a.a.O., S.166, 172. A.a.O.: Die Antike im wissenschaftlichen Austausch der Nationen, in: a.a.O., S.185.

47) Schadewaldt, W. : a.a.O..

であった[48]。古典古代と関わる様々な分野出身の8人の発表者が，自らの学科——ギリシア学，ラテン学，哲学，歴史学その他——の立場から，このテーマについて講演，討論を行った。ここでイェーガーがなぜ本会議において，「古典性という問題と古代」をテーマとして設定したのか，問う必要があるであろう。(2) ②「学問上の危機」において，古典文献学の内部における歴史学的，実証主義的な研究方向が19世紀を通して，ギリシア・ローマ古典古代の規範的な古典性を掘り崩しつつあったことに触れた[49]。これによって「古典性」という概念は相対化され，時と共に曖昧なものとなり，外へ働きかける力を失ってしまった[50]。彼はこうした時代的，学問史的な背景の下で，「古典的なもの」という概念について改めて議論を試みたと思われる。討議を経て新たに獲得された「古典性」という概念は，「第三の人文主義」に確固たる支えを提供すべきであった[51]。

このナウムブルクで開かれた学術会議によって，「古典性」に関する一般的な合意は得られなかった。しかしこのテーマは，人文主義にとって焦眉の問題として認識され

---

48) Das Problem des Klassischen und die Antike. Acht Vorträge der Fachtagung der klassischen Altertumswissenschaft zu Naumburg 1930, hrsg.v.Werner Jaeger (1933), Darmstadt ²1961.

49) s. Jaeger, Werner: Platons Stellung im Aufbau der griechischen Bildung, in: Humanistische Reden und Vorträge, a.a.O., S.117f..

50) ヴィラモーヴィッツ＝メレンドルフは，「統一と理想としての古代は消えました。学問それ自体がこの信仰を壊したのです 」(Wilamowitz-Moellendorff, U. v. : Der griechische Unterricht auf dem Gymnasium, a.a.O., S.79) と語っていた。これに対してイェーガーは，自らの携わる学問を敢えて「古典的な古代学 klassische Altertumswissenschaft」と名付けた（注37を参照）。

51) s. Reinhardt, Karl: Die klassische Philologie und das Klassische, in: Begriffsbestimmung der Klassik und des Klassischen, hrsg. v. Heinz O. Burger, Darmstadt 1972, S.69.

た。同会議の後，ドイツ古典文献学者協会は『ドイツの人文主義ギムナジウムのための古典語教授計画』（1930年，以下『教授計画』と略）を発表した（イェーガーは1925年の同協会の創立後，副会長）。ドイツ古典文献学者協会は，(2) の①，②で触れた学校教育と学問それぞれのディスクルスの架橋を目指し，大学における古典研究，学校における古典語教育の専門家を主たる会員とした。同協会の努力は短期間のうちに実り，1928年には「古典文献学におけるほど，大学と学校の教師が共に属する場はない」[52]ことが認められていた。同協会が刊行した『報告』は，時と共に「第三の人文主義」の代弁者となっていたのである[53]（同誌は1930年代以降も引き続き，「第三の人文主義」の普及のメディアとなった）。さて上で触れた『教授計画』からの一節には，次のようにある。

「人文主義ギムナジウムは（中略）他のあらゆる授業科目に比べると固有の教育目標を持ち，この目標はヨーロッパ文化の歴史的−超歴史的な形式と構築の原理としての人文主義の理念に基づいている。」[54]「古典時代のギリシア人とローマ人にとって人間は共同体の

---

52) Abernetty, Walther: Was ist heute der Deutsche Philologen-verband, und welche Aufgaben hat er in der nächsten Zeit zu füllen? in: Mitteilungen des Deutschen Altphilologen-Verbandes, Bd.2, 1928, S,2. s. Preuße, U. : a.a.O., S.142.

53) Fritsch, Andreas: Ein kritischer Rückblick auf den Dritten Humanismus in der ersten Hälfte des 20. Jahrhunderts, in: Humanismus und Menschenbildung. Zur Geschichte, Gegenwart und Zukunft der bildenden Begegnung der Europäer mit der Kultur der Griechen und Römer, hrsg. v. Erhard Wiesing, Essen 2001, S.238.

54) Altsprachlicher Lehrplan für das Deutsche humanistische Gymnasium, vorgelegt vom Deutschen Altphilologen-Verband, Berlin 1930, S.3.

一員としての存在であったので、彼らの作品との取り組みは、個々人を共同体、特に国家と民族の共同体へと組み入れることに貢献するであろう。」[55]「・教・育・的・な意味における古代の作品の古典的な価値が生きて働くのは、a) 古代の文学作品がその本性上——たとえこの作品において哲学的、歴史的、学問的な著作が問題となっていても——、芸術的な形成物であり、b) 古代人の下における偉大な文学作品の創造者が常に同時に自民族の教育者であるという二点を、作品の解釈を通して認識する場合に限られる。(中略) パイデイアという思想が人文主義の考察にとって決定的であり、この思想を気の抜けた道徳的なものとすることは許されない。この思想は、むしろ人間的なものを模範とした形成、つまり人間形成という意味において、力を発揮するのである。」[56]

こうして（政治的な）「教育者としてのギリシア人」が、新たな古典性として注目を浴びるに至った[57]。

④ 『パイデイア』の執筆

イェーガーは新しい、「第三の人文主義」についての構想を自らの講演の中で時折、述べていた。しかしそれは、まとまった形においてではなかった。同時代における彼のいやます権威を背景[58]として、彼の主著『パイデイア』が成立した。注54-56で触れた『教授計画』は、古代ギリシアの「作品の解釈」を通して「偉大な文学作品の創造者が

---

55) A.a.O., S.6.

56) A.a.O., S.12.

57) s. Jaeger, Werner: Humanismus und Jugendbildung, in: Humanistische Reden und Vorträge, a.a.O., S.44.

58) s. Gadamer, Hans Georg: Philosophische Lehrjahre. Eine Rückschau, Frankfurt am Main 1977, S.48.

常に同時に自民族の教育者である」ことを認識するよう勧めていた。『パイデイア』はまさにかかる認識を目的としたのである[59]。19世紀後期以降の学問上の危機に鑑みて，ドイツの古典文献学には「学問的な理想のために古典的な理想を断念する」（ヴィラモーヴィッツ゠メレンドルフ）か，「古典的な理想のために学問を放棄する」（ニーチェ，彼の影響下にあったゲオルゲ・クライス）」か，という大きく二つの選択肢が存在した。これに対してイェーガーは『パイデイア』において，歴史学的な古典研究に留保を付けつつも，学問的な理想と古典的な理想との両立を図る第三の道を選んだのである[60]。

イェーガーによる「第三の人文主義」の意義は，以下の三点にまとめることができよう。

第一に，学校教育と学問のディスクルスの架橋を図った点[61]が挙げられる。ヴィラモーヴィッツ゠メレンドルフが，両者の分断を深めていた。しかしナウムブルクでの専門家の学術会議において，古代ギリシア人のあり方の新たな古典性を模索する必要性が認識され，それは教育的なものの中に見出された。この新たな古典性を支える教育（パイデイア）という理念は，退潮に瀕していた人文主義的な古典語教育，古典研究を関係付け，両者を共に基礎付けると考えられた。

第二に，古典古代の古典性の再建を通して学校教育上，文化上の危機への対処を試みた点が挙げられる。イェーガーは古代ギリシア人のあり方の最高の規範性とそれに基

---

59) Jaeger, Werner: Paideia. Die Formung des griechischen Menschen, Bd.1, Berlin ²1936, S.8, 16f. 等を参照。

60) Reinhardt, K. : a.a.O., S.83. イェーガーが古代ギリシアの中に見出した古典性はいわゆるアポロン的なものに近く，それはニーチェが古代ギリシアの中に見出した古典性であるいわゆるディオニュソス的なものと大きく異なっていた（前掲「ヴェルナー・イェーガーの「第三の人文主義」と，その根源」p.146）。

61) Fritsch, A. : a.a.O., S.230f..

づくヨーロッパ文化の統一を説き，これは同時代における（古典古代という規範の）相対化を促す二つの傾向に対抗するものとして考えられていた。つまり，学校教育における人文主義への直接の脅威であった「文化理解を目的とする学科」[62] および文化上の危機の内容をなした，シュペングラーによるヨーロッパの格下げ[63] に対してである。

第三に，社会政治上の危機の克服をも射程に入れていた点が挙げられる。イェーガーによる，教育目標としての政治的な人間という構想は，古典語教育への批判——人文主義ギムナジウムは問題解決に寄与しない人物を作り出す——を骨抜きにすべきであった。

IV．『パイデイア』第一分冊の受容

『パイデイア』第一分冊の成立，文化政治上の背景，受容に関して最も広く，詳細に考察しているのは，やや古いがベアト・ネーフ（Beat Näf）の論文である[64]。この論文によれば，刊行直後「『パイデイア』第一分冊はドイツにおいてのみならず，国際的な観点からも大きな反響を呼んだ」[65]。以下（1）ドイツ国内，（2）日本を除くドイツ国外，（3）日本における受容を，それぞれ分けて整理する。

---

62) Jaeger, W. : Die Erziehung des politischen Menschen und die Antike, a.a.O., S.49.

63) Jaeger, W. : Der Humanismus als Tradition und Erlebnis, in: Humanistische Reden und Vorträge, a.a.O., S.26. A.a.O. : Antike und Humanismus, in: a.a.O., S.104.

64) Näf, B. : a.a.O..

65) A.a.O., S.145.

解　説　　　　　　　743

（1）ドイツ国内の受容

　ドイツ国内での受容に関しては 1930 年代，同書について十数の書評が様々な雑誌，学会誌に発表された[66]。その多くは，同書の内容の紹介または好意的な書評であった[67]。これらの中で異色を放ち，かつ後世の『パイデイア』の受容へ大きな影響を及ぼしたのは，ハンブルク大学の古典文献学科教授ブルーノ・スネル（Bruno Snell）による書評である。以下その内容を紹介する。

　彼の書評は，『パイデイア』第一分冊の意義は疑い得ない，と断りつつも，同書の幾つかの主張へ反証を試みるに留まらず，『パイデイア』第一分冊の構想を全体として批判的に総括している。その主たる批判は，以下の四点にまとめられる。

　第一にスネルは，イェーガーの同書における意図とは裏腹に，「唯一の（パイデイアという）原理から古代の精神史全体を解釈すること」から「ギリシア人のあり方のより深い理解がこの（『パイデイア』第一分冊という－引用者注。以下，引用文内の括弧は引用者による）本において達成されたのか」[68]と問う。なぜならイェーガーは，教養という理念が存在しなかった前古典期の古代ギリシアの強力な記念碑も，教養という光の下で考察して初めて理解できる，

66）　A.a.O..『パイデイア』第一分冊に集約的に現れたイェーガーの古典概念のドイツ語圏におけるギリシア研究，ラテン研究，ドイツ研究，オリエント研究など隣接分野での受容については，Landfester, Manfred: Die Naumburger Tagung „Das Problem des Klassischen und die Antike" (1930). Der Klassikbegriff Werner Jaegers: Seine Voraussetzung und seine Wirkung, in: Altertumswissenschaft in den 20er Jahren. Neue Fragen und Impulse, hrsg.v. Hellmut Flashar, Stuttgart 1995, S.29-36 に詳しい。

67）　Näf, B. : a.a.O..

68）　Snell, Bruno: Besprechung zu W. J. Jaegers Paideia (1935), in: Gesammelte Schriften, Göttingen 1966, S.32f.

と説くからである。具体的にスネルは，イェーガーが近代ないしはプラトンの観点からプラトン以前の時代の精神史を解釈していることを問題視する[69]。言い換えれば，『パイデイア』第一分冊においては教育的な意図へと還元できる教養の要素のみが顧慮され，（プラトン的な）模範や教説に結び付けることのできない精神形成の要素は何ら顧慮されないのではないか，と問う[70]。他方スネルは，通例，模範や教説から疎遠と見なされがちなアルキロコス，エウリピデスのような詩人さえ，イェーガーによって規範と関連付けられ，その結果，規範の内容が曖昧となる難点を指摘する[71]。

第二にスネルは，『パイデイア』の企図，すなわち「ギリシア人の国家・社会における歴史的な教養の過程と，文学・宗教・哲学における彼らの理想的な人間像の精神的な構築を，その相互作用において描き出す」[72]総合の試みを，矛盾として捉える。なぜならスネルによれば，国家・社会は特定の形成された現実で，その構造変化は歴史的に記述することができる。これに対して文学・宗教・哲学は，人間が生と世界の現実を把握し描こうとする特定の形式であり，両者は原理的に異なる領域だからである[73]。この二つの領域を結び付けるため，パイデイアという概念はある時は（国家・社会に現れた）教育的な影響，ある時は（文学・宗教・哲学に現れた）教育的な意図として考えられ，前者から後者を推論することが行われている。しかし，これは論理的な明確化を等閑にする[74]。

---

69) A.a.O., S.35.
70) A.a.O..
71) A.a.O., S.41-43, 46-48.
72) Jaeger, W. : Vorwort, in: Paideia, a.a.O..
73) Snell, B. : a.a.O., S.50.
74) A.a.O..

解　説

　上述の第一，第二の批判点からスネルは，『パイデイア』において一方ではパイデイアの現象領域をできるだけ広げる，しかし他方ではそれを確固たる規範へ回収しようとする傾向を読み取り，ショーペンハウアーに倣って，（古代ギリシアから教育の様々な現れを読み取ろうとする）意図が（古代ギリシアの歴史的な現実に関する）洞察を台無しにしているのではないか，と問う[75]。

　第三にスネルは，『パイデイア』第一分冊が著者のイェーガーが主張するように，果たしてドイツ古典主義の時代の新人文主義を凌駕しているのか，と問う[76]。つまりスネルは一方で同書が合理主義など，新人文主義と共通点を持つことを指摘する。他方でドイツ古典主義が芸術創造といった固有の新しい働きかけをもたらしたのに対して，政治的な「第三の人文主義」はこれと比肩する固有の新しい影響を及ぼしつつあるのか，疑う[77]。

　第四にスネルは，上の第三の点と関連し，イェーガーによる政治的なものという概念が不明瞭である点を衝く。つまりスネルによれば，政治的な「第三の人文主義」はきわめて一般的な国家志操を模範的なものと見なし，こうした国家志操について語ると，現実の国家あるいは要請された国家を考えているのか，区別がつかないという[78]。「（『パイデイア』第一分冊において描かれたような）人文主義はまさに非政治的である。なぜならそれは政治に仕えず——あるいはまさにあらゆる政治に仕えるがゆえに——，常に言葉だけの営みに陥る危険にあるからである」[79]というスネルの指摘は第二次世界大戦後，「第三の人文主義」の特徴

---

75)　A.a.O., S.51.
76)　A.a.O., S.37.
77)　A.a.O., S.51, 53.
78)　A.a.O., S.52.
79)　A.a.O., S.54.

や限界を見抜く炯眼として，高く評価された。

スネルは自らの長文の書評を，以下の言葉で締め括っている。「ギリシア文化が政治生活と不可分であることは正しいし，(『パイデイア』第一分冊刊行の) 10年前に掲げられた，政治的なものを過小評価しないという要求も正しかった。(中略) しかし我々文献学者は，(「第三の人文主義」のような) 新しい人文主義を創造する課題を託されていない。なぜなら我々には，ギリシアのあり方を誠実かつ純粋に探求し，描く以外のことはできないからである。我々 (文献学者) は，ギリシアのあり方が未だに価値あるものであることを信じる。しかし，それに加えて (イェーガーのように) 自らの理論やプログラムを創造することが我々に必要かつ要求されるか，疑わしく思う文献学者もいるであろう。」[80]

上で紹介したようなスネルの『パイデイア』第一分冊批判の影響は，主に専門家の間に留まった。西ドイツにおいては1970年代の初期，古典語教育のステイタスの低下を伴う文教改革が行われた。同国において『パイデイア』は刊行後それに至るまで，古典語教育・古典研究を基礎付ける基準的な作品と見なされたのである[81]。

スネルの書評が著された後，今日に至る『パイデイア』第一分冊の受容は，以下の三つの流れに整理できる。

第一に，ハラルト・パッツァー (Harald Patzer)[82]，ウーヴォ・ヘルシャー (Uvo Hölscher)[83]，リヒャルト・カンニ

---

80) A.a.O..

81) Stiewe, B.: a.a.O., S.22. s. Kuhlmann, Peter: Humanismus und Alte Sprachen im Dritten Reich, in: Archiv für Kulturgeschichte, Bd.88, 2006, S.419.

82) Patzer, Harald: Der Humanismus als Methodenproblem der klassischen Philologie (1948), in: Humanismus, hrsg.v. Hans Oppermann, Darmstadt 1977, S.263-270.

83) Hölscher, Uvo: Die Chance des Unbehagens. Zur Situation der

ヒト (Richard Kannicht)[84]等の古典文献学者は, 第二次世界大戦後, 自らの学問の自己理解をめぐる反省を行い, 『パイデイア』および「第三の人文主義」と批判的に取り組んでいる。彼らの『パイデイア』観は, おおむねスネルによる『パイデイア』第一分冊の書評の影響下にあった。しかしパッツァーは新たな論点を加え, パイデイアの理念がヨーロッパの文化圏域のみに妥当するというイェーガーの主張に反論し, 例えば中国文化(儒教)においても独自の教育伝統が多くのルネサンスを通して生き生きと保たれた, と主張した[85]。

第二に, 主に政治的な観点による『パイデイア』第一分冊との批判的な取り組みが挙げられる。東ドイツの古典研究者ヨハネス・イルムシャー (Johannes Irmscher) は1960年代の中期以降, 西ドイツの人文主義的な古典語教育・古典研究において第二次世界大戦前からの連続性が支配し, ナチズムと人文主義の関わりに関する「過去の克服」が十分に行われていない[86]ことを問い始めていた[87]。こうした問題提起におそらく触発され, 東ドイツにおいて

---

klassischen Studien, Göttingen 1965, S.74-77.

84) Kannicht, Richard: Philologia perennis? in: Attempto, Bd.39/40 1971, S.51f..

85) Patzer, H. : a.a.O., S.267. s. Jaeger, W. : Paideia, a.a.O., S.6.

86) これは当時,「西ドイツの旧ナチ体制とのつながりを東ドイツが明らかにする」「東ドイツの反西独キャンペーン」(石田勇治『過去の克服 ヒトラー後のドイツ』白水社, 2002年, pp.167-179) を背景として理解できる。

87) Irmscher, Johannes: Altsprachlicher Unterricht im faschistischen Deutschland, in: Jahrbuch für Erziehungs- und Schulgeschichte, Jg.5/6 1965/66, S.239-242. A.a.O. : Die Antike im Bildungssystem der Weimarer Republik und der Zeit des Faschismus, in: Wissenschaftliche Zeitschrift der Friedrich-Schiller-Universität Jena, Jg.18, 1969, S.21-23.

はギーゼラ・ミュラー（Gisela Müller）[88]が『パイデイア』第一分冊および「第三の人文主義」とナチズムとの関わりについて、批判的な検討を行った。

1980年代、一般に『パイデイア』に対する関心は薄かった。しかしハーヴァード大学におけるイェーガーの弟子であったアメリカ合衆国の古典文献学者ウィリアム・M・コーダー3世（William M. Calder Ⅲ）は、ベルリンでの講演、アメリカ合衆国のイリノイ大学でのイェーガーに関するシンポジウムの開催[89]などを通して、イェーガーや『パイデイア』に対する関心を喚起した。その際コーダー3世は、スネルによる『パイデイア』第一分冊批判を高く評価し、同書へ改めて否定的な評価を下したのである[90]。

第三に、こうしたイェーガー、『パイデイア』への低い評価の中から、『パイデイア』第一分冊の再評価に繋がる受容が1990年代の中期以降、現れ始めている。

マンフレート・ラントフェスター（Manfred Landfester）は1995年に開催された「1920年代における古代学」という学術会議において、上述したスネルによる『パイデイア』第一分冊への批判に、主に以下の2点から反論を試みている。スネルは、イェーガーが『パイデイア』第一分冊において自らの同時代あるいはプラトンの問題関心を、ギリシアの前古典期を解釈するために投影している、という批判を行った。これに関してラントフェスターは、古代の歴史を適切に理解するためには、パイデイアのような「魔法の言葉」が不可欠であることを主張した[91]。さらにスネ

---

88) Müller, Gisela: Die Kulturprogrammatik des dritten Humanismus als Teil imperialistischer Ideologie in Deutschland zwischen erstem Weltkrieg und Faschismus, Diss. Berlin 1978, S.106.

89) その記録は、注16で引用した本に収録されている。

90) Calder Ⅲ, W. M. : a.a.O., S.343.

91) Landfester, M. : a.a.O., S.38f..

ルはイェーガーが政治的なものを模範とし、新しい人文主義というプログラムを立てたことを批判した。これに対してラントフェスターは「第三の人文主義」が成立した社会的な背景を参照することによって、スネルが勧めた（学校教育、政治などに関わらない、古典文献学という）「学問の自己限定」の方が、学問の存続にとってはるかに危険だったのではないか、と問い返したのである[92]。

『パイデイア』第一分冊を精読すればわかるように、イェーガー自身、後世の関心を過去の中に読み込むことが学問的に問題を孕むことを示唆しつつ、自覚的にこれを行っている[93]。彼がヴィラモーヴィッツが理解したような古典文献学観に反してこれを行ったことをスネルのように学問的な観点から批判するか、それともラントフェスターのようにこれを学問政治的な観点から擁護するか、同書に関する評価が分かれているのである。

ラインハルト・メーリング（Reinhard Mehring）は、「"政治的な出来事"としての人文主義　ヴェルナー・イェーガーによるギリシアの"パイデイア"の問題史」（1999年）において、イェーガーの事績の再評価と『パイデイア』の再読を試みている[94]。メーリングは「今日、古代学の側からイェーガーの作品は大抵、懐疑的に判断されている」[95]と前置きしつつも、影響が長期間にわたって途切れた『パイデイア』におけるイェーガーの意図を問い、彼の作品は今後、主に政治哲学的な観点から影響を及ぼす

---

92) A.a.O., S.39.

93) 本訳書の 34, 168, 530 頁を参照。

94) Mehring, Reinhard: Humanismus als «Politicum». Werner Jaegers Problemgeschichte der griechischen «Paideia», in: Antike und Abendland. Beiträge zum Verständnis der Griechen und Römer und ihres Nachlebens, Bd.XLV, 1999, S.111-128.

95) A.a.O., S.111.

力がある[96]，と結論している。

ペーター・クールマン（Peter Kuhlmann）は2006年，第三帝国下における人文主義的な古典語教育に関する論考を著した。その中で彼は古典語教育がナチズム下の厳しい時代を延命できた理由の一つを，『パイデイア』第一分冊に描かれたような「支配的な（ナチズムの）イデオロギーに対する対案として用いられた，完結した教育学の構想」に帰している[97]。これはスネルによる同書に対する第四の批判点とは，異なる側面を明らかにしている。

2009年に刊行された『教育学の主要作品』において『パイデイア』は教育学の古典作品の一つとして取り上げられ，その意義は次のように総括されている。様々な難点「にもかかわらず『パイデイア』は，古代ギリシアの歴史，文化，教育観を研究する上で不可欠の作品である。ハインツ＝ヨアヒム・ハイドルンの意見に従えば，規格化された単なる専門教育の計画を前にして，人文主義的な教養が現実の支配に抗して自らの根源に思いをめぐらす必要が増えるにつれて，『パイデイア』という作品の研究上，教養上の意義も増すであろう」[98]。

(2) 日本を除くドイツ国外における受容

『パイデイア』第一分冊の刊行後，同書に関してドイツを除く大陸諸国においては[99]，イェーガーが自らの本を第三帝国に好意的なものとしている，同書はあまりにもドイ

---

96) A.a.O., S.127.

97) Kuhlmann, P. : a.a.O., S.431.

98) Ortmeyer, Benjamin: Paideia. Die Formung des griechischen Menschen, in: Hauptwerke der Pädagogik, durchgesehene und erweiterte Studienausgabe, hrsg.v. Winfried Böhm/Birgitta Fuchs/Sabine Seicher, Stuttgart 2011, S.219.

99) 以下の紹介は，Näf, B. : a.a.O., S.145f. による。

ツ的であるなどの評が下された。しかし,政治的・学問的な理由に基づく真剣かつ原理的な拒否には出会わなかった。ネーフはその理由としてドイツ国外の欧米の人文主義者も,現代にあって古代の中に自らの場を確保しようとするイェーガーの試みに共感した点を挙げている。『パイデイア』第一分冊は特にファシズム政権下のイタリアで歓迎され,同書の刊行直後の 1934 年,同書の序論のイタリア語訳が刊行された[100]。

英米圏において『パイデイア』第一分冊に対しては,控え目だが,主に否定的な評価が下された[101]。注目に値するのは,『パイデイア』第一分冊とアメリカでの隣接分野の研究との関連である。ルネサンス研究者のハンス・バロン (Hans Baron) は,15 世紀初期のフィレンツェの中に「市民的な人文主義 Civic Humanism」[102]の誕生を読み取った。カイ・シラー (Kay Schiller) はバロンとイェーガーの間の文通などを手がかりに,この見解と『パイデイア』第一分冊で描かれたペルシア戦争期のアテナイ観との関連を明らかにした[103]。

---

100) A.a.O..

101) 肯定的な評価としては,R.G.A. : Paideia. By Werner Jaeger. Vol. I , in: Journal of Hellenic studies, vol.55 1935, pp.257-259. 否定的な評価としては,Hack, R.K. : Paideia: The Ideals of Greek Culture, in: Classical Philology. A Quarterly Journal devoted to research in the Languages, Literatures, History, and Life of Classical Antiquity, vol.37 1942, pp.197-206, Lloyd-Jones, Hugh: The Justice of Zeus, Barkeley/Los Angeles/London, 1971, p.X, Finley, Moses I. : The Use and Abuse of History, London 1975, p.78. などを参照。

102) Baron, Hans: The Crisis of the Early Italian Renaissance: Civic Humanism and Republican Liberty in an Age of Classicism and Tyranny, Princeton 1955.

103) Schiller, Kay: Gelehrte Gegenwelten. Über humanistische Leitbilder im 20. Jahrhundert, Frankfurt am Main 2000, S.152.

(3) 日本における受容

『パイデイア』第一分冊,刊行直後の 1934 年,同書について短い紹介が著された[104]。1937 年には教育学者の石山脩平が,同書の意義に関する考察を試みた。彼は同書を,論文の副題にあるように国家主義との関連で理解しようと試みている[105]。第二次世界大戦後,教育学者の勝田守一は,「イェーガーの《パイデイア》」(1962 年)において,国民形成と人間形成(教養)との関わりを,文献学的方法を通して学ぶ手がかりとして,同書を考察の対象とした。勝田はこの論文において『パイデイア』第一分冊の序文・序論から「ヘシオドスと農民階級」までの章をパラフレーズし,人文主義の文化伝統圏の外にある日本人が同書をいかに学ぶべきかなど[106],重要な問題を提起している。上の勝田の論考は未完のまま終わっているが,教育学者の畑潤はこの勝田の問題提起を継承し,『パイデイア』について新たな考察を行っている[107]。

---

104) 著者不詳「イェーガーのパイデイア」(『哲學研究』第 219 号,1934 年) pp.119-121.

105) 石山,前掲「イェーガーの希臘教育史観について(一)——希臘教育史の国家主義的新解釈」p.23.

106) 勝田守一「イェーガーの《パイデイア》」(1962 年)(『人間の科学としての教育学 勝田守一著作集 6』国土社,1973 年) pp.334-335。

107) 畑,前掲,pp.1-31。同上「古代ギリシアにおける教養思想の形成に関する基礎研究——W・イェーガーによるヘーシオドス理解に学ぶ」(『地域社会研究』都留文科大学地域社会学会編集委員会編,2009 年,19 号) pp.31-36.

訳者あとがき

　翻訳を行う際，特に以下の方々，機関にたいへんお世話になった。心から感謝を申し上げる。ギーセン大学古典文献学科のマンフレート・ラントフェスター教授（Prof. Manfred Landfester），同大学同学科のペーター・フォン・メレンドルフ教授（Prof. Peter von Moellendorff），マールブルク大学歴史学－文化学部のウルリヒ・ジーク教授（Prof. Ulrich Sieg），同大学古典文献学科のアルボガスト・シュミット教授（Prof. Arbogast Schmitt），東京大学駒場キャンパスで教鞭を執られていたガブリエレ・シュトゥンプ先生（Dr. Gabriele Stumpp），首都大学東京都市教養学部の大芝芳弘教授，マールブルク大学図書館，フランクフルト・ドイツ国立図書館，バイエルン州立図書館，東洋大学附属図書館，東京大学附属図書館。そして何よりも『パイデイア』の翻訳を勧め，翻訳の出版を引き受けて下さった知泉書館の小山光夫社長に，心から感謝を申し上げたい。

概念名・作品名・その他の用語解説

(50 音順。本文のみで注は省く。)

───────────

　訳者が，説明が必要と見なしたものに限る。説明に際しては，古川晴風『ギリシャ語辞典』(大学書林，1989 年)，松原國師『西洋古典学事典』(京都大学出版会，2010 年)，高津春繁『ギリシア・ローマ神話辞典』(岩波書店，1960 年)，「世界大百科事典・年鑑・便覧　Ver 2.01.0」(平凡社，1998 - 2000 年)，逸身喜一郎『古代ギリシャ・ローマの文学　韻文の系譜』(放送大学教育振興会，1996 年)，Der neue Pauly. Enzyklopädie der Antike, hrsg. v. Hubert Cancik u. Helmuth Schneider, 16 Bde., Stuttgart 1996 -, Historisches Wörterbuch der Rhetorik, hrsg. v. Gerd Ueding, 11 Bde., Tübingen 1992 - 2014 その他を参考とした。

　アイオーン Aion　　時または永劫を擬人化した神。生涯，人生，運命，永遠などを表す。
　アイテール Äther　　陸の領域の上で天の領域(コスモス)を満たす素材。ギリシア神話において，光や神々の所在として考えられた「天上」の人格化。
　アイドース Aidos　　(廉) 恥，羞恥心，慎み，畏怖などを表し，因果応報(ネメシス)と緊密に結ばれている。しばしば人格化される。その内容については古典文献学者の間で未だに意見が分かれている。
　アカデメイア Akademie　　アテナイ西北の郊外にあった英雄アカデモスの聖地。前 387 年頃プラトンがこの地の庭園に学校を開き，その後 40 年間にわたり研究と教育に専念。以後

概念名・作品名・その他の用語解説　　755

アカデメイアはプラトンの学園の名として世に知られるようになる。

アクロポリス Akropolis　ギリシアのポリスにおける宗教・政治の中枢をなす高い丘。防御に適する堅固な高所が選ばれ，古くは城砦・王城の地として発展。後にはポリスの守護神などの諸神殿が建てられた。

アゴーゲー ἀγωγή, Agoge　スパルタにおいて包括的かつ中心的に組織され，厳格さによって有名な軍隊式教育制度，生活様式。これに基づいて，王族を除くスパルタの全男性市民は身体的に過酷な訓練を行わなければならなかった。

アゴラー Agora　ギリシアのポリスにおける中心的な祝祭，集会，市場の場所。同時に重要な公共機関でもあった。

アゴーン Agon　目的から自由な行為としての闘争，競争，論争，体操競技などを表す。ブルクハルトによれば，これがギリシア人の固有性を特徴付け，前6世紀のギリシアは芸術家，歌手，詩人，哲学者などによるアゴーンがゆえに繁栄したという。

アーテー Ate　ギリシア神話中，不和の女神エリスの娘で，ゼウスの長女。愚行・迷妄の女神。神々と人間とを問わず理性的判断を失わせ，無責任な行動や過ちへと駆り立てる。ホメロスにおいては具体化，人格化されて現れる。

アルコーン Archon　ギリシアのポリスにおける指導的な官職の担い手，最高執政官。

アレイオス・パゴス Areopag　アレスの丘という意。アテナイのアクロポリス北西の岩の上にある。ここで最高審議会が開かれた。最高審議会はポリス最古の団体で，その歴史はアテナイの神話的な初期の時代まで遡る。

アレター Areta　アレテーのアッティカ方言での双数形。
アレタイ Aretai　アレテーの複数形。
アレテー Arete　人間本性を究極的に実現しているような人間のあり方，優れた状態。通例，卓越性，優秀性，徳，勇気，熟練などと訳される。本訳書では原則として「アレテー」と表記した。ただし意味がほぼ確定できると思われる場合は，

対応する日本語の訳語を付した。

イアンボス Iambos　　短韻の後に長韻が続く組み合わせの詩脚。諷刺・揶揄・個人攻撃・性に関する冗談と，しばしば結び付く。その韻律は，後に悲劇・喜劇の台詞の韻律として使われるようになった。

イソノミアー Isonomie　　ギリシアのポリスにおける，全男性成年市民の政治的な平等。民主政の基礎をなす。前508/507年頃，アテナイのクレイステネスが，これに基づく改革を行った。ソロンによって前594年に導入された社会秩序である優れた法秩序(エウノミアー)と対立的に理解され，主に僭主政と，貴族の一派の支配を妨げることを目的とした。

イデア ιδέα　　プラトン哲学の根本概念。古代ギリシア語の動詞「見る είδω」から派生し，元来は「見られるもの」としての姿や形などを意味する。彼によれば，感性的に知覚できる現象の根底にある，不変の，精神的にのみ把握できる原像。

エウノミアー Eunomie　　「優れた法秩序」の人格化。ポリスの基本的観念。テュルタイオスの詩，クセノパネスの断片がこの言葉をすでに用いている。ソロンは自らの政治的プログラムである同名のエレゲイアーにおいて，同時代のアテナイの苦境——強者の汚職，法を破ることなど——の原因を神ではなく人間の無力の中に見出し，それを市民たちの努力によって乗り越える道を，このエウノミアーによって表現した。(仲手川良雄『古代ギリシアにおける自由と正義』を参照)

エートス Ethos　　住み慣れた地，慣習，性格，気質，高い徳性を育てる力などを意味する。人物，共同体，特に社会集団の人倫的な志操。

エフォロイ Ephorat　　ドーリア系ギリシア諸ポリスで毎年，選ばれた行政官，監督官。スパルタの例が最も有名で前700年頃，テオポンポス王によって導入された。定員5名，任期1年。民会から選出され，長老会に列席した。

エレゲイアー Elegie　　五歩格(五つの同一の詩脚またはまとまった韻律からなる詩行)，後には五歩格と六歩格(六つの同一の詩脚またはまとまった韻律からなる詩行)から構成さ

概念名・作品名・その他の用語解説　　757

れた二行詩の形式で書かれた。内容について, 初期には酒, 戦闘, 死者への嘆きなどを扱い, その広がりは大きかった。後には悲しみや嘆きの歌へと制限され, しばしば笛(アウロス)の伴奏を伴った。

　エロス Eros　　ギリシアの, 性愛的な欲望としての「愛」を擬人化した神。『神統記』では, 世界創成の初めに混沌(カオス)から生まれ出た最も美しい神と詠われている。古典期には, ギリシア人貴族が称揚した男色の守護神として重要視された。

　オルケストラ Orchestra　　古代ギリシアの劇で合唱団が登場する, 舞台前の半円形の場所。

　カリス Charis　　美, 優美さ, 明朗さ, 豊穣を体現する女神のグループ。光輝(アグライア), 愉楽(エウフロシュネー), 祝祭の歓び(タリア)の三体からなる。ホメロスにおいて初めて登場する。

　カロカガティア kalokagathia　　「善美」(「美 kalos」と「善 agathos」)の意。この語は従来, ホメロスの伝統における貴族の自己表示として解釈されてきた。

　観想的生活 βίος θεωρητικός, vita contemplativa　　アリストテレス『ニコマコス倫理学』によれば人間の生活は享楽的, 政治的, 観想的生活の三つに区別され, 観想的生活の中に究極の幸福があるという。

　キタラー Kithara　　琴に似た弦楽器。半円のアーチと七つの弦を伴う。最も高貴な楽器の一つで, 特にアポロンを称える祭儀など, 祝祭の機会に演奏された。ギリシアで前古典期から広汎に普及し, 多様な形で用いられた。

　キュクロスの叙事詩人 Epiker des Kyklos　　キュクロスは「環」「それ自体で完結したもの」という意。通例トロイア戦争を題材とした, 『イリアス』と『オデュッセイア』を除いた作品, すなわち今日, 現存していない『キュプリア』『アイティオピス』『小イリアス』『イリオスの陥落』『帰国物語』『テレゴネイア』の作者を指す。

　コスモス Kosmos　　混沌(カオス)に対して, 美しい秩序を備えた世界。本訳書では, 文脈に応じて宇宙(の秩序), 国家体制, (世

界の）秩序，秩序付けられた全体と訳し分けた。

コーモス Komos　　特にディオニュソスを称えるための，荘重で喜ばしい，奔放で儀礼化された行列。キタラーあるいは笛（アウロス）が伴奏の楽器として用いられた。

三学科 Trivium　　中世盛期の大学における基礎研究を形成した，七つの自由学芸の中の三つの言語的・文学的な学科。ラテン語で教授された文法（文学を含む），討論術・論理学，修辞学（法学・倫理学を含む）からなった。

自然主義 Naturalismus　　自然をあらゆる現象の規範や根拠として説明する教説。自然の意味によって，様々な立場が生まれる。

七賢人 Die sieben Weisen　　プラトンによれば，タレス，ピッタコス，ビアス，ソロン，クレオブロス，ミュソン，ケイロン。彼らは皆，金言（グノーメー）による諺の英知を遺した。

種 Art　　生物の分類および存在の基本的な単位。特に自然条件によって相互に退け合い，豊かな繁殖上の混合へ達することのない共同体。

数秘術 Zahlenlehre　　数を解釈するための，古くから伝承された英知。

ソフィアー σοφία　　知恵。原理つまり最も崇高に存在するものに関する知識。ギリシアの哲学・宗教，プラトニズムなどの中心的な価値概念の一つ。

ソーフロシュネー Sophrosyne　　思慮（フロネイン）の人格化。熟慮し自らを支配する平静さ。衝動性とは反対に，性急で軽率な決定や行為を避けるため，特に困難で慎重な配慮を要する状況下で思惟に優位を与える。

ダイモーン Daimon　　ギリシア人の信じた神霊。宿命としての霊あるいは宿命的な力として理解される。

ダルマ Dharma　　法，正義，人倫，倫理的・宗教的な義務を含む。ヒンドゥー教，仏教における中心概念で，宗教によって異なった意味を持つ。仏教では，固有の性質を保ち，物事の

概念名・作品名・その他の用語解説　　　759

理解を生じさせるもの，という語源解釈が行われている。

　ディカイオシュネー δικαιοσύνη, Dikaiosyne　　私人ではなく，国家や政府の正義あるいは誠実の人格化。アリストテレスによれば，「それを身につける時，ひとびとが正しいことを行なう性質のひとになり，それをもつことによって正しく行為するとともに，正しいことを願うような性向」(『ニコマコス倫理学』1129a5~7 加藤信朗訳)。それゆえ司法の技術をも意味した。

　ディケー Dike　　ギリシア神話中，正義を擬人化した女神。通例，慣わし，正義，判決，裁き，償い，司法などと訳される。この語は一義的に意味を確定することが困難なため，本訳書では原則としてカタカナで「ディケー」と表記した。

　ティシス Tisis　　(先行する価値評価によって決まった) 代償，報復。

　ディーテュランボス Dithyrambos　　ディオニュソスを称えるための，祝祭で歌われた合唱歌。アテナイのディオニュソス祭で演じられ，競演種目となった。

　テオーリアー Theoria　　観想，眺めること，思弁。観客である状態を表現。「観想的生活」を参照。

　テクネー Techne　　技芸，技術。元来あらゆる種類の能力，器用さ，熟練として用いられ，自然(ピュシス)，理論的な知(エピステーメー)などに対置させられる。適用領域は手仕事，造形芸術，文芸，音楽，治癒術，スポーツ，占星術などに及ぶ。

　テュケー Tyche　　ギリシア神話中，運命を擬人化した女神。僥幸や偶然の機会をもたらす。ゼウスもしくはオケアノス(オケアニデス)の娘，因果応報(ネメシス)の姉妹。

　テュポス Typos　　「τύπτω 打つ」あるいは「τυπόω 刻印する」から導出され，手仕事・芸術の領域において「刻印付ける形式」を意味する。模範や範型という意味においては，範例(パラディグマ)という概念に近い。

　デロス同盟 Attischer/Delischer Bund　　アテナイと小アジア，周囲にあるポリスとの間で結ばれた連合組織。ペルシア戦争の結果，前 478/477 年に締結された。ペルシア人を将来，ギ

リシア人の居住する島および周辺領域によってエーゲ海から遠ざけ，重要な海の交易路を守ることを目的とした。

二律背反 Antinomie　論理的な矛盾の一種。互いに矛盾する言明が同様に十分に基礎付けられ，あるいは証明される事態。

ノモス Nomos　あらゆる生き物の下で有効なものという意味で，法律，慣習，秩序，取り決めなどを表す。この語は一義的に意味を確定することが困難なため，本訳書では原則としてカタカナで「ノモス」と表記した。

ハーデース Hades　元来ギリシアの下界の神，死者の国。冥府の支配者としてはクロノスとレアの息子で，ゼウス，ポセイドンなどの兄弟。ティタン神族(ティーターノマキアー)の戦いでの勝利の際，くじ引きで地下の世界を引き当て，幽冥界に君臨した。

パラデイグマ παράδειγμα, Paradeigma　範例，範型，モデル。哲学上の意味では，存在論的な意味で模写の原像。プラトンはこの語をイデア哲学の文脈へと据え，イデアと形相(エイドス)と同様，普遍的な意味を付与した。

パラバシス Parabasis　アッティカ喜劇において合唱団が仮面を脱ぎ，観客に作者の意図や政治・社会風刺を歌い，語る部分。

ヒストリエー ἱστορίη, Historie　「経験による探究」という意味から出発し，「探究の結果」つまり「知識」を経由し，ヘロドトスにおいては「探究を文字で表現したもの」つまり「歴史作品」という意味へと至った。

ヒューブリス Hybris　「傲慢」を擬人化したギリシアの女神。神々に対する人間の過度の不遜を示す言葉。シシュフォスやイクシオン，タンタロスなどは，この罪ゆえに死後，冥界(タルタロス)で永遠の罰を受けているという。

ピューレー Phyle　ギリシア人が属した部族。これへの帰属を通して彼らは，血縁上の関係を介して自らの氏族の成員となった。

概念名・作品名・その他の用語解説　　761

プシューケー Psyche　　元来「息、呼吸」という意味。ギリシア・ローマ神話中、人間の「魂」を擬人化した女神。古代ギリシア語では非常に広い意味で理解され、生き生きとしていること、それどころか生命力として理解された。

物活論 Hylozoismus　　生あるいは自己運動の能力は、素材に対置させられた原理（例えば神的な理性）によるのではなく、物質の属性であるとする宇宙論上の考え。イオニア自然哲学、特にミレトス学派やヘラクレイトスの哲学詩という伝統に由来するとされた。

フロネイン φρονεῖν, フロネーシス φρόνησις　　思慮。ヘラクレイトスによれば、認識と行為の関連を保証する精神的な能力。アリストテレスによれば、理性と関係付けられた実践的な根本態度。

ヘイロータイ Heloten　　スパルタ人に征服されたラコニア地方の先住民で、スパルタの奴隷身分の農民。第二次メッセニア戦争（前7世紀）の後、敗れた西隣のメッセニア地方の住民もこの身分に転落させられた。

ヘタイレイアー Hetärie(n)　　政治結社。前5世紀アテナイにおける、主として職業や宗教団体を同じくする人々の交友組織。その成員の大多数は既存の民主主義に反対し、寡頭政という目的を追求した。

ペーメー φήμη, Pheme　　噂を表す。元来、知らせ、ないしは出所がはっきりしない暗示を意味した。

法治国家，法律国家 Rechtsstaatm, Gesetzesstaat　　「法治国家」とは、構成された国家権力が法によって拘束されており、それによって個々人の自由を確かなものとするため、法によって行為が制限されている国家。「法律国家」は、特に実質的な法治国家理解の代表者によって通例、軽蔑的あるいは副次的な意味で、他の定式化においては「形式的な法治国家」と性格付けられるものを表現するために用いられる。この法律国家という概念は、ワイマール共和国時代からナチズムの時代にかけての国家論において、市民社会、自由主義、議会主義、共産主義、ユダヤ人などを揶揄する際にしばしば用いられた。

民族共同体 Volksgemeinschaft　民族主義的なイデオロギーにおいて，主に人種的あるいは種族的に理解された民族の平等主義的な統一を表現する。第一次世界大戦後，ドイツのほぼ全ての政党がこの概念を用いた。ナチズムの時代，「民族共同体」はプロパガンダの指導的な概念となった。

メガロプシューコス Megalopsychos　度量の広さ。アリストテレスによれば，並外れたアレテーを体現した貴族的な模範。

メロス Melos　古代ギリシア音楽の歌，メロディー，旋律。

ユンカー Junker　19世紀前半から，東エルベ（エルベ川東部，すなわち東部ドイツ）の保守的貴族に対する軽蔑の意味を込めた呼び名として，広く用いられた。

四学科 Quadrivium　中世における数学的な学科，つまり代数学，幾何学（地理学・自然史を含む），音楽（理論），天文学（当初は占星術）を表す。言語的な学科である三学科と同様ラテン語で教授され，これと併せて自由七学科を形成した。

羅列する詩情 Katalogpoesie　神々と死すべき者との関係に基づいて，英雄の部族が系譜学的に記される詩情。ヘシオドスと関係付けられる。

リュラー Lyra　古代ギリシアの七弦の（竪）琴。前古典主義期以来，非常に普及し，多様な形で用いられた。

レートラー Rhetra　スパルタの国制を規定した文書。伝説によればリュクルゴスがデルポイの神託から受け，混乱したスパルタに授けた。口承で伝えられたと推定される。

ロゴス Logos　言葉，議論，計算，比例，尺度，理法，理由，根拠などの意味を持つ。「$λέγω$ 言う」という動詞から導出され，ギリシアの哲学者により包括的かつ多様な意味で用いられた。

人名・神名・地名・家名・部族名の用語解説

（50音順。本文のみで注は省く。）

訳者が，説明が必要と見なしたものに限る。説明に際しては，松原國師『西洋古典学事典』（京都大学出版会，2010年），Der neue Pauly. Enzyklopädie der Antike, hrsg. v. Hubert Cancik u. Helmuth Schneider, 16 Bde., Stuttgart 1996-, 平凡社「世界大百科事典・年間・便覧」Ver 2.01.0（平凡社，1998-2000年）その他を参考とした。

アイアス Aias（大アイアス）　ギリシア神話中，トロイア戦争で活躍した英雄。アキレウスに次ぐ無双の武将。トロイア戦争が起きると出征し，その巨大な体躯と剛勇，立派な容姿により盛名を馳せた。アキレウスの戦死後，その武具の所有をめぐってオデュッセウスと争った結果，彼に敗れ，乱心したアイアスは牛羊の群れをギリシア人と錯覚して手あたり次第に殺し，正気に返ると己を恥じて自刃した。

アイオリス Äolien　小アジア西岸北部のエーゲ海に臨む地方。前2000年期末にアイオリス系ギリシア人がボイオティアおよびテッサリアから植民を始め，ここへ定住した。

アイギストス Aigisthos　ギリシア神話中の人物。従兄アガメムノンの妻クリュタイムネストラと密通し，彼女と共謀してトロイア戦争から凱旋したアガメムノンを殺害。7年間王位にあったが成人して帰国したオレステスによって，クリュタイムネストラ共々殺害された。

アイギナ Aigina　サロニコス湾のほぼ中央にある島。アテナイの外港ペイライエウスから南西に位置する。ニュンペの

アイギナにちなんで名付けられた。

アカイア人 Achäer　ギリシア民族の一派。伝承によれば，イオンの兄弟(アカイオス)を祖とする人々で，かつてギリシア本土に広く定住。ホメロスの叙事詩では，アガメムノンを総帥としてトロイアへ遠征したギリシア人全体，わけても英雄アキレウス旗下のテッサリアの軍勢を指す。

アガメムノン Agamemnon　ギリシア神話中のミュケナイ王。弟メネラオスの妻ヘレネが誘拐されたためトロイア遠征軍を率いて出陣し，10年におよぶ攻囲戦の間，ギリシア軍の総司令官を務めた。トロイア陥落後，彼の不在中にアイギストスと不義を働いていた妻により，謀殺された。

アキレウス Achilleus　『イリアス』の主人公。ペレウスとテティスとの間の一人息子。ギリシア軍第一の勇士としてトロイア戦争に出陣し，愛する親友パトロクロスの死に激怒した彼は，ヘクトルを殺して復仇した。しかし自らもアポロンもしくはパリスの射た矢に踵を射抜かれて死ぬ。

アクシラオス Akusilaos　前6世紀後半。ギリシア最初期の伝承作者(ロゴグラーフォイ)。父親が自宅から掘り出した青銅版の文章を基に，系譜をイオニア方言で表した。最古の歴史家と呼ばれる。

アクラガス Akragas　シチリア南海岸近くの都市。エンペドクレスの生地として知られ，古代地中海世界において大いに繁栄したギリシア人植民市。

アゲシラオス Agesilaos（2世）　前440 - 前360年頃。エウリュポンティダイ家のスパルタ王。前396年，小アジア沿岸のギリシア都市をペルシアから解放すべく遠征し諸所に転戦。クセノポンは，彼を勇気・知恵・自制・敬虔・公正などあらゆる徳を備えた立派な王の理想像として描き出した。

アスクラ Askra　ギリシア中部ボイオティアのヘリコン山，北西麓にあった小村。ヘシオドスの生地として知られる。

アスクレピオス Asklepios　ギリシアの医術の神。ケンタウロスの賢者ケイロンに養育されて医術を学んだことになっている。名医となり，アテナから授かったゴルゴンの血によって死者を蘇生させる力を得，数々の伝説上の人物を生き返らせ

た。

アタルネウス Atarneus　　アイオリス地方における古代の都市。前4世紀ヘルメイアスの統治した都市として栄えた。ここでアリストテレスがおそらく前347年から前345年にかけて客人として滞在。

アテナ Athena　　ギリシアで最も重視される女神。ゼウスの愛娘で，戦争および様々な技芸を司る処女神。オリュンポス十二神の一柱。

アドラストス Adrastos　　ギリシア伝説中のアルゴス王。父タラオスが殺された折シキュオン王ポリュボスの許へ逃れ，後にその王国を継承。娘アルゲイアをポリュネイケスに妻わせ，彼を祖国の王位に復することを約束，彼のためテーバイ遠征軍を起こした。途上ネメアを通過した際，幼児オペルテスの死を悼んでネメア競技祭を創始した。

アトレウス Atreus　　ギリシア神話中，アトレウス家の一員，ミュケナイ王。母の差し金で弟テュエステスと共に異母兄弟クリュシッポスを殺害。妻を弟テュエステスに寝取られ，弟の子供たちを殺して八つ裂きにし，人肉料理にして弟の食卓に供した。

アトレウス家 Atriden　　タンタロスと彼の子孫。ミュケナイに依拠して勢力を扶植した有力な家系。肉親間の謀殺，姦通といった無残な犯罪が繰り返し演じられる運命を担わされた。

アナクサゴラス Anaxagoras　　前500頃-前428年頃。イオニア出身の自然哲学者。イオニアの自然哲学を初めてアテナイに導入し，ペリクレスやエウリピデスの師となった。万物の構成要素としてそれぞれ性質の違う無数の微小な種子を考え，原初にそれらの種子は混じり合っていたが，知性（ヌース）の働きにより運動が生じ，各種のものが秩序付けられてこの世界を造った，と説いた。

アナクシマンドロス Anaximander　　前610頃-前546年頃。ギリシアの自然哲学者。イオニアのミレトスの出身。タレスの友人にして後継者とされる。散文でギリシア最古の哲学書『自然について』を著したというが，散逸して断片のみ残存。

万物の根源を「無限定なもの」と見なし，この永遠にして不滅の"神的"原質から冷，熱，乾，湿が分出し，それら対立する要素の抗争から万象が派生すると説いた。

アナクシメネス Anaximenes　　前 586/584 頃 - 前 528/524 年。ギリシアの自然哲学者。イオニアのミレトスの出身。アナクシマンドロスの弟子，後継者。万物の根源を空気と見なし，その希薄化によって火，濃密化によって水，さらに土が生じ，他の全てもこれらから生成すると説いた。このような希化と濃化を通じて生じた万物は，再び空気に解体すると主張した。

アナクレオン Anakreon　　前 570 頃 - 前 485 年頃。イオニアのテオス出身の抒情詩人。サモスの僭主ポリュクラテスに招聘され，その宮廷で過ごした。各地の王侯貴族の下で優雅な生活を送った。その洗練された詩風は広く愛好され，後世にも大きな影響を与え，多数の模倣者を出した。

アブデラ Abdera　　ギリシア北東部トラキア南岸の町。前 7 世紀，クラゾメナイの植民市として始まる。デモクリトス，プロタゴラスを輩出した。

アプロディテ Aphrodite　　ギリシアの愛，美，豊穣の女神。オリュンポス十二神の一柱。ローマのウェヌスと同一視される。ホメロスの叙事詩によると，ゼウスとディオネの娘で，鍛冶神ヘパイストスの妻。

アポロニア Apollonia　　アドリア海東岸，イリュリアにあったギリシア人植民市。前 588 年，コリントスからの入植者の参加の下に，コルフのドーリア植民地として建設され，その名称はアポロン神にちなんで命名された。

アポロン Apollon　　ギリシアの主要な男神。ゼウスの寵児で，オリュンポス十二神の一柱。音楽・弓術・予言・医療・牧畜・文芸などを司る。光明神として光り輝く者（フォイボス）の称号を得，前 5 世紀以後は太陽神とも見なされ，ヘリオスと同一視されてその権能を吸収した。

アミュントル Amyntor　　ギリシア神話の登場人物。クレオブレとの間にポイニクスとクラントルという二人の息子，後にヘラクレスの愛人となるアスティダメイアという娘をもうけ

人名・神名・地名・家名・部族名の用語解説　767

た。

アモルゴス Amorgos　　エーゲ海のキュクラデス諸島の島名。ナクソス島の東南に位置し，前7世紀末に抒情詩人セモニデスがサモスからの植民者を率いて移住してきた地として知られる。

アリスティッポス Aristippos　　前435頃 - 前350年頃。ギリシアの哲学者。快楽主義を標榜するキュレネ学派の創始者とされる。北アフリカ沿岸のキュレネに生まれる。各地で哲学・修辞学を教えた。巧みな弁舌で，ディオニュシオス1世の宮廷にも仕えた。

アリステイデス Aristeides　　前520以前 - 前468年。アテナイの政治家，将軍。廉直をもって聞こえ，「正義の人」と渾名される。裁判において常に公正を守り，その徳性ゆえに賞賛を受けた。前490年マラトンの戦いへ将軍の1人として派遣され，有能なミルティアデスに全指揮権を委ねるように提案・実行し，その作戦下に大勝を得た。前489年に最高執政官（アルコーン）となったが，テミストクレスと対立を始めた。

アリストゲイトン Aristogeiton, ハルモディオス Harmodios ? - 前514年。ペイシストラトス家の僭主政打倒を試みたアテナイ市民。二人は恋人同士で，アリストゲイトンは中流階級の男性，ハルモディオスは「当時，若い男盛りにあった」美青年。僭主ヒッピアスの弟ヒッパルコスがハルモディオスに横恋慕し，しきりに言い寄ったものの拒絶された。アリストゲイトンは愛人を力づくで奪われるのではないかと恐れ，友人らと語らって僭主政打倒の陰謀を計画。ヒッパルコスを殺害した。

アルカイオス Alkaios　　前625/620頃 - 前580年頃以降。レスボス島のミュティレネに生まれた名門貴族。アイオリス方言で詠った最初の大抒情詩人。閨秀詩人サッポーとほぼ同時代に活躍。僭主の座についたミュルシロスやピッタコスとの間に政争を繰り広げた。

アルキダマス Alkidamas　　前375年頃。小アジア西岸アイオリス地方のエライア出身の修辞学者。ソフィストのゴルギアスに師事した後，アテナイに逗留して弁論術を教えた。該博

な知識に基づく即興を重んじ。光彩陸離たる華麗な言辞で聴衆の耳を喜ばせることを説いた。

アルキダモス Archidamos（2世）　在位，前476頃-前427年。スパルタのエウリュポンティダイ家出身の僭主。アテナイのペリクレスと交友関係があり，アテナイとの戦争に反対したが容れられず，ついに開戦に至った。

アルギヌサイ Alginusen　アイオリス地方の沿岸，レスボス島のミュティレネとの間に位置する三つの小島。ペロポネソス戦争末期の前406年夏，この付近でスパルタ海軍がアテナイ海軍に撃破された。この海戦後スパルタから和議の申し立てがあったにもかかわらず，アテナイはそれを拒絶したため，有利な立場で戦争を終結させる最後の好機を失った。

アルキノオス Alkinoos　ギリシア神話中，パイアケス人の王。姪アレテを娶り，一女ナウシカアと五男をもうけた。スケリア島の華麗な宮殿に住み，島に漂着したオデュッセウスを手厚くもてなし，イタケへ送り届けた。

アルキビアデス Alkibiades　前451-前404年。アテナイの政治家，軍人。ペロポネソス戦争ではクレオン亡き後の主戦派の領袖としてニキアスと対立。休戦状態を破らせ，前415年にはシチリア遠征を実現させた。

アルキミダス Alkimidas　アイギナ人。ネメア競技祭における格闘技での勝者。

アルキロコス Archilochos　前714頃-前676年頃。ギリシア最初期の抒情詩人。パロスの出身。貧窮に追われて故郷を離れ，傭兵として各地を放浪。フェニキア系先住民との戦闘中に楯を捨てて逃げ帰り，その逃亡を茶化する諷刺詩を作った。

アルクマイオン家 Alkmeoniden　ネストルの曾孫アルクマイオンの子孫と称するアテナイの名門貴族。前7世紀から前5世紀にかけて，アテナイの政界で指導的な役割を果たした。同家出身で著名な人物としてはクレイステネス，メガクレス，ペリクレス，アルキビアデスがいる。

アルクマン Alkman　前7世紀後半。ギリシアの抒情詩人。現存する最古の合唱抒情詩の作者。文運盛んなりし頃のスパル

タで活躍したが，生まれはリュディアのサルデイス。祝祭の折に少年や少女たちの合唱隊により歌われた諸神への讃歌で知られる。「恋愛詩の創始者」とも言われる。

　　アルケラオス Archelaos　　前5世紀中頃。イオニア学派のギリシアの哲学者。ミレトスもしくはアテナイの生まれ。アナクサゴラスの弟子。自然哲学をイオニアからアテナイへもたらした。

　　アルゴス Argos　　ペロポネソス半島北東部アルゴリス地方の首都。特にアルゴリス地方全体をも指す。神話伝説では，アルゴス王家はイナコスに始まり，のちダナオスの家系に移り，次いでペロプスの子孫たちの手に帰した。

　　アルゴナウタイ Argonauten　　アルゴ号の乗組員の意。ギリシア神話中，イアソンと共に巨船アルゴ号に乗り，金羊毛皮を求めてコルキスの地へ赴いた50人の勇士たちの称。すでに『オデュッセイア』においてこの冒険譚は周知の物語のごとく扱われ，ついでヘシオドスやピンダロスにも歌われ，種々の伝承が古典期に流布していた。

　　アルテミス Artemis　　ギリシアの月と狩の女神。オリュンポス十二神の一柱。神話によれば，男を遠ざけ永遠に処女を守ったという。

　　アレクサンドレイア Alexandria　　アレクサンドロス大王とその後継者により広大な帝国内の要地に建設されたギリシア人都市。有名なのはエジプト北岸，ナイル川デルタの西端に位置する海港都市。前332年に創建された。

　　アレス Ares　　ギリシアの戦争の神，オリュンポス十二神の一柱。たくましい巨躯を持つ美男子と見なされた。

　　アレテ Arete　　パイアケス人の王アルキノオスの妻。オデュッセウスの守護神アテナは彼に，助けを求めるため名声のある王妃アレテに頼るよう『オデュッセイア』第7歌で助言する。

　　アロペケ Alopeke　　アテナイの市区(デーモス)。アリステイデスやソクラテスの出身地。

　　アンティオペ Antiope　　ギリシア神話中，テーバイ王ニュ

クテウスの娘。美女だったので大神ゼウスに見初められ、懐妊した。双生児を生んだが、子供たちは山奥に遺棄され羊飼いの手で養育された。その後、子供たちと再会し、彼らは母を虐待したディルケを殺し母の仇を討った。エウリピデスに同名の悲劇がある。

　　アンティゴネ Antigone　　ギリシア神話中、テーバイ王オイディプスの娘。父の死後、兄弟が一騎打ちで共倒れになった時、叔父のクレオンは弟ポリュネイケスを逆族と宣告し、その埋葬を禁じた。しかし彼女は敢然としてポリュネイケスの葬礼を行い、死刑の宣告を受け、生きながら地下牢に投ぜられ縊死した。ソポクレスに同名の悲劇がある。

　　アンティステネス Antisthenes　　前 455/444 頃 - 前 365/360 年頃。ギリシアの哲学者。アテナイの生まれ。キニク派の祖と目される。初めゴルギアスに学び教師をしていたが、後にソクラテスの熱心な弟子となる。ソクラテスの禁欲的で質実剛健な実践面を継承した。

　　アンティフォン Antiphon　　前 480 頃 - 前 411 年。アテナイの弁論家。アッティカの十大雄弁家のうち最も早く現れた。弁論代作者の祖と称される。極端寡頭派に属し、前 411 年にはペイサンドロスらと共に 400 人会と呼ばれる寡頭政政府の樹立に尽力し、その主導者となった。しかし数か月を経ずして穏和寡頭派に敗れ、反逆罪に問われて死刑に処された。

　　アンティロコス Antilochos　　ギリシア伝説中、ピュロス王ネストルの長子。トロイア戦争に出征したギリシア軍の勇士中、最も若く美しかったため、英雄アキレウスに愛された。父ネストルの危機を救おうとして、トロイア軍の客将メムノンに倒された。

　　イアソン Iason　　ギリシア神話中、テッサリアの英雄。父が異父兄弟ペリアスに王位を奪われたため、賢者ケイロンに育てられた。ペリアスは彼へ、コルキスの金毛羊皮を持ってくる難題を課すが、彼はこれをコルキス王の娘メデイアの助けで解決し、ペリアスを殺して復讐を遂げた。メデイアと結婚しコリントスで 10 年、幸せに暮らすが、コリントス王の娘グラウケ

人名・神名・地名・家名・部族名の用語解説　771

を妻にしようとしたため，メデイアは彼の許を去った。

イウリス Iulis　キュクラデスのケオス島の首都。シモニデス，バッキュリデス，プロディコスの生地として知られた。

イオカステ Iokaste　ギリシア神話中，テーバイ王オイディプスの母にして妻。初めテーバイ王ライオスに嫁いでオイディプスを産み，後年わが子と知らずしてオイディプスと再婚し，エテオクレス，ポリュネイケス，アンティゴネ，イスメネの二男二女の母となった。後に真相が明らかとなるや，衝撃のあまり自ら縊死したという。

イオニア Ionia　小アジア西岸のエーゲ海に臨む地方。南をマイアンドロス川，北をヘルモス川，東をリュディア地方で画された南北に狭い地域。

イオニア海 Ionia　ギリシアとイタリア，シチリアとの間に広がる海。

イオン Ion（神話上の人物）　ギリシア神話中，イオニア人の名祖。現存するエウリピデス『イオン』によればアポロンとクレウサの子。生まれるや母の手で洞窟に棄てられたが，デルポイに運ばれて巫女に育てられ，後に子供に恵まれないクストスとクレウサが神託を求めてやって来た折に母子の再会を果たしたということになっている。

イオン Ion（詩人）　前490/480頃-前422年。キオス出身の詩人，著述家。主にアテナイで活躍した。裕福にして温厚な人柄の持ち主で，キモン，ソクラテスらアテナイの著名人と親交を結び，その著『面談録』は彼らをめぐる逸話の源泉となった。

イストモス Isthmos　特にギリシア中央部とペロポネソス半島とを結ぶコリントス地峡を指す。西側にコリントスがあり，古くから交通の要地として重視される。東側のポセイドン神域においては，音楽と体育の競技会であるイストミア競技祭が開催された。

イスメネ Ismene　ギリシア伝説中，テーバイ王オイディプスとイオカステとの間に生まれた娘。エテオクレス，ポリュネイケス，アンティゴネの妹。アンティゴネが禁令を破ってポ

リュネイケスを埋葬しようとした時に協力を拒んだが，後にアンティゴネと死の運命を共にしたとされている。

イソクラテス Isokrates 前436-前338年。アテナイの修辞学者・政治評論家。アッティカ十大雄弁家の一人。ソフィストに学んだ後，職業的な弁論代作者となり，前392年頃アテナイに修辞学の学校を設立。たちまちにして名声と富を得た。博い教養を以て弁論術を教え，プラトンらのアカデメイアに対抗，優れた子弟を送り出した。『パイデイア』第三分冊において彼の教育論が取り上げられる。

イタケ Ithaka ギリシア西方，イオニア海上に浮かぶ小島。伝説上の英雄オデュッセウスの領土として古来，名高い。

イトメ Ithome ギリシアのメッセニア地方の山および城砦都市。第一次メッセニア戦争の折，メッセニア人は20年にわたってこの城砦に立てこもりスパルタ軍と交戦した。

イビュコス Ibykos 前6世紀中頃-後半に活躍。ギリシアの抒情詩人。各地を歴訪した後，レギオンの僭主となるのを拒む。サモスのポリュクラテスの宮廷へ赴き，多くの合唱抒情詩や恋愛詩を作った。

イプセン，ヘンリク Ibsen, Henrik 1828-1906年。ノルウェーの劇作家。『ペール・ギュント』『人形の家』が代表作。社会劇，自然主義演劇を確立した。

ウァロ，マルクス・テレンティウス Varro, Marcus Terentius 前116-前27年。共和政末期のローマの学者，著述家。サビーナのレアーテに生まれる。ローマの公共図書館長に任ぜられ，書籍蒐集，執筆活動を続けた。

ヴィラモーヴィッツ＝メレンドルフ，ウルリヒ・フォン Wilamowitz-Moellendorff, Ulrich von 1848-1931年。ドイツの古典文献学者。グライフスヴァルト大学，ゲッティンゲン大学，ベルリン大学教授。歴史学的な古典文献学研究を大成した。

ヴィンケルマン，ヨーハン・ヨアヒム Winckelmann, Johann Joachim 1717-68年。ドイツの考古学者，美術史学者。『古代美術模倣論』『古代美術史』を著す。近代的な学問

としての考古学，美術史学の基礎を築いた。

ヴェルカー，フリードリヒ・ゴットリープ Welcker, Friedrich Gottlieb　1784-1868年。ドイツの古典文献学者，考古学者。ギーセン大学，ゲッティンゲン大学，ボン大学教授。著書に『ギリシアの神話学』等がある。

エイレーネー Eirene　ギリシアの「平和」を擬人化した神。ヘシオドスによれば，ゼウスとテミスの娘，正義（ディケー）と秩序の女神（エウノミアー）の姉妹で，季節の女神（ホーライ）の一人。

エウクテモン Euktemon　前430年頃。アテナイ出身の天文学者，気象学者，地理学者。メトンと共に，その観測記録が残されている。プトレマイオスの報告によれば，それには前432年の夏至の観測が含まれる。

エウノミアー Eunomia　正義（ディケー）と平和（エイレーネー）と並んでギリシア神話における季節の女神（ホーライ）の一人で，ゼウスとテミスの娘。秩序の女神，時には平和の守り手として祝われた。

エウボイア Euboia　ギリシア中部の東岸に隣接する島。エーゲ海ではクレタに次いで大きい。

エウポリオン Euphorion　悲劇詩人アイスキュロスの父。詳しいことは不明。

エウポリス Eupolis　前446/445 - 前411年頃。アテナイの喜劇詩人。アリストパネスと並んで，古喜劇の代表的な作家の一人。競演で7回，優勝。

エウマイオス Eumaios　ギリシア伝説中，オデュッセウスの忠実な豚飼い。

エウメニデス Eumenides　「慈しみの女神たち」の意。ギリシア神話中，復讐の女神たち（エリニュエス）の婉曲的呼称。

エウリュクレイア Eurykleia　ギリシア伝説中，オデュッセウスの忠実な乳母。『オデュッセイア』によれば，主人がトロイア戦争出征から20年を経た後，乞食に身をやつして帰館した時，その足の傷跡から彼を認めた。

エゲスタ Segesta　ラテン語形はセゲスタ。シチリア北西部の都市。前6世紀初頭以降セリヌスと絶えず抗争を繰り返し，その結果，前415年のペロポネソス戦争中，盟邦アテ

ナイ軍にシチリア遠征を要請し，これが行われた。

エテオクレス Eteokles　ギリシア伝説中のテーバイ王。オイディプスとイオカステの子，ポリュネイケスの兄。エテオクレスとポリュネイケスは交互に1年ずつテーバイを統治する約束を取り決めたものの，期限が来ても兄は弟に王位を譲らず，弟を追放。アルゴスへ逃れたポリュネイケスは，やがて岳父の支援を受けて王権を奪取すべく祖国へ進撃。兄に一騎打ちを挑んだ結果，両者は相打ちとなって倒れた。

エニュアリオス Enyalios　ギリシア神話中，通例，戦争の神(アレス)の別名，接近戦の神。歴史上の時代においては，戦いが始まる瞬間に呼びかけられる。

エピカルモス Epicharmos　前560/530頃 - 前460/440年頃。ギリシア最古の喜劇詩人，コモスの生まれ。のちシラクサへ移り住み，ヒエロン1世の宮廷で活躍した。

エフェソス Ephesos　小アジア西岸にあったギリシア人植民市。アテナイ王コドロスの子アンドロクロスが入植してギリシア人植民市を建設し，イオニア十二市の一つとなる。ヘラクレイトス，カリノスら多くの著名人を輩出。

エリス Elis（地名）　ペロポネソス半島西部の地方。アカイアの南，アルカディアの西，メッセニアの北に位置し，西はイオニア海に臨む。

エリス Eris（神名）　ギリシア神話中，不和，争いを擬人化した女神。

エリニュエス Erinyen　ギリシア神話中，復讐の女神，夜の娘。冥府においては悪人を懲らしめ，現世においては疫病，飢え，戦争を広める有害な力。

エリネオス Erineos　ドーリア地方中部の，ドロスによって創設されたという四つの都市の一つ。

エレア Elea　イタリア南部ルカニアのギリシア人植民市。この植民市建設にはクセノパネスも参与したと伝えられ，彼の弟子パルメニデスはエレア学派と呼ばれるギリシア哲学の一派を確立。厳密な論理主義と合理主義的な批判精神を特徴とする同学派は，ゼノンらに継承されていった。

人名・神名・地名・家名・部族名の用語解説　775

エレウシス Eleusis　アッティカの都市。アテナイ北西の海岸に位置し，エレウシス湾を隔てて南にサラミスを臨む。女神デメテル崇拝の最大の中心地で，彼女と娘ペルセポネを祀る壮麗な神殿があり，ここで行われた密儀宗教「エレウシスの秘儀」によって名高い。

エレクトラ Elektra　ミュケナイ王アガメムノンとクリュタイムネストラの娘。イピゲネイアやオレステスの姉妹。父を殺した母とその情夫アイギストスの二人を，弟オレステスと力を合わせて討ち，父の報復を遂げたことで名高い。

エンニウス, クイントゥス Ennius, Quintus　前239 - 前169年頃。ローマ共和政期のラテン詩人。ギリシア語を教え，スキピオやフラミニウスら多くの貴族と交流。様々な分野にわたって詩作に励み，ローマ人にギリシア文化を教える努力を払った。

エンペドクレス Empedokles　前495/490頃 - 前435/430年頃。ギリシアの哲学者，詩人，政治家，神秘的宗教家。万物は地・水・火・風の四元素の混合からなり，「愛」と「憎」の二力により統合と分離が起こると説明した。

オイディプス Ödipus　ギリシア神話中のテーバイ王。ライオスとイオカステの子。「父を殺し母を妻にする」という神託の実現を恐れた父の命令で棄てられたが，コリントス王の養子として育てられ，長じて父をそれと知らずに山中で殺す。その後テーバイの町を苦しめていたスフィンクスの謎を解きこの怪物を殺したため，イオカステを母と知らずに娶る。テーバイの悪疫の流行によって神託の実現という真相が明らかになり，両目を刺し諸国を流浪したという。

オケアニデス Okeanides　海神オケアノスとテテュスとの間に生まれた3000人の娘たち。予言の力や思いのままに姿を変える力を持つのみならず，アポロンを助けて若者を成人に育て上げる役割を担っている。

オケアノス Okeanos　ギリシア神話中，天空(ウラノス)と大地(ガイア)の息子で，巨神族(ティタン)の長兄。世界の周囲を取り巻いて流れる海の神格化。ホメロスから「神々の海」「万物の祖」と呼ばれ，

妹のテテュスを娶ってネイロス以下すべての河川の神々とオケアノス(オケアニデス)の娘たちを儲けた。

オデュッセウス Odysseus 『オデュッセイア』の主人公。トロイア戦争におけるギリシア軍第一の智将。イタケの王ラエルテスの息子。ペネロペを妻とし、息子テレマコスを儲ける。間もなくトロイア戦争が勃発し、従軍を嫌がる彼は狂気を装うが、パラメデスにそれを見破られ、やむなく出陣。ギリシア軍の大将の一人として、その勇気と知謀、能弁により重きをなした。戦争が終わった後、故郷のイタケに帰り着くまでになお10年間、海上を漂泊し、数々の冒険を重ねなければならなかった。

オノマクリトス Onomakritos 前530頃 - 前480年頃。アテナイの占者、宗教詩人。僭主ペイシストラトス家に仕えムサイオスの託宣集を編纂したが、その中に偽りの神託を竄入した事実を詩人ラソスから摘発され、ためにヒッパルコスから追放される。ペルシア領へ渡った彼は、クセルクセス1世にギリシア遠征を進言したという。

オリュンピア Olympia ギリシアの聖地。ペロポネソス半島の北西部エリス地方にあった。大神ゼウスの崇拝および4年毎に開かれるオリュンピア競技祭によって高名な、汎ギリシア的宗教の中心地。

オリュンポス Olympos 古代ギリシア人が神々の住居があると見なした山の名。各地に同名の山があったが、その中で名高いのがテッサリアとマケドニアの国境地帯に聳え立つギリシア第一の高山オリュンポスである。

オルフェウス Orpheus ギリシア伝説中、最大の詩人、音楽家。竪琴の名手でトラキア出身。オルフェウス教の創設者に擬せられる。

オレステス Orestes ギリシア伝説中、ミュケナイ王アガメムノンとクリュタイムネストラの息子。父王が暗殺された後、姉エレクトラの計らいでポキスへ避難し、そこで従弟のピュラデスと共に育てられる。8年後、成人したオレステスはピュラデスと共にアテナイへ赴き、再会した姉エレクトラの協

力下,母クリュタイムネストラとその情夫アイギストスを殺して父の仇を討った。

カトゥルス,ガイウス・ウァレリウス Catull, Gaius Valerius　前87/84頃-前54年頃。ローマ共和政末期の抒情詩人。若くしてローマへ赴き,詩名を挙げてキケロやホルテンシウスら一流の人士と交わる。ラテン文学の世界で軽快にして機知に富む優雅な新詩風を創始した。

カマリナ Kamarina　シチリア南岸のギリシア人植民市。前405年,カルタゴ勢が侵攻した時,シラクサのディオニュシオス1世の命令によって放棄された。

カリアス Kallias（3世）　前455頃-前366年以降。アテナイの豊かな市民。プロタゴラスやプロディコス,ヒッピアスなど当代一流のソフィストら著名人との交友で名高い。

カリクレス Kallikles　前5世紀末頃。ギリシアのソフィスト,おそらく政治家。プラトン『ゴルギアス』に描かれ,強者の正義などを説いた。その生については,ほとんど知られていない。

カリノス Kallinos　前7世紀,ギリシアの詩人。エフェソスに生まれる。エレゲイアー詩形の創始者と呼ばれる。キンメリオイ人が北方より侵入してイオニアのギリシア都市に迫った時,宴席の若者たちに武器を取って祖国防衛のため立ち上がるよう呼びかける詩を作った。

カリュプソ Kalypso　ギリシア神話中,アトラスの娘で海のニュンペないし女神。西方の海洋にある伝説の島オギュギエに住み,トロイアからの帰途この島に漂着したオデュッセウスを歓待した。

カルタゴ Karthago　北アフリカのチュニス湾にフェニキア人が建設した植民市。前6世紀中頃には数多の植民市を擁する地中海貿易の覇者として強勢を誇った。前480年ヒメラの海戦ではシラクサ=アクラガス連合軍に敗れ,その後1世紀以上にわたりギリシア勢力と抗争を繰り返した。

カレル人 Karer　古代,小アジア南西にいた非ギリシア系

の住民の一部を指す。有史時代に彼らは特にミレトスの後背地に住んだ。前8世紀ホメロスにおいてすでにしばしば言及されている。

キオス Chios　小アジアのイオニア沖合8キロほどの地点に横たわる，東エーゲ海上の島。

ギガンテス Gigantes　巨人(ギガース)の複数形。ギリシア神話中の巨人族。よく知られた伝承では，彼らはオリュンポスの神々に挑戦し天界へ攻め上ろうとしたが，大神ゼウス，神々，英雄ヘラクレスによって滅ぼされた。

キニュラス Kinyras　ギリシア伝説中，キプロスの富裕な王。

キネシアス Kinesias　前425頃-前390年頃に創作。アリストパネス『鳥』に登場する，彼の同時代における流行のディーテュランボス詩人。

キモン Kimon　前512頃-前449年。アテナイの政治家，将軍。デロス同盟およびアテナイ海上同盟設立の立役者。アリステイデスの後援で保守派の指導的人物となり，テミストクレス追放後の対ペルシア戦争遂行の主力となった。

キュクロプス Kyklop　ギリシア神話中の単眼巨人族。彼らは由来，居住地のみならず外観，特徴において互いに異なり，『オデュッセイア』においては野蛮な人食い巨人族として描かれている。

ギュゲス Gyges　前7世紀前半のリュディア王。プラトンによれば彼はもと牧人で，自分の姿が人から見えなくなる魔法の指輪を手に入れ，これによって王宮へ忍び込んで王妃を誘惑。その助けで王を殺害し，王位を簒奪したという。

キュプセロス Kypselos　在位，前657/655頃-前627/625年頃。コリントスの僭主。民衆を扇動して権門貴族バッキアダイの寡頭政支配を倒し，政権を掌握。以後74年にわたってキュプセロス家の僭主政体が続いた。

キュメ Kyme　小アジアのエーゲ海沿岸，アイオリス地方最大の都市。レスボス島の東南方に位置し，たいそう繁栄した。

人名・神名・地名・家名・部族名の用語解説

キュルノス Kyrnos　　前6世紀末。テオグニスの寵愛した美青年。

キルヒホフ，アドルフ Kirchhoff, Adolf　　1826-1908年。ドイツの古典文献学者。ラッハマン，ベークに師事し，ベルリン大学教授。ギリシアの作家の批判，特に金石学に貢献した。ホメロス批判でも業績があった。

キンメリオイ人 Kimmerioi　　伝説では世界の果て，海(オーケアノス)の流れに臨む極北ないし極西の地に住む民族。永遠に太陽の昇らぬ暗闇の中で暮らすとされ，オデュッセウスは死者の霊を呼び出すため，その地へ赴いたという。

クセノクラテス Xenokrates　　エンメニダイ一族に属し，アクラガスの僭主テロンの弟。

クセノパネス Xenophanes　　前570頃-前475年頃。ギリシアの詩人，哲学者。イオニアのコロポンに生まれる。ギリシア各地を放浪。自作の詩を吟唱しながらシチリアや南イタリアで活躍した。エレア学派の祖とされる。

クセノポン Xenophon　　前420/428-前352年頃。アテナイの軍人，歴史家。ソクラテスの弟子。ペルシア王である小キュロスの遠征軍に傭兵として参加。アルタクセルクセス2世の大軍と会戦し勝利を得ながらも小キュロスが戦死したため，ギリシア人傭兵1万人を率いてギリシアへ退却。著書は『ソクラテスの思い出』『アナバシス』その他。『パイデイア』第三分冊にクセノポンの教育論に関する章がある。

クセルクセス Xerxes（1世）　　前519-前465年。アケメネス朝ペルシアの王。父ダレイオス1世の死後，エジプトの反乱を鎮圧，バビロニアの乱も平定。続いてギリシア膺懲の兵を起こし，自ら海陸の大軍を率いて進発。テルモピュライでスパルタ軍に勝利を収めたが，サラミスの海戦でギリシア軍に撃破され，ギリシア遠征は完全に失敗。失意のうち，亡くなった。

グラウコス Glaukos　　リュキアの君主。トロイア戦争に出陣。ギリシア勢を相手に闘った。戦場でギリシア軍の勇将ディオメデスと一騎打ちに及ばんとした時，両家が祖父の代から友誼の絆で結ばれていることを知り，互いの鎧を交換した。

クラゾメナイ Klazomenai　　小アジア西岸イオニア地方の都市。スミュルナ西方エリュトライ半島に位置していた。

　クラティノス Kratinos　　前520/484頃 - 前423/419年頃。アテナイの喜劇詩人。アッティカ古喜劇の大成者。競演に優勝すること9回。時の権力者ペリクレスをも容赦なく罵り、神話伝説の劇作化にも長じていた。

　クラテス Krates　　? - 前425年頃。アテナイの喜劇詩人。初めは俳優で、クラティノスの喜劇などに出演していたが、後に自らアッティカ古喜劇の作者となる。九つの作品のタイトルが残されている。

　クラテュロス Kratylos　　前5世紀後半。ギリシアのヘラクレイトス学派の哲学者。プラトンの師の一人。「常に変化する万象について、確定的なことは何も言えない」という懐疑論を唱えた。

　クリティアス Kritias　　前460頃 - 前403年。前5世紀のアテナイの政治家。ソロンに繋がる名門の出身。ゴルギアスやソクラテスに学んだ。前404年、ペロポネソス戦争が終結すると、三十人僭主と呼ばれる寡頭政政府を樹立。その指導者として国政を掌握し、政敵を容赦なく迫害した。

　クリュセイス Chryseis　　ギリシア伝説中、クリュセスの娘。トロイア戦争中、ギリシア軍の捕虜となり、アガメムノンに分配される。父が莫大な身代金と引き換えに娘を返すよう交渉するが、アガメムノンはそれを拒んだ。アポロンはその後、ギリシア軍をペストと死で罰し、アガメムノンはクリュセイスを戻すよう強いられた。

　クリュセス Chryses　　ギリシア伝説中、クリュセのアポロンの神官。クリュセイスの父。

　クリュソテミス Chrysothemis　　アガメムノンとクリュタイムネストラの娘。

　クリュタイムネストラ Klytaimnestra　　ギリシア神話中、スパルタ王テュンダレオスとレダの娘。ミュケナイ王アガメムノンの妻となり、エレクトラ、オレステスらの子女を産む。夫がトロイア戦争へ出征中、アイギストスと密通し、彼と共謀

し，凱旋した夫を暗殺。やがて成人した子供たちによって情夫もろとも殺された。

クレイステネス Kleisthenes　前565頃-前500年頃。アテナイの政治家。アルクマイオン家の出身。アテナイの国制を改革し，民主政を確立したことで有名。ペイシストラトスの僭主政を打倒。貴族の権力基盤であった従来の血縁的四部族制を解体し，新たに政治的・軍事的な単位として地域的十部族制を定めた。

クレオン Kleon（テーバイ王）　ギリシア神話中，テーバイの摂政ないし王。イオカステの兄弟。オイディプスの息子たちが王位をめぐって争い共倒れになった時，エテオクレスを手厚く葬る一方，ポリュネイケスの屍を放置させた。その結果，後者の葬礼を行ったアンティゴネの悲劇が起きた。

クレオン Kleon（政治家）　? - 前422年。アテナイの典型的な煽動政治家。ペリクレスの死後，民衆派・主戦派の領袖としてペロポネソス戦争中，熱弁を揮って活躍。デロス同盟の支配力を強化。離反したレスボス島のミュティレネが降伏した際，極刑を以て臨むよう主張したが，この決定は翌日の民会でディオドトスによって覆された。

クレシラス Kresilas　前450頃-前420年頃に活躍。ギリシアの古典盛期の彫刻家。クレタ北岸の都市キュドニアの出身。主にアテナイで活動。

クレタ Kreta　東地中海のほぼ中央，エーゲ海の南端に位置する島。前2600-前1400年頃にかけて史上初の海洋文明，クレタ文明が栄えた。

クロイソス Kroisos　前595頃-前546年頃。リュディアのメルムナダイ朝，最後の王。ギリシアの文物を好んだ。彼の宮廷を訪れた多くのギリシア人の中には，アテナイの賢者ソロンもいた。

クロニデ Kronide　「クロノスの息子」の意。

クロノス Kronos　ギリシア神話中，天空(ウーラノス)と大地(ガイア)の子。巨神(ティタン)兄弟の末子。息子であるゼウスと彼の兄弟姉妹との戦いによって負かされ，冥界(タルタロス)へ落とされたオリンピア以前の神々の世

代の指導者。

ケイロン Chiron ギリシア神話中，ケンタウロス族の賢者。アポロンとアルテミスによって養育され，医術，音楽，武芸，予言の諸術に精通。ペリオン山中の洞穴に住み，アスクレピオス，イアソン，アキレウスなど多くの英雄たちの師となった。

ケオス Keos キュクラデス諸島の北西端の島。アッティカ半島のスニオン岬の東南沖に位置する。

ケピソス Kephisos ボイオティア地方を流れる有名な川。パルナッソス山北麓に水源を持ち，ボキスおよびボイオティア北部を経てコパイス湖へ注いでいる。

ケピソポン Kephisophon 前5世紀。エウリピデスの友人。彼の劇において主役を務めただけでなく，悲劇の競演に際して彼にアドバイスを行ったと言われている。

ゲラ Gela シチリア南岸の都市。ペロポネソス戦争中のアテナイ軍のシチリア遠征に際しては，シラクサを支援したにもかかわらず，前405年ディオニュシオス1世の命令によって放棄された。

ケル Ker ギリシア神話における死の命運の女神。『イリアス』においては戦場で死をもたらす悪霊とされ，人血にまみれた衣を肩にかけ，死者や負傷者の足をつかんで冥界（タルタロス）へ引きずって行く。

ケルキュラ Kerkyra ギリシア北西部，エペイロス沖にあるイオニア海の島。前431年にはアテナイと防御同盟を結び，協力してコリントス艦隊と戦い，これがペロポネソス戦争勃発の主因の一つとなった。

ケルソネソス Chersones トラキアのヘレスポントス海峡の入口にヨーロッパ側から突出した半島。アジアへ渡る東西交通の要衝として古来，重視された。

ケンタウロス Kentauros ギリシア神話，伝説中の半人半馬。テッサリアのペリオン山一帯に住む，粗野で闘争を好む種族。

コドロス Kodros 伝承によれば前1089頃-前1068年頃

人名・神名・地名・家名・部族名の用語解説　　783

に在位。伝説的なアテナイ王。祖国を救った功績でアクロポリスの傍に葬られ，英雄神として崇められた。彼の子メドンの子孫は前8世紀まで王権を保持した。

　コリントス Korinthos　　ペロポネソス半島北東部の都市。海陸の交通の要衝であるため，古くから商工業・貿易都市として栄えた。ケルキュラをめぐってアテナイと争い，これが原因となってペロポネソス戦争が起きた。

　ゴルギアス Gorgias　　前485頃-前380年頃。ギリシアのソフィスト，弁論術の大家。シチリアの人。エンペドクレスに師事して哲学と弁論術を学んだ。美辞麗句で飾られた技巧的な演説ゆえに，名声をギリシア全土で謳われるに至った。

　コルキス Kolchis　　黒海の南端，カウカソス山脈南側の地方。イベリアの西，アルメニアの北に位置する。古くから地中海地方と交易があり，造船用の木材や麻，鉄などを産し，後背地の河川から砂金が取れたため，金羊毛皮の伝説が生じたとされる。

　コロイボス Koroibos　　前8世紀。エリスの出身。前776年に第1回のオリュンピア競技で，短距離走(スタディオン)において優勝した。記録上，初のオリュンピア競技勝者。

　コロノス Kolonos　　アッティカの市区(デーモス)の一つ。アテナイの郊外，アカデメイアの近くに位置し，ポセイドンの神殿やエウメニデスの聖林の所在地として有名。

　コロポン Kolophon　　小アジア西方，リュディア地方にあったギリシア人植民市。イオニア十二市の一つ。アテナイ王コドロスの息子たちの支配下に入り，南郊のクラノスにあるアポロンの神託所で有名になった。

　サイオイ Saier　　ドン川とドニエプル川の間に居住していた，トラキアの部族の名。

　サッポー Sappho　　前630/612頃-前570/565頃。ギリシアを代表する女流抒情詩人。レスボス島の貴族の出身。早くより詩才を謳われ，良家の娘たちの教育に当たり，彼女らに対する熱烈な恋情を歌に詠んだ。

サテュロス Satyr　　ギリシア神話中，半人半獣の山野の精，森に住む神霊。酒色に耽り，女や若者たちを犯そうと追い回す野性的な下級神。

サモス Samos　　エーゲ海東部，イオニア諸島中二番目に大きな島。イオニア西岸ミュカレ岬と狭い海峡を隔てて対峙する。

サラミス Salamis　　アテナイの西方に位置する島。アッティカ西岸と狭い地峡で隔てられている。前 480 年，ペルシア戦争中の有名な海戦が島の東側と本土との間の地峡において繰り広げられ，ギリシア軍が勝利を収めた。

サルデイス Sardes　　小アジアのアナトリアにあったリュディア王国の首都。前 1200 年頃の創建。政治，経済，文化の中心地として殷賑を極めた。

サンニュリオン Sannyrion　　前 5 世紀末。アテナイの喜劇詩人。古喜劇の末期に属し，アリストパネス等，他の喜劇詩人の作品中で嘲弄されている。三つの作品と 13 の断片のタイトルが伝えられている。

シキュオン Sikyon　　ペロポネソス半島北東部，コリントス西方の都市。100 年以上にわたって僭主政が存在。クレイステネスの治世に最盛期を迎えた。

シゲイオン Sigeion　　小アジア西北部ミュシアのトロアス地方にある都市の名。

シチリア Sizilien　　イタリア半島の南に位置する地中海最大の島。ヒメラの戦い以後，僭主政の下にギリシア文化が栄えた。ペロポネソス戦争中，アテナイが二度，遠征を試みたが，結果は惨敗に終わった。

シモニデス Simonides　　前 557/556 頃 - 前 468/467 年頃。ギリシアの抒情詩人。ケオスのイウリス出身。若い頃から詩才を謳われ，アナクレオンと同様ギリシア世界各地の宮廷をめぐり，注文に応じて作詞。甥のバッキュリデス，ピンダロスと並んで合唱抒情詩の大家と称される。

シラクサ Syrakus　　前 734/733 年にコリントスによって造られた，シチリア東端のギリシア人植民市。ペロポネソス戦争

人名・神名・地名・家名・部族名の用語解説

中アテナイ軍に攻囲されたが，これを撃滅した。

　シレノス Silenos　　ギリシア神話中，山野に住む半獣神，森の精。馬の耳・尾・蹄と巨大な男根を有し，獅子鼻で肥満した老人として表される。哲学者ソクラテスは，その醜貌と英知ゆえにシレノスに譬えられている。

　スキュラクス Skylax　　前6世紀後半。ギリシアの地理学者，探検家。ペルシアのダレイオス1世によってインダス川流域の探検に派遣され，船で同川を下って海に達し，インド洋沿岸を西進すること30か月でエジプトに到着した。

　スコパス Skopas　　テッサリアの古くからの豪族。家畜と放牧の経済によって富を築き，しばらくの間テッサリア同盟の代表となった。

　ステシコロス Stesichoros　　前632/629頃-前556/550年頃。ギリシアの抒情詩人。合唱抒情詩の事実上の完成者。シチリアのヒメラに生まれ，この地で活躍し，同島のカタネで没した。

　ステネボイア Stheneboia　　ギリシア伝説中，リュキア王イオバテスの娘。夫のプロイトス王の許に英雄ベレンポンがやって来たとき，その美男ぶりに懸想して言い寄ったが拒まれたため，ついに彼に犯されそうになったと誣告した。エウリピデスの失われた悲劇に「ステネボイア」という作品があった。

　ステネライダス Sthenelaidas　　前432年にスパルタの監督官(エフォロイ)。ラケダイモンでの会議を主催。アルキダモス2世の警告にもかかわらず，アテナイに宣戦布告するよう同盟国を導いた。

　スフィンクス Sphinx　　ギリシア神話中の女怪。胴は雌犬，脚は獅子，尾は蛇の頭，女の頭と乳房を持ち，鷲の翼を有する。テーバイ近くの山に陣取り，通行人に謎をかけ，答え得ぬ者を殺した。ついにオイディプスが謎を解き，スフィンクスは山から身を投げ死んだ。

　ゼウス Zeus　　ギリシアの最高神。オリュンポス十二神の主神。「神々と人間の父」と称され，天界に君臨し，神々の長として偉大な支配権を持つとされた。

人名・神名・地名・家名・部族名の用語解説

ゼノン Zenon　　前 490 頃 - 前 430 年頃。エレア派の哲学者。パルメニデスの高弟にして愛人かつ養子。南イタリアのエレアに生まれる。ソクラテスの問答法やソフィストの論争術に大きな影響を与えた。

セモニデス Semonides　　前 7 世紀中期に活躍。ギリシアの抒情詩人。サモスに生まれ，のち植民団を率いてアモルゴスへ移住。エレゲイオン調詩を書いたと伝えられる。人生の儚さを歌った厭世的な詩が多い。

セリヌス Selinunt　　シチリア南西岸のギリシア人植民市。北部のエゲスタと久しく対立し，両都市の抗争からペロポネソス戦争におけるアテナイのシチリア出征やカルタゴの侵略を招来した。

ソプロン Sophron　　前 5 世紀後半。シチリアのシラクサ出身。ギリシアの笑劇(ミーモス)の創始者。

ゾラ，エミール Zola, Émile　　1840-1902 年。フランスの自然主義作家。主著は『ルーゴン・マッカール』。

ダナイデス Danaiden　　ギリシア神話中，アルゴス王ダナオスの 50 人の娘たち。

ダモン Damon　　前 5 世紀。アテナイの音楽家。ソフィスト，ペリクレス，ソクラテスの師。

ダレイオス Dareios（1 世）　　前 558 頃 - 前 486 年。アケメネス朝ペルシアの帝王。中央集権を推進，帝国の最盛期をもたらした。ペルシア戦争を起こしたが，マラトンの戦いでギリシア軍に敗走した。

タレス Thales　　前 636/624 頃 - 前 546 年頃。ギリシア最初の哲学者。ミレトス出身。ギリシア七賢人の一人。万物の始原を水であると説き，従来の神話的世界観を退けた。

タンタロス Tantaros　　ギリシア神話中の男性名。小アジアのプリュギアないしリュディアの富裕な王。のち冥界(タルタロス)へ堕ちて永劫の罰を受けた。

デイアネイラ Deianeira　　ギリシア神話中，ヘラクレスの 2 番目の妻。彼女は夫の冷めた愛を取り戻すため下着をヘラク

レスへ送るが，それが原因で彼は苦悶の果てに焚死を遂げ，ディアネイラは絶望のあまり縊死ないしは自刃して果てた。ソボクレス『トラキアの女たち』はこの悲劇を取り扱っている。

ディオゲネス（アポロニアの）Diogenes von Apollonia 前499頃-前428年頃。折衷主義の自然哲学者。プリュギアのアポロニア出身。アナクシメネスの弟子。

ディオスクロイ Dioskuren 「ゼウスの息子たち」の意。ギリシアの双生児兄弟カストルとポリュクス。常に緊密な友情で結ばれ，数々の冒険にあって必ず行を共にした。

ディオティマ Diotima ギリシアの女哲学者。アルカディアのマンティネイアでゼウスに仕えた巫女。ピュタゴラス学派に属し，一時アテナイに滞在してソクラテスの師の一人になったという。

ディオドトス Diodotos アテナイの政治家。クレオンは，前428年に反旗を翻したレスボスのミュティレネの全市民に対する処刑を主張した。このクレオンに対して彼は寛容論を唱え，死刑執行寸前のきわどいところで彼らの生命を救った。

ディオニュシオス Dionysios（1世） 前430頃-前367年。シラクサの僭主。民衆扇動策を弄して将軍の一人に選ばれ，独裁的な支配を行った。プラトンその他，著名な文人や学者を宮廷へ招いた。

ディオニュソス Dionysos ギリシアの酒神。元来はオリエント起源の自然神。葡萄酒と豊穣を司り，その祭儀は宗教的陶酔と乱舞を特徴としていた。

ディオメデス Diomedes アイトリアの英雄。トロイア戦争に参加した武将のうち，アキレウスに次いで偉大なギリシア側の勇士。

ディオン（プルサの）Dion von Prusa 後40頃-120年頃。ローマ帝政期のギリシアの弁論家。ディオン・クリュソストモスともいう。小アジアのビテュニア属州のプルサに生まれる。後にその雄弁ゆえに，「黄金の口」と称された。

ディカイオポリス Dikaiopolis アリストパネスの喜劇『アカルナイの人々』の登場人物。アッティカの農民。

788　人名・神名・地名・家名・部族名の用語解説

ティタン Titan　天空(ウーラノス)と大地(ガイア)から生まれた巨神族。ゼウスに対する蜂起の後、冥界(タルタロス)へと追放された「古い神々」。

ティトノス Titonos　ギリシア神話中、トロイア王ラオメドンの息子、プリアモスの兄。美男子だったので曙の女神エオスに愛されて、東方の果てにある彼女の宮殿へ連れ去られ、二人の間にメムノンが生まれた。

ティマサルコス Timasarchos　ネメアでのレスリング競技で、おそらく前474/473年に優勝した。

テウクロス Teukros　ギリシア神話中、大アイアスの双子の兄弟。サラミス王テラモンの息子。トロイア戦争に出征し、ギリシア軍中もっとも優れた射手として活躍した。

テオグニス Theognis　前570年頃-?。ギリシアの教訓詩人。メガラの名門に生まれるが、貴族対民衆の政争に敗れて財産を没収された上、祖国を追放され、エウボイア、テーバイなど諸所に流寓した。

テオポンポス Theopompos　エウリュポン家の出身、第一次メッセニア戦争終結時のスパルタ王。同戦争に勝利を収めた。監督官(エフォロイ)を導入した。

テクメッサ Tekmessa　大アイアスが略奪した女性として得たプリュギアの王女。ソポクレス『アイアス』において、テクメッサと大アイアスは互いに尊敬し合う存在として描かれている。

テセウス Theseus　ギリシア神話中、アテナイの国民的英雄。アテナイを悩ませていたクレタの牛頭人身の怪物ミノタウロスを退治したことで名高い。

テッサリア Thessalien　ギリシア東北部の地方名。境界は時代により差異があるが、北はマケドニア、西はエペイロス、南は中部ギリシアに接するギリシア本土最大の平野地域。

テティス Thetis　ギリシア神話中、英雄アキレウスの母。トロイア戦争中はアキレウスのために計らってゼウスに請願したり、新しい鎧兜をヘパイストスに作らせるなど様々な母親らしい気遣いをしている。

テーバイ Theben　ギリシア中東部ボイオティア地方の主

人名・神名・地名・家名・部族名の用語解説　　789

要都市。同地方の南部平野の中心で，山に囲まれて防御に適し，農産物に恵まれる。オイディプスの悲劇や『テーバイを攻める七人の将軍』などの伝説の舞台としても有名。

　テミストクレス Themistokles　　前524頃-前459年頃。アテナイの民主派の政治家。ペルシア戦争におけるサラミスの海戦の立役者。アリステイデスと終生，対立した。

　デメテル Demeter　　「母なる大地」の意。ギリシアの穀物および豊穣を司る女神。オリュンポス十二神の一柱。クロノスとレアとの娘で，大神ゼウスの姉。

　デモクリトス Demokrit　　前470/460頃-前371/356年頃。ギリシアの哲学者。トラキア南岸アブデラの人。師レウキッポスの原子論を継承発展させて，唯物論の哲学体系を完成したとされる。

　デモステネス Demosthenes（将軍）　　前5世紀，アテナイの将軍。ペロポネソス戦争中，主戦派を支持して各地に出征し，偉功を立てた。前413年，シラクサを攻囲するニキアスを援助すべく軍を率いて遠征するが惨敗し，処刑された。

　デモステネス Demosthenes（雄弁家）　　前384-前322年。アテナイの雄弁家，政治家。アッティカ十大雄弁家の最高峰と言われる。職業的弁論家として身を立てた。対外的に終始，反マケドニアの立場を堅持，アテナイを盟主とする諸都市の団結を訴え続けた。『パイデイア』第三分冊において取り上げられる。

　デモドコス Demodokos　　『オデュッセイア』に登場する，アルキノオスの宮廷における，神に憑かれた盲目の歌手。ムーサイが彼から目をくり抜き，代わりに甘い歌を与えたという。

　デュマネス Dymanes　　スパルタの部族の一つ。ヒューレー

　テュルタイオス Tyrtaios　　前7世紀。ギリシアのエレゲイアー詩人。第二次メッセニア戦争に際してスパルタ側で活躍。その雄々しい詩によって将兵を鼓舞し，勝利へ導いたという。

　テュンダレオス Tyndareos　　ギリシア神話中のスパルタ王で，レダの夫。女神アプロディテを蔑ろにしたため，妃レダのみならず娘たちも有夫の身でありながら不義を働くという罰

を加えられた。例えば娘のヘレネは夫メネラオスを捨ててトロイアへ出奔し、クリュタイムネストラは情夫アイギストスと共に夫アガメムノンを殺害した。

　テラモン Telamon　　ギリシア神話中、ペレウスの兄弟。カリュドンの猪狩りやアルゴナウタイの遠征に参加した他、ヘラクレスのトロイア攻めに同行した。

　テルシテス Thersites　　ギリシア伝説中、トロイア戦争に参加したギリシア一番の醜男。禿頭で跛者でせむしの上、武将たちに悪態をつく横柄な性格の持ち主。

　テルパンドロス Terpandros　　前7世紀初期 - 中期頃。ギリシアの詩人、音楽家。ギリシア古典音楽の父と呼ばれる。竪琴の弦の数を7本に増やし、これを伴奏に歌うノモスという旋律を考案、命名した。

　デルポイ Delphi　　ギリシア中部ポキス地方にあったアポロンの聖地、都市。パルナッソス山の西南麓、深い峡谷に臨む急斜面に位置し、古代地中海世界で最も有名な神託所として絶大な信頼を集めた。

　テルモピュライ Thermopylen　　テッサリアと東ロクリスを結ぶ隘路。前480年、ペルシアの大軍をスパルタ王レオニダス指揮下のギリシア軍がこの関門で3日間にわたって阻止。しかし敵の猛攻を受け、全員が玉砕した。

　テレマコス Telemachos　　ギリシア伝説中、オデュッセウスとペネロペとの息子。生後間もなく父はトロイア戦争に出征を余儀なくされたため、父の親友メントルに養育されて成長。父の不在の間、母に求婚する多くの貴族たちに館を荒らされたが、女神アテナに保護されて事なきを得た。

　テロン Theron　　前540/530頃 - 前472年。アクラガスの僭主。芸術や文学の良き保護者となり、彼の治下アクラガスは繁栄の極致を迎えた。詩人シモニデスやピンダロスの庇護者として知られる。

　トラキア Thrakien　　バルカン半島東部、ギリシア東北方の広大な地域。おおむねドナウ川以南、東を黒海、南をエーゲ海、西をマケドニアに囲まれた地方を指す。

人名・神名・地名・家名・部族名の用語解説　　791

　ドラコン Drakon　　前7世紀後半。アテナイの立法者。前621年（または前624年）の最高執政官(アルコーン)在職中，アテナイ初の成文法（ドラコンの法）を制定。従来の慣習法を整備・改訂し貴族の専断や私的復讐を制限したものと言われ，その過酷さで名高かった。

　トラシュブロス Thrasybulos　　アクラガス人クセノクラテスの子，テロンの甥。ピンダロスの愛人。シラクサの僭主トラシュブロスとは別人。

　トラシュマコス Trasymachos　　前460年頃-前4世紀前半。ギリシアのソフィスト，弁論家。ビトュニアのカルケドン出身。プラトン『国家』によれば，「正義とは強者の利益に他ならない」という過激思想を主張。句読点やリズムを文法的に分析した。

　ドーリア Doris　　ギリシア中央部，テッサリアとボキスの間にある地域。オイテ山とパルナッソス山とに挟まれた小平野。ケピソス川の水源を含む。

　ドーリア人 Dorer　　ギリシア民族の一派。西部ギリシア方言群に属するドーリア方言を話し，伝説ではヘレンの子ドロスを祖とする。前1200-前1100年頃，ギリシア民族のうち最後に南下・侵入して来てミュケナイ文化を滅ぼし，数世紀に及ぶ「暗黒時代」をもたらした種族と従来，見なされてきた。

　ドロプス人 Doloper　　テッサリアとエピルスの南方，ピンドスの両側に住んでいた古代の民族。通例テッサリア人に含められたが大抵，独立していた。

　ナクソス Naksos　　エーゲ海南部キュクラデス諸島中，最も肥沃で最大の島。ディオニュソス崇拝の一大中心地としても名高い。

　ニオベ Niobe　　リュディア王タンタロスの娘。大勢の子供を産み，子宝に恵まれていることを誇るあまり，女神レトの怒りを買い，子供たちを皆殺しにされた。

　ニキアス Nikias　　前470頃-前413年。ペロポネソス戦争時代のアテナイの政治家・将軍。ペリクレスの死後に台頭し

た。同戦争に際しては和平論者で、クレオン率いる極端民主派の好戦主義に反対。スパルタとの和平を推進。

ニュンペ Nymphe　ギリシア神話中、山野・河川・樹木・洞穴・井泉などの妖精。若く美しい女性の姿で現れ、歌と踊りを好み、森や山を守護する。

ネオプトレモス Neoptolemus　ギリシア伝説中、トロイア戦争の英雄アキレウスとデイダメイアとの子。アキレウスの死後オデュッセウスやポイニクスに説得され、わずか12歳でギリシア陣営に加わる。

ネオブレ Neobule　前660年頃。詩人アルキロコスの婚約者。婚約後、彼女の父リュカンベスが婚約を取り消し、他の誰かと結婚。

ネストル Nestor　ギリシア神話中、ピュロス王ネレウスの末子でピュロス王を継ぐ。トロイア戦争への出征中、ギリシア軍の大将たちの相談役・長老格として重きをなした。

ネメア Nemea　ギリシアのアルゴリス北部の地名。近くの谷に棲む獅子をヘラクレスが退治したことで有名。彼はこの獅子退治を記念して、ゼウスのためにネメア競技祭を創設したと伝えられる。

パイエケス人 Phääken　ギリシア神話に登場する伝説的な海洋民族。豊饒なスケリアに住み、航海術に優れ、快楽と平和を好んで、異邦人に親切であった。『オデュッセイア』中、この島に漂着したオデュッセウスを王女ナウシカアが救い、父王アルキノオスが歓待し、オデュッセウスを彼の望み通りに故郷のイタケへ送り届けてやった話で名高い。

パイドラ Phaidra　ギリシア伝説中、アテナイ王テセウスの後妻。夫の留守中、継子ヒッポリュトスに道ならぬ恋をしかけて拒まれ、意趣返しに「ヒッポリュトスに辱められた」と夫に讒訴して継子を破滅させ、後悔して罪を自白してから縊死した。エウリピデス『ヒッポリュトス』に登場する。

パオン Phaon　レスボスの伝説上の渡し守。老婆に化した女神アプロディテを対岸に渡した時、船賃を取らなかったの

で，これを嘉した女神により老いたパオンは世界一の美青年に変えられた。女流詩人サッポーがパオンに恋して拒まれ，絶望のあまりレウカスの断崖から海に身を投げて果てたという話が残っている。

バッキアダイ家 Bacchis　前834年頃から前657年頃までコリントスを支配したドーリア系の名門貴族。交易によってコリントス繁栄の土台を築き上げたが，過度の贅沢や専横などによって，ついにキュプセロスによって政権を奪われた。

バッキュリデス Bakchylides　前520頃-前450年以後。ギリシアの抒情詩人。大詩人シモニデスの甥。ケオスの出身。ピンダロスと並称される合唱抒情詩の大家。

バッハオーフェン，ヨーハン・ヤーコプ Bachofen, Johann Jacob　1815-87年。スイスの法制史家，古代研究者。その作品『母権制』は近代の母権理論の起源と見なされている。

パトロクロス Patroklos　ギリシア神話中，英雄アキレウスの少し年長の親友。アキレウスと共にトロイアへ出征し，奮戦する。トロイアの勇将ヘクトルに倒された。

バビロニア Babylon　ティグリス・ユーフラテス両川下流地方のギリシア名。肥沃な三日月地帯の東端の地域で，メソポタミア南部の沖積平野を占める。地名の源たるバビロンを首都とする古バビロニア王国の時代にとりわけ殷賑を極めた。

パプラゴニア Paphlagonier　小アジア北岸の中部にあり，パプラゴニア人の住む地域。彼らは古代文学では評判が悪い。戦闘的だがまとまっておらず，粗野で愚かとされた。

パラス Pallas　ギリシアの女神アテナの呼称。元はアテナと一緒に育てられた，トリトンの娘の名。ある時，この娘は女神アテナと諍いを起こして殺され，これを後悔した女神アテナは爾来，この娘の名を形容辞として帯びたという。

パラメデス Palamedes　ギリシア神話中，トロイア戦争に従軍した知勇兼備の将軍。オデュッセウスが従軍を免れようとする狂言を見破った。それ以来オデュッセウスはパラメデスを深く怨み，トロイア戦争中に数々の軍功のあった彼を，謀略を用いて死に至らしめ，復讐を遂げた。

人名・神名・地名・家名・部族名の用語解説

ハリカルナッソス Halikarnassos　小アジア西海岸カリア地方の海岸都市。東西交易路の要路として古くから栄えた。

パリス Paris　ギリシア神話中，トロイア王プリアモスとヘカベの子。母の凶夢により山中に遺棄されたが牧人に拾われ育てられ，王子としてトロイアの宮殿に迎えられた。スパルタ王メネラオスの妃ヘレネを誘惑し，彼女とトロイアへ出奔。これが原因で，トロイア戦争が勃発した。

パルテノン Parthenon　「処女の宮居」の意。アテナイのアクロポリス丘上にある守護神アテナイの大神殿。

パルナッソス Parnaβ　ギリシア中部の山地。ピンドス山系のうち，ドーリア地方から東南へ走り，キュラとアンティキュラの間のコリントス湾に達する山地を指す。単にパルナッソスと言えば，通常その中の最高峰を意味する。

パルメニデス Parmenides　前515/510頃 - 前450年以降。ギリシアの哲学者。エレア学派の祖，形而上学の父。エレアの富裕な名門に生まれる。思惟のみが真理の基準であり，感覚で捉え得るものは虚偽であるとした。

ハルモディオス Harmodios　アリストゲイトンを参照。

ハルモニア Harmonia　ギリシア神話中，調和の女神。アレスとアプロディテの娘。

パロス Paros　エーゲ海南部キュクラデス諸島中，第二の島。詩人アルキロコスの生地。

パンドラ Pandora　ギリシア神話中，人類最初の女。ゼウスはプロメテウスが天上の火を盗んで人間に与えたことを憤り，復讐すべくパンドラを作らせ，あらゆる不幸を封じ込めた甕と共にエピメテウスの下へ送った。エピメテウスはパンドラを妻に迎え，彼女が甕の蓋を開けたところ，病苦災厄など一切の禍が人間界に飛散したという。

パンヒュロイ Pamphyler（ヒューレー）　スパルタの部族の一つ。

ヒエロン Hieron（1世）　在位，前478 - 前467年頃。シラクサの僭主。前476年以来のオリュンピア競技祭での戦車競走で三つの栄冠を勝ち取り，詩人ピンダロスらに称えられた。病を得て学問に目覚めて以来，比類のない文芸愛好家とな

り，大詩人らによって宮廷は賑わった。

ピサ Pisa　　ペロポネソス西部エリスのピサティス地方の中心都市，オリュンピアのやや東方。古来オリュンピア競技祭を主催していたが，北からの侵入者エリス人にその権限を奪われ，爾来その主導権をめぐる両者の抗争が続いた。

ピッタコス Pittakos　　前650頃 - 前570年頃。ギリシア七賢人の一人。レスボス島のミュティレネの政治家。詩人アルカイオスの兄たちの力を借りて，ミュティレネの僭主メランクロスを打倒した。

ヒッパルコス Hipparchos　　前560以後 - 前514年。アテナイの僭主ペイシストラトスの息子。父の死後，兄と共にアテナイを統治。好色で遊蕩に耽る一方，文芸を愛好し，アナクレオンやシモニデスら一流詩人をアテナイへ招いた。

ヒッピアス Hippias　　前481頃 - 前411年。ギリシアのソフィスト。ペロポネソスのエリスに生まれる。政治学・天文学・音楽・歴史・文法・詩歌など諸学に通じ，教師・弁論家として各地を巡歴，大いなる財産と名声を築いた。

ヒッポダモス Hippodamos　　前5世紀。ミレトス出身の高名な都市計画者，建築家。アテナイの外港ペイライエウス，ロドスなどの設計に携わったといわれる。明快で整然と統合された都市を建設した。

ヒッポリュトス Hyppolytos　　ギリシア神話中，アテナイ王テセウスとアマゾン女王ヒッポリュテの子。父の不在中，彼に恋した義母パイドラに言い寄られたが拒んだため，彼女によって逆に讒訴された。これを信じたテセウスは息子の死を祈り，ヒッポリュトスは馬に引きずられ落命。エウリピデスに，彼を主人公とした同名の悲劇がある。

ヒッポロコス Hippolochos　　グラウコスの父。ヘレネがギリシア人に奪い返されるのを防ぐことに責任のあった，トロイア側の責任者アンティマコスの息子。

ヒッポン Hippon　　前5世紀後半。サモス出身の折衷主義哲学者。主にペリクレス時代のアテナイで生活。五感で認知し得るもの以外の存在を否定。その物質主義ゆえに，喜劇詩人ク

ラティノスから無神論者と揶揄された。

ヒポクラテス Hippokrates 　　前460頃-前375年頃。ギリシアの医学者。科学的医学の祖。コスの治療神官団の出身。彼の医学と教育との関わりについては,『パイデイア』第二分冊「パイデイアとしてのギリシアの医術」において詳説される。

ヒメラ Himera 　　シチリア北岸のギリシア人植民市。抒情詩人ステシコロスの生地として知られる。

ピュテアス Pytheas 　　ランポンの長男。前482年, 前480年のオリュンピア競技祭におけるパンクラツィオンで, 勝利を収めた。

ピュト Pytho 　　ギリシアのデルポイの古名。ここで主神アポロンを讃えて祭典競技が催された。伝承によれば, アポロン自身が巨魁ピュトを退治した後, その葬送競技として同地のピュティア競技祭を創始したという。

ヒュペルボロス Hyperbolos 　　? - 前411年。アテナイの政治家。敵対派の筆誅によれば, 品性の劣った厚顔無恥な男と伝えられる。

ピュラデス Pylades 　　ギリシア伝説中, オレステスの念友。母方の従兄弟オレステスと共に育てられ, その忠実な伴侶となる。オレステスの仇討を助け, それに続く流浪の日々にあっても常に艱難辛苦を共にした。

ヒュレイス Hylleer〔ヒューレー〕　　スパルタの部族の一つ。

ピュロス Pylos 　　ギリシアのペロポネソス半島西岸に同名の都市が三つあり, 最も有名なのがメッセニア沿岸にある港湾都市。ネストルの居城があった。ここで前425年, スパルタとアテナイとの戦いが行われ, アテナイが勝利を収めた。

ピリュラ Philyra 　　ギリシア神話中, 巨人オケアノスの娘。クロノスは彼女に惚れ込み,（自分のアイデンティティーを隠すために馬の形で）彼女との間にケンタウロスのケイロンを生んだ。

ファラリス Phalaris 　　在位, 前570/565頃-前554/549年頃。アクラガスの僭主。ロドス系の農夫出身だったが, 大神殿を築くと称して工夫たちの支援で政権を奪取。その残虐な弾圧

人名・神名・地名・家名・部族名の用語解説　797

政治で名を馳せた。

　フェイディアス Pheidias　　　前490頃-前417年頃。アテナイ出身の彫刻家。ギリシア前期，古典美術の巨匠であり，古代全般を通じて最大の彫刻家と称されている。アテナイのパルテノン神殿造営の総監督。

　フェヌロン，フランソワ Fénelon, François　　1651-1715年。フランスの大司教，作家。1678年プロテスタントの子女教導のためのヌーベル・カトリック修道院の院長に就任。1685年ナントの勅令廃止後，サントンジュ地方のプロテスタント改宗指導に派遣された。代表作は『女子教育論』『テレマックの冒険』。

　フォキュリデス Phokylides　　　前540年頃。ミレトス出身のギリシアの詩人。スーダ辞典によれば，古代の様々な作家によって，ヘクサーメターとエレゲイアーの韻律で書かれた箴言の作者とされている。

　プニュクス Pnyx　　アテナイのアクロポリスの西南方にある丘。前6世紀の後期からここで民会が開かれた。

　プラクシダマス Praxidamas　　　アイギナ人。アルキミダスの祖父。

　ブラシダス Brasidas　　　前472頃-前422年。スパルタの名将。ペロポネソス戦争でアテナイの勢力の粉砕に努め，前431年アテナイの攻囲するメッセニアのメトネを救った。前422年アンピポリスの奪回を目指すアテナイ軍に奇襲をかけ，敵将クレオンを敗死させた。

　プラタイアイ Platää　　ボイオティア南部の都市。この都市の近郊でギリシア連合軍がペルシア陸軍を撃破し，侵入軍を潰走させた。ペロポネソス戦争の時，前427年にテーバイ軍はプラタイアイを包囲した後，都市の完全な破壊を命令した。

　プラティナス Pratinas　　　前6世紀後期-前5世紀初期。アテナイで活躍した初期の悲劇詩人。サチュロス劇を書いた最初の作家。ディーテュランボスも著した。

　プリアモス Priamos　　ギリシア神話中，トロイア最後の王。父の王位を継ぐと祖国の復興に努め，トロイアに大いなる

盛名をもたらした。トロイア戦争勃発時すでに高齢に達しており，実戦には加わらなかった。

　プリュギア Phrygia　　小アジアの地方名。前13世紀頃，トラキア方面からインド・ヨーロッパ語族に属するプリュギア人が侵入し，先住の小アジア人を従えて建国。リュディアなどと交易した。

　ブリュソン Bryson　　前5世紀のペリクレス時代 - 前4世紀。古代ギリシアの哲学者，数学者。メガラ派に数えられる。著作は失われ，生と教説に関する幾つかの報告が存在するのみ。円積法の解決を試みたという。

　プリュニコス Phrynichos　　前6世紀後半 - 前5世紀後半に活躍。アテナイの悲劇詩人。ギリシア悲劇の創始者テスピスの弟子と思われる。アイスキュロス以後の最大の悲劇作家として名声を博し，その作品は後世まで愛好された。

　プルサ Prusa　　小アジア北西の都市。前188/187年にビテュニアのプルシアス1世によって設立された。前74年以来，ローマの属州となった。

　プルタルコス Plutarch　　46頃 - 120年以後。ローマ帝政期のギリシア人著述家・伝記作家。プラトン哲学を初め弁論術，数学，自然科学などを修める。主著は『英雄伝』『倫理論集』など。

　プロタゴラス Protagoras　　前490/485頃 - 前420/400年頃。ギリシアの哲学者，ソフィストの始祖。トラキア沿岸アブデラの出身。ペルシア戦争後のギリシアで初めて自らを知恵の教師(ソフィステース)と称した。ギリシア各地の都市を巡歴，とりわけアテナイは頻繁に訪れ，非常な富と名声を得た。

　プロディコス Prodikos　　前470/460頃 - 前399年以降。ケオス出身の文法家，ソフィスト。単語の意味の厳密な区別と正確な用語法を主張し，その講義にはソクラテス，エウリピデス，イソクラテスも連なったといわれる。

　プロテウス Proteus　　ギリシア神話中，古い海洋神で，いわゆる「海の老人」の一人。ナイル河口のパロス島に住み，ポセイドンのために海の畜群（海豹）の番をしていた。他の海洋

神と同様，予言力と自由自在に変身する能力を持っていた。

　プロメテウス Prometheus　　ギリシア神話中，人類に恩恵を与えた文化英雄。ゼウスから密かに天界の火を隠し取り，地上に持ち帰って人間に与え，様々な技術を人々に伝えた。反逆行為がゆえにカウカソス山頂に縛り付けられ，毎日その肝臓を大鷲に食われ，彼の苦悩は続いた。しかしヘラクレスが大鷲を射落とし，彼を解放した。

　ペイライエウス Piräus　　アテナイの有名な外港。アテナイの南西アクテ岬の東西に築かれた三つの港湾からなる。ペルシア戦争中に海軍基地として要塞化された。

　ペイリトオス Peirithoos　　ギリシア神話中，テッサリアのラピダイ族の王。テセウスの念友。共にカリュドンの猪狩りやアルゴナウテスの遠征に参加した。

　ヘカタイオス Hekataios　　前 550 頃 - 前 478/475 年頃。ミレトスの初期ギリシアの歴史家。エジプトを含むオリエント各地を広く旅行して先進文明に触れ，地中海や黒海沿岸地域をかなり正確に描出した。ギリシア最初の地理書『世界周遊記』を著す。

　ヘカベ Hekabe　　『イリアス』に登場するトロイアの女王で，プリアモスの妻。ヘクトル，パリスなどの母。

　ベーク，アウグスト August Boeckh　　1785-1867 年。ドイツの古典文献学者。ハイデルベルク大学，ベルリン大学教授。『ギリシア碑文集成』を主催。事柄の知識に関する研究を古典文献学へ取り入れることを主張。『アテナイ人の国家財政』などを著した。

　ヘクトル Hektor　　ギリシア神話中，トロイア王プリアモスとヘカベの長子。トロイア戦争の時，トロイア軍の総帥にして第一の勇将。英雄的奮戦を続けた。パトロクロスを討ち取るが，アキレウスに斬殺され最期を遂げた。

　ペネロペ Penelope　　ギリシア神話中，オデュッセウスの貞淑な妻。スパルタ王イカリオスの娘。テレマコスの母。夫がトロイア戦争へ出征し帰国に至るまで，近隣の貴族たちに求婚されたが，ひたすら空閨を守り続け，操を貫き通した。

人名・神名・地名・家名・部族名の用語解説

ヘパイストス Hephaistos　　ギリシアの火および鍛冶の神。ゼウスとヘラの息子。オリュンポス十二神の一柱。

ペミオス Phemios　　イタケにおける神話上の歌手。『オデュッセイア』中，ペネロペへの求婚者の前で，ギリシア人がトロイアから苦難に満ちて帰国する物語を歌う。

ヘラ Hera　　ギリシアの重要な女神。クロノスとレアの娘（ふつう長女）で，兄弟たる主神ゼウスの正妻となった。オリュンポス十二神の一柱。結婚，出産，育児など女性の生活を司る。

ヘラクレイトス Herakleitos　　前540頃-前480年頃。ギリシアのイオニア学派の哲学者。エフェソスの王家の出身。志操高邁である反面，傲岸不遜。孤独な生涯を送ったと伝えられる。文章も難解であったことから，闇の人と呼ばれた。

ヘラクレス Herakles　　ギリシア神話中，最大で最も著名な国民的英雄。エウリュステウスが12の難行を課し，これを終えたことで名高い。

ペラスゴス王 Pelasgos　　ギリシア神話中，ゼウスとニオベの子。アルカディア最初の王で，リュカオンの父とされ，馬の飼育，毒草と薬草の区別を人々に教えたという。

ペリアンドロス Periander　　在位，前627頃-前585年頃。コリントスの僭主。ギリシア七賢人の一人。初めは穏和な支配を行い，コリントスを繁栄させたが，途中から残忍な圧制者に豹変。反面，学術・文明の優れた保護者でもあった。

ペリオン Pelion　　ギリシア北東部テッサリア東方の高峰。ケイロンやケンタウロスの居住地とされ，ペリオンの名祖ペレウスと海の女神テティスの婚宴はこの山中で催されたと伝えられている。

ヘリコン Helikon　　ギリシアのボイオティア西南部の山麓。コパイス湖とコリントス湾との間，パルナッソス山の東南方に位置する。音楽の女神ムーサイたちの聖山として古来，名高い。

ペルセス Perses　　ヘシオドスの兄弟。彼と遺産分割をめぐって争った。

人名・神名・地名・家名・部族名の用語解説　801

　ヘルミオネ Hermione　ギリシア伝説中，メネラオスとヘレネの娘。母がトロイアの王子パリスと駆け落ちしたので，母の姉妹クリュタイムネストラに育てられた。従兄弟のオレステスと婚約するが，父メネラオスがそれを破棄して彼女をネオプトレモスに与えた。

　ヘルメイアス Hermias　在位，前355頃-前341年。小アジア西岸のアタルネウスの僭主。アテナイに滞在中，プラトンやアリストテレスの講義を聞き，アリストテレスの恋人となる。プラトンの死後，アリストテレスなどアカデメイアの哲学者を宮廷に迎え入れた。

　ヘルメス Hermes　ギリシア神話中，オリュンポス十二神の一柱。牧畜，商業，運動，雄弁などを司る。古くからアルカディア地方を中心に全ギリシアで崇拝された。叙事詩においてはゼウスの使者として登場した。

　ヘルモクラテス Hermokrates　?-前407年。シラクサの政治家・将軍。ペロポネソス戦争中の前424年，ゲラの会談でアテナイの脅威を力説してシチリアのギリシア人植民市を結束させ，実際にアテナイ艦隊が攻め寄せると選ばれてシラクサの将軍となる。

　ペレウス Peleus　ギリシア神話中，テティスの夫，アキレウスの父。カリュドンの猪狩りに参加した際，誤って岳父エウリュテイオンを刺殺，追放の身となる。ペレウスの保護者アカストスは妻の讒言を聞きペレウスをペレオン山中に連れ出して，凶暴なケンタウロス族に殺されるように図った。しかし賢者ケイロンに救われた。

　ペレキュデス Pherekydes　前6世紀中頃。シュロス出身の哲学者，宇宙生成神話の作者。ピッタコスの弟子で，自然や神々に関する著述をギリシア語の散文で書いた最初の人とされる。

　ヘレスポントス Hellespont　エーゲ海とプロポンティスとを結ぶ狭い海峡。西側はトラキアのケルソネソスとなり，プロポンティスを挟んでボスポロス海峡と共にアジアとヨーロッパの境をなしている。

人名・神名・地名・家名・部族名の用語解説

ヘレネ Helena　ギリシア神話中，絶世の美女。スパルタ王メネラオスの妻となる。トロイア王パリスがスパルタにやって来た時，彼女はその美男ぶりに惚れて情を交わし，トロイアへ駆け落ち。その後アガメムノンを総大将とするギリシア軍がトロイアへ攻め寄せ，トロイア戦争が始まった。

ヘロドトス Herodot　前484頃 - 前425年頃。古代ギリシアの歴史家。小アジアのハリカルナッソスの名門出身。諸都市を遍歴しつつ講演を行い，やがてアテナイに滞在。個人で世界各地を旅して見聞を広め，畢生の大著『歴史』を著した。

ペロプス Pelops　ギリシア神話中，タンタロスの息子。タンタロスはオリュンポスの神を試すべく，我が子ペロプスを切り刻んで料理し，食膳に供した。ゼウスはペロプスの四肢を大釜で煮て蘇生させ，ペロプスは輝くばかりの美青年に成長した。

ペンテウス Pentheus　ギリシア神話中のテーバイ王，ディオニュソスの従兄弟。ディオニュソスが東方遠征の後テーバイに帰還した時，ペンテウスはその神性を認めることを拒み，彼の崇拝を強硬に阻止しようとした。アイスキュロス，エウリピデスによって悲劇の題材に取り上げられた。

ボイオティア Böotien　ギリシア中部の重要な地方。ギリシアの南北を結ぶ幹線交通路に当たる。最も重要な都市はテーバイ。粗野で愚昧な人々が住む地とされた。

ポイニクス Phoinix　ボイオティアの領主アミュントルの子。ペレウスはポイニクスをドロプス人の支配者にし，一子アキレウスの教育を委ねた。

ポキス Phokis　ギリシア中部，聖地デルポイを中心とする地方。ボイオティアの西，コリントス湾の北，西ロクリスの東に位置する。

ポティダイア Poteidaia　マケドニア東南部，カルキディケのパレネ半島の根元に位置する都市。前600年頃コリントスを母市とするギリシア人植民市として，僭主ペリアンドロスの息子の一人によって建設されたという。

ホーライ Horen　ギリシア神話中，季節の女神たち。ゼ

人名・神名・地名・家名・部族名の用語解説　803

ウスとテミスの娘たちで，運命の女神(モイライ)の姉妹。その数はヘシオドスによれば三人で，秩序(エウノミアー)，正義(ディケー)，平和(エイレーネー)という名前がつけられていた。

　ホラティウス，クィントゥス・フラックス Horaz, Quintus Flaccus　前65-前8年。ローマの高名な詩人。アテナイに渡りアカデメイアにおいてギリシアの詩や哲学を修めた。マエケナスの庇護を受け，桂冠詩人の地位を獲得。格調の高さと完璧な技巧，機知と諧謔に富んだ軽快さが特色。

　ポリュクセノス Polyxenos　前4世紀初期に活躍した，プラトン周辺の哲学者，シチリアにおけるギリシアの貴族。プラトンは彼を，シラクサのディオニュシオス2世のところへ送ったと言われている。

　ポリュクラテス Polykrates　前574頃-前522年。サモスの僭主。独裁者となり，強力な艦隊を率いて海上の覇者たるを誇った。文芸を愛好し，アナクレオンらの詩人や芸術家を招いてサモスを大いに繁栄させた。ペルシアのサルデイス太守に欺かれて最期を遂げた。

　ポリュクレイトス Polyklet　前480頃-前410年頃。ギリシア古典期の著名な彫刻家。同門のミュロン，フェイディアスと共に古典前期を代表する三大家と称される。青銅彫刻を得意とし，特に裸体の男性運動競技者像に優れていた。

　ポリュドロス Polydoros　前7世紀前半。スパルタのアギス家の王。テオポンポスと共に第一次メッセニア戦争を終結させた。

　ポリュネイケス Polyneikes　ギリシア伝説中，テーバイ王オイディプスの子。エテオクレスを参照。

　ポリュパオス Polypaos　テオグニスの詩に登場するキュルノスの父。詳しくは知られていない。

　ポリュビオス Polybios　前200頃-前118年頃。ローマ共和政期のギリシア人歴史家。アルカディアのメガロポリス出身。彼の主著『歴史』は前264-前144年までを扱い，ローマの発展を基軸とした世界史を成している。政体循環史論と混合政体論で名高い。

人名・神名・地名・家名・部族名の用語解説

ボレアス Boreas　　ギリシア神話中，北風の擬人神。西風の神(ゼピュロス)，南風の神(ノトス)，東風の神(エウロス)の兄弟。その人格化としての祭儀はイオニアからアッティカへともたらされた。トラキア北部ハイモス山の洞窟に住むとされた。

マエケナス，ガイウス・キルニウス Mäcenas, Gaius Cilnius　　前70 - 前8年。アウグストゥス皇帝の友人。ホラティウス，ウェルギリウスなど詩人の才能を伸ばすために，自らの財産を投資した。

マラトン Marathon　　アッティカの北東岸地方の名。第二次ペルシア戦争の折，この海岸でマラトンの戦いが繰り広げられ，ペルシアの大軍がアテナイ軍とプラタイアイ軍に打ち破られた。

マルマラ海 Propontis　　ボスポロス海峡とヘレスポントス海峡の間の内海。最大の島プロコンネソスが「大理石 marmara」の産地であったことから，後世その島のみならず海峡全体がマルマラの名で呼ばれるようになった。

ミダス Midas　　在位，前738 - 前696年頃。プリュギア王国の半ば伝説上の王。父の後を継いで即位し，キュメの王女を娶る。キュベレやディオニュソスの秘儀を制定し，国を豪富ならしめた。

ミネルヴァ Minerva　　古代イタリア・ローマの技芸の女神。エトルリア起源と思われ，ギリシアのアテナと早くから同一視された。

ミノス Minos　　伝説的なクレタ王。ゼウスとエウロペの息子。艦隊を擁してエーゲ海とその周辺全域に強大な海上支配権を確立した。

ミムネルモス Mimnermos　　前7世紀中頃 - 後半。ギリシアの詩人，音楽家。イオニアのコロポンないしスミュルナの人。青春の移ろいやすさ，老醜の悲哀，人生の無常を嘆く詩などを書いた。エレゲイアー詩形の創始者の一人。

ミュティレネ Mytilene　　レスボス島東岸のギリシア人植民市。ペルシア戦争後デロス同盟の一員となるが，アテナイの

横暴に耐えかねて前428年，反乱に立ち上がりスパルタの来援を期待。しかし内乱が起き，アテナイへ降伏。

ミュラー，カール・オトフリート Müller, Carl Otfried 1797 - 1840年。ドイツの古典文献学者。古典考古学と古代史学の創設者の一人。ゲッティンゲン大学教授。『ドーリア人』『学問的神話学への序論』などの著書がある。

ミュルシロス Myrsilos ? - 前590年頃。ミュティレネの僭主。前7世紀の叙事詩人アルカイオスは自らの断片の中で彼に対して戦い，ストラボンは彼をピッタコスらと同列に扱っている。

ミルティアデス Miltiades (僭主) 前590頃 - 前530年頃。トラキアのケルソネソスの僭主。アテナイの名門ピライダイ家に生まれる。アテナイの僭主ペイシストラトスと張り合うほどの権勢家であった。

ミルティアデス Miltiades (将軍) 前550頃 - 前489年。アテナイの名門出身の政治家，軍人。ペルシア軍がギリシアへ攻め寄せた際には十人の将軍の一人に選ばれ，マラトンの戦いで大勝を収めた。

ミレトス Miletos 小アジア西岸にあったギリシア系都市。早くから海外貿易が盛んで前7世紀中葉までにはエーゲ海北部・黒海方面に60以上の植民市を建設。哲学・科学などの諸学問が他のギリシア諸都市に先駆けて栄え，文化の中心として隆盛を極めた。ペルシア帝国に対するイオニアのギリシア人の反乱を主導するが，前494年に占領され，都市は破壊された。

ムーサイ Musen ギリシアの詩歌・文芸を司る女神たち。オリュンポス山麓で生まれた娘たちとされた。古くは三柱，ヘシオドス以来九柱となった。

ムサイオス Musaios ホメロス以前の半ば伝説中の詩人。オルフェウスまたはリノスの子ないし弟子にして愛人とされ，歌を通じて治癒や神託を行ったという。

メガラ Megara ギリシアのコリントス地峡，東方にある都市。東のアテナイと西のコリントスからほぼ等距離に位置し，ペロポネソス半島への通路に当たる上，サロニコス湾に良

港を擁していたため，早くから海上に活躍した。前 6 世紀に内乱が起き，貴族政から寡頭政へと移行した。

　メッセニア Messenier　　ペロポネソス半島西部の地方。スパルタは三次にわたるメッセニア戦争でメッセニアを併合し，同じドーリア人でありながらメッセニア人を奴隷の位置に落とし，その土地はスパルタ人の間で分配された。

　メディア Media　　イラン北西部の民族名。言語・民俗学的にペルシア人と親近関係にあり，インド・ヨーロッパ語族のイラン語族に属する。

　メデイア Medea　　ギリシア神話中，コルキス王アイエテスの娘。魔術に長じており，金毛羊皮を求めてやって来たイアソンに恋し，彼を助けた。その後二人はコリントスに逃れ無事に暮らしたが，イアソンがコリントス王の娘グラウケと結婚しようとしたため，怒り狂ったメデイアは花嫁，その父王，自らの子供たちを殺し，駆け去った。

　メディチ家 Medizeer　　15-18 世紀にフィレンツェを中心に栄えたイタリアの財閥。ルネサンス芸術の保護者として知られる。

　メトン Meton　　前 5 世紀後半。アテナイの天文学者，数学者。太陽暦と太陰暦の調整のためバビロニア人に倣って 19 年の周期に閏月を七つ挟む，全 6940 日からなる「大年周期(メトン)」を工夫したと伝えられる。

　メナンドロス Menander　　前 342/341 - 前 292/291 年。ギリシアの後期喜劇を代表する詩人。アテナイの裕福な家庭に生まれ，学者テオフラストスに師事。哲学者エピクロスらと親交を結び，公事から離れて華やかな私生活を送った。

　メネラオス Menelaos　　ギリシア神話中，アトレウスの子でアガメムノンの弟。テュンダレオスの娘ヘレネを娶りスパルタ王となる。彼の不在中，彼女はトロイアの王子パリスに誘惑されトロイアへ出奔。このため，トロイア戦争が起きた。

　メムノン Memnon　　ギリシア神話中のエチオピア王。叔父プリアモスの援軍としてトロイアへ出征しギリシア軍と勇戦するが，アキレウスの愛人アンティロコスを殺したため，つい

人名・神名・地名・家名・部族名の用語解説

にアキレウスに討たれる。

　メリッソス Melissos　　前490頃 - 前430年頃。エレア派の哲学者，パルメニデスの弟子。他の哲学諸派に対して師の教説を擁護し，エンペドクレスの多元論やアナクシメネスの濃化希化の概念を批判した。

　メレアグロス Meleagros　　ギリシア神話中，最も名高い英雄の一人でカリュドンの王子。実父は軍神アレス。無双の戦士に成長した。

　メレトス Meletos　　前5世紀。アテナイの悲劇詩人。ソクラテスを告訴したので有名な父と，子がいる。アリストパネスが「ゲリュタデス」で批判したのは，父のメレトス。

　メロス Melos　　エーゲ海キュクラデス諸島の火山島。ペロポネソス戦争において中立を表明した。にもかかわらず前416年にアテナイ軍の包囲を受けて翌年，陥落。

　メンテス Mentes　　女神アテナが初めてテレマコスと出会った時に名乗った名。メントルと同じ。

　メントル Mentor　　『オデュッセイア』に登場するイタケの賢人。オデュッセウスの親友。オデュッセウスはトロイア戦争へ出征の際，彼に後事を託し，息子テレマコスの教育を依頼した。メントルはその務めを立派に果たした。

　モイライ Moiren　　ギリシアの運命の女神。紡ぐ者(クロト)，割り当てる者(ラケシス)，変え得ぬ者(アトロポス)の三女神で，それぞれ人間の運命の糸を紡ぎ，その長さを割り当て，鋏でそれを断ち切ると考えられていた。

　ヤヌス Janus　　ローマの古神。門の守護神とされ，門扉の内外を見張る者として通常，前後正反対の方向を向いた双頭の姿で表される。

　ユークリッド Euklid　　前365/330頃 - 前295/275年頃。前300年頃にアレクサンドレイアで活躍したギリシアの数学者，幾何学の大成者。

　ラエルテス Laertes　　ギリシア神話中，イタケの王で，英

雄オデュッセウスの父。有名な盗賊アウトリュコスの娘アンティクレイアを娶ったが，彼女はすでにシシュポスによってオデュッセウスを孕んでいたともいう。

ラコニア Lakone ペロポネソス半島南東部の地方名。西はタユゲトス山脈でメッセニア地方に接し，北も山脈でアルカディアならびにアルゴリス地方に接する。中心市はスパルタ。

ラソス Lasos 前6世紀後半。ギリシアの音楽家，詩人。ギリシア七賢人の一人に数えられることもある。詩人ピンダロスの師として名高い。アテナイの僭主ヒッパルコスの宮廷で活躍し，この地にディーテュランボスの競技を創始。

ラブダキダイ Labdakiden テーバイの都市を支配した部族。テーバイ王ライオスは追放に遭っている間，友人ペロプスの息子を誘拐した。その後ペロプスはライオスと彼の子孫を呪い，オイディプス王の悲劇が起きる。『テーバイを攻める七人の将軍』と『アンティゴネ』の物語も，ラブダキダイの呪いに基づく。

ランケ，レオポルト・フォン Ranke, Leopold von 1795-1886年。ドイツの歴史家。ベルリン大学教授。史料批判的方法を開発し，近代の歴史学研究法の創始者。主著は『ローマ教皇史』『プロイセン史』など。

ランポン Lampon アイギナ人。ピュテアスとピュラキダスの父。

リタイ Litai ギリシア神話中，ゼウスの娘たち。悔悛した罪人の謝罪と祈りを体現する。無気力に，皺だらけに，目を恥ずかしげに横へ向けながら，ゆっくりとした足取りで迷妄(アーテー)についてゆく。

リビア Libyen 北アフリカのキュレナイカとエジプトに挟まれた地方名。

リュカンベス Lykambes アルキロコスと婚約したネオブレの父。後に娘にアルキロコスとの結婚を解消させた。

リュクルゴス Lykurg（トラキア王） ギリシア神話中の男性名。酒神ディオニュソスとその崇拝を排斥しようとしたため，神罰を被り悲業の最期を遂げた。アイスキュロスが「リュ

人名・神名・地名・家名・部族名の用語解説　809

クルゴス三部作」で扱ったが，散逸して伝わらない。

　リュクルゴス Lykurg（立法者）　　前9世紀-前8世紀頃。スパルタの半ば伝説的な立法者。デルポイの神託を受け，混乱したスパルタに国制文書（レートラ）を授け，民会と長老会の設置，金銀貨の流通禁止，市民の共同会食，軍隊式教育制度などを制定し，後のスパルタ発展の基礎を確立したと言われる。

　リュクルゴス Lykurg（弁論家）　　前390頃-前324年。アテナイの政治家，弁論家。アッティカの十大雄弁家の一人。名門エテオブタダイ家に生まれ，哲学をプラトン，修辞学をイソクラテスに学ぶ。政治家として高い地位を占めた。

　リュサンドロス Lysander　　前455頃-前395年。スパルタの将軍，政治家。ペロポネソス戦争末期のスパルタ海軍の提督に任命され，前405年アイゴスポタモイの海戦でアテナイ艦隊を全滅させ，アテナイを降伏させた。

　リュディア Lydien　　小アジア西部の地名・民族名・王国名。ヘルモス川上流およびサルデイス周辺の地を中心とする広大で肥沃な地方。アリュアッテス王，クロイソス王が領土を拡張。早くから高度の文明が栄え，ギリシア，とりわけイオニアの人々に与えた影響は大きい。

　レウカス Leukas　　ギリシア北西部，イオニア海の島。その名は西側の白い岸壁に由来する。この岬は，女流詩人サッポーが美青年パオンに対する恋に破れて身を投げた場所として有名。

　レウクトラ Leuktra　　ギリシア中部ボイオティア地方の集落。プラタイアイからテスピアイへ向かう途中にある。前371年，テーバイ軍がはるかに優勢なスパルタ軍に大勝を収めた歴史的会戦がこの近くで行われた。

　レスボス Lesbos　　エーゲ海東北部，小アジア西岸ミュシア沖合の島。肥沃で葡萄酒とオリーヴを産出する島として名高い。早くから豪奢華麗なリュディア文明を摂取し，半ばオリエント的な官能性の溢れるアイオリス文化の中心となった。

　レダ Leda　　ギリシア神話中，アイトリアのプレウロン王テスティオスの娘。スパルタ王テュンダレオスの妻でヘレネら

の母。白鳥に化したゼウスと交わって1個（または2個）の卵を産み，そこから四子が生まれたとされる。

　ローデ，エルヴィン Erwin Rohde　　1845-98年。ドイツの古典文献学者。イエナ大学，チュービンゲン大学，ライプツィヒ大学，ハイデルベルク大学教授。『プシューケー　ギリシア人の霊魂の祭儀と不死の思想』等の著作がある。ニーチェの親友。

索　引

（50音順，注は省く。見出し語の後の括弧はルビか，同一の見出し語を区別する標識を表す。）

人名・神名・地名・家名・部族名

ア　行

（大）アイアス　42, 46, 48, 52, 72f., 104, 603
アイオリス　144, 158, 218f., 246f., 384, 390, 610
　——人　219, 380
アイオン　392
アイギストス　84f.
アイギナ　383, 387, 397, 405, 412
　——人　383
アイスキュロス　238f., 256, 304, 390, 403, 420, 425–32, 438, 440f., 446–64, 466–69, 471–86, 489f., 492, 495–97, 499–501, 505–25, 533, 575, 581, 586f., 594–96, 600, 604, 606, 616–18, 654–59
アウグストゥス　9
アカイア　45f.
　——人　47, 86, 105
アガメムノン　42, 45f., 68, 84f., 104, 109–11, 114, 448f., 452, 461, 492, 614, 668
アキレウス　41f., 45–48, 52, 70–77, 82, 84, 96, 98, 104–14, 116, 150, 162, 194, 214, 225, 365, 396–99, 454, 558
アクシラオス　434
アクラガス　392, 396, 406, 411, 518

アゲシラオス（2世）　160
アジア　111, 191, 261, 276, 294, 428, 678
　小——　144, 187, 193, 195f., 247, 261, 318, 320, 403, 662f., 669
　西南——　290f., 662
　中央——　93
アスクラ　125, 144
アスクレピオス　71, 399
アタルネウス　52
アッシリア人　115
アッティカ　vii, 157f., 188, 192, 243, 245, 256–62, 267, 270f., 275–77, 280f., 352, 358, 383, 407, 409f., 414, 416f., 420f., 425–27, 429, 436, 438, 440f., 450, 475, 478, 483, 486–89, 499, 503f., 508, 513, 531, 544, 551, 556, 559, 576, 580f., 585, 590, 612, 618, 621f., 624–26, 628, 631f., 634f., 638, 642, 664, 669, 671, 675, 682f., 688, 691, 707, 709
アテナ　69, 77f., 80–82, 84f., 98, 115, 267f., 416, 580, 647f.
アテナイ　48, 158, 162, 166, 184, 187, 192–94, 197, 243, 256f., 259f., 267f., 342, 347f., 361, 373, 403–09, 411f., 416–18, 420f., 425, 428–32, 436f., 441, 457,

475f., 486f., 489, 492, 503, 507, 510f., 514, 540, 543f., 556–60, 562, 565–67, 569f., 579–82, 585f., 588–94, 612, 617f., 620, 634, 636, 638f., 641, 643, 653, 655f., 658, 663, 666, 669, 673, 678–86, 688–701, 703–09
——人 191, 266f., 273, 361, 373, 429, 431f., 436, 539, 549, 556, 557, 585, 591, 603, 621, 633, 642, 658, 674, 676, 682–85, 688f., 691–95, 704
アドラストス 179, 378
アトレウス 114
——家 451, 461
アナクサゴラス 287, 518, 589–91, 607
アナクシマンドロス 196f., 211, 266f., 288, 291f., 294–301, 303, 306f., 314, 317, 324f., 327, 336f., 517
アナクシメネス 296, 299, 317, 331, 535, 550
アナクレオン 416, 420f., 643
アブデラ 539, 593
アプロディテ 244, 612, 623
アポロニア 591, 607
アポロン 110, 114, 171, 174, 185, 310–12, 453, 457, 461, 601, 611
アミュントル 68, 76
アモルゴス 230, 240, 243, 273, 277
アリスティッポス 403
アリステイデス 431, 511, 575
アリストゲイトン 448
アリストテレス 18, 20, 43, 47–50, 52, 92, 106, 147, 160f., 200, 205–07, 209f., 215, 239, 245, 281, 283f., 292, 296, 302–04, 313, 407, 410, 413f., 429, 451, 472, 483, 487, 514, 517, 532, 546, 555, 573, 591f.
アルカイオス 193, 220, 246–48, 250, 348, 643
アルキダマス 603
アルキダモス（2世） 688
アルギヌサイ 486, 586
アルキノオス 61f., 67, 69, 194
アルキビアデス 676, 688, 695f., 698–701, 703f.
アルキミダス 393
アルキロコス 100, 193, 196f., 220–40, 243, 245–48, 263, 278, 285, 384, 389, 395, 412, 432, 627f., 632
アルクマイオン 408f., 425, 562
アルクマン 190f.
アルケラオス 591
アルゴス王 452
アルゴナウタイ 195
アルテミス 611
アレクサンダー大王 155
アレクサンドレイア 346, 549, 559, 628, 637
アレス 170, 223, 623
アレテ 66f.
アロペケ 643
アンティゴネ 495, 497–99, 502
アンティステネス 603
アンティフォン 553, 569–74, 576
アンティロコス 396f.
イアソン 399, 599f.
イウリス 380
イオカステ 495
イオニア（海） 411
イオニア（地方） 56, 59, 61, 65, 142, 154, 157–59, 184, 187f., 190. 192–96, 212, 214, 218, 243, 245f., 257f., 261–64, 266f., 270, 273,

人名・神名・地名・家名・部族名　　　813

276–78, 280, 285, 288f., 292, 294, 297, 301f., 314f., 320, 342f., 358, 376, 380, 384, 389f., 410, 419, 421, 430, 432, 436f., 446, 466, 488, 518, 523, 536, 559, 610, 627, 632, 661, 664, 671, 708
――人　123, 191–93, 195, 219, 256, 263, 277, 286, 290f., 293f., 343, 376, 380, 421, 436, 523, 589f., 670f.
イオン（神話上の人物）　611
イオン（詩人）　427, 487
イストモス　374, 377, 393, 406
イスメネ　495, 497
イスラエル　153
――人　10
イソクラテス　489, 505, 509, 528, 554f., 559
イタケ　60, 67
イタリア　301f., 313, 318
イトメ　169
イビュコス　420, 435
イプセン　480
ウァロ　19
ヴィラモーヴィッツ＝メレンドルフ　54f., 384, 629
ヴィンケルマン　25
ヴェルカー　426, 452
ウェルギリウス　218
運命の女神（モイライ）　111, 144, 235, 272, 274, 277, 324, 392, 446
エイレーネー　144
エウクテモン　591f.
エウノミアー　→秩序の女神
エウボイア　223, 411
エウポリオン　425
エウポリス　628f., 642, 654
エウマイオス　62
エウメニデス　462, 504
エウリピデス　323, 401, 426, 431, 440f., 448, 476–84, 492, 503, 558f., 564, 578f., 582, 586–88, 593–620, 630, 637, 650, 652–59, 671
エウリュクレイア　68
エゲスタ　695
エジプト　7, 10, 195, 290f., 377, 569, 662
――人　5
エチオピア　195
――人　396
エテオクレス　459, 463–65, 492, 496, 498, 609
エニュアリオス　223
エピカルモス　626
エフェソス　187, 203, 263, 330, 410
エリス（神名）　112, 134f., 138, 146
エリス（地名）　521, 539, 569
エリニュエス　462
エリネオス　185
エレア　318f., 323
エレウシス　426
エレクトラ　495, 501f., 600f.
エンニウス　558
エンペドクレス　283, 313–15, 518, 535
オイディプス　334, 451, 459, 500, 502f., 604f.
オクシデント　→西洋
オケアニデス　→オケアノスの娘たち
オケアノス　113, 283, 295, 450
オケアノスの娘たち（オケアニデス）　458f., 469
オデュッセウス　37, 42, 46, 60f., 65, 67–69, 72–74, 79f., 83f., 115, 119–21, 195, 603
オノマクリトス　416f.
オリエント　→東洋
オリュンピア　207, 374, 377f., 380, 392f., 453, 470, 482
オリュンポス　46, 118, 127,

439, 623, 635
オルフェウス 308f., 313f., 340, 417, 518, 657
オレステス 84-86, 450, 461f., 492, 501, 600f.

カ 行

カトゥルス 232
カマリナ 689, 695
カリアス（3世） 539, 556
カリクレス 557f., 565-67, 569-71, 578
カリス →優美の女神
カリノス 187, 192f., 203, 219f., 222, 263, 432
カリュプソ 69
カルタゴ 406
────人 403
カレル人 195
カント 284
キオス 241, 427, 487f.
ギガンテス →巨人
季節の女神（ホーライ） 144
北風の神（ボレアス） 144, 179
キニュラス 179
キネシアス 653
キモン 431
キュクロプス 179
ギュゲス 236, 576
キュプセロス 411
キュメ 144
キュルノス 347-51, 353-57, 360, 362, 364, 367
巨神（ティタン） 319, 468, 470f., 473f.
巨人（ギガンテス）319
ギリシア人 vii-ix, xi-xif., 3, 5f., 8-25, 31, 33, 36, 38, 41, 44-47, 49-51, 53, 64, 66, 75f., 82, 86, 88, 90-93, 95f., 99, 104, 106-09, 111-13, 115, 117, 121, 123f., 155f., 158, 161f., 164, 167, 172, 181-83, 187, 190, 193, 195f., 199, 203, 206, 208-10, 217, 221f., 225, 228, 231, 235f., 238f., 247, 250-52, 258f., 276, 281f., 285f., 288, 291, 306f., 310, 316, 323f., 339f., 343, 346, 375, 379, 388, 392f., 403f., 412f., 416, 427, 436, 439, 442-44, 456, 468, 475, 477, 484, 493, 495, 508, 520, 528f., 531f., 537, 551-53, 559, 561, 568, 570f., 579f., 596-99, 609, 614, 622f., 639, 662f., 669, 672f., 677, 679, 691
キルヒホフ 55
キンメリオイ人 187, 195
クセノクラテス 396
クセノパネス 178, 189, 301, 314-23, 329f., 336, 342, 344, 379, 400, 509, 514, 518, 521, 608
クセノポン 160, 166, 168, 487, 509, 686
クセルクセス（1世） 239, 428, 457
グラウコス 40
クラゾメナイ 518, 590
クラティノス 591, 628-30, 635, 637
クラテス 628, 630
クラテュロス 591
クリティアス 347, 431, 566, 575f., 601
クリュセイス 68
クリュセス 110
クリュソテミス 495
クリュタイムネストラ 68, 84, 461, 495, 601
クレイステネス 260, 425, 705
クレオン（テーバイ王） 497, 499

クレオン（政治家） 630f., 635-40, 643, 652, 688, 704, 706
クレシラス 489
クレタ 668
クロイソス 276, 662
クロノス 127, 142, 185, 414
ケイロン 69-72, 396f., 399
ケオス 380, 388, 390, 539, 549
ゲーテ 11, 21, 94, 254, 485, 640
ケピソス 612
ケピソポン 618
ゲラ 406, 694
ケル 112
ケルキュラ 411, 690, 694
ケルソネソス 413
ゲルマン人 93, 116
ケンタウロス 70-72, 319, 396f., 399, 518
コドロス家 194
コリントス 374, 411f., 416, 420, 682
――人 676, 682f.
ゴルギアス 516, 566
コルキス 195
コロイボス 378
コロノス 504, 604
コロポン 189, 243, 262, 314, 318

サ　行

サイオイ 224
サモス 410, 416, 420, 591
――人 301
サラミス 17, 263, 403f., 427, 431, 486, 580f., 663f., 685
サルデイス 190
サンニュリオン 653
シェークスピア 94, 500
シキュオン 378, 411
シゲイオン 411
シチリア 195, 318, 402, 406f., 411, 435, 445, 618, 626, 688, 694-97, 699
――人 689
シモニデス 380f., 388-90, 403f., 416, 419f., 493, 494, 500, 520
シラクサ 320, 395, 400, 403, 406, 416, 420, 694f., 707
――人 676, 695, 701
シレノス 643
スキュラクス 294
スコパス 389, 420
ステシコロス 435
ステネボイア 657
ステネライダス 688
スパルタ 66, 78, 155, 157-75, 177f., 181, 184-93, 203f., 207f., 214, 218, 222, 243, 257, 322, 359, 369, 373f., 506, 541, 669, 676, 678, 681, 683, 685f., 688f., 707f.
――人 161f., 170-72, 177, 188, 222, 676, 681-85, 688f., 691f.
スフィンクス 334, 500
西洋（オクシデント） 662
ゼウス 36, 46, 76f., 85, 116, 118, 132, 134, 136, 138, 141-43, 170, 185, 198, 227, 241, 244, 264, 268f., 271, 298, 340, 351, 378, 392, 396, 401, 428, 448-50, 454, 457, 466, 468-74, 482, 525, 607, 635, 649
セゲスタ →エゲスタ
ゼノン 327, 592
ゼピュロス →西風の神
セモニデス 229f., 240-44, 246, 273, 277f., 432
セリヌス 695f.
ソクラテス 18, 164, 214, 216, 245, 281, 284, 332, 388, 390, 431, 493, 513f., 518, 534f., 538, 539, 544, 555,

557, 564, 591-94, 624,
　　634f., 641, 643-46, 651f.
ソプロン　626
ソポクレス　385, 430f., 440,
　　475-94, 503, 505, 578f.,
　　594-96, 600, 604f., 617,
　　625, 653f.
ゾラ　480
ソロン　55, 139, 178, 180, 188,
　　192, 195, 197, 219f., 229,
　　256-80, 285, 298, 300, 306,
　　309, 342f., 355, 358, 360-
　　63, 366-73, 375, 406f., 409,
　　426, 428-30, 432, 437f.,
　　447, 449, 452-55, 458-
　　60, 463, 492, 496, 499, 520,
　　561, 643, 663f., 673, 675,
　　703, 705

タ・ナ 行

ダナイデス　→ダナオスの娘たち
ダナオスの娘たち（ダナイデス）
　　446, 465, 471f.
ダモン　592
ダレイオス（1世）　457, 472
タレス　266, 283, 287f., 291,
　　295, 331
タンタロス　179
ダンテ　94f., 117, 283, 405
秩序の女神（エウノミアー）
　　266
デイアネイラ　495
ディオゲネス（アポロニアの）
　　591, 607
ディオスクロイ　629
ディオティマ　51
ディオドトス　688
ディオニュシオス（1世）　403,
　　707
　――家　404
ディオニュソス　231, 249, 310,
　　312, 438, 441f., 445, 586,
　　611, 616, 625, 627, 630,
　　654-56, 659
ディオメデス　40, 104
ディオン（プルサの）　100
ディカイオポリス　586
ティタン　→巨神
ティトノス　179
ティマサルコス　383
テウクロス　657
テオグニス　271, 342-58,
　　360-74, 409, 419f., 432,
　　496, 506, 520, 535
テオポンポス　166, 169f.
テクメッサ　495
テセウス　365
テッサリア　70, 420
　――人　389
テティス　46, 70, 649
テーバイ　340, 401, 451, 459
　――王　452
　――王家　463
　――人　429, 688
テミストクレス　431, 511, 581,
　　664, 673
デメテル　148, 426f.
デモクリトス　239, 292, 519,
　　576, 592f.
デモステネス（将軍）　638
デモステネス（雄弁家）　174,
　　182, 258, 405
デモドコス　97
デュマネス　171
テュルタイオス　139, 159,
　　167-82, 184-93, 203f.,
　　218-20, 222, 227, 263, 322,
　　343, 368f., 420, 428, 432,
　　506
テュンダレオス　601
テラモン　397
テルシテス　60f., 101, 623
テルパンドロス　190
デルポイ　167, 171, 185f.,
　　310f., 334, 377, 385f., 396,
　　449, 457, 462, 501, 611

人名・神名・地名・家名・部族名　　817

テルモピュライ　649
テレマコス　61f., 65f., 68f., 77-86, 96, 98
テロン　392, 396, 402, 406
トゥキュディデス　114, 214, 258, 353, 406, 428, 440, 511, 513, 534, 537, 551, 555, 557, 560f., 582f., 593, 595, 636, 661, 663-708
東洋（オリエント）　7, 12f., 19, 23, 60, 115, 117, 285, 291, 662, 690
トラキア　179, 441
　──人　287, 317
　──地方　411
ドラコン　260
トラシュブロス　396f.
トラシュマコス　565, 643
ドーリア　24, 158, 162, 191, 358, 382f., 390, 430, 604, 609, 614
　──人　162f., 184f.
　──人種　191
　──部族　162, 191
　──方言　550, 626
トロイア　40, 45, 58, 65f., 84, 104, 116, 193, 396, 433, 609, 614
　──人　58, 105, 108, 193
ドロプス人　72
ナクソス　411
ニキアス　638, 688, 695f., 699f.
西風の神（ゼピュロス）　144
ニーチェ　297, 471, 533
ニュンペ　69, 80, 388
ネオプトレムス　558f.
ネオブレ　233
ネストル　61, 78, 85f., 110, 396, 649
ネメア　374, 377, 393
ノトス　→南風の神

ハ　行

パイエケス人　60f., 66f., 97, 194
パイドラ　603, 611, 657
パオン　253
バッキアダイ家　411
バッキュリデス　345, 381, 388, 401, 403
バッハオーフェン　533
パトロクロス　40, 71, 75, 107-09, 143, 365, 377, 657
バビロニア　10
　──人　115
パフラゴニア人　638
パラス・アテナ　69, 268
パラメデス　449, 603
ハリカルナッソス人　663
パリス　104f., 454
パルテノン　489, 580
パルナッソス　611
パルメニデス　315, 323-31, 333, 338, 517, 592
ハルモディオス　448
ハルモニア　612
パロス　224
パンドラ　129f., 138
パンヒュロイ　171
ヒエロン（1世）　320, 395f., 400, 402f., 406, 416, 420f.
ピサ　321, 378
ピッタコス　416
ヒッパルコス　352, 417, 420
ヒッピアス　521, 539, 547, 549, 553-55, 569f., 576
ヒッポダモス　591f.
ヒッポリュトス　611
ヒッポロコス　40
ヒッポン　591
ヒポクラテス　32, 353
ヒメラ　435
ピュテアス　387
ピュト　374

ヒュペルボロス 630f., 649
ピュラデス 601
ヒュレイス 171
ピュロス 78, 689
ピリュラ 397
ピンダロス 24, 71, 82, 86f., 141, 162, 178, 234, 248, 271, 311, 320f., 342–45, 372, 374–78, 380–88, 390–406, 419f., 429, 433, 457, 506f., 520, 533, 535, 537, 543, 619
ファラリス 411
フェイディアス 483, 491, 674, 677
フェヌロン 78
フォキュリデス 352, 357, 372
プニュクス 588
ブラクシダマス 393
ブラシダス 689
プラタイアイ 663, 688
プラティナス 416, 420
プラトン vii, 16–18, 22, 32, 47f., 51f., 74, 82, 87–89, 92, 97f., 157f., 161, 164–66, 172f., 178, 188f., 200, 204–10, 213, 216, 245, 250f., 253, 258, 260, 281, 283f., 286, 304f., 313, 322f., 347, 349, 358, 360, 387f., 390, 395, 398, 403, 405f., 417, 429, 439–41, 487, 494, 505, 509, 513, 517, 520–25, 528–32, 534, 537–39, 544, 546, 548–50, 554, 555, 557–59, 565f., 569, 590–92, 606, 609, 624, 628, 632–35, 642, 644f., 671, 674f., 693f.
プリアモス 107, 225
プリュギア人 195
プリュソン 553
プリュニコス 442
ブルクハルト 412

ブルサ 100
プルタルコス 160, 164–66, 184, 189, 545–47
プロタゴラス 390, 494, 498, 515, 517, 520–24, 524–29, 533f., 538–44, 547–50, 552, 560f., 563, 566, 569, 574, 592, 613, 642
プロディコス 539, 549, 642
プロテウス 607
プロメテウス 129f., 138–41, 238, 304, 448–50, 452, 458, 465–72, 492, 498, 525
ペイライエウス 591
ペイリトオス 365
ヘカタイオス 288f., 294, 301, 332, 353, 376, 434f., 661–63
ヘカベ 603, 607, 614
ベーク 384
ヘクトル 58, 104f., 107, 109, 193, 225
ヘーゲル 285, 499, 533, 697f.
ベーコン 674
ヘシオドス 31, 56, 67, 70, 123–54, 158f., 176f., 197, 213f., 218, 220, 226, 229f., 241, 260, 263–66, 283, 298, 301, 315f., 318, 329, 343, 348, 352, 357, 363, 368, 376, 420, 433f., 466, 506, 512, 519f., 525, 608, 657, 672
ペネロペ 65–67, 120f.
ヘパイストス 112
ペミオス 97
ヘラ 185
ヘラクレイトス 17, 111, 196f., 211, 232, 288, 301, 314, 330–41, 376, 392, 459, 509, 517f., 564, 591, 708
ヘラクレス 163, 170, 185, 648
ペリアンドロス 411f., 416, 420

人名・神名・地名・家名・部族名　　819

ペリオン　70
ペリクレス　166, 214, 242f., 425, 431, 483, 485-89, 510, 513, 556f., 559-62, 573, 574, 580f., 590, 605, 635-37, 639f., 676, 682, 684, 689, 698-709
ヘリコン　125, 154
ペルシア人　115, 291, 356, 403f., 420, 428f., 443, 456, 458, 664, 669, 679
ペルセス　126, 132-35, 140-42, 147f., 348, 363
ヘルダーリン　95
ヘルミオネ　601
ヘルメイアス　52
ヘルメス　352, 459
ヘルモクラテス　694f.
ペレウス　41, 70, 72, 75, 77, 396f., 649f.
ペレキュデス　434
ヘレスポントス　239, 411
ヘレネ　65f., 105, 454, 600f., 603, 605, 650
ヘロドトス　7, 124, 238, 276, 289, 293-95, 302, 311, 316, 353, 580f., 661-64, 678, 691
ペロプス　179, 185, 377
ペロポネソス　185
　──人　421
ペンテウス　441
ボイオティア　125, 129, 144, 158, 260
　──人　123, 149, 260
ポイニクス　41f., 46, 68-77, 84, 98, 214, 398, 454, 537
ポキス　84
ポティダイア　411
ホメロス　18, 22, 34-40, 43, 45-48, 51-53, 55, 60, 66, 69, 74, 78, 82, 87-90, 92, 94-98, 100-02, 104, 106, 109-30, 133f., 136-39, 141-43, 146, 150-52, 154, 158f., 162, 171, 176f., 179, 181, 186f., 191, 193, 197-99, 204, 207, 219, 222-27, 231, 233, 235f., 239f., 242, 244, 249, 263, 269f., 275, 282f., 292, 308, 315f., 318, 323, 329, 376, 394, 398f., 416, 432-34, 441, 442, 449, 454f., 459, 484, 519-21, 523, 530f., 533, 542, 571, 608, 623f., 643, 648, 657, 662, 668
ホーライ　→季節の女神
ホラティウス　106, 232
ポリュクセノス　403
ポリュクラテス　416, 420
ポリュクレイトス　525
ポリュドロス　166
ポリュネイケス　459, 463, 496, 498
ポリュパオス　348, 351
ポリュビオス　412
ボレアス　→北風の神

マ・ヤ　行

マエケナス　418
マケドニア　155, 618
マラトン　17, 403, 421, 427, 489, 580f., 647, 685
マルマラ海　196
ミダス　179
南風の神（ノトス）　144
ミネルヴァ　532
ミノス　668f.
ミムネルモス　193, 243f., 246, 262f., 276f., 432
ミュティレネ　636, 688
ミュラー　162, 619
ミュルシロス　248
ミルティアデス（僭主）　413
ミルティアデス（将軍）　428, 639

ミレトス 56, 196, 211, 246, 266, 288, 291f., 294, 301–03, 314, 323, 332, 337, 352, 410, 435, 443, 591, 661
——人 331, 341, 518
ムーサイ 97, 114, 125, 154, 189f., 223, 250f., 270f., 274, 370, 381, 400f., 416f., 512, 612, 653
ムサイオス 657
メガラ 342, 351, 356, 361, 373f., 411, 630
メッセニア 168f.
——人 168–70, 369
メディア 599f.
メディア人 320
メディチ家 419
メトン 591f.
メナンドロス 615
メネラオス 60f., 65, 78, 104f., 162, 600
メムノン 396
メリッソス 327
メレアグロス 73–75, 84
メレトス（父） 653
メロス 689, 691f.
——人 676, 692–94
メンテス 61, 77, 81f.
メントル 77f.
ヤヌス 578
優美の女神（カリス） 82, 144, 252, 383, 487f.
ユークリッド 20
ヨーロッパ 7–10, 12f., 162, 222, 294, 403, 428, 438, 547, 551, 667, 678

ラ 行

ラエルテス 68
ラコニア 126, 161f.
——人 160f., 163, 172
ラソス 416, 420
ラッハマン 133
ラブダキダイ 461, 464, 496
ランケ 681
ランポン 387
リタイ 75
リビア 294
リュカンベス 233f.
リュクルゴス（トラキア王） 441
リュクルゴス（立法家） 160–62, 164–68, 172f., 184
リュクルゴス（弁論家） 188
リュサンドロス 161
リュディア 196
——人 195
レウカス 253
レウクトラ 161
レスボス 190, 246
レダ 106
ローデ 297
ローマ 7, 9, 13, 19, 21, 489, 553, 558
——人 viii, 5f., 218, 559
ロマン人 93, 116

概念・作品名その他

ア 行

アイオーン →永遠
アイシュムネーテース →執政官
アイティアー →原因
アイテール →天空（の元素），原素
アイドース →廉恥
アイノス →寓話
アイリノス →悲嘆の声
『アエネーイス』 218f.
アオイドス 97
アカデメイア 286, 647
アガトイ →善人
アガトス →善
『アガメムノン』 453, 461, 468, 473
『アカルナイの人々』 586, 630, 638
悪人（カコイ） 364
アクロポリス 161 261, 580
アゴーゲー →軍隊式教育制度
アゴラー →広場
アゴーン →競争,（体育）競技, 闘争, 論争
アスケーシス →訓練
アッティカ
　——喜劇 228f., 621f., 626, 628, 632, 634
　——国家 256, 420, 427, 439, 440, 508, 513, 544, 576, 632
　——帝国 vii, 256, 440, 559, 580
　——悲劇 271, 438, 439, 475, 478, 675
　——民主主義 165, 410, 638

アーテー →迷妄
アテナイ
　——国家 187, 243, 507, 543, 580, 582, 590, 617, 638, 669, 704f., 707
　——帝国主義 581
『アテナイ人の国制』 410
アナンケー →必然性
アペイロン →無限定なもの
アリア →歌いぜりふ
アリストス →最も優れた
アルカイア・クリデー →古風な軟弱さ
アルカイア・パイデイア →古い教養
アルケー（出発点） 6
アルコーン →最高執政官
アレイオス・パゴス 431, 450
アレクサンドレイア
　——学派 549
　——文献学 346
アレター（〈アレテー〉） →勲功, 徳
アレタイ（〈アレテー〉） 202, 205
アレテー 31, 34–46, 48–53, 57, 60, 65, 68, 71, 87, 103f., 146f., 171, 174, 176–81, 183, 188, 199, 202–05, 207, 213f., 282, 318f., 321f., 359, 368–70, 386f., 389f., 397, 436, 462–65, 491–94, 500, 505–10, 513f., 516–18, 520, 524, 540, 542
　政治的な—— 183, 212f., 215, 217, 322, 369, 415, 507f., 524, 534, 539, 542
　知性的な—— 514
アレテー →（勇気の）徳, 勲

功，速さ，良きこと，尊敬
『アンティオペ』 558
『アンティゴネ』 495
アントロポローゲ →人間学者
『アンドロマケ』 609
『アンドロメダ』 586
イアンボス 101f., 219, 228–32, 234–36, 240f., 246, 261f., 275, 348, 362, 375, 627, 629, 632
イオニア
　──国家 203
　──自然学 315, 519
　──自然哲学 237f., 282, 291, 313f., 395, 591, 671
　──思想 332, 342, 376
　──神話 434
　──精神 220, 258, 262, 436, 556, 559
　──文化 192, 262, 291, 342, 376, 661
　──文学 196, 240, 289, 437
　──方言 262
『イオン』 615f.
医学 353, 524, 536, 583, 595, 679
医者 32, 289, 536
「イストミア祝勝歌集」 404
イストモス祭典 404
イソノミアー →全市民の政治的平等
『慈しみの女神たち』 429, 450, 453, 461f., 464
イデア 15, 16–19, 87, 253, 304, 495, 674
　──哲学 394f.
　善の── 86, 686, 694
『イリアス』 34, 40f., 45, 53f., 56–58, 60f., 68–75, 84, 95f., 99, 102, 105, 107–12, 115, 117f., 127, 142f., 176f., 194, 225, 270, 377, 398, 433f., 445, 451, 537, 623, 668

因果応報（ネメシス） 74
因果関係 136, 220, 298, 300, 454, 463
歌いぜりふ（アリア） 610f.
『宴の人々』 642f.
宇宙 16, 136, 292f., 296, 301, 307, 316, 319, 324, 336, 339f., 493, 536, 608
　──進化論 283
　──論 136, 246, 283, 338–41, 518
宇宙（コスモス） 284, 287, 301, 474, 608
　──の秩序（コスモス） 314, 335
噂（ペーメー） 126
運命（テュケー） 235f., 371, 436, 446, 460, 614f.
運命 4, 6–8, 20f., 26, 59, 61, 63, 75f., 82, 84f., 94f., 101, 105, 107f., 111, 117–21, 134, 142, 144, 174, 182f., 186, 196, 219, 222, 236f., 244, 249, 259, 265f., 269f., 278, 291, 297, 312, 320f., 344, 350, 353, 371, 381, 389f., 393, 402, 404, 421, 431, 443–48, 451–54, 456f., 459–64, 467, 469, 471, 482, 485, 487f., 492, 496–99, 501–03, 508, 519, 524f., 544, 558, 579f., 590, 593f., 599, 601f., 604f., 608, 612–16, 619, 623, 629, 638, 643, 659f., 662–65, 672, 697, 708
永遠（アイオーン） 467
英知 31, 40, 70, 83, 110f., 130, 168, 205, 210, 218, 242f., 279f., 304f., 311, 322f., 336, 357, 363f., 373, 399, 428, 450, 457, 481, 487, 519, 612, 646, 662, 702
英雄

――歌 37, 58-60, 93, 97, 99, 101, 103f., 380
――主義 50f., 176, 178, 187
――神話 242
――伝説 54, 98, 130, 136, 433, 435, 438, 451
エイレーネー →平和
エウコスミー →礼儀正しい慎み深さ
エウダイモニアー →幸福
「エウテュデモス」 550
エウテュネー →真っ直ぐにすること
エウテュノス →執務審査官
エウノミアー →優れた法秩序
エウハルモスティアー →良き調べ
エウプラストン →良き形成
エウ・レゲイン →良く語ること
エストロイ →高貴な者
エートス →性格, 習慣, 高い徳性を育てる力, 倫理
エパイノス →称賛
エピタラミオン →祝婚歌
エピデイクシス →演示すること
エピニーキオン →勝者の讃歌
エフォロイ →監督官
エリス →競争
エレア派 325, 592
『エレクトラ』 385
エレゲイアー 96, 101f., 139, 159, 171, 173, 175-78, 182-84, 186f., 190f., 203, 219, 222f., 233, 236, 240f., 243, 245f., 262, 268, 270f., 273, 315, 322f., 361-64, 370f., 454, 588
エロス 65, 136, 250-53, 283, 347, 358-60, 605, 612, 618
演示すること (エピデイクシス) 534
オイリュトミー →良きリズム

王 (バシレウス) 193
『オデュッセイア』 34f., 37, 53-61, 63-69, 74, 77, 79f., 83-85, 95, 97, 99, 102f., 117-20, 127f., 142f., 194f., 237, 269, 271, 433, 445, 454, 506, 637
男たちの名誉 (クレア・アンドローン) 97, 99
オリュンピア競技 24, 179, 188f., 320-22, 378, 380, 387, 392, 399
「オリュンピア祝勝歌集」 391f.
オルケストラ 442, 472
オルフェウス
――運動 310
――教徒 302, 308
――主義 309
――信仰 308, 312
オルボス →富
オレステイア三部作 452f., 461-63, 473f.
『オレステス』 600f.
音楽 16, 208, 218, 238f., 305-08, 416, 420, 435, 444, 462, 515, 541, 548, 552, 610, 633
――家 24, 190, 420, 647
――理論家 592
――論 302, 524

カ 行

概念的な思惟 324, 332
快楽主義 227, 240, 243, 245f., 574
カイロス →時機
『蛙』 586f., 633, 651, 653
学習 26, 398f., 401f., 442, 535, 540, 542, 545, 548, 556, 695
学習 (マテーシス) 536
格闘術 179, 202, 321
カコイ →悪人
カースト →身分

仮装ダンス（コルダクス） 630
合唱
　　——詩 190, 435
　　——抒情詩 191, 343, 345,
　　　383, 438, 445, 596
　　——団長 627
　　——団の行進 626, 629, 659
カノン →規範
家父長的 63, 126, 155, 198,
　　413
神への讃歌（ヒュムノス）
　　101, 134, 249, 376, 380,
　　385, 499
カリス →優美
カロカガティア →善美
カロス・カガトス →善美の人
カロン →願望像、理想、高貴
　　さ
勧告 176, 229f., 233, 520
観想（テオーリアー） 15, 285,
　　314, 369, 671
　　——的生活 21, 286
観相学 64, 158
閑談所（レスケー） 126
監督官（エフォロイ） 164,
　　688
願望像（カロン） 32
機械仕掛けの神 601
幾何学 20, 292, 294f., 302f.,
　　307, 552, 565, 591
帰還（ノストス） 58
喜劇 93, 101, 225, 358, 416,
　　426, 440, 442, 444, 558,
　　573, 585-88, 591, 598,
　　600-02, 610, 615, 617f.,
　　621-38, 640-46, 650-57,
　　660, 702
騎士 34, 38-40, 64-66, 71f.,
　　94f., 123, 130f., 146, 195,
　　198, 203, 225, 244, 283,
　　320, 322, 396, 636, 692
　　——階級 32, 67, 179, 283,
　　　434
『騎士』 629f., 636, 638, 651

技術（クンスト） 524
技術（テクネー） 31, 216, 285,
　　524-27, 549, 576, 578, 603,
　　625, 646, 648, 662, 667, 669
技術 15, 32, 71, 105, 114, 199,
　　214, 290, 378, 381, 435,
　　447, 449, 479f., 485, 506,
　　524f., 544-46, 555, 562f.,
　　574, 576, 578, 603, 625,
　　646, 648, 662, 667, 669
貴族 24, 31-36, 38-43, 45,
　　48f., 51, 53, 55, 58-64,
　　69f., 75-77, 80, 82f., 86f.,
　　93, 100, 118, 123, 125-28,
　　131f., 140, 146, 151, 153,
　　155, 158, 168, 179f., 194f.,
　　197f., 200f., 203, 207f.,
　　213f., 216-18, 223, 233f.,
　　258-62, 267, 332, 342-45,
　　347f., 352, 357-61, 363-
　　79, 381f., 389, 391, 393-
　　95, 397-99, 402f., 405-13,
　　418f., 425f., 429, 431, 481,
　　489, 497, 505-08, 510-12,
　　522, 535f., 542, 562, 588
　　——主義 45, 82, 93, 160,
　　　179, 210, 213, 217, 262,
　　　320, 333, 351, 365, 368,
　　　373f., 393, 402f., 412, 425,
　　　429, 507, 509, 536f., 556f.,
　　　565, 567, 585, 706
　　——文化 33f., 42, 53, 59,
　　　63-65, 69, 95, 124, 151,
　　　158, 207, 212, 283, 345,
　　　358, 374, 405, 431, 486, 509
　　——倫理 47-50, 71, 86f.,
　　　98, 146, 168, 228, 271,
　　　364-68, 373, 389f.
　精神—— 538
キタラー 190, 353, 541, 552
規範（カノン） 205, 628
規範 4f., 13, 15f., 18, 20, 22,
　　33, 35, 38, 85, 90, 98, 102,
　　112, 117, 130, 139f., 165,

167, 173, 197–201, 205, 208–10, 218–21, 224–26, 235, 247, 267, 274, 279, 299, 305–08, 336, 341, 362f., 382, 389f., 397, 415, 432, 437, 484, 492, 494, 529, 530, 542f., 561, 564, 567f., 571f., 576, 628, 648, 651, 690, 692, 708

ギムナジウム 552

宮廷 34, 60, 63, 65, 67, 69, 75, 79, 83, 94, 151, 265, 403f., 416–21, 522

キュクロスの叙事詩人 433

教育
——学 22, 40, 168, 523f., 535, 537, 544–47, 549
——者 12, 19, 24, 40f., 70–72, 82, 88ff., 93, 97f., 102, 105, 152, 165, 177, 184, 187, 208, 210, 250, 301, 305, 336, 343, 373, 394, 398, 429, 493, 509, 522, 537, 542–45, 548, 560, 617
——理論 524, 533, 536, 545
公—— 188
初等—— 543

饗宴 188, 248, 319, 346f., 349f., 354, 356, 360, 417, 588

『饗宴』 51, 347, 360, 624, 628, 644

競技（アゴーン） 202

共苦（シュンパテイア） 446

教訓 70, 74, 133, 139f., 147f., 152, 229f., 235, 240, 245f., 520, 620, 629, 667, 687
——詩 70, 101f., 123, 126, 133f., 152, 176, 315
——譚 89, 675

教授 viii, 71, 145, 147, 153, 365, 488, 512, 520, 533, 544, 552f., 608, 656

教授（ディダスカリアー） 536

競争（アゴーン） 206–08, 342, 475f., 494, 551, 587, 603
——術 378f.

競争（エリス） 112

共通
——意見 542
——のもの（クシュノン） 335

共同体 3–5, 8, 12, 16, 19, 22f., 31, 43, 45, 62, 97f., 101, 153, 155f., 163, 173–75, 177, 181f., 186f., 203, 206, 208, 211, 216, 218–20, 249, 251, 257f., 263f., 269, 279f., 286f., 299, 302, 318, 339, 365, 405, 498, 507, 510, 516, 522, 525–27, 540, 560, 568, 579, 581, 588, 641, 655, 664, 705f., 708

教養 vii–ix, 13, 17, 24–26, 31–35, 41f., 49f., 61–65, 69, 76, 83, 87, 95f., 101f., 122–25, 127f., 131, 151, 155–58, 160, 165f., 172f., 188–90, 206, 209f., 212, 215–18, 220, 222f., 239, 256, 258–62, 276, 281–83, 286, 305f., 315f., 320–23, 343f., 346, 359, 390, 405, 408, 416, 418f., 421f., 430f., 439f., 479, 483, 485–88, 491, 493–95, 505, 507, 510f., 515f., 518–24, 526–33, 535, 537, 541–43, 545, 547f., 550–60, 563, 579, 585, 587–89, 592–94, 598, 607, 610, 612, 617–19, 633f., 642f., 645f., 650–52, 707–09
一般—— 212, 215–17, 527, 553
個人的な—— 22, 239
政治的な—— 158, 214,

216f., 256, 524, 527
　精神的な―― 208, 320, 322, 516
　古い――（アルカイア・パイデイア） 208
　――経験 485
　――楽観主義 538
　――理論 494
行列（コーモス） 101, 231, 625f.
ギリシア
　――語 10f., 34, 145, 155. 290, 300, 324, 399, 512, 526, 551, 553, 597, 661, 678, 707
　――精神 13-15, 18, 22, 87, 121, 188, 193, 249, 282f., 306, 345, 437-39, 522, 528, 531f., 537f., 548, 619
　――悲劇 439, 444f., 456, 465, 467f., 472, 687
　――文化 vii, 53, 94f., 158, 207, 212, 301, 321, 399, 524, 548
キリスト教 viii, 12f., 44, 89, 116, 182, 203, 222, 252, 284, 393, 468, 497, 526, 529, 537f., 568
　――会 206
金言（グノーメー） 279
寓話 137, 140f., 220, 229f., 575f., 641, 646
寓話（アイノス） 140
クシュノン　→共通のもの
グノーメー　→金言
グノモシュネー　→賢慮
『雲』 591, 631, 634, 642-44, 654
『クリトン』 544
グリーフォス　→錯綜したもの
クルトゥーラ　→文化
クレア・アンドローン　→男たちの名誉
訓戒 222, 237, 433, 540

訓戒（ヒュポテーカイ） 357
　ケイロンの―― 70. 357
勲功（アレター） 382f., 386-88, 391-94, 398f., 402
クンスト　→技術
「軍船の表」 668
軍隊式教育制度（アゴーゲー） 359, 506
訓練 161, 165, 510, 526, 546, 551, 557, 563, 603
訓練（アスケーシス） 536
敬虔 45, 82, 127, 149, 205, 264, 313, 381, 394, 426, 431, 436, 456f., 463f., 470, 474, 479, 491, 499, 562, 595, 607, 611
経験による探索（ヒストリエー） 290, 332, 518, 523, 661
形式陶冶 515, 550f., 554
形而上学 12, 52, 116, 253, 290, 292, 300, 308, 314, 318, 330, 401, 490f., 576
『形而上学』 517
形成（プラッテイン） 548
迎賓館（プリュタネイオン） 629
系譜学 144, 434
啓蒙主義 342, 469, 571, 578, 589, 645, 652, 663
「ゲリュタデス」 653
ゲロンテス　→評議員
原因（アイティアー） 300
　――譚 114, 687
現実
　――主義 129, 265, 488, 581, 598
　――政治 259, 560, 570, 639, 670, 689, 695
原素（アイテール） 606, 612
賢慮（グノーモシュネー） 279
言論の自由 174, 186, 258
言論の自由（パッレーシアー） 632
コイノン　→公共のもの

概念・作品名その他　　　　827

高貴さ（カロン）　245
高貴さ　38, 47, 62, 80, 245, 366, 600, 637, 658
高貴な者　261, 313
高貴な者（エストロイ）　364
公共性　97, 232, 243, 314, 510, 599, 617, 637, 660
行進歌（プロソディオン）　101
公正　71, 119, 132, 141, 149, 264, 322, 370, 495, 538f., 569, 572, 644, 692
幸福（エウダイモニアー）　486, 561
合法則性　13, 118, 238, 267, 270, 279, 286, 298, 303, 306f., 686
傲慢（ヒューブリス）　199, 264f., 311f.
国制　160, 167, 184, 508, 707
　スパルタの——　184
　リュクルゴスの——　166f.
　——文書（レートラー）　164, 168, 184f.
国法　164, 166, 200, 202, 542, 682
快さ（ヘードゥ）　245
五種競技　321
個人
　——主義　12, 19, 23, 165f., 243, 280, 335, 339, 376, 446, 522, 577, 585, 589, 617, 698
　——倫理　206, 568
コスモス　→宇宙（の秩序）, 国家体制,（世界の）秩序, 秩序付けられた全体
古代ギリシア（ヘラス）　7
国家
　——市民　164, 172, 216, 222, 276, 522, 542
　——精神　161, 188f., 209, 218
　——体制（コスモス）　162, 167, 173, 184, 186
　——道徳　568
　——倫理　186, 361, 366, 368, 568
　法治——　157-59, 192, 203f., 212, 215, 247, 322, 369, 462, 506, 540, 544, 563, 571, 575, 634, 690
　法律——　202, 205f., 219, 540, 563
国家（ポリテイアー）　436
古典主義　20f., 26, 441, 478-80, 491, 561, 568, 624
　擬——　478
古典様式の小壁（フリーズ）　489
古風な軟弱さ（アルカイア・クリデー）　261
コーモス　→行列
コモン・センス　→常識
『ゴルギアス』　557, 565
コルダクス　→仮装ダンス
コルテシア　→正しい礼儀
『コロノスのオイディプス』　503
「コロポンの建設」　318

サ　行

最高執政官（アルコーン）　407
「最高の正義は，最高の不正な行いである」　644
債務奴隷の禁止（セイサクティアー）　259
錯綜したもの（グリーフォス）　334
サテュロス劇　441
三学科　551f., 554
算術　303, 552
山地党（ディアクリア）　407f.
三歩格　627
自愛（ピラウティア）　49-52
ジェントルマン　32, 556
時機（カイロス）　303
『仕事と日々』　123, 126, 129-

32, 135-39, 142, 144-47, 149f., 154, 176, 230, 357, 363, 433
死者の霊（マーネース） 644
「シシュフォス」 575
詩情 18, 25, 37, 57, 73, 80, 86-93, 95f., 98f., 101, 112, 115, 124, 128, 130-32, 157f., 171, 173, 186, 192, 196, 218-20, 222, 228, 232f., 240, 243-52, 257, 261-63, 285, 315, 319, 343-45, 347, 349, 353, 375-78, 383, 386-88, 390, 405, 416f., 419, 421, 432-36, 438f., 441-43, 446, 451, 479, 483-85, 490, 492-95, 515, 518-20, 523, 543, 560, 594f., 597, 602, 605f., 614, 621-23, 626, 640, 644, 652, 655, 697
詩人（ポイエーテース） 23
私人 212, 288, 635, 637, 646
自然 3f., 11-16, 23, 31, 33f., 36, 39, 43, 45, 51, 58, 68, 81f., 101, 113, 116, 120, 123, 137, 149f., 206, 211f., 221f., 225-28, 238f., 242-44, 246, 248f., 253, 261, 266f., 271, 278f., 283, 285, 289-92, 296, 298-301, 303, 307f., 311f., 314-17, 330f., 334, 336f., 341, 343, 369, 376, 409, 413, 421, 481, 489f., 498, 513, 518f., 521, 523, 531-37, 545-48, 563-65, 567-72, 574f., 577, 579, 581f., 585, 591, 595, 599f., 607, 611, 613f., 622, 625, 639, 643, 645, 649, 661, 663, 671, 674, 679, 685, 692f., 708
――科学 16, 87, 290, 300, 303, 518f., 645f., 679
――主義 317, 501, 564f., 570f., 573-75, 582, 597, 610
――探究 518, 565, 661, 670
――哲学 16, 56, 211, 238, 246, 266, 282, 285f., 289, 291, 295, 300, 302f., 313-15, 318, 323, 325-27, 331, 337, 340, 376, 395, 519, 590f., 644, 671
――認識 312, 536
――の鎖 572
自然（ピュシス） 289f., 535f., 569
七賢人 276, 310, 416
シチリア
――国家 689
――戦争 695, 701
執政官（アイシュムネーテース） 415
疾風怒濤 385
執務審査官（エウテュノス） 633
「シッロイ」 315
指導者 23, 42, 45, 74, 76, 158f., 163, 171, 174, 186, 217, 262, 265, 361, 364, 386, 396, 407-09, 428, 440f., 490, 508, 510-12, 541, 566, 585, 634, 638, 666, 685, 689, 696, 698-703, 706, 708
『縛られたプロメテウス』 448, 450, 458, 466-70, 472, 474
市民 39, 93, 115, 134, 143, 156, 163, 166, 168f., 172-75, 177, 180-83, 186-88, 190, 192, 196, 200, 203-09, 211-15, 218f., 233, 242, 252, 256-58, 266, 268, 276, 283, 309-11, 321f., 379, 382, 397, 415, 418, 428, 430f., 438f., 442, 448, 489, 506f., 510f., 522, 540,

542f., 555f., 560, 566, 569, 572, 574, 581, 585f., 588-90, 598-602, 621, 625, 627, 636, 638, 642, 657, 659, 664, 706f.
　——階級　67, 168, 178, 207, 213f., 217, 222, 227, 358, 373, 408, 415, 430, 543, 589, 617
　——共同体　181
　——社会　32, 480, 558, 588, 616f., 619
　国家——　164, 172, 216, 222, 276, 522, 542, 568
　世界——性　521, 569
「市民たち（デーモイ）」　655
釈明　141, 209, 275, 289, 309, 457, 633
種　3f., 51, 121, 393
自由　3, 11-13., 23, 50, 76f., 79, 104, 125, 129, 137, 141, 161, 163, 165f., 168, 174, 184, 186, 189, 191, 196-98, 204, 214, 220, 222f., 226f., 231, 234-36, 240, 243, 247-49, 258, 263, 270, 276f., 288f., 293, 305, 328, 332, 339, 370f., 380f., 384, 392, 401, 403, 410, 428f., 441, 466, 476, 485, 487, 489, 507f., 512, 544, 552, 557, 569, 581, 589f., 595, 598, 600f., 614f., 619, 624, 627, 632-35, 639, 641, 649, 653, 671, 679f., 682, 684f., 688, 692, 704, 706f., 708
　——主義　441
　——七学科　551f., 554
集会所（プニュクス）　588
習慣（エートス）　210
宗教　vii, 5, 12, 23f., 56, 75, 77, 83, 89, 111, 115, 117-20, 130, 133, 136f., 141, 143, 154, 167, 183, 206, 235, 260, 265f., 269-71, 274, 280f., 284f., 298-301, 307-14, 317, 319, 328-30, 338-42, 344f., 370, 375-77, 379-81, 383, 392, 394, 416-18, 428f., 437-39, 443, 447-49, 461, 472f., 478f., 483f., 491, 496, 518f., 529f., 537, 575f., 581, 593, 604f., 608, 614, 616f., 625, 654, 673-75, 693, 697
修辞　42, 180, 429, 534, 597, 603, 646, 678
　——家　24, 100, 516, 522
　——学　15, 61, 89, 307, 515f., 524, 548-51, 554f., 563, 578, 598, 602-05, 610, 617, 619, 644, 648, 683
充足理由律　114
修道院学校　552
儒教　5, 10
祝婚歌（エピタラミオン）　101
祝勝歌　24, 86, 384, 390
宿命　69, 111, 121, 244, 381, 551, 562f., 644, 698
宿命（ダイモーン）　111, 113, 333, 459
熟慮　129, 242, 322, 527, 539, 541, 584, 664f., 673, 708
出発点（アルケー）　147
シュンパテイア　→共苦
浄化　310, 313, 429, 472, 617, 639, 687
称賛（エパイノス）　233
　——と罰　44, 540
常識（コモン・センス）　545
勝者の讃歌（エピニーキオン）　377, 380f.
少年愛　358
逍遥学派（ペリパトス）　234, 286, 549
職業（ベルーフ）　526
職業　4, 31f., 97, 128, 130f., 149f., 212-14, 216, 225,

402, 506, 524, 556f., 707
──人 216, 225
職業訓練を受けた人（マトンテス） 400, 402f., 507
「植民地エレアの建設」 318f.
叙事詩 25, 35, 37, 40, 47, 53-59, 67-70, 73, 79, 81, 86, 89, 92, 97, 99, 107, 109f., 112, 114-17, 121, 127f., 130-32, 134, 138f., 141, 146, 150, 152f., 158, 175-77, 181, 183, 187, 193-96, 218f., 222-25, 229, 233, 236, 240, 245, 269, 282f., 300, 317f., 376, 380, 383, 404, 417, 420, 432-35, 439, 444f., 450-54, 457, 496, 511, 521, 571, 596, 621-23, 648, 662f., 676
抒情詩 99, 190f., 219, 221, 246f., 249-52, 270, 343, 376, 380f., 383, 389, 418, 433, 435, 438, 445f., 450, 452, 500, 541, 596, 609-12, 616, 628
思慮（フロネイン） 340, 501
思慮（フロネーシス） 334
思慮深さ（ソーフロシュネー） 310, 454, 456, 491, 649
神学 21, 136-38, 283, 339, 426
　神秘── 426
人種 7f., 13, 33, 93, 121, 191, 221, 359, 373f., 379, 507
　支配── 191
信女の群れ（ティアソス） 251
神性 45, 115, 118f., 134, 141, 235, 241, 272f., 300, 312f., 371, 379, 389, 397, 453, 455, 458, 460, 468, 482, 503, 528, 563, 568, 571, 595, 608, 614f., 693
『神統記』 125f., 129, 136-38, 142, 144, 154, 266, 283, 352

新プラトン主義 284
──者 305
人文主義 ix, 20-23, 50, 217, 523, 526-30, 537, 545, 547, 553
　新── 21
真理 21, 47, 74, 89, 91, 94, 134, 141, 148, 154, 172, 231, 289, 305, 312, 316, 318f., 323, 326-30, 337, 400, 427, 443, 455, 468, 551, 572, 592, 595, 616, 670f., 677, 700
『真理について』 569, 572
神霊（ダイモーン） 77, 82, 112, 273f., 392, 454f., 457-60, 466, 604, 609, 613f.
神話 87, 89, 97f., 102, 129f., 134, 136-41, 153, 176f., 184, 186, 229, 240, 282-84, 286, 291, 293, 297, 308, 317, 323, 374, 383, 394f., 397, 400, 427, 432-38, 441, 443, 445f., 448, 450-53, 456, 467, 473, 508f., 525, 533, 595-97, 599f., 602f., 605, 608f., 612f., 616, 619, 648f., 657, 661
──上の範例（パラデイグマ） 73, 87, 98, 112, 137, 141
──上の模範 95, 139, 397
──上の例 86, 397, 433, 648
　国家── 185
数学 16, 20, 121, 285, 292f., 295, 303, 305-08, 524, 553-55, 591
──的諸学科 552, 554
数詞 304
数秘術 302
『救いを求める女たち』 428, 446, 448, 453, 460f., 465, 468, 471f., 609
優れた法秩序（エウノミアー）

144, 161, 183f., 186, 314, 318, 321, 370, 561, 705, 708
ストア派 296
スパルタ人総督（ハルモステース）161
スピーチ（レーシス）602
スピリトゥス →霊
スポーツ 278, 321, 358, 379
性格（エートス）91, 95, 111, 151, 173, 177, 190, 215, 219f., 237, 248, 257, 306, 333, 343, 459, 466, 483, 708
正義（ディカイオシュネー）199, 202, 509
正義 117, 126, 131f., 134f., 141–46, 150, 189, 196–206, 211, 226, 263–66, 269, 271, 280, 303, 306f., 311f., 322, 337, 362f., 369, 371f., 382, 413, 428–30, 454f., 460, 462, 464, 488f., 494, 511, 525, 543, 561–63, 566f., 571, 614, 639, 644, 673, 685, 688–93, 705
制作（ポイエーシス）625
セイサクテイアー →債務奴隷の禁止
政治
　――家（ポリティコス）23, 418
　――家 215, 264, 274, 301, 449, 511f., 526, 558, 590, 601, 618, 631, 640, 649, 666–68, 670, 673, 675, 695, 697–99, 701f., 706
　――結社（ヘタイレイアー）347, 365
　――詩 263, 270f.
　――的な生き物 4, 215
　――的な技術 216, 524
　――的な教育 214, 336, 513
　――的な生 212, 242, 567, 641, 671
　――的な存在 214
　――的な人間 vii, 22, 182, 192, 203, 212f., 217, 259, 508
　権力―― 581f., 666, 668f., 693f., 697, 704
　大――家 19, 24, 270, 275, 282, 415f., 448, 489, 511f., 526, 558, 562, 575, 635, 654f., 694, 698, 702–04
『政治学』160f., 573, 592
精神文化 216, 547, 637
政体循環論 412
成文法 31, 196f., 201f., 210, 219
世界
　――地図 292–94
　――の秩序（コスモス）211, 281, 298f., 306, 331f., 336f., 339f., 564, 566, 568
世俗的なもの 596
節度 490f., 497, 499, 692
善 86f., 245, 322, 335, 392, 537
　――人 272, 371, 582
　――のイデア 86, 694
善（アガトス）38, 366
善人（アガトイ）364
善美（カロカガティア）48, 499, 505, 556
善美の人（カロス・カガトス）32, 64, 506
選挙権 425, 431
全ギリシア（ヘラス）405, 457
『戦史』666, 672, 678, 680, 694, 699
全市民の政治的平等（イソノミアー）207, 211, 510, 564, 705
僭主 161, 236, 248, 310, 312, 320, 361, 396f., 400, 402, 405, 410–21, 425, 429, 448f., 468f., 498, 522, 566, 569, 575, 631, 685
　――政 260, 263, 267f., 275,

340, 360f., 405f., 408–15, 418, 510, 590, 664, 685, 706f.
「戦争は万物の父である」 564
造形芸術 14f., 24f., 89, 307, 344, 351, 375, 379, 386, 388, 420f., 430, 482f., 489, 491, 493f., 524, 548
相対主義 517, 529, 573
ソフィアー →知恵
ソフィスト 89, 178, 282, 390f., 403, 436, 449f., 466, 492, 494, 498f., 505, 509, 511–17, 519–39, 541, 543–56, 558–65, 569, 572, 574, 576, 578f., 582, 588–90, 592, 603f., 618, 637, 642–46, 650, 656, 663, 667, 674f., 678, 687, 691, 693f.
——派 245, 492, 510, 517f., 523, 528, 533, 535, 578f., 648
ソーフロシュネー →思慮深さ
尊敬(アレテー) 148
存在するもの(タ・オンタ) 290

タ 行

体育競技(アゴーン) 321
体育教師(パイドトリベース) 542
大学 283
大ギリシア(マグナ・グラエキア) 318
大衆 39, 150, 163, 197, 201, 214, 217, 227f., 243, 260, 262, 267, 279, 335, 361, 364, 372f., 400, 403, 406, 409f., 416f., 507f., 510, 537f., 571, 575, 583, 587f., 614, 623, 630, 641, 646, 696–701, 706
代償(ティシス) 300, 456

体操 189, 206–08, 218, 377f., 418, 508, 524, 542, 548, 551, 554, 647
「第七書簡」 537f., 566
ダイモーン →神霊, 宿命
『タウリケのイピゲネイア』 615
タ・オンタ →存在するもの
高い徳性を育てる力(エートス) 61
『タゲーニスタイ』 642
「正しい発音法」 551
正しい礼儀(コルテシア) 64
『タッソー』 485
タ・デオンタ →必要なこと
竪琴(フォルミンクス) 382
竪琴(リュラー) 112, 303, 338
他人の言いなりに動く人(ポパンツ) 659
魂(プシューケー) 181, 493, 613
——の耕作 547
タルタロス →冥界
ダルマ 10
タンタロスの石 404
知恵(ソフィアー) 320, 322, 334, 339f., 509, 556
知者 22f., 329f., 399f., 618
知性(ヌース) 606
秩序(コスモス) 233
——付けられた全体(コスモス) 121, 211f., 266, 299f., 306f., 324, 326, 340f., 430, 474, 493, 560, 617
彫刻 15, 17f., 24, 261f., 344, 351, 386–88, 416, 453, 482, 489f., 492, 618
調和 27, 63, 73, 113, 117, 131, 137, 158, 224, 245, 258, 266, 280, 301, 306f., 311, 337f., 375, 431, 435, 474, 486, 490f., 493f., 501, 548, 552, 554, 561, 568, 578,

584, 608, 611, 618, 708
『追従者』 642
壺絵 344, 351, 436, 621
罪 44, 66, 77, 107, 119, 231, 264, 268, 270f., 297, 300, 392, 443, 452, 454, 459, 461–63, 465f., 468, 473, 538, 604f., 615, 619, 629, 649, 678f.
『テアイテトス』 517
ディアクリア →山地党
ティアソス →信女の群れ
ディオニュソス祭 101f., 228, 310, 416, 441, 476, 625f.
ディカイオシュネー（正義） 199, 202, 509
ディケー 141, 143f., 197–201, 211, 263–66, 270f., 298–301, 312, 324f., 337, 340, 561, 563f.
ティシス →代償
ディダスカリアー →教授
ティターノマキアー →ティタン神族の戦い
ティタン神族の戦い（ティターノマキアー） 137
ディーテュランボス 101, 404, 438, 443, 445f., 625, 653
テオーリアー →観想
適切さ（プレポン, ハルモットン） 307
テクネー →技術
デコールム →礼儀作法
哲学
　――史 159, 246, 281f., 284f., 330, 395, 439, 517, 644
　――者 15f., 21, 24, 48, 52, 118, 160, 182, 189, 197, 204, 246, 266, 281f., 285–88, 292, 295f., 308, 313, 315, 326f., 330, 334, 387, 415, 468, 509, 518, 535, 550, 590, 592, 594, 605, 609, 618, 624, 644, 646, 671, 678
　――的な生活 559
　中世―― 283
『テーバイを攻める七人の将軍』 450, 453, 459, 461, 463–65, 496, 498
テミス 197–99
デーモイ →「市民たち」
デーモス 638f.
テュケー →運命
テュポス →模範
『テレポス』 587
『テレマックの冒険』 78
デロス同盟 431, 669
天空（アイテール） 401, 618
　――の原素（アイテール） 646
伝承作者（ロゴグラーフォイ） 434
天体現象に関する学問 287, 302
天文学 552, 554, 591
同義語論 549
闘争（アゴーン） 24, 103f., 374f.
道徳 31, 34, 38f., 43, 85, 138, 146, 153, 226f., 231, 252, 270, 367, 372, 409, 522, 537, 543f., 565, 567f., 574, 582, 590, 593, 602, 629, 631, 643, 650f., 679, 683, 685, 688–90, 693, 697
「同輩中第一位を占める人」 45
陶冶 3, 32f., 64, 123, 359, 373f., 515
討論術 480, 515, 549, 551, 554f., 574, 606, 648
徳（アレター） 399
徳（アレテー） 216, 371f., 388f.
都市国家 156, 192, 194, 509, 513, 588

富（オルボス，プルートス）　368, 392
『トラキアの女たち』　635
『鳥』　591, 641
度量の広さ（メガロプシューコス）　45, 47f., 108
奴隷　35, 63, 168, 170, 259, 265, 268, 566, 614, 636, 638
トロイア戦争　106, 108, 668
『トロイアの女』　603, 609

ナ　行

嘆きの歌　175
「汝自身を知れ」　311, 457, 502
『ニコマコス倫理学』　147, 205, 210
『ニーベルンゲンの歌』　94
人間
　——形成　vii, ix, 8, 10, 25, 32, 42, 49, 53, 123, 203, 209, 244, 250f., 259, 282, 300, 306, 321, 323, 328, 338f., 374, 432, 484f., 487, 493, 506, 508, 513, 526-28, 530, 537f., 542, 547f.
　——形成者　18, 469, 484, 493
　——性　19f., 23, 88, 90, 94, 105, 124, 216, 224, 243, 439, 474, 481, 495, 624
　——中心　16, 18, 115, 117, 495, 518
　——の心を導く技術　115
　——の尊厳　13, 215
人間学者（アントロポローゲ）　339
人間性（フマニタス）　19, 216
人間中心主義（フマニスムス）　16
ヌース　→知性
願い（リタイ）　75
ネメア競技　387
「ネメア祝勝歌集」　386, 393, 397f., 401
ネメシス　→因果応報
農耕　124, 127, 131, 165, 194f., 543, 545-48
農民　31, 123-29, 131, 135, 142f., 145, 149, 151, 155, 158, 163, 218, 226, 261, 275, 357, 363, 368, 409, 466, 506
ノストス　→帰還
ノモス　142, 164, 190, 192, 202, 233, 309, 339, 341, 436, 569, 691, 693
　——による正義　693

ハ　行

パイデイア　vii-ix, xii, 8f., 11, 19, 24f., 33f., 82, 165, 167f., 216, 394f., 505, 507, 523, 527, 531f., 536, 542, 651, 707
パイドトリベース　→体育教師
『パイドロス』　624
博愛（フィラントロピア）　491
バシレウス　→王
『バッコスの信女』　611, 616
パッレーシアー　→言論の自由
ハーデース　→冥府
「パノプテン」　591
『バビロニア人たち』　636, 638
速さ（アレテー）　179
パラデイグマ　→範例
バラード　435
パラバシス　→合唱団の行進
パルテノン　489, 580
ハルモステース　→スパルタ人総督
パンクラティオン　387
反対弁論　688
「万物の尺度は神である」　528
「万物の尺度は人間である」　528

範例（パラデイグマ） 73f., 86f., 95, 98f., 112, 137f., 141, 397, 459, 542
『反論集』 550
悲喜劇 601
悲劇 43, 45f., 61, 74, 76f., 84, 93, 101f., 105, 108f., 116, 225, 242, 253, 256f., 312, 404, 416, 426, 428f., 432, 437–48, 451–58, 460f., 463–69, 471–75, 477–80, 482–86, 491f., 495–502, 521, 530, 533, 578f., 582, 587, 594–600, 602–06, 608–10, 613, 615f., 622–28, 631, 633, 639, 652–56, 660, 697
――合唱団 491
――詩人 441, 443, 447, 475f., 480, 482, 595, 602, 620, 628, 653, 659
市民―― 601
『悲劇の誕生』 471
ヒストリエー →経験による探索, 歴史記述
悲嘆の声（アイリノス） 500
必然性（アナンケー） 324
『ヒッポリュトス』 603, 611, 613, 650
必要なこと（タ・デオンタ） 677
非難の詩歌（プソゴス） 226, 228, 231
ピュシス →自然
ピュタゴラス主義者 302–04, 309, 552f.
新― 305
「ピュティア祝勝歌集」 395f., 400
ヒューブリス →傲慢
ヒュポテーカイ →訓戒
ヒュムノス →神への讃歌
ピューレー →部族
評議員（ゲロンテス） 511

平等 40, 196–201, 209, 430, 564f., 567, 569f., 705f.
ピラウティア →自愛
広場（アゴラ―） 82, 151, 588
フィラントロピーア →博愛
諷刺詩 228, 230, 235, 315, 319, 627
『フェニキアの女たち』 564, 609, 615
フェミニズム 253
フォルミンクス →竪琴
不可触の掟 598f.
プシューケー →魂
部族（ピューレー） 171, 425
プソゴス →非難の詩歌
物活論 396, 591
プニュクス →集会所
プネウマ 296
普遍人 521
フマニスムス →人間中心主義
フマニタス →人間性
プラッテイン →形成
プラトン主義 281, 286
フランス 94, 552
フリーズ →古典様式の小壁
プリュタネイオン →迎賓館
プルートス →富
プロソディオン →行進歌
『プロタゴラス』 390, 520, 534, 538, 544, 592
フロネイン →思慮
フロネーシス →思慮
『プロメテウス』 465
プロレタリアート 373, 598
文化（クルトゥーラ） 532
文化
――成立の理論 466
――ペシミズム 538
――民族 8, 93, 438, 547
文法 257, 515, 549, 551, 554f., 643
――家 175
――学 15
ヘイロータイ 163

索　引

平和　58f., 135, 145, 168, 174, 184, 190, 264, 266, 288, 338, 342, 436, 583, 609, 652, 671, 686, 688f., 695
平和（エイレーネー）　144
『ベーオウルフ』　94
『ヘカベ』　613
ヘタイレイアー　→政治結社
ヘードゥ　→快さ
ペーメー　→噂
ヘラクレイトス主義者　591
『ヘラクレス』　609
ヘラス　→古代ギリシア, 全ギリシア
ペリオイコイ　163
ペリパトス　→逍遥学派
ペルシア
　——人による瓦礫　261
　——戦争　193, 261, 356, 404, 420, 425, 428, 456, 485, 510, 562, 579, 662f., 669, 687
『ペルシア人』　403, 428f., 453, 455-58, 460, 463, 465, 472
ベルーフ　→職業
ヘレニズム　73, 89, 94, 150, 169, 253, 257, 505, 569, 619, 628, 632, 697
『ヘレネ』　615
「ヘレネ賛」　603
ペロポネソス戦争　114, 161, 242, 560, 562, 567, 612, 652, 665, 675, 678-80, 698
弁士　101, 512, 550f., 646
弁神論　119, 269-71, 300, 453, 490, 496
弁論術　14-16, 75, 512, 551, 602, 676
　——教師　512
ポイエーシス　→制作
ポイエーテース　→詩人
忘却（ラータ）　392
法則　13-17, 19, 90, 111, 113, 118, 136, 149, 151, 221f., 266, 286, 306, 336f., 339f., 375, 405, 478f., 481f., 493, 547, 549, 578, 608, 670, 672, 674, 685
　自然——　299, 341, 693
　世界——　312
　歴史——　558
　論理——　325
法廷　199, 256, 297, 426, 551, 602f., 648
　——弁論　199, 604
法律　4, 17, 31, 93, 105, 112, 124, 132-34, 141f., 164, 167, 201, 205f., 209-11, 215f., 242f., 245, 258-61, 263, 279f., 300, 309, 322, 335f., 339f., 372, 407, 413, 473, 498f., 509, 511, 525, 533, 540, 560, 562-64, 567-69, 571-76, 584, 606, 614, 643, 648, 693
　——倫理　575, 617
『法律』　157, 161, 188f., 204, 210, 216, 349, 528, 606
ホドス　→道
ポパンツ　→他人の言いなりに動く人
ホメロス派の詩人　152, 177
ポリス　4, 17, 58, 61, 151, 155-58, 161, 177, 179, 181-83, 193, 199, 203, 205, 207-09, 211-13, 215-20, 227f., 233, 240, 242f., 245, 257, 297, 301, 321-23, 335f., 339, 386, 404-06, 408, 441, 506-10, 561, 568, 627, 664, 705, 707
　——倫理　39, 182, 205-07, 318, 335, 372
ポリテイアー　→国家
ポリティコス　→政治家

マ・ヤ 行

マグナ・グラエキア →大ギリシア
枕詞 100, 128
真っ直ぐにすること（エウテュネー） 543
マテーシス →学習
マトンテス →職業訓練を受けた人
マーネース →死者の霊
道（ホドス） 328
身分（カースト） 33, 168, 261, 407
ミメーシス →模倣
ミーモス 626
ミレトス
――学派 291, 518
――哲学 196
民主主義 47, 159f., 164f., 167, 186, 200f., 211, 214f., 260, 267, 406, 410, 412f., 418, 425, 508–10, 512, 535, 537, 556, 562–65, 569f., 572f., 585f., 589f., 632–34, 638, 701, 703
民族共同体 20, 180
無限定なもの（アペイロン） 295f.
名人芸 388, 438, 440, 705
冥界（タルタロス） 470
冥府 46, 278, 449, 486, 644, 653–55, 659
冥府（ハーデース） 181, 360
迷妄（アーテー） 75–77, 108, 119, 266, 269, 271f., 454f., 457–60, 499f., 604
メガロプシューコス →度量の広さ
メッセニア戦争 173, 177, 186, 190
『メデイア』 598, 600, 612f., 617
メートロポリス 411
メルヒェン 60f., 119, 640
メロス 101
最も優れた（アリストス） 36
模範（テュポス） 18
模範 18–20, 26, 41, 47f., 52, 57, 60, 74, 76, 79, 82–87, 89, 95, 98, 100f., 103, 106, 139, 158, 163–65, 177, 188, 190, 193, 203, 223, 228, 236, 252, 261f., 267, 270, 280, 285f., 305, 319, 322, 352, 361, 363, 365, 375, 378, 382, 388, 394f., 397, 407, 415, 438, 450, 472, 485, 494f., 542f., 548, 556, 558, 560, 599, 603, 609, 627, 640, 648, 657, 676, 702, 705
――例 507, 603
模倣（ミメーシス） 543
勇気の徳（アレテー） 124
優美（カリス） 392
ユンカー 83, 348
良き形成（エウプラストン） 546
良きこと（アレテー） 145
良き調べ（エウハルモスティアー） 494
良きリズム（オイリュトミー） 494, 541
良く語ること（エウ・レゲイン） 516
預言者 10, 23, 153, 266, 334, 473, 608
四学科 551f., 554

ラ・ワ 行

「ラケダイモン人の国制」 160
ラコニア方言 191
ラータ →忘却
ラティオ →理性
ラテン語 531f., 547, 553

羅列する詩情 434
リズム 25, 113, 149, 237–39, 278, 306f., 331, 362, 370, 435, 443f., 490, 493f., 498, 501, 541, 543, 548, 613, 627, 630
理性 3, 65, 76, 91, 96, 206, 402, 437, 499, 533, 563, 583, 592, 598, 606, 616, 687, 692f.
理性 (ラティオ) 533
理想 (カロン) 32
理想
　——主義 582
　教育—— 72, 165, 518, 650
　教養—— 41f., 49, 83, 158, 165, 343, 493, 516, 545
　国家の—— 157, 243, 571, 641, 704
　文化の—— 10, 537
リタイ →願い
律法 10
立法者 24, 51, 165, 168, 210f., 259, 275, 279, 282, 288, 311, 336, 358, 415f., 543
リュクルゴス三部作 441
リュディア
　——王国 662
　——帝国 187
リュート 113
リュラー →竪琴
良心 44, 118, 245, 440, 478, 486, 568, 594
『両論』 550
倫理 20, 38, 44, 47f., 56, 69, 74, 83, 87, 89–91, 96, 102f., 109, 113, 119, 130f., 137f., 143f., 147, 149, 159, 162, 182, 202, 206, 210, 217, 234, 245–47, 259, 269, 272, 274, 279f., 285, 300, 302, 307, 309, 323, 365, 374, 396, 449, 459, 484, 513–15, 519, 523, 527, 536, 553, 568, 575f., 617, 655, 674, 692
倫理 (エートス) 213
ルネサンス 12, 344, 418, 521, 545, 553
霊
　——魂 308f., 313f.
　——的に形成されていること 493f.
霊 (スピリトゥス) 154
礼儀 61f., 362
　——作法 31, 226, 382
　——作法 (デコールム) 62
　——正しい慎み深さ (エウコスミー) 310, 360
　——正しさ 31, 582, 647f.
歴史
　——記述 26, 93, 102, 104, 115, 259, 593, 661f., 665f., 673, 675
　——記述 (ヒストリエー) 661
　——物語 106
レーシス →スピーチ
レスケー →閑談所
レートラー →国制文書
廉恥 (アイドース) 39, 127, 359, 576
労働倫理 214, 217f., 363
ロゴグラーフォイ →伝承作者
ロゴス 17, 215, 284, 289, 333–36, 338, 340, 435, 512, 551, 646–48
ローマ帝政 20, 505
ロマン派 57
『ロランの歌』 94
論争 (アゴーン) 654f.
論争術 550, 562f.
論理学 15, 20, 550
和声学 552

曽田 長人（そだ・たけひと）

1966年東京都生まれ，東北大学文学部卒，同大学文学研究科修士課程，バーゼル大学での留学を経て，2000年，東京大学大学院総合文化研究科地域文化研究専攻博士課程を単位取得退学，2002年，学術博士号を同研究科で取得，現在，東洋大学経済学部教授．専攻：ドイツ思想，ドイツ文学，スイス文学

〔主要業績〕『人文主義と国民形成 19世紀ドイツの古典教養』（知泉書館，2005年）．『スイスを知るための60章』（共著，明石書店，2014年），『宗教の壁を乗り越える 多文化共生社会への思想的基盤』（共著，ノンブル社，2016年），他。

〔パイデイア 上〕　　　　　　　　　ISBN978-4-86285-276-2

2018年 7月 5日　第1刷印刷
2018年 7月10日　第1刷発行

訳　者　　曽　田　長　人
発行者　　小　山　光　夫
製　版　　ジャット

発行所　〒113-0033 東京都文京区本郷1-13-2　株式会社 知泉書館
　　　　電話03(3814)6161 振替00120-6-117170
　　　　http://www.chisen.co.jp

Printed in Japan　　　　　　　　印刷・製本／藤原印刷

C.N. コックレン／金子晴勇訳　　　　　　　　　〔知泉学術叢書1〕
キリスト教と古典文化
926p/7200円
アウグストゥスからアウグスティヌスに至る思想と活動の研究

G. パラマス／大森正樹訳　　　　　　　　　　　〔知泉学術叢書2〕
東方教会の精髄 人間の神化論攷　576p/6200円
聖なるヘシュカストたちのための弁護

【以下、続刊】
トマス・アクィナス／山口隆介訳
神 学 提 要
J.-P. トレル／保井亮人訳
聖トマス・アクィナス　人と著作

人文主義と国民形成　19世紀ドイツの古典教養
曽田長人著　　　　　　　　　　　　　　　A5/568p/8000円

アウグスティヌスと古代教養の終焉
H.I. マルー／岩村清太訳　　　　　　　　　A5/800p/9500円

ヨーロッパ成立期の学校教育と教養
P. リシェ／岩村清太訳　　　　　　　　　　A5/608p/9000円

ヨーロッパ中世の自由学芸と教育
岩村清太著　　　　　　　　　　　　　　　A5/496p/8500円

ルネサンスの教育　人間と学芸との革新
E. ガレン／近藤恒一訳　　　　　　　　　　A5/414p/5600円

イタリアルネサンスとアジア日本　ヒューマニズム・アリストテレス主義・プラトン主義
根占献一著　　　　　　　　　　　　　　　A5/290p/5000円

学問の共和国
H. ボーツ・F. ヴァケ／池端次郎・田村滋男訳　A5/304p/5000円

歴史と解釈学　《ベルリン精神》の系譜学
安酸敏眞著　　　　　　　　　　　　　　　A5/600p/8500円

人文学概論 [増補改訂版]　人文知の新たな構築をめざして
安酸敏眞著　　　　　　　　　　　　　　　四六/312p/2500円

人文学の可能性　原語・歴史・形象
村井則夫著　　　　　　　　　　　　　　　四六/488p/4500円